ShangBoJian CaoMo Zhi Chen ShuZheng Yu YanJiu

上博简《曹沫之陈》疏证与研究

王 青 著

北京师范大学出版集团
BEIJING NORMAL UNIVERSITY PUBLISHING GROUP
北京师范大学出版社

图书在版编目(CIP)数据

上博简《曹沫之陈》疏证与研究 / 王青著. — 北京：北京师范
大学出版社，2017.2
（北京师范大学史学探索丛书）
ISBN 978-7-303-19966-2

Ⅰ.①上⋯　Ⅱ.①王⋯　Ⅲ.①竹简文—研究—中国—先秦
时代　Ⅳ.K877.54

中国版本图书馆 CIP 数据核字（2015）第 319753 号

营　销　中　心　电　话　010-58805072　58807651
北师大出版社学术著作与大众读物分社　http://xueda.bnup.com

出版发行：北京师范大学出版社 www.bnup.com
　　　　　北京市海淀区新街口外大街 19 号
　　　　　邮政编码：100875
印　　刷：北京中印联印务有限公司
经　　销：全国新华书店
开　　本：730 mm×980 mm　1/16
印　　张：38
字　　数：600 千字
版　　次：2017 年 2 月第 1 版
印　　次：2017 年 2 月第 1 次印刷
定　　价：108.00 元

策划编辑：刘松弢　　　　　责任编辑：齐　琳　王一夫
美术编辑：王齐云　　　　　装帧设计：王齐云
责任校对：陈　民　　　　　责任印制：马　洁

北京师范大学史学探索丛书
编辑委员会

出版说明

在北京师范大学的百余年发展历程中，历史学科始终占有重要地位。经过几代人的不懈努力，今天的北师大历史学院业已成为史学研究的重要基地，是国家"211"和"985"工程重点建设单位，首批博士学位一级学科授予权单位。拥有国家重点学科、博士后流动站、教育部人文社会科学重点研究基地等一系列学术平台。科研实力颇为雄厚，在学术界声誉卓著。

近年来，北师大历史学院的教师们潜心学术，以探索精神攻关，陆续完成了众多具有原创性的成果，在历史学各分支学科的研究上连创佳绩，始终处于学科前沿。特别是崭露头角的部分中青年学者的作品，已在学术界引起较大反响。为了集中展示北师大历史学院的这些探索性成果，也为了给中青年学者的后续发展创造更好条件，我们组编了这套"北京师范大学史学探索丛书"，希冀在促进北师大历史学科更好发展的同时，为学术界和全社会贡献一批真正立得住的学术力作。这些作品或为专题著作，或为论文结集，但内在的探索精神始终如一。

当然，作为探索丛书，特别是以中青年学者作品为主的学术丛书，不成熟乃至疏漏之处在所难免，还望学界同仁不吝赐教。

北京师范大学历史学院
北京师范大学史学理论与史学史研究中心
北京师范大学史学探索丛书编辑委员会
2014 年 3 月

序

  我国传统学术早在夏商周三代就已经连续发展了一两千年的时间，那个时代出现的以《诗》《书》《易》等为代表的经典，成为王官之学的标志。以后的学术发展皆从六经而起。诸子学说，由春秋晚期的老聃、孔子开其端绪，此后方渐兴起，至战国时期而蔚为大观。在此之前有一个从西周王官之学向诸子之学的转变递进的阶段。西周王官之学的情况比较清楚，其学术之源就是《诗》《书》《易》《礼》等经典。据《国语·楚语》上篇记载，春秋时期楚国教授太子的内容就是这些经典，是篇谓："教之春秋，而为之耸善而抑恶焉，以戒劝其心；教之世，而为之昭明德而废幽昏焉，以休惧其动；教之诗，而为之导广显德，以耀明其志；教之礼，使知上下之则；教之乐，以疏其秽而镇其浮，教之令，使访物官；教之语，使明其德，而知先王之务用明德于民也；教之故志，使知废兴者而戒惧焉；教之训典，使知族类，行比义焉。"春秋时代的有识之士，研究王官之学的经典，并且结合社会实践以发展这些经典的精义，实为春秋时期诸子兴起之前学术的主流，是从王官之学向诸子之学过度的津梁。然而这个时期出现的学术经典，我们今天看到的实在太少，只是从《左传》《国语》等文献中略微窥见一些当时学术与思想学说的影子。侯外庐先生曾经指出："由'官学'到'私学'进程的难以转化性，无疑问地是思想史研究上的一个重大疑难。"①要解决这个疑难，既需要新的材料，也需要新的探索。幸得上博简《曹沫之陈》面世，才使人们见到了前诸子时代的一部珍贵的书。《曹沫之陈》正是王官之学与诸子之学中间的一部经典，其中所蕴含的思想，上承王官学术之菁华，下开诸子学术之端绪，是我们研究先秦学术与思想发展的一个新的重要材料。

上博简《曹沫之陈》面世之后曾经引起学界高度关注。专家们考释简文，分析其意义，推断其时代，提出了诸多卓见，其中尤以李零先生的杰出工作为学界所称扬。王青同志所著《〈曹沫之陈〉疏证与研究》一书初版于2009 年。其后她坚持不懈地进行钻研，又完成了增订本的修改订补工作。这部书值得学术界重视的地方，愚以为至少有以下三项。其一，关于《曹沫之陈》一书的成书时代，书中从多方面论证了《曹沫之陈》当初成于春秋中前期的鲁国史官的记录，而非如后世诸子那样，为诸子或其诸子师徒的著述。其二，《曹沫之陈》一书的性质非是兵家的书，而是近似于《国语·鲁语》的"语"类著作。其三，《曹沫之陈》的理念是春秋中前期的社会思想的表现，而不是春秋末年至战国时代的思想。显然，这三项都是关于《曹沫之陈》研究的核心问题。除了这三项以外，读者还会发现书中对于相关简文的考释、编联等，亦每有立论坚实的新见。

这部书所得出的结论，不少有异于诸多专家的成说，其能否成立，能否为学界所接受，自然要待专家长时间的审视和检讨。可是作为一家之说，我相信，这部书对于简帛研究、先秦学术思想的研究等都具有一定的意义。所以，这部书数年来曾经得到不少专家的鼓励和支持。王青同志能够提出新见，并且予以翔实的缕析和有力的论证，这得力于她曾在杨朝明先生指导下打下了深厚的学术研究基础。她在北京师范大学历史学院攻读博士学位的时候，亦多得刘家和、易宁、蒋重跃等先生的指教，加之她本人刻苦努力，博学善思，所以才有了这部书的成就。

顾颉刚先生在 20 世纪 30 年代编定《古史辨》第 3 册的时候，曾经在书

---

① 侯外庐等著：《中国思想通史》第一卷，27 页，人民出版社，1957。

的自序里说:"我们知道:我们的功力不但远逊于清代学者,亦且远逊于宋代学者。不过我们所处的时代太好,它给予我们以自由批评的勇气,许我们比宋代学者作进一步的探索,——解除了道统的束缚;也许我们比清代学者作进一步的探索,——解除了学派的束缚。它又给予我们许多崭新的材料,使我们不仅看到书本,还有很多书本以外的东西,可以作种种比较的研究,可以开出想不到的新天地。"①我想,这段话用在现今,也是完全合适的。比之于顾颉刚先生的时代,我们见到了更多更重要的"崭新的材料",这是当今这个时代给予我们的荣幸,也将更多的责任放在了当代学人的肩上。《曹沫之陈》正是这"书本以外的""崭新的材料"当中的一种,认真研究它,自是一个重要任务。春秋时代的学术,正是王官之学向诸子之学过渡的阶段。学术界对于这个阶段的思想与学术的研究往往语焉不详,尚待开掘之处甚多,也许《曹沫之陈》的材料和王青同志的这部书,会给予这方面的研究以较多的推动。相信王青同志在这部书的基础上会更加努力前行,取得新的成绩。

晁福林 2013 年冬序于北京师范大学
历史学院中国古代史研究中心

---

① 顾颉刚编著:《古史辨》第三册,自序,1 页,上海古籍出版社,1982。

目　录

北京师范大学史学探索丛书

下编　《曹沫之陈》综合研究

绪　论

　　1994 年，香港文物市场上出现了一批罕见的不明出土时间与地点的战国楚简。上海博物馆闻讯而起，在马承源先生的决策领导下，先是斥资收购 1200 余支竹简，后接受香港友人的捐赠，又得竹简 497 支。这批珍贵的战国楚竹书，经过整理辨认，简文总字数有 35000 余字，涉及先秦 100 余种古籍。其内容涵盖哲学、文学、历史、政论、音乐等方面。无论在数量上还是其涉及的古籍内容方面都远远超过了以往已经公布的战国竹简，被中外专家喻为"国之重宝"①。经年代测定，这批竹简的时代均为战国中晚期，全部是秦始皇焚书前原始的、第一手的战国古籍，为文化研究领域提供了不可多得的可靠资料。上海博物馆对这批竹简进行整理，"次第选摘发表"，到目前为止，由上海古籍出版社出版的《上海博物馆藏战国楚竹书》共刊布了九册。每一册的刊布都引起学术界高度重视，"已经形成继郭店楚简发布后古史和古代文献研究中一个新的十分活跃而重要的研究领域"②。

一、《曹沫之陈》竹书研究目前存在的问题及研究意义

　　《曹沫之陈》是 2004 年 12 月刊出的《上海博物馆藏战国楚竹书（四）》中最长的一篇，也是此册中最引人注目的一篇。其图版见第 4 册的第 89 页至 156 页，释文和考释见第 4 册的第 240 页至 285 页。李零先生进行了最初的竹简排序与释读的工作，开创之功令学界佩服。原释文认为此竹书共有 65 支简，整简 45 支，残简 20 支。其中所谓 45 支整简，中间未被折断、

---

　　① 对上博简的报道见张立行：《战国竹简露真容》，《文汇报》，1999-01-05。郑重：《"上博"看楚简》，《文汇报》，1999-01-14。马承源主编：《上海博物馆藏战国楚竹书（一）》，前言，1～4 页，上海古籍出版社，2001。《马承源先生谈上博简》，上海大学古代文明研究中心、清华大学思想文化研究所编：《上博馆藏战国楚竹书研究》，1～8 页，上海书店出版社，2002。

　　② 《上博馆藏战国楚竹书研究》，谢维扬序，1 页。

上下完整的整简仅 18 支，其余为按李零先生原释文缀合后形成的整简，共 1773 字。后来专家学者在李零先生原释文的基础上，重新缀合编联，所认可的总简数一般要少于 65 支。竹书中记载的是鲁庄公与曹沫（即曹刿）的问对。全文的脉络是鲁庄公将为大钟，曹沫入谏论政，庄公毁钟型听政，还年又问于曹沫，曹沫论成教，论各种出兵之忌、复战之道，论善攻善守，论三代得失。仅从简数上来说，前 12 支简论政，后 53 支简论兵，论兵的内容亦涉及为政。在第 2 支简的简背题以"曹沫之陈"，字形与正文明显不是出于同一人之手。它没有叙事成分，没有动作细节的描写，全部是对话，而且多用语气词。语言古朴，文风平易，没有刻意修饰的痕迹。从这批竹简内容丰富，首尾比较完整，章节比较清楚等方面看，说它是一部战国时期的"竹书"，实不过分。《曹沫之陈》诸简的形制是两端平头，单行书写的长条状，有三道编线 ①。完简的简长 47.4—47.5 厘米，每简书写有 30—33 字。残断的简往往从中间折断，只有一半，给拼合造成一定的困难，但总体说来，简文残失甚少 ②，竹书保存状况较好，字迹也比较清楚。

《曹沫之陈》竹书未发表前，原整理者李零先生介绍说："简文分两部分，前一部分论政，比较短，后一部分论兵，比较长。篇题在上篇简 2 的背面，但概括的却是后一部分内容，主要是讲两军对阵的各种应对措施。"③《曹沫之陈》发表时李零先生在释文说明中又说："开头是论政，后面是论

---

① 《曹沫之陈》各简的契口一般位于右边，日本学者竹田健二首先关注到简 15、59、63 下、64 下四支简的契口位于左边，他认为同一支简不会出现上下契口相同的左右契口皆存的情况，所以这四支简的缀合可能存在问题。竹田先生的原文未见，以上内容转引自高佑仁：《〈上海博物馆藏战国楚竹书（四）·曹沫之阵〉研究》，28 页，花木兰文化出版社，2008。

② 《曹沫之陈》刊出之后，陈剑先生撰文说："从最后编连的结果来看，其余所缺整简估计最多仅有几支。相对于现存的全篇简数来讲，可以说残失甚少，基本完整。"陈剑：《上博竹书〈曹沫之陈〉新编释文（稿）》，清华大学"简帛研究"网，2005 年 2 月 12 日。

③ 李零：《简帛古书与学术源流》，373 页，生活·读书·新知三联书店，2004。

兵，篇题主于论兵，盖视之为兵书。"①学者从之。然而，从已公布的上博楚竹书内容看，除少量的道家作品外，其余多为儒家为政以及道德教化之作。偶然出现这样一部"兵书"，惊奇之余，让人觉得《曹沫之陈》的相关研究还有不少值得继续研究的地方。

首先，《曹沫之陈》竹书"论兵"的内容，单纯从简数上看，已经占了全篇的五分之四，论述的主题也比较突出，就是论述小国、弱国怎样在军事上取得有利的条件，怎样取得战争的胜利。这些内容确属兵法的范围，但是否可以说讲兵法的书就是兵书？李零先生用"盖视之为兵书"，表现了他对此书性质的谨慎态度。《曹沫之陈》全文65支简没有超出对话的范围，应该属于语录体的散文。语录体可以分为原始的语录体与创作的语录体两类，《曹沫之陈》就属于原始的语录体。它与《国语·鲁语》当有一定的渊源关系。现在流传下来的《国语·鲁语》的前两篇是《曹刿论战》与《曹刿谏庄公如齐观社》，那么极有可能《曹沫之陈》就是原始《鲁语》的一部分。如果《曹沫之陈》确实是未被选编进《国语·鲁语》的原始的"鲁语"，那么它的著者就应该是鲁国史官。如果是鲁国史官的著述，则《曹沫之陈》不属于子书的范围，也就不能说它是"兵书"。此外，"语"是先秦时期非常流行的一种文体，诸子书多采用"语"的形式，"语"的影响如此巨大，以至于秦始皇下焚书令时，诸子的著作还是被称为"百家语"②。如果诸子书的渊源在于"语"，则兵书亦当在其中，则《曹沫之陈》竹书就处在史官所作的"语"向子书过渡的阶段。因此《曹沫之陈》竹书的性质是一个非常值得探讨的问题，可以使我们更加全面地认识"语"类著作，从而对《国语·鲁语》的材料来源有更清晰的认识。此外，对于《曹沫之陈》竹书的性质的研究，也有助于我们重新思索古代学术形态的转换。

其次，《曹沫之陈》竹书内容"论政"兼"论兵"，而"论政"与"论兵"是典籍中常见的内容，也是古代兵书中常见的特征。如果将《曹沫之陈》与先秦

---

① 马承源主编：《上海博物馆藏战国楚竹书（四）》，241页，上海古籍出版社，2004。

② 《史记·秦始皇本纪》载丞相李斯曰："非博士官所职，天下敢有藏诗、书、百家语者，悉诣守、尉杂烧之。"

典籍进行比较研究，那么《曹沫之陈》竹书特色自见，而且目前尚无这方面的研究。我们知道，中国最早的兵书与"军法""军令"有密切关系，同时又受子书的影响很大。《吴孙子》是兵书成熟的标志，《齐孙子》《尉缭子》《六韬》的出现更是标志着兵书大发展时代的到来。然而，考察兵家思想的发展历程，就会发现，古军法、军令与《吴孙子》之间缺乏必要的过渡，而《曹沫之陈》恰好可以弥补这一缺环。作为"语"向兵书的过渡，《曹沫之陈》明显表现出原始而不成熟的特色，使我们可以对兵书重新进行考察，从中思索先秦兵书源流的基本状况，以及兵家的起源。

最后，鲁国是直到春秋时期"犹秉周礼"①的礼仪之邦，在以往所有先秦兵法的研究中，鲁国从来没有一席之地。然而，据《史记·孙子吴起列传》记载，吴起入魏前"乃之鲁，学兵法以事鲁君"。显然，鲁国也是素有兵学渊源的。而且，吴起后来在鲁国，"卒以为将，将而攻齐，大破之"。《吴子》与《曹沫之陈》竹书有明显相似的内容。这里可以试举一例，《曹沫之陈》简 19 的"三不和"就与《吴子·图国》的"四不和"相近。这说明鲁国兵学传统对吴起可能是有一定影响的。对于用兵、作战、兵与政治的关系，鲁人都有自己独特而深刻的见解。鲁庄公采纳曹沫兵法获胜，长勺之战仅是其中的一个例子。春秋前期，鲁国在国际政坛上影响尚大，特别是在"齐桓公尚未称霸时，鲁国曾强盛过一时"②。其兵力之盛和军事上的影响，是不可小觑的。后来，鲁庄公更与齐桓公联合出征各国，成为齐桓公称霸中的一个得力助手。可以想见，鲁庄公一定深受曹沫兵法的影响。所以，《左传》庄公十年关于"曹刿论战"的记载只是曹沫兵法的冰山一角。《曹沫之陈》正可以补全我们对曹沫兵法的认识，进而思考鲁国的兵法传统。此外，对《曹沫之陈》竹书所载的曹沫形象进行研究，还有助于解决聚讼千年的曹沫、曹刿之辩。

---

① 《左传》闵公元年，齐国大夫仲孙湫对齐桓公评价鲁国之语。
② 童书业著，童教英校订：《春秋史》（校订本），162 页，中华书局，2006。童先生在《春秋左传研究》中亦指出"鲁诚春秋初年一强国矣"，见童书业著，童教英校订：《春秋左传研究》（校订本），43 页，中华书局，2006。

北京师范大学史学探索丛书

上博简《曹沫之陈》竹书经过李零先生的整理工作，简文已基本可读，但在编联与释读方面还存在着不少的争议。目前，对《曹沫之陈》的研究主要停留在对简文的编联与释读上。

(一)对简文的编联与简字的隶定、释读

对简文的合理编联排序以及对简字的隶定释读是进行深入学术研究的基础，因此，这成为学者们研究战国竹简首先关注的问题。对《曹沫之陈》个别支简的编联有很多，而完整的编联方案主要有李零、陈剑、陈斯鹏、白于蓝、李锐、单育辰、高佑仁七家。关于划分的编联组：李零先生分为17 个，陈剑先生分为 5 个，陈斯鹏先生分为 7 个，白于蓝先生分为 8 个①，李锐先生分为 5 个②，单育辰、高佑仁两位先生并没有划分编联组，而是根据简文内容进行了分段，单育辰先生分为 16 段，而高佑仁先生则分为9 章。

李零先生原释文编联组：(一)1—3；(二)4—11；(三)12—14；(四)15—16；(五)17—26；(六)27—29；(七)30；(八)31—32；(九)33—36；(十)37—41；(十一)42—46；(十二)47—48；(十三)49—57；(十四)58；(十五)59—61；(十六)62；(十七)63—65。

陈剑先生的编联方案：(一)1—3；(二)41，4—14，17—26，62，58，37 下，38—40，42—45，46 上，47，63 上，27，29，31，32 上，51 下，50，51 上，30，52，53 上，32 下，61，53 下，54—57，15—16，46 下，

---

① 白于蓝先生在其《上博简〈曹沫之陈〉释文新编》(清华大学"简帛研究"网，2005年 4 月 10 日)一文中将《曹沫之陈》简文分为 9 个编联组，其中第 41 支简单独为一个编联组。后来又在其《〈曹沫之陈〉新编释文及相关问题探讨》(复旦大学出土文献与古文字研究中心网，2008 年 3 月 3 日)一文中将简文分为 8 个编联组。后一篇文章是前一篇文章的增订本，对简序的调整进行了说明，而关于《曹沫之陈》的编联方案则是一致的。

② 李锐先生在其《〈曹刿之阵〉释文新编》("孔子 2000"网，2005 年 2 月 22 日)中指出"重新编联后，共有 4 个拼联组"。而正文中按新的编联结果所写出的释文实分为 5 个编联组。后来在其《〈曹刿之阵〉重编释文》("孔子 2000"网，2005 年 5月 17 日)一文中则是分为 4 个编联组。

33—36，28，48，49；（三）37 上；（四）59—60；（五）63 下—65①。

陈斯鹏先生第一次编联方案：（一）1—3；（二）41，4—14，17—23，24 上，30，37 上；（三）31—36，28—29，24 下，25—26；（四）37 下，38—40，42—46；（五）47—50，51 上，27，52—53 上，51 下，58，53 下，54—57，15—16；（六）59—61；（七）63—65②。

陈斯鹏先生第二次编联方案：（一）1—3；（二）41，4—6，7 上，8 下，9—14，17—23，24 上；（三）29，24 下，25—26，62，58；（四）59，60 上，37 下，38—40，42—45，46 上，31，32 上，51 下；（五）47，63 上；（六）32 下，50，50 上，30，52，53 上，60 下，61，53 下，54—57，15—16，46 下，33—36，28，37 上，27，48，49；（七）63 下，64，65 上，7 下，8 上，65 下③。

白于蓝先生的编联方案：（一）1—3；（二）41，4—6，7 上，8 下，9—14，17—22，29，24 下，25；（三）23 下，24 上；（四）26，62，58；（五）37 下，38—40，42—45，46 上，47，63 上，27，23 上，51 下，50，51 上，31，32 上，30，52，53 上；（六）32 下，61，53 下，54—57，15—16；（七）59—60，48，46 下，33—36，28，37 上，49；（八）63 下，64，65 上，7 下，8 上，65 下④。

李锐先生第一次编联方案：（一）1—3，7 下，8 上；（二）41，4—6，7 上，8 下，9—14，17—26，62，58，49，33—36，28，37 上，63 下，48，59，60 上，37 下，38—40，42—45，46 上，47，63 上，27，29，32 下，61；（三）31，32 上，51 下，50，51 上，30，52，53 上，60 下；（四）53 下，54—57，15—16，46 下；（五）64—65⑤。

①　陈剑：《上博竹书〈曹沫之陈〉新编释文（稿）》，清华大学"简帛研究"网，2005 年 2 月 12 日。
②　陈斯鹏：《上海博物馆藏楚简〈曹沫之陈〉释文校理稿》，"孔子 2000"网，2005 年 2 月 20 日。
③　陈斯鹏：《简帛文献与文学考论》，94 页，中山大学出版社，2007。
④　白于蓝：《〈曹沫之陈〉新编释文及相关问题探讨》，复旦大学出土文献与古文字研究中心网，2008 年 3 月 3 日。
⑤　李锐：《〈曹刿之阵〉释文新编》，"孔子 2000"网，2005 年 2 月 22 日。

　　李锐先生第二次编联方案：（一）1—3；（二）41，4—6，7上，8下，9—14，17—22，29，23下，24—26，62，58，49，33—36，28，37上，63下，48，59，60上，37下，38—40，42—45，46上，47，63上，27，23上，51下，50，51上，30，32上，31，52，53上，60下；（三）32下，61，53下，54—57，15—16，46下；（四）64，65上，7下，8上，65下①。

　　单育辰先生的编联方案：1—3，41，4—6，7上，8下，9—14，17—22，29，24下，25，23下，24上，30，26，62，58—59，60上，48，46下，33—36，28，37上，49，60下，37下，38—40，42—45，46上，47，63上，27，23上，51下，50，51上，31，32上，52，53上，32下，61，53下，54—57，15—16，63下，64，65上，7下，8上，65下②。

　　高佑仁先生的编联方案：1—3，41，4—6，7上，8下，9—14，17—22，25，23下，24上，30，26，62，58，37下，38—40，42—45，46上，47，63上，27，23上，51下，29，24下，50，51上，52，53上，31—32，60下，61，53下，54—57，15—16，46下，33—36，28，37上，49，48，59，60上，63下，64，65上，7下，8上，65下③。

　　各家争论的焦点是简7、8、24、26、29、30、32、37、41、46、51、53、60、63等的编联。对于简文的基础性的研究，专家们做了大量工作，但有些地方还有再探讨的余地。主要集中在以下两个方面。

　　首先，对一些竹简文字的隶定与释读还有较大分歧，有待再研究。如"悉（愿）亡""君弗聿（尽）""叟（没）身邎（就）薪（世）""曼（善）才（哉）""居不褒（重）廈（席）""飤（食）不脊（二）鹽（味）""耳（辑）""緷（因）纪（系）""还年""碌（坚）虜（甲）利兵""成眷（教）""戕（董）兵""秫（宄），尔正红（讧）""㪚（散）果（裹）""砍（厚）""谡（察）""采谷（欲）少以多""戕（斯）氏（徒）""菁（筮）""必此

────────────

①　李锐：《〈曹刿之阵〉重编释文》，"孔子2000"网，2005年5月17日。

②　单育辰：《〈曹沫之陈〉新编联及释文》，武汉大学"简帛"网，2007年6月3日。

③　高佑仁：《〈上海博物馆藏战国楚竹书（四）·曹沫之阵〉研究》，30～32页，花木兰文化出版社，2008。高先生在其专著中还列出了邴尚白、朱赐麟、蔡丹、季旭昇、周凤五等先生的编联意见，可参。

（过）前攻""赏膳（获）諾（譬）孳（蒠）"等。这些文字的考释往往对简文内容的理解有着重大影响，所以相关的考释是非常必要的工作。

其次，对于简文有重大关系的一些具体内容，学界存在争议，需要通过深入地再研究将相关问题厘清。比如，简文提到的"非山非泽，亡有不民""并兼人""修政而善于民""亡以异于臣之言""君子得之失之，天命""兼爱蠹民而亡有私""有克政而亡克陈""槐（鬼）神戡（恝）武（恍），非所以菁（教）民"等，以及"夫陈者，三教之末"，"戡（战）又（有）竖（显）道，勿兵吕（以）克"的用兵理念。"三教"的具体内容，尚需要进一步阐明。简文所提到的"为和于邦""为和于豫""为和于陈"的含义也有较大的再研究的余地。简文所谓"三教之本"到底指的是什么？李零先生认为"三教"为本，阵法为末①。高佑仁先生认为"为和于邦"才是三教之"本"，"为和于阵"则是三教之"末"②。陈剑先生认为"三教"是"处国之教""处军之教""处阵之教"③。简文所论各种出兵之"幾"（出师之幾，三军散裹之幾，战之幾，既战之幾）④，论各种复战之"道"（复败战之道、复盘战之道、复甘战之道、复欱战之道），论善攻善守者等，具体含义都还没有弄清楚。对"豫""舍""阵"，对"车間（间）容倌＝（伍，伍）閭（间）容兵"，对"攼（什）五（伍）之閭（间）必又（有）公孙公子，是胃（谓）军纪"的规定都没有达成共识，这些都是可以继续研究的地方。

（二）关于《曹沫之陈》的命名

对于这部竹简的命名，目前有三种观点。

第一，李零先生主要是从音韵训诂的角度加以解释。他总结说"曹"在简文中作"敔"或"敔"，"沫"作"蔑""秼""瞰""蕺"或"蕫"。"敔"字古文字多用为"造"，与"曹"读音相同（都是从母幽部字）；"秼"字从蔑或从万，"蔑"

---

① 李零：《曹沫之陈》释文，《上海博物馆藏战国楚竹书（四）》，255页。
② 高佑仁：《〈曹沫之阵〉"君必不已则由其本乎"释读》，清华大学"简帛研究网"，2005年9月4日。
③ 陈剑：《上博竹书〈曹沫之陈〉新编释文（稿）》，清华大学"简帛研究"网，2005年2月12日。
④ "幾"，原释文读作"忌"，陈剑先生读作"機"，作"机会""时机"讲。见陈剑：《上博竹书〈曹沫之陈〉新编释文（稿）》。

或"万"与"沫"读音亦相同(都是明母月部字)①。作为竹书的整理者,李零先生最后命名为《曹沫之陈》,现已为多数学者采用。

第二,廖名春先生主要根据曹沫、曹刿在文献中出现的早晚为简文命名。他分析说在早期文献里,"曹沫"之"沫"多写作"刿"。如《左传》《国语》《穀梁传》《管子》《孙子》等皆作"刿"。《吕氏春秋》虽作"翙",但"翙"显然自"刿"出。《慎子》佚文除《初学记》和《天中记》作"翙"外,其余也都作"刿"。而曹沫之"沫"应该是"刿"或"蔑"的假借,依文献为读,《曹沫之陈》最好作《曹刿之陈》②。李锐先生从之,作《〈曹刿之陈〉重编释文》。

第三,陈斯鹏先生认为《曹沫之陈》的篇题"沫"作"蔑",似宜以"蔑"为正体。简文中出现曹蔑之名有"穢""歔""蕢""蘁",前三种异写均以"蔑"为核心成分,后一种异写可以认为是"蔑"的通假字,"本篇整理者原命名为'曹沫之陈',现据简文自题,当改称《曹蔑之阵》较妥"③。

(三)关于《曹沫之陈》的性质

关于《曹沫之陈》的性质,学界目前认识比较一致,以其为先秦古兵书。整理者李零先生在《曹沫之陈》未正式刊出前,在介绍简帛古书时,即将其归入兵书类,并说:"此书从未见于著录,是一篇失传已久的佚书,而且是目前发现年代最早唯一的战国写本。"④后来在释文说明中称"此书史志无载,是一部佚失已久的古兵书"⑤。学者多采纳这一观点。高佑仁先生在《〈曹沫之阵〉校读九则》中说:"简文藉由鲁庄公与曹沫之间的问答,铺陈出曹沫对于天命、修政以及诸多战争事项的重要观点,是一篇亡佚已久古的鲁国兵书。"⑥田旭东先生在《战国写本兵书——〈曹沫之陈〉》一文中则

① 李零:《曹沫之陈》释文,《上海博物馆藏战国楚竹书(四)》,243 页。
② 廖名春:《楚竹书〈曹沫之阵〉与〈慎子〉佚文》,清华大学"简帛研究"网,2005年2月12日。
③ 陈斯鹏:《简帛文献与文学考论》,95 页,中山大学出版社,2007。
④ 李零:《简帛古书与学术源流》,374 页,生活·读书·新知三联书店,2004。
⑤ 廖名春先生认为"史志无载"不尽然,因为竹书简1、简2"鲁庄公将为大钟,型既成矣,曹沫入见……今邦弥小而钟愈大,君其图之"一段见于《慎子》佚文。然考《慎子》佚文只有对这一事情的记载,很难推测其下文内容如何,所以《曹沫之陈》竹书的大部分内容还是"史志无载"。
⑥ 高佑仁:《〈曹沫之阵〉校读九则》,武汉大学"简帛"网,2005 年 11 月 14 日。

直接称《曹沫之陈》是"一部失传已久的鲁国兵书"①。学者在介绍上博简内容时总是称"涉及儒家、道家、兵家、杂家等几十部古书"②，从上博简已发表的九册内容来看，可以推断其所指兵家古书就是《曹沫之陈》。上海博物馆的濮茅左先生在介绍上博简时说《曹沫之陈》是"战国有篇题的佚兵书"，并认为是"补充了军事史上的重要兵计"③。

当然也有极少数学者有不同的见解。有学者认为《曹沫之陈》"其论兵，固是兵家学说，其论政，仍是儒家仁德本调"，并认为通过《仲弓》《内礼》《相邦之政》及曹沫之论政，可见战国时期儒家后学之说在楚地流传推衍之一斑④。也有学者认为《曹沫之陈》是兵家文献的结论还需慎重考虑。《曹沫之陈》强调"是故夫陈(阵)者，三教之末"，与儒家重视教化在治国中作用相契合。结合战国时期儒学南传，《曹沫之陈》可能为儒家的教材类短文⑤。

最近则有欧阳祯人先生综合了先秦古兵书与儒家文献的说法，谓"虽然《曹沫之阵》汲取了墨家的思想，但它仍是一部货真价实的儒家兵书，它代表了战国时期先秦儒家面临新的时代急剧改变自己以适应新的社会环境的思潮涌动"⑥。

(四)关于《曹沫之陈》的成书时间

关于《曹沫之陈》的成书时间，目前这方面的探讨很少。廖名春先生分

北京师范大学史学探索丛书

---

① 田旭东：《战国写本兵书——〈曹沫之陈〉》，《文博》，2006(1)；《失传已久的鲁兵书——〈曹沫之陈〉》，《华学》第八辑，155～160页，紫禁城出版社，2006。本绪论所引田先生观点皆是同时出自这两篇文章，不另注。

② 梁振杰：《上海博物馆藏战国楚竹书(一、二)研究综述》，《史学月刊》，2006(4)。此外，秦志华在《一批战国文献的集中公布》亦称《曹沫之阵》是"佚失已久的古兵书"。(见《古籍新书报》第20期，2004-04-02，对上博藏简第4册内容的简介)"荆楚文化"网，2004年5月5日亦如此介绍。

③ 濮茅左：《上博馆藏战国楚竹书的主要发现》，清华大学"简帛研究"网，2007年12月6日。在文章最后注明这是濮茅左先生在2007年12月3日在日本大东文华大学所作《上海博物馆楚竹书概述》报告的内容之一。

④ 陈丽桂：《近三十年出土儒道古佚文献在中国思想史上的意义与贡献》，清华大学"简帛研究"网，2005年8月10日。

⑤ 刘光胜：《上博简〈曹沫之陈〉研究》，《管子学刊》，2007(1)。

⑥ 欧阳祯人：《论兵书〈曹沫之阵〉的思想史价值》，清华大学"简帛研究"网，2008年4月20日。

析简文鲁庄公"乃命毁钟型而听邦政，不昼寝，不饮酒，不听乐，居不褻席，食不二味，兼爱万民，而无有私也。还年而问于曹刿曰"，认为竹书所记之事的时间肯定在鲁庄公十年长勺之战后①。此外，廖先生还认为原释文所说的"此书史志无载"并不尽然，指出竹书简一简二"鲁庄公将为大钟，型既成矣，曹沫入见，曰：昔周室之邦鲁，东西七百，南北五百，非山非泽，无有不民。今邦弥小而钟愈大，君其图之"一段亦见于《慎子》佚文，并根据《慎子》佚文与《曹沫之陈》相似情节的记述，考定竹书的成书时间。他认为《慎子》是节选，不是其原始的出处，而简文方是其原始出处。并根据慎子的生活年代，推测竹书《曹沫之陈》成书的下限，应该不会晚于齐宣、愍王时。至于其上限，自然不会超过鲁庄公十年（公元前 684 年）②。单育辰先生在作《从战国简〈曹沫之陈〉再谈今本〈吴子〉、〈慎子〉的真伪》采用了这一观点③。田旭东先生在原释文的基础上，定《曹沫之陈》为目前所见的唯一的一部战国写本兵书。她又认为曹沫谙熟礼制、足智多谋，而又具匹夫之勇，"或许正是兵书作者的最佳人选"。邴尚白先生转引周凤五先生之说："《曹沫之陈》简十二说'兼爱'，这是墨家学说的特殊词汇，应有断代的价值，本篇的抄写，当在墨子之后。"邴尚白先生又补充说："《曹沫之陈》篇名不是取首句数字，似乎也显示其年代较晚。当然，这里所说的'墨子之后''年代较晚'，是指我们见到的这个抄本，未必代表此故事产生的年代或本篇的成书年代。"④

日本学者浅野裕一认为《曹沫之陈》明显地基于长勺之役中曹沫的表现而作，因此其成书年代是庄公十年（公元前 684 年）以后。再加上，由于有

---

① 廖名春：《读楚竹书〈曹沫之陈〉札记》，清华大学"简帛研究"网，2005 年 2 月 12 日。

② 廖名春：《楚竹书〈曹沫之阵〉与〈慎子〉佚文》，清华大学"简帛研究"网，2005 年 2 月 12 日。

③ 单育辰：《从战国简〈曹沫之陈〉再谈今本〈吴子〉、〈慎子〉的真伪》，武汉大学"简帛"网，2006 年 8 月 30 日。

④ 邴尚白：《上博楚竹书〈曹沫之陈〉注释》，台湾大学《中国文学研究》第 21 期，2005。转引自高佑仁：《〈上海博物馆藏战国楚竹书（四）·曹沫之阵〉研究》，108 页，花木兰文化出版社，2008。

庄公之谥号，庄公卒于公元前 662 年，所以其时间上限为公元前 662 年。《曹沫之陈》的成书年代晚于春秋中期（公元前 648—前 527 年），而春秋后期（公元前 526—前 404 年）成立的可能性最大①。

（五）对简文价值的研究

对简文价值的研究，目前这方面的研究也比较少，有的只是对简文总体价值的泛泛而谈。例如，田旭东先生认为《曹沫之陈》是目前所见的唯一的一部战国写本兵书，对于了解先秦兵家具有十分重要的意义。她指出《曹沫之陈》正是兵家由早期的恪守古军礼的"仁道"向"兵不厌诈"的"诡道"的过渡。单育辰先生则以《吴子》《慎子》与《曹沫之陈》相似的文句，来说明《吴子》《慎子》不是伪书，都是先秦古书。他认为现今流传下来的《吴子》实即《汉书·艺文志》著录《吴起》四十八篇的一部分；《汉书·艺文志》所录的《慎子》四十二篇，虽早已亡佚，但是现存的从《群书治要》而来的《慎子》五篇佚文仍然为先秦古书②。这种以《曹沫之陈》为可靠的底本来研究相关问题的思路是一个新的研究倾向。但是相关文章明显没有对《曹沫之陈》作分析，只是利用了简文的内容作为其研究的基础。

日本学者浅野裕一从《曹沫之陈》所反映的战争目的与性质、军队的结构与战争的形式、胜利的关键、阵法的特色等方面讲述了其兵学思想，认为《曹沫之陈》的兵法是以庄公或曹沫同时代的春秋前期之状况为基础，又采纳了更新的春秋后期的状况，显示出其新旧层次如垒层般的混合性质。这是一种新的研究尝试，试图寻找《曹沫之陈》简文所隐含的兵学思想之特色，给人以启发，但是由于研究刚刚起步，所述还比较浅显，立论缺乏文献根据，推测的成分较大。

---

① ［日］浅野裕一：《上博楚简〈曹沫之陈〉的兵学思想》，清华大学"简帛研究"网，2005 年 9 月 25 日。本绪论所引浅野氏观点，皆是出自该文，不另注。

② 单育辰：《从战国简〈曹沫之陈〉再谈今本〈吴子〉、〈慎子〉的真伪》，武汉大学"简帛"网，2006 年 8 月 30 日。

三、本书的研究思路和若干新思考

(一)研究思路

综观学者们对《曹沫之陈》竹书及相关问题的研究成果，我们认为尚有进一步深入研究的余地。首先是关于《曹沫之陈》的编联、分章、释读。《曹沫之陈》共65支简，有残简20支，残断的简往往从中间折断，只有一半，给拼接造成困难，也影响了简文的正确释读。同时，学术界对简文的释读还存在较大的分歧。其次，由于简帛材料问世不久，虽然2005年一度讨论热烈，但研究仍然处于初步阶段。目前的研究多是读书札记与心得体会，而且以在简帛研究网上发表居多，内容多是针对某一个简字或者某一条简文进行的研究，结论的依据尚比较薄弱，综合性研究则尚未见到。我们知道，文本如果存在问题，就不能进行内容研究，也就无法正确估计竹书的文献价值。因此，本文拟分为上下两编，上编是《曹沫之陈》疏证，汇集各家说法，拾遗补阙，对有争议的简字的隶定与释读，运用古文字学知识，并征之于文献以及早先出土的简帛资料，力图找出最贴近原文的简序与释文。下编是《曹沫之陈》综合研究，对《曹沫之陈》竹书的成书年代、性质、成书的背景、内容等进行综合研究。

本书的写作，努力做到以下三点。第一，从微观入手，探讨《曹沫之陈》竹书的内容特色，从宏观上把握《曹沫之陈》竹书成书时的社会背景以及学术背景。第二，坚持出土文献研究和传世文献研究的互证，制度研究与思想文化研究的互证。"尽最大努力去寻找传世古书中可以跟简文对照的语句"①。以《曹沫之陈》为切入点，以小见大，深入挖掘《曹沫之陈》的特点，探讨王官之学与诸子之学特别是兵学的关系。第三，本书还采用对比研究的方法，找出《曹沫之陈》与先秦典籍以及早期兵书的异同点，梳理它们之间的传承关系。

(二)若干新的思考

我在学习和研究《曹沫之陈》的过程中，一方面叹服专家学者的卓见，

---

① 裘锡圭：《中国古典学重建中应该注意的问题》，《中国出土古文献十讲》，8页，复旦大学出版社，2004。

另一方面也觉得有些问题还有再探讨的余地。我以为以下几个方面可能是有待再探讨的重点。

1.《曹沫之陈》竹书的综合研究

学术界目前尚无对此竹书的综合研究。本书试图在科学、公允的前提下作一全面疏证，争取在简的编联和释读上融入个人的创新点，并对简文所记载的一些主要问题提出一己之见，如"三教""军纪""阵"，各种出兵之"幾"（出师之幾、三军散裹之幾、战之幾、既战之幾），各种复战之"道"（复败战之道、复盘战之道、复甘战之道、复敓战之道），"修政而善于民"，"夫阵者，三教之末"，"战有显道，勿兵以克"等。对于某些疑难简字的隶定与释读，对某些有争议的简的编联，重视利用已出土的文献资料，特别是郭店楚简，进行校勘①。例如，简 20"繇（由）亓（其）杲（本）"，见于《礼记·祭统》："是故君子之教也，必由其本，顺之至也，祭其是与？"有文献基础外，再对照郭店楚简《成之闻之》简 12"不从其繇（由），不反其杳（本）"，正与《曹沫之陈》"繇（由）亓（其）杲（本）"相互印证。再如简 28 与简 37 上半支的编联，简 28 的末句"是古（故）偒（长）"，与简 37 上半支的首句"民者"，组成"是故长民者"，"长民者"见于《礼记》之《坊记》《缁衣》，《国语》之《周语下》《晋语一》，不仅如此，征之于郭店楚简，"长民者"亦见于郭店楚简《缁衣》简 11、16、23，而且《缁衣》简 11 有"古（故）偒（长）民者"，更加有力地证明此种编联是正确的。此外，不只限于挖掘简文本身内容，还将简文内容与传世文献进行对比，以期对相关问题进行全面研究，如《曹沫之陈》与《国语·鲁语》的关系问题，曹沫与曹刿的研究，曹沫天命观与池伯天命观的区别，池伯是否如《国语》注释所云就是施父之子，鲁庄公时期鲁国的"并兼人"问题等。

《曹沫之陈》虽然不像郭店楚简、上博简的有些篇章那样，大致相当于传世文献或者先前出土的文献，可以直接对读，但它毕竟不是"天方夜谭"，它的某些语句亦见于古代典籍。例如，简 1、2 所载曹沫进谏庄公勿

---

① 上博楚竹书虽然是从香港文物市场所购得的，但是据整理者推测，其出土地点在湖北省的荆门、沙市一带，即与郭店楚简的出土地相距不远，而且竹简的年代也是相近的，因此，两批竹简可以对照学习。

铸大钟一事见于《慎子》佚文；简 20 的"毋获民时，毋夺民利"与《国语·鲁语》"动不违时，财不过用"；简 34 的"君毋惮自劳，以观上下之情伪。匹夫寡妇之狱讼，君必身听之"与《国语·鲁语》的"听狱虽不能察，必以情断之"；简 19 的"和于邦、和于豫、和于陈"与《吴子·图国》的"和于国、和于军，和于阵、和于战"；《曹沫之陈》的仁本思想，与《吴子》"动之以礼，抚之以仁"很接近；简 44 的"是故疑阵败，疑战死"，与《齐孙子》《司马法》《六韬》《吴子》皆有相似思想；简 17、18 的"毋爱货资子女，以事其便嬖，所以拒内"可谓是《吴孙子》"五间"之一的"内间"，等等。通过《曹沫之陈》竹书与传世文献的这种比对，"抉摘其异同"①，我们可以更好地把握《曹沫之陈》竹书的特色。

2. 关于《曹沫之陈》竹书性质

《曹沫之陈》的性质，原整理者李零先生定为佚失已久的古兵书，学者从之。当然，古兵书并不等同于兵家著作，但是古兵书的范围过于宽泛，容易让人产生误解，而且也确实有学者依此而说《曹沫之陈》为兵家著作。此外，也有个别学者以为是儒家作品。而《曹沫之陈》的形式应该属于原始的语录体。现在流传下来的《国语·鲁语》的前两篇就是《曹刿论战》与《曹刿谏庄公如齐观社》，那么极有可能《曹沫之陈》就是原始《鲁语》的一部分，它系鲁国史官所作，不属于子书的范围。史官文化就是周代的王官文化，史官关心的是国家的治术。《曹沫之陈》主张"修政而善于民"，这种观点很难说他是兵家还是儒家，只能说是受传统礼乐文化影响的政治家的共识。所以说《曹沫之陈》所记系曹沫与鲁庄公的问对，但绝不是曹沫个人所作，而是鲁国史官的记录。《曹沫之陈》简文论政、论兵，以论兵的内容居多，虽然其针对战争、兵法的主题并不突出，但是所论述的中心思想非常清晰，就是论述小国弱国怎样在军事上取得有利的条件，怎样取得战争的胜利。所以说又有兵书的萌芽。先秦时期"国之大事，在祀与戎"，史官对这两项大事皆是格外关注，《曹沫之陈》内容显示了史官注意力由论礼向论兵的转变，可以说是带有一些兵书萌芽的"语"类著作。

---

① 陈垣：《校勘学释例》，118～122 页，上海书店出版社，1997。

3.《曹沫之陈》在先秦学术发展历程中的地位的考察

《曹沫之陈》有浓重的"王官文化"与"兵家文化"混合交融的特色，所以它在学术史上应该处于"王官之学"向"诸子之学"的过渡阶段。"王官之学"与"诸子之学"不可能是两个断裂面，中间应该有一个很长的过渡阶段。而且王官之学也不可能直接散落、下移到诸子那里，二者在传承人方面也应有一个过渡，可能首先是散落、下移到诸侯或卿大夫之家。对于这两种过渡，《曹沫之陈》都可以给我们提供某些重要的讯息。另外，学界一般公认私家著述之前就是史官著述，然而，从史官著述到私家著述之间应当有一个过渡阶段。从《曹沫之陈》可以看出，作者的写作意识与主体意识都在增强，它应该就处于从史官著述向私家著述的过渡阶段。

4. 关于《曹沫之陈》所论兵法特色研究的深化

《曹沫之陈》的战略思想是立足于本国实力，内和于民，外和于大国，以邻国齐国为假想之敌，采取积极有为、灵活多样的策略，确保战争的最后胜利。同时这也是基于鲁国国力弱于齐国的背景，所以强调的是小国与大国相处的方法，以及小国胜大国的奥秘。显而易见，小国、弱国与大国、强国的军事思想会有比较明显的区别。结合《吴孙子》《齐孙子》《吴子》等先秦兵书在这方面的内容的区别，我们可以找出因国力悬殊而导致的军事指导思想的差异。《曹沫之陈》格外强调带兵作战的贵族的重要性，强调血统的优劣，重视宗族组织在战争中的作用，显示了鲁国以宗法治军的特色和重视血缘关系的特点。《曹沫之陈》有明显的经验总结的特点，是鲁对齐多次战争的总结，带有极强的针对性、应对性，可是它并不具备兵书记载的全面性。

总之，《曹沫之陈》竹书问世不久，目前仍然处于研究的初步阶段，竹书的许多新的学术信息给历史研究带来了新知识，也启迪我们反思相应的学术难题。由于那一时期历史资料匮乏，更彰显其学术价值。因此，对《曹沫之陈》进行深入细致地综合研究，势在必行。我们知道，时代较早的出土文献，其文本的复原和内容的阐释都需要长时间的心平气和的整理研究，本书就是在努力实践这一原则。我所提出的试图阐明的一些新的探索，力求在绪论以下的几章中进行比较全面具体的分析和研究。

北京师范大学史学探索丛书

上编 《曹沫之陈》疏证

自 2004 年 12 月上博简第 4 册出版之后，学术界很快掀起了研究热潮，其中对《曹沫之陈》尤为关注。因为竹简的编联、缀合、排序和简字的隶定、释读对理解简文至关重要，是进行深入学术研究的基础，因此这一方面成为学者们研究首先关注的问题。在李零先生排序与考释的基础上，不少学者相继发表卓见，进行研究，成绩斐然，使得简文基本可读。然而，相关的研究尚缺乏对于《曹沫之陈》简文的通篇内容系统和细致的探讨。基础性的研究虽然很多，如对字词的考释，但是多为针对某一个具体的简字，而少有对全部简文的考证梳理。而且现有的通篇释文也往往过于简约，某些注释还存在着一些待商榷之处。所以说，关于《曹沫之陈》的编联、分章、释读，还有很多值得继续研究的地方。而编联与释文又是进一步研究的基础，因此，本书上编，拟先对《曹沫之陈》全篇作一系统的疏证。疏证以李零先生的原释文为基础，同时吸收了陈剑、陈斯鹏、白于蓝、李锐、单育辰、高佑仁诸家的编联成果①，以及其他学者的相关研究成果，进行梳理探寻，努力做到对全部

---

① 本书中称引诸位专家精义时，一般省略了"先生"之称，非是不敬，实为简省之计。另，到目前为止，除李零原释文之外，共有陈剑、陈斯鹏、白于蓝、李锐、单育辰、高佑仁六家的编联以及释文，需在《疏证》部分反复征引，为简省计，先在此列出其出处，书中引用这些先生的观点时，凡是不单独加注的，都是出自下列文章：

陈剑：《上博竹书〈曹沫之陈〉新编释文（稿）》，清华大学"简帛研究"网，2005年 2 月 12 日。

陈斯鹏：《上海博物馆藏楚简〈曹沫之阵〉释文校理稿》（"孔子 2000"网，2005 年 2 月 20 日），在《疏证》中简称为陈斯鹏旧稿；《简帛文献与文学考论》第十章"战国竹简散文文本校理举例之二——《曹蔑之阵》校理"（93～109 页，中山大学出版社，2007），在《疏证》中简称为陈斯鹏新稿。

白于蓝：《上博简〈曹沫之陈〉释文新编》，清华大学"简帛研究"网，2005 年 4 月 10 日；《〈曹沫之陈〉新编释文及相关问题探讨》，复旦大学出土文献与古文字研究中心网，2008 年 3 月 3 日。

李锐：《〈曹刿之阵〉释文新编》（"孔子 2000"网，2005 年 2 月 22 日），在《疏证》中简称为李锐旧稿；《〈曹刿之阵〉重编释文》（"孔子 2000"网，2005 年 5 月 17 日），在《疏证》中简称为李锐新稿。

单育辰：《〈曹沫之陈〉新编联及释文》，武汉大学"简帛"网，2007 年 6 月 3 日。

高佑仁：《〈上海博物馆藏战国楚竹书（四）·曹沫之阵〉研究》，30～32 页，花木兰文化出版社，2008。

李零和诸家的这些考释，精义迭见，用力甚多，为《曹沫之陈》的研究奠定了基础。

简文的系统研究。试图使《曹沫之陈》的研究能够有所前进。

疏证的体例，分为简文、意译、备注、疏证四项。"简文"即李零的原释文。拟补的文字，为阅读方便计，也写入简文，用"〔 〕"标出，不能补出的残损严重的文字用"□"标出，不能补出的又不可确定具体字数的缺简用"……"表示。此外，对于"简文"是由前后两支半简拼合的整简，如果拼合没有问题，则保持李零原释文的完简状态，但亦标出上下半支简的位置；如果拼合有问题，则会在残断处分开，后半支简另起一行写出。"意译"即对简文的简单翻译。所以将"意译"部分排在简文之后，目的是为了便于两者对读。意译的内容尽量直译，为了使语意连贯，有些被简文省略的内容，译文则补写出来，外加"（ ）"标明。"备注"主要说明此简的形制和系连情况，并且说明各家的不同编联方案，以及一些须说明的问题。"疏证"则尽量广泛而全面地收集对简文内容的考释，力求明晰而详审。

另外，需要说明的是，为了使读者便于阅读，本文进行疏证的《曹沫之陈》的 65 支简的顺序，一遵《上海博物馆藏战国楚竹书（四）》所载李零原释文的排序。但是，简文和"意译"部分则依据原释文和诸家解释，并且参照我的相关研究考证写出和翻译。如果出现原释文编联或释读方面有讹误或者有疑义的地方，就在"备注"或者"疏证"部分进行说明。在这种情况下，"意译"因编联的不恰当而出现前后句不连贯的现象，也就在所难免。为了弥补这种做法的疏漏，在上编的最后，根据我所进行的疏证工作的考释，再按照本文的研究成果，对《曹沫之陈》全文进行新的编联和意译。

北京师范大学史学探索丛书

【简 1】

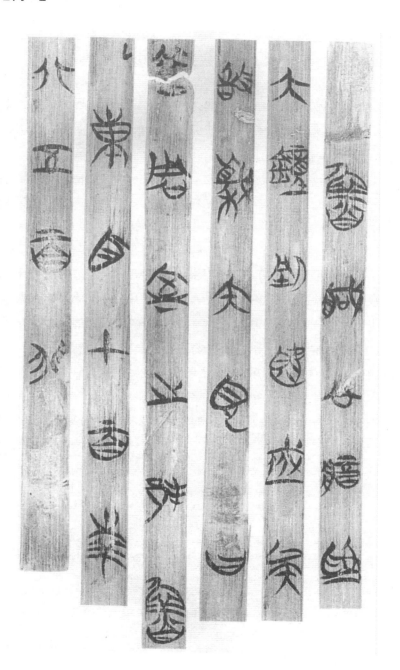

鲁戒(庄)公酒(将)为大钟，型既城(成)矣，敔(曹)穑(沫)[1]内(入)见
曰："昔(以上前半段)周室之邦鲁[2]∟，东西七百，南北五百[3]，非(以
上后半段)

【意译】

鲁庄公将要铸造大钟，陶范都已经造好了。这时，曹沫进见，他对鲁
庄公说："从前，周室分封鲁国的时候，方圆东西长七百里，南北长五百
里，不是……"

【备注】

原释文指出，本简长 47.1 厘米，由两段缀合成完简，上、下端完整。
共 31 字。白于蓝测量简长为 47.3 厘米[1]，我们测量的数据也是 47.3 厘
米。原释文认为此简与下简连读。对此，学界无异议。廖名春指出，"《曹
沫之陈》开头一段见于《慎子》佚文"[2]，简文"鲁庄公将为大钟，型既成矣"，
《慎子》佚文作"鲁庄公铸大钟"。廖先生认为《慎子》佚文的记载应该出自竹
书《曹沫之陈》。并认为(唐)徐坚《初学记》、(宋)李昉等《太平御览》、(宋)
王应麟《玉海》、(宋)陈旸《乐书》等十一条记载[3]，都是出自《慎子》。这些

---

① 白于蓝在其《〈曹沫之陈〉新编释文及相关问题探讨》(复旦大学出土文献与古文
字研究中心网，2008 年 3 月 3 日)一文中，根据《上海博物馆藏战国楚竹书
(一)》的"凡例"第八则所说明的情况("为了方便读者，每简注释前附有黑白原
大竹简")，对《曹沫之陈》的 65 支简逐一测量，得出的结果与原整理者公布的
竹简长度数据往往不统一，有些甚至出入很大。针对这一点，我们也重新测量
了竹简长度，发现数据确实存在一定的出入，但是考虑到我们测量肯定存在一
定的误差，所以还是以原整理者公布的数据为准。
② 廖名春：《楚竹书〈曹沫之陈〉与〈慎子〉佚文》，清华大学"简帛研究"网，2005
年 2 月 12 日。后发表在《赵文化论丛》，396～406 页，河北人民出版社，
2006。
③ 高佑仁指出廖名春所收集的《慎子》相关佚文内容有重出者两条，十一条佚文实
为九条。另外又收集了八条佚文(有两条内容重见)，高先生对这些佚文进行了
对比研究，这八条《曹沫之陈》佚文与廖名春所引的十一条佚文，大同小异。参
见其专著《〈上海博物馆藏战国楚竹书(四)·曹沫之阵〉研究》，23～26 页，花
木兰文化出版社，2008。

论析凿然有据，令人信服。

《曹沫之陈》篇述曹沫进谏之事的背景是以谏鲁庄公铸大钟为起因的。上古时代铸造大钟，常被视为君主贪图享乐、不顾国力、无视民瘼的典型事例之一。文献所载的事例，人们所熟知者有周景王铸名为"无射""大林"的大钟之事，周卿单穆公为此事而进谏，事见《国语·周语》下篇。还有晋平公铸大钟而师旷听其音不调谐之事，载于《吕氏春秋·长见》篇。还有齐景公铸大钟，智者以为其必毁之事，见于《晏子春秋》卷八，此事所载传有孔子语，故录如下：

> 景公为大钟，将悬之。晏子、仲尼、柏常骞三人朝，俱曰："钟将毁。"冲之，果毁。公召三子者而问之。晏子对曰："钟大，不祀先君而以燕，非礼，是以曰钟将毁。"仲尼曰："钟大而悬下，冲之，其气下回而上薄，是以曰钟将毁。"柏常骞曰："今庚申，雷日也，音莫胜于雷，是以曰钟将毁也。"

三人所讲的理由，晏子谓钟必毁原因在于违礼，柏常骞谓违时，孔子则以为原因在于钟悬挂太低，"冲之，其气下回而上薄（迫）"，其意指钟的响声振动很大，悬挂太低，巨声返归向上冲击钟体，致使钟体毁坏。此三说，以孔子所云近是。《周礼·考工记·凫氏》云"钟已厚则石，已薄则播，侈则柞，弇则郁，长甬则震"，讲的是钟的造型与钟体的厚薄对钟发出的声响的影响，其实，悬挂的高低对于钟的音响亦有关系。一般说，钟大应高悬，钟小方低悬，齐景公所铸大钟"钟大而悬下"，故而因声响巨大而致使钟毁。孔子言铸大钟事，仅见于此，或后世好事者附此事于孔子名下，以强己论而然。故而此论，未必真是孔子言论。孔门弟子言"大钟"事，曾以"大钟"的"不撞不发"，喻贤人的渊深不露，见于《孔丛子·抗志》篇①。

钟为古代重器，铸造大钟不仅要耗费大量财力物力，而且多为君主享

---

① 是篇载鲁国贤人名"桥子良"者，品德高尚，不务虚名，"修实而不修名，为善不为人之知己。不撞不发，如大钟然。天下之深人也"。

乐服务，所以常被人们讥讽。《吕氏春秋·权勋》篇载"中山之国有厹繇者，智伯欲攻之而无道也。为铸大钟，方车二轨以遗之。厹繇之君将斩岸堙溪以迎钟"①，智伯随送钟之举而灭厹繇。大钟于此被视为贾害之物。墨子曾以"为大钟""撞巨钟"事为君主典型的奢侈享乐腐化之举，极力加以抨击，其论见于《墨子·非乐》篇。《慎子》逸文载"鲁庄公铸大钟。曹刿入见曰：'今国褊小而钟大，君何不图之？'"②其事类于晏子谏齐景公铸大钟，亦为贤者以远见卓识谏君之事。需要指出的是，战国后期儒学大师荀子并不赞同墨子此论。他曾经引《诗》来论证此事，谓大钟声音之和，乃政通人和的反映，可以安定民心，鼓舞士气，表示社会的祥和。"故儒术诚行，则天下大而富，使而功，撞钟击鼓而和。《诗》曰：'钟鼓喤喤，管磬玱玱，降福穰穰。降福简简，威仪反反。既醉既饱，福禄来反。'此之谓也。故墨术诚行则天下尚俭而弥贫，非斗而日争，劳苦顿萃而愈无功，愀然忧戚非乐而日不和。《诗》曰：'天方荐瘥，丧乱弘多，民言无嘉，憯莫惩嗟。'此之谓也"③。观《曹沫之陈》篇所论铸钟之事，实同于墨子、晏子，而与后来的荀子不同也。

【疏证】

[1] 敔（曹）䅵（沫）：

原释文注，"敔䅵"即"曹沫"，并总结说简文"曹"作"敔"或"敪"，"沫"作"蔑""䅵""戫""蕨"或"堇"。原释文指出"敔"字古文字多用为"造"，与"曹"读音相同（都是从母幽部字）；"䅵"字从蔑或从万，"蔑"或"万"与"沫"读音亦相同（都是明母月部字）。古书所见异名，如"剸""翙"是见母、晓母的月部字，读音也相近。

按，"敔"从"告"得音，而"告"与"造"经常通假。"敔"，见于"郏陵君豆"，即借为制造之造；见于"㳄并呆戈"，何琳仪指出此字从攴告声，疑

---

① 《韩非子·说林下》亦有类似记载。

② 《慎子》佚文见《诸子集成》第五册《慎子》，8 页，上海书店出版社，1986。

③ 《荀子·富国》。

掯之异文①。"敀"还见于楚玺，亦读作"造"。在文献中，亦常见"告"与"造"的通假，如《诗经·大雅·公刘》："乃造其曹。"《一切经音义》四六引"造"作"告"②。而"造""曹"亦是通假字，如《尚书·吕刑》："两造具备。""两造"即"两曹"，指诉讼的双方。所以简文的"敀"读作"曹"是可以的③。"蔑"，《说文·苜部》："劳目无精也。从苜，人劳则蔑然，从戍。""蔑"，在金文中常见，到了简帛文字中变化不大，亦是从苜从禾伐声，或者从苜伐声④。在古文字里，蔑与昧、昧与末、沫与昧、沫与味、味与末，蔑与末、蔑与篾都是可以通假的⑤，简文的作"蔑""穢""敿""蘽"，读作"沫"亦是可以的。不仅如此，《曹沫之陈》前两支简的内容又见于《慎子》佚文。两相对照，更表明简文中的"敀穢"即文献中的曹刿（曹沫）。关于曹刿（曹沫）其人其事的流传与演变，烦请参见本书下编第四章：从口述史到文本传记——论"曹刿—曹沫"形象的演变。

[2] 邦鲁：

原释文指出为"封鲁"。"鲁"字下有句读。按，"封"的本义是在土地疆界的土堆上培育树木，而"邦"在甲骨文中也是在田地边界处栽种草木的形象。早有学者指出，古封、邦一字。"邦"作名词用，指分封的诸侯国。作动词

---

① 何琳仪：《战国古文字典——战国文字声系》，171页，中华书局，1998。

② 参见高亨纂著、董治安整理：《古字通假会典》，726页，齐鲁书社，1989。

③ 陈剑在《释"造"》一文中对于"告"和从"告"的"造"字诸形的区别，以及"造"与"遭""曹"的相通性进行了细致论析。收在《出土文献与古文字研究》（第一辑），55～100页，复旦大学出版社，2006。

④ 因为"蔑"字经常以"蔑历"的形式出现在商末至西周时期的金文彝铭中，专家多有研究。于省吾以为金文"蔑"字，所从为眉字古文，眉属脂部，而万字属祭部，两部相近。万与迈同字，意与劢同。见于省吾：《释"蔑曆"》，《吉林大学社会科学学报》，1956(2)。唐兰认为"蔑"字所从的上部非眉，而是薨、蕾、薨等字所从的上半，"蔑"古音应当读若末，和伐一样皆属祭部，蔑当读伐。见唐兰：《"蔑曆"新诂》，《文物》，1979(5)。收入《唐兰先生金文论集》，224～235页，紫禁城出版社，1995。晁福林师认为"蔑"字并不从眉，其音读不当读若伐。它从眊得音，当通假而读若冒，用若勖，意为勉。见晁福林师：《金文"蔑曆"与西周勉励制度》，《历史研究》，2008(1)。

⑤ 参见高亨纂著，董治安整理：《古字通假会典》，610、611、656页，齐鲁书社，1989。

用，指分封。如伪古文《尚书·蔡仲之命》曰：“叔卒，乃命诸王，邦之蔡。”柳宗元的《封建论》：“邦群后。”皆为其例。关于“封鲁”之事，文献多有所载。《左传》定公四年载：“因商奄之民，命以伯禽而封于少皞之虚。”《礼记·明堂位》载：“成王以周公为有勋劳于天下，是以封周公于曲阜。”《诗经·閟宫》：“建尔元子，俾侯于鲁。大启尔宇，为周室辅。乃命鲁公，比侯于东。锡之山川，土田附庸。”邦字之用，亦可作为动词的“以动”用法来理解，“邦鲁”，意即以鲁为邦国。这种理解与解为分封鲁国，其意义是一致的。

[3] 东西七百，南北五百：

原释文指出，此述鲁之封域。并举《礼记·明堂位》载：“成王以周公为有勋劳于天下，是以封周公于曲阜，地方七百里，革车千乘。”郑玄注：“曲阜，鲁地。上公之封，地方五百里，加鲁以四等之附庸，方百里者二十四，并五五二十五，积四十九，开方之得七百里。”按，孙希旦曾谓：“郑氏‘四等附庸’之说，本无所出。《周礼》‘诸公之地，方五百里’，国之大者，无踰于此。”认为《礼记·明堂位》“地方七百里”的记载是“此记者之夸辞耳”。① 其实，“方五百里”与“方七百里”都不是鲁国始封时的面积。《史记·十二诸侯年表》序曰：“齐、晋、秦、楚其在成周微甚，封或百里或五十里。”鲁国在成周封土也是不过百里的。《孟子·告子下》载“周公之封于鲁为方百里也，地非不足，而俭②于百里”，“今鲁方百里者五”。《孟子》这里的记载可能是比较可信的。鲁国始封的时候，封土不会太大，应该是以曲阜为中心的“为方百里”的封域，但是后来鲁国不断地兼并小国，扩充疆域，到春秋前期成为“鲁方百里者五”的大国。《礼记·明堂位》等典籍记载的鲁国“地方七百里”以及《曹沫之陈》简文记载的鲁国“东西七百，南北五百”，并非是成王时期鲁国始封的封域，而是鲁国在春秋前期最大的封域面积，当然这里还有夸张的成分。相比较而言，汉儒的理解也许过于机械，《曹沫之陈》简文的记载可能更符合鲁国极盛时期的实际疆域。

---

① （清）孙希旦：《礼记集解》，843 页，中华书局，1989。

② “俭”，焦循《孟子正义》卷二十五曰：“《说文·人部》云：‘俭，约也。’《淮南子·主术训》‘所守甚约’，高诱注云：‘约，少也。’”见（清）焦循撰，沈文倬点校：《孟子正义》，852～853 页，中华书局，1987。

【简 2】

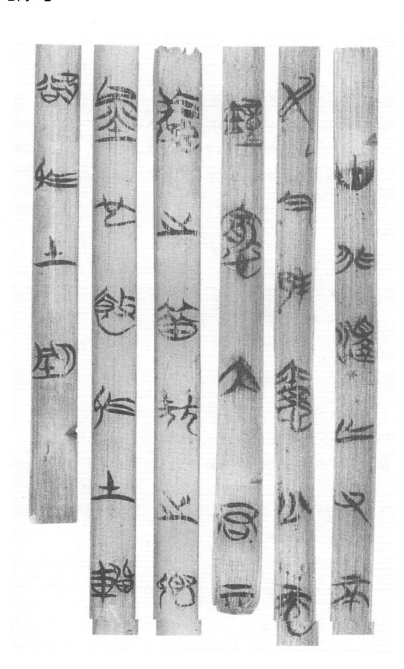

山非泽，亡又(有)不民[1]∟。今邦蔓[2](弥)少(小)而钟愈大，君亓
(其)(以上前半段)悳(图)[3]之。昔尧之飨[4]坴(舜)[5]也，饭于土鞀(增)
[6]，欲〈歓〉[7]于土型(铏)[8]，(以上后半段)

【意译】

(那些不是)山岩、不是沼泽的地方，没有不居住着民众的。(鲁国在
过去土地和人口那样多的时候，都还没有铸造大钟，)如今鲁国的疆土不
大，而铸造的乐钟却愈来愈大，(对于这种不相称的情况，)君主您要考虑
它呀。从前，尧宴飨舜的时候，(一点也不奢华)，用土制的器皿盛饭，饮
水也用土制之器。

【备注】

原释文指出，本简长 46.6 厘米，由两段缀合成完简，上、下端完整。
共 33 字。白于蓝测量数据为 46.85 厘米，我们测量数据是 46.6 厘米。按，
此简首字"山"正系连第一简末尾的"非"字而成句，谓"非山非泽"，可证此
简应当系连于前简。初释者李零在这里的编排是正确的。

【疏证】

[1] 山非泽，亡又(有)不民

原释文对"亡又不民"的解释是"指山泽以外的土地都有人居住"。廖名
春认为原释文将"非"训为"无"不合适，而将"非"训为"隐""间"，也就是偏
僻之"僻"，而将"非山非泽"解释为"僻山僻泽"①。苏建洲认为李零、廖名
春对文意的解释是一样的，只是廖名春误解了李零的意思，并且认为廖名

① 廖名春：《读楚竹书〈曹沫之陈〉札记》，清华大学"简帛研究"网，2005 年 2 月
12 日。

北京师范大学史学探索丛书

春的解释稍可保留，而将"非"读为"鄙"，训为"郊外"①。李锐则读"非"为"匪"②。高佑仁认为"非山非泽"即"无山无泽"③。季旭昇以为"非"亦可通假成"靡"，与"无"字义也相同④。李强训为"违"，释作"僻远"⑤。刘洪涛训"非"为"匪"，以"匪"为"彼"的假借字⑥。陈斯鹏亦读"非"为"彼"⑦。按，李零原释为优，因为此释连于下句"亡有不民"，较为通顺。此句意指，不是山、泽之处，没有不居住着民众的。亦即山泽之外，皆有人居。

[2]愿：

原释文读作"弥"。《小尔雅·广诂》："弥，益也。"按，"愿"与"弥"都是以"尔"为声旁，可以通假。郭店楚简《老子》甲简 30 亦有"弥"字，"而民尔（弥）畔（叛）"，"尔"字比《曹沫之陈》此简的"愿"字上部的笔画要简略。将"尔"读若"弥"从音读上看是可以的，但释其意为愈，似未达一间。"弥"之意本为大、满。《论语·子罕》"仰之弥高"，依苟爽注当训为"终"。疑此处简文的"尔（弥）"，当训为"皆、终"，"邦尔（弥）小"，意邦终小，邦皆小。鲁庄公时期，鲁国国势尚强大，童书业曾指出，鲁诚为春秋初年一强国

---

① 苏建洲：《〈上博（四）·曹沫之陈〉补释一则》，"孔子 2000"网，2005 年 2 月 20 日。

② 李锐：《〈曹刿之阵〉释文新编》，清华大学"简帛研究"网，2005 年 2 月 22 日。后在其《〈曹刿之阵〉重编释文》（清华大学"简帛研究"网，2005 年 5 月 17 日）中亦是如此解释。

③ 高佑仁：《读〈曹沫之陈〉心得两则："幾"、"非山非泽，亡有不民"》，清华大学"简帛研究"网，2005 年 4 月 3 日。

④ 高佑仁：《读〈曹沫之陈〉心得两则："幾"、"非山非泽，亡有不民"》一文附记。

⑤ 李强：《〈曹沫之陈〉札记》，武汉大学"简帛"网，2007 年 3 月 14 日。

⑥ 刘洪涛：《说"非山非泽，亡有不民"》，武汉大学"简帛"网，2007 年 3 月 24 日。后收在《读上博竹书札记两则》一文，发表在《古籍研究 2007·卷上（总第 51 期）》，88～93 页，安徽大学出版社，2007。何有祖在《楚简散札六则》（武汉大学"简帛"网，2007 年 7 月 21 日）中赞同刘洪涛将"非"读作"彼"，并以此来释读上博简第六册《用曰》简 6"非人是龚（恭）"句中的"非"字。

⑦ 陈斯鹏：《简帛文献与文学考论》，95 页，中山大学出版社，2007。

矣①。说此时的鲁国越来越小，并不合适。依简文之意当指鲁国所辖区域全部算来也很小，但是所铸之钟却越来越大。简文前者用"愿（弥）"，后者用"愈"，可见两者用法和含意并不相同。本文用"不大"意译"弥小"，似更妥当些。

［3］恳（图）：

原释文隶定为从者从心之字，读作"图"。按，此字从心从者，亦可隶定为"惉"。"惉"字在郭店楚简中数次出现，或者读作"作"，如，《缁衣》简23，"毋以少（小）悔（谋）败大惉（作）"②。或者读作"著"，如《成之闻之》简2，"信不惉（著），则言不乐"；简31"惉（著）为父子之新（亲）"。"惉"从"者"声，"者"是照母鱼部字，"图"是定母鱼部字，读音相近。《曹沫之陈》此字根据读音及文义读作"图"是可以的。另外，上博简《鲁邦大旱》简1有"圕"，释文解释说，"圕"，从口，者声，当读为"图"。《玉篇·口部》"图"之古文作"圕"，与此形似③。再者，《慎子》佚文有"君何不图之"之句，与此可以对读，亦可为此简字为"图"之一证。

［4］飨：

原释文隶定为"乡"，读作"飨"。按，虽然在金文中，"公卿之卿，乡党之乡，飨食之飨皆为一字"④，但是就本义而言，"飨当为本义，飨食之时人皆向食，故而引申为向（乡），参与飨礼者便称为卿"⑤。在典籍中也多

30

北京师范大学史学探索丛书

① 春秋初年虽有"郑庄小霸""齐僖小霸"，但是鲁国初年亦强，童书业指出："鲁诚春秋初年一强国矣。故以郑庄之强，亦不能不竭力与鲁为好，合鲁之兵力、齐之地位，以破宋、卫、陈、蔡之联盟。"见童书业：《春秋左传研究》，43页，中华书局，2006。

② 郭店楚简《缁衣》简23此"惉"字，孟蓬生谓当为"图"之借字，见孟蓬生：《郭店楚简字词考释（续）》，见张显成主编：《简帛语言文字研究》（第一辑），28页，巴蜀书社，2002。刘钊在校释中亦读作"图"刘钊：《郭店楚简校释》，59页，福建人民出版社，2005。

③ 马承源主编：《上海博物馆藏战国楚竹书（二）》，"释文考释"，204页，上海古籍出版社，2002。

④ 容庚编，张振林、马国权摹补：《金文编》，645页，中华书局，1985，指出是罗振玉说。

⑤ 参见晁福林师：《先秦社会形态研究》，187页，北京师范大学出版社，2003。

见"向""乡""飨"可通假①。然而，郭店楚简中多次出现"向（乡）"，写法不是两人相向之形，字形要简略。可见，"向（乡）"与"飨"在战国文字中已出现分化。而《曹沫之陈》此字原简就是两人相向就食之形，即"飨"字，所以直接将此字隶定为"飨"字，似更妥。

［5］尧之飨垄（舜）：

关于尧举舜的事，《墨子·尚贤上》曰："故古者尧举舜于服泽之阳，授之政，天下平。"《墨子·尚贤中》亦曰："古者舜耕历山，陶河濒，渔雷泽，尧得之服泽之阳，举以为天子，与接天下之政，治天下之民。"上博简第 2 册《容成氏》简 13、14 曰："昔［者］垄（舜）静（耕）于鬲（鬲）丘，匋（陶）于河宾（滨），鱼（渔）于鼍（雷）泽，孝兼（养）父母，以善亓新（亲），乃及邦子。尧䎽（闻）之，而敳（美）亓行。尧于是虍（乎）为车十又（有）五輧（乘），曰三从垄（舜）于旬（畎）畠（亩）之中。垄（舜）于是虍（乎）訂（始）孚（免）䓁（刈）壴（劚）橑（耨）蒌（锸），价（遏）而坐之。子尧南面，垄（舜）北面。"与《曹沫之陈》此简内容类似。《史记·五帝本纪》："舜耕历山，渔雷泽，陶河滨，作什器于寿丘，就时于负夏。"可见，尧举舜之事在先秦时期流传甚广。

［6］饭于土鰡（增）：

原释文以为读作"饭于土塯"或者"饭于土簋"②。"簋"是见母幽部字，"鰡"或"塯"是来母幽部字，读音相近③。"塯"同"簋"，是食器。按，所谓土器，当即陶器。《晏子春秋》有"抟治（冶之误字）"之语，王念孙《读书杂志》谓："'抟治'，谓抟土为砖。《广雅》曰：'治，砖也。'"④抟冶即抟泥土制坯放于陶窑内烧制。这种制陶过程即王念孙所谓的"抟土为砖"。陶器的出现是很早的，在新石器时代早期就已经出现了。在五帝时代，制陶技术

---

① 参见高亨纂著，董治安整理：《古字通假会典》，279～282 页，齐鲁书社，1989。
② "饭于土塯，歠于土型"，古书习见，可参考马承源主编：《上海博物馆藏战国楚竹书（四）》，"释文考释"，244 页，上海古籍出版社，2004。
③ 按，见母、来母字古每相通，仅古文字资料中就有"句"通"娄"、"革"通"勒"、"降"通"癃"等例，此处"塯"读若"簋"，从古音上看是没有问题的。
④ （清）王念孙：《读书杂志》，527 页，江苏古籍出版社，1985。

更是有了长足的发展，《韩非子·难一》曰："东夷之陶者器苦窳，舜往陶焉，期年而器牢。"《史记·五帝本纪》亦曰："（舜）陶河滨，河滨器皆不苦窳。""（舜）陶河滨，作什器于寿丘。"《周礼·考工记》则曰："有虞氏上陶。"所以此简的土𥎊、土型皆是指陶器。

［7］欲〈歠〉：

原简是""。原释文分析古籍中的"□于土型（刑、铏）"，□字共有"歠、饮、啜"等三种异文，主张"欲"乃"歠"之误。陈剑认为是"啜"字之讹，李锐、白于蓝从之。高佑仁引《说文》"㰲，歠也。从欠合声"，与《汉书·司马迁传》"饭土簋，㰲土刑"之"㰲"正合，认为"欲"乃"㰲"之讹字①。蔡丹依据沙市周家台《医方》第 322 号简"男子㰲（饮）二七，女子欲七"，以为其与《曹沫之陈》中的"欲"字用义相同，并认为在楚简和秦简中均出现了用"欲"来表示"饮""歠""啜"等意的例子，从而直接将其写定为"欲"②。按，《史记·张仪列传》："即酒酣乐，进热啜，反斗以击之。"《战国策·燕策一》："即酒酣乐，进热歠，即因反斗击之。"可见，"歠"与"啜"可以通用。上博简《容成氏》简 3 有"歙（饮）而飤之"，或许"歙（饮）"与"欲〈歠〉"原本是一个字。

［8］土型（铏）：

"型"，原释文读为"铏"。按，铏是饮器，其形制类于小鼎，宋儒聂崇义《三礼图》卷十三谓："铏以盛羹，受一升。口径六寸，有三足，足高一寸。有两耳、有盖，士以铁，大夫以铜，诸侯以白金饰，天子以黄金饰。"（见右图）③周代不同阶层的人所用铏的形制虽无大别，但材质却有所区别，普通群众当只用陶制品，所用之陶器称为"土型"。《曹沫之陈》此"型"字与郭店楚简"型"写法相似，

《三礼图》中的铏

---

① 高佑仁：《〈曹沫之阵〉校读九则》，清华大学"简帛研究"网，2005 年 11 月 13 日。

② 蔡丹：《上博四〈曹沫之陈〉试释二则》，武汉大学"简帛"网，2006 年 1 月 3 日。

③ （宋）聂崇义：《三礼图》，卷十三，《析城郑氏家塾重校三礼图》，卷十三，5 页，四部丛刊三编本。

北京师范大学史学探索丛书

但是郭店楚简此字多作从"刃"，或者省去"刃"旁，只作从共从土之字，而《曹沫之陈》此字从"刀"。"土型"，文献习见，但是写法不一。例如，《墨子·节用中》作"啜于土形"，《韩非子·十过》作"饮于土铏"，《史记·李斯列传》作"啜土铏"，而《史记·太史公自序》则作"啜土刑"，《韩诗外传》卷三作"啜乎土型"。

【简 2】背面

敓(曹)蔑(沫)之戋(陈)(见右图)

【备注】

　　原释文指出，这是原书的篇题。按，战国时期的古书类简册的篇题，虽有书于简册正面的，但多是书于背面。题于背面的又分为题写在前面某简的背面、正文中间某简的背面、后面某简的背面。《曹沫之陈》则是典型的书于前面某简的背面。由此篇题所在位置可以推知，《曹沫之陈》采用的是最常见的收卷法，65 支简是从后向前卷束的，故而将篇题置于第 2 简背面，以便于检看。

北京师范大学史学探索丛书

【简 3】

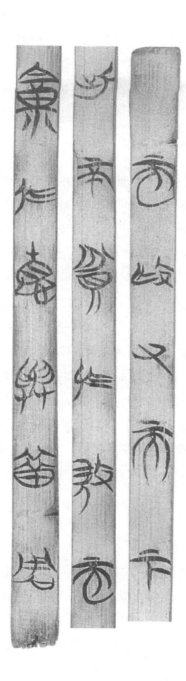

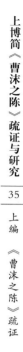

而攺(抚)又(有)[1]天下，此不贫于敳(美)而禧(富)于惪(德)[2]与(欤)？昔周[室][3]……。"

【意译】

"（虽然简朴，）但却能够拥有天下。这难道不是在饮食方面俭啬，而在德行方面却很富有吗？从前周王室……"

【备注】

原释文指出，本简长 24.1 厘米，上端完整，下半残缺，现存 17 字。白于蓝测量数据是 24.35 厘米，我们测量数据是 24.3 厘米。李零原释文认为与下简衔接关系不明。陈剑、陈斯鹏、李锐、白于蓝、单育辰等专家都是在简 3 下面接简 41。按，虽然简 3、41 都是残简，但从残留的内容看，叙述的内容应该是一个整体，都是讲述治国方略事，此种编联方案是可取的。简 3 末句为"昔周[室]"，简 41 简文为"[出乎]竞(境)必勳(胜)，可㠯(以)又(有)忽(治)邦，《周等(志)》是鴍(存)"。作为上下简，内容正合。简 1、2、3、41 可以作为一个编联组，简 1 叙述曹沫入见庄公的缘由，简 2 讲曹沫举以尧、舜节俭事，简 3 讲饮食节俭而富于德操能够拥有天下的道理，简 41 总结说如果这样做了之后，可以"出乎境必胜"，这些道理《周志》上有记载。简文意思颇为通顺。然而，我们要注意到，虽然简 3 下接简 41，但是简 3 与简 41 皆只是上半支残简，而且上下简字不能直接相连，简 3 后面约有半支简的缺简。

【疏证】

[1]攺(抚)又(有)：

抚，《说文·手部》："安也，从手无声。"同时《说文》还记载抚字"古文从支亡"，可见，"抚"字古字是从"亡"的，这是其声旁，与简字"攺"声旁相同，简字"攺"正读作"抚"。"抚有"，古书习见。例如，《左传》襄公十三年"抚有蛮夷"；昭公元年"抚有而室"；昭公三年"抚有晋国"。抚的本义为抚摩，引申意谓据有、安抚。"抚有天下"，即拥有天下。此外，金文中常见"匍有四方","匍有上下"等，其中，"匍有"一般读作"敷佑"，或者读作"抚有"。

[2] 贫于敚（美）而禧（富）于惪（德）：

廖名春认为此"美"指讲究饮食，即美食。《说文·羊部》："美，甘也。"段玉裁注："甘者五味之一，而五味之美皆曰甘。"所以，"美"的本义是味道可口，是味美。引申为动词则为追求味美，讲究口味。"贫于美"，在美食上很差，不讲究饮食①。孟蓬生认为"贫于美"与"富于德"相对，"德"是名词，"美"也是名词。疑"敚"或当读"味"，指食味，即各种食物。古音"敚"和"味"皆为明母微部，故可相通。"贫于味"指在饮食方面俭啬②。高佑仁认为简文"美"字有两个思考方向：一是将"美"释读为"美味"或饮食；二是释作物质生活的精致、华丽，而不局限于"食物"而言。回归到《曹沫之陈》的简文看，"美"释作饮食之事较佳，赞同廖名春将"美"字据本字读③。

按，"富于"，文献习见，《商君书·弱民》："有任，乃富于政。"④《淮南子·修务训》："段干木光于德，寡人光于势；段干木富于义，寡人富于财。"其中，光，充也⑤。"充于德"，"富于义"，是一种表达意思。《盐铁论·贫富》亦有"以其富于仁，充于德也"。所以对于此简的释文，孟说为优，"贫于味"与"富于德"相对，指在饮食方面俭啬。

另，"美"字在楚简中有多种写法。《曹沫之陈》此美（敚）字与上博简第2册《容成氏》简14写法完全一样。"美"除了"敚"的写法外，还有"媺""岸"

---

① 廖名春：《读楚竹书〈曹沫之陈〉札记》，清华大学"简帛研究"网，2005年2月12日。

② 孟蓬生：《上博竹书（四）闲诂（续）》，清华大学"简帛研究"网，2005年3月6日。

③ 高佑仁：《〈上海博物馆藏战国楚竹书（四）·曹沫之阵〉研究》，60页，花木兰文化出版社，2008。

④ "富"或是"当"字之误，"当于政"，言政治得当。参见高亨：《商君书注译》，156页，中华书局，1974。

⑤ 参见何宁撰：《淮南子集释》，1326页，中华书局，1998。

"媺"等写法。"嫩"见于上博简第 1 册《性情论》简 22①；"美"见于郭店楚简《老子》乙简 4，上博简第 1 册《孔子诗论》简 21，第 4 册《内礼》简 9；"媺"见于上博简第 2 册《容成氏》简 21，第 5 册《季庚子问于孔子》简 15、《三德》简 8，第 6 册《竞公疟》简 9。郭店楚简多写作"媺"，如《老子》甲简 15、《老子》丙简 7、《缁衣》简 1、《性自命出》简 51。

　　[3] 昔周[室]：

　　原释文缺字，陈剑、廖名春皆补"室"字。李锐从二人说。按，先秦文献中"周室"之称甚多，仅《左传》就有 8 处，《国语》有 14 处，简文补"室"之说可从。

北京师范大学史学探索丛书

---

① 李朝远指出，"美"，文献中常作"媺"，如《周礼·地官·师氏》："师氏掌以媺诏王。"贾公彦疏："媺，美也。"《汗简》卷五引《石经尚书》古文，"美"亦作"媺"。参见马承源主编：《上海博物馆藏战国楚竹书（四）》，228 页，《内礼》简 9"释文考释"，上海古籍出版社，2004。

【简4】

……今天下之君子既可暂（知）已[1]，箮（孰）能并兼人[2]

【意译】

（庄公说:）"……当今天下的君子，我们可以说已经知道了，可是，谁能兼并别人之国（呢?）"

【备注】

原释文指出，本简长 22 厘米，上半残缺，下端完整。现存 15 字。白于蓝测量数据是 22.3 厘米，我们测量数据是 22.2 厘米。李零原释文认为此简与下简连读。按，简 4 与简 5 正好组成一句完整的对话，所以应该是前后相连之简。

【疏证】

[1] 已：

句末语气词，《论语·学而》："赐也，始可与言《诗》已矣。"《左传》桓公六年："在我而已，大国何为?"皆为其用例。

[2] 并兼人：

原释文指兼并敌国。按，其意实指并兼别人之国。"并兼"，古书习见。例如，《墨子》之《非攻下》《节葬下》有"攻伐并兼"，《商君书·错法》则有："同实而相并兼者，强弱之谓也。"《论衡·程材》载"田宅并兼"，《淮南子·本经训》载"晚世务广地侵壤，并兼无已"，《盐铁论》之《禁耕》篇有"并兼之徒"，《复古》篇有"并兼之路"，《刺权》篇有"并兼列宅"。此外，"并兼"与"兼并"在先秦是并用的。如《墨子·天志下》有"攻伐兼并"，《商君书·开塞》有"今世强国事兼并，弱国务力守"。

【简 5】

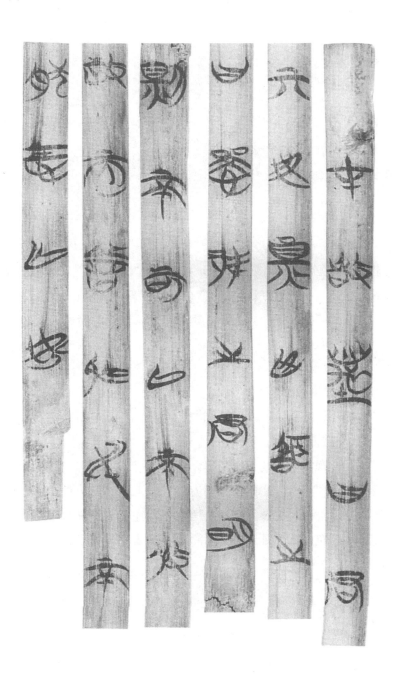

才(哉)?”散(曹)蔑(沫)曰:“君亓(其)毋员(云)[1],臣𦖞(闻)之曰:𨚵(邻)邦之君明[2],则不可㠯(以)不攸(修)政而善于民。不然,忎(恁)亡[3]焉。

【意译】

“(谁能兼并别人之国)呢?”曹沫回答说:“国君您请不要这样说吧,臣下我听说过,邻邦的国君如果贤明,那么自己不可以不修明政治而善待国民。不然的话,就(不是兼并别人之国),而只有考虑自己国家被别人灭亡的事情了。”

【备注】

原释文指出,本简长47.4厘米,完简,上、下端完整。共33字。白于蓝测量数据为47.2厘米,我们测量数据为47.1厘米。李零原释文认为此简与下简连读。按,简5讲述的是“邻邦之君明”的情况,而简6讲述的是“邻邦之君无道”的情况,意思正好是对应的,因此两简可以相连。

【疏证】

[1] 员(云):

原释文读“愪”,《说文·心部》训“忧”。陈剑、白于蓝、李锐诸位先生均读为“愪”,但表示存疑。陈斯鹏读为“损”,亦表示存疑。陈伟武读作“云”,谓“员(云)”字意义及用法相类之虚词“如”,简文“君其毋员(云)”意谓“君王您不要如此”①。单育辰亦读为“云”,无释。高佑仁从原释文读作“愪”,训为“忧”,认为文句中曹沫之语应是对庄公的鼓舞、劝励,曹沫用“君其毋愪”一语安抚庄公对于“孰能并兼人”的焦虑,之后再说明修政善民的重要性②。

---

① 陈伟武:《读上博藏简第四册零札》,《古文字研究》第二十六辑,277页,中华书局,2006。

② 高佑仁:《〈上海博物馆藏战国楚竹书(四)·曹沫之阵〉研究》,73页,花木兰文化出版社,2008。

按，读作"惧"，训为"忧"，在文义上难以说通。从此简的上下文以及《曹沫之陈》全简的主体思想看，曹沫并不认为仅凭武力就能实现"并兼人"，他已经清晰地意识到了国家政治生活与战争的内在联系，所以主张"有克政而无克阵"。"君其毋员"，不是对庄公的安抚，而是对庄公错误说法的委婉的纠正。郭店楚简《缁衣》篇"员"字共出现 32 处，均释为"云"。《老子》乙篇简 3"员"字出现 3 处，《唐虞之道》《语丛三》"员"字各出现五处，均释为"损"。《老子》甲篇简 24 有"天道员员"，"员员"，帛书甲本作"云云"，帛书乙本作"纭纭"，王本作"芸芸"，傅、范二本"芸芸"作"贶贶"。聂中庆则认为"员员"通"圆圆"，运转不已之意①。根据《曹沫之陈》此简上下文义来看，"员"释作"云"较合理，员、云二字亦可通假②。简文"员（云）"，用其本义，即"人云亦云"之"云"，曰也。"君其毋员"，意谓"国君您请不要这样说吧"。

[2] 嚣（邻）邦之君明：

"嚣"字，战国竹简文字习见，或写作"叟"，如《曹沫之陈》简 6，"叟（邻）邦之君亡道"。李守奎指出："《古文四声韵》引古《老子》邻字作○○，即叟字上部所从。"③陈秉新亦指出："叟，吅（邻初文）之繁文，从吅，文为迭加声符。"④在简帛文字中，"叟"多读作"邻"，也有读作"吝"，如郭店楚简《尊德义》简 15"则民少以叟（吝）"。而"嚣"字较"叟"字少见。郭店楚简《性自命出》简 59 有与《曹沫之陈》此简字相同的"嚣"字，整理者隶定作"慢"，简文为"凡兑人勿慢也"，裘锡圭疑此句读为"凡悦人勿吝也"⑤。一般认为"叟"为"邻"字，而"慢"为"怜"之异文，事实上两个字经常混用，如《曹沫之陈》简 5"嚣（邻）邦"，而简 6 则为"叟（邻）邦"。而且在简帛中，二者除了皆可读作"邻"之外，亦可读作"吝"。这说明在战国文字中，"嚣""叟"还没有

---

① 聂中庆：《郭店楚简〈老子〉研究》，225 页，中华书局，2004。
② 可参见高亨纂著，董治安整理：《古字通假会典》，107～108 页，齐鲁书社，1989。
③ 李守奎：《楚文字编》，392 页，华东师范大学出版社，2003。
④ 参见黄德宽主编：《古文字谱系疏证》，3545 页，商务印书馆，2007。
⑤ 荆门市博物馆编：《郭店楚墓竹简》，184 页，注释〔四八〕，文物出版社，1998。

出现分化，由于"嬰"字从心，所以后来即成为"怜"之异文，而"嬰"多读作"邻"。

[3]恁（恁）亡：

原释文读为"任亡"，指听任敌国来灭亡自己。陈剑隶定作"恁"，谓即《说文》"恐"字古文，原误释为从心"壬"声，读为"任"。李锐从陈说。陈斯鹏旧稿读作"浸"，新稿改从原释文[1]。按，《说文》"恐"字古文从工从心，与陈剑说有异。简文此字所从之"壬"虽然与简文一般的壬字，其最上一笔稍有异，但与"工"字则甚有别，今暂从原释文所释，字为从壬从心之字。在简文中，当通于"恁"字。《说文》"恁"字曾混入"饪"字下，段玉裁谓"后人增窜"。《说文·心部》恁字，训谓"下赍也"，段玉裁谓"未闻"此说[2]。关于"恁"字，朱骏声径以"思也"为训。《广雅·释诂》谓"恁，思也"，《后汉书·班固传》李贤注引《说文》谓"念也"。朱骏声或据此而以为当训"思"[3]。"恁亡"，犹思亡，意即想想亡国之事。较之原释文将"任"训为"听任"，可能更贴近简文原意。

① 陈斯鹏：《简帛文献与文学考论》，95 页，中山大学出版社，2007。
② （清）段玉裁：《说文解字注》，218、508 页，上海古籍出版社，1988。
③ （清）朱骏声：《说文通训定声》，91 页，中华书局，1984。

北京师范大学史学探索丛书

【简 6】

婴(邻)邦之君亡道,则亦不可吕(以)不攸(修)政而善于民。(以上前半段)不然(然),亡吕(以)取之。"戜(庄)公曰:"昔池(施)肕(伯)[1]语募(寡)人曰:(以上后半段)

【意译】

"邻国国君如果无道,那么自己也不可以不修明政治而善待国民。不然,自己也就无法攻取邻国。"庄公说:"以前施伯对我说过……"

【备注】

原释文指出,本简长 46.8 厘米,由两段缀合成完简,上、下端完整。共 34 字。白于蓝测量数据为 47.15 厘米,我们测量数据为 47.1 厘米。李零原释文认为此简与下简连读。按,本简是由上下两支残简拼合而成,残断处在"善于民"与"不然"之间。从文义看这正是一句完整的话,可以编联在一起。而且,此简与下简也是一句完整的问话,可以作为上下简。

【疏证】

[1] 池(施)肕(伯):

原释文隶定为"池舶",指出,《国语·齐语》提到"施伯,鲁君之谋臣也",即此人。韦昭注:"施伯,鲁大夫,惠公之孙,施父之子。"陈剑隶定为"池肕",白于蓝从之。陈斯鹏隶定为"沱肕"。按,原简"肕"字,确实从"肉",不从"舟"。"池"与"施"古音相同而字通。简文"池肕"可以读作"施伯"。施伯,在《左传》《国语》等典籍中均有记载,对其人其事的梳理考证以及对其天命观的阐释,烦请参见本书下编附录—《春秋时期鲁国施氏家族探析》一文。

【简 7】

'君子尋（得）之遊（失）之，天命[1]＿。'今异于而（尔）言＿。"敓（曹）穧（沫）曰："（以上前半段）

不同矣[2]。臣是古（故）不敢吕（以）古倉（答）[3]。狀（然）而古[4]亦（以上后半段）

【意译】

"'君子得到什么、失去什么，皆由天命注定。'而今你的话与他所说的却不相同。"曹沫答道："……"

……不同。所以我不敢以古代的道理来回答您。然而，古代的道理（也有根本性的规律存在。）

【备注】

原释文指出，本简长 46.3 厘米，由两段缀合成完简，中间略残，上、下端完整。现存 31 字。白于蓝测量数据为 46.9 厘米，其中，上半支简 24.25 厘米，下半支简 22.65 厘米。我们测量数据为 46.7 厘米，其中，上半支简 24.2 厘米，下半支简 22.5 厘米。李零原释文认为此简与下简连读。陈剑、陈斯鹏旧稿皆从原释文编联。按，简 7 与简 8 都是由两段拼合成的完简。简 7 的残断处在"曹沫曰"后面，简 8 的残断处在"君言"和"亡"之间。李锐首先把简 7 与简 8 分开，第一次编联时把简 7 下、简 8 上拼合在一起，放在简 1 至简 3 之后，而把简 7 上和简 8 下拼合在一起，放在简 6 之后。白于蓝接受了李锐拆开简 7 与简 8 的意见，但是主张把简 7 上和简 8 下放在简 6 后面，而把简 7 下与简 8 上放在了最后简 65 上与简 65 下之间。李锐第二次编联时又采纳了白于蓝的这一种方案。陈斯鹏新稿亦改从白于蓝编联方案。

按，按照原释文的编联，简 7 与简 8 作为上下简来看，曹沫与施伯的天命观即完全相反，然而这样又与简 8 曹沫之语"君言亡以异于臣之言，君弗尽"相矛盾。而且，据我们研究，作为同时期的有见识的鲁国人，曹沫与施伯的天命观是一样的，只是表达方式不同（请参见本书下编附录一《春秋时期鲁国施氏家族探析》）。此外，即使曹沫与施伯天命观不同，曹沫与

北京师范大学史学探索丛书

施伯是同一时代的人，曹沫似也不用说"臣是故不敢以古答"（简7）。因此简7与简8的编联确实存在问题。李锐、白于蓝编联方案可从，能够做到文通字顺（参见本简【疏证】[2]）。然而，这样编联，原释文的意思就和重新编联的释文意思不一样，本简的【意译】，还是依照原释文之意进行表述。

【疏证】

[1] 君子尋（得）之遊（失）之，天命：

原释文指出，"命"字下有句读。此句是说君子无论得失皆出于天命。按，在"天命"之前加句读，意即指得失皆由天命决定，而若无句读，则可理解为得天命和失天命。所以此句读，对于理解简文此句的意思甚为重要。简文"言"字也下有句读。

[2] 不同矣：

原释文以为"不"字前面缺一字，可能是"此""是"或"诚""固"等字。白于蓝将简65上与简7下拼合为一支整简，中间便不再缺字。并把拼合好的这一支简放在整篇简文的后面，而把简7上直接与简8下相连，拼合为一支整简，再与简9连下去。简文成为："'君子尋（得）之遊（失）之，天命。'今异于而（尔）言。故（曹）穄（沫）曰（简7上）：亡吕（以）异于臣之言，君弗聿（尽）。臣聞（闻）之曰：君（简8下）子吕（以）殹（贤）禹（称）而遊（失）之，天命；吕（以）亡道禹（称）而旻（没）身邊（就）蒡（世），亦天命。不狀（然），君子吕（以）殹（贤）禹（称），害（曷）又（有）弗（简9）（得）。"李锐、单育辰两位先生均吸收了这种编联方案。按，这一编联方案比原释文可取。简7是由两段缀合成的完简，从简文意思来讲，前后两段并不一致，上半支讲庄公述施伯之语，"君子得之，失之，天命"，并对曹沫说"今异于尔言"，按照常理，下面曹沫应该是回答施伯所说的话与自己是否一致，而简7的下半支却是"不同矣。臣是故不敢以古答。然而古，亦"。从简文整体意思来看，曹沫与施伯的天命观是一致的。而且，曹沫与施伯是同时代的人，都是鲁庄公时期的人，所以曹沫不大可能用"臣是故不敢以古答"。因此应该拆分简7，白于蓝编联方案可取。

[3]呂(以)古舎(答):

原释文读"古"为"故"。陈剑先生据下文"古亦有大道焉",认为是"以古答","古"指古代。正确可从。

[4]狄(然)而古:

原释文指出,"古"字下有一符号,盖随意勾划所致,似非句读。按,此符号与简文其他句读不类,似非句读。而且,简7的下半支与简8的上半支相连,此句"然而古"与下简(简8)首句"有大道焉",是一句完整的话,也不需要句读。

北京师范大学史学探索丛书

【简 8】

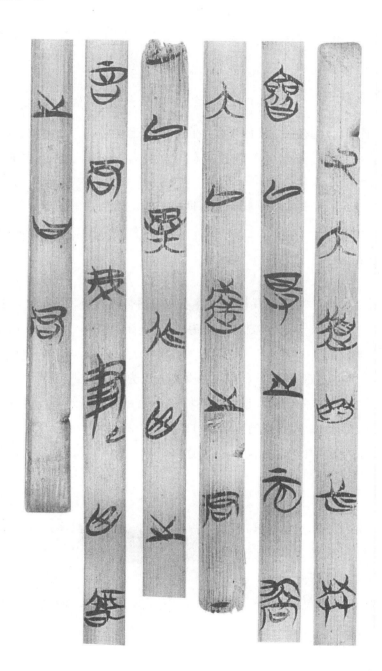

又(有)大道焉，必共(恭)僉(俭)吕(以)导(得)之，而乔(骄)大(泰)以遬(失)之[1]，君[2][不](以上前半段)

亡[3]吕(以)异于臣之言，君弗聿(尽)[4]。臣鄮(闻)之曰：君(以上后半段)

【意译】

（然而古代）也有根本性的规律存在，这些道理必定要靠恭敬俭朴的态度才能够得到，若采取骄奢傲慢的态度就会失去获得这些道理的机会。国君……

……与我的话其实也没有什么不同，只是国君您理解的尚不详尽。我听说：君……

【备注】

原释文指出，本简长 47.5 厘米，由两段缀合成完简，中略残，上、下端完整。共 33 字。白于蓝测量数据为 48.1 厘米，其中，上半支简 25.05 厘米，下半支简 23.05 厘米。我们测量数据为 47.9 厘米，其中，上半支简 25 厘米，下半支简 22.9 厘米。李零原释文认为此简与下简连读。按，本简在"君"与"亡"之间残断。前后并不能拼合为一支完整的简，请参见简 7 的【备注】与【疏证】[2]。本简与下简可以连读，本简末字是"君"，简 9 首字是"子"，正组成"君子"一词，且文义连贯。

【疏证】

[1] 共(恭)僉(俭)以导(得)之，而乔(骄)大(泰)以遬(失)之：

"乔大"，原释文读作"骄泰"，陈剑、李锐、白于蓝从之，陈斯鹏读作"骄汏"。高佑仁指出上博简第 2 册《容成氏》简 39、40，"其乔大如是状"，"乔大"亦读作"骄泰"①。按，楚简文字中习见"大""太"的相通，而"大"

---

① 高佑仁：《〈上海博物馆藏战国楚竹书（四）·曹沫之阵〉研究》，381 页，花木兰文化出版社，2008。

"太"亦通"泰"。此句与《大学》"是故君子有大道，必忠信以得之，骄泰以失之。"表述相似。或有学者以为这有助于说明《曹沫之陈》可能是儒家文献①。然而，我们要注意，《曹沫之陈》成书较早，并不是儒家或者兵家著作，它应该属于"语"类著作。此外，类似的表述还见于《国语·周语下》："及其失之也，必有慆淫之心间之。""及其得之也，必有忠信之心间之。"韦昭注："慆，慢。间，代也。"《国语·晋语六》："君骄泰而有烈，夫以德胜者犹惧失之，而况骄泰乎？"《逸周书·武纪解》："得之而无逆，失之而无咎，唯敬。"表述的方式与意思亦是相似的②。故《曹沫之陈》此简语应该是先秦习语，未必就是为某一家所独有。

[2] 君：

"君"字后面，原有一残字，此字原残大半，仅留上部一画，原释文据此补"言"字。廖名春以补的"言"字与同简的"言"字，笔画相同，同意原释文的做法③。而李锐认为此处由小图版照片看，不补字此简已过长。白于蓝补残字为"其"。按，此处不必补字，应该是简的编联出现了问题。简 8 是由上下两段缀合而成，陈剑、陈斯鹏保留了原释文的编联，以简 8 为完简，只是陈剑在此处亦补"言"字，而陈斯鹏没有补字。范常喜亦从此编联。李锐、白于蓝、单育辰主张把简 8 由此处分开，简 8 上与简 65 下相连。这种编联似可从。此处残余的一短横正好与简 65 下残的第一个字构成"不"字，请参见简 65 下的【疏证】[3]。

[3] 亡：

原释文以为字残，从残存笔画和文义看，应是"亡"字。

[4] 君弗聿（尽）：

原释文指出"聿"字下有句读，读"聿"为"尽"。廖名春引《玉篇·长部》

---

① 参见刘光胜：《上博简〈曹沫之陈〉研究》，《管子学刊》，2007(1)。

② 欧阳祯人指出"必恭俭以得之，而骄泰以失之"的话是脱胎于《论语·学而》："温良恭俭让以得之。"以及《论语·子路》："君子泰而不骄，小人骄而不泰。"参见其专著《从简帛中挖掘出来的政治哲学》，349 页，注释①，武汉大学出版社，2010。

③ 廖名春：《读楚竹书〈曹沫之陈〉札记》，清华大学"简帛研究"网，2005 年 2 月 12 日。

"肆，放也，恣也"，认为当读为"肆"，训为"放、恣"。"君弗肆"，即君上您不要任性①。范常喜不同意廖名春的释"聿"读为"肆"，而是从原释作"尽"，意为"完全、详尽"②。李锐从之。刘洪涛认为"聿"可以假借为"进"，是"不明白""不理解"的意思。并且认为"君弗进"非曹沫之语，而是《曹沫之陈》的作者所加，描绘出了庄公当时的困惑的神态③。按，《曹沫之陈》全篇系曹沫与庄公的问对，并无作者所加之语，所以，刘说似不可信。"聿"，《郭店楚墓竹简》屡见。其中，《语丛三》简56、简43，整理者训为"进"，并表示存疑；《语丛四》简15（两次出现）、《缁衣》简13，整理者皆训为"尽"。另，《曹沫之陈》此"聿"字与包山楚简写法亦类似，《包山楚简》整理者亦训为"尽"。《曹沫之陈》原释文将此字释为"尽"，是可以的。意指鲁君所说的话，言犹未尽。

北京师范大学史学探索丛书

① 廖名春：《读楚竹书〈曹沫之陈〉札记》，清华大学"简帛研究"网，2005年2月12日。
② 范常喜：《〈曹沫之陈〉"君言无以异于臣之言君弗"臆解》，清华大学"简帛研究"网，2005年2月20日。
③ 刘洪涛：《读〈上海博物馆藏战国竹书（四）〉札记》，武汉大学"简帛"网，2006年11月8日。

【简 9】

子吕(以)殴(贤)再(称)[1]而遊(失)之，天命▁；吕(以)亡道再(称)而叟(没)[2]身逷(就)䚊(世)[3]，亦天命。不獃(然)，君子吕(以)殴(贤)再(称)，害(曷)又[4]弗

【意译】

(君)子因为贤良而扬美名于天下而最终却没有好报，这是天命；(有的人)因为无道而扬恶名但却能寿终正寝于世，这也是天命。(这说明天命是人无法掌握的,)不然的话，君子以贤明被称道，为什么没有(得到好结果呢)? ……

【备注】

原释文指出，本简长 47.5 厘米，完简，上、下端完整。共 31 字。白于蓝测量数据与原释文相同。李零原释文认为此简与下简连读。按，此简的最后一字是"弗"，简 10 的第一字是"得"，组成"弗得"，正与简 10"弗失"，是对应的情况。所以简 9 与简 10 是可以相连的。

【疏证】

[1] 再(称)：

称述，称道。《论语·阳货》："恶称人之恶者。"再，又指称赞，颂扬，扬名，《论语·泰伯》："三以天下让，民无得而称焉。"简文此处再字用如颂扬。

[2] 叟(没)：

原释文释为"叟(没)"。廖名春认为此字上部从"同"，下部从"又"，可读为"㲉"，"㲉"为"殁"之本字。"殁身(没身)"，一般指终身，但也有杀身之意。《史记·刺客列传》有"殁身之诔"①。邴尚白释为"没"，认为"没身"

---

① 廖名春：《读楚竹书〈曹沫之陈〉札记》，清华大学"简帛研究"网，2005 年 2 月 12 日。

应读古籍中常见的"终身"之义，而不当作"杀身"，乃应为"寿终而卒之义"①。李锐指出此字的形近字又见于郭店楚简《唐虞之道》简 2 末，"⚬而弗利"②。关于郭店楚简此字，原释文未释出。李零释为"没"，认为此字原无水旁，但从字形看，实即"没"字所从，这里读为"没"或"殁"，是身死命终的意思③。黄德宽、徐在国认为此字即甲骨文中被释为"抎"的字，将此字隶为"妟"，释为"抎"④。陈斯鹏认为"抎""损"同训，"云""员"上古音相同，常可通作，"抎""损"当是一字之异构，读"抎"为"损"⑤。刘钊亦是隶定作"妟"，认为"妟"字从"又""云"声，楚文字中的"云"字通常假作"员"，疑此"妟"字读作"损"⑥。张桂光认为从字形上分析，疑即《说文》训"入水有所取也，从又在冋下。冋，古文回。回，渊水也，读若沫"之"夏"字 ⑦。对于郭店楚简此字，张光裕释作"及"，周凤五释为"约"⑧。李锐亦将此字隶定为"抎"，读《唐虞之道》此字为"损"，读《曹沫之陈》此字为"殒"，"殒身"义同于"没（殁）身"⑨。高佑仁则认为此字从"回"不从"云"，此字与"頮"有重要关系。"頮"，《说文》云："内头水中也。从页夏，夏亦声。""頮"可能是"夏"所衍生出来的字，"頮"彰显没溺之"没"本义。因此他将《唐虞之道》《曹沫之

① 邴尚白：《上博楚竹书〈曹沫之阵〉注释》，台湾大学《中国文学研究》第 21 期，2005，10 页。

② 李锐：《读上博四札记（一）》，"孔子 2000"网，2005 年 2 月 16 日。陈斯鹏在其博士论文中亦指出《曹沫之陈》此字与《唐虞之道》"⚬"为同字。陈斯鹏：《战国简帛文学文献考论》，中山大学博士学位论文，2005。

③ 李零：《郭店楚简校读记》（增订本），96 页，北京大学出版社，2002。

④ 黄德宽、徐在国：《郭店楚简文字续考》，《江汉考古》，1999(2)，75 页。

⑤ 陈斯鹏：《读〈郭店楚墓竹简〉札记（10 则）》，《中山大学学报论丛》，1999(6)，146 页。

⑥ 刘钊：《郭店楚简校释》，151 页，福建人民出版社，2005。

⑦ 张桂光：《〈郭店楚墓竹简〉释注续商榷》，李学勤、谢桂华主编：《简帛研究二〇〇一》，189 页，广西师范大学出版社，2001。

⑧ 张光裕：《〈郭店楚简研究〉第一卷（文字编）绪说》，日本中国出土资料学会：《中国出土资料研究》，1999 年第 3 号，10 页。周凤五：《郭店楚墓竹简〈唐虞之道〉新释》，《"中研院"历史语言研究所集刊》，第 70 本第 3 分，742～743 页。上述这两条资料转引自李锐：《读上博四札记（一）》，"孔子 2000"网，2005 年 2 月 16 日。

⑨ 李锐：《读上博四札记（一）》，"孔子 2000"网，2005 年 2 月 16 日。

陈》的此字都读作"没"，认为"没身"虽常见"终身"之义，但单纯指"死亡"者亦不少见①。

按，此字确实是从"回"不从"云"。且《说文·水部》亦曰："没，沈也，从水从旻。"正如原释文所说，简文所从正是"没"字所从。因此，此字释为"没"是可以的。"没身"一词，典籍习见。本简的意思是说天命是人无法掌握的，不要对天命进行抱怨。所述的"君子以贤称而失之"与"以亡道称而没身就世"是两种相对立的情形，所以此"没身"应该是寿终正寝而死，非杀身之义。

[3]蓻(世)：

原释文释作"死"，以为与简文常见"死"字(作"宛")相近，这里释"死"。高佑仁开始曾据"就死"一词论"没身"不应释为"寿终正寝"②，后来认为此字不能释作"死"。指出上博简第5册《季庚子问于孔子》简14有个相近的字形，陈剑释作"薨"，读作"世"，甚确。看《曹沫之阵》此字，可知字形上半所从即"世"而非"亡"，另外，"力"应为"人"之讹，"就薨"读作"就世"，"就"字训作"尽、终"之义。《尔雅·释诂》："就，终也。""就世"文例亦见古籍，《国语·越语下》："先人就世，不谷即位。"韦昭注："就世，终世也。"可证。而"没身就世"意即"寿终正寝"③。陈斯鹏初释作"殂"，但后认为此释于形虽合，但从文义上却难讲得通，因而改从高佑仁所释④。

按，细察原简，此字上部所从虽与郭店楚简"世"字写法不同，但确实是从"世"而非从"亡"。此字与简65"殜(世)"上部与左边所从都是极其相似的。此外，关于"死"字，上博简、郭店楚简、包山楚简，睡虎地秦简等皆未出现这一种写法。且《曹沫之阵》简文出现5处"死"字，皆是如此。所以简9此字应该隶定为"蓻"，读作"世"。另，除《曹沫之阵》简65外，郭店楚

---

① 高佑仁：《谈〈唐虞之道〉与〈曹沫之阵〉的"没"字》，武汉大学"简帛"网，2005年12月25日。

② 高佑仁：《谈〈唐虞之道〉与〈曹沫之阵〉的"没"字》，武汉大学"简帛"网，2005年12月25日。

③ 高佑仁：《谈〈曹沫之阵〉的"没身就世"》，武汉大学"简帛"网，2006年2月20日。

④ 陈斯鹏：《简帛文献与文学考论》，96页，中山大学出版社，2007。

简《穷达以时》简 2、《尊德义》简 25、《语丛四》简 3 亦有"殜",整理者皆读作"世"。简文"遉(就)萏(世)",犹今语之"于世"。

　　[4] 害(曷)又：

　　此"害"字与郭店楚简"害"字大体写法一致。"害"与"曷"可通假，古书习见①。本简以及下简"曷又"之"又"，原皆读为"有"，陈剑认为实不必。按，"又"如字读即可。

　　① 　参见高亨纂著，董治安整理：《古字通假会典》，615 页，齐鲁书社，1989。

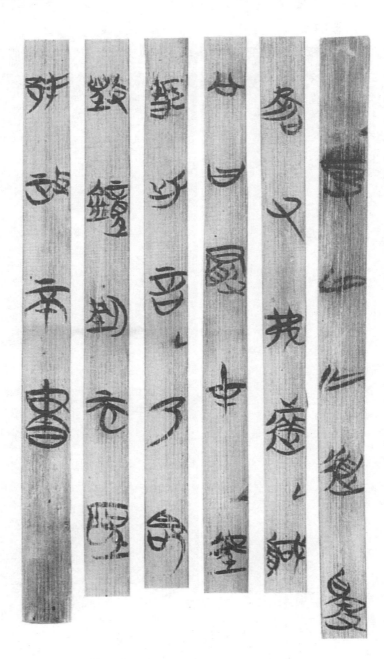

寻(得)？吕(以)亡道再(称)，害(曷)又弗遊(失)＿?"戒(庄)公曰："曼(善)才(哉)[1]，虘(吾)䎽(闻)[2]此言＿。"乃命毁钟型而圣(听)邦政。不昼[3]

【意译】

"(为什么没有)得到好结果呢？然而，以无道而恶名远扬，为什么又没有得到恶报呢？"庄公说："太好了！我听到这样的话。"于是下令毁掉铸钟的陶范而认真处理国家政事。不在白天(睡大觉)……

【备注】

原释文指出，本简长 47.5 厘米，完简，上、下端完整。共 29 字。白于蓝测量数据为 47.6 厘米。我们测量数据为 47.5 厘米。李零原释文认为此简与下简连读。此简的最后一字"昼"，简 11 第一字是"寝"字，正组成"昼寝"一词。足证两简可相连。

【疏证】

[1] 曼(善)才(哉)：

原释文以"曼"或为"勖"字之误写。廖名春认为当读为"勉"。"曼""勉"古音同为元部明母，故可互用①。陈剑举今本《老子》第四十一章"大器晚成"，郭店楚简《老子》乙本简 12"晚"作"曼"，此"曼"可读为"晚"之证，从而释"曼"为"晚"。李锐、白于蓝从之。季旭昇疑"曼"读为"慢"，意为"迟"。《毛诗·郑风·大叔于田》"叔马慢忌"，传："迟也。"②陈斯鹏从之，进一步解释说："'迟慢'义的'慢'，《说文》作'趰'，云：'行迟也。从走、曼声。'后世通作'慢'。由动作的迟慢，引申之可指某种事情发生之迟晚。"③高佑仁从之，总结说："就《曹沫之陈》简文的字形或文义来说，可以读作'慢'或'趰'，而读作'晚'在通假与意义上也都可通，但是若考虑到尊

① 廖名春：《读楚竹书〈曹沫之陈〉札记》，清华大学"简帛研究"网，2005 年 2 月 12 日。

② 季旭昇：《上博四零拾》，清华大学"简帛研究"网，2005 年 2 月 15 日。

③ 陈斯鹏：《简帛文献与文学考论》，96 页，中山大学出版社，2007。

重书手，尊重原简字形的话，读'曼'作'慢'是比较好的选择，因为简文字即作'曼'，无须再通读为'免'声的'晚'。"①

按，疑此处的"曼"字，当读若"善"。《说文》训"曼"之本义为"引也"，引申而用之，则表示柔美、细腻。《淮南子·泛论》所谓"绵绵曼帛"是也。所以朱骏声《说文通训定声·乾部》谓曼字"凡训善、训细、训泽、训远、训延、训美，实皆引长之谊，随文变训耳"②。是曼字本有善之意，又与善同为元部字，所以，此处"曼才"，读若"善哉"似较妥。先秦文献以"善哉"表示赞同之意的文例，俯拾皆是，可为旁证。此处简文下面所载，是鲁庄公听谏而毁钟型，亦可证此语当读"善哉"，比之于读"晚""勖"诸说，读若"善"，简文之意更妥。

[2]酳（闻）：

"酳"字，战国竹简文字习见，原释文读为"闻"，甚是。廖名春认为此"闻"义犹"接受、听从"③。按，接上句文意，此处的"闻"，应为听说之意。

[3]昼：

原释文以为"昼"与下简"寝"字连读，指白天睡觉。《论语·公冶长》提到"宰予昼寝"，令孔子生气，可见"昼寝"是时人认为的不良习惯。按，《孔子家语·曲礼子贡问》记载"孔子适季氏，康子昼居内寝，孔子问其疾"，子贡不解，孔子解释说："夫礼，君子不有大故，则不宿于外；非致齐也，非疾也，则不昼处于内。是故夜居外，虽吊之可也；昼居于内，虽问其疾可也。"④亦可见春秋时人对"昼寝"的观念。

---

① 高佑仁：《〈上海博物馆藏战国楚竹书（四）·曹沫之阵〉研究》，93 页，花木兰文化出版社，2008。

② （清）朱骏声：《说文通训定声》，753 页，中华书局，1984。

③ 廖名春：《读楚竹书〈曹沫之陈〉札记》，清华大学"简帛研究"网，2005 年 2 月 12 日。

④ 《礼记·檀弓上》有相似记载："夫昼居于内，问其疾可也；夜居于外，吊之可也。是故君子非有大故，不宿于外；非致齐也，非疾也，不昼夜居于内。"《礼记》截取了孔子话语的片段，而《孔子家语》则语境完整。

【简 11】

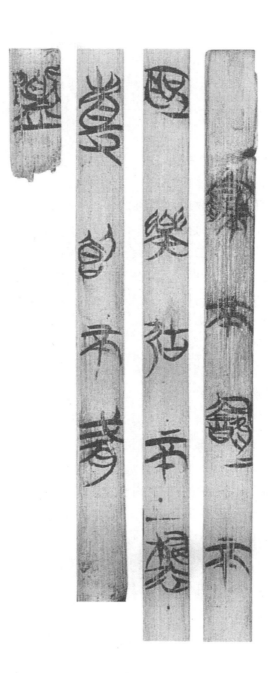

寝，不酓=（饮酒），不圣（听）乐。居不衮（重）廈（席）[1]，飤（食）不膏（二）盥（味）[2]

【意译】

（不在白天）睡大觉，不饮酒，不听乐，不铺两层席子，吃饭不用两个菜，……

【备注】

原释文指出，本简长 24.2 厘米，下半残缺，上端完整。现存 15 字，其中合文一。白于蓝测量数据为 24.5 厘米。我们测量数据也是 24.5 厘米。李零原释文认为此简与下简衔接关系不明。廖名春、陈剑、陈斯鹏、白于蓝、单育辰等先生都认为二简可以缀合成一支完简。按，简 12 上半残缺，下端完整。简 11 与简 12 可以拼合为一支完简，两简缀合长约 47.4 厘米，正是《曹沫之陈》各简的平均长度。此外，两简的文意亦是一脉相承。

【疏证】

[1] 居不衮（重）廈（席）：

"衮"，原释文读作"设"，谓"衮"是心母月部字，"设"是书母月部字，读音相近。"廈"，原简作"廖"，原释文隶定为"虡"，读作"席"，谓"虡"是精母鱼部字，"席"是邪母鱼部字，读音相近。廖名春认为"衮"当为"褻"字之误。《说文·衣部》："褻，重衣也。从衣，执声。""居不褻席"即"居不重席"，而"褻"为重衣，故知简文"衮"当为"褻"形近而误①。"衮"，陈剑隶定为"褻"，又谓原释文将"虡"字误释为"席"，应该隶定为"夏"，释为"文"。陈斯鹏从之，并补充说："'埶''执'形近（实际上音亦相涉），故二字系的字或相通混。"认为此处的"褻"字实际上很可能用作"褻"。"褻"，经籍通作"褺"，本指重衣，引申为凡重之称。居不褻文，言其居处不求文饰繁复②。

---

① 廖名春：《读楚竹书〈曹沫之陈〉札记》，清华大学"简帛研究"网，2005 年 2 月 12 日。
② 陈斯鹏：《简帛文献与文学考论》，96 页，中山大学出版社，2007。

北京师范大学史学探索丛书

白于蓝也从陈剑说，但是隶定为"虔"，读作"文"。魏宜辉认为此处之"居不褒文"与上博简《容成氏》简 21"居不褒美"相近。"文"亦可作"装饰、美饰"解①。高佑仁谓"褒"是就私服而言，"褒"字据本字读即可。"褒文"这样的词例在古籍中尚无法找到，并指出信阳楚简【简 2—28】有"一文竹篓"，即一副花纹精美的竹篓，此简文之"文"用法与《曹沫之陈》简的"文"近似，可见，简文"居不褒文"正是简朴的象征②。

按，魏说引文不确，《容成氏》简 21 实为"衣不褒美"，非"居不褒美"。"龏"字在楚简中多有出现。在郭店楚简、包山楚简、望山楚简等中多见，仅在郭店楚简中就有 17 例，写法与《曹沫之陈》大致一样，整理者隶定为"虔"，在《尊德义》中无释。在《性自命出》中附有裘锡圭注释，"虔"从且得声，疑即"虘"，读为"度"或者"序"。但是裘先生又指出，"'虔即'如读为'度节'，似不通，但如读为'序次'又与简文以'舍'为'叙'矛盾"，最后认为还有待再考③。

细析"龏"字所从，确实应从鹿不从虎，较之隶定为"虔"，郭店楚简的整理者隶定为"虔"，更加合适。李天虹赞同陈伟释《语丛一》之"即虔"语相当于《礼记·坊记》之"节文"，并进而指出楚简中的"虔"应当读作"文"。对于读作"文"的思路，李天虹最初认为"虔"是"麟"的象形字，古"文"与"麟"声韵近可以通转，后来指出更好的解释是李学勤先生的"虔"从民省声，自然可以读作"文"。李学勤先生指出楚文字"民"有一种写法为上半与鹿字头完全相同，而从"鹿"，鹿旁皆有足形。因此李天虹认为此字应该是从民的，此字应该隶定为"麤"，即《说文》中"嵏"字④。这里所存在的疑问就是战国时期有"文"字，为何写作这么繁杂的"虔"？当然，战国文字发展过程中，有简化的趋势，亦有繁化的趋势。有些字为了与同源字区分，强调某一方

---

① 魏宜辉：《读上博楚简（四）札记》，清华大学"简帛研究"网，2005 年 3 月 10 日。
② 高佑仁：《〈上海博物馆藏战国楚竹书（四）·曹沫之阵〉研究》，100 页，花木兰文化出版社，2008。
③ 荆门市博物馆编：《郭店楚墓竹简》，182 页，注释〔一〇〕〔一四〕，文物出版社，1998。
④ 李天虹：《郭店竹简〈性自命出〉研究》，21～22 页，湖北教育出版社，2003。

面的意义，而在原来比较简单的字形中增加新的结构，甚至形成叠床架屋的构形。这些都是为了强调某种特定含义而造成的字形变化。简文此处读若"文"的"廑"字，也许就是这种情况的表现。我觉得关于本简的释读，李零先生释读为席，谓"'廑'是精母鱼部字"，"'席'是邪母鱼部字"，读音相近①，廖名春先生认为"居不亵席"即"居不重席"②，这两家的说法都是正确的。《左传》哀公元年有"昔阖庐食不二味，居不重席"之语，可见，"居不重席"已作为明君奋发图强的典型行为。又襄公二十三年记载，臧孙纥"命北面重席"，为季氏立悼子为宗主，"重席"也是当时一种表示敬重、尊贵的行为。

[2] 飤（食）不𩚜（二）盬（味）：

"𩚜"，原作"𩚜"形，原释文读为"二"，各家从之。唯陈斯鹏在其释文校理稿中将这个字隶定为"膩（贰）"。"盬"，原简作"盬"，原释文没有隶定，以为也可能是"頮"字的异写，相当于"沫"字。陈剑读为"滋"，认为与上博简第 2 册《容成氏》简 21"春不毅米，盬（宰）不折骨"之"宰"字为一字，此两形上半中间当从"采"，疑此字以"采"为基本声符，简文此处可读为"滋味"之"滋"。并引王筠《说文句读》云"是滋即味也"，"滋""味"同义，简文"食不贰滋"，亦与古书多见之"食不二味"意同。廖名春同意原释文释为"頮（沫）"。《说文·页部》："頮，味前也。从页，𦥑声。读若昧。"并引用吴大澄、纽玉树、罗振玉之观点进一步论证"頮"与"昧""沫"的相通性③。禤健聪指出，《容成氏》简 21 的"盬"字，李零先生认为是"从采声，疑读为'宰'……指杀牲"，而《曹沫之陈》的这个字已经见于春秋金文，邾王糧鼎"𩚜"字，庚儿鼎"𩚜"，与《曹沫之陈》《容成氏》此字构形一致，郭沫若将邾王糧鼎此字隶定为"鬻"，谓是"胹"之古文，杨树达则认为此字从采从羔，

① 李零《曹沫之陈》释文，马承源主编：《上海博物馆藏战国楚竹书（四）》，250 页，上海古籍出版社，2004。

② 廖名春：《读楚竹书〈曹沫之陈〉札记》，清华大学"简帛研究"网，2005 年 2 月 12 日。

③ 廖名春：《读楚竹书〈曹沫之陈〉札记》，清华大学"简帛研究"网，2005 年 2 月 12 日。

谓即"羹"字。禤健聪同意从采，但是认为此字当为从鬻从采，采亦声，即《说文·艸部》下的"莘"字。谓莘从宰声，鬻从采声，宰、采二字古音相近，二字当可相通。又引朱骏声与段玉裁说，谓"莘"即"烹"。《曹沫之陈》的"食不二莘"，就是每餐不做两次烹煮，也就是每餐只烹煮一次（一样菜式），也略相当于"食无二味（肴）"①。陈斯鹏认为"盬""鬻"本身释为"烹"，大概是合适的，然"莘"却别是一字，《说文》明训为"羹菜"，即做成羹状之菜（素菜），为名词甚明。莘烹谓之"烹"，所烹烹者谓之"莘"。然"莘"仅指菜羹，不可代表所烹之全部，似当有相应的表示肉羹之字；循音以求，则"臧"字或可当之。又考虑到以君王之身而每餐用一素菜，也似乎太远情理，所以读"臧"应该是最为可取的②。今暂从原释文读作"味"。

①　禤健聪：《上博楚简释字三则》，清华大学"简帛研究"网，2005 年 4 月 16 日。
②　陈斯鹏：《简帛文献与文学考论》，97 页，中山大学出版社，2007。

【简 12】

北京师范大学史学探索丛书

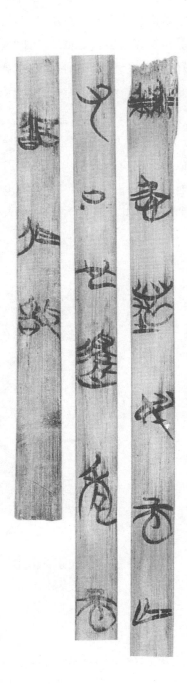

兼悥(爱)[1]蠤(万)民,而亡又(有)厶(私)也。还年[2]而龤(问)于敆(曹)

【意译】

······兼爱百姓而无有私心。第二年,庄公问曹(沫)······

【备注】

原释文指出,本简长 23.2 厘米,上半残缺,下端完整。现存 15 字。白于蓝测量数据与原释文同。李零原释文认为此简与下简连读。按,简 12 最后一字是"敆(曹)",正与简 13 第一字"戠(沫)"组成"曹沫"一词,可证二简连读。

【疏证】

[1] 兼悥(爱):

原释文以为"悥"读"爱",并指出墨子有"兼爱"之说。按,"悥"字在楚简中常见,下部的"心"字写法大体一样,而上部的偏旁则写法迥异,其中与《曹沫之陈》此字的写法最相似的是郭店楚简《尊德义》简 26 的两例。另,《说文·心部》有"悥"字,训为"惠也",段玉裁注谓"叀部曰:惠,仁也。仁者,亲也"①,依此互训的结果,惠亦爱之意。"悥"读作"爱",是可以的。有学者认为"兼爱"是墨家学说的特殊词汇,简文出现"兼爱"有断代的价值,本篇的抄写,当在墨子之后②。也有学者认为这一段简文是《曹沫之陈》吸纳的墨家学派的思想:"面对鲁国的统治者醉生梦死的状态,曹沫借用墨家的政治理念来教育鲁庄公,这也是情理之中的事情。"③"兼爱"学说是墨子所首倡,是墨家思想体系的基石,以《墨子·兼爱》上、中、下三篇

---

① (清)段玉裁:《说文解字注》,506 页,上海古籍出版社,1988。

② 邴尚白先生在其《上博楚竹书〈曹沫之陈〉注释》(台湾大学《中国文学研究》第 21 期,2005)一文中所引周凤五先生之说。

③ 欧阳祯人:《从简帛中挖掘出来的政治哲学》,347 页,武汉大学出版社,2010。

为墨家阐释"兼爱"学说的集中论述。除此之外，典籍中有关"兼爱"的记载还有很多。例如，《管子·立政》篇："寝兵之说胜，则险阻不守；兼爱之说胜，则士卒不战。"《吕氏春秋·审应》篇载公孙龙回答赵惠文王"兵不可偃乎"，说："偃兵之意，兼爱天下之心也。兼爱天下，不可以虚名为也，必有其实。"《司马法·仁本》："战道：不违时，不历民病，所以爱吾民也。不加丧，不因凶，所以爱夫其民也。冬夏不兴师，所以兼爱民也。"因此不能说某人话语中出现了"兼爱"字样即为墨家。此外，早期儒家也倡导"兼爱"，只是与墨家的立义不同。例如，《庄子·天道》载孔子云："中心物恺，兼爱无私，此仁义之情也。"老聃批评他说："几乎后言！夫兼爱，不亦迂夫！无私焉，乃私也。"这当然是庄子后学借老聃与孔子的对话阐释庄子学派的思想，但是亦透漏出"兼爱"一词并非是墨家独有，儒家也是提倡"兼爱"的。"几乎后言"，即"近乎后世迂儒之言"①。《韩非子·五蠹》篇亦载："今儒、墨皆称先王兼爱天下，则视民如父母。"在儒、墨两家对于"兼爱"的立义中，墨家将"兼爱"看作是济世之良药，"兼爱"与"非攻"浑然一体；而儒家谈及"兼爱"多是标榜圣王的品德，如《荀子·成相》："尧让贤，以为民，泛利兼爱德施均。"《曹沫之陈》简文的"兼爱万民"仅为"兼爱"的一般意义，并不具备墨家的典型含义。

[2] 还年：

原释文以为"还年"，这个词，古书比较少见。举《左传》庄公六年："还年，楚子伐邓。十六年（鲁庄公十六年），楚复伐邓，灭之。"杜预注以为"还年"是"伐申还之年"。原释文认为简文所述似与还师无关，似乎是又过了一年的意思（类似古书常说的"期年"）。廖名春同意原注说"伐申、伐邓不在一年"，疑"还年"即"来年"，也就是"下一年，次年"，即鲁庄公七年，并且根据典籍中有"来还"并称之例，属于复词同义，谓文献中的"来年"可以同义换读为"还年"，意即"下一年，次年"②。季旭昇认为"还"通

①　（清）王先谦：《庄子集解》，118 页，中华书局，1987。
②　廖名春：《读楚竹书〈曹沫之陈〉札记》，清华大学"简帛研究"网，2005 年 2 月 12 日。

"环"，"环年"犹如"满一年"；并谓"还"有"复"解，"还年"谓"复一年"①。陈斯鹏举《说文》《尔雅》及《逸周书·周祝解》朱右曾注，指出"还"有"复"义，认为"还年"取义于年之终而复始，即明年之意②。宋华强则以新蔡葛陵楚简常用"睘"或从"睘"之字来表示地支之"亥"，谓上古音"亥"属匣母之部，"期"属溪母之部，韵部相同，声母都是牙喉音，读音相近，"还"可以读为"亥"，当然也可以读为"期"，"还年"即"期年"③。

按，"还年"一词，先秦罕见，只有《左传》庄公六年的这一条记载，杜预注为"伐申还之年"，如果是指庄公六年的"伐申"回来的这一年，就没必要说"还年"，因为楚文王伐申，是要路过邓国的，只要说"还师"即可，在还师的途中，顺道攻打邓国，既然用了"还年"，肯定不是伐申之年，指伐申第二年的意思较妥当。至于《曹沫之陈》此处的"还年"应该是指鲁庄公接受曹沫的进谏而励精图治之后的第二年。另，《春秋正义》卷二七，"穆子未必即以还年见之"，这里的"还年"是指穆子从齐还鲁的那一年，而不是指第二年。魏晋之后，随着道教的发展，文献中习见"还年"一词，意思是返老还童，恢复年轻。例如，《抱朴子·内篇》卷六，"还年之士，挹其清流"；卷十六，"老者即还年如三十时"。《千金翼方》卷十三，"服松叶令人不老，身生毛皆绿色，长一尺，体轻气香，还年变白。久服以绝谷"。

①　季旭昇主编：《〈上海博物馆藏战国楚竹书（四）〉读本》，170 页，万卷楼图书股份有限公司，2007。

②　陈斯鹏：《简帛文献与文学考论》，98 页，中山大学出版社，2007。

③　宋华强：《"还年"小议》，武汉大学"简帛"网，2008 年 8 月 9 日；《据新出土楚简校读〈左传〉（二则）》，《文史》，2010 年第 3 辑。

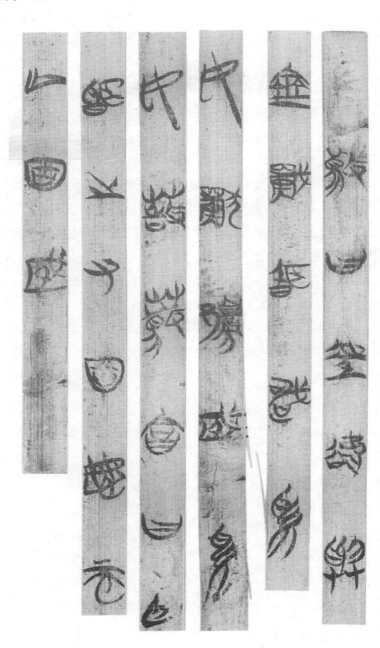

北京师范大学史学探索丛书

敓（沫）曰："虘（吾）欲与齐战，聑（问）戗（陈）[1]奚女（如）？蓳（守）鄝（边）城[2]奚女（如）?"蓝（曹）蔽（沫）仓（答）曰："臣聑（闻）之：又（有）固愳（谋）而亡固城，

【意译】

（庄公向曹）沫问道："我想与齐国开战，想请问你，战阵如何排列？边地之城如何防守？"曹沫回答说："臣下我听说：有固定的谋略而没有可以固守不破的城池，……"

【备注】

原释文指出，本简长 47.5 厘米，完简，上、下端完整。共 30 字。白于蓝测量数据为 47.4 厘米，我们测量数据也是 47.4 厘米。李零原释文认为此简与下简连读。按，因本简末句是"又（有）固愳（谋）而亡固城"，而简 14 首句为"又（有）克正（政）而亡克戗（陈）"，正好成对偶。可证两简可相连。

【疏证】

[1]戗（陈）：

原释文读"陈"，并指明本篇中"营阵"之"阵"皆作"戗"。按，"申""陈"皆是真部字，音相通。《说文·𨸏部》释"陈"为"从𨸏从木申声"，并且保留了"陈"的古文写作"敶"。郭店楚简《性自命出》简 7 此字读作"伸"，而《曹沫之陈》此字应该隶定作"戗"，读作"陈"。先秦时期，并无"阵"字。"阵"作为后起字，大约始于东汉。虽然如此，战阵之法，当不起自东汉。上古行车战，两军对垒，如何排列战车，甚为重要。晋楚城濮之战可为典范，《左传》僖公二十八年载："晋车七百乘，韅、靷、鞅、靽。晋侯登有莘之虚以观师。……己巳，晋师陈于莘北，胥臣以下军之佐当陈、蔡。子玉以若敖之六卒将中军，曰：'今日必无晋矣！'子西将左，子上将右。胥臣蒙马以虎皮，先犯陈、蔡。陈、蔡奔，楚右师溃。狐毛设二旆而退之。栾枝使舆曳柴而伪遁，楚师驰之。原轸、郤溱以中军公族横击之。狐毛、狐偃以上

军夹攻子西，楚左师溃。楚师败绩。"此战楚军因为布置战车行列有误，以致失败。疑"陈"字，古本从阜从车，本有战阵意。后来，衍生出的"阵"字，段玉裁说是"后人别制无理"①，实不尽然。"阵"字的出现，实际上是复古之意。本简简文"戦（陈）奚女（如）"，意即战阵如何排列。

[2]郫（边）城：

"城""成"，古字是相通的②，但是在金文里，二字写法是不同的，"成"作斧劈物之形，而"城"取其用斧保卫城池之意。而在简帛文字中，"城"与"成"不分，可通用。《曹沫之陈》此"城"字与郭店楚简的"成"、包山楚简"城"字，写法是完全一致的。一直到了小篆里面，"城"字字形才变成在"成"字左边加"土"字旁。《曹沫之陈》此"城"字与上一字系连为词组"边城"，"边城"习见于典籍。《管子·度地》"缮边城"，《墨子·号令》"赐守边城关塞"，《史记·晋世家》与《周秦刻石释音·石鼓文》亦出现"边城"。《五经总要》前集卷九记载，吴子问孙武曰："交地，吾将绝敌，令不得来，必全吾边城，修其守备，深绝道路，固其险塞。"但是传世本与银雀山汉墓竹简《孙子兵法》皆无此记载。简文"边城"意即边地之城。

北京师范大学史学探索丛书

---

① （清）段玉裁：《说文解字注》，124 页，上海古籍出版社，1988。
② 参见高亨纂著，董治安整理：《古字通假会典》，57 页，齐鲁书社，1989。

【简 14】

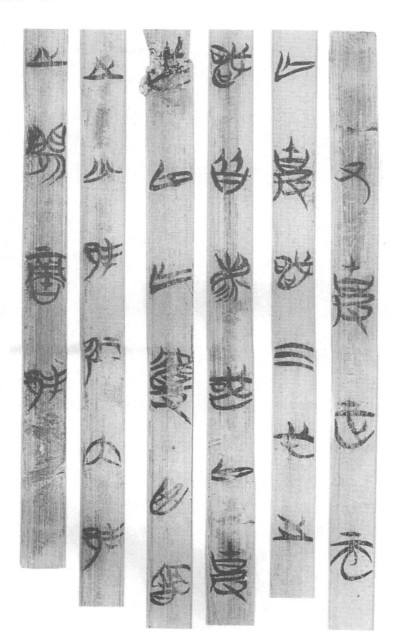

又(有)克正(政)而亡克戡(陈)[1]。三弌(代)之戡(陈)皆鷹(存)。或吕(以)克，或吕(以)亡。虞(且)臣鄙(闻)之：少(小)邦处(处)[2]大邦之閒(间)，啻(敌)[3]邦

【意译】

有一定取胜的为政之法而没有一定取胜的布阵打仗的办法。三代的阵法都还保留着，有的用它取得了胜利，而有的用它却灭亡了国家。而且臣下我还听说过：小邦处大邦之间，敌邦……

【备注】

原释文指出，本简长 47.5 厘米，完简，上、下端完整。共 32 字。白于蓝测量数据为 47.3 厘米，我们测量数据为 47.2 厘米。李零原释文认为此简下有脱简。各家均以简 14 下接简 17。按，从文意看，即使有缺简，简 14 与简 15、16 也是不能连在一起的。参简 15【备注】。简 14 的末句为"少(小)邦处(处)大邦之閒(间)，啻(敌)邦"，简 17 首句为"交墬(地)不可吕(以)先复(作)惰(怨)，疆墬(地)毋先而必取□焉，所吕(以)拒(拒)鄰(边)"。作为上下简，文义颇顺畅。而且简 14 为完简，简 17 虽由两段缀合成，但亦是一支完整的简，两简之间也不可能再有一支脱简。

【疏证】

[1] 又(有)克正(政)而亡克戡(陈)：

原释文读"正"为"政"，谓"克政"是足以胜人之政，"克陈"是足以胜人之阵。按，"克"意多训胜。故《尔雅·释诂》谓："克，胜也。""正"与"政"同是耕(青)部字，古书习见，二字可通假[①]。上支简(简 13)的"有固谋而亡固城"与本简(简 14)的"有克政而亡克陈(阵)"可以作为曹沫的用兵理念。在对"政"与"阵"的关系问题上看到了根本问题所在。曹沫的这种认识与孙子的"七计"之首"主孰有道"，有相似的地方，都认识到了政治对军事的重

① 参见高亨纂著，董治安整理：《古字通假会典》，59 页，齐鲁书社，1989。

要而深层的影响。

[2]处（处）：

原简作"尸"，原释文隶定作"仉"，读作"处"。各家亦皆将此字读作"处"。高佑仁认为隶定成从"尸"的"尻"较妥，而此字在楚简中可读作"处"或"居"，二字音义俱近，本简读"处"也可以，但若合古籍文献的读法，读"居"会较佳①。

按，此字与郭店楚简《成之闻之》简 8 的"处"字写法相似②，而与《老子》甲篇简 22 隶定作"尻"，读作"居"者相差较大。《说文·几部》"处""尻"两字皆有，"处，止也，得几而止，从几从夂"；"尻，处也，从尸得几而止"。字都从几，意思一样，但是较之《说文》保留的二字的小篆，本简此字与"处"更接近。因此较之原释文隶定为"仉"，此字应该隶定作"处"、读作"处"，可能更合适些。

另外，先秦典籍中"居大国"与"处大国"是并用的。《国语·鲁语下》记载鲁国亚卿叔孙穆子叙述鲁国的国情时说："今我小侯也，处大国之间，缮贡赋以共从者，犹惧有讨。若为元侯之所，以怒大国，无乃不可乎?"其中"大国"指齐、楚也。《国语·周语中》单襄公议论陈国的国情时说："居大国之间，而无此四者，其能久乎?"因此，《曹沫之陈》"处（处）大邦"不必读作"居大邦"。此外，《曹沫之陈》作"处大邦"是较早的说法。汉代为避高祖刘邦名讳，典籍中"邦"多改为"国"字。较典型的例证就是《孔子家语·哀公问政》作"举废邦"，《礼记·中庸》则作"举废国"，这是《孔子家语》成书较早的内证之一③。

---

① 高佑仁：《读〈上博四〉札记三则》，武汉大学"简帛"网，2006 年 2 月 24 日。
② 裘锡圭指出，郭店楚简《成之闻之》简 8"仉"本作"尻"，《说文》以为居处之"居"的本字，鄂君启节铭文"尻""居"二字并见，有人因此释此字为"处（处）"，其理由并不充分。但包山楚简"居尻"连文（32 号简有"居尻名族"之语），似乎此字确当释"处"。参见荆门市博物馆编：《郭店楚墓竹简》，169 页，文物出版社，1998。
③ 参见杨朝明师：《孔子家语通解》，214 页，"序说"，万卷楼图书股份有限公司，2005。

［3］啻（敌）：

《说文·口部》："啻，语时不啻也。从口帝声。一曰啻，諟也。读若鞮。""啻"字，在金文中常见，从口帝声，写法与小篆同。有五种解释，一作"禘"，指禘祭。见于盂鼎、剌鼎、大毁（簋）、繁卣、鲜盘等铭文；二作"嫡"，见于《□叔买毁（簋）》《趞毁（簋）》《师酉 毁（簋）》等铭文；三作"敌"，见于霝鼎、戜簋等铭文；四作"帝"，见于堕侯因脊敦。五作"适"，见于者沪钟。在楚简文字中，"啻"也常见。例如，望山楚简一号墓第 77 简"南方又（有）敂（祟）与啻，啻见"，其中"啻"，整理者释读为"谪"；二号墓第 48 简"七啻剑"，整理者指出三体石经"啻（商）"字与本简"啻"字相近①。《曹沫之陈》简文有两处出现"啻"字，简 14 和简 51 下，两处皆读作"敌"。这些都是因"啻"音而发生的通假。如敌，《说文·支部》："从支啻声。"禘，《说文·示部》："从示帝声。"适，《说文·辵部》："从辵帝声"。简帛中的"啻"字反较金文中的写法有所繁化。此外，文献中还有作为"但、止、仅"等虚词讲的"啻"，如《尚书·秦誓》篇"不啻如自其口出"。本简"啻"用若"敌"，"敌邦"，犹言敌国。

---

① 湖北省文物考古研究所、北京大学中文系编：《望山楚简》，98 页，注释［六九］、127 页注释［一一六］，中华书局，1995。据本书序言介绍，对这批楚简进行考释研究的是朱德熙、裘锡圭、李家浩三位先生。关于一号墓第 77 简"南方又（有）敂（祟）与啻，啻见"，专家学者有不同的释读，如袁国华认为"啻"字右下不是重文符，应为合文符，从字的形构观察，似可读作"青帝"二字（《江陵望山楚简"青帝"考释》，《华学》第五辑，141 页，中山大学出版社，2001）。

【简 15】

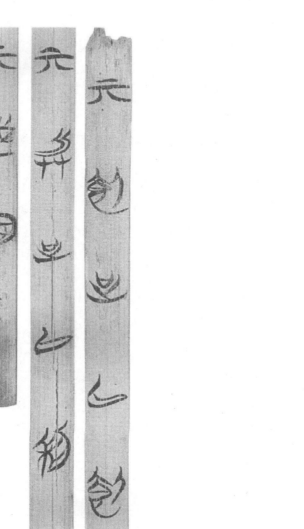

亓（其）飤（食）足呂（以）飤（食）之，亓（其）兵足呂（以）利之[1]，亓（其）城固

【意译】

……国家粮食充足，足以供给人们食用。武器军备足以用来防守，城墙坚固……

【备注】

原释文指出本简长 22.3 厘米，上半残缺，下端完整。现存 15 字。白于蓝测量数据为 23.3 厘米。我们测量数据亦为 23.3 厘米。李零原释文认为此简与下简连读。按，本简末句为"亓（其）城固"，简 16 首句为"足以伐（扞）之"，正好组成"亓（其）城固足以伐（扞）之"。因此，两简正好相连。

【疏证】

[1] 亓（其）飤（食）足呂（以）飤（食）之，亓（其）兵足呂（以）利之：

《论语·颜渊》篇载："子贡问政。子曰：'足食，足兵，民信之矣。'"与此简内容相似。简文后一个"飤（食）"字，作动词用，意指供给食物。

北京师范大学史学探索丛书

【简 16】

足吕(以)戈(扞)[1]之。卡₌(上下)和虞(且)弖(辑)[2]，繲(因)纪(系)[3]于大₌国₌(大国，大国)新(亲)之，天下[重之]

【意译】

（城墙坚固）足以捍卫它。上下和睦，结交于大国，使大国亲近自己，天下诸国（重视自己）……

【备注】

原释文指出，本简长 24 厘米，下半残缺，上端完整。现存 20 字，其中合文一、重文二。白于蓝测量数据为 25.25 厘米。我们测量数据为 25.15 厘米。李零原释文认为此简与下简衔接关系不明。按，简 15、16 正组成"其食足以食之，其兵足以利之，其城固足以捍之"，意思是一脉相承的，两支简相连是没有问题的。然而，从文义上看，简 15、16 应该是守城的做法，而与这里所问的"小邦处大邦"不相符。因此，对简 15、16 两支简的位置应该重新编联。对于这两支简，陈剑主张放在简 57 与简 46 下半支之间。李锐、高佑仁从之。陈斯鹏旧稿、白于蓝则主张放在简 57 与简 59 之间。陈斯鹏新稿则改从陈说。单育辰从陈剑说，将简 15、16 置于简 57 后面，但是认为简 16 后面有缺简，然后下面连简 63 下半支简。考之简文上下文义，应该是陈斯鹏旧稿、白于蓝的拼合方案较合理。简 16 的末句是"天下"，根据上句"大国亲之"，拟补"重之"。简 59 是上半残缺的简，简文为"其志者寡矣"，正好连在简 16 后面，上承简 15 的"其食足以食之，其兵足以利之"作为对"善守者"的总结（参见简 59【备注】）。

【疏证】

[1]戈(扞)：

"戈"，原释文释作"攷"，读作"扞"。陈斯鹏新稿中隶定作"戈"。按，金文与帛书中有从干从攴之字，释作"敨"。本简此字应该是从干从戈之字，所从"戈"与简文所从之"攴"旁不同，与简文之"戗(陈)""战"写法则完全一致。从干从戈之字，就是保卫的意思，意犹文献所谓"执干戈以卫社稷"

（《左传》哀公十一年所载孔子之语）。对于此字读作"捍"，各家无争议，"捍"与"扞"，虽然两字是相通的，但是读作"扞"，字形更接近原字。"干"与"扞"，"扞"与"捍"都是通假字①。

[2] 聑（辑）：

原简作"𢓱"，原释文隶定作"甯"，读作"辑"，指出西周铜器《班簋》有"东国痟戎"，齐器《国差𦉜》有"无瘼无痟"，其"痟"字皆从此。简文此字乃"厭"字所从，"厭"字是影母谈部字，古音与"辑"字相近（"辑"是从母缉部字），从文义看，似应读为古书常见的"和辑"之"辑"。《尔雅·释诂》："辑，和也。"此字与小篆"聑"相似。在先秦古文字材料中，我们还没有发现过"聑"字，此字也可能就是古"聑"字。陈剑、李锐、白于蓝三位先生皆采纳原释文的读法，直接写作"辑"。陈斯鹏旧稿隶定作"兄"，读作"恭"，无说；新稿则解释说，原作"𢓱"，与金文习见的"𦏧"极相近似，彼字一般释"兄"而读作"貺"，据此疑简文此字亦可释为"兄"，读为"恭"，为恭顺之义②。徐在国认为原释文读为"辑"，是完全正确的，但是不同意将此简字隶定为"甯"，并指出原释文说"在先秦古文字材料中我们还没有发现过'聑'字"不确，因为在郭店楚简《鲁穆公问子思》简 2、《缁衣》简 34 有"聑"字。并且将《曹沫之陈》此字直接隶定为"聑"字③。沈培分析甲骨文、金文中"祝""兄"字形的演变，并结合新蔡简、上博简的资料，认为《曹沫之陈》简 16"𢓱"、简 33"𦏧"、简 48"𦒷"这三个字就是"祝"字和从"祝"之字，都应当读作"笃"。并指出战国简的"𣎴""𢓱"等字，虽然看起来跟西周金文中的"𦏧"同形，但是却不能按照西周金文的用法来释读它们，应该把它们看作是从殷墟甲骨文中的"𦏧"形变来的，即由跽跪的人形变成了直立的人形④。高佑仁旧稿同意《班簋》《国差𦉜》中字从"聑"，但是认为"厭"字实不应从"聑"，

---

① 参见高亨纂著，董治安整理：《古字通假会典》，183～184 页，齐鲁书社，1989。
② 陈斯鹏：《简帛文献与文学考论》，105 页，中山大学出版社，2007。
③ 徐在国：《说"聑"及其相关字》，清华大学"简帛研究"网，2005 年 3 月 4 日。
④ 沈培：《说古文字里的"祝"及相关之字》，武汉大学简帛研究中心主办：《简帛》（第二辑），1～30 页，上海古籍出版社，2007。

而是从"宛"，《曹沫之陈》此简的""字释为"聑"，就文例及字形上来看应可成立①；新稿则改从沈培先生说②。

　　按，释作"兄"是不对的，本册竹书有多处出现"兄"字，或者写作从壬从兄的""，如《多薪》简1；或者写作从人从兄的"儿"；《曹沫之陈》也先后出现两次"兄"字，简35与简42，皆写作""，没有单体的"兄"字。郭店楚简《六德》与《语丛一》有单体的"兄"，但是也与本简之""字殊为不类。所以此处绝不应当是"兄"字。此外，原释文将此字隶定为"肙"，也有商榷的余地。《说文·肉部》有"肙"字，其小篆的写法与本简此字不同。其义"小虫也，从肉口声，一曰空也"，也与简文义不符③。而《说文·口部》保留的"聑"字小篆的写法与本简的""字相似。且"聑，聂语也，从口从耳，《诗》曰聑聑幡幡"，段注曰"聑，取口附耳也"④，"聑聑"今诗作"辑辑"，指口舌之声。既然"聑"之义是"口附耳"，本身就隐含着和谐之义，正与本简"上下和且聑"意思相符，因此相对于隶定为"肙"，本简此字隶定为"聑"，从字形到字义都更合适。

　　此外，郭店楚简《鲁穆公问子思》简2"聑"字与《曹沫之陈》此""字相似，只是右边多了""，整理者隶定作"聑"，读作"揖"；《缁衣》简34"聑"字与""字相似，右边多了"人"，整理者隶定作"俹"，读作"缉"。所以亦可以直接将《曹沫之陈》此字隶定作"聑"，读作"辑"。"上下和辑"以及与此类似的表述习见于典籍。例如，《战国策·魏策四》"或以政教不修，上下不辑"，《淮南子·本经训》"上下和辑，虽贤无所立其功"，与本简文"上下和且辑"用法极为相似。《左传》宣公三年"用能协于上下，以承天休"，成公

---

①　高佑仁：《〈曹沫之阵〉校读九则》，清华大学"简帛研究"网，2005年11月13日。

②　高佑仁：《〈上海博物馆藏战国楚竹书（四）·曹沫之阵〉研究》，311页，花木兰文化出版社，2008。

③　此从口从肉的"肙"字见于《古陶文汇编》3·1094，《望山楚简》二号墓简2、6、7、12、16，整理者隶定作"肖"，无说。徐在国解释"肙"为"从口，从肉，会口食肉饱厌之意，餉之初文"。《说文》："餉，厌也。从食，肙声。"参见黄德宽主编：《古文字谱系疏证》，2562页，商务印书馆，2007。

④　（清）段玉裁：《说文解字注》，57页，上海古籍出版社，1988。

十六年"上下和睦",襄公二十七年"上下慈和",定公九年"上下犹和,众庶犹睦"。《礼记》之《乐记》篇有"乐文同则上下和",《孔子闲居》篇"上下和同",《燕义》篇"上下和亲"。《淮南子·本经训》还有"上下同心,君臣辑睦",都是强调上下之间的和谐。

[3]繲(因)纪(系):

"繲",原简作"繲",原释文隶定为"繲",原释文疑读"繲纪"为"絓纪",指结交援于大国。陈剑隶定为"繲",认为"繲"字是以"因"为基本声符,故可读为"因",意为"因就、依靠"。《诗经·鄘风·载驰》:"控于大邦,谁因谁极?"毛传训"极"为"至",研究者或解释为"准则",纪、极音义皆近,作名词意为"原则""准则",作动词则指"以……为原则、准则"。"因纪于大国",犹言依靠大国、以大国之好恶意愿为准则而行事。白于蓝从陈说,读作"因纪"。李锐亦从陈说,读为"姻","纪"读为"配",并谓古"配"字或作"妃"。陈斯鹏以为此字右半作"牰",读作"属"。本无解,后补充说,此简字从"纟","军"声,疑即"襦"若"禑"之异体。《广雅·释器》:"襦,长襦也。"《释名》云:"禑,属也,衣裳上下相连属也。"简文"繲(襦)"正当读若连属之"属"。"属"有联合结聚之意,"纪"亦有会结义,《广韵·止韵》:"纪,会也。"故"属纪"为近义连文,"属纪于大国",即结交、联合大国之意①。魏宜辉亦是如此,读为"属",意思为"委托""托付"。"纪"可以解释作"事",《礼记·文王世子》:"丧纪以服之轻重为序,不夺人亲也。"郑玄注:"纪,犹事也。""属纪"即"属事","属纪于大国",是说将国事托付于大国,是"和大国保持一致"的一种委婉说法②。

按,原简"繲"字从纟从因、从角,似不当释为"繲",而应当楷写作"繲",今暂依陈剑等先生说,读为"因",意犹依附在大国的保护之下而附系之。《左传》襄公十年载鲁正卿季武子说大国与小国的关系,谓:"小国之仰大国也,如百谷之仰膏雨焉!若常膏之,其天下辑睦,岂唯敝邑?"很能表达当时小国希望得到大国保护的心情。《左传》襄公二十六年所载"君

---

① 陈斯鹏:《简帛文献与文学考论》,106页,中山大学出版社,2007。

② 魏宜辉:《读上博楚简(四)札记》,清华大学"简帛研究"网,2005年3月10日。

子曰：'善事大国。'"是为表达这类意思最精粹的语言。原释文虽然"繲"字之释可商，但谓其义指"结交援于大国"，还是可以的。

北京师范大学史学探索丛书

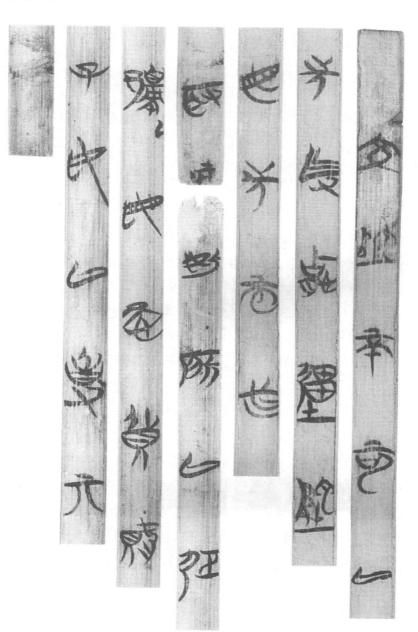

交墬(地)[1]不可吕(以)先复(作)悁(怨)[2]，疆墬(地)[3]毋先而必取□(以上上半段)焉[4]，所吕(以)佢(拒)鄝(边)＿[5]。毋忎(爱)[6]货资子女，吕(以)事亓(其)(以上下半段)

【意译】

（敌对国家之间的）交往和交通之地不可以先构怨于邻国。边疆之地，不要先占据以显示必取之态。这是用来据守边境的做法。不要爱惜财货与女色，要用这些来收买敌邦的（宠臣）。

【备注】

原释文指出本简长 46.7 厘米，由两段缀合成完简，中略残，上、下端完整。现存 29 字。白于蓝测量数据为 46.95 厘米。我们测量数据为 46.9 厘米。李零原释文认为此简与下简连读。又，因简 15、16 与这一部分内容不相符合，抽出来放在简文末尾【参见简 16【备注】），因此简 17 上接简 14。对此，各家无异议（参见简 14【备注】）。按，本简的末句为"以事其"，简 18 的首句为"便嬖"，正好组成一个完整的句子，可证两简应当相连。

【疏证】

[1] 交墬(地)：

原释文读为"交地"，两国接壤之地。并举例《孙子·九地》"我可以往，彼可以来者，为交地"，"交地则无绝"，"交地吾将谨其守"。浅野裕一认为"交地"可能是指，归属国常变而两国势力交叉的土地①。陈剑认为"交地"原释为"两国接壤之地"，理解作偏正式的名词性结构。改将简 14 与简 17 连读为"敌邦交地"之后，则"交地"当理解为动宾结构，指土地接壤。

按，"交地"若释为两国接壤之地，则与下文的"疆地"释为两国交界之地，重复。关于《孙子·九地》"我可以往，彼可以来者，为交地"，《十一

① ［日］浅野裕一：《上博楚简〈曹沫之陈〉的兵学思想》，清华大学"简帛研究"网，2005 年 9 月 25 日。

家注孙子校理》记载各家注释"交地"多从道路交通之类的角度出发,如曹操注"道正相交错也";陈皞注"交错是也,言其道路交横,彼我可以来往";杜佑注"交地,有数道往来,交通无可绝"①。所以"交地"不应该是两国接壤之地。考之春秋早期,国与国之间多有空地,"交地"应该是各国之间可以公共往来的交通要道。本简"交地",意译谓两国交往和交通之地,似乎更妥些。且简14与简17编联,两支简皆为整简,中间亦无缺简,简14的末句为"敌邦",简17首句为"交地","敌邦交地",可以意译为"敌对国家之间的交往和交通之地"。

[2]先复(作)悁(怨):

原释文读"先作怨",指先动手发难,并指出简文"怨"多作"悁",从心从肙字的异体。高佑仁引《说文》:"怨,恚也。从心夗声。"《玉篇·心部》:"怨,恨望也。"及古籍上"作怨"的文例,证明简文"先作怨"应指不要率先做出使他邦怨恨吾国之事②。按,这里的"作怨"意义广泛,并非仅指军事上的"先动手发难",因此,高说较可信,正与"交地"特性合。另,郭店楚简《缁衣》《尊德义》多次出现此字,整理者隶定为"悁",读作"怨"③。

[3]疆陞(地):

原释文读为"疆地",指两国交界之地。浅野裕一认为"疆地"是指邻国支配的边境土地,所以还是不能发动先发制人之攻击,而必须先讨取居民的欢心④。兹从原释文。

---

① 孙武撰,曹操等注,杨丙安校理:《十一家注孙子校理》,236页,中华书局,1999。

② 高佑仁:《〈曹沫之阵〉校读九则》,清华大学"简帛研究"网,2005年11月13日。

③ 李零指出,"怨",原从心从肙,疑与"悁"字有关。包山楚简亦有此字,辞例作"有悁不可证"(简138反),应读"冤"。又包山楚简有邑名和氏名,声旁相同,从邑(简92、93、133、134、139反、164、170、183、192),应即楚县宛(在今河南南阳市);有丝织品名,声旁相同,从系(简267、268、271、275、277、望山楚简也有此字),应即"绢"字(李零:《郭店楚简校读记》,64页,北京大学出版社,2002)。

④ [日]浅野裕一:《上博楚简〈曹沫之阵〉的兵学思想》,清华大学"简帛研究"网,2005年9月25日。

[4] 毋先而必取□焉：

简 17 为两段缀合成的完简，中间略残，但是各家对本支简的缀合无疑义，在"取"与"焉"之间残一字，只有上部的一点残笔，无从释读。各家对原释文的断句没有异议，只有陈斯鹏在残字处断开，把残字的下一字，释为"此"，放在下句，称为"此所以距边"。然而，考之残字的下一字，实为"焉"字，非"此"字，与《曹沫之陈》简 5、8 之"焉"字完全一样。况且下文有"所以拒内"，所以此处的句式也应该是"所以拒边"。因此，"毋先而必取□焉"中间不能再断句。我觉得所残的一字"□"，可拟补"此"或"之"字，表示"疆地"。此句则意谓不要先占据这块疆地。

[5] 佢（拒）鄦（边）：

原释文"佢"，读"距"，拒守。"边"字下有句读。浅野裕一认为"边"是邻接于鲁国的齐国之边陲地区，也可能指曾经是鲁国领土的土地。解释"距"为隔离、分割，认为"所以距边"可能是指将曾经是鲁国领土而后来被齐国夺取的齐国边陲地区，从齐国的支配中隔离、分割的政策①。按，作抵御、抗拒的意思讲时，"距"通"拒"，如《孙子·九地》"敌不及拒"，《孙膑兵法·客主人分》"进不敢距敌"，简文"佢"读作"拒"或者"距"都是可以的，若是以字形的接近上面，读作"拒"更合适。此简的"拒"，当指拒守，而下简的"拒"，则是指通过瓦解对方国内办法来拒守自己的边境，所以下简意译此字谓"瓦解敌国国内"。

[6] 毋忎（爱）：

原释文隶定为"忎"，疑是"恧"字之误，简文读为"爱"，是吝惜之义。陈剑认为"爱"字本作"恧"，上所从"旡"形略有讹变。原释为上从"又"，说为"恧"字之误，不必。李守奎亦指出"忎"的隶定是误把"旡"看成了"又"②。高佑仁则同意陈剑的此字不从"又"，但认为不是上所从"旡"形略有讹变而

北京师范大学史学探索丛书

---

① ［日］浅野裕一：《上博楚简〈曹沫之陈〉的兵学思想》，清华大学"简帛研究"网，2005 年 9 月 25 日。

② 李守奎：《〈曹沫之陈〉之隶定与古文字隶定方法初探》，收入中国文字学会主编：《汉字研究》第一辑，494 页，学苑出版社，2005，后又发表在武汉大学"简帛"网，2006 年 12 月 12 日。

是"旡"旁的省形①。按，"恶（爱）"下部所从"心"变化不大，但是上部所从"旡"形不固定，郭店楚简就有 12 种写法，其中《六德》简 17 与《唐虞之道》简 6 的写法与此相似。所以《曹沫之陈》此"忢"字不用说成"恶"字之误，应该是"恶"的另外一种异写。"爱"有吝啬意，古文习见，例不备举。简末的"以事其"，可以和下简的"便嬖"直接系连。

---

① 高佑仁：《论〈曹沫之阵〉简 17 之"爱"字》，"孔子 2000"网，2005 年 8 月 23 日。

【简 18】

北京师范大学史学探索丛书

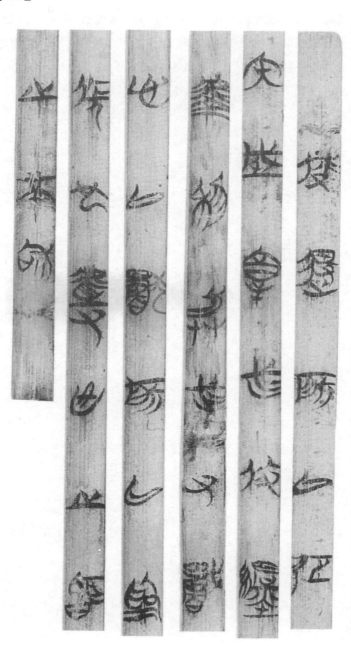

便遳(嬖)[1]，所吕(以)拒(拒)内。城章(郭)[2]必攸(修)，硋(坚)[3]虘(甲)利兵，必又(有)戬(战)心吕(以)兽(守)，所吕(以)为倀(长)也[4]。虡(且)臣之䎦(闻)之：不和

【意译】

（收买敌国的）宠臣，这是通过瓦解敌国国内来固守自己边境的做法。城郭要修补，使盔甲坚牢，使兵器锐利，（这些虽然重要，但是更要紧的则是使守边将士）一定具有随时投入战争的决心来守卫边境，这才是上策呀。此外，我还听说过：（国家内部）不和睦……

【备注】

原释文指出本简长 47.5 厘米，完简，上、下端完整，共 32 字。白于蓝测量数据与原释文同。李零原释文认为此简与下简连读。按，此简末句为"不和"与简 19 首句"于邦"组成"不和于邦"，文义相通，可证两支简正可相连。

【疏证】

[1] 便遳(嬖)：

"遳"，原简为"⿰"，原释文指出，"遳"从卑，与"嬖"同为帮母支部字，可通假。"便嬖"，受宠爱者。《说文·女部》："嬖，便嬖，爱也。"《孙子·用间》："相守数年，以争一日之胜，而爱爵禄百金，不知敌之情者，不仁之至也。"这里是指收买敌方的宠臣以为内应。

按，简 35 亦有"⿰"，原释文隶定为"俾"字。"遳""俾"皆可通假读作"嬖"。"事其便嬖"即是"用间（使用间谍）"的方法之一。《孙子》对于"用间（使用间谍）"的重要性及其方法，有系统的论述。例如，对"用间"的重要性："故三军之事，莫亲于间，赏莫厚于间，事莫密于间。非圣智不能用间，非仁义不能使间，非微妙不能得间之实。微哉！微哉！无所不用间

也。"①对于"用间"的方法，《孙子》归纳为五种：因间、内间、反间、死间、生间。《孙子》用间的理论已经非常周全纯熟，强调"五间俱起，莫知其道"。其中之内间："内间者，因其官人而用之。"就是指的收买敌国的官吏以为内间。和《孙子》相比，《曹沫之陈》比较简单，只有用"货资子女，以事其便嬖"一种，类似于《孙子》中的"内间"。

《孙子》对"用间"的论述是较早的，也是非常系统的，然而，在典籍中对于"谍"的记载却是更早的，也是很常见的。仅《左传》就有 7 次记载战争中使用"谍"。可见春秋时期已经普遍使用"谍"。而且据《左传》哀公元年记载，伍子胥劝谏吴王夫差不要答应越国求和时讲到夏代少康中兴时，"使女艾谍浇，使季杼诱殪。遂灭过、戈"。《太平御览》卷一三五皇亲部保留有《古本竹书纪年》一条记载曰："末喜氏以与伊尹交，遂以间夏。"②与此条记载相似的是《国语·晋语一》："妹喜有宠，于是乎与伊尹比而亡夏。"《孙子·用间》亦曰："昔殷之兴也，伊挚在夏；周之兴也，吕牙在殷。"上博简第 2 册《容成氏》简 37、38 载："汤乃谋戒求贤，乃立伊尹以为佐。伊尹既已受命，乃执兵钦暴，佯得于民。（桀）遂迷。而不量其力之不足，起师以伐岷山氏。"亦是指明了伊尹在灭夏中"间"的作用。虽然对于女艾、伊尹、吕牙等人的间谍活动囿于文献记载，还不是十分明了，也许他们的活动不能说是严格意义上的"用间"，但如果说他们的活动是"用间"的滥觞，当不致荒谬。

［2］郭（郭）：

李锐指出此"郭"字字形与郭店楚简、上博简其他读为"敦"或"庸"者无别，与本篇简 33 当读为"庸"者有别。李守奎认为此字隶定为"郭"，大概是为了表示楚国的"郭"字与《说文》卷五的"郭"，卷十三"墉"之古文"郭"写法

① 《孙子·用间》。
② 方诗铭、王修龄：《古本竹书纪年辑证》（修订本），17 页，上海古籍出版社，2005。

北京师范大学史学探索丛书

不同①。苏建洲同意曾宪通先生所说的战国时期"臯""章"两个形体已趋于合流,《曹沫之陈》简 18"城臯",无疑应该读作"城郭",而非"城敦"②。按,《曹沫之陈》此"郭"字确实与上博简第 2 册《从政》甲篇简 5、12,上博简第 4 册《内礼》附简末字的"敦"字写法一样,但是与秦简、汉简与帛书中常见的"庸"字有别。此外,简帛中多有读作"庸"的"甬"字,如上博简第 3 册《恒先》简 7、11、12、13,睡虎地秦简《封诊式》简 18。此外,"臯"字,金文中常见,或通"敦",或通"錞",或通"淳"。

[3]硻(坚):

原释文隶定作"繉",以为从夃得声,疑读"缮"。"缮"是禅母元部字,"夃"同"庶",是书母鱼部字,读音相近。陈剑隶定为"缠",读作"缮",认为其字为从"庶"得声,恐不可信。李锐、白于蓝、单育辰皆隶定为"缠",读作"缮"。高佑仁认为本简的"缠"字读作"缮"没有问题,但字形来源仍有待突破的空间③。陈斯鹏初隶定为"纞",无说,后隶定为"缠",补充说"缠""纞"所从和比较确定的"廛"字区别还是明显的,所以此简字还是应该隶定为"缠",读为"缮"。"庶""缮"古音书、禅邻纽,韵部属鱼、元旁对转。"缠""纞"从"纟",从"庶"声,很可能就是修缮之"缮"的异构④。

按,简文"繉",原释文以为从夃得声是正确的,但未必读作"缮"。此字所从的"纟",当为羨划,疑简文"繉",当即《说文》石部"硻"字初文。这是一个表示石声的字,段玉裁指出"自硻至厤八篆,皆貌石声",又指出硻字当训"石坚声"⑤。可以说硻字表示石坚之声,可以用如坚。简文"硻虡利兵"意犹"坚甲利兵",非是"缮甲利兵"也。"坚甲利兵"之语习见于先秦文

①　李守奎:《〈曹沫之陈〉之隶定与古文字隶定方法初探》(中国文字学会主编:《汉字研究》第一辑,494 页,学苑出版社,2005。后又发表在武汉大学"简帛"网,2006 年 12 月 12 日),这是作者为了说明"笔画隶定法"的"存古"目的而举的例证。

②　苏建洲:《楚文字杂识》,清华大学"简帛研究"网,2005 年 10 月 30 日。

③　高佑仁:《〈上海博物馆藏战国楚竹书(四)·曹沫之阵〉研究》,127 页,花木兰文化出版社,2008。

④　陈斯鹏:《简帛文献与文学考论》,98 页,中山大学出版社,2007。

⑤　(清)段玉裁《说文解字注》,450 页,上海古籍出版社,1988。

献，如《孟子·梁惠王上》载"壮者以暇日修其孝悌忠信，入以事其父兄，出以事其长上，可使制梃以挞秦楚之坚甲利兵矣"，《墨子·非攻下》载"必皆差论其爪牙之士，皆列其舟车之卒伍，于此为坚甲利兵"，《荀子·议兵》亦曰"坚甲利兵不足以为胜，高城深池不足以为固"，《尉缭子·守权》载"豪杰雄俊，坚甲利兵，劲弩韧矢，尽在郭中"。这些文献中的"坚甲利兵"，"坚""利"皆作形容词，《曹沫之陈》此简文中的"磏（坚）虜（甲）利兵"亦可如此理解。而且，简文"坚甲利兵必有战心以守"，可以当作一句读，意思是说，即使有坚甲利兵，也必须使人有战斗之决心，这样才能取得胜利。所有这些皆以坚甲利兵不足为恃，而强调应当重视披甲执兵的战士的思想，与上面所举《荀子·议兵》中的记载是完全一致的。先秦文献屡见"坚甲利兵"之语，而无缮甲利兵之辞，因此可以说，简文"緟"当释为《说文》的"磏"字，而用若"坚"。"磏（坚）虜（甲）利兵"，意指坚牢的盔甲和锐利的兵器。此外，《曹沫之陈》简文中的"磏（坚）虜（甲）利兵"如果单独断句，其中的"坚""利"亦可以用作动词的使动用法，意指使盔甲坚牢，使兵器锐利。

[4] 所呂（以）为倀（长）也：

"倀"，原释文读作"长"。"所以为长也"，原释文以为犹言"所以为上也"。浅野裕一认为"所以为长"指可能会被齐国侵害的国境地区之防备政策。并谓此处的"长"与"毋长于父兄"（简35）是同样的用法，具有凌驾的意思①。按，"倀"，《曹沫之陈》中六见，见于简18、25、28、35、36，皆读作"长"。简25"倀"与简28第一个"倀"均为官长之"长"。简28第二个"倀"，与简36"倀"，均为统治、执掌、率领之义，犹"君"也。简35"倀"为凌驾之义。本简（简18）中"倀"读作"长"，用如"上、优"之意，意译为"上策"，可能是接近原意的。

---

① ［日］浅野裕一：《上博楚简〈曹沫之陈〉的兵学思想》，清华大学"简帛研究"网，2005年9月25日。

于邦，不可吕（以）出豫[1]。不和于豫，不可吕（以）出戗（陈）。不和于戗（陈），不可吕（以）戡（战）。是古（故）夫戗（陈）者，三教[2]之

【意译】

在国家内部（若不和谐），就不可以率兵出发。率军出发时军队若不和谐，就不可以布阵。布阵不和谐就不可以开战。所以说布阵是三教之（末）。

【备注】

原释文指出本简长 47.5 厘米，完简，上、下端完整。共 32 字。白于蓝测量数据与原释文同。李零原释文认为此简与下简连读。按，此简的末句为"三教之"与简 20 的首字"末"组成"三教之末"，正可相连。

【疏证】

[1] 豫：

原释文认为，从文义看，似与"陈"相似而有别："陈"是临战状态下的固定阵形，而"豫"则是趋战过程中临时采取的队形。"豫"在"陈"前，还没有形成"阵"。此字也有可能是读为"叙"，"叙"有列次之义。陈剑认为"豫"字本篇多见，原注释不确，指出楚简文字已数见以"豫"为"舍"，如今本《周易·颐》初九爻辞"舍尔灵龟"，《上海博物馆藏战国楚竹书（三）·周易》简 24"舍"作"豫"，《论语·子路》："（孔子）曰：举尔所知。尔所不知，人其舍诸？"《上海博物馆藏战国楚竹书（三）·仲弓》简 10"舍"作"豫"，等等。因此，陈剑认为简文之"豫"显然亦当读为"舍"，意为"军队驻扎"（动词）或"军队驻扎之所"（名词）。陈剑还举例《吴子·图国》"有四不和：不和于国，不可以出军；不和于军，不可以出陈；不和于陈，不可以进战；不和于战，不可以决胜"，认为"四不和"较此处简文之"三不和"多出"不和于战"一项，余则与简文相应，"军"即简文之"舍"。浅野裕一认为"豫"指从国内

各地召集或动员而聚集的、以行军队形向战场移动的军队①。李强谓："从文字学角度考虑，'豫'字古有'预备'之义，如《易·系辞下》'重门击柝，以待暴客，盖取诸豫'即是。《玉篇·象部》'豫，逆备也。或作预'亦是。"指出原释文将"豫"解释作"舍（军队驻扎或是军队驻扎的地方）不妥"，"豫"应该解释作"预备"较妥②。

按，原释文可从，"豫"应该是一种预备状态，是军队奔赴战场前准备投入战斗的状态。此时还没有部署成军阵。"豫"和"舍"同属鱼部字，从读音上看固然可通假，但并非必然通"豫"而假为"舍"。另外，"豫""预"都是鱼部喻母字，亦可通假。《司马法·定爵》"教惟豫，战惟节"，《尉缭子·十二陵》"无困在于豫备"，"豫"皆同"预"。比较而言，简文"豫"字读若"预"，似比读若"舍"更妥当一些。

[2] 三教：

简文教字作"🔣"形，楷写作"𣕊"。原释文解释"三教"即"和于邦""和于豫""和于陈"之教，认为《曹沫之陈》的作者以"三教"为本，阵法为末。陈剑举例银雀山汉墓竹简《孙膑兵法·五教法》："孙子曰：善教者于本，不临军而变，故曰五教：处国之教一，行行之教一，处军之教一，处阵之教一，隐而不相见利战之教一。"简文"三教"可仿此变称为"处邦之教""处豫（舍）之教""处陈之教"，分别即此之"处国之教""处军之教""处阵之教"。高佑仁指出简文已经明言"阵"为"三教"之"末"，则"三教"不可能是"本"，因为本、末乃两个不同的概念，若以"三教"为本，而"末"又为"本"之一，这样的讲法并不佳。他认为"和于邦""和于豫""和于阵"等三者乃"三教"的内涵，而"为和于邦"才是三教之"本"，"为和于阵"则是三教之"末"③。按，陈说与原释文之说并无多大区别，而高说似误解了原释文之义。原释文以"三教"为本，阵法为末，其中"阵法为末"，并非是说"三教（和于邦、和于

---

① ［日］浅野裕一：《上博楚简〈曹沫之陈〉的兵学思想》，清华大学"简帛研究"网，2005 年 9 月 25 日。

② 李强：《〈曹沫之陈〉札记》，武汉大学"简帛"网，2007 年 3 月 14 日。

③ 高佑仁：《〈曹沫之阵〉"君必不已则由其本乎"释读》，清华大学"简帛研究"网，2005 年 9 月 4 日。

豫、和于陈)"中的"和于陈"，而是指具体的阵法、作战方法。当然，从下文看，曹沫劝谏庄公"君必不已，则緐（由）亓（其）杲（本）虏（乎）"，庄公紧接着问："为和于邦女（如）之可（何）?"可知"为和于邦"乃是三教之"本"，从而推出"为和于陈"应该是三教之"末"。

北京师范大学史学探索丛书

【简 20】

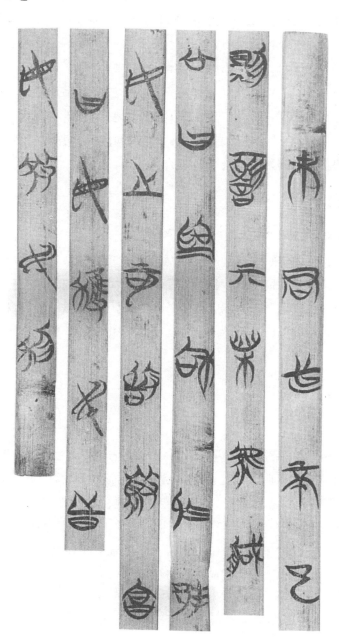

末。君必不已[1]，则[2]繇（由）[3]元（其）臬[4]（本）虖（乎）?"戕（庄）公曰："为和于邦女（如）之可（何）?"敓（曹）蔑（沫）含（答）曰："毋穫（获）民酱（时）[5]，毋敚（夺）[6]民利。

【意译】

"（布置军阵之事，只是三教之）末。国君您一定要做的话，那就从根本做起吧!"庄公说："怎样才能做到国家内部和睦呢?"曹沫回答说："不要占用百姓的耕作时间，不要抢夺民众的利益。"

【备注】

原释文指出，本简长 47.5 厘米，完简，上、下端完整，共 32 字。白于蓝测量数据为 47 厘米。我们测量数据为 46.95 厘米。李零原释文认为此简与下简连读。按，简 20 与简 21 都是完简，简 20 的末句"毋獲（获）民酱（时），毋敚（夺）民利"，与简 21 首句"绅（申）攻（功）而飤（食），坙（刑）罚又（有）皐（罪），而赏篧（爵）又（有）悳（德）"，句式相同，意思也是相承的，可以相连。

【疏证】

[1] 不已：

原释文解释成"不满足"。高佑仁认为古籍中的"不已"大多解释成"不停止""不断"之义，《广韵·止韵》："已，止也。"如《诗经·郑风·风雨》："风雨如晦，鸡鸣不已。"郑玄《笺》："已，止也。"并举余培林《诗经正诂》云："不已于行，谓奔驰于道路而不止也。"①按，就简文的语意来看，"不已"释作"不停止"较"不满足"来得顺畅。细绎简文此处之意，当指庄公必定不会因为军阵事为三教之末而不再考虑。

[2] 则：

高佑仁认为相当于"而"字，此处应当"表示转折语气"。举例《楚辞·

---

① 高佑仁：《〈曹沫之阵〉"君必不已则由其本乎"释读》，清华大学"简帛研究"网，2005 年 9 月 4 日。

天问》：“夜光何德，死则又育？”闻一多《天问疏证》云：“则犹而也。”①

按，此处理解成转折意思不妥。此处的"则"，应当是承上启下之词，当训为"就"，犹《论语·学而》篇所谓的"行有余力，则以学文"。"则"字，虽然可以用若"而"，但那是表示辞意之转折，简文此处若用如"而"，就与上下文语意不协。

[3]繇（由）：

原简作"𦄀"，原释文隶定作"繇"，认为在这里是用的意思。李锐、陈斯鹏直接将其隶定为"由"，没有解释原因。高佑仁以为原释文释为"繇"，可商，认为简文上从"肙"，而非"爪"，此字即《说文·系部》之"繇"字，引段注"古繇、由通用一字"，谓"繇"即"繇"。简文此字读作"由"即可，"由"字有从、遵照之意。指出简文"由其本"这样的文例并非孤证，《礼记·祭统》："是故君子之教也，必由其本，顺之至也，祭其是与？"②

按，高说可从。"繇""由"的古字通③，"繇"，在金文中常见，如见于录伯戒簋、散盘、师袁簋等，有时亦隶定作"繇"。"繇"是后起字。在文献中，繇、猷、繇三字是相通的。另，《睡虎地秦墓竹简》之《秦律十八种》《法律答问》"繇"字多见，整理者隶定作"繇"，读作"徭"。郭店楚简《成之闻之》简6、12，《六德》简7有从"爪"的"繇"；《语丛一》简20、21、24，《语丛二》简44，《语丛三》简49有"遐"字，《语丛一》简104有"壐"字，这三个字也都被整理者释作"由"。而且，《成之闻之》简12"不从其繇（由），不反其杲（本）"，正与《曹沫之陈》本简之"繇（由）亓（其）杲（本）"相互印证。

[4]杲（本）：

原简作"杲"，原释文疑是"本"字的异写，指出《行气铭》"本"作"杏"，除了上下互倒，在木旁竖画的下方标有表示树根的圆点，略同。高佑仁指

---

① 高佑仁：《〈曹沫之阵〉"君必不已则由其本乎"释读》，清华大学"简帛研究"网，2005 年 9 月 4 日。
② 高佑仁：《〈曹沫之阵〉"君必不已则由其本乎"释读》，清华大学"简帛研究"网，2005 年 9 月 4 日。
③ 关于"繇""由"的古字通，可参见（清）王引之：《经传释词》，14 页，岳麓书社，1985。

出，上博简第 1 册《孔子诗论》简 5 有""字，马承源先生隶定作"杏"，疑是"本"的异体。季旭昇先生以为晋、楚文字加"曰"，或与"凵"同意，表示地下而已，木下则简化成一点。《曹沫之陈》的此字虽偏旁上下互换，但是"本"字无误①。

按，此字释作"本"字，虽从字形到文义皆通，但是应该注意的一点是，"本"字在金文、简帛文字、陶文、古钱文中，虽然字形有异，但都是从木，并在所从之木的竖笔上有所表示，或用圆点，或用圆圈，或用横笔，表示树木之根。《说文·木部》保留的"本"的古文作""，段注曰："此从木象形也，根多窍似口，故从三口。"②古文也是以"三口"的形式表示根部。而《曹沫之陈》的本简此字没有对"根部"的表示，只是从木，这是很特殊的地方。另外，我们还可以补充一下：与《行气铭》作"杏"，其字形相同的"本"字，除《孔子诗论》简 5 外，还有郭店楚简《成之闻之》简 10、11、12、14、15"杏"字六见，《六德》简 41、42"杏"字两见，叙述的是儒家的"反其杏（本）""修其杏（本）""孝，杏（本）也"，可证简文此处释为"本"是完全正确的。

［5］毋穫（获）民旹（时）：

原释文读作"毋获民时"。指出"获"有违误之义，如《淮南子·兵略》"音气不戾八风，诎伸不获五度"，高诱注："获，误也。"按，此语类似《论语·学而》"使民以时"以及《孟子·梁惠王上》"不违农时"。"毋获民时"与下句"毋夺民利"与《国语·鲁语上》"动不违时，财不过用"，从句式到意思都非常相似。"穫"，本训刈谷，引申谓得。得民时，犹强占民时，亦即文献所谓"夺民时"也。春秋时期承西周以来的军制，兵、民一致，战时为兵，平时为民。各国间的战争多强调要照顾各宗族民众的农作时间，此一点为各国有卓识的政治家及贤人智士每每论及。齐国贤臣晏婴反对"夺民农时"③，《逸周书·程典》讲爱民之道，有"爱其农时"之语；《国语·周语

---

① 高佑仁：《〈曹沫之阵〉"君必不已则由其本乎"释读》，清华大学"简帛研究"网，2005 年 9 月 4 日。

② （清）段玉裁《说文解字注》，248 页，上海古籍出版社，1988。

③ 《晏子春秋·内篇谏下》。

下》讲"周制"有"不夺民时"一项；齐桓公治国认识到"无夺民时，则百姓富"①；《吕氏春秋·上农》讲不惜民时的危殆谓："数夺民时，大饥乃来。"本简简文谓"毋获民时"，正是周代这种社会舆论的一个反映。

[6] 敓（夺）：

《说文·攴部》中有"敓"字，谓："敓，强取也，《周书》曰'敓攘矫虔'。从攴兑声。""敓攘矫虔"见于《尚书·吕刑》，今作"夺攘矫虔"，孙星衍《尚书今古文注疏》指出，"夺"一作"敓"②。

"敓"字在简帛中常见。一是释作"夺"，如郭店楚简《缁衣》简38，"生不可敓（夺）志，死不可夺敓（夺）名"。《包山楚简》简93"以其敓（夺）其后"；简97"以其敓（夺）妻"。二是释作"悦"，如《曹沫之陈》简63，"乃自过以敓（悦）于万民"。郭店楚简《缁衣》简11，"行己以敓（悦）上"；《鲁穆公问子思》简2"公不敓（悦）"。上博简第2册《容成氏》简8，"与之言政，敓（悦）简以行。与之言乐，敓（悦）和以长。与之言礼，敓（悦）皎以不逆。尧乃敓（悦）"。三是读作"说"，读作"说"者又有两种解释。一种是指说话之意。如《容成氏》简8之"敓"，有学者以为或可释为"说"③。另一种是指祭名。如上博简第2册《鲁邦大旱》简2"知敓之事"，整理者马承源释"敓"为"说"，解释为古代传统的求雨祭名，即《周礼·春官·大祝》"六祈"之一的"说"祭。"敓"字还见于《望山楚简》一号墓简54、61、81等，《包山楚简》39、164、198、200、227、233、237等，整理者均是解释为"说"祭。对于《望山楚简》的此字，商承祚释为"脱"字，以为此处为"以其病情祷告先君神祇，使疾病得早日解脱也"④。对于上博简《鲁邦大旱》的"敓"，彭浩指出原释文读作"说"，解释为"六祈"之一种是正确的，但认为此处并非专门的"求雨祭名"，"说"祭见于求雨，也见于其他祭祀。《包山楚简》之"敓"祭皆

---

① 《国语·齐语》。

② （清）孙星衍：《尚书今古文注疏》，520页，中华书局，1986。

③ 刘乐贤：《读上博简〈容成氏〉小札》，清华大学"简帛研究"网，2003年1月13日。

④ 商承祚编著：《战国楚竹简汇编》，225页，齐鲁书社，1995。

为解除某种忧患、疾病而设，并非求雨①。罗新慧认为楚简从兑从攴之字即可径释为"敓"，不必转释为"说"或"脱"。"敓"为禳灾去患的一种祭祀，这种祭祀非乞灵于神以获取神之佑助，而是超越于神灵之上，以人的力量强行左右神灵以达到去咎免灾的目的②。《曹沫之陈》简文此处释为"夺"，是正确的。

北京师范大学史学探索丛书

①　彭浩：《读上海博物馆藏战国竹简（二）札记》，清华大学"简帛研究"网，2003
　　年9月13日。
②　罗新慧：《楚简"敓"字与"敓"祭试析》，甘肃省文物考古研究所、西北师范大学
　　文学院历史系编：《简牍学研究》（第四辑），3页，甘肃人民出版社，2004。

【简 21】

绅（申）攻（功）[1]而飤（食），坙（刑）罚又（有）辠（罪）[2]，而赏筶（爵）[3]又（有）悳（德）。凡畜群臣，贵戈（贱）同坐（之）[4]，录（禄）毋俖（负）[5]。《诗》于又（有）之[6]曰：'幾（岂）[7]

【意译】

论功行赏，施行的刑罚与罪过相当，而赏赐官爵则与德行相当。凡是畜养群臣，地位高的人与地位低的人要一样看待，俸禄多少得当，不亏待其功劳德行。关于这种情况，《诗》有这样的句子说：欢乐（而友善的君子）……

北京师范大学史学探索丛书

【备注】

原释文指出，本简长 47.5 厘米，完简，上、下端完整。共 30 字。白于蓝测量数据为 47.25 厘米，我们测量数据为 47.35 厘米。李零原释文认为此简与下简连读。按，本简的末一字"幾（岂）"与简 22 的首句"屖（弟）君子，民之父母"正好组成《诗经·泂酌》上的诗句。证明两支简可以相连。

【疏证】

[1] 绅（申）攻（功）：

"绅"，原简作"𥹟"，原释文隶定为"繏"，读为"申"。陈剑隶定为"绅"，读作"陈"，陈斯鹏、李锐、白于蓝、高佑仁皆从之。按，可以隶定为"绅"，通"申"。郭店楚简《缁衣》简 37 有此字，整理者读"绅"，"戡（割）绅观文王德"。整理者指出，蔡侯墓铜器铭文有"𩰫"，于省吾释作"申"，"𩰫"是"䚨"字异体，裘锡圭在《史墙盘铭文解释》中释"䚨"为"申"。整理者并据这两位先生的解释，释作"绅"①。《包山楚简》简 159 亦有此字，整理者隶定作"繏"，读作"绅"②。《曹沫之陈》本简此字与上述两处楚简"绅"字

① 荆门市博物馆编：《郭店楚墓竹简》，136 页，注释〔九三〕，文物出版社，1998。

② 湖北省荆沙铁路考古队编：《包山楚简》，29 页，文物出版社，1991。另，《包山楚简》简 150 还有从丝从单个"申"的字，整理者隶定作"繏"，读作"绅"。

写法非常相似。此种写法的"绅"字还见于《石鼓文·吴人》《古玺汇编·1932》《方氏集古印谱》等。另，我们要注意简帛中还有很多从丝从申的"绅"字，如《望山楚墓》二号墓简6①，《包山楚简》简271，《包山竹牍》，《曾侯乙墓》简10、56等。寻绎此字初文古义，盖从缫丝之事而来，表示将丝从简体或木架上展开，其本义盖指伸展②。

"陈"，《说文·阜部》："从阜从木申声。"并且保留了"陈"的古文写作"阵"，本简此字读作"陈"，从音读上是可以的。但是就字形而言，释作"绅"更恰当。"绅"，从糸申声，此处读作"申"。总之，简文"绅"依原释文，当读若申，犹展现。原释文用"论功"，解释"申功"，当近是。"申功而食"，"食"本指食品，这里当盖指赏赐之物。简文"申功而食"，意指论功行赏。

[2]皋(罪)：

《说文·网部》："罪，捕鱼竹网，从网非(声)。秦以罪为皋字。"《说文·辛部》："皋，犯法也。从辛从自。言皋人蹙鼻，苦辛之忧。秦以皋似皇字，改为罪。"段注曰："古有假借而无改字，罪本训捕鱼竹网。从网非声。始皇易形声为会意，而汉后经典多从之。非古也。"③文献中多作"罪"字，而金文简帛中多作"皋"字，简帛中也有从网从非的"罪"字，多是秦汉时期的简帛。如龙岗秦简266，马王堆帛书《五行》《春秋事语》《战国纵横家书》等。

[3]箨(爵)：

"箨"当读为"爵"。《说文·隹部》："雀，依人小鸟也，从小隹，读与爵同。"而"箨"字是从竹雀声的字，所以亦可读为"爵"。这在简帛文字中常见。例如，望山楚简一号墓简22、23载"未又(有)箨(爵)立(位)"，整理者曰：

① 整理者认为当读为"鞠"。参见湖北省文物考古研究所、北京大学中文系编：《望山楚简》，117页，考释[二七]，中华书局，1995。
② 按，《说文》训申谓"神也"，段玉裁指出此训"不可通"（《说文解字注》，746页，上海古籍出版社，1988）。绅，当即申之本字。指展开而言。
③ （清）段玉裁：《说文解字注》，741页，上海古籍出版社，1988。

"'雀''爵'古通，疑'筡立'当读为'爵位'。"①《曹沫之陈》简文中"筡"字三见，简21、37、50，皆读作"爵"。

先秦时期的"爵"既表示贵族尊号，又表示贵族间等级的差异。爵位制度源于周代分封制所衍生的册命制度，"命"之多寡表示着贵族等级高低。至春秋时情况依然如此，《左传》《国语》所记"赐命"，与周代彝铭所载情况相同，春秋时期各国诸侯多喜欢以赐爵代替由周天子垄断的赐命。齐桓公治齐国坚持"朝不越爵"②，使贤者的爵位高于不肖者。晋臣叔向说："爵以建事，禄以食举，德以赋之，功庸以称之。"③可见，爵位后面有实际的物质利益相跟随。《礼记·王制》篇以来有"爵人于朝，与士共之"，把封爵赐位作为对贵族进行公开表彰的重要方式④。本简所谓"赏爵有德"，正是春秋时期爵位制度的一个体现。

[4] 㞥（之）：

原简为 㞥，原释文隶定作"㞥"，认为简文"止"或作双止，这里读为"待"。陈剑读作"等"。李锐、白于蓝从陈说。陈斯鹏读作"之"。李守奎指出"之"下一笔横，"止"下一笔向上弯曲，《曹沫之陈》此字上"之"字据笔画误当成了"止"⑤。单育辰隶定作"㞥"，读作"等"。高佑仁认为"待""等""之"都能讲得通，但是考核古籍用法，以"等"字与"贵贱"搭配是最多见的，从而赞同陈剑"贵贱同等"之说⑥。

按，此字上部实为从"之"，下部为从"止"，应该隶定作"㞥"。它应当是"之"字繁构。"止"，在简文、陶文、玺文中，或作"止"，或作上"之"下"止"。"止"，之部章母，"等"，蒸部端母，之蒸对转，亦可通，但在文献

① 湖北省文物考古研究所、北京大学中文系编：《望山楚简》，92页，中华书局，1995。
② 《国语·齐语》。
③ 《国语·晋语八》。
④ 关于先秦时期爵制的形成与发展，参见晁福林师：《先秦社会形态研究》，241～257页，北京师范大学出版社，2003。
⑤ 李守奎：《〈曹沫之陈〉之隶定与古文字隶定方法初探》，收入中国文字学会主编：《汉字研究》第一辑，494页，学苑出版社，2005。
⑥ 高佑仁：《〈上海博物馆藏战国楚竹书（四）·曹沫之阵〉研究》，142页，花木兰文化出版社，2008。

中不见通假的例子。读作"待"，文献中有这种通假，如《论语·微子》："齐景公待孔子。"《史记·孔子世家》："待作止。"①然而，简文此处读作"之"，似乎更合适。"止""之"都是之部章母字，通假的例子很多。此处作指事代词，作指事代词的"止""之"通假也非常普遍。如《诗经·陈风·墓门》"夫也不良，歌以讯之"，《广韵》卷六引《诗》作"止"，即"之"字之借。再如，《诗经·小雅·车舝》"高山仰止，景行行止"，释文："仰止，或作仰之。"②简文"同之"的"同"，意犹相同、平等对待。之为语助词，无实际意义。"贵贱同之"，指国君对于群臣不分贵贱，一视同仁，平等对待。

[5]偾（负）：

原释文读作"负"。陈剑读作"倍"。白于蓝、单育辰从之。陈斯鹏、李锐读作"背"。按，"负""倍""背"皆可通假，然而，"负"有亏欠、辜负的意思，此处读作"负"较好，这里指国君给予臣下的俸禄要与其贡献相称，不能亏待了他。

[6]《诗》于又（有）之：

简文"于"，李锐为"焉"，或疑为"于《诗》有之"之倒。高佑仁认为读作"焉"，似不通顺，古籍中也缺乏相近的文例。而"于《诗》有之"，或有可能。并表示如果不考虑倒文的话，"于"字或可读作"固"③。按，其意指，《诗》关于这一点（指合理对待臣下之事）有以下的诗句。

[7]幾（岂）：

简文"幾"，微部见母字，"岂"，微部溪母字，见母、溪母的字通假常见。"岂"，亦作"恺"。《诗经·小雅·鱼藻》："岂乐饮酒"，释文："岂，本亦作恺。"④马王堆帛书《战国纵横家书·苏秦献书赵王章》之"幾"字，《战国策·赵策》作"岂"字。银雀山竹简《晏子·一二》之"幾"字，在传世本中

---

① 参见高亨纂著，董治安整理：《古字通假会典》，403 页，齐鲁书社，1989。
② 参见高亨纂著，董治安整理：《古字通假会典》，403 页，齐鲁书社，1989。冯其庸、邓安生纂著：《通假字汇释》，400 页，北京大学出版社，2006。
③ 高佑仁：《〈上海博物馆藏战国楚竹书（四）·曹沫之阵〉研究》，145 页，花木兰文化出版社，2008。
④ 关于"幾""岂"的相通，可参考上博简第 2 册《民之父母》简 1 的释文。马承源主编：《上海博物馆藏战国楚竹书（二）》，155 页，上海古籍出版社，2002。

亦作"岂"。"岂"加羡划"刂"成"剀"，亦读作"岂"。马王堆帛书《战国纵横家书·触龙见赵太后章》之"剀"，《战国策·赵策》作"岂"①。

① 参见王辉：《古文字通假释例》，579～580 页，艺文印书馆，1993。

【简 22】

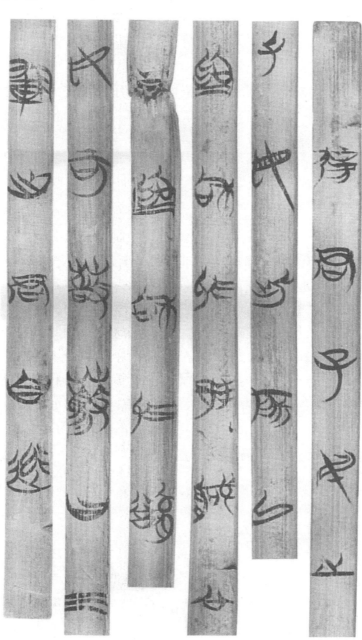

犀（弟）君子，民之父母[1]。'此所呂（以）为和于邦。"戜（庄）公曰："为和于豫女（如）可（何）[2]？"敔（曹）蕍（沫）曰："三军出，君自銜（率），

【意译】

"（欢乐而）友善的君子，像是民众的父母。"这就是能使国家内部和睦的办法。庄公说："怎样才能做到率军出发后军队内部和睦呢？"曹沫答道："三军出征，国君亲自率领，……"

【备注】

原释文指出，本简长 47 厘米，完简，上、下端完整。共 32 字。白于蓝测量数据为 47.1 厘米，我们测量数据为 47 厘米。李零原释文认为此简与下简连读。白于蓝则将简 22 与简 29 相连，李锐、单育辰从之。按，后一种编联可取。如果简 22 与简 23 相连，简文为，庄公曰："为和于豫如何？"曹沫曰："三军出，君自率（简 22），必聚群有司而告之：'二参子勉之，过不在子，在□……'（简 23）"试想，"为和于豫"，此时尚未开战，没有出现失利的情况，不会出现"二参子勉之，过不在子"之类的国君把责任揽在自己身上的事情。而把简 22 与简 29 相连为，庄公曰："为和于豫如何？"曹沫曰："三军出，君自率（简 22），必约邦之贵人及邦之奇士，御卒使兵，毋复前……（简 29）"国君亲征，召集国内之"贵人及邦之奇士"，这是很合理的，所以简 22 下面连简 29 是可取的。

【疏证】

[1] 犀（弟）君子，民之父母：

本简简文连上简末尾字即为"岂弟君子，民之父母"之句，此诗句见《诗经·大雅·泂酌》。"犀"，原简作"𡸅"，原释文隶定作"俤"，读作"弟"。陈剑隶定为"犀"，认为即"遲（迟）"字的声旁，与"弟"音近可通。陈剑还指出《包山楚简》简 240、243"（病）递瘥"，研究者多已指出"递"当读为迟速之"迟"，可与此互证。"犀"字原误释为"俤"，陈斯鹏、白于蓝皆隶定作"犀"，陈斯鹏无释，白于蓝读作"弟"。

按，原简此字确实应该隶定作"屖"。《说文·尸部》："屖，迟也，从尸辛声。"遅（迟），脂部定母字，弟，亦是脂部定母字，音近可通。"岂弟君子，民之父母"，又见于上博简第 2 册《民之父母》简 1，其中"岂弟"作"幾俤"。"岂弟君子"在《诗经》中常见，见于《小雅》之《青蝇》《湛露》，《大雅》之《旱麓》《卷阿》。"岂弟"又作"恺悌"。

[2]为和于豫女（如）可（何）：

"豫"字为战国竹简文字习见，多作预备、参与、犹豫之意。《曹沫之陈》简 19 载："于邦，不可㠯（以）出豫。不和于豫，不可㠯（以）出戦（陈）。"意谓国家内部不和谐，就不可以出国应敌；若战前准备时不和谐，就不可以出兵与敌方对阵。"豫"，指临战的准备阶段。本简简文"为和于豫如何"，实即"如何为和于豫"，是鲁庄公的垂询之语，问怎样才能做到临战前军队的和谐一致。曹沫的答词云："三军出，君自衔（率）。"君主亲自率军出战，才能保证军队的和谐。此语强调了国君的权威，与《曹沫之陈》全篇重视权贵人物的影响这一思想是一致的。春秋时人谓："夫君，神之主也，民之望也。"[①]国君统"神"与"民"两者，其地位之高和影响之大，于此可见。本简谓"君自率"，是对于国君影响的充分肯定，在曹沫看来，只有国君亲自率领，军队才会和谐一致，奔赴战场。

---

① 《左传》襄公十四年。

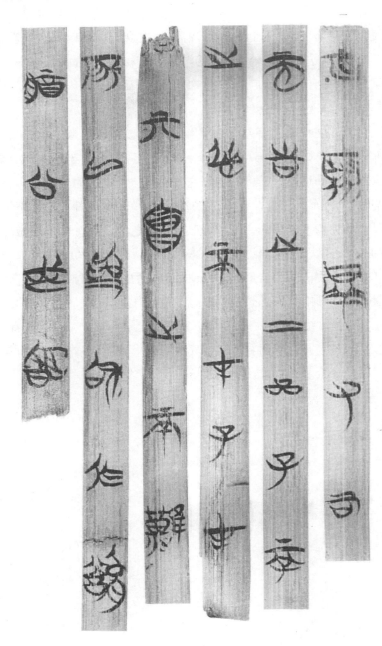

必聚群又(有)司[1]而告之：'二厽(参)子孚(勖)[2]之，怂(过)不才(在)子，才(在)[寡][3](以上前半段)

……亓(期)会[4]之不难，所弖(以)为和于豫。"牀(庄)公或(又)酙(问)：(以上后半段)

【意译】

一定要召集军中各级官吏，而告诉他们：诸位好好努力吧，若有过错也不在你们，而是在(寡人身上)……

"使军队按约定时间到达指定地点，也就没有什么难做到的了。这样就能够率军临战前使军队内部和睦。"庄公又问道：……

【备注】

原释文指出，本简长 43.8 厘米，由两段缀合成完简，中略残，上、下端亦残。现存 33 字。白于蓝测量数据为 44.5 厘米，其中，上半支简为 23.2 厘米，下半支简为 21.3 厘米。我们测量数据为 44.3 厘米。其中，上半支简为 23.1 厘米，下半支简为 21.2 厘米。李零原释文认为此简与下简连读。简 23 是由两段缀合成的简，在第二个"才(在)"字后残断。陈剑、陈斯鹏从原释文的编联，白于蓝则把简 23 从残断处分开，简 23 上半支连在简 27 与简 51 下半支之间，简 23 下半支连在简 25 与简 24 上半支之间。单育辰、高佑仁从之。李锐亦是把简 23 上半支连在简 27 与简 51 下半支之间，但是把简 23 下半支连在简 29 与简 24 之间。

按，简 23 在第二个"才(在)"后残，上下两段意思不连贯，确实应该分开。白于蓝编联方案可取。简 27 与简 23 上半支、简 51 下半支编联后的简文为："毋诛而赏，毋罪百姓，而改其将。君如亲率(简 27)，必聚群有司而告之：二参子勖之，过不在子，在(简 23 上)[寡]人(简 51 下)。"这一小段讲述国君亲率，出现失误，则国君应该自己承担责任，抚慰将领①。这样编联，文通字顺，且简23上与简51下在简长上亦正好是一支整简。至于简23下半支与简24相连，因为系庄公一句完整的问话，没有疑问。简23下半支前面应有半支简的缺简，前面系连简25，论述及总结"为和于豫"。

【疏证】

[1] 群又（有）司：

原释文读"又"为"有"。"群有司"指军中众多的负责官吏。按，"有司"，先秦典籍中习见，指负责某项职守的有关官吏。《说文》云："司，臣司事于外者。"其实，司事于"内"者，也可以称"司"。周代彝铭中有"师汤父有司""荣有司""南公有司""颜有司"等载②，皆指某位贵族的掌事人员。有些掌事官员可以合称，周王朝和各诸侯国的司徒、司马、司空三位大员即被合称为"三有司"③。本简的"群有司"，是新发现的关于"有司"类官吏的集合称谓，对于研究周代官制当有一定的参考价值。

[2] 孚（勖）：

原释文读作"勉"，指出楚简"勉""免"等字多作"孚"，疑即"娩"的本字。按，"孚"，又见于郭店楚简《成之闻之》简23、《缁衣》简24，整理者皆无释。《缁衣》简24有"则民又孚心"之句，整理者指出，"孚"字待考，此句今本作"则民有遁心"④。李零认为"孚"，疑是"娩"的古写，"免"与"遁"含义

① 白于蓝先生指出简23上与简51下这支整简联缀于简27之后，从整体文义上看，前云"三军大败"之后"君乃自过以悦于万民"，后云"君如亲率，必聚群有司而告之：'二三子勉之，过不在子在寡人。'"前后均是围绕君"自过"这一主题，语义十分通畅，显然很合适。并举，《司马法·严位》"凡战：胜则与众分善；若将复战，则重赏罚；若使不胜，取过在己"，《司马法·天子之义》"大败不诛，上下皆以不善在己。上苟以不善在己，必悔其过；下苟以不善在己，必远其罪。上下分恶若此，让之至也"，可参。《〈曹沫之陈〉新编释文及相关问题探讨》，复旦大学出土文献与古文字研究中心网，2008年3月3日。
② 依次见如下彝铭：《仲楠父禹》《荣有司禹》《南宫有司鼎》《裘卫鼎》。
③ 见《毛公鼎》《裘卫鼎》。
④ 荆门市博物馆编：《郭店楚墓竹简》，134页，文物出版社，1998。

相近①。白于蓝则认为"孚""免"与"遁"是同义互换，并不能将"孚"读作"免"或"娩"②。《包山楚简》简 172 亦有此字，隶定为"㝵"，无释。《望山楚简》一号墓简 17、37 有从亓、从字的字，简 38 有从亓、从子、从心的字，整理者指出，"亓""其"古通，"其"字古音与"亥"相近，"孚""孚"可能都是"孩"（《说文》以为"咳"字古文）的异体。据简文文义，此字当与心疾有关，疑当读为"骇"，《说文》："骇，惊也。"③

按，就《曹沫之陈》本简原文看，读作"免（勉）"是很通畅的，然而，"孚"，读作"免"尚缺乏字形依据。"免"，在简帛中或读作"勉"，如郭店楚简《性自命出》简 25；或读作"冕"，如郭店楚简《唐虞之道》简 7。当然，战国文字中亦有"勉"字，见于《睡虎地秦墓竹简·日书》甲种简 111 背面，《古玺汇编》1901。其实，仔细分析简文"孚"字，它不当与分娩事有涉，而只是一个从子、从亓的字，以亓（其）为读音，属之部字。这个字不仅字形与"免"不类，而且其古音与属于元部的"免"字，亦相距远而无通假的可能。我觉得这个字既然以亓为声符，属之部字，那么在简文中似应当读若幽部的"勖"④，勖意为勉励。读若"勖"，虽然与直接读若"免"，在解释简文时意义一致，但在古音通假方面应当更妥当一些。

周代有一种勉励制度⑤，在西周时期的彝铭中称为"蔑曆"，其意为勖勉。这是以口头鼓励为主的勉励制度。勖为勉励之意甚明，《尚书·牧誓》"勖哉夫子"，是为显例。《逸周书·大武》篇曾经有六种在战争中振奋士气的方法，称为"六厉（励）"。《逸周书·酆保》载有"七厉（励）"。《逸周书》所载这些都应当有春秋战国时期的史影。

① 李零：《郭店楚简校读记》（增订本），65 页，北京大学出版社，2002。
② 白于蓝：《"肖"字补释》，见上海大学古代文明研究中心、清华大学思想文化研究所编：《上博馆藏战国楚竹书研究》，456～459 页，上海书店出版社，2002。
③ 湖北省文物考古研究所、北京大学中文系编：《望山楚简》，89～90 页，中华书局，1995。
④ 幽部、之部两部的字因为音近而通之例颇多，如"白"通"枢"、"疾"通"宄"等，"亓"读"勖"，亦为其例。
⑤ 关于这种制度的研究，参见晁福林师：《金文"蔑曆"与西周勉励制度》，《历史研究》，2008（1），收入其所著《天命与彝伦》，182～197 页，北京师范大学出版社，2012。

本简简文所谓"二厽（参）子孚（勖）之"，是鲁君对于臣下的勖勉之辞，与《牧誓》"勖哉夫子"之语颇为一致。简文的"二厽（参）子"之称，是春秋时期上级称呼属下及老师称呼弟子的常用称谓，如谓随晋文公流亡者为"二三子"，齐景公谓诸大夫为"二三子"，孔子每谓群弟子为"二三子"①。春秋时期流行的"二三子"之称，犹今语之"诸位"。

[3]悠（过）不才（在）子，才（在）[寡]：

"过"，在简帛中有不同写法，其中"悠""华"，见于郭店楚简。"迆"，见于郭店楚简、包山楚简、马王堆帛书。简文第二个"才（在）"字后有残字，原释文认为似是"君"字。白于蓝首先把此简分为上下两段，将简23上半支与简51下半支相连，并指出中间残缺的字是"寡"字。李锐、单育辰、高佑仁皆从之。

按，此句"悠（过）不才（在）子才（在）□"是国君对"群有司"劝勉的话，原释文释残字为"君"，此句就成了"悠（过）不才（在）子才（在）君"，国君不可能自称为君，所以白先生编联可从。并且应该在"子"处顿开，"悠（过）不才（在）子，才（在）[寡]"。简27末句与简23上半支、简51下半支组成的完整的句子为："君如亲率，必聚群有司而告之：'二参子勖之，过不在子，在[寡]人。'"如果国君亲自率军出征，打了败仗，则由国君承担罪责的做法应该是春秋时期的通例。如《左传》成公十六年记载晋楚鄢陵之战，晋厉公与楚共王皆亲自率军，楚军大败，楚王并没有让主帅子反承担罪责，曰："先大夫之覆师徒者，君不在，子无以为过，不谷之罪也。"楚共王指的"覆师徒者"的"先大夫"即晋楚城濮之战时的楚主帅子玉，晋楚城濮之战，楚成王没有亲自率军，而是由子玉担任主帅，大败后，子玉自杀承担了罪责。而晋楚鄢陵之战楚共王亲自率军，故曰"子无以为过"，要自己承担责任。此外，即使国君没有亲自出征，但是军队的出师是国君一意孤行的决定，则国君也多会承担罪责，如《左传》桓公十三年，楚武王不听斗伯比的请求，伐罗失败后，群帅自囚以听刑，楚武王曰："孤之罪也。"皆免之。《左传》僖公三十三年记载秦穆公无视蹇叔的苦劝，而侵袭郑国，结

北京师范大学史学探索丛书

---

① 《左传》僖公二十四年、昭公二十年。《论语》之《述而》《子罕》《先进》等篇。

果在殽地遭遇晋军的伏击，秦惨败，仅主帅三人逃回，秦穆公"素服郊次，乡师而哭曰：'孤违蹇叔，以辱二三子，孤之罪也。不替孟明，孤之过也，大夫何罪？且吾不以一眚掩大德。'"可见，主动承担责任，让臣下没有后顾之忧，从而勇猛前进，是春秋时期国君勉励臣下的常用之语。君主承担责任之词语起源甚早，据《论语·尧曰》篇载，尧治理天下的时候就说过"百姓有过，在予一人"的话，《墨子·兼爱中》载周武王语谓"万方有罪，维予一人"，伪古文《尚书·汤诰》述成汤诰命天下之语谓："其尔万方有罪，在予一人。予一人有罪，无以尔万方。"这些记载虽然未必实有其事、实有其语，但亦可见在古代的社会理念中，勇于承担责任，乃是君主必备的美德。具有这种美德的君主方可成为圣君明主。本简的这段简文表明其作者的心目中鲁庄公就是一位勇于承担责任的明君。

[4] 亓（期）会：

原释文指出读"期会"，军事术语，参看《六韬·犬韬·分兵》《尉缭子·踵军令》，指参加会战的军队皆按约定时间到达预定的会战地点。按，"期会"，约期聚集。因为三军在向战场迈进的时候，是分兵的，而到达战场需要会合。"期会"正是军队处于"豫"的状态下的行动。

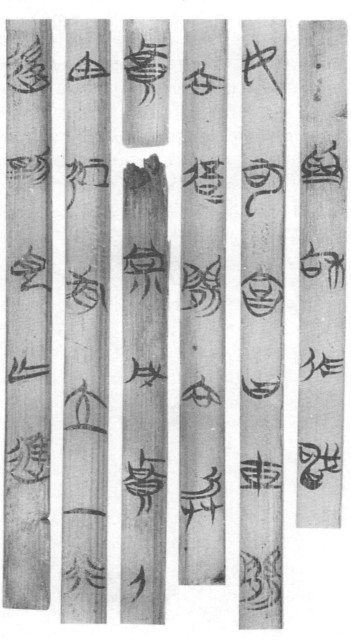

"为和于戗(陈)[1]女(如)可(何)?"𠦡(答)曰:"车䦆(间)容啎=(伍,伍)䦆(间)容兵[2],贵(以上前半段)

前棠(常)[3]。凡贵人[4]由(使)[5]仉(处)前立(位)一行,遂(后)则见亡[6],进[7](以上后半段)

【意译】

"怎样才能做到军队在布置军阵时和谐可靠呢?"回答说:"战车之间的距离要能容纳五名士兵组成的伍,在伍这个最小的战斗小组的每个士卒之间,应当保持使所持兵器互不碰撞的距离。(布置军阵时)尊重(将领)……"

……前面的常态。凡是身份高贵的人使他们位列前行,如果他们居后,则容易溃亡,(如果他们居于前列则可振奋士气而取胜),军队前进……

【备注】

原释文指出,本简长46.2厘米,由两段缀合成完简,中略残,上、下端完整。共33字,其中重文一。白于蓝测量数据为46.65厘米,其中,上半支简为24.3厘米,下半支简为22.35厘米。我们测量数据为46.3厘米。其中,上半支简为24.2厘米,下半支简为22.1厘米。李零原释文认为此简与下简连读。简24为两段缀合而成,在第一个"贵"字后残断。陈剑、李锐采纳了原释文的编联,以缀合后的简为完简。除此之外,也有学者以此分为上下两段。关于简24下半支的编联基本上没有争议,陈斯鹏、白于蓝、高佑仁、单育辰皆是把简24下半支连在简29与简25之间。而对于简24上半支的编联,争议较大。陈斯鹏旧稿、邴尚白认为简24上半支可以与简30相连①。陈斯鹏新稿则将简24上半支下连简29。白于蓝则把简24上半支放在一个编联组,认为下面有缺简,下面再连简26。对于简24上

---

① 邴尚白:《上博楚竹书〈曹沫之陈〉注释》,台湾大学《中国文学研究》第21期,2005。转引自高佑仁:《谈〈曹沫之阵〉"为和于阵"的编联问题》,武汉大学"简帛"网,2006年2月28日。

半支的编联，高佑仁同意陈斯鹏的编联，并加以补充，简 24 上半支的末字“贵”可以与简 30 的首字“位”组成“贵位”一词。高佑仁指出，“贵位”一词见《大戴礼记·曾子制言》“不得志，不安贵位”，在简文中，“贵位”的意思与“重食”相近[①]。

按，原释文简 24 缀合确实存在问题。第一个“贵”字后面残，所残存的笔画为：，原释文隶定为“又”，读作“有”。然而，此残字不能释作“又”，《曹沫之陈》本篇中“又”作、，其横折笔势是非常上挑的，而残字撇笔非常下抑，而且残字长撇上边还有明显的两点短撇，所以此字不能释作“又”。另，简 29 为上端完整，下端残缺的半支简，其末字残，为：，原释文隶定为“遊”，读作“失”。陈剑先生释读为“前”字，诸家从之。陈先生认为“此字仅残存头部，跟本篇数见之‘失’字头部皆不同，而同于本篇同样多见之‘前’字。简 31‘失’字、‘前’字同见，对比之下自明”。这种说法是可取的。考之《曹沫之陈》全篇，“遊(失)”字有两种写法，大致一样，只有横笔一作上扬形，一作下抑形。其上扬形见于简 7、9、10、31，其下抑形见于简 8、简 52。为了更好地鉴别残字，下面将《曹沫之陈》中所有“失”与“前”的字例列表如下：

《曹沫之陈》中出现的“失”与“前”

遊(失)	(简 7)	(简 8)	(简 9)	(简 10)	(简 31)	(简 52)
前	(简 24)	(简 30)	(简 31)	(简 60)		

虽然简 29 残字的头部与简 8、52 作下抑形的“遊(失)”有些相似，但是横笔下面的笔画却很不似，而整个残字与“前”字非常相似。为了说明简 29 的编联问题，下面我们再来看简 29 与简 24 下半支简的残字图：

简 29 残字 　　简 24 残字 

① 高佑仁：《谈〈曹沫之阵〉“为和于阵”的编联问题》，武汉大学“简帛”网，2006 年 2 月 28 日。

这样，我们可以很明显地看出这正是"前"字①。此外，《曹沫之陈》简文两处出现"贵人"，除简 24 下半支简外，还有简 29，这也可以证明两简可以拼合为一支整简。拼合后为：必訋（约）邦之贵人及邦之可（奇）士，厽（御）釆（卒）吏（使）兵，毋遉（复）（原释文隶定为"失"，应该是"前"）（简 29）常，凡贵人甶（使）仉（处）前立（位）一行，遂（后）则见亡（简 24 下）。两处"贵人"正好前后照应。不仅如此，简 29 拼合简 24 下半支，长度也正好是一支整简的长度。因此简 29 拼合简 24 下半支的编联方案是可取的。

至于简 24 上半支，应该与简 30 相连，陈斯鹏旧稿、邴尚白、高佑仁编联方案可取。简 24 上半支的末字"贵"与简 30 首句"位厚食"正组成"贵位厚食"，句式相同，意思连贯。

【疏证】

［1］戏（陈）：

此处"陈"当然可以理解成"营阵"之"阵"，但是与前面"为和于豫"之"豫"对应起来，此处之"陈"也理解成一种状态较好，指尚未打仗时的战前准备。

《水陆攻战纹鉴》下层图案（局部）

---

① 陈剑先生根据简 29 下端残缺的简字头部将此残字释读为"前"字，诸家从之，均无解。白于蓝先生在《上博简〈曹沫之陈〉释文新编》（清华大学"简帛研究"网，2005 年 4 月 10 日）中亦从之，无解，后在《〈曹沫之陈〉新编释文及相关问题探讨》（复旦大学出土文献与古文字研究中心网，2008 年 3 月 3 日）指出："简 29 下端之残字与简 24 上端之残字正好组合成一'前'字。"陈斯鹏亦指出："24 下应与简 29 缀合，接口处正好拼出一个完整的'前'字来。"（陈斯鹏：《简帛文献与文学考论》，100 页，中山大学出版社，2007）

[2]倍（伍）閦（间）容兵：

原释文指出，"倍"，即"伍"，古代军队编制的最低一级，由五人而组成。"倍"字有重文符。按，春秋时期虽然战争的形式仍以车战为主，但却每以步兵为辅助。"伍"就是最小的也是最基本的战斗单位。步兵手持长矛、短剑和弓箭，在战车间或战车之后前进，亦有很强的战斗力（见上图）。春秋初年，与周桓王开战的郑庄公曾经布下"鱼丽之阵"，即"先偏后伍，伍承弥缝"。关于这种战阵，杜预以《司马法》为依据解释说："车战二十五乘为'偏'，以车居前，以伍次之，承'偏'之隙而弥缝缺漏也。五人为伍，此盖鱼丽阵法。"①

原释文指出，"兵"，指兵器。简文意指在伍这个最小的战斗小组的每个士卒之间，应当保持所持兵器有互不碰撞的距离。"伍"，写作从人从五的形式在简帛中常见，写作"倍"的形式罕见，还有一种形式是写作"敔"，见《曹沫之陈》简26。

[3]前棠（常）：

原释文解释为"有秩序"。按，"前"为残字，原释文以简24为整简，将此残字隶定为"又"。原残片为，细察放大的图版，释作"又"是可疑的。应该与简29的末字残笔""拼合为"前"字。因此，简24下半支应该连在简29后面（参看本简的【备注】）。郭店楚简《缁衣》简16有"夐颂（容）又（有）棠（常）"，其中，"又棠"之"又"与本简之残笔亦截然不同。"棠"，诸家多读作"常"，单育辰读作"当"。按，"棠"，《说文》所无，金文常见，用作"尝"字。在楚器中亦多读作"尝"，而在楚简中，一是读作"尝"，如《望山楚简》一号墓简113"棠（尝）晋（巫）"，简140"棠（尝）祭"；《包山楚简》简222"殇囚（内）其棠（尝）生"。二是读作"常"，如郭店楚简《成之闻之》简31"天条大（常）"，简32"小人燮（乱）天棠（常）"等。另，楚简中的"棠"字亦有文字编隶定作"裳"②。

"尝"，从旨尚声。"当"，《说文·田部》："田相值也，从田尚声。"

---

① 孔颖达：《春秋左传正义》卷六。

② 李守奎：《楚文字编》，18页，华东师范大学出版社，2003。《楚文字编》中将"裳"与"棠"分开列出。"棠"字见其书第300页。

"常"，《说文·巾部》："下裙也，从巾尚声。"尝、当、常皆从"尚"得声，可通假。文献中习见尝、当同声假借的情况。但是简文此处应该直接读作"常"，指常态。

[4] 贵人：

原释文解释为身份高的人。按，"贵人"指身份地位高的人，一般指与国君有血亲关系的贵臣。如《韩非子·扬权》"毋贵人而逼焉"，"贵人"，王先慎注为"贵臣"①。《吕氏春秋·贵卒》"令贵人往实广虚之地"，"贵人"，高诱注："贵人，贵臣也。"②《礼记·内则》："贵人则为衣服。"孙希旦集解："贵人，卿大夫也。"③《曹沫之陈》简文两处出现"贵人"，简24下半支简与简29。《曹沫之陈》强调带兵打仗时"贵人"的重要性，这是其特色之一。后世的兵书如《吴孙子》《齐孙子》《吴子》等强调的是选将，重视所选将领的个人素质。如《吴孙子·计篇》曰："将者，智、信、仁、勇、严也。"《齐孙子·将义》篇："将者不可以不义"，"将者不可以不仁"，"不仁则军不克"，"将者不可以无德"，"将者不可以不信"，"将者不可以不智胜"。强调将领应该具有义、仁、德、信、智的品德。《六韬·选将》用"八征"来检验将领的质量。而《曹沫之陈》在任用将领的时候，注意的是"贵人""公孙公子"的作用，我们可以看出，《曹沫之陈》仍然处在宗法贵族政治社会。在这里，血缘关系仍然占据非常重要的地位。《曹沫之陈》格外强调贵族、血缘的重要性。这一点与《吴孙子》《齐孙子》《吴子》等不同，表明它们成书时的社会结构不同，也表明《曹沫之陈》的早出。

本简简文所提到的"贵人"这一社会身价，值得重视。商和西周时期，各级贵族均以爵位等级为称，称"人"者多指具体职守，如商周之王所专用的"予一人"，《仪礼》习见的"主人""筮人""射人""乐人"，《尚书·甘誓》的"六事之人"，《尚书·牧誓》的"西土之人"，以时代为序的"前人""古之人"等。是贵族与民众俱可称"人"，唯身份低贱者称"小人"，但并没有相对应的"贵人"之称。"贵人"之称，春秋时期方兴起，至战国时则多有用者。楚

---

① （清）王先慎：《韩非子集解》，49页，中华书局，1998。
② 陈奇猷：《吕氏春秋校释》，1476页，学林出版社，1984。
③ （清）孙希旦：《礼记集解》，763页，中华书局，1989。

国称春申君为"贵人"①。燕攻破齐国的时候，太子逃至太史家隐匿，太史氏之女，"知其贵人"②。有一定社会地位的贵族之人被称为"贵人"，这是春秋战国时期出现的社会现象，它是当时社会结构发生变化情况的反映。

[5] 囟（使）：

本篇及旧有其他楚简中同类用法的"囟"字和"思"字多见，郭店楚简的整理者一般是释作"思"③。包山楚简的整理者借作"鬼"④。陈伟最早把"囟"或"思"读作"使"⑤。孟蓬生认为上博简《容成氏》简 20、44、49 三处"思"字，当读为"使"，"古音思为心母之部，使为山母之部。心、山古音每相通，今人多以为当合为一音"⑥。陈斯鹏亦是直接读为"使"，认为有"使令"一类意思，并指出在包山楚简、郭店楚简、新蔡楚简、秦家咀简、九店楚简都有"囟"或"思"读作"使"⑦。沈培则认为在楚墓竹简里，"囟"或"思"当分为"囟1""思1"和"囟2""思2"两种用法。前者用为"使"，后者跟周原甲骨文、《诗》《书》里的语气副词"式"是一脉相承的⑧。《曹沫之陈》原释文在本篇"思"字后也都后括"使"。陈剑指出就简 36"使长百人"与"思帅"同时出现来看，这类用法的"思"字在当时的语言中可能跟"使"字还有一定区别。按，《曹沫之陈》本简此处读作"使"在文义上是可以的。

---

①　《越绝书·越绝外传·春申君》。

②　《战国策·齐策六》。

③　荆门市博物馆编：《郭店楚墓竹简》，126 页，注释〔一七〕，文物出版社，1998。

④　湖北省荆沙铁路考古队编：《包山楚简》，53 页，考释（353），文物出版社，1991。

⑤　陈伟：《包山楚司法简 131～139 号考析》，《江汉考古》，1994(4)。

⑥　孟蓬生：《上博竹书（二）字词札记》，清华大学"简帛研究"网，2003 年 1 月 14 日。后发表在上海大学古代文明研究中心、清华大学思想文化研究所编：《上博馆藏战国楚竹书研究续编》，472～477 页，上海书店出版社，2004。

⑦　陈斯鹏：《论周原甲骨和楚系简帛中的"囟"与"思"——兼论卜辞命辞的性质》，《第四届国际中国古文字学研讨会论文集》，香港中文大学中国语言及文学系，2003 年 10 月，393～413 页。后发表在《文史》，2006 年第 1 辑（总第 74 辑），5～20 页。

⑧　沈培：《周原甲骨文里的"囟"和楚墓竹简里的"囟"或"思"》，武汉大学"简帛"网，2005 年 12 月 23 日。

［6］遂（后）则见亡：

原释文解释贵人居后，则打仗的士卒容易溃亡。按，《曹沫之陈》很重视"贵人"在作战中的作用，强调"贵人"的巨大号召作用，原释文这种解释可从。

［7］进：

陈剑认为此则指前进时处于行列之最前头，即后文注所引《国语·吴语》"行头皆官师"之"行头"。按，进字，《说文》训为"登也"，在古文献中每与"退"相对成义，《诗经·桑柔》"进退维谷"，是为其显例。可以说，"进"字本身即含明"前"之意，简文此处可以直接理解为军队前进。而且，本简末字"进"，与下简（简25）首句"必有二将军"，组成"进必有二将军"，亦证此处的"进"可以解释为军队前进。

必又（有）二牱（将）军[1]。母（无）[2]牱（将）军必又（有）瞿（数）辟（嬖）夫＝（大夫）[3]，母（无）俾（嬖）夫＝（大夫）（以上前半段）必又（有）瞿（数）大官之帀（师）[4]、公孙公子。凡又（有）司衔（率）倀（长），

【意译】

一定要有两个将军指挥。没有将军的时候，一定要有若干嬖大夫来指挥，没有嬖大夫一定要有若干士师、公孙公子来指挥。所有的职官都要由官长率领，……

【备注】

原释文指出，本简长 46.6 厘米，由两段缀合成完简，上、下端完整。共 34 字，其中合文二。白于蓝测量数据为 48.95 厘米，其中，上半支简为 25.15 厘米，下半支简为 23.8 厘米。我们测量数据为 48.7 厘米。其中，上半支简为 25.1 厘米，下半支简为 23.6 厘米。

李零原释文认为此简与下简连读。诸家亦多以简 25 与简 26 相连，只有白于蓝认为简 25 下有缺简，然后下连简 23 下半支。单育辰从之。按，简 25 提到"母（无）俾（嬖）夫＝（大夫）必又（有）瞿（数）大官之帀（师）、公孙公子"，其中的"公孙公子"是军队前进时在没有"将军""嬖大夫""大官之师"的情况下的统帅。而简 26 第一句为"五（伍）之閒（间）必又（有）公孙公子，是胃（谓）军纪"，简文的意思不仅不连贯，还有些是矛盾的，因此两支简不能相连，简 26 讲的应该是战事不利、危急情况下的举措，而不是一般军队出征时的情况。简 25 下面接简 23 下半支是可行的，因为，简 23 下半支简为"期会之不难，所以为和于豫"，正好总结了简 24 以及简 25 讲述的出征之后，军队统帅的问题，但是前后简文还不能直接相连，在简 25 与简 23 下半支之间应该有半支简的缺简。

【疏证】

[1] 二牱（将）军：

原释文读"二将军"，指出上言"三军出，君亲（'亲'应为'自'，见简

22)率"，君所率为中军，此当指左、右将或前、后将。浅野裕一认为由下面接的称呼判断，此"将军"为常设的官职名之可能性很低，有可能是临时被任命的指挥官之称呼①。

按，《曹沫之陈》简文四次出现"将军"的字样，一处是"二将军"，三处是"将军"。而"将军"的称谓，较早的文献记载有三处。第一处是《国语·晋语四》"郑人以詹为将军"，此是晋文公刚回国之后的事情，晋文公从郑国手中要到叔詹，欲烹之。韦昭注："文公过郑时，詹请礼之，郑伯不从，因请杀之。"但是因为叔詹忠心，故放回，而郑人任命他为将军。《左传》记载叔詹请求郑伯礼遇公子重耳是僖公二十三年的事情。第二处是《左传》昭公二十八年，阎没、女宽称魏献子为"将军"，杜注："魏子中军帅，故谓之将军。"第三处记载是《吴语》："十行一嬖大夫，……十旌一将军。"以上三个记载，一是鲁僖公时期，是春秋中期；二、三是昭公时期和吴王夫差时期，都是春秋后期。杨伯峻先生解释说，似春秋时已有"将军"之官名。或谓"将军"之官始于战国，则《礼记·檀弓上》"将军文子之丧"，亦以战国官名为春秋官名乎？疑"将军"于春秋虽非一定武职之官名，然独将一军者，俗称为"将军"。此亦俗称，卫有公孙弥牟，《檀弓》称为"将军文子"，可见春秋末有"将军"之称。至战国时乃更有上将军、大将军之名耳②。这种解释与《曹沫之陈》合。

［2］毋（无）：

原释文隶定作"毋"，读作"无"。诸家多从之。邴尚白隶定作"母"，读作"每"。谓"母""毋"为一字分化，本篇二字写法无别。这里是否可以训为没有，很值得商榷。并指出后面简文说"伍之间必有公孙、公子"，可见"将军""数嬖大夫"及"数大官之师、公孙、公子"说的并非各种退而求其次

① ［日］浅野裕一：《上博楚简〈曹沫之陈〉的兵学思想》，清华大学"简帛研究"网，2005 年 9 月 25 日。另，本简疏证所引浅野氏观点皆是出自此文，不再另注。
② 杨伯峻：《春秋左传注》，1497 页，中华书局，1990。

北京师范大学史学探索丛书

的选择，而是进军、"为和于阵"的必要条件，故本简二"母"字均应该读作"每"①。高佑仁从之，但认为邴说"本篇二字写法无别"可商，指出绝大多数的"母""毋"都应有别。简文"和"的概念即层层领导、逐级统御，实不应有"退而求其次"之想，因而读作"每"对简文文义的说明而言，确实较佳②。

按，本简原文确实作"母"，但这里与"毋"无别。虽然"母"读作"每"没有问题，但是从简文上下文来看，还是原释文读作"无"为佳。因为如果读作"每"，理解为层层统领的话，"每将军必有数嬖大夫，每嬖大夫必有数大官之师、公孙、公子"，其中"每"应该作"凡"。本简的上下文即为"凡贵人使处前位一行"（简 24 下），"凡有司率长"（简 25 下）。

[3]豐（数）辟（嬖）夫=（大夫）：

原释文指出"豐"同"数"，"数"表示若干。"夫="，合文，读为"大夫"。"辟"，原简为"𤕝"，原释文隶定为"狱"，并解释"狱大夫"，疑掌军中之刑罚。浅野裕一认为"狱大夫"是大夫当中特别掌管维持军律者之称呼，而"狱"是表示工作种类之名称，大夫是表示身份之爵名。陈剑认为"狱"为误释，应该释为"辟"字。"辟（嬖）大夫"即下文之"俾（嬖）大夫"。陈斯鹏隶定为"辟"，读作"俾"。李锐、白于蓝、单育辰皆从陈剑说。

按，此简"豐"字，上博简第 2 册《容成氏》简 2"娄（偻）者坟豐"，整理者李零指出"坟豐"待考，并指出"豐"字见于中山王大鼎，用为"数"字。"坟豐"。何琳仪疑读"部娄"，或作"峬嵝""培塿""杯楼""附娄"等，皆一音之转③。徐在国则认为"坟"从"攴"、土声，释"坟豐"为"仕数"，"仕"在简文中读为"事"，"事数"指职掌天文④。许全胜谓"坟豐"疑读为"土蝼"，漆器，

---

① 邴尚白：《上博楚竹书〈曹沫之陈〉注释》，台湾大学《中国文学研究》第 21 期，2005 年。转引自高佑仁：《〈上海博物馆藏战国楚竹书（四）·曹沫之阵〉研究》，148 页，花木兰文化出版社，2008。

② 高佑仁：《〈上海博物馆藏战国楚竹书（四）·曹沫之阵〉研究》，149 页，花木兰文化出版社，2008。

③ 何琳仪：《沪简二册选释》，清华大学"简帛研究"网，2003 年 1 月 14 日；《第二批沪简选释》，《学术界》，2003(1)，85～93 页。

④ 徐在国：《上博竹书（二）文字杂考》，清华大学"简帛研究"网，2003 年 1 月 14日；又见于《学术界》，2003(1)，98～103 页。

为镇墓兽形[①]。黄锡全读作“蒙瑮”，蒙为借字，义为敲击，瑮，美玉，以为磬[②]。李若晖以《说文·攴部》：“敷，闭也。从攴，度声。读若杜。剫，敷或从刀。”认为“坆”改声符为土，为“敷”之易旁字，义为治土。“譻”，读为“塿”，《说文·土部》：“塿，壓土也。”《广雅·释土》“塿，土也”，王念孙疏证：“塿，谓疏土也。”从而得出“坆譻”当读为“剫塿”，义为刨土使松[③]。刘信芳指出仰天湖楚简简9“一坆韦之𩏂”，如何琳仪说“坆”读作“枚”，“𩏂”读为“祎”，但是认为“坆”是“𩏂”的修饰语，应读为“韎”，音“妹”。由此推知本简此字应读作“枚”，“坆譻”即“枚数”，意即“计数”[④]。

再按，“譻”，见于河北省平山县出土战国中山王譻鼎铭文。张政烺谓：“譻”，从言㝅声，读为数[⑤]。《说文·攴部》：“数，计也。从攴娄声。”所以，关于《容成氏》简2“坆譻”，专家有读作“娄”“蝼”。关于《曹沫之陈》本简此字，直接读作“数”即可。《容成氏》“坆譻”可读作“事数”，但是此“数”不是指天文、历法，而是指气数，“事数”应该是指从事占卜之类的事情。我国古代有以残疾之人为巫觋的传统，并且“伛巫”常连用，“尪”“偻”常对用，所以《容成氏》简文此处“偻者事数”正与其上文“尪者繇宅”相对合[⑥]。

“辟”，原释文确实误释为“狱”，释“辟”为优。从简文文句看，此“辟大夫”相当于下文的“俾大夫”，辟、俾音近可通，而“狱”与之音韵较远，难以通读，故而简文此字可定为“辟”，读作“嬖”。“嬖大夫”，即“下大夫”，文献习见，如《左传》昭公元年、昭公七年、哀公五年，《国语·吴语》等。

---

① 许全胜：《〈容成氏〉补释》，清华大学“简帛研究”网，2003年1月24日。

② 黄锡全：《读〈上博简(二)〉札记(三)》，清华大学“简帛研究”网，2003年3月23日。

③ 李若晖：《释〈容成氏〉“娄者坆譻”》，见上海大学古代文明研究中心、清华大学思想文化研究所编：《上博馆藏战国楚竹书研究续编》，391～396页，上海书店出版社，2004。

④ 刘信芳：《楚简〈容成氏〉官废疾者文字丛考》，《古文字研究》第二十五辑，323～327页，中华书局，2004。

⑤ 转引自张守中撰集：《中山王䜁器文字编》，77页，中华书局，1981。

⑥ 参见拙文《〈容成氏〉注释论说》，杨朝明师、宋立林等著：《新出简帛文献注释论说》，203页，台湾书房出版有限公司，2008。

[4] 俾（嬖）夫_（大夫）、大官之帀（师）：

"俾大夫"，原释文疑即上面所说的"狱大夫"。"大官之师"，疑指士师。指出《周礼·秋官》有"士师"，为掌狱讼之官。陈剑举出《国语·吴语》："陈王卒百人，以为彻行百行。行头皆官师，拥铎拱稽，建肥胡，奉文犀之渠。十行一嬖大夫……"韦昭注："三君皆云'官师，大夫也'，昭谓：下言'十行一嬖大夫'，此一行宜为士。《周礼》：'百人为卒，卒长皆上士。'……十行，千人。嬖，下大夫也。子产谓子南曰：'子晳，上大夫。汝，嬖大夫。'"简文"嬖大夫"与此同，"官师"当即此"大官之师"。浅野裕一认为"俾（裨）大夫"可能是指大夫中身份最低的副官阶级的爵名。而"大官"可能指公署，"师"可能指公署长的称呼。

按，"俾大夫"从陈剑说，"大官之师"从原释文。"嬖大夫"，文献习见，除韦昭注所引的子南为嬖大夫事以外，《左传》还有昭公七年载韩宣子使罕朔班列嬖大夫。《国语》除《吴语》外，《晋语》亦载公子夷吾谓"嬖大夫丕郑与我矣"①之语，"士师"除《周礼》的记载外，还见于很多典籍，如《论语》之《微子》篇载"柳下惠为士师"；《子张》篇载"孟氏使阳肤为士师"。《孟子·梁惠王下》记载"士师不能治士"则撤换，等等。

① 《国语》明道本没有"嬖大夫"三字，公序本则有。按上下文义，上文有"中大夫里克"，下文应为"嬖大夫丕郑"，公序本此记载为佳。

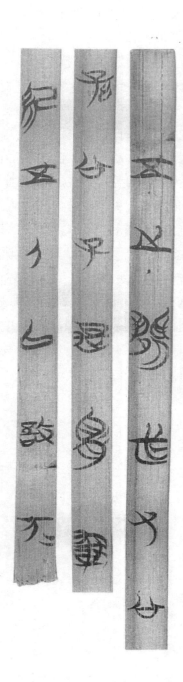

五(伍)之閒(间)必又(有)公孙公子,是胃(谓)军纪[1]。五人吕(以)敌(伍)[2],一人[3]

【意译】

伍之间一定要有公孙公子,这就是军纪。士卒五人组成一"伍"。赏赐时以伍为单位,一人……

【备注】

原释文指出,本简长 24 厘米,下半残缺,上端完整。现存 19 字,其中合文一。白于蓝测量数据为 25.2 厘米。我们测量数据亦为 25.2 厘米。李零原释文认为此简与下简关系衔接不明。陈剑把简 26 与简 62 相连,李锐、白于蓝、高佑仁、单育辰从之。陈斯鹏的旧稿认为简 26 下面有缺的简,然后下与简 37 下半支相连。新稿则从陈剑编联。按,陈剑编联是可取的。参见【疏证】[3]。简 26 下半残缺,简 62 上下皆残,两支简拼和后长 45.9 厘米,与《曹沫之陈》的完简 47.5 厘米的平均长度稍短,但是因为简 62 是上下皆残的简,所以这种编联在长度上也是可以的。

【疏证】

[1] 军纪:

原释文疑为军队编制,诸家无解。简文"(什)五(伍)之閒(间)必又(有)公孙公子,是胃(谓)军纪",与一般意义上的"军纪"不同。对于军纪,《吴孙子》主张"故令之以文,齐之以武"①,约束军队使用的是"三令五申"。《司马法》强调的是"凡战之道,位欲严,政欲栗",采取"执戮禁顾,噪以先之"②的保持军纪的做法。

按,《曹沫之陈》强调"公孙公子"在军纪方面的重要性,这是后世兵书所没有的。颇疑简文此处"纪"字,非指"纪律",而是作"纲纪""纲要""总

_____

① 《孙子·行军》。

② 《司马法·严位》。

要"讲①。简文以公孙、公子为军之纲纪,强调以贵族血统维系军心的重要性。此外,《吴子·料敌》有"虎贲之士,力轻扛鼎,足轻戎马,搴旗斩将,必有能者。若此之等,选而别之,爱而贵之,是谓军命",疑"军命"与简文此处的"军纪"同。《吴子》以"虎贲之士"为三军的命脉,而《曹沫之陈》以"公孙公子"为三军的纲纪,所反映的时代观念明显不同,亦表明《曹沫之陈》成书之早,反映其社会结构仍然是重视血缘关系的典型的宗法社会。

[2] 敔(伍):

"伍"字在《曹沫之陈》中有三种写法,如"㐀"(简24),"五(简26)"、"敔"(简26)。《说文·攴部》:"敔,禁也,一曰乐器椌、楬也,形如木虎。从攴吾声。"《礼记·乐记》:"然后圣人作为鞉、鼓、椌、楬、埙、篪",椌、楬即柷、敔,敔,作为乐器,现在读作 yǔ,而古音是"从攴吾声",在简文中释作"伍"。另,敔,《包山楚简》常见,见于简70、124、125、143,亦见于《九店楚简》56号墓竹简1,皆无释。

[3] 一人:

简文原作"ㄅ",原释文读为"万人",认为"万人"以下应接"以军"。并引《管子·小匡》以一万人为"军",《司马法》佚文和《周礼·夏官·序官》以一万二千五百人为"军"。陈剑读作"一人",从而把简26与简62相连。李锐、白于蓝、高佑仁、单育辰从之。陈剑具体分析说:简62上下皆残,简上看不到契口。小图版中将其作为上段残简置于诸简中上段位置,恐误。其简首处残断情况明显与本篇中其他从中间折断的竹简相类,应是下段残简,与简26正可拼合为一支整简。陈剑还指出"一人"原作合文,原误释为"万人"重文。简62残字为"又"字,"又"字末笔向左弯曲,此类写法之"又"字本篇多见。"战功曰多",旧注多见。"四人"当指一"伍"之中除有功者外之其他四人。《尉缭子·兵教上》:"伍长教其四人……"按,原释文确实是把"一人"的合文误释为"万人"的重文。陈剑的解释正确可从。

北京师范大学史学探索丛书

---

① "纪"做纲纪、纲领、总要讲,古籍中常见,如《老子》第十四章:"执古之道,以御今之有,能知古始,是谓道纪。"《文子·微明》:"故随时而不成,无更其刑,顺时而不成,无更其理,时将复起,是谓道纪。"

[毋]訨(诛)而赏[1]，母(毋)[2]辠(罪)百眚(姓)，而改亓(其)逩(将)[3]。君女(如)亲衜(率)，

【意译】

……不要进行处罚而要进行赏赐，不要怪罪百姓以及改任将领。如果国君亲自率军出征，(则要由国君承担责任)……

【备注】

原释文指出，本简长 20.8 厘米，上半残缺，下端残。现存 16 字。白于蓝测量数据为 21 厘米。我们测量数据为 20.9 厘米。李零原释文认为此简与下简连读。按，此简讲述的应该是战争失利的情况，从文义上与下简是不连贯的。陈剑把简 27 连在简 63 上半支与简 29 之间。白于蓝把简 27 连在简 63 上半支与简 23 上半支之间。李锐初从陈剑编联，后从白于蓝编联。单育辰亦从之。陈斯鹏旧稿把简 27 连在简 51 上半支与简 52 之间，新稿则把简 27 放在简 37 上半支与简 48 之间。按，白先生的编联是可取的。简 63 上半支讲述的是三军大败的情况，正与简 27 文义相符。简 27 最后“君女(如)亲衜(率)”，是讲述如果国君亲征的话就应该由国君承担战争失败的责任，正与简 23 上半支“必聚群有司而告之：二参子勖之，过不在子，在[寡](人)”相合。

【疏证】

[1] [毋]訨(诛)而赏：

“毋”字残，但是从下文“毋罪百姓”来看，残字明显是“毋”。“訨”，《曹沫之陈》两次出现，除本简外，还见于简 45。此外，《包山楚简》简 15、16、16 反、72、134、137 反、161、196 亦有此字。关于此字，整理者认为应该借作“读”。并指出《广雅 · 释诂》：“读，说也。”《庄子 · 则阳》：“号而读之。"李注："犹语也。"①《信阳楚墓》简 2-02 亦有此字。整理者读作"短"②。"詎"，从言豆音，"豆"，候部定母，"诛"，候部端母，同部音可通，"詎"，或可在此假借为"诛"。另，简帛中"诛"字有多种写法，如"敄"，见于郭店楚简《五行》简 35、38、39。"或"，见于上博简第五册《弟子问》简 19、郭店楚简《语丛四》简 8。此从豆从戈的字，似是会意字，读作"诛"。而在《包山楚简》简 61，此字读作"斗"。此外，古代汉语中亦有"詎"。《广韵·候韵》："詎詉，不能言也。"

"毋诛而赏"，这是指在战事严重失利的情况下，为了稳定军心，不要再进行严厉地处罚。这种思想被早期兵家采用，如，《司马法·天子之义》："大败不诛，上下皆以不善在己，必悔其过。"不仅如此，士兵在极度恐惧的情况下违背了军令，也要安抚，不能再使用刑罚。如《司马法·严位》："若畏太盛，则勿戮杀，示以颜色，告之以所生。"

[2] 母（毋）：

原释文隶定作"毋"。按，此字很明显应该隶定作"母"，读作"毋"。"母"在甲骨文、金文中多有读作否定副词"毋"之例③，如中山王𰀀鼎："母（毋）忘尔邦。"县妃簋："孙孙子子母（毋）敢望（忘）白（伯）休。"这种用法在简帛中依然较常见，如《包山楚简》二号墓简 197、199、201、207、210、213 等数次重复出现的"尚（尚）母（毋）又（有）咎"。郭店楚简《五行》简 48"母（毋）贰尔心"。母，之部明母，毋，鱼部明母，同母字通。《曹沫之陈》本简此处亦为如此，"母"作否定副词"毋"。简 58 亦有此例，"所吕（以）为母（毋）退"。

[3] 而改亓（其）逡（将）：

《曹沫之陈》篇有两个读为"将"的字，一作"牂"，一作"逡"，虽然字皆读"将"，但意义有别。前一个意犹将要之"将"；后一个则是"将帅"之

---

① 湖北省荆沙铁路考古队编：《包山楚简》，41 页，考释（44），文物出版社，1991。

② 中国社会科学院考古研究所编：《信阳楚墓》，128 页，文物出版社，1986。

③ 《殷契粹编》三二九片："贞母又。"郭沫若考释："母字读为毋，古本一字，后乃分化。"

"将"。本篇简 32 谓："其迳（将）帅尽伤，车辇皆灾，曰酒（将）早行。"这两个读为"将"的字同现于一简，其意义的区别至为明显，是为其证。本简的这个"迳"字，当释为将帅之"将"。

简文此处的"而"不应当是转折语气词，而当用如"与"或"及"之意①。《论语·雍也》篇"不有祝鮀之佞，而有宋朝之美，难乎免于今之世矣"，是为其例。"改其将"与简文上面所说的"罪百姓"是并列关系。

北京师范大学史学探索丛书

① 参见（清）王引之：《经传释词》，144 页，岳麓书社，1985。

【简 28】

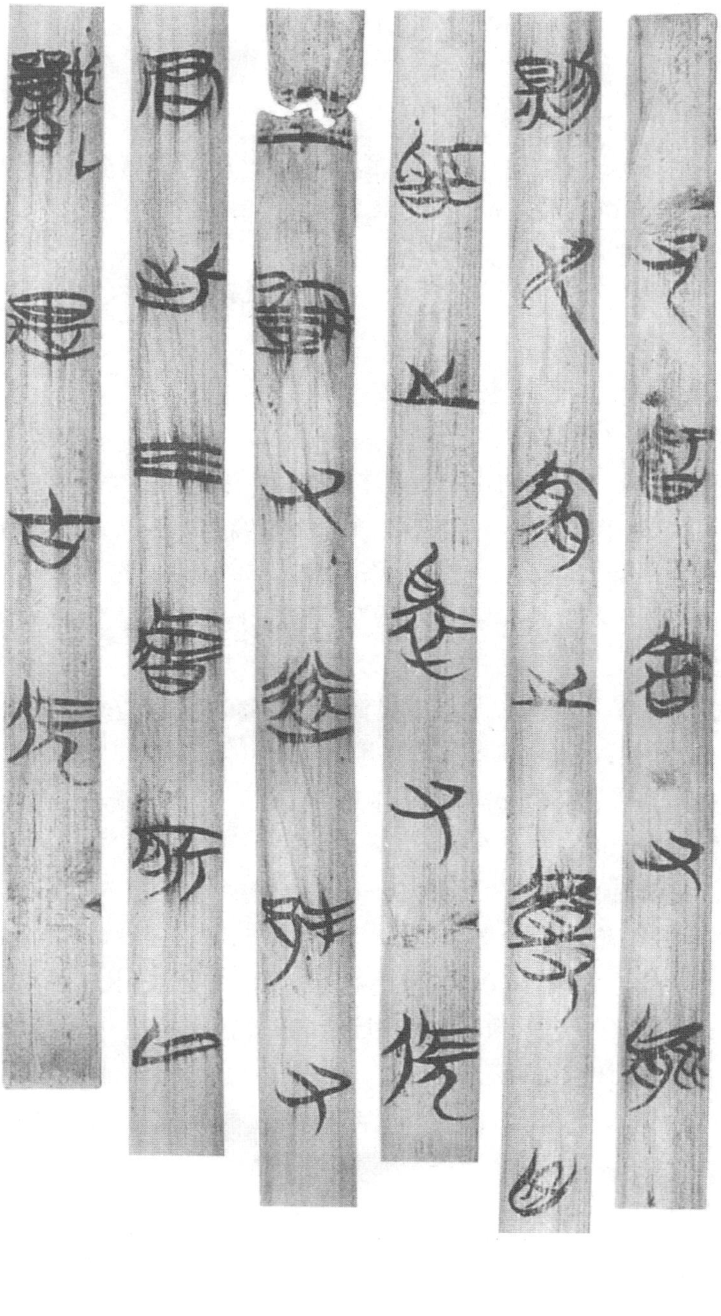

又(有)晳(知)，舍(舍)又(有)能[1]，则民宜[2]之。虞(且)臣韻(闻)之：埣(卒)[3]又(有)倀(长)，三军又(有)銜(帅)，邦又(有)君，此三者所吕(以)戥(战)▂。是古(故)倀(长)[4]

【意译】

（授职位于）有智慧者，重用有能力者。这样做，民众就会认为很合适。而且，我听说：卒有卒长，三军有统帅，国家有君主，这三者是足以作战的依据。所以统治百姓的君主……

【备注】

原释文指出，本简长 47.4 厘米，完简，上、下端完整。共 32 字。白于蓝测量数据为 47.8 厘米。我们测量数据为 47.6 厘米。李零原释文认为此简与下简连读。陈剑把简 28 连在简 36 与简 48 之间。李锐把简 28 连在简 36 与简 37 上半支之间，白于蓝、单育辰、高佑仁皆从之。陈斯鹏旧稿则把简 28 连在简 36 与简 29 之间，新稿则从李锐编联。按，李锐的编联是可取的。简 36 的最后一字是"受(授)"，与简 28 开头两字"有晳(知)"，组成"授有知"，意思是"授职位于智者"。而且，"授有知"与下文"舍有能，则民宜之"，正是一气呵成的。不仅如此，简 36 曰："能絅(治)百人，吏(使)倀(长)百人；能絅(治)三军，思(使)銜(帅)。"简 28 曰："埣(卒)又(有)倀(长)，三军又(有)銜(帅)，邦又(有)君，此三者所吕(以)戥(战)。"简 28 的"此三者"即卒长、军帅，邦君，与简 36 正吻合。

简 37 最前面两个字是"民者"，与简 28 末字"倀(长)"组成"倀(长)民者"，"倀(长)民者"，见于郭店楚简《缁衣》简 11、16、23，在《缁衣》简文中用"长民者""君民者""有国者"来代指当权者。"倀(长)民者"，文献中常见，如《礼记》之《坊记》《缁衣》，《国语》之《周语下》《晋语一》，韦昭注："长，犹君也。"①不仅如此，《缁衣》简 11 有"古(故)倀(长)民者"，而《曹沫之陈》简 28 末句与简 37 首句组成"是古(故)倀(长)民者"，更加有力地证明了此种编联是正确的。

---

① 上海师范大学古籍整理研究所校点：《国语》，1C2 页，上海古籍出版社，1998。

【疏证】

[1]舍（舍）又（有）能：

"舍"，原释文读作"舍"，认为有安置之义。陈剑读作"舍"，解释为："舍，置也，任命。"并指出沈培先生读作"予"①。

按，"舍（舍）"，在楚简文字中常见，如包山楚简二号墓简120、121等，作人名用。郭店楚简《老子》甲简10"将舍（舍）清"，"舍"通假为"徐"②。《老子》乙简16"其德有舍（舍）"，"舍"通"余"③。《性自命出》简19"其先后之舍（舍）则义道也"，"舍"通"叙"④。上博简《从政》甲简1"昔三代之明王之有天下者，莫之舍（舍）也"，原整理者张光裕读作"余"，陈伟、刘乐贤皆认为当读作"予"⑤；孟蓬生释为"与"或"予"⑥；周凤五读作"舍"，解为"给予"⑦；杨泽生认为"舍"字可以解作舍予，也可以直接读作"予"⑧。再按，"舍""予"的通假，典籍中多见。《曹沫之陈》本简中的"舍（舍）又（有）能"，"舍"读作"予"或者直接如字读，都可通。先秦典籍中所载祭奠宗庙

---

① 陈剑：《上博竹书〈曹沫之陈〉新编释文（稿）》，清华大学"简帛研究"网，2005年2月13日，注释[53]。

② 荆门市博物馆编：《郭店楚墓竹简》，114页，注释〔二六〕，文物出版社，1998。

③ 荆门市博物馆编：《郭店楚墓竹简》，118页，文物出版社，1998。

④ 裘锡圭先生指出：《说文》谓"余"从"舍"，省声，从古文字看，"舍"当从"余"声。简文"舍"字似当读为"叙"，"叙"通"序"。（荆门市博物馆编：《郭店楚墓竹简》，182页，注释〔一二〕，文物出版社，1998）

⑤ 陈伟：《上海博物馆藏楚竹书〈从政〉校读》，清华大学"简帛研究"网，2003年1月10日；刘乐贤：《读上博简〈民之父母〉等三篇札记》，清华大学"简帛研究"网，2003年1月10日。

⑥ 孟蓬生：《上博竹书（二）字词札记》，清华大学"简帛研究"网，2003年1月14日。

⑦ 周凤五：《读上博楚竹书〈从政（甲篇）〉札记》，清华大学"简帛研究"网，2003年1月10日。

⑧ 杨泽生：《上海博物馆所藏竹书札记》，清华大学"简帛研究"网，2003年4月16日。

之礼以及告出奔之礼有一个重要的环节，即"舍爵"①，"舍"即作安置讲。

"舍"除了有安置之义，作为动词使用时，还可表示释放、放弃，其义用如舍。《荀子·劝学篇》"锲而舍之"，《孟子·梁惠王上》"舍之，吾不忍其觳觫"，皆为其例。因此此处简文的舍字也可以理解为舍弃。简文"舍有能"，意谓舍弃只有能力而无德行的人，而不予以任用。以上两种解释可以说都能通，但是考虑到简文"授有知"与"舍有能"的对应，我们这里采用第一种解释。

［2］宜：

此处简文虽然可以将"宜"读作"义"，指合乎道义，并且，"宜""义"相通文献习见。但是，细绎其意蕴，仍以不通假而读若"宜"为适。"宜"本指合适、应当。简文"民宜之"，即以之为宜，意指民众认为国君的做法是适宜的。古代通假之例，甲可通假作乙，但乙不一定能够通假作甲。所以于通假处常常需要辨而析之。

［3］率（卒）：

原释文指出即"卒"，是古代军队编制的基础单位。"卒"以下有"什""伍"。"伍"之长叫"伍长"，"什"之长叫"什长"，"卒"之长叫"卒长"。与本简写法非常相似的"率"，又见于郭店楚简《缁衣》简7、9，李家浩释作"卒"②。这两处皆是引用的《诗经》原文，读"卒"无疑，郑玄笺："卒，终也。"③《包山楚简》简82有此字，整理者隶定"裰"，无说；简197、199、201隶定作"率"，整理者疑为"卒"字异体，此字与"岁"连用，整理者解释为："卒，《尔雅·释诂》：'尽也。'卒岁，尽岁，指一年。"④此外，"卒"还

北
京
师
范
大
学
史
学
探
索
丛
书

---

① 如《左传》桓公二年："凡公行，告于宗庙。反行，饮至、舍爵、策勋焉，礼也。"文公十八年载邴歜和阎职"舍爵而行"。定公八年载季寤"辨（遍）舍爵于季氏之庙而出"。

② 荆门市博物馆编：《郭店楚墓竹简》，132页，注释〔二三〕，文物出版社，1998。

③ 《毛诗正义》卷一二之一，阮元校刻：《十三经注疏》，441页，中华书局影印本，1980。

④ 湖北省荆沙铁路考古队编：《包山楚简》，53页，考释（344），文物出版社，1991。

有一种简化的写法，即省略"釆"的上面的"爫"，见于郭店楚简《唐虞之道》简 18，《睡虎地秦墓竹简·日书》甲种简 120 反，以及陶文中。陈秉新认为"釆"从爪，卒声，古捽字，从爪与从手同意。《说文》："捽，持头发也，从手卒声。"①李守奎指出："楚简之卒，大多读衣，当是衣字异体。衣字重见。皆读为卒，当即楚之卒字。"②"釆"，一般读为"卒"，但亦有例外。楚简之"卒"，与衣字形似，有时或读为"衣"，如《曹沫之陈》简 48"不釆则不亘(恒)"。李零原释文认为，"釆"或可读为"依"。李锐从之，认为"衣"与"爱"古通，读简 48"釆"为"爱"。本简的"釆(卒)"字读为卒伍之"卒"，较为合适。

[4] 倀(长)：

"倀"，《曹沫之陈》中六见，有三种意思，一是长、上、优；二是官长之"长"；三是统治、执掌、率领。参见简 18【疏证】[4]。本简的此"倀"字应该与简 37 上半支相连，组成"倀(长)民者"。"倀(长)民者"即"君民者"，意即统帅民众的人。这种称呼，文献习见，参见本简【备注】。刘钊在郭店楚简《缁衣》的校释中指出，"倀"为"长"字的异体，乃"人之长"的专字。"长"有"率领""统治"义，"长民"即"统率民众"③。按，"倀"，古有此字，非必是"人之长"的专字。《说文·人部》："倀，狂也，从人长声，一曰仆也。"倀，长声，读作"长"是可以的。而且，"倀"，金文、简帛中习见，意思不同。何琳仪指出，廿年郑令戈"倀"，楚玺、包山简"倀"，读长，姓氏。见《路史》。天星观简"倀霝"，或作"长霝"，筮具。楚简、帛书"倀"，读长④。"长民者"作为一个常见的用语，见于《礼记》《国语》等，亦见于郭店楚简《缁衣》(参见本简【备注】)。

① 黄德宽主编：《古文字谱系疏证》，2859 页，商务印书馆，2007。
② 李守奎：《楚文字编》，512 页，华东师范大学出版社，2003。
③ 刘钊：《郭店楚简校释》，56 页，福建人民出版社，2005。
④ 黄德宽主编：《古文字谱系疏证》，1872 页，商务印书馆，2007。

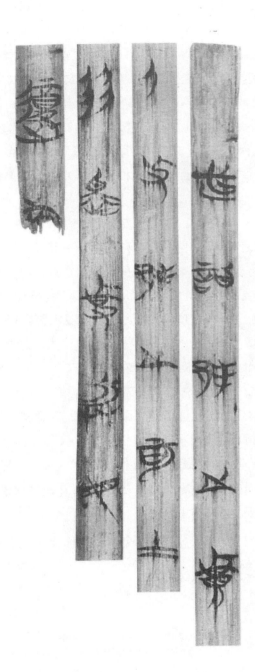

必訋(约)[1]邦之贵人及邦之可(奇)士[2]，众(御)翠(卒)吏(使)兵[3]，毋遉(复)前[4]

【意译】

一定要约请国内的贵人以及有特殊本领的人士，让他们指挥士卒，这样就不会再有失误(而导致失败)。

【备注】

原释文指出，本简长 24.8 厘米，下半残缺，上端完整。现存 18 字。白于蓝测量数据为 25.1 厘米。我们测量数据为 25 厘米。李零原释文认为此简与下简衔接关系不明。陈剑把简 29 连在简 27 与简 31 之间。陈斯鹏旧稿把简 29 连在简 28 与简 24 下半支简之间，新稿则将简 29 连在简 24 上与简 24 下之间。白于蓝把简 29 连在简 22 与简 24 下半支简之间。单育辰从之。李锐旧稿将简 29 连在简 27 与简 32 下半支之间，新稿则把简 29 连在简 22 与简 23 下半支简之间。按，白于蓝编联方案可取。简 29 末残字与简 24 下半支首残字组成"前"字(参见简 24【备注】)。

【疏证】

[1] 訋(约)：

原释文读作"约"，指约束规定。孟蓬生结合《昭王毁室·昭王与龏之脾》简 2"尔必步少=人=(小人，小人)牁(将)訋寇"和简 7"王訋而爹(余)之衽裸"之"訋"字，认为古音勺声、召声相通，此字当读为"诏"。有"告诉""教导"或"召集"义①。关于《昭王毁室》中的"訋"字，整理者陈佩芬释为"挈"，解释说："'訋'，《玉篇》：'挈也。'又《说文·守部》：'挈，牵引

① 孟蓬生：《上博竹书（四）闲诂》，清华大学"简帛研究"网，2005 年 2 月 15 日。后发表在中国社会科学院简帛研究中心主编：《简帛研究二〇〇四》，68～78 页，广西师范大学出版社，2006。

也。’段玉裁注：‘各本篆作拏。’”①魏宜辉认为“訋”字在这里疑读作“肇”，作图谋解②。俞志慧则释为“召”③。

按，“勺”“约”“召”三字音皆相通。《说文·糸部》：“约，缠束也，从糸勺声。”原释文读作“约”亦是可以的，但是文义上读作“诏”更合适。孟说可从，但是孟先生认为《曹沫之阵》本简的“訋”作“教导”义，则不可从，应该是“召集”之意。然而这种召集，含有请求之意，所以简文“訋（约）”，似以译为“约请”较妥。

[2] 可（奇）士：

在简帛中，“可”可通假为“何”（上博简第 3 册《中弓》简 5）；从“可”的字可以通假为“苛”（上博简第 2 册《容成氏》简 19），亦可以通假为“歌”（上博简第 5 册《弟子问》简 20、《三德》简 12）。而在《曹沫之陈》中，“可”通假为“奇”。“可”，歌部溪母，“奇”，亦是歌部溪母，两字可通假。所谓“奇士”盖指有奇特谋略或奇特技术之人。《管子·小问》篇载，齐桓公询问“野战必胜”之道，管子回答说：“以奇。”意即野战必靠奇谋制胜。老子主张“以正治国，以奇用兵”④。孙子曾提出“凡战者，以正合，以奇胜”⑤。如何出奇制胜乃是古典兵法中经常探讨的问题。相传秦孝公曾经下令国中，招募人才，谓“宾客群臣有能出奇计强秦者，吾且尊官，与之分土”⑥。周初重臣吕尚是一位“多兵权与奇计”⑦的杰出人物。秦朝末年的范增也是一位“好奇计”⑧的人才，在楚汉相争中发挥了重大作用。秦末陈平曾经批评

① 马承源主编：《上海博物馆藏战国楚竹书（四）》，184 页，上海古籍出版社，2004。

② 魏宜辉：《读上博楚简（四）札记》，清华大学“简帛研究”网，2005 年 3 月 10 日。

③ 俞志慧：《读上博四〈昭王毁室〉小札：“訋宼”当释为“召宼”》，清华大学“简帛研究”网，2005 年 3 月 24 日。

④ 《老子》第五十七章。

⑤ 《孙子·势篇》。

⑥ 《史记·秦本纪》。

⑦ 《史记·齐太公世家》。

⑧ 《史记·项羽本纪》。

项羽"不能信人，其所任爱非诸项即妻之昆弟，虽有奇士不能用"①，可见陈平把自己看作"奇士"。《曹沫之陈》所提到的"奇士"，当即这类人才②。而典籍中所载的曹沫（曹刿）也是这样的一位"奇士"。

[3]众（御）卒（卒）吏（使）兵：

"众"，原释文指出此字又见于简41（实际上是简37，苏建洲已经指出③），正始石经、《汗简》第26页背、《古文四声韵》卷一第24页正面并以为古文"虞"字。这里疑读为"御卒使兵"。关于本简与简37的此字，陈剑都是读作"御"，但是表示尚不能确定。陈斯鹏则都是读为"从"，指出《汗简》并不认为传抄的古文"虞"字从"人"，而是将它归在"入"部。认为不论从四"人"抑或从四"入"，都无法解释它与"虞"的关系。所以最大的可能是，此为一讹变了的形体。简文"众"字从重"从"，仍然取众人相从之意，疑即"从"之繁构，可径释为"从"④。苏建洲在季旭昇、林素清以"众"疑"旅"字古文之形讹的基础上隶定本简此字作"旅"，而对简37上的此字，同意原释文读作"御"⑤。何有祖引《汗简》第55页背引《李商隐集字》"耀"字字形，而将此字释为"耀"。认为"耀"有炫耀展示之意。简37的"耀军"，与"耀武""耀兵"同意，均为动词词组。"耀军"指展示军实。并认为简41（实为简29）"耀卒"与"耀兵"同意。"耀卒""耀兵"与"奇士"正可互文⑥。按，释耀之说虽然可读，然问题较多，仍当以读"御"较妥。"御"，指统帅、指挥。

[4]毋逸（复）前：

本简最后一个字原释文隶定为"遴（失）"。陈剑认为是"前"字，"此字仅残存头部，跟本篇数见之'失'字头部皆不同，而同于本篇同样多见之'前'

① 《史记·陈丞相世家》。
② 除了"奇士"，典籍中亦有"奇人"，如《韩非子·十过》篇有谓"有奇人者使治城郭之缮"，此"奇人"指多余的人、闲人，非是有奇谋之人。
③ 苏建洲：《〈上博（四）·曹沫之陈〉札记》，"孔子2000"网，2005年3月7日。
④ 陈斯鹏：《简帛文献与文学考论》，100页，中山大学出版社，2007。
⑤ 苏建洲：《〈上博（四）·曹沫之陈〉札记》，"孔子2000"网，2005年3月7日。后来又收在《上博楚简（四）考释三则》，发表在张玉金主编：《出土文献语言研究》（第一辑），56～66页，广东高等教育出版社，2006。
⑥ 何有祖：《上博楚竹书（四）札记》，清华大学"简帛研究"网，2005年4月15日。

字。简 31‘失’字、‘前’字同见，对比之下自明”，并将简 29 与简 31 相连。今按，简 29 此残字确实不能隶定为“遴(失)”，残字为“”，而简 24 下半支首残字为“”，正好可以拼合为“前”。具体论证，请参看简 24【备注】。简文此句意指国君约请贵人和奇士率领军队之后，就不会再有失误而导致失败。

【简 30】

立(位)[1]、厚飤(食)[2]，思为前行[3]。三行[4]之遂(后)，句(苟)见耑(端)兵[5]，攷(什)[6]

【意译】

……(尊重)将领，让士兵饱食，这样他们就会前行作战。在编为三行的老弱病伤之士以后，敌军诚若见到我方的精锐部队。什……

【备注】

原释文指出，本简长22.2厘米，上半残缺，下端完整。现存15字。白于蓝测量数据为22.4厘米。我们测量数据为22.3厘米。李零原释文认为此简与下简衔接关系不明。关于本简的编联，分歧很大。陈剑把简30连在简51上半支与简52之间。陈斯鹏旧稿首先把简30接在简24上半支后面，高佑仁赞同并补充说明，参见简24【备注】。但是简30后面应该连哪一支简，观点则不一致。陈斯鹏旧稿是连简37上半支。高佑仁是连简26。单育辰在作新编联时从高说。白于蓝把简30连在简32上半支与简52之间。李锐则把简30连在简51上半支与简32上半支之间。陈斯鹏新稿则改从陈剑说，将简30连在简51上半支与简52之间。

按，要解决此简的编联，关键是先解决简30末字"攷"的隶定与释读工作。陈剑、白于蓝均读简30末字"攷"为"审"，与简52开头两字组成"审毋怠"。苏建洲读作"协"，孟蓬生读作"慎"，亦都是与简52相连。而高佑仁读作"什"，与简26首字组成"什伍"。细析简30的末字，读作"什"更合适，而且文献中"什伍"连用是很普遍的，因此暂从高佑仁的编联。关于此字的具体考证情况，请看本简【疏证】[6]。本支简的【意译】部分于此先按照原释文编联解释。

【疏证】

[1]立(位)：

简文原字残，原释文认为可能是"立"字。各家均隶定作"立"，读作"位"。"立"读作"位"，在简帛中常见。如郭店楚简《成之闻之》简8有"立"

字，裘锡圭指出"立"当读作"位"①；再如，《曹沫之陈》简 24 之"立"亦作为"位"。高佑仁以本简上接简 24 上半支末字"贵"，组成"贵位"。此说可从（参见简 24【备注】）。"贵位"意指尊贵有位之人，实指看重率兵作战的将领。

　　[2] 厚飤（食）：

　　"厚"，原简为"𠩺"，原释文隶定为"厚"。诸家多从之。陈剑以为与"蓐食"义同。"蓐食"古书多见，用于战阵，指在作战之前命士兵饱食。"蓐"，厚也，旧注或解为"寝蓐""床蓐"者失之，"蓐食"即"厚食"，犹言多食。李守奎认为原释文隶定有问题，"当是'𡉚'，读'重'"②。季旭昇认为读作"重食"优于"厚食（饱食）"，并谓："依本文的排序，'贵位重食'似应指一种身份，即地位较高的、俸禄较多的人，这些人应该在军队的前排，身先士卒。"③高佑仁从之，同时补充说"此简字所从的'主'旁竖笔稍往左斜，有可以怀疑的空间"，但是考虑到《曹沫之陈》简 54"𧴫（重）"，所从的"主"旁竖笔亦有向左斜的倾向，因此此简的"𡉚"字释为"重"，是正确的。同时指出《季庚子问于孔子》简 18 云"字之言也已砫"，其中，"砫"，原释文整理者濮茅左读作"主"，又云："或读作'重'。"而"砫"与本简"𡉚"相同，仅"石""主"偏旁摆放的结构不同④。按，此"厚"字与常见的楚简"厚"字确有不同，但下部所从的偏旁又与楚简的"主"字有明显不同，此暂从原释文读作"厚"。

　　[3] 思为前行：

　　"思"，诸家一般读作"使"，这里如字读即可。思有想、愿之意，简文此句，盖指受到尊重的将领和饱食的士兵愿意前行作战。"前行"，浅野裕一认为"前行"是三排中的前排，谓："以厚禄待遇兵卒是为了使他们志愿

① 荆门市博物馆编：《郭店楚墓竹简》，169 页，注释〔九〕，文物出版社，1998。
② 李守奎：《〈曹沫之陈〉之隶定与古文字隶定方法初探》，中国文字学会主编：《汉字研究》第一辑，499 页，学苑出版社，2005。
③ 季旭昇主编：《上海博物馆藏战国楚竹书（四）读本》，185 页，万卷楼图书股份有限公司，2007。
④ 高佑仁：《〈上海博物馆藏战国楚竹书（四）·曹沫之阵〉研究》，156 页，花木兰文化出版社，2008。

到三排中的前排。由此可知，展开成左右两翼的战列由前、中、后的三排而构成。"①高佑仁以《吴子·应变》"轻足利兵，以为前行"为例，认为"前行"即军队前排，联系下文"三行之后"，可知"前行"即为军阵之前三行，并非安排士兵到三排的前排②。

按，"前行"在典籍中有两种意思。一是作名词用，先行、前排，即先锋、先头部队。如《六韬·豹韬·少众》载"（敌）前行未渡水，后行未及舍，发我伏兵，疾击其左右"。二是作动词用，前行作战，即"为……开路"。如《墨子·备蛾傅》"客则乘队，烧传汤斩维而下之，令勇士随而击之，以为勇士前行"。简文"贵位、厚食，思为前行"之"前行"应理解为前一种意思，即尊重将领，让士兵饱食，这样他们就会自愿作为先锋参加战斗。

[4] 三行：

陈剑认为"三行"谓（前行、前军）向敌军三次前进，"行"当为动词。认为《史记·吴太伯世家》"三行造吴师"，《越王勾践世家》"三行至吴陈"中的"三行"，皆谓三次前进之后到达吴军之阵。而《史记正义》音"胡郎反"，是将"行"解为名词，皆不确。今按，此"行"字还是理解为名词较妥。从本简下文所谓"端兵"（犹言精兵）来看，此前三行者当为老弱病伤之士。简文意谓采取迷惑敌人之计，受伤士卒三队排在前面，可迷惑敌人，使其无备而战。

[5] 句（苟）见耑（端）兵：

"句"，原释文读作"苟"，"耑"，读作"短"。陈剑、白于蓝、李锐从之。按，"句"读若"苟"是没有问题的，在这里可作两种解释。一是"苟"有"且"意，在简文用若"才"。二是其意义可从王引之《经传释词》所谓"犹'若'也"为释。王引之举《易·系辞·传》"苟非其人，道不虚行"为据。杨树达按语谓："此与上文'诚'为同意。"③是"苟"字本可解为"诚"。简文"句

①　［日］浅野裕一：《上博楚简〈曹沫之陈〉的兵学思想》，清华大学"简帛研究网"，2005 年 9 月 25 日。
②　高佑仁：《〈上海博物馆藏战国楚竹书（四）·曹沫之阵〉研究》，156 页，花木兰文化出版社，2008。
③　（清）王引之：《经传释词》，120 页，岳麓书社，1985。

北京师范大学史学探索丛书

（苟）见耑（端）兵"，意犹诚若见到我方精兵。此句语意未完，惜下句残，未可尽解文意。

"端兵"，或谓读若短兵，指手持短兵器的精锐部分。按，释"端"为短，似嫌迂曲。《说文·耑部》："耑，物初生之题也，上象生形，下象其根也，凡耑之属皆从耑。"《说文·立部》："端，直也，从立耑声。"端字本义指正直，亦可指最前端之处，犹《韩非子·外储说左上》提到的"棘刺之端"，此即《墨子·经上》所谓"端，体之无序而最前者也"，所以说端亦有尖锐之意。兵，指兵器。"端兵"应当指持精良武器的士卒。意译以"精兵"释之，当近是。这种精兵，或以"端正之士"名之①。

[6]攵（什）：

原释文疑即"枚"字。指出郭店楚简《语丛四》简15"必攵鎓鎓"也有这个字，读法不详。陈剑隶定为"攵"，读作"审"，但是表示尚存疑。李锐在其《新编释文》读作"什"，后来在其《释文重编》则改作"审"。而对于郭店楚简《语丛四》简15"必攵鎓鎓"，各家解释不一。徐在国分析"攵"字为从攴"十"声（学者多表示赞同），古音"十"属禅母缉部，"执"属章母缉部，声母均为舌上音，韵部相同，故读"攵"字为"执"②。陈剑则疑读为"审"③。裘锡圭认为"此字究竟应该读为何字，还可以进一步研究"④。苏建洲则同意徐在国释作从攴、十声的意见，认为古"十""劦"二声有相通，将此字通假成"协"字，并举《尚书·汤誓》"有众率怠弗协"，认为"协"与"怠"二者可用于反义词⑤。孟蓬生认为此字不从"十"，而是从"丨"（古本切），并把"丨"看

---

① 《管子·七臣七主》篇谓"上好本，则端正之士在前"。
② 徐在国：《郭店楚简文字三考》，见李学勤、谢桂华主编：《简帛研究二〇〇一》，179页，广西师范大学出版社，2001。后来，在《古文字谱系疏证》（黄德宽主编，3846页，商务印书馆，2007），辑部，徐在国亦是将郭店楚简此"攵"字读为"执"。
③ 陈剑：《郭店简〈穷达以时〉〈语丛四〉的几处简序调整》，《国际简帛研究通讯》，2002，2(5)，6页。
④ 裘锡圭：《释郭店〈缁衣〉"出言有，黎民所杏"》，《古墓新知——纪念郭店楚简出土十周年论文专辑》，5页，国际炎黄文化出版社，2003。
⑤ 苏建洲：《〈上博（四）·曹沫之陈〉补释一则（二）》，"孔子2000"网，2005年2月24日；武汉大学"简帛"网，2005年2月25日。

作声符。同意将郭店楚简《语丛四》简 4"䚔"，《老子》甲简 11"䚔"、简 27
"䚔"，隶定作"訢"，读作"慎"。认为《曹沫之陈》本简同从"攵"声的字亦可
读作"慎"，"慎"表示祈使①。高佑仁以为李锐最初读作"什"的意见较佳。
但是不同意李锐的简 30 接简 52，而坚持简 30 应与简 26 连读，"攵五之
间"读"什伍之间"，"什""十"都是定母、缉部字，可以通假。"攵"字从攴，
《曹沫之阵》简 26"伍"字作"敨"亦从"攴"，可证②。

　　按，《曹沫之陈》此字非常清晰，隶定作"攵"是可以的。简 26 有"敨"
字，读作"伍"。两个字所从的形旁是一样的，所以此字读作"什"是可以
的。简 30 下连简 26，简 30 的末字"什"与简 26 首字"伍"，正组成"什伍"
（参见本简【备注】）。

北京师范大学史学探索丛书

---

①　孟蓬生：《上博竹书（四）闲诂（续）》，清华大学"简帛研究"网，2005 年 3 月
　　6 日。
②　高佑仁：《谈〈曹沫之阵〉"为和于阵"的编联问题》，武汉大学"简帛"网，2006
　　年 2 月 28 日。

遬(失)[1]车虙(甲)，命之毋行。囝=(明日)[2]牆(将)戜(战)，思为前行。覝(谍)[3]人

【意译】

……那些丢失战车，丢盔解甲的人则令他们不要参加行动，不再把他们编入一般的军队编制。明日再战的时候，便派这些伤兵败将为前行。敌军的间谍……

【备注】

原释文指出，本简长 22.5 厘米，上半残缺，下端完整。现存 17 字，其中合文一。白于蓝测量数据为 22.6 厘米。我们测量数据亦为 22.6 厘米。李零原释文认为此简与下简连读。关于此简与下简的连读，专家分歧不大，陈剑、陈斯鹏、白于蓝、单育辰均是如此编联。但是关于此简上面的编联，则是说法不一。陈剑把简 31 连在简 29 后面。陈斯鹏旧稿把简 31 连在简 37 上半支的后面，新稿则把简 31 连在简 46 上半支的后面。白于蓝把简 31 连在简 51 上半支的后面，单育辰从之。李锐旧稿将简 31 置于简 61 后面，但是认为简 31 前面有缺简。新稿则是把简 31 连在简 32 上半支与简 52 之间。董珊将简 31 连在简 53 上半支的后面①。

按，白于蓝编联可从。简 51 为两段残简缀合而成，上半支为："曰：'礛(坚)虙(甲)利兵，明日牆(将)戜(战)。'则戜(厮)厇(徒)剔(伤)，以盘(伴)遧(就)行。"而简 31 为上部残缺的半支简，连在简 51 上半支后面，在长度上正好是一支完简。而文义上又正好相连，叙述的都是战事不利的情况。

【疏证】

[1]遬(失)：

原释文读作"失"，陈剑、陈斯鹏、白于蓝从之。李锐将简 31 放在简

---

① 董珊：《〈曹沫之陈〉中的四种"复战"之道》，武汉大学"简帛"网，2007 年 6 月 6 日。

32 上半支简的后面，疑此字读为"秩"，《说文》："秩，积也。"认为简 32 上言"车辇皆载"，此处"秩车甲，命之毋行"，当同于收兵。董珊隶定此字为"失"，读作"秩"，将此简连在简 53 上半支的后面，为"必秩车甲"①。

按，原释文径读"失"为优，简 31 应该连在简 51 上半支的后面，简 31 的此处似与简 51 所指受伤之厮徒（"戋尾剀"）亦随军行动的意思相关联，指这些厮徒所随从的战车及甲士如果损伤，则厮徒便无须随军行动。

[2]盟（明日）：

"盟"，简文原作""，原释文疑是"盟"字之省，解释说"盟"字内含"明""日"，或以合文读为"明日"。按，上博简第 2 册《子羔》简 2 有""字。整理者马承源隶定作"昷"，读作"温"，意谓"温厚"②。陈剑以为此字或为从日皿声之字，或者就是"盟（盟）"字异体，皆以音近而读为"明"③。何琳仪指出"温"上本从'囚'形，与此字不类，《子羔》篇的此字当释"上囧下皿"，即"盟"之初文，简文中可读"明"④。季旭昇隶定作"盟"，以为"盟"字本从皿囧声，战国楚文字或省作""（《曾侯乙墓》简 214），其上省作'田'形，再省则作"日"形，与本简此字相同⑤。对于《曹沫之陈》本简的""字，高佑仁认为简文中屡见"明日将战"（简 51），"明日复陈"（简 52），释文读为"明日"正确可从。并分析此字所从的"日"形也应是"囧"的讹变，中间的弧笔形态表示"血"，古文字中"血""皿"在偏旁中经常替换，此字即战国文字中的"盟（盟）"⑥。对比专家诸说，以释为"明日"合文为优。

① 董珊：《〈曹沫之陈〉中的四种"复战"之道》，武汉大学"简帛"网，2007 年 6 月 6 日。
② 马承源主编：《上海博物馆藏战国楚竹书（二）》，186 页，上海古籍出版社，2002。
③ 陈剑：《上博简〈子羔〉〈从政〉篇的拼合与编连问题小议》，清华大学"简帛研究"网，2003 年 1 月 9 日。
④ 何琳仪：《沪简二册选释》，清华大学"简帛研究"网，2003 年 1 月 14 日；《第二批沪简选释》，见上海大学古代文明研究中心、清华大学思想文化研究所编：《上博馆藏战国楚竹书研究续编》，444～455 页，上海书店出版社，2004。
⑤ 季旭昇主编：《上海博物馆藏战国楚竹书（二）·读本》，32 页，万卷楼图书股份有限公司，2003。
⑥ 高佑仁：《读〈上博四〉札记三则》，武汉大学"简帛"网，2006 年 2 月 24 日。

［3］覤（諜）：

原释文疑同"䁒"（见《玉篇》《广韵》等书），这里疑读为"间谍"之"谍"。陈剑指出此"谍人来告"云云当是出于己方之有意安排，借以鼓舞士气。按，简文原意应该是指我方故意示弱，以让敌方的间谍回去汇报，从而有利于我方迂回偷袭敌军。

北京师范大学史学探索丛书

【简 32】

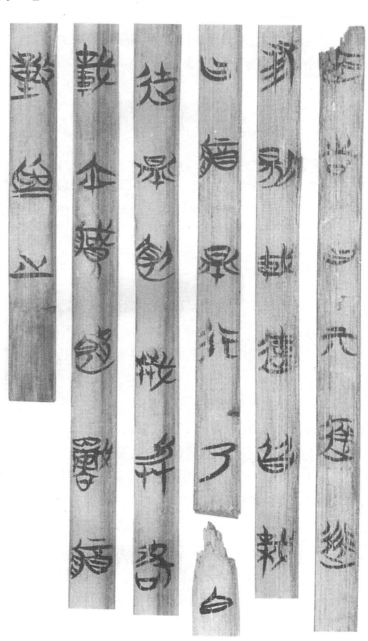

枈(来)告[1]曰：'亓(其)迲(将)衔(帅)聿(尽)剔(伤)，载(车)连(輂)皆栽(灾)[2]，曰牄(将)曩(早)[3]行[4]。'乃……（以上为上半段）

　　……[命]白徒[5]，曩(早)飤(食)戎(拱)兵[6]，各载尔贼(赃)[7]，既戬(战)牄(将)敭(量)[8]，为之（以上为下半段）

【意译】

　　（对方的谍人）回去报告说：敌人的将帅都受了伤，车輂也都损坏，说明天一早将撤回。于是……

　　……（命令）白徒，清早饱食之后手执兵器，各自将战利品放到辎重车上。战斗结束之后，将领要检查和统计这些战果，以这些战果为（奖赏的依据）。

【备注】

　　原释文指出，本简长 44.7 厘米，由两段缀合成完简，中略残，上端略残，下端完整。现存 33 字。白于蓝测量数据为 45.2 厘米，其中，上半支简为 22.6 厘米，下半支简为 22.6 厘米。我们测量数据为 44.9 厘米，其中，上半支简为 22.6 厘米，下半支简为 22.3 厘米。

　　李零原释文认为此简下有脱简。关于简 32 的编联，诸家一般是分为上下两个半支来处理的。陈剑、白于蓝、单育辰三家的编联方案一样：简 32 上半支，连在简 31 后面；简 32 下半支，连在简 53 上半支后面。不同的是，陈剑认为简 32 上半支与下半支简前后没有缺简，而白于蓝认为简 32 下半支前面有缺简，而单育辰则认为简 32 上半支的后面与简 32 下半支的前面皆有残缺的半简。李锐旧稿将简 32 上半支简放在简 31 后面，而简 32 下半支置于简 29 与简 61 之间，但是认为简 32 下半支前后皆有缺简。新稿则是把简 32 上半支放在简 31 前面，简 32 下半支亦是单独成段，放在简 60 下半支的后面。陈斯鹏旧稿保留了原简的完整与编排顺序，而新稿亦将简 32 分为上下两个半支。将简 32 上半支放在简 31 后面，简 32 下半支则置于简 63 上半支与简 50 之间，但是认为简 32 下半支前面有缺简，所以简 63 上半支与简 32 下半支分属不同的编联组。

按，陈剑、白于蓝、单育辰三家的编联方案可取。简 31 末句为"覣（谍）人"，简 32 首句为"坙（来）告曰"，正好相连。简 32 下半支为"白徒，曇（早）飤（食）戏（拱）兵，各载尔赋（赃），既戬（战）沔（将）歔（量），为之"，作为"复甚战"的内容，放在简 53 上半支的后面，亦是可以的。但应当注意的是，简 32 下半支与简 53 上半支若是拼合在一起，长度与完简相比又太长，而且在"白徒"两字前尚应有一个字残缺，如此长度更长。陈剑亦指出这种编联后的全简较相邻诸简略长，但又举简 8 为例，认为简 8 原亦由上下两段拼合而成，其拼合当无问题，从小图版可以看出，如将相接处的两残字补足，并留出两残字之间的空白，则整简也将较相邻诸简长出不少。但是我们知道简 8 的拼合原有问题，现在已将其分为上下两段重新编联（参见简 8 及简 7 的【备注】）。所以简 53 上半支后面与简 32 下半支的前面应该各有半支简的脱简。

【疏证】

[1] 坙（来）告：

疑"来"字与"往"反训，犹"治"与"乱"然。"来告"，也可以理解为从敌军的角度看，敌军间谍向敌军将领回报，可称"来告"。若反训为往，则是从我方的角度看，敌军间谍向敌军将领回报，可称"来（往）告"。要之，这里所言为战争时所采用的一种迷惑敌军之计。

[2] 载（车）连（辇）皆戟（戋）：

原释文以为待考。陈剑读为"车辇皆戋"，但无说。"载连"读为"车辇"，各家无异议，只是提出一些补充。范常喜举《说文》卷十四"軞，籀文车"，简文中"载"字当读为"车"，系由重复偏旁简省所致。又举《战国策·赵策四》："老妇恃辇而行。"汉帛书本辇作连。《庄子·让王》："民相连而从之。"《释文》："司马云：'连读曰辇。'"指出"连"与"辇"可通①。蔡丹亦补充说《银雀山汉墓竹简·孙膑兵法》第 298 号简"載"与《曹沫之陈》此字一样都

---

① 范常喜：《〈上博四·曹沫之陈〉"车辇皆戋（载）"补议》，清华大学"简帛研究"网，2005 年 4 月 15 日。

是"车"的异体①。浅野裕一谓:"由于'戵'是车子的籀文,所以'载连皆栽'的'载'是车子的意思。在此指以戈武装的士兵乘坐的战车。'车连'指联系马和车子的绳索。'皆栽'指,战车破损或颠覆而绳索断掉,且马和车子散乱的状态。"②陈斯鹏认为陈剑说可从,谓《说文》"车"字籀文从二"载",金文亦有加"戈"旁者,《金文编》引王国维说释为"车",可参。加"戈"旁盖强调其为战车③。

对于简字"栽"字,有分歧。初,陈剑读作"载",各家从之。后范常喜不同意陈剑的读"栽"为"载",而是将其释为"戋"。因"戋"字在卜辞中可以同"災(灾)"字相通,而将其读作"戋",又因"戋"与"栽"古音相近,简文中的"栽"也当读为"戋"④。李锐在《重编释文》中从范说,读"戋"为"戋"。王连龙认为籀文车"戵"字与"载"是两个字,"载"当读为"輲"。"輲輂"指服务于军事活动的运输工具。"将帅尽伤,载连皆栽"义谓将帅负伤不能行,皆载于輲輂之中⑤。

按,"车輂"之释,可信。"栽""载",都是戈声,可通,但是就简文意思来看,"栽",当读若"灾",指战车皆损坏。《说文·火部》:"灾,天火曰灾,从火戋声。"并在"灾"字下列"災""烖"。"災"亦戋声,在文献中,"烖"与"災""灾"可通假⑥。

[3]曩(早):

简文作"曍"形,原释文以为不识,指出从下文看似指担负而行。本简下文有"曍飤(食)",原释文以为似指担负而行,类似古书所说的"赢粮"。并指出"赢"字亦作"攍",是担负之义(见《方言》卷七、《广雅·释言》)。浅

① 蔡丹:《上博四〈曹沫之陈〉试释二则》,武汉大学"简帛"网,2006年1月3日。
② [日]浅野裕一:《上博楚简〈曹沫之陈〉的兵学思想》,清华大学"简帛研究"网,2005年9月25日。
③ 陈斯鹏:《简帛文献与文学考论》,103页,中山大学出版社,2007。
④ 范常喜:《〈上博四·曹沫之陈〉"车輂皆栽(载)"补议》,清华大学"简帛研究"网,2005年4月15日。
⑤ 王连龙:《上博楚竹书(四)〈曹沫之陈〉"连"释义》,《古代文明》,2009(2)。
⑥ 参见高亨纂著,董治安整理:《古字通假会典》,420页,齐鲁书社,1989。

野裕一也依照文章脉络，将此未释字释为“担”①。陈剑首先释作“早”字，认为此字及简 32 下“”字皆作上从“日”下从“枣”声（“枣”形皆有所省略讹变），是早晚之“早”之本字，战国文字中常见。陈斯鹏、李锐、苏建洲、高佑仁皆从之。

按，郭店楚简《语丛三》简 19 有“”字，整理者隶定作“曓”，读作“早”。苏建洲认为《曹沫之陈》本简“”字是“”字的进一步讹变，推断字形演变是：→→，同意“”字读作“早”②。高佑仁撰文指出，“早”字在楚文字中多作“曓”，而《说文》“枣，羊枣也。从重朿”，在“枣”的古文字材料逐渐出现后，学者开始发现“枣”并不从“朿”。如何琳仪、季旭昇、苏建洲等都提出“枣”从“来”不从“朿”。高佑仁进而指出《曹沫之陈》“”字上从“日”旁，下半偏旁形体从一“来”这类形之字，并以特殊写法来表现③。再按，今从诸家说暂释为“早”字。

［4］曰牆（将）曓（早）行：

李锐疑两“曰”字皆为“来告”之内容。今从之。

［5］［命］白徒：

“白徒”两字的前面有一残字，因为残损严重，无法释读，现根据文义拟补为“命”字。“白徒”，原释文以为是没有受过军事训练的人，《管子·七法》：“以教卒练士击驱众白徒。”尹知章注：“白徒，谓不练之卒，无武艺。”何有祖撰文总结典籍中出现的“白徒”，或解释为“不练之卒”，如原释文所引《管子·七法》尹知章注；或认为“白徒”似亦从事杂役，如《管子·轻重》“率白徒之卒铸庄山之金”；或解释为“白衣之徒”，如《吕氏春秋·仲秋纪·决胜》：“善用兵者，诸边之内莫不与斗，虽厮舆白徒，方数百里皆来会战，势使之然也。”注：“厮役舆众白衣之徒”；或解释为“白丁”，如

---

① ［日］浅野裕一：《上博楚简〈曹沫之陈〉的兵学思想》，清华大学“简帛研究”网，2005 年 9 月 25 日。

② 苏建洲：《楚文字杂识》，清华大学“简帛研究”网，2005 年 10 月 30 日。

③ 高佑仁：《〈曹沫之阵〉“早”字考释》，武汉大学“简帛”网，2005 年 11 月 27 日。后发表在武汉大学简帛研究中心主办：《简帛》（第一辑），177～185 页，上海古籍出版社，2006。

《汉书·邹阳传》“今吴楚之王练诸侯之兵，驱白徒之众”，颜师古曰：“白徒，言素非军旅之人，若今言白丁矣。”何文指出“白徒”无论是充作军旅还是充作杂役，都是临时的，不是其真实身份。进而举张家山汉简《奏谳书》174—176号简，其中提到“鲁法”中的“白徒”之身份相当于“隶臣妾”，平时服杂役，战时充作士卒①。李锐旧稿从原释文说，新稿认为《曹沬之陈》简文与何说所据“鲁法”、张家山汉简为异时性文献，具体如何解释，尚需据上下文。高佑仁则认为张家山汉简与《曹沬之陈》简文虽然是异时、异地之文献，但是张家山简简文所谓的“白徒者，当今隶臣妾”是在解释“异时鲁法”中“白徒”一词的意涵，及与汉代名称的相对意义，所以所论“白徒”一词仍是战国时期的“鲁法”②。王连龙谓“白徒”即获罪没身服劳役的罪隶，当为牵引“辇”之劳力，认为“白徒”与“辇”同属一简，所以赞同原释文的编缀③。

按，“白徒”的身份，典籍中解释不一，或许“白徒”的身份随着时代的发展内涵有所变化，但是就简文上下文义来看，原释文解释为“没有受过军事训练的人”更合适。

[6]戕(拱)兵：

原释文疑读“輂兵”，指用马车运载兵器。《说文·车部》：“輂，大车驾马也。”本指马拉的辎重车。《方言》卷十二：“輂，载也。”也指用輂车运载辎重。对于原释文的解释，各家无异议。

按，原简为“”，隶定为“戕”是正确的。此字又见于《王子拱戟》《戈》，字形或写作左共右戈，或写作上共下戈。此字从戈，共声，何琳仪指出，兵器铭文中“戕”，读为“拱”，《国语·吴语》“拥铎拱稽”，注：“拱，执也。稽，棨戟也。”④“拱兵”即执兵。简文本句为“𣊾(早)飤(食)戕(拱)

① 何有祖：《上博楚竹书(四)札记》，清华大学“简帛研究”网，2005年4月15日。

② 高佑仁：《〈上海博物馆藏战国楚竹书(四)·曹沫之阵〉研究》，286页，花木兰文化出版社，2008。

③ 王连龙：《上博楚竹书(四)〈曹沫之陈〉“连”释义》，《古代文明》，2009(2)。

④ 黄德宽主编：《古文字谱系疏证》，1154页，商务印书馆，2007。

兵，各载尔賊（赃）"，据文义理解，"戏兵"，理解为"执兵"，比理解为"董兵（用董车运载辎重）"要更合适。

[7]各载尔賊（赃）：

原释文读"各载尔藏"，解释说这里是赃上而言，泛指辎重粮秣。诸家无异议。按，原简作"䝵"，此字又见于郭店楚简《老子》甲简 36、《太一生水》简 6，整理者隶定作"贒"，读作"藏"①。何琳仪指出，此字从贝，戚声，疑赃之异文。《玉篇》："賊，藏也。"②《曹沫之陈》简文此处释读"赃"为优，这里当指战利品。

[8]既戡（战）牁（将）歔（量）：

"歔"，原释文隶定为"歔"，读作"量"。各家多从之。唯董珊认为应该读作"掠"，谓本简句意是准许"白徒"自留战利品，且明日再进行大规模掠夺，以利益诱惑非正规军事力量去打仗，这样去"赏获闻葸"③。

按，虽然在古代战争中常有以抢掠作为补充军需的办法，但是《曹沫之陈》叙述的依然是正统的、合乎"礼"的治军、领兵的方法，在激励将士奋勇杀敌的措施中都是赏罚分明、重赏薄刑的。况且，《曹沫之陈》针对的是鲁国对齐的战争的需要，而鲁对齐是军事上的弱国，文献中还没有鲁对齐大肆抢掠的战争记载。所以简文此处还是遵从原释文读作"量"为好。高佑仁在"既战"后面加句读，"牁（将）歔（量）"与下文"为之"连读，谓"将量为之"即度量自己所能负荷的能力，各自担纲所负责的攻击范围④。再按，简 32 下应与简 61 编联（参见简 61【备注】），"既戡（战）牁（将）歔（量）"应该连读，意思是战斗结束之后，将要根据这些战果论功行赏。

① 荆门市博物馆编：《郭店楚墓竹简》，113、125 页，文物出版社，1998。

② 黄德宽主编：《古文字谱系疏证》，1917 页，商务印书馆，2007。

③ 董珊：《〈曹沫之陈〉中的四种"复战"之道》，武汉大学"简帛"网，2007 年 6 月 6 日。

④ 高佑仁：《〈上海博物馆藏战国楚竹书（四）·曹沫之阵〉研究》，287 页，花木兰文化出版社，2008。

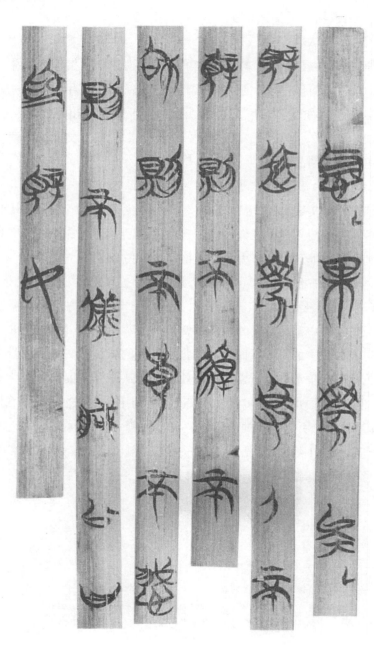

怠（治）[1]＿，果勶（胜）矣＿。亲衒（率）勶（胜）[2]。吏（使）人不亲则不纕（敦）[3]，不和则不見（辑）[4]，不悉（义）则不备（服）。"戒（庄）公曰："为亲女（如）[5]

【意译】

"……治理军队，这样就能取得预期的胜利了。将帅亲近（士卒），才能率领他们取得胜利。统率军队不亲附士卒就是不敦厚，不和善则军队不和睦，命令不符合道义，则部下不会服从。"庄公说："怎么样才能做到使民众亲附呢？"

【备注】

原释文指出，本简长 47.5 厘米，完简，上、下端完整。共 30 字。白于蓝测量数据与原释文同。李零原释文认为此简与下简连读。按，此简末句为"戒（庄）公曰：为亲女（如）"，简 34 首句为"可（何）"，正好组成一句完整的话。两简可以相连。各家对于简 33 下连简 34 无异议，但是关于简 33 上面应接哪一支简，分歧较大。陈剑以简 33 上接简 46 下半支简。白于蓝、单育辰从之。李锐以简 33 上接简 49。陈斯鹏旧稿保留了原简序，新稿则改从陈剑说。再按，陈剑编联可取。简 46 下半支为"不勶（胜），翠（爱）谷（欲）少目（以）多，少则惕（易）輵（察），圪（既）成则惕"，简 33 首句为"怠（治）＿，果勶（胜）矣。亲衒（率）勶（胜）"，文义相通，且简 46 下半支提到"不勶（胜）"，简 33 则说"果勶（胜）矣"，正好是前后文。

【疏证】

[1]怠（治）：

原释文读作"治"，指出下有句读。陈剑指出此字与简 45"怠"字形同，但是简 41 亦以"怠"为"治"，本简此字从原释文读作"治"。白于蓝、陈斯鹏亦皆隶定作"怠"，读作"治"。唯李锐疑读为"殆"，连下读，并指出原文于此字下有小钩号，或疑当于"殆"下断读，但所谓句读符号未必可信，如简 7"然而古"下亦有小钩号，不得断读。

按，"怠""殆""治"，皆是之母定部字，古音相同。如《管子·形势》"曙戒勿怠"，怠，当读作"殆"。《荀子·强国》"威动海内，强殆中国"，杨倞注"殆，或为治"①。《易·杂卦》："《谦》轻而《豫》怠也。"《释文》："怠，京[房]作治。""治"即"怠"的借字。《逸周书·酆保》"美好怪奇以治之"，刘师培补注"治，疑怠之讹"②。睡虎地秦墓竹简《为吏之道》："执道毋治。"治，读作"怠"。又《荀子·议兵》"小齐则治邻敌"，王念孙《读书杂志》十一："治，读为殆。殆，危也，谓危邻敌也。殆、治古字通。"③依据上下文义，简文"怠"此处应该读作"治"。

[2] 果勳（胜）矣▯。亲銜（率）勳（胜）：

原释文读作"果胜矣"，指出"矣"下有句读。"果"是果然之义。季旭昇认为"果"当释为"如果"，如果胜利了，国君要亲自领导处理胜利的安排④。按，"果"应为果然之义，原释文可从。

本句二"勳"字，诸家多读作"胜"。陈斯鹏读作"乘"，训前一"乘"字为侵凌，后一"乘"字为守。解释"果乘矣，亲率乘"为接前文"天下不乘"而递转，意谓苟能具备如何之条件则天下不敢侵凌，但若天下果来侵凌，则当亲自率众以守⑤。按，这种释读存在编联问题，参见简 46【备注】。"勳"，还见于简 41、46 下、49、52，皆读作"胜"，此简亦当读作"胜"，参见本简【备注】。

[3] 緯（敦）：

原释文读作"敦"，解释说有纯厚之义。李锐释为"庸"字。陈斯鹏隶定作"緯"，读作"敦"。今从原释文说。简 18 有"章"字，读作"郭"，李锐指出

① 王先谦则认为"治"是"殆"之误字，参见（清）王先谦撰，沈啸寰、王星贤校：《荀子集解》，301 页，中华书局，1988。
② 黄怀信校注："治当作怡，悦也。"参见黄怀信：《逸周书校补注译》（修订本），94 页，三秦出版社，2006。
③ 上述四例，"怠""殆""治"相通，参见冯其庸、邓安生：《通假字汇释》，453 页，北京大学出版社，2006。
④ 季旭昇主编：《上海博物馆藏战国楚竹书（四）读本》，223 页，万卷楼图书股份有限公司，2007。
⑤ 陈斯鹏：《简帛文献与文学考论》，106 页，中山大学出版社，2007。

此"郭"字字形与郭店楚简、上博简其他读为"敦"或"庸"者无别,与本篇简33当读为"庸"者有别(参见简18【疏证】[2])。

[4]覎(辑):

原简作"![字形]",原释文隶定为"覎",读作"辑"。原释文指出此字疑同上第16简"![字形]",这里也读为"和辑"之"辑"。按,本简"![字形]"所从"见"与鄂君启车节,《包山楚简》简218,郭店楚简《老子》丙简5、《鲁穆公问子思》简2之"见"字相似。隶定作"覎"是可以的。简48有"不和则不茸(辑)"其中,"茸"字,原释文误定作"菁"。本简此句作"不和则不覎(辑)",可以证明此字确实可以读作"辑"(参见简16【疏证】[2])。

[5]为亲女(如):

从简文意思看,"如"字下当连下简首句的"可(何)"字。

可(何)?"含(答)曰:"君毋戁(惮)[1]自裻(劳)[2],已(以)观卡=(上下)之青(情)愚(伪)。佖(匹)夫(以上前半段)募(寡)妇[3]之狱詷(讼)[4],君必身圣(听)之。又(有)暂(知)不足,亡所(以上后半段)

【意译】

"(使民众亲附的办法是)怎样的呢?"回答说:"国君您不要害怕自身辛劳,要用这种态度来体察上下民情的真伪,匹夫寡妇的诉讼,国君您一定要亲自闻听。虽然还有不知道的案件,但是没有……"

【备注】

原释文指出,本简长 46.6 厘米,由两段缀合成完简,中略残。现存 33 字,其中合文一。白于蓝测量数据为 46.85 厘米。我们测量数据为 46.8 厘米。李零原释文认为此简与下简连读。按,对于此简与下简的连读,各家无异议。此简末句为"亡所",简 35 首句为"不中",正好组成一句,证明两简可以相连。

【疏证】

[1]戁(惮):

原简作"",原释文隶定作"戁",认为同"惮",是畏难之义。按,"惮",在金文中的写法,上从"单",下从"心"(见于中山王鼎)。本简此字下从心,与金文无异,但是上部所从与金文、玺文、简帛中常见的"单"字略有不同。徐在国指出,"单"字在战国文字燕系、晋系、楚系中,其饰笔多有不同。或加土,或加口为饰①。《曹沫之陈》此"戁"字上部所从即是加"口"为繁饰。

[2]裻(劳):

简文"裻"字原简作"",原释文隶定为"裻",读作"劳"。按,"劳"字在简帛中的写法有两种,上部所从相同,下部或从"力",如《睡虎地秦墓竹简·秦律杂抄》简 29;或从"衣",如《包山楚简》简 16、189,郭店楚简

---

① 黄德宽主编:《古文字谱系疏证》,2690 页,商务印书馆,2007。

《尊德义》简 24①。《曹沫之陈》本简此字即是下部从衣的"劳"字。简文此处意指劳累、辛劳。

[3] 伲(匹)夫暴(寡)妇：

原释文指出第三字略残，疑读"匹夫寡妇"。按，"伲"字，又见于郭店楚简《语丛四》简 10"伲妇禺夫"，裘锡圭先生指出当读为"匹妇愚夫"②。《说文·人部》："伲，威仪也，从人必声，《诗》曰：'威仪伲伲。'""匹"，质部滂母字，"必"，质部帮母字，音近可通。

[4] 詷(讼)：

原释文直接隶定作"狱讼"之"讼"。陈剑、白于蓝、李锐皆从之。陈斯鹏隶定为"詷"，读作"讼"。季旭昇谓原简原形实从"言"、从"同"，当即"詷"，并读"詷"为"恫"，《说文》："恫，痛也。一曰：呻吟也。"亦作"痌"③。何有祖亦是隶定为"詷"，认为"詷"上古音在东部定母，"讼"在东部邪母，音近可通。典籍从"公"之字与从"甬"之字，从"甬"之字与从"同"之字多可通用，"詷"疑可读作"讼"④。李守奎则认为简文从"同"，当是讹书⑤。高佑仁同意何有祖的说法，认为"詷""讼"二字应为假借关系⑥。按，原简隶定作"詷"，读作为"狱讼"之"讼"是可以的。《左传》庄公十年所载曹刿语"小大之狱，虽不能察，必以情"，《国语·鲁语上》则作"听狱虽不能察，必以情断之"，与此段简文之意相近。可为简文此字当读若讼的旁证。

北京师范大学史学探索丛书

① 郭店楚简《缁衣》简 6、7、9 有"劳"字，整理者隶定作下部从"衣"的"裘"。文字编亦多是如此写作。王蕴智认为下部"或从卒"（黄德宽主编：《古文字谱系疏证》，872 页，商务印书馆，2007）。按，细察《缁衣》篇"劳"字，与郭店楚简、包山楚简其他从衣的"劳"字不同，下部确实是从"卒"。
② 荆门市博物馆编：《郭店楚墓竹简》，218 页，注释〔九〕，文物出版社，1998。
③ 季旭昇：《上博四零拾》，清华大学"简帛研究"网，2005 年 2 月 15 日。
④ 何有祖：《上博楚竹书（四）札记》，清华大学"简帛研究"网，2005 年 4 月 15 日。
⑤ 李守奎：《〈曹沫之陈〉之隶定与古文字隶定方法初探》，收入中国文字学会主编：《汉字研究》第一辑，496 页，学苑出版社，2005。
⑥ 高佑仁：《〈曹沫之阵〉校读九则》，清华大学"简帛研究"网，2005 年 11 月 13 日。

【简 35】

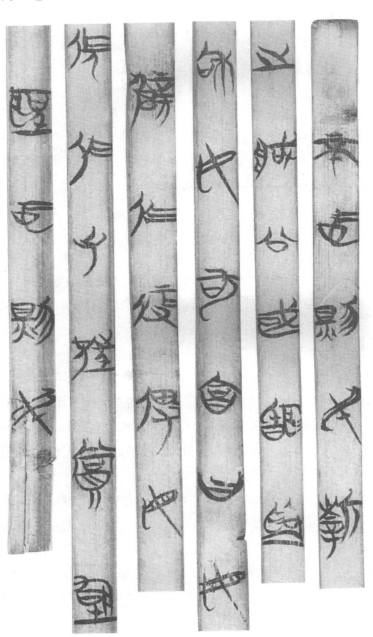

不中[1]，则民新（亲）之。"戒（庄）公或（又）頴（问）："为和女（如）可（何）？"含（答）曰："毋辟（嬖）于便俾（嬖）[2]，毋倀（长）[3]于父𣎴（兄）[4]。赏均（均）[5]圣（听）中[6]，则民

【意译】

"（虽然还有不知道的案件，但是没有不按照实际情况处理的，）结果也没有不正确的，这样百姓就会亲近国君了。"庄公又问道："怎么样才能做到与民众和谐相处呢？"回答说："不要宠幸近臣，不要凌驾于父兄之上。赏赐要公平，听政要切中肯綮，则民众……"

【备注】

原释文指出，本简长 47.5 厘米，完简，上、下端完整。共 32 字。白于蓝测量数据与原释文同。李零原释文认为此简与下简连读。按，此简与上下简内容皆贯通，且成完整句子，因此，关于此简的编联没有疑义。

【疏证】

[1]（又智不足，亡所）不中：

简 34 末句简文"又智不足，亡所"，与本简首句可以组成"有知不足，亡所不中"之语，与《国语·鲁语上》所作"智虽弗及，必将至焉"，意思大致一样。"中"本有射中之意，引申为符合、恰当之意。"不中"，不符合。

[2] 便俾（嬖）：

原释文指出，同上第 18 简的"便進"，亦读"便嬖"（参见简 18【疏证】[1]）。

[3]倀（长）：

原释文读"长"，指凌驾。"倀"，《曹沫之陈》简文六见，见于简 18、25、28、35、36，意思不一，此处作"凌驾"之义讲（参见简 18【疏证】[4]）。

[4]𣎴（兄）：

原简作"𣎴"，原释文隶定作"𣎴"，读作"兄"。李守奎指出此字非从

"止"，应为从"之"①。按，此字右上确实是从"之"，此字应隶定作"𧥻"，读作"兄"。兄，在金文、简帛中有三种写法。第一种写法是"兄"，最为常见。第二种写法是"倪"，如郯陵君豆，高陵君鼎，上博简第 4 册《内豊》简 4、5、6。何琳仪指出"倪，从人，兄声，疑兄之繁文"②。第三种写法是"𧥻"，如上博简第 4 册《曹沫之陈》简 35、42，或者写作"䛣"，如上博简第 4 册《逸诗·多薪》简 1。

[5] 坰（均）：

本简简文"坰"原作""形，原释文隶定为"坰"，读作"均"。李锐则疑读为"恂"，《方言》："恂，信也。"按，"坰"字见于鼄钟，有从日的"坰"字，也有从目的"坰"字③。《包山楚简》简 43 有"坰"字，与《曹沫之陈》本简此"坰"字写法相同，整理者隶定作"𡎨"，读作"军"④。郭店楚简《尊德义》简 34，"坰"，整理者读作"均"⑤。对于这两处楚简的"均"字，陈秉新皆隶定作"塦"，认为"塦，从土，昀声，均的繁文"，并指出此字"土旁或伪作立形，战国文字习见"。郭店楚简《唐虞之道》简 2"𢍰"⑥，整理者读作"均"。李零认为此字从里从今，读作"贪"⑦。陈伟隶定作"均"，疑读为"愸"，训为"忧"⑧。刘钊同意原释文隶定作"𢍰"，谓此字从"勻"得声，以音近读作"困"⑨。陈秉新训此字从里勻声，读作"怉"⑩。李天虹谓此字并不从"里"，

① 李守奎：《〈曹沫之陈〉之隶定与古文字隶定方法初探》，收入中国文字学会主编：《汉字研究》第一辑，494 页，学苑出版社，2005。
② 黄德宽主编：《古文字谱系疏证》，1725 页，商务印书馆，2007。
③ 李守奎指出此处日旁讹作目，见《楚文字编》，766 页，华东师范大学出版社，2003。
④ 湖北省荆沙铁路考古队编：《包山楚简》，19 页，文物出版社，1991。
⑤ 荆门市博物馆编：《郭店楚墓竹简》，174 页，文物出版社，1998。
⑥ 李守奎指出此处日旁讹为田，见《楚文字编》，766 页，华东师范大学出版社，2003。
⑦ 李零：《郭店楚简校读记》，96 页，北京大学出版社，2002。
⑧ 陈伟：《郭店楚简别释》，61 页，湖北教育出版社，2003。
⑨ 刘钊：《郭店楚简校释》，151 页，福建人民出版社，2005。
⑩ 以上引陈秉新两处解释出自黄德宽主编：《古文字谱系疏证》，3434、3435 页，商务印书馆，2007。

应该是从土旬声的字，是"均"字异体，就读作"均"字本字①。

此外，金文中有从土从匀的"均"字，如蔡侯钟："定均庶邦，休有成庆。"其中，"均"，平也。简帛中亦有从土从匀的"均"字，如睡虎地秦墓竹简《法律答问》简187，整理者读作"徇"，指出："古书或写作徇、狥，《尚书·泰誓中》传：'徇，循也。'"②但是很多文字编还是直接归为"均"字。《秦律十八种》简112、113、114亦有此"均"字，整理者读作"均"③，指出："《周礼·内宰》注：'犹调度也。'"比较诸说，《曹沫之陈》本简此"均"字，读"均"为优。

[6]圣（听）中：

李锐认为可能与前文的"匹夫寡妇之狱讼，君必身听之，有知不足，亡所（简34）不中"相关。按，简文此处的"中"，仍当读若射中之中，意指抓住关键，意译用"切中肯綮"来说明，应当是可以的。

---

① 李天虹：《释〈唐虞之道〉中的"均"》，见丁四新主编：《楚地简帛思想研究》（三），478～480页，湖北教育出版社，2007。

② 睡虎地秦墓竹简整理小组编：《睡虎地秦墓竹简》，138页，文物出版社，1990。

③ 睡虎地秦墓竹简《法律答问》与《秦律十八种》此"均"字写法完全一样，但是因整理者一作"徇"，一作"均"，对此，文字编收录情况不同。将《法律答问》此字收入"均"字的有汤余惠主编：《战国文字编》（879页，福建人民出版社，2001）；黄德宽主编：《古文字谱系疏证》（3434页，商务印书馆，2007）。将《秦律十八种》此字收入"均"字的有张守中撰集：《睡虎地秦简竹简文字编》（200页，文物出版社，1994）。

【简 36】

和之。"戒（庄）公或（又）䎽（问）："为義（义）[1]女（如）可（何）?"畣（答）曰："绅（申）攻（功）赱（上）叚（贤）[2]，能绹（治）[3]百人，叓（使）倀（长）百人；能绹（治）三军，思（使）衙（帅），受（授）[4]

【意译】

"（则民众）就会和谐相处。"庄公又问道："怎么样才能做到合乎道义呢?"回答说："论功行赏要推崇有才能的人。那些有才能的人，若能管理百人，就使他做管理百人的卒长。若能够管理三军，就使他做三军统帅，授职位（于有才能的人）。"

【备注】

原释文指出，本简长 47.5 厘米，完简，上、下端完整。共 31 字。白于蓝测量数据为 47.9 厘米。我们测量数据为 47.8 厘米。李零原释文认为此简下有脱简。对于此简的编联，各家一致，皆是下连简 28。按，此编联可取。简 36 末字为"受（授）"，简 28 首句为"又（有）（知），（舍）又（有）能"，正好作为前后简，可以相连（参见简 28【备注】）。

【疏证】

[1] 義（义）：

原简作"**䍩**"，原释文未释，以为待考。陈剑隶定为"義"，认为与简 33 "不（义）则不服"、简 28"则民宜（义）之"之"义"同，只是所从"我"形略有变化。按，从文章的脉络看也应该是"义"字。

[2] 绅（申）攻（功）赱（上）叚（贤）：

"绅"，原释文隶定为"緅"，读作"申"。原释文亦指出，"上贤"，古书亦作"尚贤"。对于"绅"，陈剑读作"陈"，并举《吴子·料敌》"陈功居列，任贤使能"参读。陈斯鹏、白于蓝、高佑仁皆从之。李强认为此处"绅"字不必通假为"陈"字，应直接读作"绅"。"绅"字本义是官员腰上所系的带子，如果作动词用可以释作"授官"，此句之义为："（国君）赐予有功之人官爵、食邑。"①按，"绅"作动词是指用绅带束系，非指授官。如《韩非子·外储说左上》："书曰：'绅之束之。'宋人有治者，因重带自绅束也。"简文此处的"绅"应该读作"申"。《曹沫之陈》简 21 有"繟攻而酓"，其"繟"字与本简"繟"字都应隶定为"绅"，通"申"，其义为展现、陈述。"申功"犹"论功"，指论功行赏（参见简 21【疏证】[1]）。

简文"走（上）叚（贤）"，应即"尚贤"，是为春秋时兴起、至战国而盛行的社会思潮。旧贵族的没落和贤能之士的兴起，是春秋战国时期社会发生深刻变化的反映。墨子曾为"尚贤"而大声疾呼："圣王之为政，列德而尚贤，虽在农与工肆之人，有能则举之，高予之爵，重予之禄，任之以事，断予之令，曰：'爵位不高则民弗敬，蓄禄不厚则民不信，政令不断则民不畏。'举三者授之贤者，非为贤赐也，欲其事之成。""以官服事，以劳殿赏，量功而分禄。故官无常贵，而民无终贱，有能则举之，无能则下之。"②本简所提出的"申功上贤"，"能治百人，使长百人；能治三军，使帅"，与墨子所云"量功而分禄""以官服事，以劳殿赏"，完全一致。"尚贤"思潮以春秋时期最盛，至战国时期虽然依然延续，但却较多地注意到"能"，《曹沫之陈》篇中"上贤"语，是这个思潮中较早的言论，值得重视。

［3］绐（治）：

简文这个字作"绐"形，可以楷写作"绐"。此字左边从丝，右边所从之字一口两用，应为"訇"字，为"治"字的常见写法。郭店楚简、包山楚简、上博简等中习见。《曹沫之陈》简 33、简 41 有"怠"，亦应读作"治"，简文此处的"治"字，犹言治理、管理（相关考证请参见简 33【疏证】[1]）。

［4］思（使）衔（帅），受（授）：

原释文的隶定及断句为"思衔（帅）受"，今在"帅"字后断句。这样前后两句为"能治百人，使长百人；能治三军，使帅"，文通字顺。"受"，陈剑、陈斯鹏读作"授"，从之。原释文认为下面疑接"之"字，并认为此简下有脱简。按，其下可能有两种读法。一是授，即"授职位于"。此简下不必

----

① 李强：《〈曹沫之陈〉札记》，清华大学"简帛研究"网，2007 年 3 月 14 日。
② 《墨子·尚贤上》。

接"之"字，此简下应接简 28。简 28 首句为"又（有）暂（知），舍（舍）又（有）能，则民宜之"。这样，正好组成"受（授）又（有）暂（知），舍（舍）又（有）能"的对仗句式（参见简 28【备注】）。二是简文"受（授）"字下可补"职"字，此句读若"思（使）帅受（授）［职］"。意指能够治理三军之事的人，就让将帅授给他相当的管理职务，以发挥其才能。然而，本简是上下端完整的完简，因此第一种读法比较可取。

北京师范大学史学探索丛书

【简 37】

民者[1]毋囦(摄)篝(爵)[2]，毋焂(御)军[3]，毋辟(避)[4]辠(罪)，甬(用)都[5]眷(教)于邦(□)[6](以上前半段)

又(有)戒言曰：'犃(宄)[7]，尔正(定)杠(讧)[8]；不犃(宄)，而(尔)或譻 (兴)或康[9]，吕(以)(以上后半段)

【意译】

(统治)百姓的君主不要吝啬爵位而不授，不要由国君遥控军队，不要怕负责任而回避罪责，要将首善之区教化的榜样推广到全国。……

(将帅)要告诫中下级将领：军队若有内乱发生，你们必须将其制止；军队若没有内乱，你们就激励士卒的斗志，或者关心他们的生活，以……

【备注】

原释文指出，本简长 46.1 厘米，由两段缀合成完简，中略残，上、下端完整。现存 32 字。白于蓝测量数据为 46.55 厘米。其中，上半支简为 24.1 厘米，下半支简为 22.45 厘米。我们测量数据为 46.3 厘米。其中，上半支简为 24.1 厘米，下半支简为 22.2 厘米。李零原释文认为此简与下简连读。关于简 37 的编联，各家观点不一，但皆是把简 37 从残断处（"又"字前）分开。

关于简 37 上半支，陈剑是单独成段，置于简 49 与简 59 之间。李锐置于简 28 与简 63 下半支之间。陈斯鹏旧稿置于简 30 后面，并在简 37 上半支后面补"此所以为和于邦阵"。新稿则从李锐说。白于蓝则是置于简 28 与简 49 之间，单育辰、高佑仁从之。按，把简 37 上半支置于简 28 后面是可取的。简 28 末句为"是古(故)倀(长)"，与简 37 上半支首句"民者"，正组成"是故长民者"，"长民者"，于文献与简帛皆可见例证，足证此种编联的正确性（参见简 28【备注】）。而简 37 上半支下面所连，应该是简 49，简 49 为残简，首句为"于民"，正好与简 37 上半支组成"甬(用)都眷(教)于邦于民"。

关于简 37 下半支与简 38 相连，各家没有异议。对于简 37 下半支上面所接，则分歧很大，陈剑主张上接简 58，白于蓝从之。陈斯鹏则上接简

26。李锐上接简 60 上半支，单育辰则是上接简 60 下半支。按，陈剑编联可从。简 58 为半支残简，从其契口处，可以看出，这是上端完整下端残缺的半支简，正与简 37 下半支相接。简 58 简文为："所㠯(以)为母(毋)退。衔(率)车㠯(以)车，衔(率)徒㠯(以)徒，所㠯(以)同死[生]。"叙述的是将帅与士卒同心协力，生死与共的做法，简 37 下半支简文为："又(有)戒言曰：犿(宍)，尔正紅(讧)；不犿(宍)，而(尔)或墅(兴)或康，㠯(以)。"是进一步强调将帅与士卒之间的和睦，简文文义上下相合，简 58 与简 37 下半支拼合为一支整简，长度亦可(参见简 58【备注】)。

【疏证】

[1] 民者：

原释文在"民者"后面，指出上文不详，并在"民者"后面加句读表示疑问。

按，此简应该与简 28 相连，组成"倀(长)民者"。"长民者"即"君民者"，意即为民之"长"者，即统帅民众的人。这种称呼，文献习见(参见简 28【备注】及简 28【疏证】[4])。

[2] 毋囡(摄)篚(爵)：

"囡"，原简作"🐚"，原释文疑读为"摄"，引《说文·囗部》："囡，下取物缩藏之，从囗、从又、读若聂。""毋囡爵"可能是说为君者不可惜爵而不授。

按，简文"囡"，从又，从囗，会取物收藏之意。读若"聂"，见于甲骨文，为人名用字①。与本简此字相似的字亦见于简帛。《望山楚简》二号墓简 50 有"🐚"，原整理者隶定为"凶"②。上博简第 1 册《缁衣》简 23"🐚"，下加重文符号，原考释者隶定作"囡"，引《说文》《玉篇》《广韵》"囡"字以证，

---

① 参见黄德宽主编：《古文字谱系疏证》，4001 页，商务印书馆，2007。
② 湖北省文物考古研究所、北京大学中文系编：《望山楚简》，112 页，中华书局，1995。

读作"摄"①。此句文例为"朋友伙図(摄),図(摄)以威仪"。郭店楚简《缁衣》简45此句作"朋友伙㮙(摄),㮙(摄)以畏仪",裘锡圭指出,"㮙",字从"耶"声,"耶""摄"古音相近②。邹浚智以为"図""㮙""摄"声韵俱可通③。高佑仁也同意通假,但是疑此字不从口,采用季旭昇的观点,认为上博简《缁衣》"⑤"字不从口,应释为从"凸(圅之初文)",从"又"会意。楚文字中"凸"已演变作"⑤"形④。再按,细察《曹沫之陈》本简此"⑤"字,所从与"口"旁确实不同。高说可从。简文此处读若"摄","毋摄爵"意谓不要吝啬爵位而不授。原释文解释可通。

[3]忞(御)军:

原释文疑读"御军",并举《六韬·龙韬·立将》:"臣闻国不可从外治,军不可从中御。"指出自古兵家最忌中御之患,疑简文所述即此意。按,简文"毋御军",意指国君既然派将帅率军外出作战,就应当予以信任,不要再派人到军队中干预指挥。"忞"字,又见于简29,各家说法不一,有"御""旅""耀"等读法,本疏证采用读为"御"说(参见简29【疏证】[3])。简42有"父庭(兄)不廌(荐),訔(由)邦駒(御)之。此出帀(师)之幾(忌)",与本简"毋御军"意思一致。

[4]辟(避):

原释文读为"避"。何有祖从之,并补充说《韩非子·八经·起乱》:"陈过则明其固,知辟罪以止威。"王先慎注:"'辟',即避字。"《淮南子·兵略训》:"所谓四义者,便国不负兵,为主不顾身,见难不畏死,决疑不辟罪。"⑤按,"辟""避"相通,文献习见,如《国语·周语》"避害",《左传》

---

① 马承源主编:《上海博物馆藏战国楚竹书(一)》,198页,上海古籍出版社,2001。

② 荆门市博物馆编:《郭店楚墓竹简》,137页,注释〔一一四〕,文物出版社,1998。

③ 转引自高佑仁:《〈曹沫之阵〉校读九则》,清华大学"简帛研究"网,2005年11月13日。

④ 高佑仁:《〈曹沫之阵〉校读九则》,清华大学"简帛研究"网,2005年11月13日。

⑤ 何有祖:《上博楚竹书(四)札记》,清华大学"简帛研究"网,2005年4月15日。

北京师范大学史学探索丛书

隐公元年作"辟害"。《国语·晋语》"以君避臣",《左传》僖公二十八年作"以君辟臣"。除此之外,文献中常见的还有"避罪""避难""避刑""避害""避怨""避辟(罪)""避强"①。另外,此处简文"辟"字亦可解释为"法",简文意即军队中的犯罪事件,应当由将帅处置,不要由国君处理。此处从前一说进行意译。

[5] 都:

原释文解释为国都以外有先君宗庙之主的大邑,有别于国都(即"国")和一般的县。李锐读作"诸",但是表示怀疑。何有祖虽读为"都",但不同意原释文作"大邑"讲,而是解释为美德。并举《诗经·小雅·都人士》"彼都人士",马瑞辰传笺通释:"美色谓之都,美德亦谓之都。""都教"当指推崇美德教化②。按,"都"可以理解为美德,亦可以理解为都城。两说于此皆可通。相比而言,后者较优。"都教"意指都城的教化。将首善之区教化的榜样推广到全国,即简文"甬(用)都(教)于邦"的意思。另外,若将"都"读若"诸",此段简文之意亦可以理解为"国君应当将管理军队的这些做法,用以教化于全国"。此处暂从前一说进行意译。

[6] (□):

原释文指出此处缺一字。按,本简从此处残断(参见本简【备注】)。原释文编联存在问题,若将简37下半支与简58相连,此处便不再缺字,而是简58缺一字(参见简58【备注】)。

[7] 牪(㝗):

原释文疑同"犇",即"奔"字。苏建洲认为可能是属于"同符合体字",即"牛"的繁体,或可读作"愚"。并认为"牛",疑母之部,"愚",疑母侯部,双声,韵部可相通,将本简此处解释为"愚将"③。王兰举《玉篇·牛部》有"牪"字,训"牛也",音"㝗"。疑此处"牪"即"牪"字,读为"㝗",指军

---

① 以上词语分别见于《国语》之《晋语一》《鲁语上》《晋语七》《周语上》《鲁语下》《晋语七》。

② 何有祖:《上博楚竹书(四)札记》,清华大学"简帛研究"网,2005年4月15日。

③ 苏建洲:《〈上博(四)·曹沬之阵〉三则补议》,清华大学"简帛研究"网,2005年3月10日。

队内部作乱①。孟蓬生同意苏建洲关于字形的分析，把"牪"看成"牛"的繁体，但认为读作"愚"，通假较困难，谓"牛"字古音在之部，与"疑"同音，可以借为"疑"字②。陈斯鹏认为"牪"字，《玉篇·牛部》训为"牛件也"，《字汇·牛部》训为"牛伴也"，《玉篇》音"牛眷切"，疑简文"牪"字读作"眷"，下文简字"杠"读作"功"，简文此句重新断读作："牪（眷），尔正杠（功），不牪（眷）而或（国）！"谓须一心顾念功业，英勇征战，不应怀恋旧国乡土③。李强谓："牪：牛字本身有性格固执、与人顶撞之义。"并举《北史》卷四十三中"昕好忤物，人谓之牛"为例④。邴尚白认为从字形、文义来看，简文"牪"应释作"奔"。并举《司马法》《吴子》等记载，说明军旅行动须从容舒缓，即便是两军交锋厮杀之际，亦不得任意奔驰，如此才不至于扰乱行阵、竭尽人马之力⑤。高佑仁从原释文说，以为"牪"同"犇"，而"犇"为"奔"之异体，简文将三"牛"省作两"牛"。他同意邴尚白对军中不得"奔"的用意，谓简文"牪，尔正杠"和"牪则不行"的意思是指"（行军中）若军队奔跑，则队伍将非常混乱"，"军队奔跑则不成阵"⑥。

按，读作"奔"，解释"牪（奔），尔正杠（讧）"和"牪（奔）则不行"能够文通字顺，但是很难理解"不牪（奔），而（尔）或罿（兴）或康，旹（以）会"。同样，读作"愚""疑""眷"等都使得简文意思晦涩不通。而读若"宄"是可取的，"宄"每与"奸"字意通，《尚书·牧誓》就有"奸宄"一词。"奸宄"意犹奸邪。简文此处的"宄"指军队发生的内乱。

［8］尔正（定）杠（讧）：

"正杠"，原释文以为含义不明。苏建洲初读作"征贡"，指出"正"读

①　王兰：《"牪尔正杠"句试释》，武汉大学"简帛"网，2005 年 12 月 10 日。

②　孟蓬生：《"牪"疑》，武汉大学"简帛"网，2007 年 9 月 22 日。

③　陈斯鹏：《简帛文献与文学考论》，101 页，中山大学出版社，2007。

④　李强：《〈曹沫之陈〉札记》，武汉大学"简帛"网，2007 年 3 月 14 日。

⑤　邴尚白：《上博楚竹书〈曹沫之陈〉注释》，台湾大学《中国文学研究》第 21 期，2005 年。转引自高佑仁：《〈上海博物馆藏战国楚竹书（四）·曹沫之阵〉研究》，171 页，花木兰文化出版社，2008。

⑥　高佑仁：《〈上海博物馆藏战国楚竹书（四）·曹沫之阵〉研究》，172 页，花木兰文化出版社，2008。

"征"古籍常见。"虹"读"贡",见于上博简第 2 册《容成氏》简 20"四海之外皆请虹(贡)。"《左传》昭公五年:"皆尽'征'之,而'贡'于公。"①后来又指出"正虹"似乎也不排除读作"定讧"。以为"正",章母耕部,"定",定母耕部,声近可通。而"虹"读作"讧",二者从"工"声,相通,有争吵、溃乱的意思②。王兰从之,又举《诗经·大雅·召旻》"天降罪罟,蟊贼内讧"之孔颖达疏,谓"争讼相陷,故至溃败"正是"军队内部作乱"的恶果,"讧"正与"宄"呼应③。李强谓古时从"工"之字多有混乱、惊乱之义,如"讧""虹"皆是。"正"字古时与"政"字通假,而"虹"字又有混乱之义,则"正虹"之义就可以解释为"政治混乱"④。孟蓬生亦引《诗经·大雅·召旻》,但是不取孔颖达疏,而是取毛传:"讧,溃也。"又引《尔雅·释言》:"讧,溃也。"郭璞注:"谓溃败。"训"讧"为"溃败",将简文"尔正讧"解释为"(如果犹豫,)你(的事业)就一定会溃败"⑤。浅野裕一断句为"牪尔正虹","牪"从原释文,读为"奔",谓曹沫主张不能让军队向战场奔走,依照文章脉络,将"奔尔正虹"的"正"改为"征",将"虹"改为"祸"⑥。按,此句是指军队阵前,将领告诫下级军官之语,不应理解为"政治混乱",也不是"事业失败",将"正虹"读作"定讧",正确可从,意谓军队发生内乱,必须将其制止。另,因为"虹"从工声,在简帛中或读为"功",如郭店楚简《穷达以时》简 9"前多虹(功),后戮死",就是一例。

　　[9] 或壆(兴)或康:

　　原释文以为"壆"即兴,有"作、起"之义;"康"有"荒、废"之义,二者是相反的词。苏建洲以为"兴"有事情刚开始发生的意思,可以引申为"少数",而"康"则有繁盛、广大的意思,可以引申为"很多"。"或兴或康"就

　① 苏建洲:《〈上博(四)·曹沫之阵〉札记》,"孔子 2000"网,2005 年 3 月 7 日。

　② 苏建洲:《〈上博(四)·曹沫之阵〉三则补议》,清华大学"简帛研究"网,2005 年 3 月 10 日。

　③ 王兰:《"牪尔正虹"句试释》,武汉大学"简帛"网,2005 年 12 月 10 日。

　④ 李强:《〈曹沫之陈〉札记》,武汉大学"简帛"网,2007 年 3 月 14 日。

　⑤ 孟蓬生:《"牪"疑》,武汉大学"简帛"网,2007 年 9 月 22 日。

　⑥ [日]浅野裕一:《上博楚简〈曹沫之陈〉的兵学思想》,清华大学"简帛研究"网,2005 年 9 月 25 日。

字面来说，是说来归附或会合的人数"或少或多"，"或兴或康"是个偏义副词，重点在"康"。苏说并谓此句的主语是"智将"，意为智将，人民或士兵都会来归附他，赢得军心或民心①。王兰释"或"为"有"，"兴"训"昌盛"，"康"训"安定"，此处并列对举②。李强释"或"为"邦"，引《说文》曰："或，邦也。"释"兴"为"起"，引《说文》曰："起也，从舁，从同，同力也。"谓本句意思是"固执，国家政治就会混乱；不固执，国家就会安定、团结，就可以顺利集结（军队）"③。孟蓬生谓"康"取"盛"义，解释整句简文意思为："如果犹豫，你（的事业）就一定会溃败；如果不犹豫，你（的事业）或许会兴盛强大。"陈斯鹏释"兴"为"兴师"，"康"训"安宁"④。

　　按，王说是。此处简文应指率军之中、下级将吏在士卒没有内讧即"不牪（宄）"的情况下，就激励士卒的斗志（"兴"），关心他们的生活（"康"）。这样来理解简文，便可以与上面所说的士卒有内乱时便将内讧制伏（"正红"）相对应。两个意思（"正"与"兴""康"）皆为将军告诫中下级将领之辞。

①　苏建洲：《〈上博（四）·曹沫之阵〉三则补议》，清华大学"简帛研究"网，2005年3月10日。
②　王兰：《"牪尔正红"句试释》，武汉大学"简帛"网，2005年12月10日。
③　李强：《〈曹沫之陈〉札记》，武汉大学"简帛"网，2007年3月14日。
④　陈斯鹏：《简帛文献与文学考论》，101页，中山大学出版社，2007。

北京师范大学史学探索丛书

【简 38】

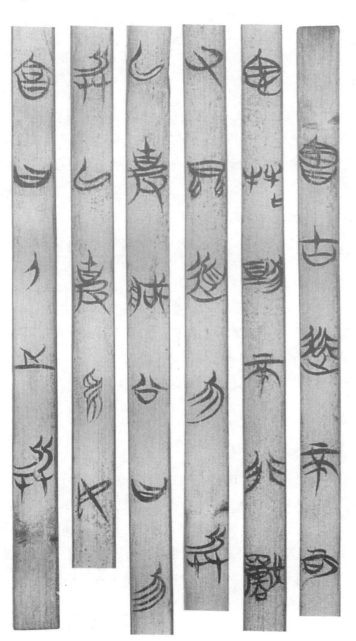

会[1]。'古（故）衔（帅）不可思（使）牪=（充，充）[2]则不行[3]。戬（战）又（有）㬥（显）道，勿兵吕（以）克[4]。"臧（庄）公曰："勿兵吕（以）克奚女（如）？"仓（答）曰："人之兵

【意译】

"'……统领军队。'所以统率军队的时候，不可使军队发生内乱，军队有了内乱，阵列就会溃散。备战有一定的显明的常规，战前准备的时候，如果执行了以上的办法，那么即使没有开始战斗，也已稳操胜券。"庄公说："没有开始战斗，就已稳操胜券。这是怎么回事呢？"回答说："对方的兵器……"

【备注】

原释文指出，本简长 47.5 厘米，完简，上、下端完整。共 33 字，其中重文一。白于蓝测量数据为 47.7 厘米。我们测量数据为 47.6 厘米。李零原释文认为此简与下简连读。对此，各家无异议。按，因本简末句为"人之兵"，简 39 首句为"不砥（砺）"，正组成"人之兵不砥（砺）"，与下面简文"我兵必砥（砺）"对仗，证明两支简是可以相连的。

【疏证】

[1] 会：

李锐读"会"为"刐"，以为"会"古音为匣纽月部字，"刐"为疑纽月部字，音近可通。苏建洲以为"会"应有会合、聚会的意思，如上博简第 2 册《容成氏》简 52"以少'会'诸侯之师"①。高佑仁谓《左传》文例"以会"都是人物会面，简文"以会"可能是多支军队从不同处出发，而会合于某个地点②。

按，"会"有符合之意，简文此处之意似指采取了这些措施，才可以符

---

① 苏建洲：《〈上博（四）·曹沫之陈〉三则补议》，清华大学"简帛研究"网，2005年 3 月 10 日。
② 高佑仁：《〈上海博物馆藏战国楚竹书（四）·曹沫之阵〉研究》，176 页，花木兰文化出版社，2008。

北京师范大学史学探索丛书

合将帅的要求。

[2] 衔（帅）不可思（使）牪（宄）：

此处的"思""牪"二字皆当如以上简文所说，读若"使""宄"。简文意指将帅不可使军队有奸邪的情况即内乱出现。

[3] 行：

李锐注曰："《广雅·释诂》：'行，陈（阵）也。'"苏建洲从此说①。按，此处"行"应该用作动词，指组成行阵。

[4] 勿兵吕（以）克：

原释文以为似是"不战而屈人之兵"的意思。孟蓬生从之，举《小尔雅》："勿，无也。"及《易·益卦》："立心勿恒。"孔疏："勿，犹无也。"认为"无兵以克"，是说没有（不依靠）军队而取得胜利，亦即不战而屈人之兵②。陈斯鹏则直接释"勿"为"刀"，谓"勿兵以克"于义难通，传抄古文中"刀"旁常作此形，本篇"则"字所从"刀"旁也同此形，故此简字似可释"刀"③。高佑仁则举例说明在战国楚文字中，无论是单字或偏旁上，"刀"与"勿"相混的例证非常罕见，"勿"不能读作"刀"。他指出"勿"有表示禁止或劝阻之义，义同于"别、莫"，简文"勿兵以克"犹言"莫以士兵克敌"之义④。

按，高佑仁对"勿"的本义的理解是可取的，"勿"的本义就是"不要"，但是简文此处的"兵"不当指士兵，也不当指兵器，而应当指战斗、战争。意指如果执行了以上的办法，那么即使没有开始战斗，也已稳操胜券。

① 苏建洲：《〈上博（四）·曹沫之陈〉三则补议》，清华大学"简帛研究"网，2005年3月10日。

② 孟蓬生：《上博竹书（四）间诂》，清华大学"简帛研究"网，2005年2月15日。后发表在中国社会科学院简帛研究中心主编：《简帛研究二〇〇四》，68~78页，广西师范大学出版社，2006。

③ 陈斯鹏：《简帛文献与文学考论》，101页，中山大学出版社，2007。

④ 高佑仁：《〈曹沫之阵〉校读九则》，清华大学"简帛研究"网，2005年11月13日。

【简 39】

北京师范大学史学探索丛书

不砥礩（砺）[1]，我兵必砥礩（砺）。人之虜（甲）不緊（坚），我虜（甲）必緊（坚）。人吏（使）士，我吏（使）夫＝（大夫）。人吏（使）夫＝（大夫），我吏（使）酉（将）军。人

【意译】

（对方的兵器）不磨砺，我方的兵器一定要磨砺。对方的甲胄不坚固，我方的甲胄一定要坚固。（在任命派遣将帅的时候，被任命者的级别要超过对方，）对方使士，我使大夫。对方使大夫，我使将军。对方……

【备注】

原释文指出，本简长 47.5 厘米，完简，上、下端完整。共 33 字，其中合文 2。白于蓝测量数据为 47.8 厘米。我们测量数据为 47.6 厘米。李零原释文认为此简与下简连读。对于此简与下简的相连，各家无异议。按，此简末字为"人"，简 40 首句为"吏（使）（将）军"，正组成一句完整的话，可证两支简可以相连。本简及下简谓"人之（甲）不緊（坚），我虜（甲）必緊（坚）。人吏（使）士，我吏（使）夫＝（大夫）。人吏（使）夫（大夫），我吏（使）酉（将）军。人（简 39）吏（使）酉（将）军，我君身进。此戢（战）之㬎（显）道（简 40）"，《曹沫之陈》所强调的"战之显道"是指在任命派遣将帅的时候，被任命者的级别要超过对方，这种以将领的身份地位胜人的策略与《孙子兵法》等兵书强调以"势"胜人有所不同，表明《曹沫之陈》成书的时候，社会依然是重视出身的"尊尊亲亲"的宗法社会。

【疏证】

[1] 不砥礩（砺）：

简 38 末句为"人之兵"，与本简的"人之甲"正相适应。人，指别人、对方、敌方。本简及下简皆为"人"与"我"相对。"砥礩（砺）"，原指磨刀石，细者为砥，粗者为砺。《山海经·西山经》："崦嵫之山……苕水出焉，而西流注于海，其中多砥砺。"引申为磨砺、磨炼。如《荀子·王制》："案平政教，审节奏，砥砺百姓。"《墨子·节葬下》："砥砺其卒伍"。《六韬·虎韬·军用》："修治攻具，砥砺兵器"。

【简 40】

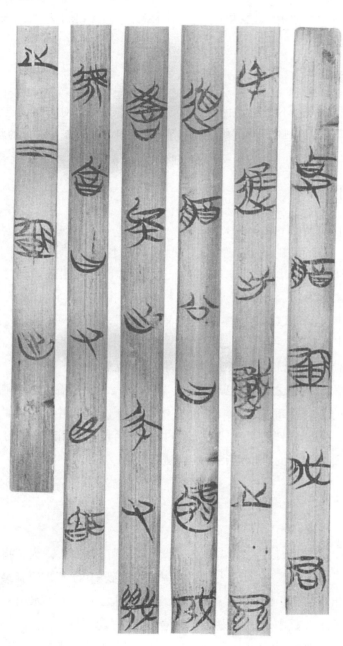

吏(使)牆(将)军，我君身进。此戰(战)之㬎(显)道。"戒(庄)公[1]曰：
"既成眚(教)[2]矣，出帀(师)又(有)幾(忌)[3]虖(乎)?"含(答)曰："又
(有)。臣퇔(闻)之：三军出

【意译】

"(对方)派将军率军，我们就让国君亲自率军。这就是明白的、正确
的备战之道。"庄公说："将帅已经完成了对于下级将领的告诫教诲这些准
备工作之后，出兵还有什么忌讳吗?"回答说："有，臣下我听说：三军出
征……"

【备注】

本简长 47.5 厘米，完简，上、下端完整。共 33 字。白于蓝测量数据
为 47.7 厘米。我们测量数据为 44.6 厘米。李零原释文认为此简与下简连
读。对于此简的编联，陈剑首先把此简与简 42 相连，陈斯鹏、白于蓝、李
锐、单育辰各家从之。按，简 40 末句为"三军出"，简 42 首句为："亓遾
(将)逆(卑)，父庭(兄)不廌(荐)，繇(由)邦馭(御)之，此出帀(师)之幾
(忌)。"文义正是连贯的，可以相连，叙述"出师之忌"。

【疏证】

[1]戒(庄)公：

原简作"牆"，按照文义此字应该是"戒"字。"牆(将)"，阳部精母，
"庄"，阳部精母，两字音近。文献中亦常见"将""庄""臧"三字的通假①。

[2] 成眚(教)：

原释文隶定为"成教"。陈剑从之，并解释说此"教"皆为正式作战之前
之"教"。高佑仁以"成"通假为"承"，并举《孟子·梁惠王上》："梁惠王曰：
'寡人愿安承教。'"赵岐注云："承受孟子之教令。"从而解释"承教"为接受

———————

① 参见冯其庸、邓安生：《通假字汇释》，626、781 页，北京大学出版社，2006。

教诲、教令之义①。按，我们认为若不通假可讲通就不必通假，"既成教"意思是指所有的准备工作已经完成，下面该正式出师了。庄公问的是准备战争的过程，并不涉及庄公接受与否的问题。简文"戒教"之意指将帅已经完成了对于下级将领的告诫教诲。

[3] 幾(忌)：

原释文以"幾"是见母微部字，"忌"是群母之部字，读音相近。读"幾"为"忌"，指忌讳。而陈剑以为不可信，认为简文此处及下文之"幾"，可作"机会""时机"，皆就敌方之可乘之机而言。并举例说，"燕王职壶"讲燕昭王自即位起即准备出兵伐齐而"乇(度)幾(机)三十"，"幾"字用法与简文同。又引《逸周书·大武》："伐有七机，机有四时、三兴；……四时：一春违其农，二夏食其谷，三秋取其刈，四冬冻其葆。三兴：一政以和时，二伐乱以治，三伐饥以饱。凡此七者，伐之机也。""机"字用法与简文尤近。白于蓝从陈剑说。孟蓬生、李锐、陈斯鹏、单育辰皆同意原释文说。孟蓬生还补充说楚国方言中之部与微部有相混的情形。《曹沫之陈》中用"幾(微部)"为"忌"(之部)，即其证②。朱赐麟指出"忌"是从我方的位置论述我方的防范之道，而"机"则是站在我方的位置谈我方研判敌情的可乘之机。认为"以文义推之，释读为'机'，作'制敌可乘之机'解，于义较长"③。高佑仁原来赞同原释文说，认为"幾"读作"忌"，较为理想④，后来改从陈剑、朱赐麟说，认为"幾"当读作富有积极意义的"机"，而非防守意味较浓的"忌"⑤。按，原释文可从，一则幾、忌音近可通；二则此简以及下文之"幾"皆指我方之不利的情况，非指"机会""时机"，故读为"忌"为优。

---

① 高佑仁：《〈曹沫之阵〉校读九则》，清华大学"简帛研究"网，2005 年 11 月 13 日。

② 孟蓬生：《上博竹书(四)闲诂》，清华大学"简帛研究"网，2005 年 2 月 15 日。

③ 朱赐麟：《曹刿之阵思想研究——及其在春秋兵学思想史上的意义》，台湾师范大学硕士论文，2006，转引自高佑仁：《〈上海博物馆藏战国楚竹书(四)·曹沫之陈〉研究》，186 页，花木兰文化出版社，2008。

④ 高佑仁：《读〈曹沫之阵〉心得两则："幾"、"非山非泽，亡有不民"》，清华大学"简帛研究"网，2005 年 4 月 3 日。

⑤ 高佑仁：《〈上海博物馆藏战国楚竹书(四)·曹沫之阵〉研究》，186 页，花木兰文化出版社，2008。

【简 41】

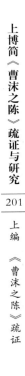

［出乎］竞（境）[1]必勅（胜），可㠯（以）又（有）慇（治）邦，《周等（志）》[2]是膚（存）[3]。"戏（庄）公曰："……

【意译】

"军队出境必定要旗开得胜，（这样的话，国家才能得到很好的保护，）可以出现长治久安的局面。《周志》的记载保存着这些道理。"庄公说："……"

【备注】

原释文指出，本简长 20.2 厘米，上端略残，下半残缺。现存 15 字。白于蓝测量数据与原释文同。李零原释文指出：简文下半残缺，但从文意看，第 41、42 简间恐怕并无脱简。其问答似乎分两层，第一层是讲出师的重要，第二层才是回答出师之忌。"庄公曰"下当是补问"出师之忌"，估计下面有半简即可容纳。陈剑首先把此简移到简 3 与简 4 之间。陈斯鹏、白于蓝、李锐、单育辰从之。按，本简内容与上下简内容皆不合，是曹沫总结的治邦道理，确实应该移至简 3 与简 4 之间，作为一个编联组，作为曹沫论政、论兵的背景（参见简 3【备注】）。

【疏证】

[1]［出乎］竞（境）：

原释文补出"乎"一字，陈剑认为缺两字，李锐从之，但是皆未补"出"字。按，从简的长度以及简义上看，补两字之说为优。今在原释文的基础上拟补"出乎"两字。

[2]《周等（志）》：

原释文疑读为"周志"（"志"是章母之部字，"等"是端母蒸部字，读音相近）。并指出《左传》文公二年载曰："《周志》有之：'勇则害上，不登于明堂。'"陈剑谓"等"字可与"典"通，如《周易·系辞上》"而行其典礼"，释文："典礼，京作等礼。""周典"较"周志"范围宽泛，因此主张"周等"读作"周典"。白于蓝从之。李锐、单育辰从原释文说。按，读作"周志"似更合适。“典”,《说文》:“五帝之书也”。“典”用来泛指古代文献、法度等。“周典”亦多见于文献记载,但范围较为宽泛。古书多称为“志”,“周志”之称见于《左传》就是明证。不仅如此,晋武帝太康十年汲令卢无忌《齐太公吕望碑》载曰:“太康二年,县之西偏,有盗发冢,而得竹策之书。其《周志》曰……”①杨伯峻,先生因此指出《汲冢书》中有《周志》。此处简文明确指出《周志》载有战争与国家治理的关系,向人们透露出《周志》一书的部分内容,对于认识《周志》很有启发意义。

[3] 廌(存):

“廌”字除见于本简外,又见于简14:“三弌(代)之戟(陈)皆廌(存)。”原释文皆读作“存”。楚简中“廌”字常读作“存”,如,郭店楚简《语丛四》简8与简9:“数(窃)鉤(钩)者或(诛),数(窃)邦者为者(诸)侯,者(诸)侯之门,义士之所廌(存)。”裘锡圭先生注曰:“‘廌’字古有‘荐’音(参看《穷达以时》注六),‘荐’正是文部字。‘廌’‘荐’古通,此‘廌(荐)’字可依《庄子》读为‘存’。”②

① 转引自杨伯峻:《春秋左传注》,520 页,中华书局,1990。
② 荆门市博物馆编:《郭店楚墓竹简》,218 页,注释〔七〕,文物出版社,1998。

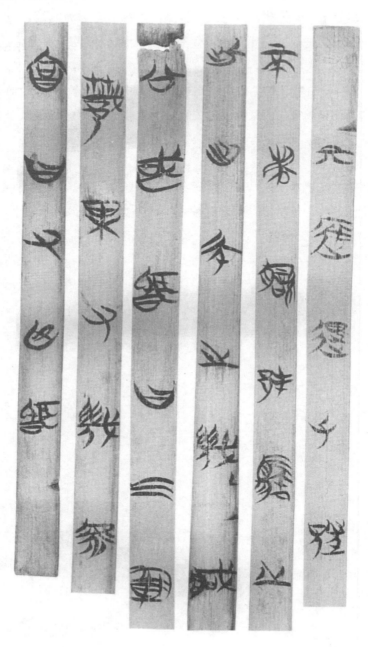

北京师范大学史学探索丛书

亓（其）逄（将）逄（卑），父踺（兄）不鴋（荐）[1]，繇（由）邦駬（御）之[2]，此出帀（师）之幾（忌）▢。"戒（庄）（以上前半段）公或（又）韻（问）曰："三军鬯（散）果（裹）[3]又（有）幾（忌）虖（乎）？"含（答）曰："又（有）。臣韻（闻）（以上后半段）

【意译】

"军队的统帅地位卑贱，还没有父兄荐举他，（这样的统帅就没有威信来指挥军队，）而要由国君在都城进行遥控，这就是出兵的忌讳。"庄公又问道："三军突破敌军的防御圈，有忌讳吗？"回答说："有。臣下我听说……"

【备注】

原释文指出，本简长 47.5 厘米，由两段缀合成完简，上、下端完整。共 33 字。白于蓝测量数据为 48.2 厘米。我们测量数据为 48 厘米。李零原释文认为此简与下简连读。对此编联，各家无异议。按，此简与下简文字相连，文义相通，可以相连。

【疏证】

[1] 父踺（兄）不鴋（荐）：

"鴋"，原释文读作"荐"，谓简文的意思是："其忌在将帅出身卑贱，又无父兄荐举，必须由国家遥控。"陈剑释作"荐——存"。白于蓝初从陈剑说①，后认为待考②。高佑仁从原释文说，并认为"父兄不荐"之"父兄"指"国君之父兄之几率较高"③。按，楚简文字"鴋"多读作"存"，如《曹沫之陈》简 14："三弋（代）之戟（陈）皆鴋（存）"，简 41"《周等（志）》是鴋（存）"，

① 白于蓝：《上博简〈曹沫之陈〉释文新编》，清华大学"简帛研究"网，2005 年 4 月 10 日。

② 白于蓝：《〈曹沫之陈〉新编释文及相关问题探讨》，复旦大学出土文献与古文字研究中心网，2008 年 3 月 3 日。

③ 高佑仁：《〈上海博物馆藏战国楚竹书（四）·曹沫之阵〉研究》，188 页，花木兰文化出版社，2008。

"廌"皆读作"存"，但是就文义来说，本简"廌"当读作"荐"。原释文可从。另外，本简"父兄"应该是指"其将"之父兄。

[2] 繇（由）邦駟（御）之：

陈剑以为原释文第 37 简下注释引《六韬·龙韬·立将》："臣闻国不可从外治，军不可从中御。"谓"自古兵家最忌中御之患"，可移以说此处简文。按，此处的"邦"，似指国都，或者即国君。简 37 即有"（长）民者，毋摄爵，毋御军"。兵家最忌中御之患，除《六韬·龙韬·立将》外，《孙子兵法·谋攻》谓"知胜之道"有五，其中之一即"将能而君不御者胜"，而《孙膑兵法·篡卒》谓"孙子曰：恒不胜有五"，这五项当中第一项即"御将，不胜"。御，制也。另外，本简的"其将卑""父兄不荐""由邦御之"，应该是层层递进的关系①。

[3] 鬱（散）果（裹）：

本简的"鬱"，简 43 的"㮊"，原释文皆读作"散"。陈剑在其释文中作"散"，但是表示存疑。陈斯鹏原释为"捷"，后改释为"散"，谓"鬱""㮊"二字似应以"㮊"为声，而"㮊"很可能是"㮊"字的异体，所以原释文读为"散"是有道理的。又疑"散裹"为一反义复合词，犹言"聚散"，泛指军队调运行进②。苏建洲同意原释文的看法。分析"鬱""㮊"二者是同一个字，与甲骨文、金文"散"字是相通的，"邑"可能是饰符③。"鬱果"，原释文疑读"散裹"，并举银雀山汉简《孙膑兵法·官一》有所谓"圉（御）裹"，是防止敌人包围的办法。这里的"散裹"可能是打破敌人包围的办法。浅野裕一认为"散裹之忌"，亦即关于军队集散的禁忌④。按，"裹"应该是指敌人的防御圈。《司马法·用众》："众以合寡，则远裹而厥之。"《御览》卷三一八引作"追裹"。结合《孙子兵法·军争》"围师必阙"，可以得出"裹"的意思是圈、

---

① 高佑仁认为本简的"其将卑""父兄不荐""由邦御之"，应是三项独立的禁忌，三者并没有绝对的关系。参见其《〈上海博物馆藏战国楚竹书（四）·曹沫之阵〉研究》，190 页，花木兰文化出版社，2008。

② 陈斯鹏：《简帛文献与文学考论》，102 页，中山大学出版社，2007。

③ 苏建洲：《楚文字杂识》，清华大学"简帛研究"网，2005 年 10 月 30 日。

④ [日]浅野裕一：《上博楚简〈曹沫之陈〉的兵学思想》，清华大学"简帛研究"网，2005 年 9 月 25 日。

206
北京师范大学史学探索丛书

围。结合简 43 下文，"散裹之忌"是指"三军未成陈，未预，行阪济障"，这里似不是打破敌人包围圈，而是突破敌人的战略防御圈。

【简 43】

北京师范大学史学探索丛书

之：三军未成戟(陈)，未豫(预)[1]，行墬(阪)淒(济)墬(障)[2]，此燮(散)果(裹)之(以上前半段)幾(忌)[3]。"戒(庄)公或(又)訽(问)曰："戠(战)又(有)幾(忌)虖(乎)?"含(答)曰："又(有)。亓(其)垄(去)之(以上后半段)

【意译】

"(臣下我听说过)这样的话：三军还没有组织成阵形，兵力还没有部署妥当，就穿越险峻的山坡，越过险要的堤防，这就是突破敌军防御圈的忌讳。"庄公又问道："指挥战争有忌讳吗?"回答说："有，其退却……"

【备注】

原释文指出，本简长 46.6 厘米，由两段缀合成完简，上下端完整。现存 32 字。白于蓝测量数据为 47 厘米。我们测量数据为 46.9 厘米。李零原释文认为此简与下简连读。对此编联，各家无异议。按，此简与下简内容是一脉相承的，可以相连。

【疏证】

[1] 三军未成戟(陈)，未豫(预)：

原释文指出"戟"读"陈"，在"戟"前断句，读作"三军未成，戟(陈)未豫"。并解释"陈未豫"似指没有排列好阵形，"豫"或读为"叙"。陈剑以为《吴子·料敌》"阵而未定，舍而未毕，行阪涉险"，与简文"三军未成陈，未豫(舍)，行阪济障"甚相近，故将简文"陈"字属上为读，并读"豫"为"舍"。陈斯鹏、李锐、白于蓝、单育辰皆从之。

按，断句应该在"戟(陈)"后面，"三军未成陈"应该是指三军还没有组织成阵形。因为此是行军途中，军队未必会驻扎，所以"豫"不必读作"舍"，应该读作"预"，"未豫"，意指未准备好(参见简 19【疏证】[1])。

[2] 行墬(阪)淒(济)墬(障)：

原释文指出"墬"即"阪"，是山之坡；"墬"即"障"，是水之岸。按，《说文·𨸏部》："坡者曰阪，一曰泽障，一曰山胁也。"此处的"阪"应该是指

"山胁"。"阪"自古就是行军途中的险地。如，《尉缭子·天官》曰："按天官曰：'背水阵为绝地，向阪阵为废军。'"《六韬·犬韬·战车》：亦曰"左险右易，上陵仰阪者，车之逆地也"；"后有沟渎，左有深水，右有峻阪者，车之坏地也"。"淒"，读作"济"。简文"济"字多从水从妻①。"障"，《说文·皀部》："隔也，从皀章声。"此处的"障"应该是河流湖泽的堤防。如，《吕氏春秋·爱类》："禹于是疏河决江，为彭蠡之障。"高诱注："障，堤防也。"

[3]娄（散）果（裹）之幾（忌）：

本简的"娄"字与简42的"鬱"，同读为"散"（参见简42【疏证】[3]）。原释文举宋、楚泓之役，宋襄公恪守古训，不肯乘楚师半渡未阵而击之，遭惨败。指出后世兵家都以"半渡而击""未阵而击"为大利（参看《孙子·行军》《吴子·料敌》）。按，此说可从，从有利者的一方看，"半渡而击"是大利，反过来看，从失利者一方看，"三军未成陈，未预，行阪济障"也是大忌。

北京师范大学史学探索丛书

---

① 参见李零《容成氏》简31"淒（济）于广川"释文，见马承源主编：《上海博物馆藏战国楚竹书（二）》，275 页，上海古籍出版社，2002。

【简 44】

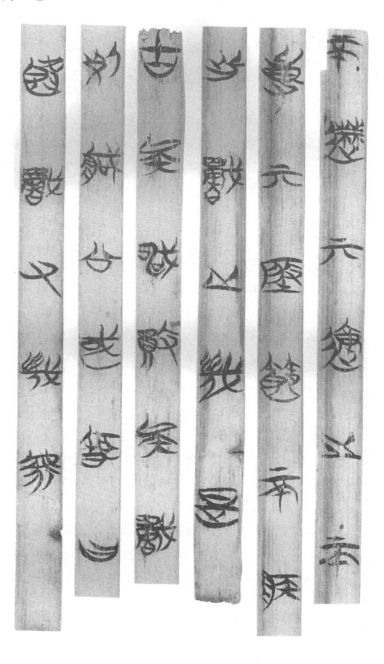

不速，亓(其)逑(就)之不尃(拊)[1]，亓(其)坒(启)节[2]不疾，此戠(战)之幾(忌)。是(以上前半段)古(故)矣(疑)戗(陈)败，矣(疑)戠(战)死[3]。"(庄)公或(又)䛣(问)曰："既戠(战)又(有)幾(忌)虖(乎)?"(以上后半段)

【意译】

"(其退却)不迅速，其进攻不敢果断近前，其掌握时机不敏捷，这是指挥战争的忌讳。所以说布阵时心存狐疑必定会失败;作战时犹豫不决，抓不住战机，这样的话，战争必定要失败。"庄公又问道："战争结束之后有什么忌讳吗?"

【备注】

原释文指出，本简长 45.8 厘米，由两段缀合成完简，上端略残，下端完整。现存 34 字。白于蓝测量数据为 46.3 厘米。我们测量数据为 46 厘米。李零原释文认为此简与下简连读。对此编联，各家无疑义。按，此简与下简内容连贯，两支简可以相连。

【疏证】

[1] 亓(其)逑(就)之不尃(拊)：

原释文读"亓就之不附"。"就之"与"去之"相反，是前往趋敌。"不附"，似指犹犹豫豫，欲战不战。"不"，诸家皆如字读，唯王连成将简 43、简 44"其去之不速，其就之不尃"两处"不"字读作"丕"①。"尃"，陈剑以为"尃""附"古音不同部，"尃"当读为"傅"，训为傅著之"著"。邴尚白、高佑仁从之。邴尚白补充说："古兵书中'傅'字的这种用法颇常见，如银雀山汉简《孙膑兵法·擒庞涓》'蚁傅'(简九)《官一》'奔救以皮傅'(简一五七)，《十问》'或傅而详北'(简二二零)、'五遂俱傅'(简二二一)，《善者》：'进

① 王连成：《〈上博四·曹沫之阵〉第 43—44 简释疑》，清华大学"简帛研究"网，2012 年 6 月 1 日。

则傅于前'(简二七八)等，诸例中的'傅'，均指军队迫近、接触。"①陈斯鹏旧稿直接读作"迫"，无解。李锐、白于蓝、单育辰从之。陈斯鹏新稿亦读作"迫"，训为近。并举例说《吴子·料敌》："触而迫之，陵而远之。"②王连成读作"拂"，指出《说文》："尃，布也。"而《集韵》："尃，拂也。"《说文》释"拂"曰："拂，过击也。"这个"过"是"给予"的意思。《广韵》："拂，去也，除也。""其就之不(丕)尃(拂)"乃"既接近之则必除之"之意③。

按，"尃"是滂母鱼部字，"附"是并母侯部字，"迫"是帮母铎部字，皆非同部字，然，鱼部、侯部两部音近旁转可通④，而鱼部与铎部则很难通假。此处的"尃"，当读若侯部的"拊"，拊有轻击之意，故《说文》训拍为"拊也"，《左传》襄公二十五年"拊楹而歌"，《释文》谓"拍也"。"尃(拊)"在简文中的意思应指与敌军接触，但并未真正开始大战。"其就之不拊"，在此意译为：遇到敌军不敢果断近前备战。

［2］坒(启)节：

原释文读"启节"，疑指"发机"。举例《孙子·势》篇"是故善战者，其势险，其节短。势如彍弩，节如发机。"又举《孙子·九地》篇："帅与之深入诸侯之地，而发其机。"陈斯鹏谓"启"犹"起"也、"动"也，"节"犹"止"也，"启节"应指作战过程中之动止⑤。王连成认为"节"是指节奏，即前锋部队的运动速度⑥。高佑仁梳理诸家对于《孙子·势》篇"鸷鸟之疾，至于毁折者，节也。是故善战者，其势险，其节短。势如彍弩，节如发机"的解释，认为"节"还是李零所主张的"节奏"比较好。"启节不疾"，理解为"攻

---

① 邴尚白：《上博楚竹书〈曹沫之陈〉注释》，台湾大学《中国文学研究》第 21 期，2005。转引自高佑仁：《上海博物馆藏战国楚竹书(四)·曹沫之阵研究》，196 页，花木兰文化出版社，2008。

② 陈斯鹏：《简帛文献与文学考论》，102 页，中山大学出版社，2007。

③ 王连成：《〈上博四·曹沫之阵〉第 43—44 简释疑》，清华大学"简帛研究"网，2012 年 6 月 1 日。

④ 马王堆汉墓竹简《天下至道谈》篇曰"气上面热，徐昫"，同墓竹简《合阴阳》篇则作"气上面热，徐呴"，侯部字的"昫"与鱼部字"呴"相通，是为其例。

⑤ 陈斯鹏：《简帛文献与文学考论》，102 页，中山大学出版社，2007。

⑥ 王连成：《〈上博四·曹沫之阵〉第 43—44 简释疑》，清华大学"简帛研究"网，2012 年 6 月 1 日。

击的节奏不速，才能一步步克敌制胜"①。按，"节"在简文中，意指关节、关键、时机。这里用犹豫不决来意译"启节不疾"，意指抓不住战机。

[3] 矣（疑）戗（陈）败，矣（疑）戬（战）死：

原释文说以上是讲投入作战后的忌讳。其忌在于犹犹豫豫，缺乏果断，说走又不马上走，说战又不马上战，发动攻击迟疑不决，所以说"疑阵败，疑战死"。并举《六韬·龙韬·军势》篇："用兵之害，犹豫最大。三军之害，莫过狐疑。"按，此外，关于犹豫不决在指挥战争中的危害，我们还可以补充《吴子·治兵》篇："用兵之害，犹豫最大，三军之灾，生于狐疑。"《司马法·定爵》篇："凡战，……贵信恶疑。"《孙膑兵法·将失》篇："（将）多疑，众疑，可败也。"《尉缭子·十二陵》篇："悔在于任疑。"《勒卒令》篇："疑生必败，"可见，狐疑为兵家大忌，诸书志之，但是以《曹沫之陈》所总结之语更为凝练全面。

北京师范大学史学探索丛书

① 高佑仁：《〈上海博物馆藏战国楚竹书（四）·曹沫之阵〉研究》，200 页，花木兰文化出版社，2008。

含(答)曰："又(有)。亓(其)赏譤(浅)[1]虖不中，亓(其)詚(诛)[2]至(重)[3]虖不𧫚(察)[4]，死者弗收，(以上前半段)剔(伤)者弗䚦(问)，既戥(战)而又(有)愄﹦(愄心)[5]，此既戥(战)之幾(忌)▁[6]。"戕(庄)(以上后半段)

【意译】

（曹沫）回答说："有，其赏赐轻微而且不公平，其处罚重而且对于受罚者的过失没有明察，死者的尸骨没有被收殓，伤者没有被慰问，战争结束之后产生懈怠之心。这就是战争结束之后的忌讳。"庄（公）……

【备注】

原释文指出，本简长 43 厘米，由两段缀合成完简，上端完整，下端残。现存 35 字，其中合文一。白于蓝测量数据为 44.4 厘米。我们测量数据为 44.3 厘米。李零原释文认为此简与下简连读。陈斯鹏从之。陈剑将本简与简 46 上半支相连，李锐、白于蓝、单育辰从之。按，因为简 45 末尾为"庄"，简 46 首字为"公"，可证两简可以相连，至于简 46 的分合，参见简 46【备注】。

【疏证】

[1]譤(浅)：

原释文疑读为"浅"，谓此字"从𢦏（楚'岁'字）声，疑读为'浅'（'浅'是清母元部字，'岁'是心母月部字，读音相近）。"陈剑、李锐、白于蓝从之，陈斯鹏直接隶定为"譤"，无解。高佑仁谓《说文》："譤，声也，从言、崴声，诗曰有譤其声。""崴"、"浅"音韵相近，可以通假。并指出"譤"也有可能读作"鲜"。"鲜"、"浅"意义相近，今暂读作"鲜"①。按，古籍中论及赏罚时，常用多、少、轻、重、厚等形容词，所以简文这里读作"浅"（训为

---

① 高佑仁：《〈上海博物馆藏战国楚竹书（四）·曹沫之阵〉研究》，201 页，花木兰文化出版社，2008。

薄）、"鲜"（训为少），皆通。今暂从原释文读作"浅"。

［2］詎（诛）：

简文"詎"字数见，此字从言豆音，豆，候部定母，诛，候部端母，同部音可通，《曹沫之陈》简文"詎"字皆读作"诛"（参见简 27【疏证】[1]）。

［3］厔（重）：

原简作""，原释文隶定作"砇"，读作"厚"。陈剑、李锐、白于蓝从之，陈斯鹏亦读作"厚"，但是表示怀疑。李守奎认为字应从"石"，"主"声，当隶定作"厔"，是楚之"重"字。谓楚之"主"作"ᙏ"，其上部横画与"ᒥ"的第二横画共享，"砇"之隶定显然不确[1]。高佑仁从之，补充说应该是与"第三横笔"共享。并指出张光裕先生分析的楚简中"从石从毛"的字为"厚"字，"从石从主"的字应该是"重"，甚为正确。高佑仁进一步指出郭店楚简《缁衣》简 44、《成之闻之》简 18、39、《尊德义》简 29 过去释为"厚"的字，其实也都是"重"字[2]。单育辰从之。按，此说可从。简文此字确实是从"石"从"主"，与一般简文中从"石"从"毛"的"厚"不同，应该隶定为"厔"。"主"与"重"声母相近，韵部为候部东部阴阳对转，因此简文此字读作"重"是可以的。

［4］誜（察）：

原释文指出此字又见于郭店楚简《穷达以时》、《五行》等篇，是作"察"字。按，《曹沫之陈》简 46 有"輚"字，此字右边所从与本简此字右边所从相同，原释文亦读为"察"。本简此字在郭店楚简、包山楚简中常见。《包山楚简》简 12、15 反、24、30、42、54 等皆有此字，整理者隶定为"謯"，读如"应对"之"对"[3]。郭店楚简《穷达以时》简 1、《五行》简 8、《语丛一》简 68 亦有此字，整理者作为未识字仅摹写出笔画。裘锡圭指出："帛书本与此

---

① 李守奎：《〈曹沫之陈〉之隶定与古文字隶定方法初探》，收入中国文字学会主编：《汉字研究》第一辑，494 页，学苑出版社，2005。

② 高佑仁：《〈曹沫之阵〉校读九则》，清华大学"简帛研究"网，2005 年 11 月 13 日。

③ 湖北省荆沙铁路考古队编：《包山楚简》，41 页，考释（30），文物出版社，1991。

字相当之字为'察'，简文此字似亦当读为'察'。此字在包山简中屡见，读为'察'，义皆可通。"①汤余惠主编的《战国文字编》②、李守奎的《楚文字编》皆将此字隶定作"諓"。李守奎还指出"释'諓'诸形，简文中多读为'察'或'辩'。"③徐在国亦将此字隶定作"諓"，并解释说："諓，从言，戋声，或从划声。《说文》'諓，善言也。从言，戋声。一曰谴也'。楚简諓，读察，察，月部。月元对转，声母同系，音近。《尔雅•释诂》下'察，审也'。《左传•庄公十年》'小大之狱，虽不能察，必以情'。杜预注'察，审也'。"④再按，《曹沫之陈》本简此字亦读作"察"，明察之义。

[5] 怠＝（怠心）：

此字有重文符号，是个合文字，原释文读作"殆心"，指危惧之心。陈剑、陈斯鹏、李锐、白于蓝、单育辰皆读作"怠心"。按，应该读作"怠心"，指懈怠之心。

[6] 此既戬（战）之幾（忌）：

原释文说以上是讲战斗结束后的忌讳。其忌在于赏诛无当，对死者和伤者缺乏关心，让人对战争仍心有余悸。按，收死者，问伤者，抚恤伤亡者的家属，重视战争善后问题的处理，这种思想典籍常见。如，《左传》文公三年记载秦穆公报殽之战，"遂自茅津济，封殽尸而还"。定公五年记载，在与吴国的战争中，楚国伤亡惨重，子西曰："父兄亲暴骨焉，不能收"，深以为恨。《国语•越语上》记载越王勾践在与吴国的战争中失败，"悦于国人，曰：'寡人不知其力之不足也，而又与大国执雠，以暴露百姓之骨于中原，此则寡人之罪也，寡人请更。'于是葬死者，问伤者，养生者，吊有忧，贺有喜，送往者，迎来者，去民之所恶，补民之不足。"以上这些记载可以用来对读《曹沫之陈》本简简文。

① 荆门市博物馆编：《郭店楚墓竹简》，151 页，注释〔七〕，文物出版社，1998。

② 汤余惠主编：《战国文字编》，149～150 页，福建人民出版社，2001。

③ 李守奎：《楚文字编》，145 页，华东师范大学出版社，2003。

④ 黄德宽主编：《古文字谱系疏证》，2750 页，商务印书馆，2007。

【简 46】

公或(又)䎽(问)曰:"逺(复)败戠(战)[1]又(有)道虖(乎)?"含(答)曰:"又(有)。三军大败[2],(以上前半段)

不剩(胜)[3],烾(爱)谷(欲)少弖(以)多[4],少则惕(易)乾(察)[5],圪(既)成则惕[6](以上后半段)

【意译】

(庄)公又问道:"战败之后,如果准备进行下一次的战斗有好的方法吗?"回答说:"有。三军大败,……"

……不胜,贪欲少,故而所获反而多。贪欲少就容易在观察事物时心明眼亮,就能够在取得胜利之后,用战战兢兢的心态(去治理军队,这样就能取得预期的胜利了)。

【备注】

本简长 46.8 厘米,由两段缀合成完简,上、下端完整,现存 32 字。白于蓝测量数据为 47.05 厘米,其中,上半支简为 24.4 厘米,下半支简为 22.65 厘米。我们测量数据为 47 厘米。其中,上半支简为 24.4 厘米,下半支简为 22.6 厘米。

李零原释文认为此简与下简衔接关系不明。陈剑首先把此简从残断处断开,分为上下两支简。把简 46 上半支简与简 47(简 47 为上半残缺的半支简)编联在一起,置于简 45 后面,李锐、白于蓝、单育辰从之。关于简 46 下半支,陈剑把它与简 16(简 16 为下半残断的半支简)编联在一起,置于简 33 之前;李锐把简 46 下半支单独成段,置于简 16 与简 64 之间。白于蓝把简 46 下半支置于简 48(简 48 为下半残缺的半支简)后面,与简 48 拼合为一支整简,下接简 33。单育辰从之。陈斯鹏旧稿从原释文,以简 46 为完简,并保持了原来的简序,新稿从陈剑编联。

按,简 46 为两段缀合而成,在"三军大败"后残断。"大败"与"不胜"为同义,似不需要连用。且简 46 前后半支简的意思不连贯。因此,对此简的编联,应该重新考虑。关于简 46 上半支简,陈剑编联可从。简 46 上半支简文的末句为:"三军大败",简 47 仅存下半支简,简文为:"[死]者收之,

（伤）者（问）之，善于死者为生者。君"，两支半简可以相连，意思通畅，拼合为一支整简后长度亦合。关于简46下半支简，白于蓝编联方案可取。简48为下半残缺的半支简，内容为："不可不悫（慎）。不采（爱）则不亘（恒），不和则不葺（辑），不兼畏……"而简46下半支残存的首句为"不勍（胜）"，拟在前面补"则"，这样正好连在简48后面。简46下半支末字是"惕"，简33的首字是"怠（治）"，正好相连（参见简33【备注】）。

【疏证】

[1]遉（复）败戙（战）：

原释文认为"复败战"，指挽救"败战"。解释说："《左传·庄公二十一年》：'凡师，敌未陈曰败某师，皆陈曰战，大崩曰败绩。''败'与阵形溃乱有关。"并指出后面简文"复败战""复盘战""复甘战""复故战"，都是讲处于不利情况下应当采取的补救措施。陈剑通过本简与下简（即简46上与简47）所载曹沫的回答"有。三军大败，死者收之，伤者问之"，认为"复败战之道"是指已经打了败仗之后，要再战斗即"复战"的办法。后文"复盘战""复甘战""复战"类同，只是"盘战"等之具体含义不明。高佑仁认为本简此处的"复"应训作"返"，"复战"即"返战"，即整顿再战①。

按，文献中没有"复败战"的文例，但是关于"复战"的记载却非常多，如，《左传》成公十六年载晋楚鄢陵之战，一天战事未分胜负，晋军宣布"明日复战"。襄公二十三年载，齐庄公突袭莒国，"伤股而退。明日，将复战，期于寿舒。"《韩非子·十过》："战既罢，（楚）共王欲复战"。《司马法·严位》："凡战胜则与众分善，若将复战，则重赏罚，若使不胜，取过在己。复战，则誓以居前，无复先术。""复战"即"再战"。以此推之，简文这里"复败战"应该是打了败仗之后，整顿再战。

[2]三军大败：

简46在"败"字之后残断，李零原释文在此处并无句读，而是"三军大

①　高佑仁：《〈上海博物馆藏战国楚竹书（四）·曹沫之阵〉研究》，211页，花木兰文化出版社，2008。

败不胜"连读，因本简的拼合存在问题，前后半支简不能拼合在一起，故在此处加句读，表示断开。

［3］勅（胜）：

诸家皆读作"胜"，唯陈斯鹏读作"乘"，意为侵凌。对于此简的编联，陈斯鹏从陈剑编联，主张简 15、简 16 连简 46 下半支，这样联系简 15、16 内容，解释此句简文意思为"内有兵利、城固、人和，而外有大国之亲，则天下莫敢侵凌攻击也。"① 按，这种编联存在问题，参见本简【备注】。"勅"，还是读作"胜"为优。

［4］采（爱）谷（欲）少吕（以）多：

"采谷少吕多"，原释文读为"卒欲少以多"，谓疑指卒欲少而精，以质量弥补数量。对于"采""谷"的释读，诸家从之，但皆未有解释。李强举《文子·微明》："心欲小，志欲大"，谓古时"欲"字有"需要""应该"之义。举《左传·僖公五年》："宫之奇以其族行"，谓"以"字在古时有"率领""统帅"之义。从而解释本句为："士卒应该以少数来统帅多数。"②

按，简文"采"疑当与简 48"不采则不亘（恒）"之"采"同义，读若"爱"（参见简 48【疏证】［1］），用如吝啬贪婪之意。《管子·内业》篇"爱欲静之"，房注"爱欲则当静之"，爱欲用为一词，意即贪欲。简文此处"采谷"即当读作"爱欲"。"谷"，在楚简中多读作"欲"，如，郭店楚简《老子》甲简 11—12"圣人谷（欲）不谷（欲），不贵难得之货。"简文"少以多"的"以"字，用如缘故之意，犹《诗·邶风·旄丘》"必有以也"。在此意译为"故"。"爱欲少以多"此句简文，意谓贪欲少，故而所获反而多。

［5］少则惕（易）辑（察）：

原释文以为含义不明，指出第四字所从与"察""浅"等字同。陈剑谓此字左从"车"，右从楚简用为"察""浅""窃"等字之声符，读为何字待考。陈斯鹏隶定为"辖"，李锐则直接读作"察"。苏建洲认为或许可读为"潜"，"潜""察""浅"彼此声母相近。"潜"是表示动作在暗中或私下进行的。也不

① 陈斯鹏：《简帛文献与文学考论》，106 页，中山大学出版社，2007。
② 李强：《〈曹沫之陈〉札记》，武汉大学"简帛"网，2007 年 3 月 14 日。

排除读作"迁"①。浅野裕一则隶定为"较",解释为明白之意②。按,简 45 有"訤(察)"字,所从偏旁与此字相同,原释文读作"察"(参见简 45【疏证】[4])。本简此字今暂读为"察"。此句意谓贪欲少就容易在观察事物的时候心明眼亮。

[6] 圪(既)成则惕:

原释文谓此句为"圪成则惕□",但"圪"字也有可能属上句,即作"少则惕(易)轊圪,成则惕□□"。"圪",原释文无说。陈剑读作"坌",但表示怀疑。陈斯鹏旧稿隶定作"垍",读作"管",并标点作"少则易轊垍(管),成则易"。新稿则改从原释文之说,又疑"圪"应连"成"字读为"气盛"。人少而气盛,正紧承"卒欲少以多"之意③。李锐初从陈斯鹏隶定,疑读为"自",后来又从原释文隶定为"圪"。"成",李锐初读为"盛",后来亦从原释文读作"成"。苏建洲同意原释文的隶定,读作"圪"。认为此字偏旁与上博三《周易》简 44"气(汔)"完全同形,另,《说文》有"圪"字,亦证明此释读的正确。并根据楚简的"气"从"既"从"火",认为此字或读作"既"④。按,此从苏说。惕,原释文读作"易",各家从之,这里应读作"惕",戒惧、警惕之义。《左传》襄公二十二年载曰:"无日不惕,岂敢忘职?"本简应下接简 33(参见本简【备注】)。简 33 首字为"悥(治)",下有句读,"圪(既)成则惕悥(治)",意谓取得胜利之后,就要用战战兢兢的心态去治理军队。

---

① 苏建洲:《〈上博(四)·曹沫之阵〉札记》,"孔子 2000"网,2005 年 3 月 7 日。后来合在《上博楚简(四)考释三则》,发表在张玉金主编:《出土文献语言研究》(第一辑),56～66 页,广东高等教育出版社,2006。

② [日]浅野裕一:《上博楚简〈曹沫之陈〉的兵学思想》,清华大学"简帛研究"网,2005 年 9 月 25 日。

③ 陈斯鹏:《简帛文献与文学考论》,106 页,中山大学出版社,2007。

④ 苏建洲:《〈上博(四)·曹沫之陈〉三则补议》,清华大学"简帛研究"网,2005 年 3 月 10 日。后来合在《上博楚简(四)考释三则》,发表在张玉金主编:《出土文献语言研究》(第一辑),56～66 页,广东高等教育出版社,2006。

［死］者收之[1]，剔（伤）者酳（问）之，善于死者为生者＿[2]。君

【意译】

……要收殓死者，慰问伤者。善待死者，这是为了安慰和鼓励生者。国君……

【备注】

本简长 22.2 厘米，上半残缺，下端完整。现存 15 字。白于蓝测量数据为 22.5 厘米。我们测量数据为 22.3 厘米。李零原释文认为此简与下简连读。陈剑把简 47 连在简 46 上半支与简 63 上半支简之间，李锐、白于蓝、单育辰从之。陈斯鹏旧稿从原释文说，保持原序，新稿则改为从陈剑编联，将简 47 与简 63 上相连，但是不同意将简 47 与简 46 上相连，认为简 47 前面有残缺的简，从文义看，属于"复败战"的内容，所以系于简 51 下半支后面。按，陈剑编联方案可取。简 46 的拼合有问题，简 46 上半支应接简 47，请参见简 46【备注】。简 47 的末字为"君"，而简 63 上半支首句为"乃自愆（过）以敚（悦）于蓳（万）民"，此句缺主语，正好可以作前后简。

【疏证】

[1]［死］者收之：

原释文以为"者"上应为"死"字。陈剑以为简 47 所放位置偏上，将简 47 从原排列位置向下移动，然后与简 46 下段（按，此处应为上段，误写）拼合。两简相接处正可空出容纳"死"字之位置。李锐、白于蓝、单育辰、高佑仁从之。此说正确可从。

[2] 善于死者为生者＿：

原释文指出第二个"者"字下有句读。解释此句的意思是只有懂得优恤死伤，方能求得生存。高佑仁指出原释文将"生"解作"生存"并不妥当，并提供一种新的思路，即"善于死者"之"善"通"缮"，"缮"有"理"意，"缮于死者"即好好"料理"（或"抚恤"）死者后事，也就是前述"死者收之"。"为生

者"一词，"为"应是辅助、帮助之义。简文"为生者"即帮助生者①。按，"善"不必通假为"缮"，如字读即可。"为"，应作"为了""由于"讲。"善于死者为生者"即善待死者，这是为了安慰和鼓励生者。

北京师范大学史学探索丛书

---

① 高佑仁：《〈上海博物馆藏战国楚竹书（四）·曹沫之阵〉研究》，213 页，花木兰文化出版社，2008。

不可不慭（慎）▂。不来（爱）则不亘（恒）[1]，不和则不葺（辑）[2]，不兼畏[3][则]

【意译】

不可不慎重。不友爱则不会持久，不和善则不会和睦。不具有多种畏惧之心……

【备注】

本简长 24 厘米，下半残缺，上端完整。现存 17 字。白于蓝测量数据为 25.2 厘米。我们测量数据为 25.1 厘米。李零原释文认为此简与下简衔接关系不明。陈剑把简 48 置于简 28 与简 49 之间。李锐把简 48 置于简 63 下半支与简 59 之间。白于蓝把简 48 置于简 60 与简 46 下半支之间。单育辰则把简 48 置于简 60 上半支与简 46 下半支之间。陈斯鹏旧稿从原释文编联，新稿则将简 48 置于简 27 与简 49 之间。高佑仁将简 48 置于简 49 与简 59 之间。按，白于蓝编联方案可取。简 60 虽由上下两段缀合而成，但可以视为一支完简（参见简 60 的【备注】）。简 60 有"明慭（慎）以戒"，简 48 则有"不可不慭（慎）"，正好前后照应。又，简 48 末句为"不兼畏"，简 46 下半支首句为"不胜"，正好相连（参见简 46【备注】）。

【疏证】

[1] 不来（爱）则不亘（恒）：

"来"，一般读作"卒"（参见简 28【疏证】[3]），原释文疑本简此处"来"或可读为"依"。李锐从之，认为衣与爱古通，读"来"作"爱"。并谓此句"不爱则不恒，不和则不辑"，对应简 33 之"不亲则不庸，不和则不辑"，"亲""爱"义近，"庸""恒"皆有"常"义。高佑仁认为"来"，据本字读即可，不烦假借，"卒"即训作古籍常见之"终""尽"之意。"不卒则不恒"，亦即胜利若是不坚持到最后，此胜不能称之为恒久的①。按，楚简之卒，与衣字形似，有时或读为衣，衣与爱通，本简此处即应读作"爱"。

［2］茸（辑）：

原简为"^茸"，原释文隶定为"茸"，读"辑"，指出可以参第 16、33 简注。按，简 16 原释文："上下和且茸（辑）"，简 33 原释文："不和则不（辑）"。本简原释文亦为"不和则不茸（辑）"，亦说明本简此字应读作"辑"。然而，此字的隶定却存在问题。简 16 原简作"^茸"，应该隶定作"茸"（参见简 16【疏证】［2］）；简 33 原简作"^見"，隶定作"見"是可以的。本简作"^茸"，应该隶定作"茸"，读作"辑"。辑之意本指车厢，引申有聚集、和睦、安定等义。简文此处用其和睦之意为释。

［3］兼畏：

陈斯鹏读"畏"为"威"。高佑仁认为"兼"可读作"谦"，即谦虚、谨慎之义。"畏"指敬服②。按，"兼畏"如字读即可。

---

① 高佑仁：《〈上海博物馆藏战国楚竹书（四）·曹沫之阵〉研究》，364 页，花木兰文化出版社，2008。

② 高佑仁：《〈上海博物馆藏战国楚竹书（四）·曹沫之阵〉研究》，364 页，花木兰文化出版社，2008。

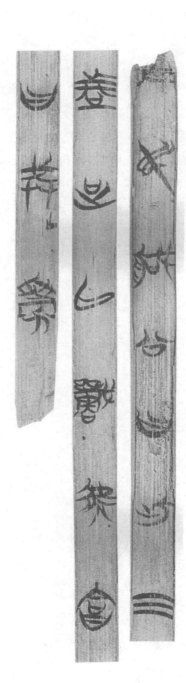

于民。"戡（庄）公曰："此三者[1]足弖（以）戵（战）虗（乎）?"含（答）曰："戒[2]▁。剩（胜）

【意译】

"……于百姓。"庄公说："有了这三个保证就足以进行战争了吗？"回答说："臣下我向您禀告。战争胜利之后（这三项还不足以使您完全放心）……"

【备注】

原释文指出，本简长 21.8 厘米，上半残缺，下端完整。现存 16 字。白于蓝测量数据为 22.85 厘米。我们测量数据为 22.8 厘米。李零原释文认为此简与下简连读。陈剑保持了简 48 与简 49 的相连，但是认为简 49 下面有脱简，再接下一个拼联组则为简 37 上半支简。陈斯鹏旧稿保持了简 48、49、50 的简序，新稿则仅保持了简 48 与简 49 的相连，而下面接简 63 下半支。同时指出简 49 后面有脱简，与简 63 下分属不同的编联组。李锐可能是认为简 49 前后皆有脱简，故单独成段，置于简 58 与简 33 之间。白于蓝把简 49 置于简 37 上半支的下面，但是认为简 49 下面有脱简，再接下一个拼联组为简 63 下半支。单育辰从白于蓝编联，简 49 上接简 37 上半支，但是认为简 49 下面所接应为简 60 下半支简。

按，白于蓝编联方案可从。简 37 上半支末句为"用都教于邦"，简 49 为上半残缺的半支简，所存首句为"于民"，与简 37 上半支的句式是一样的，可以相连。简 49 所述内容为庄公问"三者足以战"，末句为曹沫回答"戒。胜"，据简文文义，此处的庄公与曹沫的问答已经到了结尾的部分，下面应有半支的脱简，再接简 63 下半支。简 63 下半支有"……非所以教民。唯君其知之"，正好与简 37 上半支、简 49 拼合后的完简的内容"用都教于邦于民"相呼应。

【疏证】

[1] 三者:

原释文以为上文残缺,不得其详。陈剑认为"此三者"当即简28"此三者所以战"之"此三者",即卒长、军帅、邦(国)君。李锐认为此处"三者"指"为和于邦"、"为和于舍"、"为和于阵"三教。浅野裕一认为此"三者"指的是简48中出现的"依"(此简字隶定为"㑴",原释文认为或可读为"依",诸家多读作"爱",浅野先生从原释文读作"依")、"和"、"兼畏"①。陈斯鹏新稿认为"三者"是指"卒有长,三军有帅,邦有君"②。按,此处简文的编联情况应该是简36、简28、简37上半支、简49。简36曰:"能治百人,使长百人;能治三军,使帅。"(参见简36【疏证】)简28曰:"卒有长,三军有帅,邦有君。"(参见简28【疏证】)这些都说明了简49此处的"足以战"的"三者"即"长"(百人为卒的卒长)、"帅"(统帅三军的帅)、"君"(一国之君)。

[2] 戒:

原释文及各家释文多无说,高佑仁认为"戒"为谨慎之意③。按,此处的"戒"不能按照其原意来理解。"戒"原意为警,可用如"告"。例如,《仪礼·士冠礼》"主人戒宾",郑玄注:"戒,警也,告也。"④"戒宾",即告诉宾。简文此处的"戒",应指禀告。

北京师范大学史学探索丛书

---

① [日]浅野裕一:《上博楚简〈曹沫之陈〉的兵学思想》,清华大学"简帛研究"网,2005年9月25日。
② 陈斯鹏:《简帛文献与文学考论》,107页,中山大学出版社,2007。
③ 高佑仁:《〈上海博物馆藏战国楚竹书(四)·曹沫之阵〉研究》,363页,花木兰文化出版社,2008。
④ 《仪礼注疏》卷一,《十三经注疏》,747页,中华书局影印本,1980。

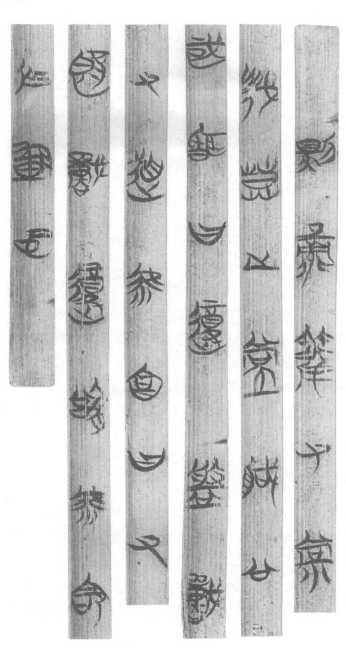

则录(禄)筭(爵)[1]又(有)裳(常)[2]，幾(几)莫之堂(当)[3]。"戒(庄)公或(又)嗣(问)曰："返(复)盤(蟠)戩(战)[4]又(有)道虏(乎)?"含(答)曰："又(有)。既戩(战)，返(复)豫[5]，虏(号)命(令)于军中

【意译】

"(如果再战)则给予俸禄和赏赐爵位要按照规定进行。这样做了，军队就会勇往直前，其锐气就几乎是不可阻挡的。"庄公又问道："如果要再次打仗，迂曲偷袭敌军，有规律可循吗?"回答说："有。开战之后，再次进行准备，就在军中下达命令说：……"

【备注】

原释文指出，本简长46.8厘米，完简，上、下端完整。共32字。白于蓝测量数据为48.9厘米。我们测量数据为48.65厘米。李零原释文认为此简与下简连读。陈剑把此简置于简51下半支与简51上半支之间。李锐、白于蓝、单育辰从之。陈斯鹏旧稿从原释文简序，新稿则将简50置于简32下半支与简51上半支之间。按，陈剑编联方案可取。简51下半支的末字为"战"，本简的首句为"则录(禄)筭(爵)又(有)裳(常)"，正好相连。本简末句为"虏(号)命(令)于军中"，简51上半支首字为"曰"，亦正好相连。

【疏证】

[1] 录(禄)筭(爵)：

"录"，《说文·录部》："刻木录录也，象形，凡录之属皆从录。"战国文字中"录"已看不出其象形的意思，伪变的笔画较多，本简此字的写法与郭店楚简《六德》简14"录"字写法相同。简文此处的"录"读作"禄"。《说文·示部》："禄，福也，从示录声。"段注"《诗》言福、禄多不别。"①《诗经·瞻彼洛矣》："福禄如茨"，郑笺："爵命为福，赏赐为禄。"②简文此处的"禄"

---

① （清）段玉裁：《说文解字注》一篇上，3页，上海古籍出版社，1988。
② 《毛诗正义》卷一四，《十三经注疏》，479页，中华书局影印本，1980。

亦应理解为"俸禄"。

"筲"当读为"爵"（参见简 21【疏证】[3]），本简此处"录（禄）筲（爵）"连用，这种用法，简帛中亦常见。如郭店楚简《鲁穆公问子思》简 6："夫为其[君]之古（故），杀其身者，交录（禄）筲①（爵）者也。"简 7："□□□之恶□□录（禄）筲（爵）者□□义而远录（禄）筲（爵）。"②

[2] 又（有）棠（常）：

原释文隶定为"棠"，读作"常"。各家从之，唯李锐隶定为"常"，读为"赏"。按，此字由其字形应该隶定作"棠"，"棠"，从示，尚声。"常"，从巾，尚声。二字音近可通。"棠"，《说文》无，金文常见，读作"尝"。而在楚简中，一是读作"尝"，一是读作"常"（参见简 24【疏证】[3]"前常"）。另，"又（有）棠（常）"连用亦见于楚简，如，郭店楚简《缁衣》简 16"童颂（容）又（有）棠（常）"。虽然"赏"亦尚声，"棠"读作"赏"亦可通，但是，楚简难见二字通假的例证。而且相比较"禄爵有赏"，则简文此处"禄爵有常"更文通字顺，指赏赐爵禄要遵循规定进行。

[3] 幾（几）莫之堂（当）：

原释文读"忌莫之当"，指忌讳不得其当。陈剑认为"幾莫之当"当指采取以上诸措施之后复战，则我军兵众奋勇向前，近于无能抵挡之者。并认为此句后省略了总结收束之语"此复败战之道"。"幾"，李锐读为"機"。按，此处简文"幾"，不可读若"忌"。"幾"在此处当用如副词，意谓"几乎"，这种用法文献常见。例如，《左传》僖公十四年："晋卜偃曰：'朞年将有大咎，几亡国。'"《庄子·盗跖》："几不免虎口哉。"是皆为其例。

"堂"，原简作"𡊊"，原释文隶定作"堂"，读作"当"。郭店楚简《老子》甲本简 10 亦有此字，整理者隶定作"埫"，读作"尚"。《性自命出》简 19 亦

---

① 对于郭店楚简的此字，整理者隶定为"筲"，读为"爵"，但是各文字编对此字的隶定与划分不一。例如，汤余惠主编《战国文字编》（296 页，福建人民出版社，2001）隶定为"筮"。李守奎的《楚文字编》（283 页，华东师范大学出版社，2003）隶定为"筲"，但是归在"筲"字条里。黄德宽主编《古文字谱系疏证》（898 页，商务印书馆，2007）亦是隶定为"筲"。按，细察此字字形，应该隶定作"筲"，读作"爵"。

② 荆门市博物馆编：《郭店楚墓竹简》，141 页，文物出版社，1998。

有此字，整理者隶定作"堂"，读作"当"。李守奎谓此字应隶定作"竤"，是当字的异体①。何琳仪则将此字隶定作"堂"，谓："楚器堂，读当，相当。《广雅·释诂》三：'当，值也。'"②按，此字应隶定为"竤"，此字从立尚声，而"当"从田尚声，读作"当"是可以的。简文"几莫之当"意谓士卒的锐气几乎不可阻挡。

[4]遝(复)盘(蟠)戬(战)：

简文"盘"，原作""形，原释文隶定作"盘"，意思待考。浅野裕一认为"盤战"本身意思不通。"盤"是"槃"的籀文，而"槃"等于"瘢"。意味着伤痕。将"复盘战"解释为重新建立战败而受损伤的军队之方法③。单育辰读"盘"为"返"，无说。董珊读"盘"为"偏"，谓盘、偏都是唇音元部字，可以通假。"偏战"词见《公羊传》。《公羊传》桓公十年："此偏战也"，何休《解诂》："偏，一面也，结日定战，各居一面，鸣鼓而战，不相诈。"董珊谓"盘战"为"偏战"，相对地，谓简54的"砍战"为"诈战"④。

按，"盘"，元部并母，"偏"，真部滂母，并非都是唇音元部字。而且"盘战"理解为"偏战"于简文难以通顺。首先，"偏战"为对阵的野战，其特点为"不相诈"，然而，这种意义的战争范围太广，从《曹沫之陈》简文看，其反映的四种"复战"的内容要具体而细致的多。若将"盘战"理解为"偏战"，则上文的"败战"，下文的"甘战""砍战"难以再与此相对应。其次，"偏战"是"结日定战"，从简文亦看不出此点。同样的，浅野裕一将"盘战"理解为"瘢战"于简文亦不通，"瘢"有伤痕，受到损伤这个特点于四种战败之后的"复战"中都有。其实，简文此处"盘"当读若"蟠"，"盘"与"蟠"为同源字。"蟠"有回绕迂曲之意，"蟠战"，指进行迂回偷袭之战。

---

① 李守奎：《楚文字编》，599页，华东师范大学出版社，2003。
② 何琳仪：《战国古文字典——战国文字声系》，681页，中华书局，1998。何琳仪在黄德宽主编的《古文字谱系疏证》(1864～1865页，商务印书馆，2007)中亦是如此隶定与归类。
③ [日]浅野裕一：《上博楚简〈曹沫之陈〉的兵学思想》，清华大学"简帛研究"网，2005年9月25日。
④ 董珊：《〈曹沫之陈〉中的四种"复战"之道》，武汉大学"简帛"网，2007年6月6日。

[5]返(复)豫：

原释文读"复豫"，疑指重整队形。"豫"或可读为"叙"。陈剑读作"舍"，陈斯鹏、白于蓝、李锐、单育辰、董珊从之。按，《曹沫之陈》简19有"和于豫"，原释文谓"豫"是趋战过程中临时采取的队形。此字也有可能是读为"叙"，"叙"有列次之义。陈剑谓原注释不确，读作"舍"，各家从之（参见简19【疏证】[1]）。此处的"豫"应该是动词，通"预"，理解为"准备"。"复豫"即再次进行准备。

【简 51】

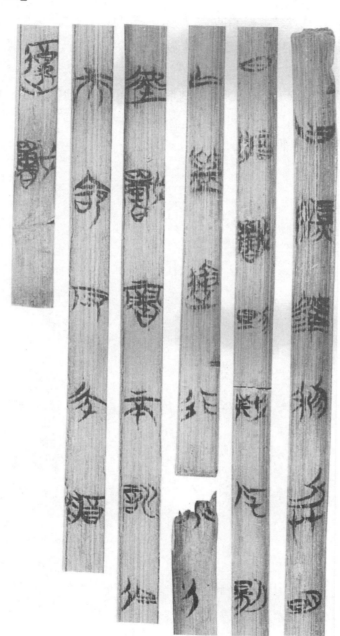

曰：'碫（坚）虖（甲）利兵[1]，明日牆（将）戠（战）。'则戠（厮）尼（徒）[2]剔（伤）[3]以[4]盎（伴）遪（就）行[5]，（以上前半段）

[寡][6]人。戠（吾）戠（战），啻（敌）不训（顺）[7]于天命。'反（返）币（师）牆（将）遑（复）[8]。戠（战）（以上后半段）

【意译】

"说：'使盔甲坚牢，使兵器锐利，明日再战。'那些厮徒杂属受了伤的人，就让他们结伴随军队前进。"

"……寡人身上。不要迟疑，我们进行战争，敌人不顺于天命，必然会失败。所以我军回营休整，再战（必胜）。再战……"

【备注】

原释文指出，本简长 45.4 厘米，由两段缀合成完简，中略残，上、下端完整。现存 31 字。白于蓝测量数据为 48.2 厘米。我们测量数据亦为 48.2 厘米。李零原释文认为此简与下简连读。陈剑首先把此简从残断处分成上下两半支，各家从之。关于简 51 上半支，各家观点一致，皆是置于简 50 后面。但是关于简 51 下半支，则有分歧。陈剑是置于简 32 上半支与简 50 之间。陈斯鹏旧稿是置于简 53 上半支与简 58 之间，新稿则改从陈剑编联，将简 32 上与简 51 下相连。白于蓝置于简 23 上半支与简 50 之间，单育辰从之。李锐旧稿将简 51 下半支置于简 32 上半支与简 50 之间，新稿则改从白于蓝编联。按，简 51 的拼合确实存在问题，前后句并不连贯，应该在残断处分开。白于蓝编联方案可从。简 23 由上下两段缀合而成，上半支的末句为"怣（过）不才子才"，简 51 下半支的首句为"[寡]人"，正好组成"怣（过）不才（在）子，才（在）[寡]人"（参见简 23【疏证】[3]）。国君把战争失利的责任揽在自己身上，正与《曹沫之陈》简文要表达的思想一致。

【疏证】

[1]碫（坚）虖（甲）利兵：

"碫"，原释文隶定作"綨"，读作"缮"。简 18 亦有"碫（坚）（甲）利兵"此语，其中，"磤"，原释文隶定作"繩"。按，简文此字所从的"糸"，应为羡划。原释文以为此字从臸得声是正确的。疑简文"繩""缏"，当即《说文》石部"磤"字初文，读作"坚"(参见简 18【疏证】[3])。简文此处意指"使盔甲坚牢，使兵器锐利"。

[2]戜(厮)厇(徒)：

原释文隶定为"戜厇"，以为待考。陈剑释为"厮徒"，解释说："戜"字右从"戈"，左半所从非一般的"其"字，乃"斯"之左半。此字可分析为从"斯"省声，同时楚简文字"斯"字常省去"斤"，只作此字左半之形，故可以直接说从此类省体之"斯"得声。"厇"可读为"徒"。并指出"厮徒"见于《战国策》《史记·苏秦列传》《张仪列传》等。如，《苏秦列传》"厮徒十万"，《正义》："谓炊烹供养杂役。"浅野裕一将"戜厇"二字解释为"旗旄"，谓"旗旄伤亡"表示连军旗都破损的状况。白于蓝初隶定为"戜宅"，后隶定为"斯宅"，读作"訾度"。解释说典籍中斯可与此、訾二字相通，宅则可与度字相通。而訾、度、察三字义近。"訾度伤亡"亦即"察夷伤"，指揆度伤亡情况。陈斯鹏将"戜"隶定为"旐"，认为此简字左旁实从"㫃"从"丌"，为"旗"字之简体。字又从"戈"者，殆为战旗之专字，此亦犹"车"之作"轵"也。并将此简字与前一简字连读为"则旗"，认为"则旗"是修饰整顿战旗的意思。"厇"，隶定为"宅"，读为"度"，将此简字与后一简字连读为"度伤"，认为"度伤"意为审查我方将士的伤势[①]。

按："厇"与"徒"古音同属鱼部，有通假的可能。两字一属知母，一属透母，依古无舌上音而论，两者亦近。所以说，"戜厇"读作"厮徒"是可取的，这里还可以稍作补充，西周懿王时的禹鼎铭文有："禹率公戎车百乘，斯驭百，徒千，曰于匡朕。"斯驭即厮御，是辎重车队的杂役和赶车人。另，《吕氏春秋·决胜》："厮舆白徒"。其中，"厮御"、"厮舆"应该与简文"戜厇"相近，亦即"厮徒"。

[3]剔(伤)：

原释文读为"伤"，并在此处断句。李锐改读为"炀"，举《庄子·寓言》："炀者避灶"，陆德明《释文》："炀，炊也。"解释为炊煮者。高佑仁主

---

① 陈斯鹏：《简帛文献与文学考论》，104 页，中山大学出版社，2007。

张读"剔"为"佯"，"易"、"羊"声系都是定纽阳部，二声系通假情况①。按，《曹沫之陈》简文共有四处"剔"，写法完全一样，若其余三处读为"伤"，而单此处读作"炀""佯"似不可信。今暂从原释文，简文意谓受伤之厮徒也要随军行动。但是此处并不需要断句，应与下句连读。

[4] 以：

原释文隶定为"亡"，陈剑、白于蓝从之。陈斯鹏直接写作"以"，无说。李锐也释作"以"，解释说释文所附黑白照片，当为"以"字，而彩色放大图版疑有技术故障。单育辰亦直接写作"以"。按，细审原简笔画，确实应该隶定作"以"。

[5] 盘（伴）遼（就）行：

简 51 在"行"字后残断，因为原简的拼合存在问题，故在此处断开，加句读。白于蓝将此句与下句连读为"盘（擎）就（蒐）行失车甲"。解释说盘、擎俱从般声，则盘自可读作擎，《集韵·戈韵》："擎，敛聚也。"上古音就为从母幽部字，搜为山母幽部字，古音十分接近，例可相通。并引《左传》成公十六年所载的晋、楚鄢陵之战的情景，认为《左传》文中"察夷伤，补卒乘"以及"蒐乘、补卒"与简文"斯（訾）宅（度）伤亡，盘（擎）就（蒐）行失车甲"有关。"擎蒐行失车甲"当指敛聚作战过程中走失的车甲，亦大体相当于《左传》之"蒐乘、补卒"②。

按，盘，疑读若伴。盘字从般，其本字为槃，与般相通用，而般字与伴，古音皆元部字，可"假借为伴"，"为泮"③。《说文》训谓"承盘也"，是盘字本身有承接相连之意，与伴意很近。伴本指大④，但春秋战国时期已每用如伴侣之义。如屈原《九章·惜诵》："众骇遽以离心兮，又何以为此伴也？"简文"以盘"犹言结伴。简文"遼（就）"，有靠近之意，"意译"用"随军

① 高佑仁：《〈上海博物馆藏战国楚竹书（四）·曹沫之阵〉研究》，254 页，花木兰文化出版社，2008。
② 白于蓝：《〈曹沫之陈〉新编释文及相关问题探讨》，复旦大学出土文献与古文字研究中心网，2008 年 3 月 3 日。
③ （清）朱骏声：《说文通训定声》，750 页，中华书局影印本，1984。
④ 《说文·人部》："伴，大，从人半声。"

队前进"，表示其意。

［6］［寡］：

简文"寡"字残，原释文未释。陈剑隶定为"乎"，但表示存疑。陈斯鹏旧稿隶定作"虎"，读作"呼"。新稿隶定为"虖"，读作"呼"。白于蓝首先把此简与简51下半支相连，并指出中间残缺的字是"寡"字。李锐、单育辰从之。按，就残存的笔画看，隶定为"寡"，正确可从，于文义也非常通畅，参见简23【疏证】［3］。

［7］训（顺）：

原释文读"训"为"顺"，各家从之。按，"训"、"顺"相通，典籍常见。如，《尚书·康王之诰》："皇天用训厥道，付畀四方"。孙星衍疏："训与顺通"①。《法言·问神》："或问'文'。曰：'训'。"李注曰："训，顺。""曰：'事得其序之谓训'"，李注曰："顺其理也。"②"训"，《说文·言部》："说教也，从言川声"，段注："说教者，说释而教之，必顺其理，引伸之凡顺皆曰训。如五品不训，闻六律五声八音七始训以出内五言是也。"③简文此处"训于天命"，正可以读作"顺于天命"。

［8］反（返）帀（师）牱（将）返（复）：

原释文谓"反师将复"，疑指回营休整。按，从上下简文文义看，此说可从。意即回营休息利于再战。连上句简文之意，应指敌方不顺于天命，所以必然是失败的，我军休整之后再战，有信心必胜。

---

① 《康王之诰》，今文、古文《尚书》皆有，欧阳、大小夏侯本与《顾命》为一。孙星衍《尚书今古文注疏》即是如此分篇。见（清）孙星衍：《尚书今古文注疏》，508页，中华书局，1986。

② 汪荣宝撰，陈仲夫点校：《法言义疏》，171页，中华书局，1987。

③ （清）段玉裁：《说文解字注》三篇上，91页，上海古籍出版社，1988。

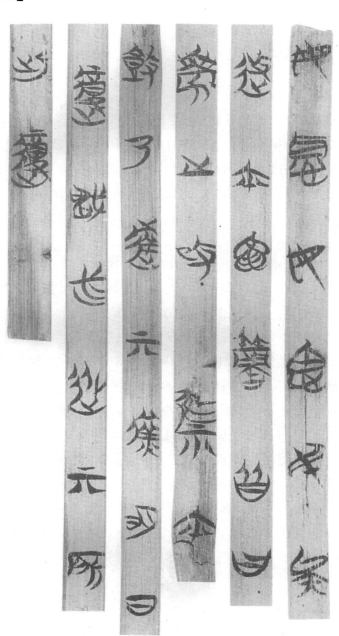

毋怠(怠)[1]，毋思(使)民矣(疑)[2]。返(及)尔龟箸(筮)[3]，皆曰朸(胜)[4]之。改秦(冒)尔鼓[5]，乃遫(失)亓(其)备[6]。明日返(复)戟(陈)，必迖(过)亓(其)所。此返(复)

【意译】

……而无懈怠，不要使兵士心生疑忌。至于用龟筮占卜，（不管结果如何，）都要宣布给兵士说卜筮的结果是一定获胜。用破旧皮革重蒙战鼓，以示破败之象，使敌方防备松懈。明日再次出战，一定要经过战败的那个地点，让敌方不备。这就是再次（进行迂回偷袭之战的方法。）

【备注】

原释文指出，本简长 46.4 厘米，完简，上端略残，下端完整。共 32 字。白于蓝测量数据为 48.2 厘米。我们测量数据为 48 厘米。李零原释文认为此简与下简连读。关于简 52 与简 53 上半支相连，各家无歧义。关于简 52 上面所接，有争议。陈剑编联是简 52 上接简 30，白于蓝从之。陈斯鹏旧稿是简 52 上接简 27，新稿则改从陈剑编联。李锐旧稿亦是从陈剑编联，但是新稿则是简 52 上接简 31。单育辰编联是简 52 上接简 32 上半支。按：陈剑将简 52 上接简 30，这是因为将简 30 末字"攺"读作"审"，与简 52 首句"毋殆"组成"审毋殆"（参见简 30【备注】）。陈斯鹏将简 52 上接简 27，组成"君如亲率，毋殆"，因简 27 简文是讲述承担战败责任的事情，简文的脉络应该是君如亲率，则由国君承担罪责，所以此种编联并不合适。李锐将简 52 上接简 31，但是分别成组，简文并不连贯。相比较之下，单育辰编联可从。简 32 上半支为："（谍人）迬(来)告曰：亓(其)遟(将)銜(帅)聿(尽)剔(伤)，戟(车)连(辇)皆栽(灾)，曰皕(将)曇(早)行，乃。"从简文原意推测，"谍人来告"是我方的计谋，应该是指我方故意示弱，以让敌方的间谍回去汇报，从而有利于我方迂回偷袭敌军。简 52 讲述"毋思(使)民矣(疑)"的种种方法，都是为了鼓舞士气，以利于"复盘战(迂回偷袭敌军之战)"，因此简 52 可以上接 32 上半支。但是简 32 上半支后面应该还有半支简的缺简。

【疏证】

[1] 毋怠（怠）：

"怠"，原释文读作"殆"，解释说这里是狐疑犹豫的意思。陈剑读作"怠"。诸家从之。按，据上下文义来说，此处"怠"字应该不是指"狐疑犹豫"，而是指懈怠之心，陈说可从。另，简 45 下亦有"怠"字合文，读作"怠心"。

[2] 矣（疑）：

本简此字隶定作"矣"，读作"疑"。"矣"，在金文、简帛中常见，或作语末助词用，如郭店楚简《老子》甲本简 11"此亡败事矣"；或读作"疑"，如郭店楚简《尊德义》简 19"可学也而不可矣也"。而在金文、简帛中有从"毕"从"子"的"疑"字，"子"旁为羡划，如陶汇 5·398"孖（疑）者"，睡虎地秦墓竹简《秦律十八种》简 172"其有所孖（疑）"。也有从"矣"从"心"的"疑"字，如郭店楚简《缁衣》简 43"远者不悇（疑）"。《说文·子部》曰："惑也，从子止匕矢声"。"矣"，《说文·矢部》："语已词也，从矢以声。""矣""疑"皆为之部字，音近可通。《曹沫之陈》本简此"矣"应读作"疑"，"毋思（使）民矣（疑）"即"不要使兵士心生疑忌"。

[3] 迟（及）尔龟箐（筮）：

"迟尔龟箐"，原释文读作"及而龟策"，疑指用龟策占卜。"箐"，原简作"🔣"，原释文隶定为"箐"，读作"策"。陈剑、白于蓝从之。陈斯鹏首先读作"筮"，但无说。禤健聪读为"筮"，谓"啻"，审母锡部，"筮"，禅母月部，两字声韵皆较近，或可相通。并指出郭店楚简《缁衣》简 45—46"🔣"字当是从竹啻声，也是楚系文字"筮"字的特殊写法①。李锐、单育辰从之。按，禤健聪读《曹沫之陈》本简此"箐"字为"筮"是可从的，但是郭店楚简《缁衣》简 46 出现"🔣"字，整理者分别隶定为"卜箐（筮）""龟杏（筮）"。汤余惠、李守奎的文字编皆是遵从原释文隶定②。徐在国则分别将此字隶定作"箐"、

---

① 禤健聪：《关于〈曹沫之陈〉的"🔣"字》，清华大学"简帛研究"网，2005 年 3 月 4 日。

② 汤余惠主编：《战国文字编》，287 页，福建人民出版社，2001。李守奎：《楚文字编》，276 页，华东师范大学出版社，2003。

"害"，疑"筮"字或体①。细审郭店楚简《缁衣》简 46 此字，确实从"害"而不从"巫"，徐说可从。而《曹沫之陈》此字不隶定为"等"，而是隶定作"䈞"，当即形近而互作，所以说疑为"筮"字或体，是比较妥当的。而且，战国时期，占筮日多而龟卜趋少，特别是战争中更是如此。此亦可证简文此处读"龟筮"比读若"龟策"，更为妥当。此外，"龟筮"连用，多见于文献记载，如，伪古文《尚书·大禹谟》"龟筮协从"、《尚书·洪范》"龟筮共违于人"、《左传》僖公四年"筮短龟长"，等皆可以为证。

[4]勑(胜)：

诸家皆读作"胜"，唯有陈斯鹏新稿疑当读作"乘"，并举《战国策·韩策二》："公战胜楚，遂与公乘楚，易三川而归。"鲍注："乘，因取之也。"认为简文此处"乘"正用是义②。按，虽然读若乘不误，但于文理上读"胜"则较优。

[5]改𣏟(冒)尔鼓：

"改𣏟"，原释文以为待考，并谓"鼓"是中军之帅用以指挥作战的重要工具，如果失去，则三军不知所从，故曰"乃遪(失)亓(其)备(服)"。"𣏟"，陈剑隶定作"䄟"，读作"作"，但表示存疑。陈斯鹏旧稿隶定作"祚"，读作"作"，新稿认为此字从"作"从"示"，应是"作"之繁构。从而隶定作"䄟"，读作"祚—作"。"作鼓"指击鼓进军，"改作尔鼓"便是将"勑(乘)之"付诸行动了③。白于蓝亦读作"作"，但表示存疑。浅野裕一隶定为"秘"，解释为闭、阖④。禤健聪指出此字上部所从，与楚简"乍"形体差异较大，应该左从"尸"，右半则是互不连属的三弯画，各自与"尸"相接。并进一步指出此字上部所从与郭店楚简《成之闻之》简 22"𣏟"当为一字。在释读"𣏟"时，采用李零释"旄"，借读为"冒"，并谓"旒""旄"象形古体当大致不差，从而将《曹沫之陈》本简此字隶定为"䄟"，读作"冒"。并举《考工记·

---

① 黄德宽主编：《古文字谱系疏证》，2378～2379 页，商务印书馆，2007。

② 陈斯鹏：《简帛文献与文学考论》，104 页，中山大学出版社，2007。

③ 陈斯鹏：《简帛文献与文学考论》，103 页，中山大学出版社，2007。

④ ［日］浅野裕一：《上博楚简〈曹沫之陈〉的兵学思想》，清华大学"简帛研究"网，2005 年 9 月 25 日。

挥人》"凡冒鼓，必以启蛰之日，良鼓瑕如积环。"郑注："冒，蒙鼓以革。"谓简文"改冒尔鼓"，意即改换战鼓的皮革。其字从"示"，则"冒鼓"大概是一种与祭祀有关的仪式，此与《考工记》所述"启蛰之日"云云及简文所称"及而龟筮，皆曰胜之"均相合。先以胜利之卜稳定军心，继而改换战鼓的皮革，以示新气象，鼓舞士气①。李锐旧稿从陈剑说，隶定作"槷"，读为"作"。新稿改从禤健聪说，读为"冒"，但认为此字如何隶定还有待研究。高佑仁隶定作"槷"，读作"冒"，但表示存疑②。

按，禤健聪指出本简"槷"字上半部所从与郭店楚简《成之闻之》简22"仒"当为一字，这是非常正确的。关于郭店楚简"仒"字，专家学家的解释多有分歧。例如，李零认为原作"仒"，像旗旒，应即"旒"字，借读为"冒"③。何琳仪认为"彪"原篆作"仒"，省"虍"旁。今本《书·君奭》以"冒"为"彪"属假借。此字或可释"髟"，与"冒"读音相近④。汤余惠、吴良宝认为该字应释为"髟"，并解释说商周时期的甲骨及金文中有"髟"字，作"﹖""﹖""﹖"等形，林沄先生释作"髟"，至确。楚简中的"髟"字与之相比较，可知省略了人手部分，又将头发下移⑤。刘钊认为"髟"字象人长发飘然状，读为"冒"。古音"髟"在帮纽幽部，"冒"在明纽幽部，声为一系，韵部相同，于音可通⑥。廖名春认为"仒"字应该隶定作"於"，而原整理者未识出，疑此"於"字乃"㸔"字之讹，"㸔"通"㽂"，"㽂"通"乾"，"乾"与"冒"义同，故可通用⑦。刘桓认为《书·君奭》的"冒"，《说文》引作"暓"其实均应是"仒"字之

① 禤健聪：《上博楚简释字三则》，清华大学"简帛研究"网，2005年4月16日。
② 高佑仁：《〈上海博物馆藏战国楚竹书（四）·曹沫之阵〉研究》，260页，花木兰文化出版社，2008。
③ 李零：《郭店楚简校读记》，124页，北京大学出版社，2002。
④ 何琳仪：《郭店楚简选释》，李学勤、谢桂华主编：《简帛研究二〇〇一》，164页，广西师范大学出版社，2001。
⑤ 汤余惠、吴良宝：《郭店楚简文字拾零》（四篇），李学勤、谢桂华主编：《简帛研究二〇〇一》，201页，广西师范大学出版社，2001。
⑥ 刘钊：《郭店楚简校释》，146页，福建人民出版社，2003。
⑦ 廖名春：《郭店楚简引〈书〉论〈书〉考》，武汉大学中国文化研究院编：《郭店楚简国际学术研讨会论文集》，119页，湖北人民出版社，2000。

误。"<ruby>炊<rt></rt></ruby>"，应释为"<ruby>伖<rt></rt></ruby>"，读作"偃"，乃指偃武①。我们可以看出，诸家对于简字的隶定多有分歧，但是比较一致地认为此简字应读作"冒"。对于本简的"<ruby>系<rt></rt></ruby>"字，为慎重起见，还是仅摹写出此简字的笔画，不作隶定。但是据下文"乃失其备"，以及考虑到"复盘战（迂回偷袭敌军之战）"的作战特点，"改冒尔鼓"不应该是改换新皮革蒙盖的战鼓，以示新气象，而应该是以旧皮革蒙盖战鼓，以示破败之象，以此来迷惑敌军。

［6］乃遊（失）亓（其）备：

原释文读"备"作"服"。禤健聪认为似可读为准备之"备"，"乃失其备"是指使敌对方缺乏防备②。李锐旧稿从原释文，新稿读"遊"为"秩"，读"其"为"旗"。

按，楚简"遊"多读作"失"。除此简外，《曹沫之陈》"遊"五见，皆读作"失"，这里读作"失"于文义亦合。"备"读作"服"，虽然简帛习见，如郭店楚简《缁衣》简 41"备（服）之亡怿"，但是从上下简文来看，此处直接读作"备"即可。"乃失其备"谓前面采取诸多的迷惑敌方的措施之后，让敌方不备。

① 刘桓：《读〈郭店楚墓竹简〉札记》，李学勤、谢桂华主编：《简帛研究二〇〇一》，67 页，广西师范大学出版社，2001。

② 禤健聪：《上博楚简释字三则》，清华大学"简帛研究"网，2005 年 4 月 16 日。

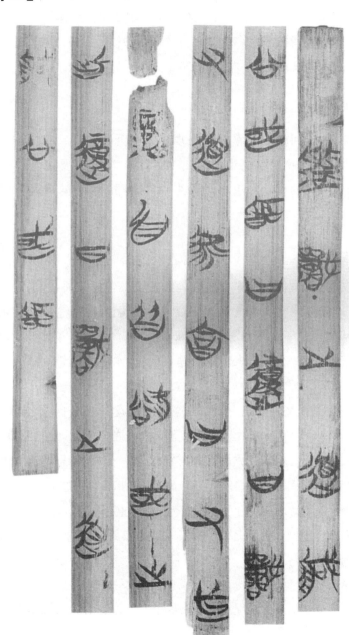

盘(蟠)戬(战)之道。"臧(庄)公或(又)䛆(问)曰:"逗(复)甘(甚)戬(战)[1]又(有)道虖(乎)?"含(答)曰:"又(有)。必[2](以上前半段)……

贛(愚)首[3]皆欲或之。此逗(复)甘(甚)戬(战)之道。"臧(庄)公或(又)䛆(问)(以上后半段)

【意译】

"(这就是)迂回偷袭敌军之战的规律。"庄公又问道:"对待再次激战,有什么好办法使士卒勇于战斗呢?"回答说:"有。一定(要这样做),……"

"……让愚赣的百姓都想勇敢战斗(而取得胜利)。这就是对付激战的办法。"庄公又问道:"……"

【备注】

原释文指出,本简长 46.9 厘米,由两段缀合成完简,上、下端完整。共 35 字。李零原释文认为此简与下简连读。陈剑首先将此简从残断处分开,各家从之。白于蓝测量数据为 49.75 厘米,其中,上半支简为 26.95 厘米,下半支简为 22.8 厘米。我们测量数据为 49.6 厘米。其中,上半支简为 26.9 厘米,下半支简为 22.7 厘米。

按,按照原释文的拼合,简 53 这支简叙述的庄公问"复甘(甚)战之道",曹沫答曰:"又(有),必贛(愚)首皆欲或之,此逗(复)甘(甚)戬(战)之道。"如此,叙述"复甘战之道"的内容仅此一句,从篇章分量上看,与"复败战""复盘(蟠)战之道""复故(固)战之道"相比,"复甘(甚)战之道"的内容太过简少,显然拼合有问题,故应该断开重新编联。

关于简 53 上半支上面所接,各家皆是从陈剑上接简 52,但是简 53 上半支下接何简,各家有分歧。陈剑是下接简 32 下半支,白于蓝、单育辰从之。李锐是下接简 60 下半支。陈斯鹏旧稿是下接简 51 下半支,新稿则是改从李锐编联。董珊是下接简 31①。按,从简文文义看,陈剑编联方案可

---

① 董珊:《〈曹沫之陈〉中的四种"复战"之道》,武汉大学"简帛"网,2007 年 6 月 6 日。

取（参见简 32【备注】），然而，此种编联文义虽通，但是拼合后长度稍长，而且，尚须补字，所以不可直接将简 53 上半支接简 32 下半支，单育辰在采纳陈剑的编联方案的同时，又在两个半简上各空出半简的空缺，这是可取的。

关于简 53 下半支的编联，各家颇有歧义，陈剑置于简 61 后面，白于蓝、李锐、单育辰、高佑仁从之。陈斯鹏旧稿置于简 62 后面，新稿改从陈剑编联。按，无论从文义的通畅以及简的长度上看，陈剑编联可从。

【疏证】

[1] 甘（甚）戬（战）：

原释文疑读"酣战"。董珊同意原释文读法，指出词见《韩非子》《十过》《饰邪》两篇，并谓在《曹沫之阵》的语境中，"酣战"即多日沉于不分胜负的持久战役①。陈斯鹏亦指出"甘战"见于《孙膑兵法·威王问》，云："劲弩趋发者，所以甘战持久也。"②浅野裕一则将"甘"改为"钳"字，解释为与箝、缄同样为闭的意思。"钳战"指怯场的士兵不敢进军而停止不前的状态③。高佑仁赞同原释文读作"酣战"，又指出简文"甘战"、"苦战"（即简 54"故战"）似可成为一套对比战略，古籍中常将"苦"训作"疾、快"，将"甘"训作"慢、缓"，并且二字常对比使用。因此以为"甘战"为"攻击节奏较慢的战略"，而"苦战"即为速战速决之殊死战④。

按，《韩非子》之《十过》《饰邪》两篇出现过"酣战"，讲述的是同一个故事，即晋楚鄢陵之战中楚司马子反醉酒之事，但我们要注意到文中有"酣战"的全句是"酣战之时"，可见这里的"酣战"非是指战争的专有名词，而是指战争进行过程中的一种状态。《孙膑兵法·威王问》"甘战持久"亦是如

---

① 董珊：《〈曹沫之阵〉中的四种"复战"之道》，武汉大学"简帛"网，2007 年 6 月 6 日。

② 陈斯鹏：《简帛文献与文学考论》，104 页，中山大学出版社，2007。

③ ［日］浅野裕一：《上博楚简〈曹沫之阵〉的兵学思想》，清华大学"简帛研究"网，2005 年 9 月 25 日。

④ 高佑仁：《〈上海博物馆藏战国楚竹书（四）·曹沫之阵〉研究》，272 页，花木兰文化出版社，2008。

此。此外，依下面简文所回答问题的内容看，也非指"多日沉于不分胜负的持久战役"，所以"酣战"说似可再商榷。从上下简文看，简文此处的"甘"，疑读若"甚"。甚字从甘得音，意亦相近。《说文》训谓"尤安乐也"，段玉裁注谓"引伸凡殊尤皆曰甚"①。春秋战国时期，甚每用如大、厚、剧等意。《国语·周语上》"甚于防川"，《老子》"甚爱必大费，多藏必厚亡"，《论语·述而》"甚矣吾衰也"，《论语·卫灵公》"甚于水火"，《孟子·梁惠王下》"王之好乐甚"，《礼记·檀弓》"雨甚至"，《吕氏春秋·顺民》"民乃甚悦"等皆为其例。简文"甘战"犹言大战、剧烈之战、激战。激战指战争形式之剧烈。激战取得胜利特别需要动员士气饱满，简文下面所谓"赣（愚）首皆欲或之"，正与此相应。

[2] 必:

简 53 在此处残断，前后简文不连贯，故在此处断开，加句读。

[3] 赣（愚）首:

原释文隶定为"赟首"，以为待考。陈剑认为"赣"与"黔"音近可通。并且认为"黔首"之称相承原以为始于秦代，但先秦古书如《礼记·祭义》《韩非子·忠孝》《战国策·魏策二》、银雀山汉简《守法守令等十三篇》、马王堆汉墓帛书《老子甲本卷前古佚书·十大经·姓争》等中已见，论者或谓此皆后人所改，恐未必。浅野裕一指出"赣"字通常会被隶定为"贡"字，但在此隶定为"赏"字，全文为给重赏于走前锋者，而让士兵抢先的意思②。

按，"赣"，冬部见母，"黔"，侵部群母，于古音的音读上相距尚远，而"赣"为"戆"字省借。《说文》："戆，愚也。"又，《韩非子·南面》："是以愚赣窳堕之民，苦小费而忘大利也。"简文此处的"赣"读作"愚"似更妥。"赣首皆欲或之"，意思即连愚赣的小民都愿意参加进来。"首"字本指人头，春秋时期有"甲首"③之称，指戴盔甲之士的首级。"黔首"之称，似以战国末年的《吕氏春秋》的《大乐》《振乱》篇为最早，"黔首"与《礼记·明堂

① （清）段玉裁《说文解字注》五篇上，202 页，上海古籍出版社，1988。
② ［日］浅野裕一：《上博楚简〈曹沫之陈〉的兵学思想》，清华大学"简帛研究"网，2005 年 9 月 25 日
③ 《左传》桓公六年。

位》篇所谓的"黑首"同义。而"黑首",按照《明堂位》的说法为殷俗,正是周人所不屑者。另外作为战场上的首级,亦属低下。后来用"黔首"指低下小民,正源于此。简文此处的"赣首",可以视为黔首之滥觞,但意与之尚有一些区别,指愚民而非指黑头也。赣字通戆,本有憨厚刚直之意,如《墨子·非儒》下篇谓"其亲死,列尸弗敛,登屋窥井,挑鼠穴,探涤器,而求其人矣。以为实在,则赣愚甚矣"。此例说明,"赣愚"连用,意亦相近。故而以"愚民",意译简文"赣首"。

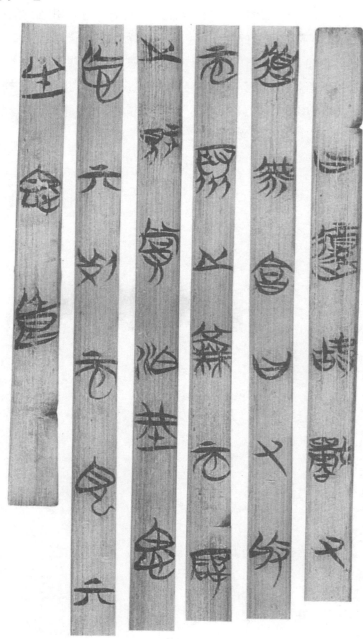

曰："遆(复)故(固)戠(战)[1]又(有)道虖(乎)?"(答)曰："又(有)。收而聚之，纆(束)[2]而厚之，赶(重)赏泊(薄)莝(刑)[3]，思(使)忘亓(其)死而见[4]亓(其)生。思(使)[5]良

【意译】

问道："若再战，固守破敌，有可以遵循的方法吗?"回答说："有。收拾残兵败将，使他们聚集起来，紧密团结在一起而加强守卫，要加重奖赏，减少刑罚，使将士们忘记自己死的威胁而只看到自己生还的可能。（通过所采取的措施，）使优秀的……"

【备注】

原释文指出，本简长 47.5 厘米，完简，上、下端完整。共 32 字。白于蓝测量数据为 49.4 厘米。我们测量数据为 49.15 厘米。李零原释文认为此简与下简连读。各家无疑义。按，简 54 与上下简为同一段简文的上下句，故编联没有问题。

【疏证】

[1]故(固)戠(战)：

"故"，原简作"𢼊"，原释文隶定作"故"，其义以为待考。陈剑隶定为"故"，李锐从之。白于蓝从原释文隶定为"故"。陈斯鹏旧稿从原释文隶定为"故"，无释，新稿疑"故战"即"苦战"，"故"从"欠"，而"欠"形与"次"混同，为战国文字常见现象，或许可以看作"甘苦"之"苦"的专字①。单育辰亦从原释文隶定为"故"，读作"苦"。浅野裕一定为"缺"字，而将"缺战"解释为：士兵缺乏斗志，而布阵之后一直不突击的状态②。李佳兴谓简文此字左所从的"𠂤"字写法，或可分为二部分，即从土从凵的"凷"，又举《银雀山竹简·晏子·八》"凷德"，传本《晏子春秋·内篇问上·十七》作"诎德"，

① 陈斯鹏：《简帛文献与文学考论》，104 页，中山大学出版社，2007。
② [日]浅野裕一：《上博楚简〈曹沫之陈〉的兵学思想》，清华大学"简帛研究"网，2005 年 9 月 25 日。

谓"屵"和"臽"当有音声关系。而"凵"字或即是"坎"字，和"臽"字的声音关系密切，从欠声之字与从臽声之字古音近可通，从而将本简此字隶为"屵欠"字，读为"埳"或"坎"，意为陷险也①。董珊从李佳兴释，读作"坎"或"陷"，并谓"坎/陷战"即《公羊传》之"诈战"②。

按，虽然李佳兴的释读于音读上有根据，但是其所谓简字左从的""为从土从凵的"屵"则可再商。"土"字，在甲骨文中或为土块之形，或为地上物出之形，而到了简帛文字中除了保留着"地上物出之形"的"⊥"的写法外，多写作"土"，而且无论哪一种写法，"土"的下面的横笔总是要明显长于上面的横笔。因此，简字的左所从的""似不能隶定作"屵"。此外，从简文的下文解释"故战"内容看，也不应该理解为"诈战"。简文这个从古从欠之字，疑当读若"固"。"故(固)戬(战)"，意指固守之战。简文所述"收而聚之，束而厚之"正是固守之意。

[2]霖(束)：

原简作""，原释文隶定为"槑"，读作"束"。各家从之，但是陈剑、白于蓝表示存疑。按，这个字当隶定作"霖"，下从二束。古文字中某一偏旁，从二与从一，每无别，所以隶定为"槑"，亦无不可。原释文读"束"，可从。

[3]赶(重)赏泊(薄)垄(刑)：

"赶"，原释文读作"重"，谓此字从贝，主声(旧释"赌"，应纠正)，乃楚"重"字(同《楚郏陵君豆》的"重"字)。"主"是章母侯部字，"重"是章母东部字，读音相近。高佑仁认为此字与"薄"字对文，原考释者释作"重"可从③。按，"主"与"重"声母相近，韵部为侯部东部阴阳对转，故而简文"主"读若"重"从古音上看是没有什么问题的。上博简第三册《中弓》简8"民安旧而主(重)举"，以"主"为声符之字即读若"重"，亦此之例。

① 李佳兴：《〈上博四·曹沫之陈〉54简""字试释》，清华大学"简帛研究"网，2007年2月25日。

② 董珊：《〈曹沫之陈〉中的四种"复战"之道》，武汉大学"简帛"网，2007年6月6日。

③ 高佑仁：《〈曹沫之阵〉校读九则》，清华大学"简帛研究"网，2005年11月13日。

"泊"，原释文读作"薄"。按，"泊"在简帛文字中或作"澹泊"之"泊"，如，郭店楚简《性自命出》简63"谷（欲）柔齐而泊"；或作"厚薄"之"薄"。如，信阳楚墓2组竹简简010"泊组之金"，何琳仪疑读为"薄"①。马王堆帛书甲本《老子·德》篇"是以大丈夫居其厚而不居其泊"，其中"泊"字，传世本作"薄"。文献中也习见"泊"与"薄"的通假。《曹沫之陈》本简"赾（重）"、"泊（薄）"正成对比，读"薄"可从。

"垄"，原释文读作"刑"。按，"刑"在简帛中多写作从"井"从"刀"之形，从"井"从"土"的"垄"字简帛中亦常见，或读作"形"，如郭店楚简《老子》乙篇简12"天象亡垄（形）"；或读作"型"，如郭店楚简《缁衣》简2"仪垄（型）文王"；或读作"刑"，如郭店楚简《缁衣》简24"齐之以垄（刑）"。徐在国谓："垄，从土，井声。型之省文。《六书统》'垄，古文型字。'或疑陘之省文，即阱之异文。"②《曹沫之陈》本简"垄"字即读作"刑"。

［4］见：

原释文以为似乎是献的意思。按，"见"字在古文字资料中，有读献之例，但此简简文"思（使）忘元（其）死而见元（其）生"中的此字不当读献，意思为使他们忘记自己死的威胁而只看到自己生还的可能，从而鼓励将士勇敢战斗。此简的"见"字，不必通假而读若献，而应当用如本字，意谓"看见"、"看到"即可。

［5］思（使）：

此篇简文"思"字多有读"使"之例，如简36"思帅受"，简38"故帅不可思牂（究）"，简52"毋思民矣（疑）"等，此处亦然。思有"想、愿"之意，简文亦有用如本字之例，如简30、31"思为前行"即为此义，指士卒愿意前行作战。

①　何琳仪：《战国古文字典——战国文字声系》，601页，中华书局，1998。黄德宽主编：《古文字谱系疏证》，1675页，商务印书馆，2007。

②　黄德宽主编：《古文字谱系疏证》，2186页，商务印书馆，2007。

北京师范大学史学探索丛书

车良士往取之饵[1]，思（使）亓（其）志记（起）。敢（勇）者思（使）憙（喜）[2]，孯（慁）者思（使）（以上前半段）悔（悔）[3]，然（然）句（后）改乩（始）。此逗（复）敀（固）戬（战）之道[4]。"戒（庄）公或（又）餬（问）曰：（以上后半段）

【意译】

"（使优良）战车上的甲士和优秀的士卒都努力争取功名，使他们的士气涌现出来。（这样做之后，）就会使勇敢的士卒心里高兴，怯懦的士卒心里后悔，然后士气可以恢复到开始的时候。这就是固守再战之道。"庄公又问道："……"

【备注】

原释文指出，本简长 47.5 厘米，由两段缀合成完简，上、下端完整，现存 34 字。白于蓝测量数据为 49.75 厘米。我们测量数据为 49.45 厘米。李零原释文认为此简与下简连读。各家无疑义。按，本简与上下简文都是连贯的，故前后简可以相连。

【疏证】

[1] 车良士往取之饵：

上支简最后一个"良"字与此简首字"车"连读。"良车"当指优良的战车上的甲士。"良士"指一般的优良士卒。"取"，李锐谓"取"字当为"趣"之借，疑读为"促"，促使之意。并举例《管子·四称》："不弥人争，唯趣人诏。"王念孙《读书杂志》："趣读为促，诏当为讼，字之误也。"按，《六韬·犬韬·武车士》，有选车士之法，选"四十以下，长七尺五寸以上，走能逐奔马，及驰而乘之，前后左右，上下周旋，能缚束旌旗，力能彀八石弩，射前后左右皆便习者，名曰武车之士，不可不厚也。"所以"取"是择取的意思。"饵"，原释文读作"耳"，作语气助词。按，"饵"读如本字即可通，指简文所谓的"赃（重）赏"。饵有诱导之意，较早的文献中就有这种用法。《逸周书·大戒》篇"庸厉（励）□（之）以饵士"，指用功名勉励来诱导将士。简文此处的"饵"，也是这种意蕴，指诱导将士的功名。简文"良车良士往取之饵"意即通过所采取的措施，使优秀的甲士和一般的士卒都努力争取功名。

［2］戜（勇）者思（使）惪（喜）：

"戜"，读作"勇"，何琳仪谓："戜，从戈，甬声，勇之异体。《玉篇》戜或作戜，《说文》勇或作戜"①

"思"，原释文没有解释，陈剑、陈斯鹏、白于蓝、李锐、单育辰诸家皆读作"使"。简文此处"思"作语助词虽然亦可，但不若读"使"更能使简文上下文意通畅。

"惪"，王蕴智谓："从心，从喜，乃惪之异文。古文字中偏旁从喜和从喜之字每相通作，惪与《说文》'愭，小怒也。从心，喜声'之'愭'并非一字。战国文字惪，除人名外均读作喜，表喜悦之义。"②按，简文此处即读作"喜"。简文"戜（勇）者思惪（喜）"，即使勇敢者喜欢。

［3］𡥈（蒸）者思（使）昏（悔）：

"蒸"，原简作"𡥈"，原释文隶定作"𡥈"，读作"蒸"。陈剑、白于蓝从之。陈斯鹏隶定作"𡥈"，读作"慈"。李锐从原释文隶定作"𡥈"，读作"才"，但表示存疑。按，从原简笔画看，原释文隶定作"𡥈"是可以的。"思"，古音属之部，"𡥈"字，从其上部的"丝"得音，古音属幽部。之部幽部音近，每相通，久声字与九声字相通，是为其证。简文"𡥈"读若"蒸"，亦为一例。其实，"𡥈"字若以下部所从的"才"得音，便是之部字，与"思"同部，更具备通假的条件。《曹沫之陈》简 61 有简文谓"膡赏（获）詔𡥈（蒸）"，其用法与此一致。

"悔"，在简帛文字中常是写作从母从心的"昏"，在古文字中"心""口"作为偏旁可以互换，此处简文"昏"即读作"悔"，而简 61"悔"字即写作"昏"。简文"悔"用其本义，指后悔，意谓畏缩不前的人会后悔没有勇敢战斗而博取功名。

［4］此逅（复）故（固）戰（战）之道：

原释文总结说，从上所述，"复固战"是指收集残部，再贾余勇，恢复

---

① 黄德宽主编：《古文字谱系疏证》，1187 页，商务印书馆，2007。

② 黄德宽主编：《古文字谱系疏证》，10 页，商务印书馆，2007。

到初始状态的战法。按，原释文的这个解释可从。"复固战"非"坎战""陷战"，亦非"诈战"（参见简 54【疏证】[1]），而是指收聚残部，固守再战。

【简 56】

"善攻者[1]奚女(如)?"含(答)曰:"民又(有)寶(保)[2],曰城、曰固[3]、曰虡(阻)[4]。三(以上前半段)善[5]聿(尽)甬(用)不皆(弃)[6],邦豪(家)[7]曰(以)怰(宏)[8]。善攻者必曰(以)亓(其)(以上后半段)

【意译】

"对待进攻有什么好办法吗?"回答说:"一定要保护民众,保护民众的办法有建筑城墙、坚固防守、阻挡敌方的进攻。三个方面都很好地采用而不遗弃任何一项,邦国才会光大兴盛。善于对付敌人进攻者一定要发挥自己的……"

【备注】

原释文指出,本简长 47.5 厘米,由两段缀合成完简,上、下端完整。共 32 字。白于蓝测量数据为 48.05 厘米。我们测量数据为 48 厘米。李零原释文认为此简与下简连读。对此,各家无异议。按,本简虽是由两段缀合而成,但是前后两段字句相连,且拼合后完简的长度亦合适,所以可以作为一支整简。此外,本简与上下简是同一段问话的前后句,可以相连。

【疏证】

[1] 善攻者:

本简的"善攻者"与下简的"善守者"都是古兵书常讨论的话题。如《孙子兵法·形》篇:"善守者,藏于九地之下,善攻者,动于九天之上,故能自保而全胜也。"《虚实》篇:"故善攻者,敌不知其所守;善守者,敌不知其所攻。"《司马法》:"善守者,藏于九地之下,善攻者,动于九天之上。"《六韬·龙韬》之《军势》篇:"故善战者不待张军";"善战者居之不挠,见胜则起,不胜则止。"《奇兵》篇:"古之善战者,非能战于天上,非能战于地下,其成与败皆由神势,得之者昌,失之者亡。"我们可以看出《孙子兵法》对《司马法》,《六韬》对《孙子兵法》的吸收。而《曹沫之陈》本简及下简对"善攻""善守"的记载更加简单质朴,更贴近实质问题。此外,我们要格外注意,从本句简文下面曹沫的回答看,这里的"善攻者",实为善守者,这与上面所举诸兵书不同。或者可以理解为善于对付攻击者，意亦善守之谓。

[2]寶（保）：

原释文读为"保"，谓可训"守"，这里指防御设施。陈剑、白于蓝、李锐从原释文读作"保"，而陈斯鹏、单育辰直接隶定作"宝"。高佑仁谓本简字"寶"换"玉"旁为"人"旁，可能是受到了从"保"之字的影响，"寶"字可能是"保"省声。并补充说《左传》襄公八年："焚我郊保"，杜预注云："保，守也。"哀公二十七年："乃先保南里以待之"，杜预注云："保，守也。"①按，虽然在古文字中，常见的"宝"字是从玉而非从人的，但也不能排除从"人"的"寶"字是"宝"的异体。无论如何，本简此"寶"字读作"保"是正确的。在古文字中，"保""宝""缶"皆为帮母字通②。金文常见的"永保天命"或作"永宝天命"。马王堆帛书《春秋事语》第八章"晋献公欲袭虢章"记载晋献公曰："是吾保（也），且宫之柯在焉，何益?"③《左传》与《穀梁传》僖公二年记载"保"皆作"宝"。《公羊传》虽无此原话，但"保"亦作"宝"。"保"，守也，见上文所引《左传》襄公八年、哀公二十七年文。另，《左传》僖公五年记载士蒍曰："无戎而城，仇必保焉。寇仇之保，又何慎焉! 守官废命不敬，固仇之保不忠，失忠与敬，何以事君?"其中，"保"亦是此意。保亦可作"安"讲，如，《尚书·大禹谟》"民弃不保"。《曹沫之陈》本简此处"保"作"守"讲，即防御设施。再按，简文"民又（有）宝"或者可以理解为"宝又（有）民"，即以民众为宝。另一种理解"民又（有）宝（保）"，即"宝（保）又（有）民"，意谓保护民众。这两理解意义相近，简文之意亦通。若此说可以成立的话，那么，简文下面所说"城""固""阻"三项，就是保护民众的措施。数种理解虽然皆可以通，但相比较而言，以理解为保护，似更近乎简文之意。

[3]固：

原释文指出《说文·口部》："固，四塞也。"《周礼·夏官·序官》："掌

---

① 高佑仁：《〈曹沫之阵〉校读九则》，清华大学"简帛研究"网，2005 年 11 月 13 日。
② 可参见王辉：《古文字通假释例》，244～245 页，艺文印书馆，1993。
③ 马王堆汉墓帛书整理小组：《马王堆汉墓出土帛书〈春秋事语〉释文》，《文物》，1977(1)。

固。"郑玄注："固，国所依阻者也。国曰固，野曰险。"这里指险固。按，简文谓"民又（有）寶（保），曰城、曰固、曰蘆（阻）"，则民之"保（防御设施）"有三层：城、固、阻。三层是以国都为中心向外散开的，则"固"按照郑玄注"固，国所依阻者也"来解释正合适，即指国都四边的险固的关塞。正如《战国策·秦策一》："东有肴、函之固"，高诱注："固，牢坚，难攻易守也。"这里我们以"坚固防守"来意译简文"固"字之义。此外，典籍中还有另外一种形式的"固"，与简文中作防御设施"固"不同。如《管子·小问》记载管子对齐桓公讲述战争中使民必死必信的办法是"明三本"，"三本者，一曰固，二曰尊，三曰质。"其中"故国父母，坟墓之所在，固也。"

[4] 蘆（阻）：

原释文读"阻"，并引《说文·𨸏部》："阻，险也。"是险阻之义。"蘆"，简帛文字中常见，读作"苴"，或读"菹"。何琳仪指出："蘆，从艹，虘声。疑蘆之繁文。"[1] 盖"蘆"虘声，而"虘"又从"且"得声（"且"在简帛文字中常写作"虘"）。"阻"，从𨸏且声，简文此"蘆"字读作"阻"是可以的。在简文中"阻"之意当指阻挡敌人进攻。

[5] 三善：

简文"善"字，陈剑指出应该是"者"字之讹体，"三善"应为"三者"，诸家从之。按，依简文此字笔势，原释文释为"善"是正确的，而且就文意看，"三善"是对于城、固、阻三项的总括，不必改释为"者"。"三善"，意即城、固、阻三者皆善。

[6] 皆（弃）：

原释文读作"弃"，各家从之，陈剑、白于蓝在读作"弃"时表示存疑。陈斯鹏旧稿读作"皆"，新稿认为"皆""匶"古音颇近，"皆"读作"弃"不若读作"匶"。古书中"用不匶"一类的说法极为常见[2]。高佑仁认为"皆"或有可能假借为"稽"，"皆"，见纽、脂部，"稽"字见纽、脂部，二字古音声韵皆

---

① 参见黄德宽主编：《古文字谱系疏证》，1599 页，商务印书馆，2007。

② 陈斯鹏：《简帛文献与文学考论》，105 页，中山大学出版社，2007。

相近。"稽"，即停留、延迟之意①。

　　按，"皆"，属脂部见母；"弃"，属质部溪母。溪母见母字每相通，如"芑"与"纪"，"闚"与"窥"，"却"与"脚"，"各"与"恪"等，而脂部、质部音亦近，因此本简"皆"字，可读作"弃"。

　　［7］邦豪（家）：

　　"豪"字，何琳仪指出"从爪，家声，楚系文字家之繁文，从爪无义。"②"邦家"连用，见于文献。《诗经》中数见，如《南山有台》："乐只君子，邦家之基。"《我行其野》："尔不我畜，复我邦家。"《载芟》："有飶其香，邦家之光。"亦见于伪古文《尚书·汤诰》："俾予一人辑宁尔邦家"。"家"，专指卿大夫之家，"邦家"指邦国和家族，但是作为一个词语用时，即统指国家。《诗·小雅·南山有台》"邦家之基"，郑笺以"国家之本"释之，《诗·周颂·载芟》"邦家之光"，郑笺以"于国家有荣誉"释之③，春秋后期，孔子称赞郑国政治家子产的外交才能，谓："子产于是行也，足以为国基矣。《诗》曰：'乐只君子，邦家之基。'子产，君子之求乐者也。"④是可见将"邦家"作为国家概念的意义，虽然行用于汉代，但却滥觞于春秋之时。本简的"邦家"之称，是较早的行用之例。

　　［8］恡（宏）：

　　原释文读作"宏"，各家多从之，唯陈斯鹏读作"雄"。按，"恡"，从心厷声，"宏"，从宀厷声，"恡"读作"宏"是可以的。此外，包山楚简中有"恡"字，人名用字。"宏"，大也。如《尚书·盘庚》："用宏兹贲"。在简文中亦是光大兴盛的意思。

---

①　高佑仁：《〈上海博物馆藏战国楚竹书（四）·曹沫之阵〉研究》，308 页，花木兰文化出版社，2008。
②　黄德宽主编：《古文字谱系疏证》，1360～1361 页，商务印书馆，2007。《战国古文字典——战国文字声系》（484 页，中华书局，1998）亦曰："从爪，家声。"
③　孔颖达《毛诗正义》卷十、卷十九，《十三经注疏》，419、601 页，中华书局影印本，1980。
④　《左传》昭公十三年。

【简 57】

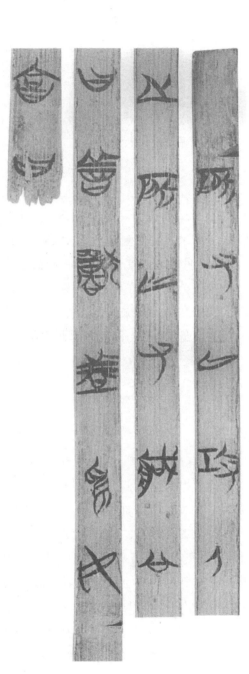

所又(有)，吕(以)攻人之所亡又(有)[1]。"戓(庄)公曰："善兽(守)者[2]奚女(如)?"含(答)曰

【意译】

"(以自己)所具有的优势，来进攻敌人所不具备优势的地方。"庄公说："善于防守者是什么样子的呢?"回答说："……"

【备注】

原释文指出，本简长 25.3 厘米，上端完整，下半残缺。现存 19 字。白于蓝测量数据为 25.6 厘米。我们测量数据为 25.5 厘米。李零原释文认为此简与下简衔接关系不明。陈剑首先在简 57 后面连简 15、16，各家从之。按，简 57 叙述的是庄公问"善守者"的问题，简 15、16 为两支残简，"其食足以食之，其兵足以利之，其城固足以扞之。上下和且辑……"，叙述的正是"善守"的内容(参见简 16【备注】)，因此连在简 57 后面正合适。

【疏证】

[1](善攻者必以其)所又(有)，吕(以)攻人之所亡又(有)：

这段话开始括号中的六个字原为上简末尾之字，正与本简首字系连为一完整意思。以己所有，攻敌之所无，语意笼统。后世兵家讲"攻"之战法甚细致。如谓"攻其无备，出其不意"，"善用兵者，屈人之兵，而非战也；拔人之城，而非攻也；毁人之国，而非久也。必以全争于天下，故兵不顿，利可全，此谋攻之法也。故用兵之法，十则围之，五则攻之，倍则分之，敌则能战之，少则能守之，不若则能避之"，"攻而必取者，攻其所不守也；守而必固者，守其所不攻也。故善攻者，敌不知其所守"，"凡火攻，必因五火之变而应之"，"威王曰：'以一击十，有道乎?'孙子曰：'有。攻其无备，出其不意。'"①这些兵家著作从战略到战术，论"攻"的目的、方法甚为仔细，是实战经验的总结。而《曹沫之陈》篇讲"攻"，则仅仅

---

① 见《孙子兵法》的《始计》《谋攻》《虚实》《火攻》，及《孙膑兵法·威王问》篇。

提出一些粗疏的想法，无助于明确战略方针和具体的战术指导。可以看出，《曹沫之陈》篇是政治家谈兵，而非兵家言战也。

[2] 善兽（守）者：

简文"兽"字，原作"𤢪"形，原释文隶定作"戬"似不确，当楷写作"兽"较为合适。简18"兽"字，亦如此作。本简此"善守者"与上简（简56）"善攻者"对仗。曹沫深知"攻"与"守"的辩证关系，"善攻"必须先"善守"。他对"善攻"与"善守"的解释都是从根本上说的，如他在回答"善攻"（善于对付敌方进攻）的问题时，先说"民又（有）寶（保），曰城、曰固、曰蘆（阻）"，强调要保护民众，再谈防守之事。简57是残简，与下简不能衔接，据曹沫对"善攻者"的回答推测，其对"善守"也应该是从根本上加以解释的，诸如"国富兵强""上下和睦"等，因此亦可证简57下连简15、16可能是正确的。

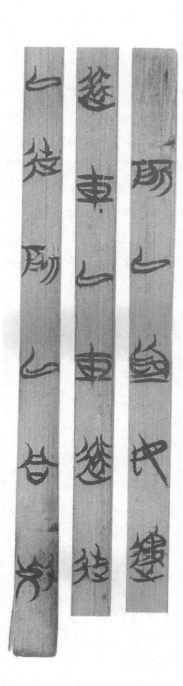

北京师范大学史学探索丛书

所吕(以)为母(毋)[1]退。衔(率)车吕(以)车，衔(率)徒吕(以)徒，所吕(以)同死[生][2]

【意译】

这样才能做到不溃退。将领率车要与车同在，率徒则与徒同在。这就是同生共死……

【备注】

原释文指出，本简长 24.2 厘米，上端完整，下半残缺。现存 17 字。白于蓝测量数据为 24.4 厘米。我们测量数据为 24.3 厘米。李零原释文认为此简上文不详，与下简衔接关系亦不明。陈剑将简 58 置于简 62 与简 37 下半支之间，白于蓝从之。陈斯鹏旧稿将简 58 置于简 51 下半支与简 62 之间，新稿则将简 58 置于简 62 与简 59 之间，但是认为简 58 后面有脱简，与简 59 属于不同的编联组。李锐将简 58 置于简 62 与简 49 之间。单育辰将简 58 置于简 62 与简 59 之间，也认为简 58 与简 59 各有半支的脱简。按，陈剑编联可从。简 62 简文为："又(有)多。四人皆赏，所吕(以)为刺(断)，女(毋)上(尚)𦟤(获)而上(尚)䎽(闻)命。"简 58 首句为"所吕(以)为母(毋)退"，末句为"所吕(以)同死[生]"，所述内容正是前后紧承，而且简文的句式也是一致的，所以简 62 在此的编联几乎没有争议。简 37 下半支简文为："又(有)戒言曰：牷(宄)，尔正杠(讧)；不牷(宄)，而(尔)或䕅(兴)或康，吕(以)。"其内容是接着讲述上下同生共死、齐心协力的重要性。而且，简 58 是上端完整下端残缺的半支简，正与简 37 下半支可以相接，拼合后的简文长度亦合。

【疏证】

[1] 母(毋)：

原释文直接隶定作"毋"。按，原简应该隶定作"母"，读作"毋"（参见简 27【疏证】[2]）。

[2] 所目（以）同死[生]：

本简的下半残缺，原释文认为下文应接"生"字，并认为与下简衔接关系不明。高佑仁举《史记·屈原贾生列传》："读服乌赋，同死生，轻去就，又爽然自失矣。"也是于"死"字下补"生"字，读作"同死生"。并认为本简与下简（简59）应缀合①。今从陈剑说与简37下半支相连（参见本简【备注】）。

按，宣示自己与他人"同死"，表示自己与他人命运相连。这在春秋战国时期是人们信念的一种誓言式的表达。最著名的例子见于《诗经·谷风》："习习谷风，以阴以雨。黾勉同心，不宜有怒。采葑采菲，无以下体。德音莫违，及尔同死。"写一位妇人对于丈夫的真挚情感，她要与丈夫"黾勉同心"生活奋斗，不惜"与尔同死"。孔子曾经引用这些诗句倡导遵循"义"的原则而不去争利，抨击社会上见利忘义的现象，谓"以此坊民，民犹忘义而争利，以亡其身"②。本简简文倡导将帅与士卒，士卒与士卒共同奋斗，同生共死，是一种很可贵的精神。

北京师范大学史学探索丛书

---

① 高佑仁：《谈〈曹沫之阵〉"为和于阵"的编连问题》，武汉大学"简帛"网，2006年2月28日。
② 《礼记·坊记》。

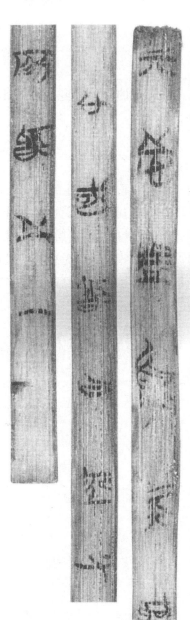

亓(其)志者募(寡)[1]矣。"戒(庄)公或(又)䛑(问)曰："虔(吾)又(有)
所䛑(闻)之：一

【意译】

"(善于防守者,)它向外扩张的欲望不多,利于自己安静固守。"庄公又
问道："我听说过：一……"

【备注】

原释文指出,本简长 21.8 厘米,上半残缺,下端完整。现存 16 字。
白于蓝测量数据为 22 厘米。我们测量数据为 21.9 厘米。李零原释文认为
此简与下简连读。按,此简的末句与下简(简 60)的首句为庄公的一句完整
的问话,所以两支简可以相连,各家对此无疑义,但是关于简 59 上面所接
何简则分歧较大。陈剑是置于简 37 上半支后面,白于蓝是置于简 16 后面,
陈斯鹏旧稿亦是将简 59 系于简 16 后面,但是新稿将简 59 置于简 58 后面。
李锐是置于简 48 后面,单育辰置于简 58 后面。按,白于蓝、陈斯鹏旧稿
的编联可从。简 15、16 叙述的是"善守"的内容,曹沫所讲述的"善攻""善
守"的方法策略皆是立足于根本,其"善攻"意即善于对付敌方进攻,其论
守更是主张小心谨慎,修明政治,加强战备,他所讲述的重点在防御,不
主张对外扩张,因此本简之"亓(其)志者募(寡)矣"可以作为对"善守者"的
总结。简 16 是残存的简的上半支,简 59 是残存的简的下半支,两支简可
以直接拼合,简 16 末句是"天下",根据其上句"大国亲之",拟补"重之",
再下接简 59,正好是一支整简的长度。为了意译的通畅,前加"(善于防
守者,)"。

【疏证】

[1] 亓(其)志者募(寡)：
高佑仁谓"其"为士兵,"其志者寡矣"即士兵有个人意志的空间甚少①。

① 高佑仁：《谈〈曹沫之阵〉"为和于阵"的编连问题》,武汉大学"简帛"网,2006
年 2 月 28 日。

按，本简上接简 16，正是叙述的"善守者"的做法，"其"应该代指"善守者"，"其志者寡矣"即"善守者"向外扩张的欲望不多，正因为向外扩张的欲望不多，所以有利于自己安静固守。

出言三军皆欢[1]，一出言三军皆達（往），又（有）之虖（乎）?"含（答）曰："又（有）。明（以上前半段）慭（慎）[2]吕（以）戒安（焉）[3]。戉（将）弗克，毋冒吕（以）追（陷）[4]，必述（祸）前攻（功）[5]，（以上后半段）

【意译】

（庄公说:）"……，一发布命令，三军都欢悦鼓舞；命令一发布，三军都勇往直前。会有这回事吗?"回答说："有。要明白谨慎地将没有把握克敌制胜的情况告诫士卒。不要贪功冒险以致陷入敌军埋伏而败。（如果贪功冒险，）就必定祸害已经取得的功劳，……"

【备注】

原释文指出，本简长 23.8 厘米，由两段缀合成完简，上端残缺，下端完整。现存 35 字。白于蓝首先发现原释文的这一数据有误，本简既然由两段缀合成完简，它的简长就应该是完简的长度，测量完简长度为 44.7 厘米。其中上半支简为 23.05 厘米，下半支简为 21.65 厘米。我们测量数据为 44.3 厘米。其中，上半支简为 23 厘米，下半支简为 21.3 厘米。

李零原释文认为此简与下简连读。陈剑将简 60 单独成组，然后下接简 63 下半支。白于蓝将简 60 下接简 48。李锐将简 60 从残断处分开，似乎认为简 60 上半支下面有缺简，因而单独成段，下面再接简 37 上半支。而简 60 下半支前后亦有缺简，置于简 53 上半支与简 32 下半支之间。陈斯鹏旧稿从原释文编联，新稿则从李锐编联，但看不出有脱简。单育辰亦将简 60 分成上下两个半简，将简 60 上半支下接简 48，将简 60 下半支置于简 49 与简 37 下半支之间，但认为中间皆有缺简。高佑仁将简 60 上半支与简 63 下半支相连，而简 60 下半支则置于简 32 与简 61 之间。按，暂从白于蓝编联。简 60 拼合后的简的长度正是完简的长度，简 60"明慭（慎）吕（以）戒安（焉）"，也可以勉强作为对"一出言三军皆欢，一出言三军皆達（往）"的回答，但是简 60 后两句"戉（将）弗克，毋冒吕（以）追（陷），必述（祸）前攻（功）"，与此简开头一出言三军皆欢悦的主旨稍嫌不协，疑有错简或遗简在其间。疑不能明，暂时依此简序排列。

【疏证】

[1] 欢：

原释文读作"欢"，陈剑、陈斯鹏、白于蓝、李锐、单育辰皆读作"劝"。按，"欢"，元部晓母，"劝"，元部溪母，两字音近可通，文献习见两字的通假①。但简文中以本字读即可文从字顺，似不必改读为"劝"。"一出言三军皆欢"意思是一发令三军都欢悦鼓舞。《左传》宣公十二年载楚庄王伐萧，时值寒冬，楚大夫申公巫臣对楚王说"师人多寒"，于是"王巡三军，拊而勉之，三军之士皆如挟纩"。简文"一出言三军皆欢"与此意思相同，皆是强调将帅的号召力。

[2] 慇（慎）：

原简为"慇"，略残，原释文隶定作"慇"，读作"慎"，各家从之，唯陈斯鹏旧稿隶定作"罚"，新稿亦改读作"慎"。按，本简字虽略残，但明显与简48"慇"为同一字，简48字原释文亦隶定作"慇"，读作"慎"。在楚简中，读作"慎"的相似的简字较多，如，"訟"字，见于郭店楚简《五行》篇简17"君子訟其□□"。此字的隶定无争议，读作"慎"。此外，郭店楚简中，《老子》甲本简11、《缁衣》简30、32、33有"誓"，《缁衣》简15有"誓"，《语丛四》简4有"誓"，整理者谓简字与金文"誓"相近，故隶定作"誓"，借作"慎"②。《老子》甲本简27、丙本简12、《成之闻之》简3有"新"，整理者隶定作"新"，指出简文"新"多作"慎"，《老子》甲本简27借读作"尘"，《老子》丙本简12、《成之闻之》简3则直接读作"慎"。以上释作"慎"的简字无论是从言从斤还是从丝从言从斤，都不从心，郭店楚简《五行》简16亦有读作"慎"的"慇"字，与《曹沫之陈》本简此"慇"字明显应该是同一个字。陈剑将

---

① 可参见冯其庸、邓安生纂著：《通假字汇释》，563～564页，北京大学出版社，2006。

② 裘锡圭指出："所谓'誓'字当与注六四所说的'新'为一字，是否可以释作'誓'待考。"见荆门市博物馆编：《郭店楚墓竹简》，115页，注释〔三〇〕，文物出版社，1998。

郭店楚简《老子》甲本、《缁衣》与《语丛四》简字隶定为"訢"①，谓"訢""新""愨""諤"都来源于西周金文中的"譽"与"愨"，应该分析为"从言（或又从心）""所声（或所省声）"②。廖名春则认为"愨"与"譽"都是形声结构，不可能是"慎"的本字③。虽然这批简字的字形演变尚未十分清晰，但是应读作"慎"是无疑的。《曹沫之陈》本简字亦应读作"慎"，即谨慎、慎重之义。

[3] 安（焉）：

"安"，原释文隶定为"曹"，读作"弗"。陈剑谓原误释为上从"弗"，指出应该是"如"字。白于蓝、李锐从之。陈斯鹏旧稿隶定作"昏"，读作"悔"，新稿改从陈说。单育辰隶定作"客"，读作"如"。按，此字疑为"安"字异构，当连上句，读若"焉"④。"安"字读作"焉"，简帛中例证颇多，如郭店楚简《六德》简 13、14："子弟大材艺者大官，少（小）材艺者少（小）官，因而它（施）录（禄）安（焉）。"《诗论》简 8："《小宛》，其言不亚（恶），少有舌安（焉）。"简文此处"安"即读作"焉"，做语末助词。

[4] 毋冒吕（以）迨（陷）：

原释文释"冒"为"冒险"，读"迨"为"陷"，指陷败。各家从之，唯单育辰读作"险"。按，"陷""险"皆为谈部字，一为匣母，一为晓母，通假没有问题，但是简文此处"陷"作本字讲即可。"冒"，意为贪。简文意谓贪功冒险以致陷入敌军埋伏而败。

[5] 必迨（祸）前攻（功）：

"迨"，原释文读作"过"，指出此含义不明。李锐指出似与"必过其所"

---

① 李守奎《楚文字编》（149 页，华东师范大学出版社，2003）亦是将郭店楚简《缁衣》简 30"訤"隶定为"訢"。

② 陈剑：《说慎》，见李学勤、谢桂华主编：《简帛研究二〇〇一》，207 页，广西师范大学出版社，2001。

③ 廖名春：《"慎"字本义及其文献释读》，见其《出土简帛丛考》，161～178 页，湖北教育出版社，2004。

④ 范常喜《读简帛文字札记六则》（武汉大学"简帛"网，2006 年 11 月 13 日）一文中有类似观点，谓《曹沫之陈》60 号简中所谓的"曹"字当即"安"之繁体，在简文中用作疑问代词，表示反问。按，"曹"释作"安"是可以的，但并非是"安"之繁体，而应该是"安"之异构，读作"焉"，非疑问代词，应是句末语气词，无实义。

对应。按，《曹沫之陈》简文中释作"过"的简字有两种写法，一是"𢜩"，见于简 63 上半支"（君）乃自𢜩（过）以悦于万民"；简 23 上半支"𢜩（过）不在子"。二是"迅"，见于简 52"必迅（过）其所"。本简的"迅"字读作"过"亦通，但是若读作"祸"，文义更佳。"过"，歌部见母，"祸"，歌部匣母，古"过"、"祸"两字素通用。"过"，朱骏声《说文通训定声》："假借为祸，《礼记·大学》'过也'。按，菑及国也。"①简文"攻"当读若"功"。"攻""功"皆东部见母字，文献习见通假②。简文"必祸前功"，意指如果贪冒，必定祸害军队，葬送已经取得的胜利之功。

①　（清）朱骏声：《说文通训定声》随部第十，487 页，中华书局，1984。
②　参见冯其庸、邓安生纂著：《通假字汇释》，142、406 页，北京大学出版社，2006。

【简 61】

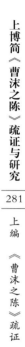

赏膢(获)謕(譬)筝(蒀)[1]，弖(以)欢(劝)亓(其)志。埇(勇)者憙(喜)之，亢(荒)者愚(悔)之[2]。蕫(万)民

【意译】

要赏赐有所斩获者，晓喻开导那些畏缩不前者，以此来鼓励士气。这样做，勇敢的士卒高兴，荒乱胆怯的士卒后悔。万民……

【备注】

原释文指出，本简长 25.5 厘米，上端完整，下半残缺。现存 18 字。白于蓝测量数据为 26.7 厘米。我们测量数据为 26.6 厘米。李零原释文认为此简与下简衔接关系不明。陈剑将简 61 连在简 32 下半支与简 53 下半支之间，白于蓝、单育辰从之。李锐旧稿将简 61 系于简 32 下半支与简 31 之间，新稿则改从陈剑编联。陈斯鹏旧稿将简 61 连在简 60 后面，单独成段，然后下面接简 63。新稿则将简 61 置于简 60 下半支与简 53 下半支之间。按，陈剑编联可从。简 32 下半支的末句为"既戥(战)牁(将)歔(量)，为之"，简 61 首句为"赏膢(获)謕(譬)筝(蒀)"，正可相连。简 61 为下半残缺的半支简，末句为"万民"，简 53 下半支为"贛(愚)首皆欲或之。此遚(复)甘(甚)戥(战)之道"，简文文义通畅，拼合后的整简长度亦合。

【疏证】

[1] 赏膢(获)謕(譬)筝(蒀)：

"膢"，原简为""，原释文隶定作"膢"，读作"获"。各家从之，唯陈斯鹏隶定作"膢"，读作"获"。按，根据原简笔画应隶定作"膢"，何琳仪指出"膢，从丹，隻声。疑膢之省文。"[1]而"膢"，《说文·丹部》："善丹也，从丹，蒦声。""获"，《说文·犬部》："猎所获也，从犬，蒦声。"简文此处"膢"即借读作"获"。《司马法》佚文中有"上多前虏"[2]，即虏获多者居前，

① 何琳仪：《战国古文字典——战国文字声系》，444 页，中华书局，1998 年。
② 《周礼注疏》卷三〇《夏官·司勋》郑玄注所引，《十三经注疏》，841 页，中华书局影印本，1980 年。

战功高者居上。简文中的"赏获"即指赏赐战争中有所斩获者。

"誃"，原简为"誃"，原释文隶定为"訆"，盖此字的右边所从不清晰。陈剑在其释文中用□代替，谓此字右半所从不识。陈斯鹏、白于蓝、李锐从之。单育辰将此字隶定作"譖"，读作"问"。季旭昇认为左旁从"言"，右下从"甘"（可视为"口"之繁化），右上似"戈"字，因此将此字隶定为"誃"，从"弋（喻职）"声，读为"饬（彻职）"，训为"戒"①。按，细审《曹沫之陈》本简字右半的笔势似为上辛下口之形，可以楷作"誃"。若此释不误，则可以将此字读若"譬"。譬有喻之意，《说文》训谓"谕也，从言辟声"。《大学》"人之所亲爱而辟焉"，郑注："辟犹喻也。"按，喻、谕二字同源，意义相同，皆谓晓喻、开导。

"绎"，此简字又见于简55，原释文隶定作"绎"，读作"蒽"，是可取的（参见简55【疏证】[3]）。

原释文读"赏朕"为"赏获"，指赏赐有所斩获者；"訆绎"读"訆蒽"，疑是相反的意思。按，蒽，《大戴礼记·曾子立事》："人言善而色蒽焉，近于不说其言。"蒽，害怕、畏缩。"誃（譬）绎（蒽）"之意应该是晓喻、开导畏缩怯战的兵士。

[2]埇（勇）者憙（喜）之，宄（荒）者慭（悔）之：

"宄者"，原释文指出或读"亡者"，疑即上文"绎（蒽）者"。"宄"字见于金文，在宄伯簋中疑读作"汇"，地名。在《包山楚简》二号墓简174，读"荒"，姓氏②。郭店楚简《唐虞之道》简8"惥（爱）罜（亲）宄（忘）贤"。"宄"字见于《说文》。《说文·川部》曰："水广也，从川亡声。""宄"，亡声，原释文因此疑"宄者"读作"亡者"。然简55有简文："戡（勇）者思憙（喜），绎（蒽）者思昏（悔）"，其中，"绎（蒽）者"显然与本简的"宄者"对应，而读作"亡者"意思是不好解释的。本简文"宄"疑读作"荒"，"荒者"，荒乱迷茫的意思，"宄者"与"勇者"相对，即指因意志不坚强而慌乱胆怯的士兵。

① 季旭昇主编：《上海博物馆藏战国楚竹书（四）读本》，214页，万卷楼图书股份有限公司，2007。
② 何琳仪：《战国古文字典——战国文字声系》，729页，中华书局，1998。

【简 62】

北
京
师
范
大
学
史
学
探
索
丛
书

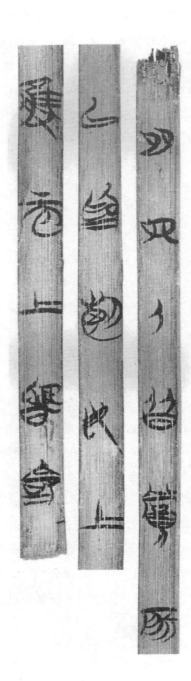

又(有)多[1]，四人皆赏，所呂(以)为剚(断)[2]。女(毋)上(尚)膢(获)而上(尚)聝(闻)命[3]，

【意译】

（一人）立有战功，要赏及四人，可以把这个作为治军的标准。（退一步说，即使）不以斩获敌人多少为上，也要以服从命令为上，……

【备注】

原释文指出，本简长 21.9 厘米，上、下皆残。现存 16 字。白于蓝测量数据为 22.25 厘米。我们测量数据为 22.15 厘米。李零原释文认为此简下有脱简。陈剑首先将简 62 置于简 26 与简 58 之间，白于蓝、李锐、单育辰从之。陈斯鹏旧稿将简 62 置于简 58 与简 53 下半支之间，新稿则改从陈剑编联。按，陈剑编联可从。简 26 是下半残缺的半支简，而简 62 虽然是上下皆残的半支简，但据其契口位置看，应该是下半支简，可以与简 26 相连（参见简 26 的【备注】）。简 26 末句为“一人”，简 62 首句为“又(有)多”，可以相连，“一人有多”即一人立有战功。文义通畅。简 62 末句为“所以为剚(断)。女(毋)上(尚)膢(获)而上(尚)聝(闻)命”，简 58 首句为“所以为毋退”，文义流畅，句式亦相同，证明这种编联是正确的（参见简 58【备注】）。

【疏证】

[1] 又(有)多：

“又”字残，原释文指出“上半残缺，下半从又”。陈剑则直接把残字隶定为“又(有)”，认为此“又”字末笔向左弯曲，此类写法之“又”字本篇多见。“多”，原释文无释，陈剑指出“战功曰多”，旧注多见。按，陈剑先生的注释精当可信。“一人有多，四人皆赏”，这是简帛材料上关于“伍”之间相保的明确记载。从而间接说明了简 26 与简 62 相连的正确性。然而，为什么用“多”来专门代指战功呢，这种观念源自何时？又是因何而起呢？战功计量单位的变化折射出奖赏制度怎样的变迁及观念的变化呢？这些问题，时贤专家尚未顾及。

"战功曰多"，出于《周礼·夏官·司勋》："王功曰勋，国功曰功，民功曰庸，事功曰劳，治功曰力，战功曰多。""多"指战功，古书习见，如《国语·晋语》载曰："下邑之役，董安于多。"韦昭注："多，功也。《周礼》曰：'战功曰多。'"①《管子·小问》篇载曰："昔者吴、干(邗)战，未龀不得入军门。国子擿其齿，遂入，为干(邗)国多。"房玄龄注："战功曰多。言与干(邗)战，国子功多也。"②《八观》篇亦载："功多为上，禄赏为下，则积劳之臣不务尽力。"《逸周书·皇门》篇曰："戎兵克慎，军用克多。"庄述祖注："战功曰多。"③

总之，先秦时期以"多"作为战功的代称，渊源有自，完全可信。然而，为什么要用"多"字来代称战功呢？

《周礼·夏官·司勋》"勋""功""庸""劳""力""多"六种称呼功劳的名词，诚然如贾公彦疏所说："皆对文为义，若散文则通。"④后世遂统称为"功劳""功勋""功庸"。然而，这六种称呼毕竟有所不同，它们成为某一种功劳的代名词应该与其所代指的功劳的性质相符，从这个意义上说，它们应当是各有专指的。这种专指，让我们进一步看到了"战功曰多"的本来意蕴。

我们可以从"多"之本义说起。"多"字在甲骨文中即已出现，作为官名、人名，如"多尹""多射""多马""多臣""多子""妇多"等。除此之外，作为形容数量大的"多"也很常见，如"多父""多妇""多兄""多雨""多鬼"等。在金文中，"多"的用法与甲骨文大致一样，除了做官名、人名外，还有与"少""寡"相对的形容数量大的"多"。"多"的本义即是用来形容数量大。《说文·多部》："多，重也，从重夕，夕者，相绎也，故为多。重夕为多，重日为迭。凡多之属皆从多。"《说文》谓"重夕为多"，可能是指夕而又朝，

---

① 上海师范大学古籍整理研究所校点：《国语》，490页，上海古籍出版社，1998。

② 黎翔凤：《管子校注》，975页，中华书局，2004。

③ 黄怀信、张懋镕、田旭东：《逸周书汇校集注》(修订本)，551页，上海古籍出版社，2007。

④ 《十三经注疏》，841页，中华书局影印本，1980。

朝而又夕，相绎无穷。《汉语古文字字形表》则分析为："多象两块肉形，古时祭祀分胙肉，分两块则有多义自见。《说文》以为从二夕，实误。"①徐在国先生则总结说："多，从二夕，会日居月诸之意。或以为从二肉。"②据"多"在甲骨文中的字形来看，确实如两块肉形，然而，若理解为"古时祭祀分胙肉"则"多"义出现又太晚，如果从远古狩猎功大者可以多分一两块肉来考虑，似乎比较符合多之本义。当然这也有点类似于后世的胙肉。狩猎虽然不是后世那样的战争，但其拼杀的激烈程度与战争还是一致的。狩猎有功者多分一两块兽肉，正是对于其狩猎之功的奖励。这种历史的记忆应当就是"战功曰多"的源头所在。

"战功曰多"这一概念的直接起源可能是原始时代的"猎头"的习俗。据考古发掘报告说，旧石器时代的北京人，新时期时代的半坡遗址、河姆渡遗址、大汶口文化墓葬、良渚文化墓地、龙山文化墓葬等都出现了大量的缺头现象，一种墓葬里只见头骨，不见肢体，而另外一种墓葬里只见肢体不见头骨。专家推测这是战争中以猎取敌对一方的头颅作为计算战功所造成的结果。猎头这一习俗分布地区广，延续时间也很长。《太平御览·四夷部》引《临海志》载夷州民"战得头，着首，还，于中庭建一大材，高十余丈，以所得头差次挂之，历年不下，彰示其功"。也许原始人猎取人头不仅是战争征伐中的做法，在平时也有猎取敌对部落的人头用于祭祀神灵、炫耀勇武等，但是以人头多少作为计算功劳数量的做法应该是一样的。

《周礼·夏官·司勋》："王功曰勋，国功曰功，民功曰庸，事功曰劳，治功曰力，战功曰多。"其中，"王功曰勋"，郑玄注："辅成王业，若周公。""国功曰功"，郑玄注："保全国家，若伊尹。""民功曰庸"，郑玄注："法施于民，若后稷。""事功曰劳"，郑玄注："以劳定国，若禹。""治功曰力"，郑玄注："制法成治，若咎繇。"③郑玄注对这些"功"之专有名词的解释应该说是非常贴切的，有先秦的文献可证。如，"王功曰勋"以周公为例注解，文献中确实屡见"周公有勋劳于天下"的说法。如《礼记·明堂位》载

---

① 转引自陈初生：《金文常用字典》，703 页，陕西人民出版社，2004。

② 黄德宽主编：《古文字谱系疏证》，2283 页，商务印书馆，2007。

③ 孙诒让：《周礼正义》，2366～2367 页，中华书局，1987。

曰："成王以周公为有勋劳于天下，是以封周公于曲阜，地方七百里，革车千乘，命鲁公世世祀周公以天子之礼乐。"《礼记·祭统》曰："昔者周公旦有勋劳于天下。周公既没，成王、康王追念周公之所以勋劳者，而欲尊鲁，故赐之以重祭。"其余，"国功曰功"，"民功曰庸"，"事功曰劳"，"治功曰力"，亦散见于《尚书》《礼记》等典籍以及诸子书中①。此外需要说明的是，虽然后世将王功、国功、民功、事功、治功、战功六功统称为"功"、"功劳"，但在先秦时期用词还是有专指的，比如，《国语·周语中》载"郑武、庄有大勋力于平、桓"。《左传》僖公二十四年"郑有平、惠之勋"，皆是指郑对周王室之"王功"。《晏子春秋》卷一载齐景公曰："昔吾先君桓公，以管子为有力。"这是指的管仲之对齐之"治功"。

然而，与前面五功相比，郑玄对"战功曰多"的注解却不是很准确，"战功曰多"，郑玄注："克敌出奇，若韩信、陈平。"韩信、陈平是汉初名臣，韩信固然立有赫赫战功，然其战功主要不是指其个人的"首功"，而是就其在楚汉之争中对战争整体胜负的作用而言的。陈平则主要是以计谋而立有功劳，汉高祖刘邦在奖赏陈平时虽有"战胜克敌，非功而何"②之语，然这种战功已经不是先秦时期的"战功曰多"的本义了。郑玄在解释王功、国功、民功、事功、治功五功时，皆用夏商周三代甚至更早的人物为例，而在解释战功时却用了西汉初年的韩信与陈平，这其中的原因，我们可以推测，首先应该是"战功曰多"在先秦难以用具体的人物来说明，其次是相对于先秦时期，汉代计战功的方法与战争的观念，已经有所变化。如此看来，"战功曰多"的问题更值得我们进一步探讨。

评定功劳等级之目的是为了相应的奖赏，如《史记·项羽本纪》载"劳苦而功高如此，未有封侯之赏"，是会引起人们的不满的，我们要弄清楚"战功曰多"这一问题，需要从奖赏战功的标准来说。《周礼·司勋》所谓的六种功劳代称，王功、国功、民功、事功、治功都是无法用具体数量来计算的，只能根据其功劳的大小以及其重要性质分别用"勋""功""庸""劳"

---

① 参见孙诒让：《周礼正义》，2366～2367 页，中华书局，1987。

② 《史记·陈丞相世家》。

"力"来加以区分与称呼，而战功则不同，战功是可以用数量的多少来计算的。文献记载表明西周春秋时期，战功的大小以"俘""馘"的数量来计算，典籍中屡见"折馘""执俘""献俘""授馘"的记载①，"俘"是战争中所获生囚，"馘"则是战争所获死囚。"馘"即指战争中割下杀死者的左耳以记功②。当一场战争结束论功行赏的时候，所封赏的主要依据也就是"俘""馘"的数量，所以经常会出现争抢俘虏、争首级的事情。《左传》襄公二十六年记载楚王子围与穿封戌争功，皆曰郑皇颉成是自己在战争中所俘获。穿封戌没有抢到，"戌怒，抽戈逐王子围"。《史记·项羽本纪》载项羽自刎而死。"王翳取其头，余骑相蹂践争项王，相杀者数十人。最后，郎中骑杨喜，骑司马吕马童，郎中吕胜、杨武各得其一体。五人共会其体，皆是。故分其地为五。"这种以生擒死获的数量来计算战功的习俗应该是很早的。

从西周直至春秋时期，战后普遍以生擒死获的数量来计算战功，那时主要是以割取敌人的左耳为计，到了战国时期，则以斩首常见。在这一转变过程中，商鞅的变法影响可谓是最大的，秦国规定"能得甲首一者，赏爵一级，益田一顷，益宅九亩，一除庶子一人，乃得人兵官之吏"③。甚至在战后，国家要把将士所斩敌人首级的数目公布出来；或是陈列耳级，国家要进行校阅，以此作为论功行赏的根据。这就是《商君书·境内》篇所说的"暴首三（日），乃校三日，将军以不疑致士大夫劳爵"。这样明确的奖赏战功的方法必然激励士兵奋勇杀敌，形成了人民"乐战"④的风气。也使秦

---

① "折馘、执俘"出自《左传》宣公十二年，"献俘、授馘"出自《左传》僖公二十八年。此外，《逸周书·世俘》篇六次出现"告以馘俘"。《诗经》里对"馘""献馘"亦有很多记载，如《皇矣》："执讯连连，攸馘安安。"《泮水》"矫矫虎臣，在泮献馘"；"在泮献囚"；"在泮献功"。皆是指武士征伐归来，以所获敌人的头颅、耳朵、俘虏的数量来计算战功。再如，《左传》宣公二年大棘之战，宋师败绩，郑"囚华元，获乐吕，及甲车四百六十乘，俘二百五十人，馘百人"。

② 《春秋左传注》僖公二十二年载"楚子使师缙示之俘馘"，杨伯峻注："'馘'字本作聝，经传多作馘。"杨伯峻：《春秋左传注》，399页，中华书局，1990。

③ 《商君书·境内》。其中，"甲首"之"甲"，清严万里校本作爵，近人朱师辙《解诂》曰："爵，绵眇阁本、程本、吴本、冯本、范本，皆作甲。"参见高亨：《商君书注译》，152页，中华书局，1974。

④ "乐战"见于《商君书》之《壹言》《画策》篇。

国成为一个"尚首功"①的国家，与斩敌人首级相对应的军功爵制使军功的奖赏完全功利化、制度化。当然这是"战功曰多"的发展的登峰造极的表现，但我们也可以从这一奖赏战功的方法上看出其发展的源流。"战功曰多"，即是因为战争中的赏罚最初是以数量的多少来计算的。"多"即是战争中生擒死获敌人的数量，久而久之，即以"多"来称呼战功，"多"就成为代指战功的专有名词。

我们的这种推测应该是比较合理的。而且我们也可以看到，即使是春秋时期的文献中以"多"称呼战功的记载中，"多"除了代指战功外，还依然保留着"数量多"的这层意思。如《国语·晋语》："下邑之役，董安于多。"韦昭注："多，功也。"其实，也可以理解为，论功行赏，下邑之役，董安于立的战功为多。郑玄在为《周礼·夏官·司勋》"战功曰多"作注时保留了《司马法》一条佚文，曰"上多前虏"，即虏获多者居前，战功高者居上。其中，"多"亦是此意。孙诒让举《说文》："多，重也。"谓："'多'训'重'而以为战功之名，犹'最'训'积'而以为课最之名，并取层累无上之义。"②可以说，"战功曰多"，有这一层意思，然而这不是最初的表述。战功是累加的，是靠数量来计算的，从这一点上来说，"层累无上"，又是贴近的。

总之，"战功曰多"这个问题应当是跟自古以来战争的杀伐性质有关，斩杀敌人首级之事，可以溯其源到原始时代的猎头之俗。以"多"释战功，可能源自远古狩猎后的论功行赏之俗。从郑玄注《周礼》的情况可以看到，"战功曰多"这一概念在汉代已非习见，所以他论说六种功勋名称时，有五种举先秦人物为例，而论"战功曰多"则以汉代大将韩信、陈平为例。这是什么原因呢？"战功曰多"在先秦时期多指下级将士杀敌斩首之功，而汉代计战功，虽然不排除有"上首功"的影响，但已不居于主要地位，国家论战功则多以一场战争的胜负为标准，韩信、陈平之类的大将，其个人的"首功"可能并不多，但其运筹帷幄、决战胜负的指挥的功劳又何止是先秦时期的"首功"可比？人们对于战争的整体胜负的关注更胜于个人的"首功"，

---

① 《史记·鲁仲连邹阳列传》。
② （清）孙诒让：《周礼正义》，2367 页，中华书局，1987。

这或许从一个角度让人们看到了上古时代社会人们的战争观念的变化。"战功曰多"之事，秦汉以降逐渐退出人们的视野，原因盖在乎此。

另，简帛中的"多"字亦是以形容数量大的意思为最常见。郭店楚简《六德》简14—简26一段简文出现六个"多"字，颇为引人注意："……以宜（义）使人多。……以忠事人多。……以智率人多。……以信从人多也。……新（亲）此多也，會（钦）此多（也），顁（美）此多也。"①其中，"多"，廖名春训为贤、美、好②。沈培则读作"何"③。按，此处的"多"应该也是"长"或"重"的意思。以"多"作为称呼战功的专有名词，也是取其"重"之义。

［2］所吕（以）为釛（断）：

陈剑指出，断，决也，犹言裁定功过赏罚之标准。李强释作"齐"，引《说文》："断，截也。"谓所截之处必然整齐，故"断"字可引申出整齐之义。又引《广雅。释诂》："断，齐也。"王念孙《疏证》："断……今人状物之齐曰斩齐，是其义也。"是"断"字有"齐"义④。按，陈说可从。"断"虽有"齐"之义，放在战争中的赏罚上，应该是"决"的意思。简文"所以为断"即"所以叫作赏罚有断"。在这里"断"就是赏罚分明的代名词，意犹赏罚之标准。简文"所"为指事之词，此处用若"可"，王引之《经传释词》卷九谓"所，犹可也"⑤，是为其证。"所以为断"者，犹可以之为断。意即可以将"一人有多，四人皆赏"作为治军的标准。

［3］女（毋）上（尚）賸（获）而上（尚）斠（闻）命：

原释文的释读与断句为："女（如）上获而上闻，命……"陈剑原读作

---

① "钦""美"之释读从李零说，见其《郭店楚简校读记》（增订本），131页，北京大学出版社，2002。

② 廖名春：《郭店楚简〈六德〉篇校释》，清华大学思想文化研究所编：《清华简帛研究》（第一辑），73页，2000。

③ 沈培：《读郭店楚简札记四则》，参见张显成主编：《简帛语言文字研究》（第一辑），1～16页，巴蜀书社，2002。在沈文中提及颜世铉初读作"宜"，后读作"祇"，训为"安"。

④ 李强：《〈曹沫之陈〉札记》，武汉大学"简帛"网，2007年3月14日。

⑤ （清）王引之：《经传释词》，210页，岳麓书社，1985。

"毋上获而上闻命"，后从沈培谓"上"似当读为"尚"，句意为以听命为上而不以俘获多少为上。按，简 62 下接简 58，简 58 简文为："所以为母（毋）退。衙（率）车以车，衙（率）徒以徒，所以同死［生］……"所强调的正是军纪严整，步调一致，所以简 62 此句读作"女（毋）上（尚）賸（获）而上（尚）曧（闻）命"，文义前后相合。此句简文是据前句简文之意而再申述之，指出斩杀敌人数量是为第一标准，即令不能做到这样，也要以服从命令为标准。意犹退一步说。

北京师范大学史学探索丛书

【简 63】

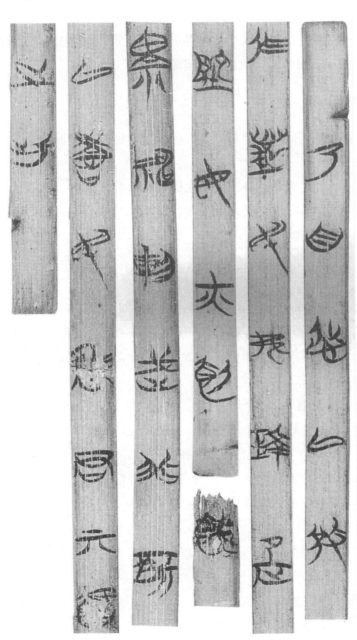

乃自惥(过)[1]吕(以)敀(悦)于蘴(万)民，弗琤(躐)危地[2]，毋亦
(夜)飤(食)[3](以上前半段)，

……龥(慌)[4]。槐(鬼)神軷(惚)武(恍)[5]，非所吕(以)畜(教)民，唯
[6]君亓(其)暂(知)之。此(以上后半段)

【意译】

(国君)于是引咎自责以取悦于万民，国君不要临近危地，夜间不再
食，以示节俭。

……(如果处置不当，)民众不能够确知鬼神之意旨而迷乱恍惚。这样
做，就不是用来教育民众的办法，国君您是明白这一点的。这就是(先王
的最深刻的治国之道。)

【备注】

原释文指出，本简长 45.2 厘米，由两段缀合成完简，上、下端完整。
共 31 字。白于蓝测量数据为 45.25 厘米，其中，上半支简为 22.95 厘米，
下半支简为 22.3 厘米。我们测量数据为 45.2 厘米。其中，上半支简为
22.9 厘米，下半支简为 22.3 厘米。

李零原释文认为此简与下简连读。按，陈剑首先把简 63 从残断处分
开，将简 63 上半支连在简 47 与简 27 之间。白于蓝、李锐、单育辰、高佑
仁皆从之。而简 63 下半支的编联，则有分歧，陈剑将简 63 下半支置于简
60 与简 64 之间，但认为简 60 后面有缺简。白于蓝将简 63 下半支置于简
49 与简 64 之间，但认为简 49 后面有缺简。李锐将简 63 下半支置于简 37
上半支与简 48 之间，但认为简 37 上半支与简 63 下半支，简 63 下半支与
简 48 之间皆有缺简。单育辰将简 63 下半支置于简 16 与简 64 之间，但认
为简 16 后面有缺简。陈斯鹏旧稿保留了简 63 的完整性，将其置于简 61 与
简 64 之间，但认为简 61 后面有缺简。新稿则改从陈剑说，将简 63 分为上
下两个半支，将简 63 上半支置于简 47 与简 32 下半支之间，但是认为简
63 上半支后面有脱简，因而与简 32 下半支分属不同的编联组。高佑仁将
简 63 下半支置于简 60 上半支与简 64 之间。

北京师范大学史学探索丛书

按，简 63 前后两支半简意思不连贯，原拼合确实存在问题。关于简 63 上半支简，陈剑编联方案可取。简 47 为上半残缺的半支简，末字为"君"。简 63 上半支为"乃自慐（过）以敚（悦）于萬（万）民，弗瑋（蹑）危地，毋亦（夜）飤（食）"，可以作为上下支简。而简 27 为上半残缺的半支简，简文为："毋訨（诛）而赏，毋辠（罪）百眚（姓），而改亓（其）逹（将）。君女（如）亲衞（率）"，与简 63 上半支句式相同，意思连贯，可以拼合为一支整简，拼合后的整简长度比标准整简的长度稍短，这是因为简 27 下端亦略残。简 63 下半支与简 64 的相连没有问题，因为前后是曹沫的一句完整的话，而简 63 下半支上面应该有半支简的缺简，然后上接简 49，白于蓝编联可从。但是简 63 下半支"匛（慌），禔（鬼）神軐（惚）武（恍），非所以畜（教）民，唯君亓（其）暂（知）之"，这是讲述的治军教民总的道理，应该放在《曹沫之陈》简文的末尾。

【疏证】

[1] 乃自慐（过）以敚（悦）：

原释文指出"自过"即引咎自责。按，国家遇到重大灾难，如：天灾、人祸、战败等，国君要引咎自责，这一做法在上古时代甚为普遍。引咎自责的方法主要有言辞上的自责，降服（素服）、出次（避开正寝不居）、不举（减膳彻乐）等。《左传》即有很多这方面的记载，如僖公十五年，秦晋韩之战，晋惠公被俘，为了感动群臣，稳定局势，吕饴甥教导郄乞"朝国人而以君命赏"，以晋惠公的名义赏赐群臣，且代惠公对群臣说："孤虽归，辱社稷矣，其卜贰圉也。"惠公引咎自责非常奏效，"众皆哭，晋于是乎作爰田"。文公四年，楚人灭江，江国是秦国的同盟国，秦穆公"为之降服，出次，不举，过数"。成公五年，晋国的梁山发生山崩，晋景公"为之不举、降服、乘缦、彻乐、出次，祝币，史辞"。这种国君在国家危难的时候引咎自责的做法在整个古代社会都保留着。

[2] 弗瑋（蹑）危地：

"瑋"，原简为"瑋"，原释文隶定为"瑋"，以为待考，疑是据、处之义。陈斯鹏读作"迩"。李锐同意李家浩在《读〈郭店楚墓竹简〉琐议》一文中对此字的释读，读为"狎"。《玉篇·犬部》："狎，近也。"①孟蓬生认为此字的结构为从玉，卒声。以音求之，此字当读为"蹠"或"龛"。古音卒、龛、蹠相同。"弗琗危地"即"不蹋危地"或"不履危地"之义②。魏宜辉认为从文义推测，此字表示"临近"或"进入"的意思。而从音义求之，似可读作"涉"。"涉"有"进入""陷入"的意思，并举《左传》僖公四年："不虞君之涉吾地也。"《鹖冠子·天权》："兵者涉死而取生，陵危而取安。"③浅野裕一将"琗"隶定为"臻"字④。高佑仁亦赞成李家浩对此字的释读，认为"琗"字读作"狎"，与楚简的用字规则正合。并举《墨子·号令》："以战备从麾所指，望见寇，举一垂；入竟，举二垂；狎郭，举三垂；入郭，举四垂；狎城，举五垂。"可见古籍中即有"狎敌""狎城""狎郭"等用法，因此本简"毋狎危地"亦即无靠近危险之地⑤。今暂从孟说读若"蹠"。

[3] 毋亦（夜）飤（食）：

原释文作"亦食"。陈剑指出"亦"为误释，应释为"火"。"毋火食"即君"自过"措施之一。陈斯鹏、白于蓝、李锐、单育辰从之。按，"火食"确实见于典籍。《大戴礼记·千乘》篇"不火食"四见，然则讲述的是四方偏远的夷、蛮、戎、狄之民的习俗。《山海经·北山经》载四十四神"不火食"。《荀子·宥坐》篇载孔子困于陈蔡时"七日不火食"，《吴越春秋》卷五载吴王夫差在逃亡过程中"不得火食，走偟偟"。以上这些"不火食"的记载或是风俗或是窘迫困难情况的不得已的做法，非是主动的"自过"。另，《六韬·龙韬·励军》载曰"军不举火，将亦不举"，"不举"，《群书治要》本作"不火食"，《太平御览》卷二七三、卷八六九引《六韬》皆作"不食"⑥。然而，《六

---

① 李锐：《〈曹刿之陈〉释文新编》，清华大学"简帛研究"网，2005年2月25日。
② 孟蓬生：《上博竹书（四）间诂》，清华大学"简帛研究"网，2005年2月15日。后发表在中国社会科学院简帛研究中心主编：《简帛研究二〇〇四》，68～78页，广西师范大学出版社，2006。
③ 魏宜辉：《读上博楚简（四）札记》，清华大学"简帛研究"网，2005年3月10日。
④ ［日］浅野裕一：《上博楚简〈曹沫之陈〉的兵学思想》，清华大学"简帛研究"网，2005年9月25日。
⑤ 高佑仁：《〈上海博物馆藏战国楚竹书（四）·曹沫之阵〉研究》，221页，花木兰文化出版社，2008。
⑥ 转引自盛冬铃：《六韬译注》，90页，注释[12]，河北人民出版社，1992。

韬》讲述的是将军要身先士卒，与兵士同甘共苦，全军没有举火做饭，将军也绝不提前举火做饭，非是指将军的"自过"。而《曹沫之陈》此处简文所论是为国君在既战以后准备再战（"复败战"）时的作为，而非战场上的情况，所以简文"不亦食"不当读为"不火食"。国君食不举火而只吃生冷食物，不大合乎情理。细绎简文，此"亦"字与一般的"亦"字稍有别，其上一笔作一横，而不作人字形，但仍与亦字相近，释其为"亦"，并无大过。简文"亦"字疑读若"夜"。上博简第二册《容成氏》第 45 号简"溥亦"读若溥夜，是为"亦"与"夜"相通之例证。"不亦（夜）食"指国君夜间不再食，以示节俭。

[4]飤（慌）：

原释文以为待考。各家亦阙疑。浅野裕一则将"飤"厘定为"餝"，再将它改为"饴"字①。王宁谓此字当是"飨"或"享"之或体，"亢"与"飨""享"古音都是晓母阳部，读音相似，但是古文中"享"字无从"食"者，故此应该是"飨"之或体，在这里用为祭祀之义②。季旭昇将简 63 下半支置于简 60 上半支的后面，简 60 上半支最后一字为"明"，与简 63 下半支首字"飤"组成"明飤"，认为"明（明阳）"似可读"盟（明阳）"，"飤（晓阳）"似可读"盉（晓阳）"，"盉"在甲骨文中就是一种用牲法，"盟盉"疑指祭祀之义③。

按，此字上面疑有半支简的缺简。亢与荒为古今字，段玉裁说"荒行而亢废"④是也。从亢之字多有茫然迷惑之意，如《说文》"荒，芜也"，"谎，梦言也"，战国秦汉时语"慌忽"（《九歌·湘夫人》），"慌惚"（《后汉书·马皇后纪》），是皆为证。此字上有缺简，所缺文字疑与简文下面所说的"视（鬼）神軔（惚）武（恍）"相类，而且简 63 下半支已经到了全文的总结部分，可能是指战争胜利之后，由于君主处置后事不当而使民众茫然不知所措，

① ［日］浅野裕一：《上博楚简〈曹沫之陈〉的兵学思想》，清华大学"简帛研究"网，2005 年 9 月 25 日。

② 王宁：《〈曹沫之陈〉第 63 简下段文字另解》，清华大学"简帛研究"网，2008 年 1 月 20 日。

③ 季旭昇主编：《上海博物馆藏战国楚竹书（四）读本》，231 页，万卷楼图书股份有限公司，2007。

④ （清）段玉裁：《说文解字注》十一篇下，568 页，上海古籍出版社，1988。

简文此字即指茫茫迷惑的状态，暂读作"慌"。

[5]槐（鬼）神軏（惚）武（恍）：

原释文以为"軏武"待考。陈剑指出"軏"字从"勿"声，与"武"当读为联绵词"忽芒"等。"忽芒"一词有多种书写形式，如惚悦、忽悦、惚恍、忽恍、忽慌、曶悦、忽荒、芴芒、勿罔等。"武"与上举诸形的下字皆为鱼阳对转。又王弼本《老子》第十四章"是谓忽恍"，"忽恍"，傅、范本作"芴芒"，马王堆帛书《老子》乙本作"沕望"，"武"与"望"及上举"芒"、"罔"声母亦同。简文"鬼神忽芒，非所以教民"，言鬼神无形无象，其事难以凭据，非所以教民。陈剑还认为此说跟普通的"神道设教"思想大不相同，值得注意。季旭昇认为"軏"从"勿"声，可读为"忽"，"忽武"谓轻忽武事。并解释简文的意思是"只注意祭祀鬼神，而轻忽武事，不是教民之道。"①陈斯鹏谓战国文字中"勿"、"㣇"形体混同，《曹沫之陈》此字当即郭店楚简《五行》43号简中的"軫"，并怀疑"軫武"可读为"展武"，有耀武扬威的意思②。但是其《释文校理稿》中隶定为"軫"，并表示存疑，其新稿中认为此字宜释"軫"，"軫武"义待考③。范常喜则在释读上博六《竞公疟》简9"勿"字时同意陈斯鹏将《曹沫之陈》本简此字读作"軫"，但又认为《曹沫之陈》"鬼神軫武"中之"軫"也可能是《汉书·五行志中之上》："惟金沴木"之"沴"，服虔曰："沴，害也。""沴"是用在五行以及阴阳之气相害中的一个术语④。王宁则认为此句简文断句有问题，谓"餰（飨）鬼神軏武非所以教民"应该是两个对句，以意补足简文为："□□[非所以]飨鬼神，軏武非所以教民"。并谓"軏"当是"軷"字之异构，在此假借为"废"。"軷武"即"废武"⑤。浅野裕一认为"軏武"的意思不明了，但由并称鬼神而推测，可能类似军神。并解释

---

① 季旭昇主编：《上海博物馆藏战国楚竹书（四）读本》，231页，万卷楼图书股份有限公司，2007。

② 陈斯鹏：《战国简帛文学文献考论》，中山大学2005年博士学位论文，136页。

③ 陈斯鹏：《简帛文献与文学考论》，108页，中山大学出版社，2007。

④ 范常喜《〈上博六·竞公疟〉简9"勿"字补议》，武汉大学"简帛"网，2007年7月29日。

⑤ 王宁：《〈曹沫之陈〉第63简下段文字另解》，清华大学"简帛研究"网，2008年1月20日。

说，曹沫主张，上供给鬼神、军神而祈求保护等依赖神鬼的方法，不成为教化民众的手段，而他将之称为"先王之至道"①。

按，虽然古人常把神、鬼与民同举或对举，但是二者并不是对等的关系。如王文所引的《论语·雍也》："务民之义，敬鬼神而远之，可谓知矣。"《左传》桓公六年："夫民，神之主也，是以圣王先成民而后致力于神。"在这里，"敬鬼神"或者"致力于神"皆不是主题，"务民"、"民，神之主"才是要说的主题。所以《曹沫之陈》本简此句不能断句为"……非所以飨鬼神，……非所以教民"。曹沫并未否定鬼神的作用，但是，他强调的是"务民"，认为只有民众财用丰裕，上下和睦，神才会降幅。如，《国语·鲁语上》记载的鲁庄公和曹刿的对话中，曹刿曰："夫惠本而后民归之志，民和而后神降之福"，以及《左传》庄公十年记载，曹沫曰："小信未孚，神弗福也"，皆是强调在教民、务民之事上，"民和"、"民从"才是根本。

此外，"废武非所以教民"似乎也不符合《曹沫之陈》整篇的思路，因为《曹沫之陈》简文通篇讲的是战略防御，其在讲述"善攻者"时尚说明要先巩固后方，而且在前面"论政"时，重点强调"修政而善于民"，在后面"论阵"时犹强调"是故夫阵者，三教之末"。所以《曹沫之陈》似乎并不担心国君"废武"，而是担心国君"荒政"。比较各家精义，暂从陈剑释读。此句连简文上句，应该指因祭礼不周到，所以鬼神之意旨不明。简文"祂（鬼）神軦（惚）武（恍）"，意指民众不能够确知鬼神之意而迷乱恍惚。

［6］唯：

原简为"𢙇"，简字漫漶不清，原释文隶定作"唯"，诸家多从之，皆无解。唯陈斯鹏旧稿隶定作"者"，并且上读。新稿则改从原释文，读作"唯"，并下读。按，暂从原释文读作"唯"。

① ［日］浅野裕一：《上博楚简〈曹沫之陈〉的兵学思想》，清华大学"简帛研究"网，2005 年 9 月 25 日。

先王之至道。"戜(庄)公曰:"穚(沫),虞(吾)言氏(是)不(否)[1]?而毋或(惑)者(诸)少(小)道与(欤)?虞(吾)一谷(欲)[2](以上前半段)䎹(闻)三弋(代)斎〓(之所)[3]。"菣(曹)穚(沫)𠱢(答)曰:"臣䎹(闻)之:昔之明王之辺(起)(以上后半段)

【意译】

"(这就是)先王的最深刻的治国之道。"庄公说:"沫,我说的话对或是不对呢?是不是我迷惑于小道理了呢?我很想听一听三代明王所说的大道理。"曹沫回答说:"我听说过:过去明王起兵(于天下,)……"

【备注】

原释文指出,本简长 47.3 厘米,由两段缀合成完简,上、下端完整,共 41 字。白于蓝测量数据为 47.45 厘米。我们测量数据为 47.4 厘米。李零原释文认为此简与下简连读。各家从之。按,简 64 虽然是由上下两段缀合成的完简,但文义连贯,拼合并无问题,而且因为简 64 末句与简 65 首句为曹沫回答的一句完整的话,前后编联亦没有问题。

【疏证】

[1]虞(吾)言氏(是)不(否):

"氏不",原释文读作"是否"。陈剑读作"寔不",白于蓝从之,李锐读作"寔否",陈斯鹏旧稿读"氏"为"厥",把下句"而毋"读作"而如",并属上读。新稿改从原释文,读"氏"为"是","而如"依然属上读。解释简文"吾言氏(是)不而女(如)"为"我说话不如您(有道理)"。"而"为第二人称代词,"是"表示强调。并表示这种用法的"是"或通作"寔",所以"氏"读作"寔"亦通①。高佑仁亦从陈剑说,读作"寔不",指出"寔"乃真实、实在,通"实"。"不",当训为"非",并谓简文"吾言寔不"的意思是"我的说法实在是错误

---

① 陈斯鹏:《简帛文献与文学考论》,108 页,中山大学出版社,2007。

的。"①按，此句当与下句语气连贯，亦疑问之语，原释文读"是"，可从，而且"而毋"不要上读。联系下面简文内容，庄公问曹沫"虐(吾)言氏(是)不(否)"，应该理解为："我说的话对或是不对呢？"

[2] 一谷(欲)：

原释文解释"一欲"即"甚欲"。按，"一"应当是语助之词。《左传》昭公二十年"君一过多矣"、《晏子春秋·谏》"寡人一乐之是欲"、《庄子·大宗师》"回一怪之"，王引之曾谓："以上诸'一'字，皆是语助。"②再按，"一"作语助词又通"壹"，如《左传》成公十六年"败者壹大"，《左传》襄公二十一年"今壹不免其身"，皆为其例。

[3] 三弋(代)斋=(之所)：

"斋"，合文，原释文注解说"之所以然"。按，典籍中经常出现"三代之所以"，如《论语·卫灵公》篇载孔子语："吾之于人也，谁毁谁誉？如有所誉者，其有所试矣。斯民也，三代之所以直道而行也。"《晏子春秋》卷一载晏子语："上下交离，君臣无亲，此三代之所以衰也。"《孔子家语·五帝》载孔子语："此三代之所以不同。"《吕氏春秋》之《尊师》篇曰"此五帝之所以绝，三代之所以灭。"《谨听》篇曰："学贤问，三代之所以昌也。"《淮南子·诠言训》曰："三代之所道者，因也。"因此，推测《曹沫之陈》本简文"之所"后省略了"道"或"大道"。

① 高佑仁：《〈上海博物馆藏战国楚竹书(四)·曹沫之阵〉研究》，373 页，花木兰文化出版社，2008。
② (清)王引之：《经传释词》卷三，71 页，岳麓书社，1985。

（昔之明王之起）于天下者[1]，各吕（以）亓（其）殜（世），吕（以）及亓（其）身。今与古亦多[2]（以上前半段），

[不][3]亦隹（唯）䎽（闻）夫垔（禹）、康（汤）、傑（桀）、受矣∠[4]。"（以上后半段）

【意译】

（过去明王起兵）于天下，各自有他们所在的时代，并且以他们自身的情况为依据。现今的社会世道与古代的情况多（有不同）。

"（国君您不是）也听说过禹、汤、桀、纣的事情吗（他们就是正反两方面的样板呀）。"

【备注】

原释文指出，本简长 47.5 厘米，完简，上、下端完整。共 26 字。白于蓝测量数据为 47.65 厘米。其中，上半支简为 25 厘米，下半支简为 22.65 厘米。我们测量数据为 47.6 厘米。其中，上半支简为 25 厘米，下半支简为 22.6 厘米。

陈剑、陈斯鹏旧稿保留了原简的完整与原简序。白于蓝首先把简 65 从残断处分开，在简 65 上下两半支简之间加简 7 下半支与简 8 上半支。李锐、单育辰、陈斯鹏新稿皆采用了白说。按，白于蓝编联方案可从。简 7、8 的文义不连贯，拼合存在问题（参见简 7、8【备注】），而置于简 65 上下两支半简之间。简 65 上半支与简 7 下半支拼合为一支整简，简 8 上半支与简 65 下半支拼合为一支整简。此编联文义非常通畅，编联后的简文为："昔之明王之记（起）（简 64）于天下者，各吕（以）亓（其）殜（世），以及亓（其）身。今与古亦多（简 65 上）不同矣。臣是古（故）不敢吕（以）古㕯（答）。然（然）而古＿亦（简 7 下）又（有）大道焉，必共（恭）僉（俭）吕（以）旻（得）之，而乔（骄）大（泰）以遊（失）之，君（简 8 上）[不]亦隹（唯）䎽（闻）夫垔（禹）、康（汤）、傑（桀）、受矣（简 65 下）。"

【疏证】

[1]（昔之明王之起）于天下者：

连上简读为"昔之明王之起于天下者"。我们要注意到《曹沫之陈》强调三代明王之道，而在兵家典籍里面，较早的《孙子兵法》没有提到"明王"。成书于战国时期的《孙膑兵法》偶有"明王"的字样，见于《威王问》篇与《行篡》篇，但只是为了赞扬威王的发问是"明王之问"，与《曹沫之陈》强调的"明王"不类。《吴子·图国》魏武侯问"治兵、料人、固国之道"，吴起以"古之明王，必谨君臣之礼"而应答，但是紧接着吴起列出的却是齐桓公、晋文公、秦穆公三位春秋时期的霸主。《荀子》的《非相》《王制》《君道》诸篇也提到了"明王"，这是荀子对于理想中的有道明君的称谓，非是指三代之明王。可以说，战国时期诸子对"明王"的认识就是"有道明君"，不再是专指"三代之明王"。而成书较早的《曹沫之陈》与早期典籍中对于"三代明王"的赞美是一致的。

[2]多：

"多"，字残，原释文隶定为"狱"，读作"然"。陈剑指出此字正当竹简折断处，笔画有残损。原释为"狱（然）"，从所存上半笔画看恐不可信。陈斯鹏旧稿隶定为"哭"。白于蓝以为是"间"字，训为远、隔、别等。同时说明陈剑先生审阅其释文初稿，指出该字从残画看，亦可能是"多"字①。李锐初从陈斯鹏旧稿隶定为"哭"，疑读为"均"，后来疑为"多"字②。陈斯鹏新稿改释为"多"，但表示存疑③。高佑仁从白于蓝说，释作"列（间）"，训为"隔"④。按，细审此残字，应该是"多"字。

[3][不]：

此简字残损严重，因为简8上半支与本简下半支拼合为一支完简（参见

---

① 白于蓝：《〈曹沫之陈〉新编释文及相关问题探讨》，复旦大学出土文献与古文字研究中心网，2008年3月3日。

② 李锐：《〈曹刿之阵〉重编释文》，"孔子2000"网，2005年5月17日。

③ 陈斯鹏：《简帛文献与文学考论》，108页，中山大学出版社，2007。

④ 高佑仁：《〈上海博物馆藏战国楚竹书（四）·曹沫之阵〉研究》，379页，花木兰文化出版社，2008。

本简【备注】），简 8 上半支最后有一残横笔，正与本简残字拼合成"不"字，文义亦合（参见简 8【疏证】[2]）。

[4]矣∠：

原释文指出下有钩形符号，形式与上面的句读相似，但下面有较长空白而不写，应是表示全篇的结束。按，从简文表述的内容来看，这也应该是全篇的结束。

北京师范大学史学探索丛书

附　录

《曹沬之陈》释文新编

1. 鲁戕（庄）公酒（将）为大钟，型既城（成）矣，敌（曹）稯（沬）内（入）见曰："昔【简 1 上】周室之邦鲁︱，东西七百，南北五百，非【简 1 下】山非泽，亡又（有）不民︱。今邦慁（弥）少（小）而钟愈大，君亓（其）【简 2 上】耆（图）之。昔尧之飨鎣（舜）也，饭于土輶（塯），欲〈歠〉于土型（铏），【简 2 下】而改（抚）又（有）天下，此不贫于敚（美）而福（富）于悥（德）与（欤）？昔周[室]……【简 3】，[出乎]竞（境）必勑（胜），可目（以）又（有）怠（治）邦，《周等（志）》是鹰（存）。"

2. 戕（庄）公曰【简 41】："……今天下之君子既可暂（知）已，管（孰）能并兼人【简 4】才（哉）？"敌（曹）蘲（沬）曰："君亓（其）毋员（云），臣畞（闻）之曰：恳（邻）邦之君明，则不可目（以）不攸（修）政而善于民。不妷（然），悡（愆）亡焉。【简 5】叟（邻）邦之君亡道，则亦不可目（以）不攸（修）政而善于民【简 6 上】。不妷（然），亡目（以）取之。"

3. 戕（庄）公曰："昔池（施）胆（伯）语募（寡）人曰【简 6 下】：'君子寻（得）之遴（失）之，天命︱。'今异于而（尔）言︱。"敌（曹）稯（沬）曰【简 7 上】："亡目（以）异于臣之言，君弗聿（尽）︱。臣畞（闻）之曰：君【简 8 下】子目（以）殹（贤）再（称）而遴（失）之，天命︱；目（以）亡道再（称）而旻（没）身邉（就）荶（世），亦天命。不妷（然），君子目（以）殹（贤）再（称），害（曷）又弗【简 9】寻（得）？目（以）亡道再（称），害（曷）又弗遴（失）︱？"

4. 戕（庄）公曰："曼（善）才（哉），虐（吾）畞（闻）此言︱。"乃命毁钟型而圣（听）邦政。不昼【简 10】寝，不舍（饮酒），不圣（听）乐。居不裹（重）虔（席），飤（食）不膏（二）盥（味）【简 11】，兼恷（爱）蘲（万）民，而亡又（有）厶

（私）也。还年而酭（问）于敔（曹）【简12】戜（沫）曰："虔（吾）欲与齐战，酭（问）戜（陈）奚女（如）？獣（守）鄗（边）城奚女（如）？"

5. 敔（曹）戜（沫）仓（答）曰："臣酭（闻）之：又（有）固愳（谋）而亡固城【简13】，又（有）克正（政）而亡克戜（陈）。三弋（代）之戜（陈）皆鹰（存），或㠯（以）克，或㠯（以）亡。虔臣酭（闻）之：少（小）邦处（处）大邦之閗（间），啻（敌）邦【简14】交埅（地）不可㠯（以）先复（作）惛（怨），疆埅（地）毋先而必取□【简17上】焉，所㠯（以）佢（拒）鄗（边）凵。毋忞（爱）货资子女，㠯（以）事亓（其）【简17下】偄（嬖），所㠯（以）佢（拒）内。城臯（郭）必攸（修），砅（坚）虞（甲）利兵，必又（有）戥（战）心㠯（以）兽（守），所㠯（以）为倀（长）也。虔臣之酭（闻）之：不和【简18】于邦，不可㠯（以）出豫。不和于豫，不可㠯（以）出戜（陈）。不和于戜（陈），不可㠯（以）戥（战）。是古（故）夫戜（陈）者，三教之【简19】末。君必不已，则繇（由）亓（其）杲（本）虔（乎）？"

6. 戎（庄）公曰："为和于邦女（如）之可（何）？"敔（曹）戜（沫）仓（答）曰："毋穫（获）民峕（时），毋敓（夺）民利【简20】。绅（申）攻（功）而飤（食），坕（刑）罚又（有）皋（罪），而赏箺（爵）又（有）悳（德）。凡畜群臣，贵戋（贱）同㤥（之），录（禄）毋偾（负）。《诗》于又（有）之曰：'幾（岂）【简21】屖（弟）君子，民之父母。'此所㠯（以）为和于邦。"

7. 戎（庄）公曰："为和于豫女（如）可（何）？"敔（曹）戜（沫）曰："三军出，君自衒（率）【简22】，必訋（约）邦之贵人及邦之可（奇）士，狄（御）罕（卒）吏（使）兵，毋遱（复）前【简29】崇（常）。凡贵人田（使）仉（处）前立（位）一行，遝（后）则见亡，进【简24下】必又（有）二殜（将）军。母（无）殜（将）军必又（有）嚳（数）辟（嬖）夫＝（大夫），母（无）俾（嬖）夫＝（大夫）【简25上】必又（有）嚳（数）大官之帀（师）、公孙公子。凡又（有）司衒（率）倀（长）【简25下】，……亓（期）会之不难，所㠯（以）为和于豫。"

8. 戎（庄）公或（又）酭（问）【简23下】："为和于戜（陈）女（如）可（何）？"仓（答）曰："车閗（间）容俉＝（伍，伍）閗（间）容兵，贵【简24上】立（位）、厚飤（食），思为前行。三行之遝（后），句（苟）见崑（端）兵，攽（什）【简30】五（伍）之閗（间）必又（有）公孙公子，是冑（谓）军纪。五人㠯（以）敀（伍），一人【简26】又（有）多，四人皆赏，所㠯（以）为剚（断）。女（毋）上（尚）腃（获）

而上（尚）龍（闻）命【简 62】，所㠯（以）为母（毋）退。衒（率）车㠯（以）车，衒（率）徒㠯（以）徒，所㠯（以）同死[生]【简 58】。又（有）戒言曰：'牫（宂），尔正（定）矼（江）；不牫（宂），而（尔）或罌（兴）或康，㠯（以）【简 37 下】会。'古（故）衒（帅）不可思（使）牫=（宂，宂）则不行。戬（战）又（有）㬎（显）道，勿兵㠯（以）克。"

9. 戒（庄）公曰："勿兵㠯（以）克奚女（如）？"含（答）曰："人之兵【简 38】不砥礪（砺），我兵必砥礪（砺）。人之虜（甲）不緊（坚），我虜（甲）必緊（坚）。人吏（使）士，我吏（使）夫=（大夫）。人吏（使）夫=（大夫），我吏（使）殜（将）军。人【简 39】吏（使）殜（将）军，我君身进。此戬（战）之㬎（显）道。"

10. 戒（庄）公曰："既成善（教）矣，出帀（师）又（有）幾（忌）虖（乎）？"含（答）曰："又（有）。臣龍（闻）之：三军出【简 40】，亓（其）遑（将）連（卑），父庭（兄）不廌（荐），繇（由）邦駟（御）之，此出帀（师）之幾（忌）　。"

11. 戒（庄）【简 42 上】公或（又）龍（问）曰："三军礬（散）果（裹）又（有）幾（忌）虖（乎）？"含（答）曰："又（有）。臣龍（闻）【简 42 下】之：三军未成戦（陈），未豫（预），行堅（阪）淒（济）墜（障），此礬（散）果（裹）之【简 43 上】幾（忌）。"

12. 戒（庄）公或（又）龍（问）曰："戬（战）又（有）幾（忌）虖（乎）？"含（答）曰："又（有）。亓（其）奎（去）之【简 43 下】不速，亓（其）邊（就）之不専（拊），亓（其）埅（启）节不疾，此戬（战）之幾（忌）。是【简 44 上】古（故）矣（疑）戦（陈）败，矣（疑）戬（战）死。"

13. 戒（庄）公或（又）龍（问）曰："既戬（战）又（有）幾（忌）虖（乎）？"【简 44 下】含（答）曰："又（有）。亓（其）赏諓（浅）虜不中，亓（其）誣（诛）至（重）虜不設（察），死者弗收【简 45 上】，剔（伤）者弗龍（问），既戬（战）而又（有）忿=（怠心），此既戬（战）之幾（忌）。"

14. 戒（庄）【简 45 下】公或（又）龍（问）曰："遆（复）败戬（战）又（有）道虖（乎）？"含（答）曰："又（有）。三军大败【简 46 上】，[死]者收之，剔（伤）者龍（问）之，善于死者为生者　。君【简 47】乃自愆（过）㠯（以）敓（悦）于蓳（万）民，弗瑋（蹂）危地，毋亦（夜）飤（食）【简 63 上】，[毋]誣（诛）而赏，毋皋（罪）百眚（姓），而改亓（其）遑（将）。君女（如）亲衒（率）【简 27】，必聚群又（有）司而告之：'二厽（参）子孚（勖）之，怣（过）不才（在）子，才（在）【简23上】[寡]人。虔（吾）戡（战），音（敌）不训（顺）于天命。'反（返）帀（师）𢆶（将）遆（复）。戡（战）【简51下】则录（禄）箺（爵）又（有）崈（常），幾（几）莫之㙟（当）。"

15. 戒（庄）公或（又）䎽（问）曰："遆（复）盘（蟠）戡（战）又（有）道虖（乎）?"㪔（答）曰："又（有）。既戡（战），遆（复）豫，虖（号）命（令）于军中【简50】曰：'砱（坚）𤓰（甲）利兵，明日𢆶（将）戡（战）。'则㦰（斩）氒（徒）剔（伤）以盘（伴）遆（就）行【简51上】，遆（失）车𤓰（甲），命之毋行。盟=（明日）𢆶（将）戡（战），思为前行。覞（谍）人【简31】坓（来）告曰：'亓（其）遆（将）銜（帅）𦘔（尽）剔（伤），载（车）连（辇）皆栽（灾），日𢆶（将）暴（早）行。'乃……【简32上】毋怨（怠），毋思（使）民矣（疑）。返（及）尔龟箺（筮），皆曰勑（胜）之。改㷴（冒）尔鼓，乃遆（失）亓（其）备。明日遆（复）戋（陈），必迡（过）亓（其）所。此遆（复）【简52】盘（蟠）戡（战）之道。"

16. 戒（庄）公或（又）䎽（问）曰："遆（复）甘（甚）戡（战）又（有）道虖（乎）?"㪔（答）曰："又（有）。必……【简53上】……[命]白徒，暴（早）飤（食）㦰（拱）兵，各载尔赃（赃），既戡（战）𢆶（将）敭（量），为之【简32下】赏腏（获）諎（誓）𤕝（意），㠯（以）欢（劝）亓（其）志。埇（勇）者㥂（喜）之，宄（荒）者愻（悔）之。蘁（万）民【简61】赣（愚）首皆欲或之。此遆（复）甘（甚）戡（战）之道。"

17. 戒（庄）公或（又）䎽（问）【简53下】曰："遆（复）㪺（固）戡（战）又（有）道虖（乎）?"㪔（答）曰："又（有）。收而聚之，翯（束）而厚之，赃（重）赏泊（薄）𡍮（刑），思（使）忘亓（其）死而见亓（其）生，思（使）良【简54】车良士往取之饵。思（使）亓（其）志记（起），㦰（勇）者思（使）㥂（喜），𤕝（意）者思（使）【简55上】昬（悔），然（然）句（后）改𢆶（始）。此遆（复）㪺（固）戡（战）之道。"

18. 戒（庄）公或（又）䎽（问）曰【简55下】："善攻者奚女（如）?"㪔（答）曰："民又（有）寶（保），曰城、曰固、曰蘸（阻）。三【简56上】善𦘔（尽）甬（用）不皆（弃），邦豪（家）㠯（以）忕（宏）。善攻者必㠯（以）亓（其）【简56下】所又（有），㠯（以）攻人之所亡又（有）。"

19. 戒(庄)公曰："善兽(守)者奚女(如)?"㲼(答)曰："【简57】亓(其)飤(食)足言(以)飤(食)之，亓(其)兵足言(以)利之，亓(其)城固【简15】足言(以)戏(扞)之。卡=(上下)和虘耳(辑)，繲(因)纪(系)于大=国=(大国，大国)新(亲)之，天下[重之]【简16】，亓(其)志者募(寡)矣。"戒(庄)公或(又)䎹(问)曰："虘(吾)又(有)所䎹(闻)之：一【简59】出言三军皆欢，一出言三军皆逆(往)，又(有)之虖(乎)?"㲼(答)曰："又(有)。明【简60上】惎(慎)言(以)戒安(焉)。酒(将)弗克，毋冒言(以)迌(陷)，必迊(祸)前攻(功)【简60下】，不可不惎(慎)。不罙(爱)则不亘(恒)，不和则不葺(辑)，不兼畏[则]【简48】不剩(胜)，罙(爱)谷(欲)少言(以)多，少则惕(易)轪(察)，圪(既)成则惕【简46下】忌(治)，果剩(胜)矣。亲衙(率)勜(胜)。吏(使)人不亲则不繥(敦)，不和则不見(辑)，不悉(义)则不备(服)。"

20. 戒(庄)公曰："为亲女(如)【简33】可(何)?"㲼(答)曰："君毋愳(惮)自裒(劳)，言(以)观卡=(上下)之青(情)愆(伪)。怭(四)夫【简34上】募(寡)妇之狱詷(讼)，君必身圣(听)之。又(有)暂(知)不足，亡所【简34下】不中，则民新(亲)之。"

21. 戒(庄)公或(又)䎹(问)："为和女(如)可(何)?"㲼(答)曰："毋辟(嬖)于便俾(嬖)，毋倀(长)于父庭(兄)。赏均(均)圣(听)中，则民【简35】和之。"

22. 戒(庄)公或(又)䎹(问)："为義(义)女(如)可(何)?"㲼(答)曰："绅(申)攻(功)走(上)殴(贤)，能绐(治)百人，吏(使)倀(长)百人；能绐(治)三军，思(使)衙(帅)，受(授)【简36】又(有)暂(知)，舍(舍)又(有)能，则民宜之。虘臣䎹(闻)之：罙(卒)又(有)倀(长)，三军又(有)衙(帅)，邦又(有)君，此三者所言(以)戬(战)。是古(故)倀(长)【简28】民者毋囡(摄)篁(爵)，毋龡(御)军，毋辟(避)皋(罪)，甬(用)都耆(教)于邦【简37上】于民。"

23. 戒(庄)公曰："此三者足言(以)戬(战)虖(乎)?"㲼(答)曰："戒。勑(胜)【简49】……毓(慌)。槐(鬼)神軩(惚)武(恍)，非所言(以)耆(教)民，唯君亓(其)暂(知)之。此【简63下】先王之至道。"

24. 戒(庄)公曰："穘(沫)，虘(吾)言氏(是)不(否)? 而毋或(惑)者

（诸）少（小）道与（欤）？虘（吾）一谷（欲）【简 64 上】翻（闻）三弋（代）帝=（之所）。"敔（曹）穢（沫）仓（答）曰："臣翻（闻）之：昔之明王之记（起）【简 64 下】于天下者，各吕（以）亓（其）殜（世），吕（以）及亓（其）身。今与古亦多【简 65 上】不同矣。臣是古（故）不敢吕（以）古仓（答）。炋（然）而古＿亦【简 7 下】又（有）大道焉，必共（恭）酓（俭）吕（以）导（得）之，而乔（骄）大（泰）以遞（失）之，君【简 8 上】[不]亦佳（唯）翻（闻）夫坙（禹）、康（汤）、傑（桀）、受矣ㄑ【简 65 下】。"

《曹沫之陈》新编释文意译

1. 鲁庄公将要铸造大钟，陶范都已经造好了。这时，曹沫进见，他对鲁庄公说："从前，周王室分封鲁国的时候，方圆东西长七百里，南北长五百里，那些不是【简 1】山岩、不是沼泽的地方，没有不居住着民众的。鲁国在过去土地和人口那样多的时候，都还没有铸造大钟，如今鲁国的疆土不大，而铸造的乐钟却愈来愈大，对于这种不相称的情况，君主您要考虑它呀。从前，尧宴飨舜的时候，一点也不奢华，用土制的器皿盛饭，饮水也用土制之器。【简 2】虽然简朴，但却能够拥有天下。这难道不是在饮食方面俭啬，而在德行方面却很富有吗？从前周王室……【简 3】，军队出境必定要旗开得胜，这样的话，国家才能得到很好的保护，可以出现长治久安的局面。《周志》记载保存着这些道理。"

2. 庄公说【简 41】："……当今天下的君子，我们可以说都已经知道了，可是，谁能兼并别人之国【简 4】呢？"曹沫回答说："国君您请不要这样说吧，臣下我听说过，邻邦的国君如果贤明，那么自己不可以不修明政治而善待国民。不然的话，就不是兼并别人之国，而只有考虑自己国家被别人灭亡的事情了。【简 5】邻国国君如果无道，那么自己也不可以不修明政治而善待国民。不然，自己也就无法攻取邻国。"

3. 庄公说："以前施伯对我说过【简 6】：'君子得到什么、失去什么，皆由天命注定。'而今你的话与他所说的却不相同。"曹沫答道：【简 7 上】"施伯的话与我的话其实也没有什么不同，只是国君您理解的尚不详尽。我听说：君【简8下】子因为贤良而扬美名于天下而最终却没有好报，这是天命；有的人因为无道而扬恶名于世但却能寿终正寝，这也是天命。这说明天命是人无法掌握的，不然的话，君子以贤明被称道，为什么没有【简9】得到好结果呢？然而，有的人以无道而恶名远扬，为什么又没有得到恶报呢？"

4. 庄公说："太好了！我听到这样的话。"于是下令毁掉铸钟的陶范而认真处理国家政事。不在白天【简10】睡大觉，不饮酒，不听乐，不铺两层席子，吃饭不用两个菜【简11】，兼爱百姓而无有私心。第二年，庄公向曹【简12】沫问道："我想与齐国开战，想请问你，战阵如何排列？边境如何防守？"

5. 曹沫回答说："臣下我听说：有固定的谋略而没有可以固守不破的城池【简13】，有一定取胜的为政之法而没有一定取胜的布阵打仗的办法。三代的阵法都还保留着，有的用它取得了胜利，而有的用它却灭亡了国家。而且臣下我还听说过：小邦处在大邦之间，对于敌对国家之间的【简14】交往和交通之地不可以先构怨于邻国。在边疆地区不要先做出让别国怨恨的事情，然而要进行一定的准备，这是用来据守边境的做法。不要爱惜财货与女色，要用这些来收买敌邦的【简17】宠臣，这是通过瓦解敌国国内来固守自己边境的做法。城郭要修补，使盔甲坚牢，使兵器锐利，这些虽然重要，但是更要紧的则是使守边将士一定具有随时投入战争的决心来守卫边境，这才是上策呀。此外，我还听说过：国家内部不和睦【简18】，就不可以率兵出发。率军出发时军队若不和谐，就不可以布阵。布阵不和谐就不可以开战。所以说布阵是三教之【简19】末。国君您一定要做的话，那就从根本做起吧！"

6. 庄公说："怎样才能做到国家内部和睦呢？"曹沫回答说："不要占用百姓的耕作时间，不要抢夺民众的利益。【简20】论功行赏，施行的刑罚与罪过相当，而赏赐官爵则与德行相当。凡是畜养群臣，地位高的人与地位低的人要一样看待，俸禄多少得当，不亏待其功劳德行。关于这种情况，《诗》有这样的句子说：'欢乐【简21】而友善的君子，像是民众的父母。'这就是能使国家内部和睦的办法。"

7. 庄公说："怎样才能做到率军出发后军队内部和睦呢？"曹沫答道：

"三军出征，国君亲自率领【简 22】，一定要约请国内的贵人以及有特殊本领的人士，让他们指挥士卒，这样就不会再有失误而导致失败【简 29】。凡是身份高贵的人使他们位列前行，如果他们居后，则容易溃亡，如果他们居于前列，则可振奋士气而取胜。军队前进【简 24 下】一定要有两个将军指挥。没有将军的时候，一定要有若干嬖大夫来指挥，没有嬖大夫一定要有若干士师、公孙公子来指挥。所有的职官都要由官长率领【简 25】，……使军队按约定时间到达指定地点，也就没有什么难做到的了。这样就能够率军出发后使军队内部和睦。"

8. 庄公又问道【简 23 下】："怎样才能做到军队在布置军阵时和谐可靠呢？"回答说："战车之间的距离要能容纳五名士兵组成的伍，在伍这个最小的战斗小组的每个士卒之间，应当保持使所持兵器互不碰撞的距离。布置军阵时尊重【简 24 上】将领，让士兵饱食，这样他们就会前行作战。在编为三行的老弱病伤之士以后，敌军诚若见到我方的精锐部队。什【简 30】伍之间一定要有公孙公子；公孙公子就是军之纲纪，三军之命脉。士卒五人组成一'伍'。赏赐时以伍为单位，一人【简 26】立有战功，要赏及四人，可以把这个作为治军的标准。退一步说，即使不以斩获敌人多少为上，也要以服从命令为上【简 62】，这样才能做到不溃退。将领率车要与车同在，率徒则与徒同在。这就是同生共死……【简 58】将帅要告诫中下级将领：'军队若有内乱发生，你们必须将其制止；军队若没有内乱，你们就要激励士卒的斗志，或者关心他们的生活，以此来【简 37】统领军队。'所以统率军队的时候，不可使军队发生内乱，军队有了内乱，阵列就会溃散。备战有一定的显明的常规，战前准备的时候，如果执行了以上的办法，那么就是没有开始战斗，即已稳操胜券。"

9. 庄公说："没有开始战斗，即已稳操胜券。这是怎么回事呢？"回答说："对方的兵器【简 38】不磨砺，我方的兵器一定要磨砺。对方的甲胄不坚固，我方的甲胄一定要坚固。在任命派遣将帅的时候，被任命者的级别要超过对方，对方使士；我使大夫。对方使大夫；我使将军。对方【简 39】派将军率军，我们就让国君亲自率军。这就是明白的正确的备战之道。"

10. 庄公说："将帅已经完成了对于下级将领的告诫教诲这些准备工作

之后，出兵还有什么忌讳吗？"回答说："有，臣下我听说：三军出征【简40】，军队的统帅地位卑贱，还没有父兄荐举他，这样的统帅就没有威信来指挥军队，而要由国君在都城进行遥控，这就是出兵的忌讳。"

11. 庄公又问道："三军突破敌军的防御圈，有忌讳吗？"回答说："有。臣下我听说过【简42】这样的话：三军还没有组织成阵形，兵力还没有部署妥当，就穿越险峻的山坡，越过险要的堤防，这就是突破敌军防御圈的忌讳。"

12. 庄公又问道："指挥战争有忌讳吗？"回答说："有，其退却【简43】不急速，其进攻不敢果断近前，其掌握时机不敏捷，这是指挥战争的忌讳。所以说布阵时心存狐疑必定会失败；作战时犹豫不决，抓不住战机，这样的话，战争必定要失败。"

13. 庄公又问道："战争结束之后有什么忌讳吗【简44】？"曹沫回答说："有，其赏赐轻微而且不公平，其处罚重而且对于受罚者的过失没有明察，死者的尸骨没有被收殓，伤者没有被慰问，战争结束之后产生懈怠之心。这就是战争结束之后的忌讳。"

14. 庄【简45】公又问道："再次战败之后，如果准备进行下一次的战争有好的方法吗？"回答说："有。三军大败【简46上】，要收殓死者，慰问伤者。善待死者，这是为了安慰和鼓励生者。国君【简47】于是引咎自责以取悦于万民，国君不要临近危地，夜间不再食，以示节俭【简63上】，不要进行处罚而要进行赏赐，不要怪罪百姓以及改任将领。如果国君亲自率军出征，则要由国君承担责任【简27】。一定要召集军中各级官吏，而告诉他们：'诸位好好努力吧，过错不在你们，而在【简23上】寡人身上。不要迟疑，我们进行战争，敌人不顺于天命，必然会失败。'所以我军回营休整，再战必胜。如果再战【简51下】，则赏赐爵禄都要按照规定进行。这样做了，军队就会勇往直前，其锐气就几乎是不可阻挡的。"

15. 庄公又问道："如果要再次打仗，迂曲偷袭敌军，有规律可循吗？"回答说："有。开战之后，再次进行准备，就在军中下达命令【简50】说：'使盔甲坚牢，使兵器锐利，明日再战。'那些厮徒杂属受了伤的人，就让他们结伴随军队前进【简51上】。那些丢失战车，丢盔解甲的人则令他们不要参加行动，不再把他们编入一般的军队编制。明日再战的时候，便派这些伤兵败将为前行。敌军的间谍【简31】回去报告说：'敌人的将帅都受了伤，车辇也都损坏，说明天一早将撤回。'于是……【简32上】而无懈怠，不要使兵士心生疑忌。至于用龟筮占卜，不管结果如何，都要宣布给兵士说卜筮的结果是一定获胜。用破旧皮革重蒙战鼓，以示破败之象，使敌方防备松懈。明日再次出战，一定要经过战败的那个地点，让敌方不备。这就是再次进行【简52】迂回偷袭敌军之战的方法。"

16. 庄公又问道："对待再次激战，有什么好办法吗？使士卒勇于战斗呢？"回答说："有。一定要这样做……【简53上】……命令白徒，清早饱食之后手执兵器，各自将战利品放到辎重车上。战斗结束之后，将领要检查和统计这些战果，以这些战果为奖赏的依据【简32下】。要赏赐有所斩获者，晓喻开导那些畏缩不前者，以此来鼓励士气。这样做，勇敢的士卒高兴，慌乱胆怯的士卒后悔。让万民【简61】愚赣的百姓都想勇敢战斗而取得胜利。这就是对付激战的办法。"

17. 庄公又问【简53下】道："若再战，固守破敌，有可以遵循的方法吗？"回答说："有。收拾残兵败将，使他们聚集起来，紧密团结在一起而加强守卫，要加重奖赏，减少刑罚，使将士们忘记自己死的威胁而只看到自己生还的可能。通过所采取的措施，使优良的【简54】战车上的甲士和优秀的士卒都努力争取功名，使他们的士气涌现出来。这样做之后，就会使勇敢的士卒心里高兴，使怯懦的士卒心里后悔，然后士气可以回复到开始的时候。这就是固守再战之道。"

18. 庄公又问道【简55】："对待进攻有什么好办法呢？"回答说："一定要保护民众，保护民众的办法有建筑城墙、坚固防守、阻挡敌方的进攻。三个方面都很好地采用而不遗弃任何一项，邦国才会光大兴盛。善于对付敌人进攻者一定要发挥自己的【简56】所具有的优势，来进攻敌人所不具备优势的地方。"

19. 庄公说："善于防守者是什么样子的呢？"回答说【简57】："国家粮食充足，足以供给人们食用。武器军备足以用来防守，城墙坚固【简15】足以捍卫它。上下和睦，结交于大国，使大国亲近自己，天下诸国重视自己

【简16】善于防守者，它向外扩张的欲望不多，利于自己安静固守。"庄公又问道："我听说过：命令一【简59】发布，三军都欢悦鼓舞；命令一发布，三军都勇往直前。会有这回事吗？"回答说："有。要明白谨慎地将没有把握克敌制胜的情况告诫士卒。不要贪功冒险以致陷入敌军埋伏而败。如果贪功冒险，就必定祸害已经取得的功劳【简60】，不可不慎重。不友爱则不会持久，不和善则不会和睦。不具有多种畏惧之心【简48】则不胜，贪欲少，故而所获反而多。贪欲少就容易在观察事物时心明眼亮，就能够在取得胜利之后，用战战兢兢的心态去【简46下】治理军队，这样就能取得预期的胜利了。将帅亲近士卒，才能率领他们取得胜利。统率军队不亲附士卒就是不敦厚，不和善则军队不和睦，命令不符合道义，则部下不会服从。"

20. 庄公说："怎么样才能做到使民亲附【简33】呢？"回答说："国君不要害怕自身辛劳，要用这种态度来体察上下民情的真伪，匹夫寡妇的诉讼，国君一定要亲自闻听。虽然还有不知道的案件，但是没有不按照实际情况处理的【简34】，结果也没有不正确的。这样百姓就会亲近国君了。"

21. 庄公又问道："怎么样才能做到与民众和谐相处呢？"回答说："不要宠幸近臣，不要凌驾于父兄之上。赏赐要公平，听政要切中肯綮，则民众【简35】就会和谐相处。"

22. 庄公又问道："怎么样才能做到合乎道义呢？"回答说："论功行赏要推崇有才能的人。那些有才能的人，若能管理百人，就使他做管理百人的卒长。若能够管理三军，就使他做三军统帅，授职位【简36】于有智慧的人，重用有能力的人。这样做，民众就会认为很合适。而且，我听说：卒有卒长，三军有统帅，国家有君主，这三者是足以作战的依据。所以统治【简28】百姓的君主不要吝啬爵位而不授，不要由国君遥控军队，不要怕负责任而回避罪责，要将首善之区教化的榜样推广到全国【简37上】全民。"

23. 庄公说："有了这三个保证就足以进行战争了吗？"回答说："臣下我向您禀告。战争胜利之后，这三项还不足以使您完全放心【简49】……如果处置不当，民众不能够确知鬼神之意旨而迷乱恍惚。这样做，就不是用来教育民众的办法，国君您是明白这一点的。这就是【简63下】先王的最深刻的治国之道。"

24. 庄公说："沫，我说的话对或是不对呢？是不是我迷惑于小道理了呢？我很想听一听三代明王所说的大道理。"曹沫回答说："我听说过：过去明王起兵【简64】于天下，各自有他们所在的时代，并且以他们自身的情况为依据。现今的社会世道与古代的情况多【简65上】有不同。所以我不敢以古代的道理来回答您。然而，古代【简7下】也有根本性的规律存在，这些道理必定要靠恭敬俭朴的态度才能够得到，若采取骄奢傲慢的态度就会失去获得这些道理的机会。国君您【简8上】不是也听说过禹、汤、桀、纣的事情吗，他们就是正反两方面的样板呀【简65下】。"

北京师范大学史学探索丛书

下编　《曹沫之陈》综合研究

　　简文的编联、缀合与简字的隶定与释读是对竹书综合研究的基础，本书上编《曹沫之陈》疏证，已经初步完成了这一工作。下编《曹沫之陈》综合研究即在此基础上做全面系统的研究，对新出竹书《曹沫之陈》的性质、成书年代、简文的总体价值以及《曹沫之陈》失传的原因进行细致的探讨。在这一部分，将努力做到，出土文献研究与传世文献研究相结合，制度研究与思想文化研究相结合。充分吸收学者们已有的研究成果。以《曹沫之陈》为切入点，以小见大，深入挖掘《曹沫之陈》的特色，分析《曹沫之陈》的学派属性，探讨王官之学与诸子之学特别是兵学的关系。此外，下编还将采用对比研究的方法，通过对比《曹沫之陈》与先秦典籍、先秦兵书记载的异同点，找出它们之间的传承关系。

第一章　原始《鲁语》的一部分
——论《曹沫之陈》的性质

关于《曹沫之陈》简文的性质，目前学界认识比较一致，以其为先秦古兵书。李零先生在《曹沫之陈》释文说明中称"此书史志无载，是一部佚失已久的古兵书"①。学者多采纳这一观点。如高佑仁先生谓它是"一篇亡佚已久古的鲁国兵书"②。田旭东先生称《曹沫之陈》是"一部失传已久的鲁国兵书"，并谓《曹沫之陈》的出现"对我们进一步了解先秦兵家无疑具有十分重要的意义"③。学者在介绍上博简内容时总是称"涉及儒家、道家、兵家、杂家等几十部古书"④，而从上博简已发表的九册内容来看，可以推断其所指兵家古书就是指《曹沫之陈》。上海博物馆的濮茅左先生在介绍上博简时说《曹沫之陈》是"战国有篇题的佚兵书"，并认为是"补充了军事史上的重要兵计"⑤。

当然也有极少数学者有不同的见解。有学者认为《曹沫之陈》"其论兵，固是兵家学说，其论政，仍是儒家仁德本调"，并认为通过《仲弓》《内礼》《相邦之政》及曹沫之论政，可见战国时期儒家后学之说在楚地流传推衍之

---

① 李零先生定《曹沫之陈》为"古兵书"，古兵书自然不能等同于兵家著作，但是古兵书的范围太宽泛，容易让人产生误解，而且也确实有学者依此而说《曹沫之陈》是兵家古书。

② 高佑仁：《〈曹沫之阵〉校读九则》，清华大学"简帛研究"网，2005 年 11 月 13 日。

③ 田旭东：《战国写本兵书——〈曹沫之陈〉》，《文博》，2006(1)；《失传已久的鲁兵书——〈曹沫之陈〉》，《华学》第八辑，紫禁城出版社，155～160 页，2006。

④ 梁振杰：《上海博物馆藏战国楚竹书(一、二)研究综述》，《史学月刊》，2006(4)。此外，秦志华在《一批战国文献的集中公布》亦称《曹沫之陈》是"佚失已久的古兵书"(见《古籍新书报》第 20 期，2004-04-02，上博藏简第四册的内容简介)。"荆楚文化"网，2004 年 5 月 5 日亦是如此介绍。

⑤ 濮茅左：《上博馆藏战国楚竹书的主要发现》，清华大学"简帛研究"网，2007 年 12 月 6 日。在文章最后注明这是濮茅左先生在 2007 年 12 月 3 日在日本大东文华大学所作《上海博物馆楚竹书概述》报告的内容之一。

一斑①。也有学者认为《曹沫之阵》强调"夫陈(阵)者,为三教之末",与儒家重视教化在治国中作用相契合。结合战国时期儒学南传,《曹沫之陈》可能为儒家的教材类短文②。最近则有欧阳祯人先生综合了先秦古兵书与儒家文献的说法,谓"虽然《曹沫之阵》汲取了墨家的思想,但它仍是一部货真价实的儒家兵书,它代表了战国时期先秦儒家面临新的时代急剧改变自己以适应新的社会环境的思潮涌动"③。

然而,我们在学习《曹沫之陈》的时候,发现《曹沫之陈》的性质并非兵家(或儒家)著作。它在形式上应该属于原始语录体的散文,与《国语·鲁语》非常相似,而且其底本的成书时间很早。现在流传下来的《国语·鲁语》的前两篇就是《曹刿④问战》与《曹刿谏庄公如齐观社》,而《国语》是编辑成书的,被选编进的都是各国之"语"中的一部分,那么极有可能《曹沫之陈》就是原始《鲁语》的一部分,但是未被全篇选编进《国语·鲁语》。它系鲁国史官所作,不属于子书的范围。此论牵涉问题甚多,兹试分节一一析之。

第一节 "就事论事"抑或是"经验总结"
——论《曹沫之陈》的成书年代

我们要探讨《曹沫之陈》的性质,首先需要探讨的是《曹沫之陈》的成书时间。如果在《曹沫之陈》成书的时候,社会上还没有产生"诸子",尚未有后来所称的"百家"出现,则势必不能说它属于兵家著作或者儒家著作。我们知道,诸子的产生以儒家与道家为早,兵家的产生比较晚,但大致都是在春秋后期。我们通过研读,认为《曹沫之陈》系史官多次记言整理的结

---

① 陈丽桂:《近三十年出土儒道古佚文献在中国思想史上的意义与贡献》,清华大学"简帛研究"网,2005年8月10日。

② 刘光胜:《上博简〈曹沫之陈〉研究》,《管子学刊》,2007(1)。

③ 欧阳祯人:《论兵书〈曹沫之阵〉的思想史价值》,清华大学"简帛研究"网,2008年4月18日。

④ 《国语》《左传》等典籍中的曹刿与曹沫与《曹沫之陈》竹书中的"曹沫"是同一个人,见本书第四章:从口述史到文本传记——论"曹刿—曹沫"形象的演变。

果，其底本的成书比较早，应该是在春秋中期以前，准确地说就是成书于鲁庄公时期。

目前学术界对《曹沫之陈》的成书问题关注很少，大多数学者只是笼统地称其为战国写本兵书，只是偶有学者做过零星探讨。廖名春先生认为《慎子》佚文与《曹沫之陈》有相似情节的记述，而《慎子》是节选，不是其原始的出处，其原始出处是《曹沫之陈》简文。并根据慎子的生活年代，推测竹书《曹沫之陈》成书的下限，应该不会晚于齐宣、愍王时。至于其上限，自然不会超过鲁庄公十年（公元前684年）。廖先生还认为《曹沫之陈》既有可能是庄公十年曹刿论战的内容，也有可能是长勺之战后所论①。日本学者浅野裕一认为《曹沫之陈》明显地基于长勺之役中的曹沫的表现而作，因此其成书年代是庄公十年（公元前684年）以后。再加上，有庄公之谥号，所以其上限应为庄公卒崩的公元前662年以后。《曹沫之陈》的成书年代晚于春秋中期（公元前648—前527年），而春秋后期（公元前526—前404年）成立的可能性最大②。

这两种说法当然有可取之处，但是问题依然存在。问题在于其所定《曹沫之陈》的成书年代范围过于宽泛。廖先生所定从鲁庄公十年到齐宣、愍王时，从春秋前期一直到战国后期。而浅野先生仅仅依据庄公谥号定上限也是不可取的，因为在先秦时期，古书在传抄过程中改换称谓的做法是普遍的。因此，我们应该更深入细致地探讨《曹沫之陈》的成书问题。

此外，我们还应该注意到专家所定《曹沫之陈》的成书年代，多以鲁庄公十年的长勺之战为分界点。在这里，且先不论结论是否正确，这种将《曹沫之陈》定为"就事论事"之作的思路，首先是值得商榷的。诚然，《曹沫之陈》简文与《左传》庄公十年以及《国语·鲁语上》所记载的长勺之役前夕的"曹刿论战"有相似之处，然而，《曹沫之陈》简文更多的是《左传》《国语》所没有的记载。《曹沫之陈》不可能是庄公十年长勺之役时的"就事论

---

① 廖名春：《楚竹书〈曹沫之阵〉与〈慎子〉佚文》，清华大学"简帛研究"网，2005年2月12日。

② ［日］浅野裕一：《上博楚简〈曹沫之阵〉的兵学思想》，清华大学"简帛研究"网，2005年9月25日。

事"之作，而应该是曹沫与鲁庄公君臣之间多次探讨为政用兵的"经验总结"。试析如下。

首先，《鲁语》"曹刿论战"是长勺之役前夕曹刿（曹沫）与庄公的问对，而《曹沫之陈》简文则是以曹沫进谏庄公勿铸大钟开始，次年才"问于曹沫"。二者似不是同一时间的问对。《曹沫之陈》述曹沫进谏之事的背景是鲁庄公将铸大钟，曹沫进谏后，庄公毁钟型而听邦政，"还年而问于曹沫曰：'吾欲与齐战，问阵奚如？守边城奚如？'"（简 13）简文的脉络很清楚，在这里，记载有两件事情发生，一是庄公铸大钟，曹沫进谏。二是庄公"还年（第二年）"又"问于曹沫"。这两件事情是有着时间的先后顺序的，如果按照"就事论事"思路，哪一件有可能是庄公十年长勺之战前夕发生的呢？

如果将庄公"还年而问于曹沫"事定在庄公十年长勺之战时所论，则"还年（第二年）"之前的铸大钟，曹沫进谏事就应该是庄公九年的事情，这就与同一时期典籍中所载庄公的言行不合。《左传》庄公八年载鲁与齐联合包围郕国，而齐单独接受郕的投降。仲庆父请求攻打齐军。鲁庄公曰："不可。我实不德，齐师何罪？罪我之由。《夏书》曰：'皋陶迈种德，德乃降。'姑务修德，以待时乎！"鲁庄公的修德以发展国势，等待时机的做法深受《左传》作者的赞扬："君子是以善鲁庄公"。据《左传》记载，庄公十二岁即位，庄公八年到庄公十年，庄公正处于二十多岁的意气风发的青年时代，正是励精图治的时期。《曹沫之陈》所载的铸大钟事以及他为自己享乐而解脱的"君子得之失之，天命"（简 7）的言辞，与《左传》所载的这一时期庄公的言行不符合。此外，如专家也曾注意到一个简单的推论，就是根据《左传》庄公十年长勺之战前夕，曹刿（沫）请见时，其乡人劝说："肉食者谋之，又何间焉？"曹刿（沫）回答说："肉食者鄙，未能远谋。"这一记载表明在此之前，曹沫未曾觐见过庄公，不然，其"乡人"就不会反对了①。既然在庄公十年之前，曹沫未曾见过庄公，则简文所载的发生在庄公九年的庄公铸大钟，曹沫进谏事就不可能出现过。同样的，将曹沫进谏的背

---

① 廖名春先生在《楚竹书〈曹沫之陈〉与〈慎子〉佚文》（清华大学"简帛研究"网，2005 年 2 月 12 日）一文中已指出此点意见。

景——鲁庄公将铸大钟一事置于鲁庄公十年亦不合适。庄公十年"春，王正月"即发生了长勺之战，则鲁庄公将铸大钟一事置于长勺之战前不可能，而置于长勺之战后亦不太可能，因为庄公既然刚取得了长勺之战的大获全胜，就不会再有急切地欲与齐战而与曹沫的问对了。因此似乎可以判断，《曹沫之陈》所载庄公铸大钟贪图安逸之事，如果确实存在过，则应该是庄公中年以后的行为。因此，既不能将《曹沫之陈》所载庄公铸大钟，曹沫进谏一事定在庄公十年，也不能将《曹沫之陈》所载的"还年而问于曹沫"之事定在庄公十年。

其次，我们还要注意到《曹沫之陈》简文所载"铸大钟"这种行为代表的含义。君主铸大钟之事，典籍习见记载。《国语·周语下》载有周景王铸称为"无射""大林"的大钟事。《吕氏春秋·长见》载晋平公铸大钟；《晏子春秋》卷八、《淮南子·要略》载齐景公铸大钟；《说苑·正谏》载齐桓公铸大钟；《慎子》佚文载鲁庄公铸大钟等。在较早的记载中，铸大钟这种行为应该是历史史实，这是没有疑问的。然而，由于钟为古代重器，铸造大钟要耗费大量的财力物力，而且铸造出来的大钟多仅为君主享乐服务，因此，铸大钟这种行为在上古时代常被视为君主贪图享乐、不顾国力、无视民瘼的典型事例之一①。在这种情况下，也许铸大钟仅仅是指君主贪图享乐行为的代名词，应该超脱是否为史实的讨论，所以我们似乎不必去落实《曹沫之陈》所载曹沫进谏之事的背景——庄公铸大钟的具体时间。

最后，《曹沫之陈》简文总体是叙述小国弱国的为政用兵的策略。它是基于鲁国国力弱于齐国的背景，所以简文一再强调"小邦处大邦之间"的策略。是篇一再论述各种"战之忌"，各种"复败战"之道，这应该是多次失败之后的总结。而在庄公十年长勺之战以前，鲁对齐只有庄公九年的乾时之战鲁国一次的战败，而乾时之战又极具偶然性。这是由于齐公子小白与公子纠争夺君位引起的。鲁国因公子纠母是鲁女而拥护公子纠回国即位。而公子小白抢先回国即位，即齐桓公。鲁庄公不肯就此罢休，继续进攻，而齐桓公出兵抵御，于庄公九年的八月齐鲁在乾时交战，鲁军战败，庄公

"丧戎路，传乘而归"①。这次战役是意外之举。第二年，齐军攻打鲁国，鲁国取得了长勺之战的胜利。庄公九年的乾时之战与庄公十年的长勺之战皆具有偶然性。与《曹沫之陈》简文有条不紊、娓娓道来的全面系统的论政论兵内容不合。

论述到这里，我们应该可以判断，《曹沫之陈》不是"就事论事"之作，而是多次"经验的总结"，是多次史官记言的结果，而且经过整理与组合。虽然如此，这并不妨碍其底本成书时间还是很早的。我们经过细致分析发现，不必将《曹沫之陈》的成书时间从春秋前期一直拉到战国后期。虽然它不是庄公十年曹沫与庄公一次所论，但是它的底本成书不会晚于庄公一世。我们可以先从《曹沫之陈》简文所反映的鲁国战略思想与社会结构出发，探讨《曹沫之陈》的成书时间。我们认为《曹沫之陈》的底本写定时间就是鲁庄公生活的春秋前期，其最后编辑成书不会晚于春秋中期。《曹沫之陈》即鲁庄公与曹沫关于"与齐战"问题的问答，而由鲁国史官记载下来的记言实录。这个认识可从以下六个方面进行讨论。

其一，《曹沫之陈》的战略思想是立足于本国实力，内和于民，外和于大国，以邻国齐国为假想敌，采取积极有为、灵活多样的策略，确保战争的最后胜利。这与春秋中前期的鲁国军事及外交策略相似，而这种策略则是鲁国在春秋中期以后所不大可能出现者。

春秋前期，在鲁庄公之前以及鲁庄公时期，鲁国虽然实力稍逊于齐，但并不甘居下风。鲁、齐之间进行着长期的外交与军事上的较量，而且双方互有胜负，齐也奈何不了鲁，一直到鲁庄公十三年柯地会盟之后，鲁才服于齐，但是也没有完全放弃与齐争衡的企图，所以在庄公十九年，齐纠集宋、陈两国攻打鲁西境。在这之后不久，鲁国完全放弃与齐争衡的策略，成为追随齐桓公争霸的得力助手，鲁弱齐强成为定局，鲁国的军事策略由对抗强齐变为结强齐之援，图鲁国之安。这项基本的国策一直被鲁庄公之后的鲁国诸君执行。此后鲁国再也没有以齐国为假想敌的志气，也就没有像《曹沫之陈》简文所述那样主动地"吾欲与齐战，问阵悉如"（简13）的

---

① 《左传》庄公九年。

情况出现，更不用说简文所载鲁庄公很有兴趣地问曹沫"并兼人（兼并别人之国）"问题。春秋中期以后，如果齐国来伐，鲁国或是如晋乞师，或是如楚乞师，再也没有军事上的单独抗齐的思想与行动。即使是鲁国的"中兴之主"僖公亦是如此。僖公时期鲁国国力较强，但是鲁僖公从未以齐国为假想敌，不仅如此，他还是齐国称霸过程中最可靠的助手。僖公二十六年，齐国伐鲁，鲁僖公并没有依靠自身的力量与齐一战，而是派人"如楚乞师"。而春秋后期，鲁国军事实力大不如从前，其国际地位也陡然下跌，更没有奋发有为的军事举动。而到了战国时期，鲁国军事上更弱，国势日衰，沦为小国，被迫屈从于战国七雄。它在夹缝之中生存的当务之急就是选准自己依附的强国。所以说，鲁庄公以后到战国时期，鲁国实不可能有《曹沫之陈》简文所显示的那种以齐国为假想敌，积极有为、百折不回的蓬勃朝气。这一点应当成为判断此篇成书年代不可忽视的内证。

其二，《曹沫之陈》格外强调带兵作战的贵族的重要性，强调血统的优劣，重视宗族组织在战争中的作用，显示了鲁国以宗法治军的特色和重视血缘关系的特点。此篇简文明谓：

> 凡贵人使处前位一行，后则见亡。进（简24下）必有二将军。无将军必有数嬖大夫，无嬖大夫必有数大官之师、公孙公子。凡有司率长（简25下），……什（简30）伍之间必有公孙公子，是谓军纪（简26）。

这段简文的意思是说，作战时要重视身份高贵的人的作用，让他们位列前行。若没有将军、嬖大夫指挥，则一定要由若干士师、公孙公子来指挥。所有的职官都要由官长率领，什伍之间一定要有公孙公子，这就是军纪。我们知道，强调血缘宗法正是鲁国春秋时期的特色，而入战国之后，随着三桓的衰微，鲁国宗法社会松懈，政治体制逐步由宗法贵族君主制转化为君主集权的官僚体制①。鲁元公曾以卫人吴起为"将"，特别是鲁穆公曾用公仪休为"相"，进行改革，废除了世卿世禄制，还礼贤下士，广招人才。鲁平公曾欲

---

① 关于鲁国的宗法贵族政治体制，参见郭克煜等：《鲁国史》，149～174页，人民出版社，1994。

以乐正克为政(即为相)，欲使慎滑厘为"将"①。这种战国时期选将相的方法与思想与《曹沫之陈》简文是格格不入的。《曹沫之陈》在选将的时候，格外强调贵族血统的重要性，这是鲁国春秋时期所特有的。成书于春秋后期的《孙子兵法》对于"将"的要求是具有"智、信、仁、勇、严"②品质的人，而非有贵族血统的人。成书于战国时期的《孙膑兵法》亦是如此。而《曹沫之陈》强调"将"的高贵血统，强调"贵人""公孙公子"的重要性。认为"亓将卑，父兄不荐，由邦御之，此出师之忌"(简42)，这种事例，在《左传》中不胜枚举，但是在春秋后期及战国时期，世卿世禄制被废除之后，"将"的尊卑区别也就不复是国家在选将时所重要考虑的方面了。一旦国君根据其才能质量任命了"将"，他就拥有了无上的权威③，不再是以此人的血统定尊卑。《孙子兵法》论所选的将都是以才能入选，无所谓尊卑，反而是最忌讳"贵人"的特权。《吴子兵法》也是尤其重视选拔"良将"，它所说的"良将"和是否出身贵族毫无关系，而是指将领的威严、品德、仁爱、胆略足以统帅军队。所以虽然《曹沫之陈》与《孙子兵法》皆强调"以气势取胜"，但是《孙子》强调的是军备充足，"先发制人"，是战略与战术的气势；而《曹沫之陈》则是

> 人使士，我使大夫。人使大夫，我使将军。人(简39)使将军，我君身进。此战之显道(简40)。

在任命与派遣将帅的时候，《曹沫之陈》主张被任命者的身份地位要明显高于对方一个级别，认为这是"战之显道"。在这里，简文强调的是具有高贵血统地位的"贵人"的气势，出身高贵，可以骄人。这种以将领的高低贵贱来"势"压对方的做法，在《孙子兵法》等兵书中是见不到的。《曹沫之陈》与《吴孙子》《齐孙子》等不同，表明它们成书时的社会结构不同，也表明《曹沫之

---

① 《孟子·告子下》载鲁欲使慎子为将军，孟子谓"不教民而用之，谓之殃民"，慎子勃然不悦曰："此则滑厘所不识也。"赵岐注："慎子，善用兵者。"焦循《孟子正义》疑即慎到。杨伯峻先生谓焦说不可信。见其《孟子译注》，291页，中华书局，2005。

② 《孙子·计篇》。

③ 《六韬·龙韬·立将》对此有明确的记载。

陈》的早出。而且，还有一点需要格外注意，就是在《曹沫之陈》简文里，尊重国君与重视宗法贵族的作用是一体的，这说明其成书的时候，君权尚非常牢固且显赫，世家大族对公室尚未形成威胁，而鲁庄公死之后鲁国即出现了"三桓"，后来东门氏、"三桓"等世家大族专鲁政，君权受到很大的威胁，所以这也说明《曹沫之陈》应该就是庄公时期而非其后世鲁君的记载。

其三，《曹沫之陈》的"论兵"是为"论政"服务的，它倡导德政、重视民本，处处体现了政治的优先地位。如，《曹沫之陈》宣扬"有固谋而亡固城，有克政而亡克阵"（简13、14）、"夫阵者，三教之末"（简18、19）、"战有显道，勿兵以克"（简38），要"和于邦"（简21）、"和于豫"（简22）、"和于阵"（简24），要"上下和且辑"（简16）。这些思想与《左传》《国语》《逸周书》等"论兵"是一致的。春秋时期行师论兵，大都认识到了政治与战争的相互关系，认识到了战争与民众的密切联系，君主得民心是取胜的根本，而君主要得民心，就要守礼、亲民、讲诚信，而战国时期是"争于气力"的时代①，社会上不再重视礼与信，重视的是武力与强权。所以从所反映的社会思想来说，《曹沫之陈》应该成书于春秋时期。

此外，我们还注意到，《曹沫之陈》采取的"励士"的方法有国君"自过"，借助于"天命""龟筮"等，这明显是春秋中前期的做法。如《曹沫之陈》简文指出如果出师不利，国君要"自过以悦于万民"（简63上）还要"必聚群有司而告之：'二三子勖之，过不在子，在（简23上）[寡]人。'"（简51下）国君归咎于己，这是春秋时期较为常见的激励将士的做法②。而战国时期，君主精挑细选将领，一旦选定将领，将领就要对战争负有全责，国君则根据战绩决定对将领的赏罚。简51载国君召集将领，激励他们说："吾战，敌不顺于天命。返师将复。"简文之意是指敌方不顺于天命，所以必然

---

① "争于气力"见于《韩非子·五蠹》。

② 《左传》桓公十三年载楚伐罗失败后，"群帅因于冶父以听刑，楚子（楚武王）曰：'孤之罪也。'皆免之"。僖公三十二年载秦晋殽之战，秦军大败，秦穆公云："孤违蹇叔，以辱二三子，孤之罪也。不替孟明，孤之过也，大夫何罪？"成公十六年载晋楚鄢陵之战，楚军败，楚王派人对主帅子反说："先大夫之覆师徒者，君不在，子无以为过，不穀之罪也。"出师不利，国君归咎于自己，赦免众将领，反映了春秋时期诸侯争霸战争中"文""武"交融的一种特色。当时的诸侯国君还是比较重视"修文德"的，这虽然是笼络人心之举，但是却很有效果。

是失败的，而我军休整之后再战，是必胜的。让将士相信天命所在，激发他们再战的勇气和决心，这明显是春秋时期的做法。《曹沫之陈》简文指出，在战争不利的情况下还可以借助卜筮来鼓舞士气，"及尔龟筮，皆曰胜之"（简52）。虽然简文之意似并不相信卜筮的结果，但是既然以此鼓舞士气，说明广大的兵士还是相信"龟筮"的作用的。这些"励士"的方法，与《吴子兵法》《六韬》等明显不同，后者所载"励士"方法多是以严刑明赏、将领身先士卒，与士卒同甘共苦，爱兵如子，反映了战国时期的时代特色①，与《曹沫之陈》大异其趣。这一点也说明了《曹沫之陈》的早出。

其四，春秋时期尚无骑兵，骑兵滥觞于战国时期，成书于战国时期的兵书《孙膑兵法》《吴子》《六韬》等都多次提到了骑兵。而《曹沫之陈》并未提及。《曹沫之陈》简文反映的作战方式依然是车战，"车间容伍，伍间容兵"（简24）、"失车甲"（简31）、"车辇皆灾"（简32）、"率车以车，率徒以徒"（简58），这些简文所反映的正是春秋中期以前的作战方式。春秋后期，步兵在各国军队中的比重都有显著增加，车阵战因其笨重而逐渐落伍。此点亦为其成书于春秋中前期很有力的证据之一。

除了骑兵，战国时期也是铁兵器时代，见诸典籍的战国时期的铁兵器，比较常见有铁剑、铁矛、铁戟、铁杖、铁簇、铁甲等，如《史记·范雎蔡泽列传》载秦昭王因为"楚之铁剑利"而"恐楚之图秦也"。《吕氏春秋·贵卒》载中山国的大力士吾丘𫑡"衣铁甲、操铁杖以战"。《荀子·议兵》载"宛钜铁釶，惨如蜂虿"，意思是说楚国宛地出产的钜铁铸造的铁矛锐利无比，被刺中的人惨毒如同蜂虿。《六韬》更是提到"铁蒺藜""铁械锁""铁索""铁把""铁叉"等铁兵器的重要作用②。《曹沫之陈》仅笼统地说要"坚甲利兵"，对铁兵器毫无提及，这一点也是其成书于春秋时期的一个佐证。

① 《吴子兵法》有"励士"篇，中心思想是"奖励有功""激励无功"，让将士"乐闻""乐战""乐死"。《六韬·龙韬》也有"厉（励）军"篇，指出将帅要与士卒同甘共苦的"礼将"、身先士卒的"力将"、身体力行的"止欲将"，士卒就会争先恐后以身赴死。

② 《六韬·虎韬·军用》，孔德骐：《六韬浅说》，129～131页，解放军出版社，1987。

其五，《曹沫之陈》有关简文所论述的是正规作战的方法，不重视诡道①，尚未形成"兵以诈立"的思想，与《孙子兵法》《吴子兵法》《六韬》等所反映的明显不是一个时代。这是其成书于春秋中前期的强有力的内证。李零先生曾经以春秋中前期的泓之役（公元前 638 年）为中国的兵法发展的分水岭，宋襄公在泓之役"不鼓不成列"，身死兵败为天下笑，"宋襄公以后，中国的兵法，以《孙子兵法》为代表，都是讲'兵不厌诈'"②。而《曹沫之陈》简文所反映的应该是属于宋襄公以前的古老的"兵法"思想。此外，《曹沫之陈》以鲁国对外战争的实情为论战的依据，"论兵"有极强的针对性，并不具备"兵法"的普遍性③。

其六，《曹沫之陈》是"语"类著作，它的不少内容与《国语·鲁语》接近。如谓"君毋惮自劳，以观上下之情伪。匹夫寡妇之狱讼，君必身听之"（简 34），与《国语·鲁语》"曹刿问战"所载"余听狱虽不能察，必以情断之"，除文字略有差异外，所表达的意思几乎完全一样。另外，简文"毋获民时，毋夺民利"与《鲁语》"曹刿问战"之"动不违时，财不过用"④，也是一

---

① 《曹沫之陈》简文也有在战争中使用"诡道"的记载，但主要表现在故意向敌人示弱、鼓舞士气方面，而这些做法在春秋前期是很普遍的。总体来说，《曹沫之陈》的战略指导思想是遵循礼法的正规作战方法，并没有形成"兵以诈立"的思想。

② 李零：《简帛古书与学术源流》，380 页，生活·读书·新知三联书店，2004。按。宋襄公以前的兵法并非一点不讲诈术，在敌方未列好阵列之前就开战的也大有人在，如《左传》庄公十年载宋国为报复乘丘之役战败而侵鲁，鲁庄公就是采用"宋师未陈而薄之"的方法获得了胜利。《左传》解释说"凡师，敌未陈曰败某师，皆陈曰战"，这表明这种战法应该是比较普遍的。李零先生以泓之役为中国的兵法发展的分水岭，主要是因为宋楚泓之战之后，宋襄公"不鼓不成列"这种符合古军礼的战法从此就被彻底摒弃了。

③ 李零先生对先秦兵家素有研究，他在论及先秦兵法时曾说，"兵法"是来源于"军法"，然后又超越了"军法"，"特别是《孙子兵法》，它的思想深度，它的概括能力，没有充分酝酿，不可能出现。它需要'兵不厌诈'的战争环境（前提是贵族传统大崩溃），也需要'百家争鸣'的思想气质（前提是官学破散，私学泛滥）"（李零：《简帛古书与学术源流》，376 页）。这两个前提在《曹沫之陈》成书的时代亦尚未具备。

④ 《国语·鲁语上》上载曹刿对鲁庄公提及为政应该"动不违时，财不过用"，可谓是鲁君治国的准则之一，鲁国以农业立国，所以格外重视农业生产，《曹沫之陈》简文"毋获民时，毋夺民利"，与此意思相近。

致的。《鲁语》是《国语》中成书较早的诸语之一，所记言论多出自当时史官的记载①。而《曹沫之陈》也应该是当时史官所记的"语"，底本的写定时间也是很早的。此外，今本《吴子》《慎子》的佚文与《曹沫之陈》简文有近乎相同的内容，专家学者由此推出认为《吴子》《慎子》并非伪书，而是先秦古书，而《曹沫之陈》简文是更原始的出处②。

通过以上的论述，我们可以肯定地说《曹沫之陈》的底本是成书于鲁庄公时期，亦即春秋前期。具体说来，《曹沫之陈》底本的各个章节应该大约成书于庄公十年（公元前 684 年）——庄公二十二年（公元前 672 年）。庄公十年，长勺之战前夕，曹沫（刿）以非"肉食者"的身份觐见庄公，与庄公第一次论战。同年夏，齐师、宋师次于郎。鲁大败宋师于乘丘。齐师乃还。庄公十三年："冬，盟于柯，始及齐平也。"鲁与齐开始言和，实际上有鲁

① 《国语》是编辑成书的，各篇的写作时代很不一致，从内容上详加考察，大致周、鲁、晋、郑、楚各语多为当时人所记，其时代较早。参见徐元诰撰，王树民、沈长云点校：《国语集解》，前言，1 页，中华书局，2002。
② 陈剑先生指出，《曹沫之陈》简 19 之"三不和"："不和于邦，不可以出豫（舍）。不和于豫（舍），不可以出陈。不和于陈，不可以战。"与《吴子·图国》"四不和"："不和于国，不可以出军；不和于军，不可以出阵；不和于阵，不可以进战；不和于战，不可以决胜。"相比，"四不和"较此处简文之"三不和"多出"不和于战"一项，余则与简文相应。简 43 之"三军未成阵，未豫（舍），行阪济障"，与《吴子·料敌》"阵而未定，舍而未毕，行阪涉险"甚相近。（《上博竹书〈曹沫之陈〉新编释文（稿）》，清华大学"简帛研究"网，2005 年 2 月 12 日）廖名春先生指出唐徐坚《初学记》卷十六、宋李昉等《太平御览》卷五百七十五、宋王应麟《玉海》卷一百九等所引《慎子》佚文与《曹沫之陈》简一、简二近乎相同。其中《初学记》卷十六载："《慎子》曰：鲁庄公铸大钟，曹翔入见，曰：'今国褊小而钟大，君何不图之？'"《曹沫之陈》简一、简二云："鲁庄公将为大钟，型既成矣。曹沫入见，曰：'昔周室之邦鲁，东西七百，南北五百，非山非泽，亡有不民。今邦弥小而钟愈大，君其图之。'"廖明春先生认为此条《慎子》佚文是节选，不是其原始的出处，而《曹沫之陈》简文方是其原始出处。（《楚竹书〈曹沫之阵〉与〈慎子〉佚文》，清华大学"简帛研究"网，2005 年 2 月 12 日）单育辰先生在陈剑、廖名春两位先生的研究基础上补充说《曹沫之陈》简 60 下"慎以戒，如将弗克"可与《吴子·论将》"故将之所慎者五：……四曰戒……戒者，虽克如始战"相对照，并进而对《吴子》《慎子》的真伪问题进行论述，最后得出这两部子书应该脱去"伪书"之名。（《从战国简〈曹沫之陈〉再谈今本〈吴子〉、〈慎子〉的真伪》，武汉大学"简帛"网，2006 年 8 月 30 日）

表示服从于齐国的意思。庄公十五年，"齐始霸也"，但是鲁并未放弃与齐争衡的企图，庄公十九年，"冬，齐人、宋人、陈人伐我西鄙。"经过这多次的较量，鲁渐渐放弃与齐争衡的策略，向齐国屈服，庄公二十二年"公如齐纳币"，庄公二十三年"公如齐观社"，庄公二十四年"公如齐逆女"。此后，庄公成为齐桓公争霸的得力助手。鲁弱齐强的形势已成定局。在此之后，庄公与曹沫之间也就不可能再"欲与齐战"的讨论。

在《曹沫之陈》底本成书的时期，社会上根本还没有出现儒家与兵家，有的只是史官的著述，所以它的著作权应该属于鲁国的史官。春秋时期的史官文化是西周时期王官文化的发展。史官所关心的是国家治术，《曹沫之陈》主张"修政而善于民"，这种观点虽然后世儒家、兵家著作中也有涉及，但却很难说它是兵家还是儒家的思想，只能说是受传统礼乐文化影响的政治家的共识。而且《曹沫之陈》所述"兵法"的内容与实质与《国语》《逸周书》《左传》等传统典籍中所记"兵法"并无扞格违逆之处。可以推测，《曹沫之陈》不属于诸子的作品。它在后来肯定又经过了传抄与修改，主题突出，有了篇题，出现了庄公谥号以及将军的称谓，但是其底本的写定时间应该是在春秋中期以前。《曹沫之陈》虽然不是曹沫个人所作，但却应当是与他同时的鲁国史官的记录，或者说是当时的史官据记录而整理形成的作品。

第二节　《曹沫之陈》是鲁国史官所作

关于《曹沫之陈》的作者，学界或未予关注，专家或以为曹沫谙熟礼制、足智多谋而又具匹夫之勇，"或许正是兵书作者的最佳人选"①。而事实上曹沫生活在鲁庄公时期，处在春秋前期，那个时期社会上还没有私家著述，有的只是史官著述。在这种社会背景下，《曹沫之陈》应当就是鲁国史官的著述。

---

① 田旭东：《战国写本兵书——〈曹沫之陈〉》，《文博》，2006(1)；《失传已久的鲁兵书——〈曹沫之陈〉》，《华学》第八辑，155～160页，紫禁城出版社，2006。

鲁国史官的建置在诸侯国中是最早的，鲁国初封的时候就有"史"。《左传》定公四年（公元前 506 年）记载，伯禽始封，周王室"分之土田陪敦、祝、宗、卜、史，备物、典策、官司、彝器"，其中，"史"即太史。"史"负责记录时事，并掌典籍、星历等。当然西周时期，诸侯国设置史官的也有不少，据西周金文资料表明，卫、邢国即有史官。但是有明确记载的，只有鲁国的史官系周王室在分封时所赐①。鲁国的史官负责记载国君的一切言行举动，当然也包括国君的违礼行为。

　　《国语·鲁语上》记载鲁庄公欲如齐观社，曹刿（曹沫）认为违礼，劝谏说："君举必书，书而不法，后嗣何观？"②史官的如实记载在一定程度上起到了规劝国君行为要合于法度的作用。《鲁语上》亦记载了庄公的另一次违礼行为，庄公迎娶哀姜，使大夫、宗妇皆用币觐见，宗人夏父展认为"非故也"，进行劝谏，庄公以"君作故"搪塞，夏父展对曰："君作而顺则故之，逆则亦书其逆也，臣从有司，惧逆之书于后也，故不敢不告。"《国语》公序本注曰："顺于礼则书以为故事。"国君顺于礼要"书以为故事"，逆于礼也要"书其逆"，所以说国君的一举一动都在史官书写记录的范围之内。《左传》昭公二年记载，晋侯使韩宣子来聘，观书于大史氏，见《易》《象》③与鲁《春秋》，曰："周礼尽在鲁矣，吾乃今知周公之德，与周之所以王也。"这也说明鲁国史官的完备，其著述之多可见一斑。

　　正是由于鲁国史官恪守职责，著述详备，使得鲁国有较其他国家更为丰富可信的历史记录留存下来。从《史记》有关的各世家、《周本纪》和《十二诸侯年表》看，只有鲁国的年数可以上推到相当于周昭王时期的考公，比晋、齐、楚等国可考的诸王年数要早一百多年。而且《鲁周公世家》所记

---

①　其他诸侯国史官的设置推测大多为西周晚期或者春秋初年建立的。如《史记·秦本纪》载："（秦文公）十三年，初有史以纪事。"秦文公十三年即周平王十八年，秦国初设史官。

②　《左传》庄公二十三年亦载此事，亦有此语，《国语·鲁语上》记载此事的结果是："公不听，遂如齐。"《左传》则没有此条记载。

③　《易》《象》或连读为《易象》，杨伯峻先生采用宋王应麟《困学纪闻》卷六说分读，谓《易》乃《周易》，《象》当是鲁国历代之政令。见其《春秋左传注》，1227 页，中华书局，1990。

载的鲁公世系是最为清晰的。这便从一个方面表明，鲁国较其他诸侯国史官的建置要早，体系更健全，而且记载亦较翔实。

由于鲁国史官坚持"君举必书"的严谨纪实原则，所以古代文献中保存了许多出自鲁国史官的资料。除《春秋》《国语·鲁语》外，《礼记》与《大戴礼记》等书中有哀公向孔子问"儒行"，"问政"，"问礼"等，虽然有些内容不排除孔门弟子记录整理的可能，但是这样长篇的君臣之间的问对记录与整理应当属史官职责范围。或者说这些资料的最初来源应该出自鲁国史官的记录①。近年所出简牍材料，亦可说明此点。例如，郭店楚墓竹简的《鲁穆公问子思》篇，记载鲁穆公问子思何谓"忠臣"，虽有学者以为这是子思弟子所记，但如果说这是鲁国史官所记，则会更合适些。上博简第二册《鲁邦大旱》记述的鲁哀公就鲁邦大旱事求教于孔子，虽然这篇文章有孔门弟子记录整理的可能，但其原始材料则应该是史官的记录，特别是其前半部分更应如是。第五册的《季康子问于孔子》记载季康子以币迎孔子归鲁之事，记录了孔子对治国兴鲁的看法，涉及"为政""君务"等经典论述，最初也应该是鲁国史官的记录。

史官关心的是国家治术，遵从的原则是"君举必书"，所以史官记录的内容非常广泛，先秦时期"国之大事，在祀与戎"②，占卜祭祀与战争一样都是国家大事，史官对这两项大事格外关注，当在情理之中。《曹沫之陈》内容显示了国君与史官的注意力由论礼向论兵的转变。《曹沫之陈》作为上博简第四册中最长的一篇，简文以庄公将为大钟，曹沫以"今邦弥小而钟愈大，君亓图之(简2)"进谏，并讲述一番治国为民的道理，庄公接受劝谏之后，又问阵，曹沫还是以"夫阵者，三教之末"(简19—20)，进行论述，分析"和于邦""和于豫""和于阵"(简19)的道理。再讲出兵之忌，复战之道，等等，我们可以看出，这些皆属史官的记载范围。

总之，《曹沫之陈》简文语言古朴，没有刻意修饰的痕迹，它底本的成

---

① 清儒马骕的《绎史》卷八十六《孔子类记一》中，专有《哀公问》一节，收录了大量的哀公问政于孔子的材料，其中有《礼记》《孔子家语》《史记》《说苑》《吕氏春秋》《大戴礼记》《三朝记》《韩非子》《新序》《丧服要记》《庄子》等书。

② 《左传》成公十三年，周王卿士刘康公之语。

书时间很早，其记载的鲁庄公与曹沫的问对就是出自鲁庄公时期的鲁国史官的"记言"笔录，或者说史官的记录是其底本。春秋三传与《国语》都载有曹刿（即曹沫）的事迹，这些都是可信的历史记载。《曹沫之陈》与《鲁语》相似，重在记言。现在流传下来的《鲁语》的前两篇就是《曹刿问战》与《曹刿谏庄公如齐观社》，而《国语》是编辑成书的，被选编的都是各国之"语"中的很少的一部分，那么极有可能《曹沫之陈》就是原始《鲁语》的一部分，但是未被全篇选编进《国语·鲁语》。它不属于子书的范围，系鲁国史官所记的原始《鲁语》的一部分。

第三节 《曹沫之陈》系原始《鲁语》的一部分

为了说明这个问题，我们不妨从《曹沫之陈》简文内容开始讨论。《曹沫之陈》全文 65 支简，皆没有超出对话的范围，其文体特征显然是采用问答形式的原始的语录体散文。它没有多少叙事成分，没有细节动作的描写，全部是对话，而且多用语气词，它目的明确，就是为了记曹沫论政、论兵之言。这些可以说都是"语"类文体的特征，性质与《国语·鲁语》一样。《国语·鲁语》记君臣问答，多着眼于记贤臣对于鲁君非礼行为的劝谏。《曹沫之陈》篇亦属此类。是篇开首即谓：

> 鲁庄公将为大钟，型既成矣，曹沫入见，曰："昔周室之邦鲁，东西七百，南北五百，非(简 1)山非泽，亡有不民。今邦弥小而钟愈大，君其图之。昔尧之飨舜也，饭于土增，欲〈歠〉于土铏(简 2)，而抚有天下，此不贪于美而富于德欤？昔周[室]……(简 3)[出乎]境必胜，可以有治邦，《周志》是存。"(简 41)①

简文表明，鲁庄公铸大钟，"邦弥小而钟愈大"，这是违礼的行为，曹

---

① 简 3 后接简 41，陈剑先生首先提出此编联意见，见其《上博竹书〈曹沫之陈〉新编释文（稿）》，清华大学"简帛研究"网，2005 年 2 月 13 日。后来陈斯鹏、白于蓝、李锐诸先生亦是如此编联。

北京师范大学史学探索丛书

沫进谏，鲁国史官对于相关内容加以记载，这种事例在《国语·鲁语》中非常多。《国语·鲁语上》载鲁庄公时君臣问对的"语"共五篇，除了前面提到的《曹刿问战》与《曹刿谏庄公如齐观社》之外，还有《匠师庆谏庄公丹楹刻桷》《夏父展谏宗妇觌哀姜用币》《臧文仲如齐告籴》。五篇中，记载的违礼事件有三件，分别为"如齐观社""丹楹刻桷""觌哀姜用币"。对于庄公的这些违礼的行为，鲁史都加以记载。《曹沫之陈》的情况与此是完全一致的。从庄公的违礼行为"将为大钟"开始，曹沫入谏起论，最后庄公接受劝谏而修明政治，后来又问阵，曹沫一一回答，这种问答的形式与性质与《国语·鲁语》无二。从《曹沫之陈》简文内容来看，至少记载了两次曹沫谏"语"，非常明显的有"曹沫谏庄公将为大钟"与"庄公问（阵）于曹沫"两次的问对。在《鲁语》所载有关鲁庄公与大臣的问答的五篇中，与曹沫有关的就有两篇，即"问战"和"谏庄公如齐观社"两篇。《左传》庄公十年也有其"论战"的内容。曹沫作为鲁庄公既懂军事又懂礼法的大臣，其觐见庄公，与庄公讨论军国大事势必不会是一两次，应该是经常的事情，"君举必书"，鲁国史官恪守职责，把曹沫与庄公的每次对话内容全部加以记载是可能的，这些内容肯定是涉及治国与出征的诸多问题，这些都应该是原始的《鲁语》的内容之一，即原始的"语"。《曹沫之陈》的底本作为原始的"语"，有可能还是多次的"记言"的总结。因为，《曹沫之陈》简文所记"庄公问（阵）于曹沫"的问对内容丰富，包括"为和于邦""为和于豫""为和于阵""出师之忌""散裹之忌""战之忌""既战之忌""复败战之道""复蟠战之道""复甚战之道""复固战之道""善攻者""善守者""为亲如何""为和如何""为义如何""先王之至道""三代之所"等，这些内容不可能是在一次问对里就能完成的，应该是多次问对的整理总结。

虽然，《曹沫之陈》简文所载曹沫与鲁庄公的问语非《左传》《国语》所载庄公十年"曹刿问战"一次问对所能涵盖的，但"曹刿问战"却是其中的第一部分，也是非常重要的部分。为了说明《曹沫之陈》与《国语·鲁语》相同的性质，下面我们节选《曹沫之陈》简文、《国语·鲁语上》《左传》庄公十年"曹刿论战"的相关记载，试对比如下。

《曹沫之陈》简文如下：

　　庄公曰："为和于邦如之何？"曹沫答曰："毋获民时，毋夺民利（简20）。申功而食，刑罚有罪，而赏爵有德。凡畜群臣，贵贱同之，禄毋负。《诗》于有之曰：'岂（简21）弟君子，民之父母。'此所以为和于邦。"（简22）

　　庄公曰："（简41）今天下之君子既可知已，孰能并兼人（简4）哉？"曹沫曰："君其毋云，臣闻之曰：邻邦之君明，则不可以不修政而善于民。不然，恐亡焉（简5）。邻邦之君亡道，则亦不可以不修政而善于民（简6上）。不然，亡以取之。"（简7上）

　　庄公曰："为亲如（简33）何？"答曰："君毋惮自劳，以观上下之情伪。匹夫寡妇之狱讼，君必身听之。有知不足，亡所（简34）不中，则民亲之。"（简35）

　　（曹沫答曰：）"不和（简18）于邦，不可以出豫。不和于豫，不可以出陈。不和于陈，不可以战。是故夫陈者，三教之（简19）末。君必不已，则由其本乎？"（简20）

《鲁语》记载曹刿（曹沫）问所以战于庄公，内容不多，全文如下：

　　长勺之战，曹刿问所以战于庄公。公曰："余不爱衣食于民，不爱牲玉于神。"对曰："夫惠本而后民归之志，民和而后神降之福。若布德于民而平均其政事，君子务治而小人务力；动不违时，财不过用；财用不匮，莫不能使共祀。是以用民无不听，求福无不丰。今将惠以小赐，祀以独恭。小赐不咸，独恭不优。不咸，民不归也；不优，神弗福也。将何以战？夫民求不匮于财，而神求优裕于享者也。故不可以不本。"公曰："余听狱虽不能察，必以情断之。"对曰："是则可矣。知夫苟中心图民，智虽弗及，必将至焉。"

关于此问战，《左传》庄公十年也有类似记载：

> 十年，春，齐师伐我。公将战。曹刿请见。其乡人曰："肉食者谋之，又何间焉？"刿曰："肉食者鄙，未能远谋。"乃入见，问何以战。公曰："衣食所安，弗敢专也，必以分人。"对曰："小惠未遍，民弗从也。"公曰："牺牲玉帛，弗敢加也，必以信。"对曰："小信未孚，神弗福也。"公曰："小大之狱，虽不能察，必以情。"对曰："忠之属也，可以一战。战，则请从。"公与之乘。战于长勺。

《鲁语》之《曹刿论战》篇在记载长勺之战前曹刿与庄公的一次问语之后就结束了，而《左传》在后面还记载了"齐师败绩"的结果。《曹沫之陈》简文则是多次问语的总结。我们可以看出，《鲁语》与《左传》所记内容大略相似，而形式有别。《鲁语》重在记言，而《左传》重在记事。而且，《鲁语》所记曹刿的言论比《左传》更能凸显其对于民本战略的认识。《曹沫之陈》从形式到内容都与《鲁语》接近。其形式亦是重在记言，是"语"，而不是"史"。《鲁语》中曹刿（曹沫）强调施惠应抓根本，根本就是民得其利，民和政通，神才会降福，所以要布德于民、平均政事，处理政事也要立足根本。这些内容在《曹沫之陈》中都能找到。与《鲁语》之《曹刿论战》篇相比，《曹沫之陈》内容更为丰富，所论更有理致，显然是经过了后人的整理，但是其主体思想是一致的。从上面所节选的简文与《鲁语》的对比，可以找出非常明显的相似的表述。请看从中摘出的相关简文与《鲁语》内容的比较：

《曹沫之陈》与《国语·鲁语》的相似内容

《曹沫之陈》简文	《国语·鲁语》
毋获民时，毋夺民利。	动不违时，财不过用。
修政而善于民。 申功而食，刑罚有罪，而赏爵有德。 凡畜群臣，贵贱同之，禄毋负。	布德于民而平均其政事， 君子务治而小人务力。
君毋惮自劳，以观上下情伪。匹夫寡妇之狱讼，君必身听之。	余听狱虽不能察，必以情断之。

《曹沫之陈》简文	《国语·鲁语》
是故夫陈者，三教之末。君不必己，则由其本乎①？	惠本而后民归之志。 夫民求不匮于财，而神求优裕于享者也。故不可以不本。
有知不足，亡所不中，则民亲之。	知夫苟中心图民，智虽弗及，必将至焉。

可以看出，《曹沫之陈》简文与《鲁语》之《曹刿论战》篇相比较，有五点非常明显的相似之处，一是，在简文里，曹沫主张"修政而善于民"，要"和于邦"，在"和于邦"里强调的"毋获民时，毋夺民利"，与《鲁语》的"动不违时，财不过用"何其类似。二是，简文的"申功而食，刑罚有罪，而赏爵有德。凡畜群臣，贵贱同之，禄毋负"，与《鲁语》"布德于民"与"平均其政事"是一个意思。三是，简文的"君毋惮自劳，以观上下之情伪。匹夫寡妇之狱讼，君必身听之"，与《鲁语》的"余听狱虽不能察，必以情断之"，除文字略有差异外，所表达的意思几乎完全一样。四是，简文的"有知不足，亡所不中，则民亲之"，与《鲁语》的"知夫苟中心图民，智虽弗及，必将至焉"，意思完全一样。"知不足"与"智弗及"都不妨碍对民尽心。五是，简文的"君必不已，则由其本虖"，与《鲁语》的"故不可以不本"，言辞与意思都是相似的，所强调的"本"都是以民为本。另外还有一点需要指出的是，简文的"鬼神惚恍②，非所以教民"，陈剑先生以为是指鬼神无形无象，其事难以凭据，非所以教民，我们认为此句应指因祭品不丰富，祭礼不周到，鬼神不满意，所以鬼神之意旨不明。与《鲁语》的"神求优裕于享者"，"不优，神弗福也"的意思是一致的。不仅如此，《曹沫之陈》简文的文体形式与《国语·鲁语》也是相似的（请看本节最后附录《曹沫之陈》与《国语·鲁

---

① "由"，原释文隶定为"繇"，是用的意思。李锐、陈斯鹏直接将其隶定为"由"。高佑仁同意何琳仪、季旭昇的观点，隶定为"繇"，读作"由"。"本"，原释文隶定为"枭"，疑是"本"字的异写。高佑仁以《礼记·祭统》"是故君子之教也，必由其本"为证。正确可从。参见高佑仁：《〈曹沫之阵〉"君必不已则由其本乎"释读》，清华大学"简帛研究"网，2005年9月4日。

② 原释文隶定为"鬼神勿武"，以为"勿武"待考。陈剑先生指出"勿"字从"勿"声，与"武"当读为联绵词忽芒、惚怳、惚恍等，今从之读作"惚恍"。见其《上博竹书〈曹沫之陈〉新编释文（稿）》，清华大学"简帛研究"网，2005年2月13日。

语》的文体形式比较表）。

对比《曹沫之陈》简文与《国语·鲁语》之《曹刿论战》篇，就会发现，《曹沫之陈》内容要比《鲁语》丰富，对于所论内容也要比《鲁语》成系统化，但是二者所论的以民为本的战略思想是完全一致的。就上面所列出的五条极其相似的内容来看，甚至可以说二者有极深的渊源关系。这里就有两种可能，一是，作为鲁国史官纪言实录总结的《曹沫之陈》是底本，而《鲁语》之《曹刿论战》篇吸收了《曹沫之陈》前半部分"论礼"的内容，又加以精简润色，而舍弃了其后半部分"论兵"的内容。二是，鲁国史官的纪言实录是最初的史料来源，《曹沫之陈》与《鲁语》之《曹刿论战》篇皆从中获取了所需的数据。相比较而言，《曹沫之陈》所载语言更为古朴，所以本书倾向于第一种可能。

通过《曹沫之陈》与《国语·鲁语》以及《左传》相关曹沫（曹刿）的事迹的记载，我们可以大体推测，庄公十年，曹刿（曹沫）带着"肉食者鄙，未能远谋"的忧虑，第一次进谏鲁庄公，从此与鲁庄公君臣之间经常讨论军国大事，鲁国史官"君举必书"，加以记载，当在情理之中。《曹沫之陈》简文即是原始的鲁语①，是曹沫与鲁庄公君臣之间多次问对的总结，是真实而可信的鲁国史官的记言实录，但是未被全篇选编进《国语·鲁语》。既然同为曹沫与鲁庄公君臣问答之语，为何"曹刿（曹沫）问所以战于庄公"被选编进《国语·鲁语》，而《曹沫之陈》大部分"论兵"的内容就被淘汰了呢？这要从《曹沫之陈》的特色与《国语》的编辑成书说起，从中我们也可以看出"语"这种先秦时期流行文体的起源与发展。

---

①　近年，与《国语》有关系的战国竹简不断涌现，2008 年 12 月出版的上博简第 7 册有《吴命》篇（原有篇题，在第三简的简背），整理者曹锦炎先生认为"从文章内容到体例，《吴命》篇有可能为《国语·吴语》佚篇"（马承源主编：《上海博物馆藏战国楚竹书（七）》，303 页，上海古籍出版社，2008）。2008 年 7 月入藏清华园的一批珍贵的战国楚简，李学勤先生介绍说亦有"近于《国语》的史书"（《初识清华简》，《光明日报》，2008-12-01）。

《曹沫之陈》与《国语·鲁语》的文体形式比较表

	《曹沫之陈》	《国语·鲁语》
表述方式	记载曹沫与鲁庄公的问对。共65支简，先一句话交代谈话的背景，然后全部是一问一答。	前两篇是"曹刿论战"与"曹刿谏庄公如齐观社"。也全部是问答体。先是一句话交代背景，然后即一问一答论述。核心内容是要循礼。《鲁语》全部章节都遵循这一核心。
称谓用语	曹沫、鲁庄公、庄公，《曹沫之陈》没有一处称"公"的。文中庄公直接称呼曹沫为"沫"。	曹刿、庄公、公，《鲁语》除第一句话介绍背景的时候用庄公，其余内容全部是"公"，与《左传》的称谓一样。《鲁语》没有直呼曹刿其名的。
对答用语	曰（曹沫曰，庄公曰），问（问，又问，答曰）。	全部是公曰，对曰，曰，谏曰。
"臣闻之"	共有9次"臣闻之"。凡是重要的论题都是以"臣闻之"的形式引出。（这一点与《国语》非常相似）	《鲁语》有3次"臣闻之"。（《国语》共有23处"臣闻之"。）
语气词	矣（5处）、焉（3处）、哉（2处）、与（2处）、如之何（1处）、如何（5处）。	矣（47处）、焉（34处）、哉（3处）、何以（5处）、何（21处）、何也（1处）、几何（1处）。
所述事情的结果	对于铸大钟一事，庄公听从曰："善哉，吾闻此言。"乃命毁钟型而听邦政。问阵之后，听曹沫说先王之至道后欲闻三代之所。	"曹刿论战"只记言未记结果。 如齐观社，"公不听"。 对丹桓宫之楹，"公弗听"。 觌哀姜用币，"公弗听"。 臧文仲谏僖公为卫成公求情，"公说"。 文公欲弛孟文子之宅，公弗取。 里革谏逐莒大子，宣公听从。 里革谏勿泗渊滥捕，宣公听从。

第四节　从《曹沫之陈》看"语"文体的起源与发展

现在学者研究诸子的文体渊源，一般都只上溯至《论语》。从《论语》的语录体一变而为《孟子》《庄子》《墨子》等的对话体，再变而为《荀子》《韩非子》等的专论体，这似乎是不争的事实。学者对先秦语录体的研究多集中在《论语》上，而少有对《国语》进行相关文体的研究。其实，《国语》和《论语》虽然在文体性质上有很大差别，但是同属于"语"。"语"是先秦时期非常普遍的一种文体，20世纪70年代以前，并没有得到学者们重视，那时知道的"语"的材料很少，有《国语》和《晋书·束皙传》所载的汲冢竹书言楚晋事的"国语"三篇①。1973年马王堆三号汉墓帛书《春秋事语》的出土，"语"这种文体才逐渐引起学们的注意。1987年，慈利楚简出土，其中有《吴语》的内容，而近年上博简据已发表或介绍的，内有"语"达二十余种。使学者再次认识到"语"的重要性，并据此而重新审视《国语》的性质和价值。《曹沫之陈》既然是久已佚失的原始《鲁语》，通过《曹沫之陈》的学习，我们可以更加全面地认识"语"类著作。

我们要了解先秦时期"语"文体的起源与发展，首先要梳理清楚前人对于先秦时期"语"文体实质的理解，通过文献记载，发现所论大致有四：

一是治国之善语。如《国语·楚语上》记申叔时云"教之语，使明其德，而知先王之务用明德于民也"。韦昭注谓"语"为"治国之善语"，在其《国语解叙》中亦有"邦国成败，嘉言善语"②之解。

二是相应答相辩论之言语。清董增龄《国语正义·国语叙疏》曰："'言'者直言，'语'者相应答，《国语》载列国君臣朋友相论语，故谓之'语'。"③钱穆先生认为《论语》之"语"为"谈说义，如《国语》《家语》《新语》之类"，认为《论语》所收以孔子应答弟子时人之语为主④。杨伯峻先生则认为《论语》之"语"是"语言"的意思，"论语"就是把"接闻于夫子之语""论纂"起来的意思⑤。

三是谚语、俗语。《孟子·万章上》载："语云：'盛德之士，君不得而臣，父不得而子。'"东汉赵岐注："语者，谚语也。"《穀梁传》僖公二年载：

---

① 张政烺先生在《〈春秋事语〉解题》中指出，《国语·楚语上》记载的申叔时提到的《语》，《汉书·艺文志》著录的《新国语》五十四篇，《晋书·束皙传》记汲郡魏墓出土"《国语》三篇，言楚晋事"等均为"语"类的作品，见张政烺：《〈春秋事语〉解题》，《文物》，1977(1)。

② 上海师范大学古籍整理组校点：《国语》，661页，上海古籍出版社，1998。

③ （清）董增龄：《国语正义》，11页，巴蜀书社，1985。

④ 钱穆：《论语新解》，1页，生活·读书·新知三联书店，2002。

⑤ 杨伯峻：《论语译注》，导言，25页，中华书局，1980。

"语曰：'唇亡则齿寒'"①。东晋范宁注："语，谚言也。"②

四是古语，古记。《礼记·文王世子》：语曰："乐正司业，父师司成，一有元良，万国以贞。"孙希旦《礼记集解》："语，古语也。"③

其实，单就"语"字而言，笼统地说就是语言，就是讲话，在春秋时期，"言"与"语"已经合用为一词"言语"④，但是如果细分析起来，"言"和"语"还是有一定的区别的，如，《说文·言部》："言，直言曰言，论难曰语。"是为典型的解释。段玉裁注则云：

> 《大雅》毛传曰："直言曰言，论难曰语。""论"，正义作"答"。郑注《大司乐》曰："发端曰言，答难曰语。"注《杂记》曰："言，言己事。为人说为语。"按，三注大略相同，下文语，论也，论，议也，议，语也。则《诗》传当从定本集注矣⑤。

《说文·言部》又云："语，论也。"段玉裁注又云：

> 此即毛郑说也。语者，御也。如毛说，一人辩论是非谓之语。如郑说，与人相答问辩难谓之语⑥。

段注总结毛传与郑笺所论，亦同意"一人辩论"是为语，"与人相答问辩难"亦谓之语。作为名词的"语"在先秦的含义，主要也就是这两种：一

---

① 《孟子注疏》，《十三经注疏》，2735 页，中华书局影印本，1980。
② 《春秋穀梁传注疏》，《十三经注疏》，2392 页，中华书局影印本，1980。此则《穀梁传》僖公二年是"语曰"，而《左传》僖公五年则是"谚所谓"。可见"语"与"谚"是同义。此外，《大戴礼记·保傅》："鄙语曰：'不习为吏，如视已事。'又曰：'前车覆，后车诫。'"北周卢辩注："古谚云：'前事之不忘，后世之师也。'鄙，犹今言俗语然也。"作为谚语、俗语讲的"语"在先秦很多，如《荀子》之《君道》《正论》《大略》《哀公》《尧问》诸篇，《商君书·更法》篇都有此类例证。
③ （清）孙希旦：《礼记集解》，566 页，中华书局，1989。
④ 《左传》襄公十四年有"言语漏泄""言语不达"；《左传》襄公三十一年有"言语有章"。
⑤ （清）段玉裁：《说文解字注》三篇上，89 页，上海古籍出版社，1988。
⑥ （清）段玉裁：《说文解字注》三篇上，89 页，上海古籍出版社，1988。

是指所说的话，《国语·周语上》"庶人传语"是也；二是指与他人辩论问难，《左传》昭公三年"（晏婴）故与叔向语而称之"是也。作为文体来说，"语"在先秦时期并没有什么严格限定，"语"在最初出现的时候正是因为其作为讲话的"语"的外在形式而定，只要是出自人们的言谈论辩，都是"语"。但是那时"语"还不是固定的文章体裁，一直到《国语》的问世，"语"才真正成了一种固定的文体。韦昭注《国语》之"语"，为"治国之善语""嘉言善语"，强调的是其内容而非文体。从文体上看，"语"只是一种以记言为目的的散文，不应当与文体特征纠结起来。考之《国语》就有不少与"治国"关系较远的修身齐家的内容，如《鲁语》关于公父文伯之母敬姜的诸章。可以说"治国之善语"只是"语"的一种。而韦昭注显然仅仅是根据申叔时的话"先王之务用明德于民"而来。申叔时只是针对楚国太子而论，并不具有普遍性。再者，《国语》诸"语"并非全部是"善语"，还有比重很小的部分"恶语"，如《晋语》骊姬谋害太子申生之语。所以"语"无所谓治国与齐家、修身，也无所谓"善语"还是"恶语"，而只是一种以记言为目的的文体。

在这里就存在一个问题，即"六经"与"语"的关系问题。或有专家以为"语"是六经之外的比较通俗的、同时也能为普通大众所掌握的教材①。在这里有两个问题需要讨论，一是"语"是不是全部为教材，二是"语"是否排除在"六经"之外。

关于第一个问题，我们认为"语"不仅仅是教材，也有很多是历史档案。如《国语·郑语》载曰："《训语》有之曰：'夏之衰也，褒人之神化为二龙，以同于王庭，而言曰："余，褒之二君也。"夏后卜杀之，与去之，与止之，莫吉。卜请其漦而藏之，吉。乃布币焉，而策告之，龙亡而漦在，椟而藏之，传郊之。'"其中，《训语》，韦昭注为《周书》。而这一故事在《史记·周本纪》中是则如此记载："周太史伯阳读'史记'曰……"可见《训语》或者《周书》的最初史料来源是当时的"史记"。再如，《穀梁传》僖公二年"语曰'唇亡则齿寒'"，同样的内容，《左传》僖公五年为"谚所谓"，《公羊传》僖公二年则为"记曰"。可见，"语""谚""记"在这里是一个意思，而对

---

① 俞志慧：《语：一种古老的文类——以言类之语为例》，《文史哲》，2007（1）。

于"记"，东汉何休注："记，史记也。"①在这里，"记"或"语"应该皆是历史档案类的数据，而非教材。当然在作为历史档案的"古语"或者"古记"里面，肯定不会只有"唇亡齿寒"这几个字，而是有其具体的语境，但是由于这几个字形象凝练，具有很强的说服力，即使脱离"古语""古记"，人们也能理解，可以单独流传，于是就成为社会上人所共鸣的"谚语"。然而，涵盖这一部分"谚语"的"古语"或"古记"却不能不说是历史档案。张政烺先生谓"语之为书既是文献记录，也是教学课本"②的说法是非常可取的。

关于第二个问题，我们认为，"语"与"六经"并非是截然对立的。"语"作为一种古老的文体，它是早于"六经"而出现的，而它的部分内容是被吸收进"六经"的。这是因为"古语"最早是出自史官所记的"言"。"左史记言，右史记事"③，所记的"言"当是最初的"语"④。试看下面一个例子：

> 《墨子·非攻中》：古者有语曰："君子不镜于水，而镜于人。镜于水见面之容，镜于人则知吉与凶。"
>
> 《尚书·酒诰》："古人有言曰：'人无于水监，当于民监'。"
>
> 《史记·殷本纪》引《汤征》："汤曰：'予有言：人视水见形，视民知治不（否）'。"

虽然不能说"镜于水"，"镜于人"之说的"古语"是何时之语，但是因《酒诰》尚曰这是"古言"，肯定是早于周公生活的周初，而《尚书》已亡佚的《汤征》篇说这是"汤之言"，无论具体是汤之言也好，还是笼统地说是周以前的古语也好，都说明这种"古语"是很早的，流传下来，肯定是得益于史

---

① 《春秋公羊传注疏》卷一〇，《十三经注疏》，2248 页，中华书局影印本，1980。

② 张政烺：《〈春秋事语〉解题》，《文物》，1977(1)。

③ 见于《汉书·艺文志》，而《礼记·玉藻》则云："动则左史书之，言则右史书之。"两处记载正好相反，学界对此素有争议，无有定论，暂阙疑。但是史官有记言、记事的职责分工应该是符合历史事实的。

④ 王树民先生在《国语的作者和编者》中指出："'语'原是古代一种记言的史书。"见徐元诰撰，王树民、沈长云点校：《国语集解》，601 页，附录，中华书局，2002。

官的记载。这就与史官的"记言"功能相吻合。因此可以推断出，这些"古语"远远早于六经。

再者，从《楚语下》所载申叔时的"教之语，使明其德，而知先王之务用明德于民"①，我们也可以看出"语"出自史官之手的痕迹。为什么"教之语"就能"知先王之务用明德于民"？看来，这种"语"应该是记载了"先王之务用明德于民"的言语或事迹，或者说本身就是"先王之语"，这样才可能使太子明白这方面的道理。以早期的文献记载看，是"先王之语"的可能性较大，也就是说这种"语"是历史上流传下来的，由史官所记载的先王用明德于民的"古语"。

这种古史所记的"语"也应该是"六经"的素材之一。《尚书》的"六体"（典、谟、誓、诰、训、命），其中的许多部分是由"语"这种文体发展来的，由此亦可以看出"语"是最早的语录体散文。

当"六经"脱离"语"之后，作为六经部分素材的"语"也不会很快就消亡，而是单独长期存在，所以当时社会上应该存在很多原始的"语"，这是第一手的档案。当春秋末年，礼崩乐坏之后，王官文化解体，作为"语"的历史档案会大量流失到民间，使社会上一时间出现很多历史材料，既有已经流传很久的经过整理的文献记载，还会有原来作为这些文献记载素材的第一手的材料，即"语"。所以说，"语"的大量出现，一种可能是作为史官所记的原始的"语"，另外一种可能是春秋时期，王官文化解体，大量尘封的历史档案成为士人的教材，而士人再吸收原始的作为历史档案的"语"的资料，编辑新的"语"书。这样"语"就出现了分化。先秦时期社会上流传的

---

① 楚大夫申叔时所说"先王"是指先世之圣王，而非楚国之先王。楚人虽然在春秋时期僭用"王"的称号，但是其称自己历代国君依然是以"先君"称之。《左传》与《国语》中只有楚灵王称楚的开国之君熊绎为"先王"（《左传》昭公十二年）。此外，《国语·楚语下》曰："自先王莫坠其国"，"先王之业"。这里的"先王"也是指楚的开国之君，而非楚国历代先王。

"语"书，数量可观，内容丰富①，马王堆汉墓帛书《春秋事语》就是一个例证。它所记的春秋时事与《左传》有不同之处。这种区别应当是所依据底本不同的缘故②。也就是说当时的时代是各类"语"书，各种不同渠道而来的"语"书共存的时代。当《左传》与《国语》影响越来越大的时候，这些种类繁复的"语"也就逐渐被社会淘汰了。

关于"语"文体的研究，近年由于马王堆三号汉墓帛书《春秋事语》、慈利楚简《吴语》、上博简等出土文献的问世，而引起专家注意。发表在《文史哲》2007年第1期上的俞志慧先生的研究成果，可以说是有代表性的论析。俞先生总结了先秦时期大量的散见的与结集、成篇的"语"，认为"语"是一种古老的文类，是古人知识、经验的结晶和为人处事的准则，其中蕴含着民族精神，充满了先民的经验和智慧，是当时人们的一般知识和共同的思想、话语资源③。这些无疑都是非常正确的论述。但是关于"语"还有若干问题，尚有可以进一步研讨的余地，主要在于如何认识"语"文体特征的问题。俞志慧先生认为："'语'这种文类之所以成立，主要不是因为某种特定的形式，而是特定的体用特征：明德。因而，只要是围绕这种体用

---

① 李零先生根据马王堆帛书《春秋事语》《战国纵横家书》以及上博楚简中与之类似的20种古书，推断春秋战国时期语类或事语类的古书非常流行，并把早期史书除去档案，分为两大类，一类是"谱牒"或"史记"，另一类是"事语"（李零：《简帛古书与学术源流》，267～279页，生活·读书·新知三联书店，2004）。

② 关于《春秋事语》与《左传》的关系问题，自《春秋事语》帛书一出现，就有学者进行研究。裘锡圭先生认为《春秋事语》很可能是《汉书·艺文志》春秋家中《铎氏微》一类的书。唐兰先生认为《春秋事语》不是《左传》系统而为另一种古书，有可能是《汉书·艺文志》中的《公孙固》十八章。以上两位先生观点见于《座谈长沙马王堆汉墓帛书》，《文物》，1974（9）。徐仁甫先生则认为不是《春秋事语》袭《左传》，而是刘歆在伪造《左传》的时候抄袭了《春秋事语》（徐仁甫：《左传疏证》卷五，四川人民出版社，1981）。李学勤先生认为《春秋事语》是早期《左传》学的正宗作品，其本于《左传》而兼及《穀梁》，颇似荀子学风，《春秋事语》可能为荀子一系学者所作（李学勤：《帛书〈春秋事语〉与〈左传〉的传流》，载《古籍整理研究学刊》，1989（1）；《〈春秋事语〉与〈左传〉的传流》，《简帛佚籍与学术史》，266～277页，江西教育出版社，2001）。本文以为《春秋事语》与《左传》当是并行于世的，《春秋事语》所记人与事与《左传》多有不同，非一个记事系统，当是另有所本。

③ 俞志慧：《语：一种古老的文类——以言类之语为例》，《文史哲》，2007（1）。

特征编选的，不论其篇幅长短，也不论是重在记言，还是重在叙事，都可称之为'语'。"①以"明德"为"语"文体的体用特征，自然有其合理的因素，因为"语"确实是一种带有强烈感情色彩的文体，它无论是讲述"善语"还是"恶语"，目的都是为了说明自己所认可的道理，很能清晰地表现作者的取舍态度，而作者所赞成的当然多是关于教人从善的"明德"之语。然而，我们也要注意到，专家所论的"语"的这个特征是从《国语·楚语上》申叔时"教之语，使明其德，而知先王之务用明德于民也"而来的。申叔时这一段言语非常有名，现摘录如下：

> 教之春秋，而为之耸善而抑恶焉，以戒劝其心；教之世，而为之昭明德而废幽昏焉，以休惧其动；教之诗，而为之导广显德，以耀明其志；教之礼，使知上下之则；教之乐，以疏其秽而镇其浮；教之令，使访物官；教之语，使明其德，而知先王之务用明德于民也；教之故志，使知废兴者而戒惧焉；教之训典，使知族类，行比义焉。

我们可以看出，申叔时所列举的九种教育楚太子的教材，除了"语"有明确的"明德"作用外，还有"教之世，而为之昭明德而废幽昏"；"教之诗，而为之导广显德"。可见"世"与"诗"也有"明德"的功用，不仅如此，"春秋""礼""乐""令""故志""训典"也都有着"明德"的功用。可以说，先秦时期包括"语"在内的所有文体都或多或少地与"明德"有关系，如果说"明德"是"语"文体的特征，那么其他的文体该如何言之呢？是不是具有"明德"体用特征的诗、春秋、礼、乐、令等也都属于"语"了呢？所以，用"明德"的体用特征来界定"语"文体似乎不太准确。张政烺先生曾就《春秋事语》对"语"文体进行界定："这在春秋时期的书籍中是一种固定的体裁，称为'语'。语，就是讲话。语之为书既是文献记录，也是教学课本。"②这种表述实际上隐含着"语"的文体特征同时也就是"语"的形式特征。

---

① 俞志慧：《语：一种古老的文类——以言类之语为例》，《文史哲》，2007(1)。
② 张政烺：《〈春秋事语〉解题》，《文物》，1977(1)。

其实，"语"文体的最初形式就是简单说理性的语言记录，正是因为这种特定的形式，它才会被称作"语"，其内容偏重在"记言"，虽然后来也增加一些"记事"的因素，但是其"记事"目的是为了"记言"。这种目的在记言的说理性散文就是"语"。"语"既是形式也是内容，同时也是其特征①。以记事为目的的文体虽有记言，但是其记言是为了记事，同样，以记言为目的的文体虽有叙事成分，但是其目的是记言，这就是它们的区别。"语"可以记言，也可以记事，但是其目的还是为了记言。"记事"只是为了借助一些必要的叙事成分来引出要说明的"语"而已。也就是说，无论是叙事的分量重还是记言的分量重，只要其目的是为了记言，是为了用记言的方式来阐发自己的观点与看法的文体，就是"语"。"语"的形式或者是先叙事后议论，或者是边叙边议，最后用事件的结局来验证自己的观点。

由于"语"目的性很强，为了说明白要讲述的"语"，"语"往往会有必要的简短情节与语境的交代，使得要说明的道理深入浅出，有理有据，让人信服，其中不乏精粹的言论，发人深省。先秦时期"语"类文体流行，久而久之，人们会从"语"中提炼出这些精粹的语句，作为格言警句，以及谚语、俗语而单独使用。由于这些格言警句以及谚语、俗语一般都来源于一定的"语"类著作，所以，虽然它们可能已经脱离原来的"语"类著作而单独存在，但人们在最初引用它们的时候还是会说："语曰……""语云……""古者有语……"等。当然，作为谚语、俗语的"语"，除了从"语"类著作中摘出来的这些"只言片语"外，也不乏出自民间百姓之口的"鄙语""俚语"。然而，细想起来，这些出自民间口头文学的"鄙语""俚语"，在它们最初形成的时候不也是有极强的目的性与针对性、有其具体的语境的吗？当它们高度凝缩而形象地说明了某一问题的道理时，就很快得到了人们的普遍认

① 关于史官"记言""记事"的划分，向来争议很大。统言之，记言与记事当然是不可截然分开的，但是其目的却有不同。杨树达先生曾以钟鼎铭辞为例辨析这两种文体的分合问题。他说："以文体别之，可分为二事。一曰纯乎记事者，二曰纯乎记言者。其记事之中有言，则言统于事，以事论，不以言论也。记言之中亦有事，则事统于言，亦以言论，不以事论也。"（杨树达：《积微居金文说》卷二，97页，"善夫克鼎跋"，上海古籍出版社，2007）

可，于是这些"鄙语""俚语"流行起来。"语"的这一分支有一部分还凝练发展成了成语。

先秦时期，人们对文体的认识是模糊的，对其限定也是宽泛的。"语"作为一种古老的文体，长时间内发展并不成熟，一直到《国语》的结集成书①，"语"作为一种文体才完备起来。《国语》中时代较早的《周语》《鲁语》诸语多为当时人所记，"记言"的分量大，而时代较晚的《吴语》《越语》多为后人追记之笔，则是"记事"的分量大。刘向在其《战国策·书录》中列举他所依据的底本共有六种，"或曰《国策》，或曰《国事》，或曰《短长》，或曰《事语》，或曰《长书》，或曰《修书》"。杨宽先生指出，所谓《国策》《国事》，可能是以国别分类编撰的；所谓《事语》，可能是按事实分类编排的；所谓《短长》《长书》《修书》，则是记载纵横家言的，并指出《短长》就是"权变"的意思。司马迁《六国年表序》载"谋诈用而从（纵）衡（横）短长之说起"。② 可以看出，所谓国策、国事、短长、事语、长书、修书，这些书名都是据其内容来命名的，而其文体皆应该是"语"。马王堆三号汉墓出土的帛书中有《战国纵横家书》，性质亦与《战国策》相同，属于纵横家。同时出土的帛书还有《春秋事语》，因所记皆春秋时事而以"语"为主，被专家命名为《春秋事语》，这是很正确的。这种"语"所记的重点是记言论，不是讲事实，这与《国语》相同，但是其"语"所依托的记事有时出现讹误，且往往会在所记言论的后面点出应验的结论，或要说明的道理，目的性很强，这又与《国语》不同。《国语》在文体上属于"语"，但是其性质是"史"，是其作者根据手头资料整理的实录。"国策""事语"则不同，"国策""事语"已经不是"史"，看得出它对原材料的加工，体现了作者的"微言大义"，可以说"国

---

① 关于《国语》的作者，历来有争议，传统的观点认为《国语》是左丘明所作，如《史记·太史公自序》载"左丘失明，厥有《国语》"。除此之外，还有左丘、左史倚相、左人郢，以及其后人、刘歆伪作、三晋史官等几种说法。至于《国语》的成书时代，也有几种观点：成书于春秋末年到战国初年；战国中期、战国晚期等。但是目前学界基本上都承认《国语》是由列国史料汇编而成，其编撰所用的史料是来自列国史官的记录。

② 参见杨宽：《马王堆帛书〈战国纵横家书〉的史料价值》，《战国纵横家书》，156页，文物出版社，1976。

策""事语"是"语"发展的一个分支。这种简短记事说语的小短文在先秦时期非常流行。

《国语》主要是记君臣之政治得失，这种取向也有很大的影响，汉初陆贾撰《新语》就是因为汉高祖要求陆贾"试为我著秦所以失天下，吾所以得之者何，及古成败之国"①，书成后，高祖称善，时人号其书曰《新语》。这里的"语"已经不再是先秦用途非常广泛的"语"了，而是特指"治国之语"。《新语》并不是语录体，但是时人号其书曰《新语》，主要原因应当是，汉高祖要求陆贾为其著书，陆贾所呈上的言论就有具体的话语对象，《新语》可以模拟成君臣对话的形式。汉初贾谊《新书》中也有明确命名为"语"的《修政语》《礼容语》，也是这种形式。睡虎地秦墓竹简有《语书》，是秦王政二十年(公元前227年)，南郡郡守颁发给本郡各县、道的一篇文告。训诫的色彩较重，其首句为"廿年四月丙戌朔丁亥，南郡守腾谓县、道啬夫：古者，民各有乡俗……"②，还保留了语录体。《语书》的篇题是竹简上原有的，在最后一支简的背面。官方的教戒的文告称为"语书"，应当取意于告诫民众之语。刘知幾《史通》曾经将唐以前的"正史"按著作的源流分为"六家"，即尚书家、春秋家、左传家、国语家、史记家、汉书家。其中谓"国语家"，源自左丘明所著《国语》，包括汉刘向《战国策》、晋孔衍《春秋时国语》《春秋后语》，司马彪《九州春秋》等，总结说"《史》《汉》之体大行，而《国语》之风替矣"，这是很有道理的。

《曹沫之陈》的底本是原始的《鲁语》，史官对于曹沫与鲁庄公君臣的问答如实进行了记录，这是第一手的资料。是篇的目的就是言说修政与"战"的关系。其论"阵"，论"善攻""善守"，论"何以战"，都是围绕着与修政的关系而发的。其目的就是为了说明"有克政而亡克阵"的道理，这都符合"语"的形式与特征。但是《曹沫之陈》毕竟未被全篇选编进《国语·鲁语》，究其原因，应该是《曹沫之陈》后半部分论兵法的内容与思想不是很符合《国语》作者的意图。《国语》作为编辑成书的列国之语，其编辑有很浓厚的

① 《史记·郦生陆贾列传》。
② 睡虎地秦墓竹简整理小组编：《睡虎地秦墓竹简》，13页，文物出版社，1990。

政治借鉴目的，而《曹沫之陈》后半部分论兵法的内容，虽也有重政治教化的色彩，但是其主题是论述小国、弱国怎样转败为胜，这种思想在《国语》成书的时代已经不具有普遍性和借鉴意义。而且，就"周礼尽在鲁①"以及"犹秉周礼②"的鲁国特色来说，《曹沫之陈》也没有很好地反映出来，所以《国语》的作者在编辑《鲁语》时舍弃了《曹沫之陈》后半部分内容，而只保留了"曹刿（曹沫）问所以战"与"曹刿（曹沫）谏庄公如齐观社"两篇。

我们既要注意到《曹沫之陈》未被全篇选编进《国语》，又要注意到《曹沫之陈》前十二支简记载了"曹沫谏庄公将为大钟"，后五十三支简记载了"庄公问（阵）于曹沫"，这是明显的两篇"语"的结集，而且就"庄公问（阵）于曹沫"来说，内容比较多，未必就是一次的"问阵"而成。考之《鲁语》，可以得出，"语"都是针对一事而发，所以说《曹沫之陈》应是两次或者多次"语"的结集。在最初，史官对于这些君臣的问对应该是分别记载的，但我们见到的《曹沫之陈》却是合在一起的，这应该是后人整理的结果。为何这些"语"可以合在一起呢？这应该是因为这些"语"所记的主题是一样的，都是曹沫谏庄公注意修政与善民的问题的，而且这些"语"在时间上还有先后关系。此外，《曹沫之陈》的论述非常系统，对于问阵，论成教，论各种出兵之忌、复战之道，论善攻善守，论三代得失，都是一气呵成，浑然一体的，所以在形式上又有兵书的色彩，这也应该是后人整理的结果。《国语》诸篇是没有篇题的，而《曹沫之陈》在第二支简的简背有"曹沫之陈"四个字，也可以看出后人抄写整理的痕迹。

从后人对《曹沫之陈》的整理可以看出，原来史官的记言实录是可以进行整合以及删改而形成"语"的。正是因为"语"很容易加入自己的理论观念，简单明了又有理有据，所以诸子著作多借用了这一文体。先秦子书即产生于"语"。先秦子书最初应该是有目的的记言，诸子及其门徒把相关言说自己学术主张的"语"记载下来，最后汇集成书，这就是诸子书。《史记·秦始皇本纪》载丞相李斯曰："非博士官所职，天下敢有藏诗、书、百

---

① 《左传》昭公二年所载晋韩宣子聘鲁时之叹语。

② 《左传》闵公元年所载齐仲孙湫对齐桓公之语。

家语者，悉诣守、尉杂烧之。"其中"百家语"即诸子的书。这说明"语"文体的影响极大，直至秦朝建立之后，诸子的著作仍然被习惯称为"语"。当"语"发展到"百家语"的时候，《国语》等史官所记的记言实录的特征也有了一定的变化。为了更好地说明要说的"语"，诸子语在叙事的部分出现了些微有意无意的差错，所以诸子语书多不能看作是"史"，但是"语"的形式与特征大体还保留不变。

综上所述，我们认为"语"的"记言"形式很重要，"语"就是有明确"记言"目的的散文，它的文体形式是"语"，目的也是"语"。当然其要说明的"语"的思想会偏重于明德向善的方面。先秦时，对文体的界定是模糊的，在"语"这个宽泛的文体里，可以说，"谚语""俗语"是其剪裁，"事语"是其流变。"语"，最初是实录，最早出于史官的"记言"，但是后来"语"出现了分化，实录性质有所减弱，多少加入作者自己的主观意志、感情取舍，即所谓的"微言大义"，很符合诸子写书的需要，因此诸子书最初多采用"语"这种文体。《曹沫之陈》既有鲁国史官记言的特征，也有后人整理的痕迹，它在学术史上应该处在"王官文化"向"诸子文化"转化的过渡阶段。可以说《曹沫之陈》见证了先秦"语"文体的发展演变，是早期"语"文体的一个实例。

第五节　关于《曹沫之陈》篇题的一个思考

《曹沫之陈》在第二支简的简背上题有篇题"敔〔曹〕蔑（沫）之戟（陈）"四个字。关于"戟"字，《曹沫之陈》简文 11 见，篇题写作"𢧜"，正文中则写作"𢧜"，写法略有不同。然而，皆是写作从申从戈的"戟"，申为其声旁，读作"陈"是可以的。《说文》保留的陈之古文"𨷲（陣）"，与此相同。此外，银雀山汉墓竹简《守法守令等十三篇》戟字七见，原简为"𢧜"，亦通"陈"。

我觉得这个"陈"字颇为值得细细思索。作为篇题的"陈"字，就目前所见专家的相关论述皆是假"陈"为"阵"，以《曹沫之陈》为先秦古兵书。这种推论自然是顺理成章，然而，"陈"是古字，而"阵"为后起字。"陈"的古文有多种写法，且含义不同，阵字则写法与用法都比较单一，《曹沫之陈》的篇题"陈"是否可以有其他的解释？我们可以借分析"陈""阵"的演化过程，对《曹沫之陈》的篇题进行再认识，从而对《曹沫之陈》简文的性质进行更深入细致的探讨。

一、"陈"字及异写

古无"阵"字，只有"陈"，陈的古音为田，"陈""田"都是定母真部字，属双声叠韵。《说文》曰"田，陈也"①。钱大昕曰："古者乘、甸、陈、田声皆相近。乘之转甸，犹陈之转田，经典相承，陈直观反，乘绳证反，后世言等韵者以陈属澄母甸属，定母乘属床母，由于不明古音，徒据经典相承之反切而类之，而不知其本一音也。"②王念孙的《广雅疏证》亦曰："田者，《说文》田，陈也。古者田、甸、陈同声，《小雅·信南山》篇云：'信彼南山，维禹甸之。畇畇原隰，曾孙田之。'《周官·稍人》注云：'甸读与维禹敶之之敶同'，《豳风·东山》释文云：'案，陈完奔齐，以国为氏，而《史记》谓之田氏，是古田陈声同。'《信南山》篇又云'我疆我理，东南其亩'，此即《说文》训田为陈之义也。"③

在古文字中，"陈""阵"本为一字，从"陈"字的演化看，陈之构形多变，多作从阜，从东(束)形。束、东在甲骨文中本为一字，像捆束的橐囊之形。何琳仪先生认为"束"演变作"东"(束、东一字分化)。东下加土繁化为重(东、重一字分化)，并总结说："战国文字承袭春秋金文。齐系文字下多从土，与陈之三体石经《僖公》作𨽏吻合。或从𣏟(束)，上承西周金文。燕系文字作𨽐、𨽏，东伪作车(或从双车)，遂分化为阵。晋系文字或从束，或从东。楚系文

① 《史记·田敬仲完世家》："(陈完)以陈字为田氏。"索隐："敬仲奔齐，以陈田二字声相近，遂以为田氏。"《金文编》(942页，中华书局，1985)在"陈"字条下指出："钱大昕曰'古读陈如田。《说文》"田，陈也"。齐陈氏后称田氏'。陆德明云'陈完奔齐，以国为氏，而《史记》谓之田氏，是古田陈声同'。《吕览·不二》篇'陈骈贵齐'，陈骈即田骈也。"孙诒让《墨子间诂》："陈表，《杂守篇》作田表。田、陈古音相近字通。"

② (清)钱大昕：《十驾斋养新余录》，《清经解》卷442，300页，上海书店，1988。

③ (清)王念孙：《广雅疏证》卷二下，67页，中华书局，2004。

字均从重。"①"陈"在金文中多作国名、姓氏、地名讲。何琳仪先生把从重的字亦归为"陈",而李守奎先生则隶定为"陣",读作"陈"②。陈秉新先生则认为"楚文字或从朱,又加土为饰,或上下相连作坣,与重易混。"③总之,金文中的"陈"字大致可以分为"陈""敶""墜"三种写法。

"墜"仅见于金文与汗简,在金文中是齐陈之陈的专用字,与三体石经古文形同。而"敶",见于金文与汗简,还见于《说文》与传世文献。"敶",《说文》"敶,列也,从攴陈声。"在金文中敶、陈为一字,金文妘陈作敶,陈公子甗,敶字重现,陈伯元匜、陈侯簋、陈侯壶、陈侯作嘉姬簋、陈公子仲庆匜、陈公孙𪱿父瓺、陈侯匜、陈之襄鼎、陈子子匜、王仲妘匜、陈侯鼎、鼄侯之孙鼎等,其"陈"字皆写作"敶"④。在传世文献中,"敶"还多有保留。如《楚辞·离骚》篇载曰:"济沅湘以南征兮,就重华而敶词。"

在早期的传世文献与出土文献中,"陈"字除了"陈""敶""墜"这三种写法之外,还写作"阵""阠""敕""旃""迪""趚""戟"等。其中,"阵",从阜,申声,古陈字,即《说文》所保留陈之古文"𨸏"的隶定。此"阵"字还见于吴王钟,"王发厚阵"⑤,其中,"厚阵"读为"厚阵"。厚阵,犹言重兵⑥。申古音为书母真部,陈为定母真部,陈与陈之古文"阵"乃是因东、申音近的通假。《礼记·缁衣》:"君陈。"《经典释文》:"陈本亦作古阵字。"⑦,《类篇》:陈阵,"一曰布也,一曰堂下,径又姓,古作阵"⑧。《原本玉篇残卷》上还保留有"阠"⑨,所从甲应该是申之讹。

"旃",从㫃,申声,古阵字。《正字通·方部》:"旃,古文陈。"石鼓文

---

① 何琳仪:《战国古文字字典——战国文字声系》,1132页,中华书局,1998。
② 李守奎:《楚文字编》,825页,华东师范大学出版社,2003。
③ 黄德宽主编:《古文字谱系疏证》,3500页,商务印书馆,2007。
④ 容庚编,张振林、马国权摹补:《金文编》,216页,中华书局,1985。
⑤ 曾宪通先生指出此处的"厚陈"即相当于《左传》昭公二十三年的"敦陈整旅"。见其《吴王钟铭考释——薛氏〈款识〉商钟四新解》,《古文字研究》十七辑,130页。
⑥ 黄德宽主编:《古文字谱系疏证》,3468页,商务印书馆,2007。
⑦ (唐)陆德明撰,黄焯汇校:《经典释文汇校》,449页,中华书局,2006。
⑧ (宋)司马光等编:《类篇》,539页,中华书局,1984。
⑨ "阠",见于(梁)顾野王:《原本玉篇残卷》,501页,中华书局,1985。

中旃读作申。"迪",从辵,申声。陈之异文。《正字通》"陈,与阵同。"见于古玺与石鼓文。石鼓文迪,读陈,义为陈列。古玺,作姓氏,疑读申①。石鼓文中还有趚,疑迪字异体,读陈。郭店楚简《缁衣》篇简 19 与简 39 两次出现迪,上博简第一册《缁衣》篇简 20 亦有此字,原简为"🔲",整理者隶定作"迪",读作"陈",系伪古文尚书《君陈》篇名之"陈"字。上博简《缁衣》简 10 亦出现此《君陈》篇名,其中"陈",原简为"🔲",整理者隶定作"緷",实际上只是所从的辵略有讹变。

银雀山汉简《孙子兵法》陈字五见,《孙膑兵法》四十二见,皆写作从阜从东的"陳",通"阵",如《孙膑兵法·十陈》,"十陈(阵)"是指十种不同的阵法。除了作"阵"之外,陈还作列讲,如《孙子兵法·行军》:"奔走陈兵者,期也。"

"战",即见于《曹沫之陈》篇题,读作"陈"。郭店楚简《性自命出》简 7 亦有此字,"鳶(鴈)生而战",其中"战",原释文读作"伸",各家多从之。李家浩先生还指出"古代导引术有'鸟伸''鸡伸'。简文'鴈生而伸'之'伸',与此'伸'字用法相同"②。白于蓝先生则将"战"读作"敶",谓:"从楚简中的普遍用法来看,'战'可能就是'敶'之异构。"③其实,此"战"即"陈",取其含义"列"。《仪礼注疏》卷八"出如舒鴈",郑注"威仪自然而有行列"。宋陆佃《埤雅》卷六《释鸟》云:鹅"自然有行列,故《聘礼》曰:'出如舒鴈(鴈即鹅)'。古者兵有鹳、鹅之阵也。"《毛诗名物解》卷七、《山堂肆考》卷二百十六、《花木鸟兽集类》卷中等皆引用《埤雅》此条。此外,《墨子·明鬼》篇载"鸟陈雁行"。因此,"鳶(鴈)生而战"之"战",与上博简《曹沫之陈》简二的篇题"战"一样,可直接读作"陈"。

此外,银雀山汉墓竹简《守法守令等十三篇》战字七见,原简为"🔲",其所从的"申"与现代"申"字无异。"不明其士卒弗先战(陈)"(简 859);"战

---

① 何琳仪:《战国古文字字典——战国文字声系》,1119 页,中华书局,1998。

② 李家浩:《读〈郭店楚墓竹简〉琐议》,《郭店楚简研究》,中国哲学第二十辑,347 页,辽宁教育出版社,1999。

③ 白于蓝:《简牍帛书通假字字典》,334 页,福建人民出版社,2008。

（陈）以数必固”（简 962）；“出卒戟（陈）兵，固有恒令”（简 965）①；“兵之恒戟（陈），有向敌者，有内向者，有立戟（陈）者有坐戟（陈）（简 967）”等。其中戟（陈），既作阵，也作列讲。

以上就是散在早期的传世文献与出土文献中的“陈”字本字及异写情况，在这诸多的“陈”字中，我们可以看出，陈之构形虽然多变，但多作从阜，从东形，或加饰笔作“瞰”“塦”，或作从申从戈形，但是“陈”字并不从车，那么“陈”“阵”是什么时候出现字体上的分化的呢？大约又是在什么时候开始分化的呢？

二、“陈”“阵”的分化

从现存的战国文字资料来看，“陈”字形体承袭春秋金文，并未有大的改变。就目前材料所见，只有燕玺中保留有从“车”的“陈”字，凡三见，分别为：玺汇 1541，写作“𨏈”；玺汇 3113，写作“𨏍”；玺汇 3439，写作“𨏎”。罗福颐先生将前两字隶定作“塦”②。加“土”为繁化，从双车与从车同，此玺字直接隶定作“阵”即可，这说明战国时期已经出现了“阵”字。

由于早期的文献记载中没有“阵”，只有“陈”，所以一般认为“阵”字出现是比较晚的，多认为“阵”字起于东汉。如王力先生说：《国语·晋语》六、《楚辞·九歌·国殇》中的阵字乃后人所改。阵字当起于汉代。”③张震泽先生亦谓“阵为后起字，大约始于东汉”④。陈直先生则谓：“阵字始见于《玉篇》及《广韵》，据本文（《颜氏家训·书证》）则晋时已有作阵者。又东魏《武定六年邑主造石像铭》云：‘入卫钩阵，出宰藩岳。’陈字亦书作阵。”⑤其实，清代学者桂馥早在《说文解字义证》中就曾说：“司农刘夫人碑，香车骑阵。是汉已有从车之字。”⑥然而，燕玺已经有从车的“阵”字，这种传统

---

① 《银雀山汉墓竹简》，136、149 页，文物出版社，1985。
② 燕玺中的“阵”字参见罗福颐主编：《古玺文编》，345 页，文物出版社，1981。
③ 王力：《王力古汉语字典》，1584 页，中华书局，2000。
④ 张震泽：《孙膑兵法校理》，66 页，中华书局，1984。
⑤ 参见王利器：《颜氏家训集解》（增补本），433 页，注释〔七〕，中华书局，1993。
⑥ （清）桂馥：《说文解字义证》，261 页，齐鲁书社，1987。

的说法是值得再商榷的，这是因为前辈学者没有见到战国文字的缘故。然而，我们还要注意到，在燕玺中这三处从车（或从双车）的"阵"字并非作战阵之阵讲，而是作人名、姓氏讲，与"陈"在金文中多作国名、姓氏、地名讲无异，从这个意义上说，先秦仍然没有作军阵的阵字。甚至可以说一直到汉代，"陈""阵"仍为一字，军阵之阵仍然用陈字，如银雀山汉简《孙子兵法》陈字五见，《孙膑兵法》四十二见，皆写作从阜从东的"陳"，通"阵"，如"八陈（阵）""十陈（阵）"。马王堆汉墓帛书《春秋事语》亦是用"陈"，通"阵"。如："今宋用兵而不□，见间而弗从，非德伐回，陈（阵）何为？且宋君不耻不全宋人之腹颈，而耻不全荆陈（阵）之义，逆矣。"①因此可以说，"阵"字虽然在战国时期燕系文字中已经出现，但作为姓氏之陈讲，是谓陈字的变体。从阜从车的"阵"字，且作为军阵之阵含义使用的"阵"字应该还是出现于汉代。即前面桂馥提到的见于汉代司农刘夫人碑。此字亦收在清人顾蔼吉编撰的采自汉碑之隶字的《隶辨》上。从车的阵字还见于马王堆汉墓帛书。

北齐颜之推《颜氏家训·书证》曰："（陈）俗本多作阜傍车乘之车。案诸陈队，并作陈、郑之陈。夫行陈之义，取于陈列耳，此六书为假借也，《苍》《雅》及近世字书，皆无别字；唯王羲之《小学章》，独阜傍作车，纵复俗行，不宜追改《六韬》《论语》《左传》也。"颜之推以作"阵"字为俗体，并指出他所见到的最早是东晋王羲之的《小学章》"陈"字作"阵"。南朝梁顾野王的《原本玉篇残卷·阜部》亦曰："陈，师旅也。《左氏传》为鱼丽之阵，先偏后伍，伍承弥缝，预曰此鱼丽之阵法也。谓语卫灵公问于阵，孔安国曰军阵行列之法也。"②唐代颜师古在为《汉书·刑法志》"善师者不陈，善陈者不战"作注时亦曰："战陈之义本因陈列为名，而音变耳，字则作陈，更无别体。而末代学者，辄改其字旁从车，非经史之本文也。今宜依古，不从流俗也。"③可见魏晋南北朝隋唐时人多以"陈"作"阵"为从流俗。虽然如此，

---

① 马王堆汉墓帛书整理小组：《马王堆汉墓出土帛书〈春秋事语〉释文》，《文物》，1977（1）。
② （梁）顾野王：《原本玉篇残卷》，509 页，中华书局，1985。
③ 《汉书》，1088 页，中华书局，1962。

早期文献记载中"陈"，却多是在这一时期被改为"阵"的。如《周礼·夏官·大司马》："如振旅之陈"，《通典·礼三十六》引陈作阵。《左传》桓公五年"鱼丽之陈"，《文选》虞子阳《咏霍将军北伐诗》有"鱼丽六郡兵"，李善注引"鱼丽之阵"①。《左传》成公十六年，"楚晨压晋军而陈"，《通典·兵三》引陈作阵。《左传》昭公元年"未陈而薄之"，《通典·兵十四》引陈作阵。《论语·卫灵公》篇："卫灵公问陈于孔子"，《经典释文》卷二十四则作"问阵"，并指出"本今作陈"②。

关于从阜从东的"陈"字如何演化为从阜从车的"阵"字，何琳仪先生认为"东伪作车（或从双车），遂分化为阵"③，也就是说"阵"仅是"陈"字形上的伪变，并没有含义上的改变。而陈秉新先生则认为"阵从车或从双车，从阜，会意。古战阵以车，故从车，从阜，谓阵严若山阜也"④。从文字发展的演化来看，"古战阵以车""阵严若山阜"的说法要晚。那么，"陈"的本字是什么？"陈"的本字本义，"陈""阵"之间的演变关系是什么？学界主要有三种看法。

第一种看法认为，"𨽰"是"陈""阵"的本字，"敶"乃是"𨽰"省阜。因为《说文》阜部保留有"𨽰，列也。从攴陈声"。一般认为𨽰即本字。如，高明先生谓《说文》阵字作𨽰⑤。徐文镜先生亦曰："阵，篆作𨽰。"⑥陈初生先生亦谓："依《说文》所解，𨽰为陈设、战阵之阵本字。"⑦此种看法在字书以及注疏中特别常见，如《集韵》："𨽰，列也。亦作阵。"《类篇》："阵，《说文》'列也。'"⑧《经典释文》亦云："陈本亦作𨽰，古陈字。"⑨刘宝楠在《论语·卫灵公》"卫灵公问陈于孔子"注曰："《说文》：'𨽰，列也。'今经典多省作'陈'。"⑩

---

① （梁）萧统编，（唐）李善注：《文选》卷二十一，305页，中华书局，1977。
② （唐）陆德明撰，黄焯汇校：《经典释文汇校》，713页，中华书局，2006。
③ 何琳仪：《战国古文字字典——战国文字声系》，1132页，中华书局，1998。
④ 黄德宽主编：《古文字谱系疏证》，3503页，商务印书馆，2007。
⑤ 高明：《古文字类编》，454页，中华书局，1980。
⑥ 徐文镜：《古籀汇编》，19页，上海书店出版社，1998。
⑦ 陈初生：《金文常用字典》，374页，陕西人民出版社，2004。
⑧ （宋）司马光等编：《类篇》，541页，中华书局，1984。
⑨ （唐）陆德明撰，黄焯汇校：《经典释文汇校》，450页，中华书局，2006。
⑩ 刘宝楠：《论语正义》，609页，中华书局，1990。

北京师范大学史学探索丛书

王筠曰："经典皆借陈为之积古，齐陈疾敦作敶，则借敶为陈。"①

认为"敶"是"陈""阵"的本字，这是传统的看法，其中还是以段玉裁的论述最为详细。段玉裁认为："敶者，陈之古文。古文当作古字。"在《说文解字注》中多有论述。在"陈"字下注曰："陈本大皞之虚正字，俗叚为敶列之敶，陈行而敶废矣。"②在"敶"字下注曰："《韩诗》'信彼南山，维禹敶之'，《尔雅》'郊外谓之田'。李巡云，'田，敕也'。谓陈列种谷之处。敕者，敶之省。《素问》注云：'敕，古陈字，是也。'此本敶列字，后人假借陈为之。陈行而敶废矣。亦本军敶字，兩下云，读若军敶之敶是也。后人别制无理之阵字，阵行而敶又废矣。"③《说文》曰"兩，登也。从门＝。＝，古文下字，读若军敶之敶。"段玉裁亦注曰："观此可以知阵字之俗矣。"④

第二种看法认为，敶为陈之后起字，阵亦为陈之后起字。例如，王力先生即谓《国语·晋语六》、《楚辞·九歌·国殇》中的"阵"字乃后人所改。"阵"字当起于汉代⑤。

第三种看法认为，"陈"从"敕"派生，"敕"为本字。陈之本义为'列'，敶由其本义而派生。例如，陈秉新先生谓："敕，甲骨文从又，从东(束本字)，疑陈之异文，会以又(手)陈束之意。甲骨文或作敤，叠加田为声符。春秋金文变从又为从殳，战国文又变为从支，《集韵·真韵》'敶，列也。或作敕，通作陈'。"⑥

就我们前面所列，传世文献与出土文献中所见"陈"之异写，可以看出，"陈"是沿着两个分支演化的。一支是从"东"的陈、敶、墬、敕。另一支是从"申"的𨷖——阵、阤、旃、迪、趇、戓。究其本字，从字形与出现的时间早晚上看，甲骨文"敕(敤、敤)⑦"应该是"陈"之本字。甲骨文中亦有

①　王筠：《说文解字句读》，108 页，中华书局，1988。

②　(清)段玉裁：《说文解字注》十四篇下，735 页，上海古籍出版社，1988。

③　(清)段玉裁：《说文解字注》三篇下，124 页。

④　(清)段玉裁：《说文解字注》十二篇上，590 页。

⑤　王力：《王力古汉语字典》，1584 页，中华书局，2000。

⑥　黄德宽主编：《古文字谱系疏证》，3497 页，商务印书馆，2007。

⑦　分别见于《甲骨文合集》第 18160、18212。

"叕"字："丁卯，叕屮叕屮于丁三牢。"①，"叕"，应该是"叔"之繁文。从又，从东（束本字），会以又陈束之意，又叠加田为声符②。甲骨文"叕屮"，读为"申侑"，义犹告祭。"叔"申声，与"陈"保留的古字"陣"读音同。金文中有"叔"，人名。战国文字中还有"敕（敚）"，见于曾侯乙墓匫器漆书。此字亦见于《汗简》③。在金文中，陈、敶、墜三字皆见，敶、墜应为陈之繁化，敶为妫陈之陈专用字，墜为齐陈之陈专用字。金文中作为妫陈专用字的"敶"与《说文》中的训为"列也"的"敶"并非同一个字。前者是"陈"作为姓氏、国名时的异写字，后者则是"陈"作为陈列时所用的专用字。而敕则是敶的省文④，与甲骨文中的"叔"并非一字。我们通过燕玺中的 <!-- 字形 -->、<!-- 字形 -->，还可以发现"阵""敶"并非为一字，"敶"也不是"阵"的本字，"敶""阵"的本字都是"陈"。"阵"是"陈"的讹写，其含义最初与"陈"字无异，后来引申为军队行列、军队队形的泛称。

至于陣、陫、旃、迪、趈、戗，这些"陈"字的异写，皆是从"申"声而演化来的。"陣"是从"陈"的古文 <!-- 字形 --> 隶定而来的，而"陫"是"陣"的讹体，"旃""迪""趈""戗"皆是因"申"声而作的假借。而"陈"这两支演化的关联是"东""申"音近通假。

"东""申"音近通假的例子很多，如甲骨文"叕"，读为"申"。《曾侯乙墓》简 7、80 之"繁"，读为"绅"⑤。郭店楚简《缁衣》简 19 与简 39 的"君迪（陈）"，上博简《缁衣》"君綝（陈）"。甚至"申""伸"直接假借为"陈"。例如，银雀山汉墓竹简《守法守令等十三篇》中有"伸"字，通"陈"，"行伸（陈）薄

---

① 英 2415 反。

② 参见黄德宽主编：《古文字谱系疏证》，3493 页，商务印书馆，2007。

③ 敕，见于《汗简》卷一；敦煌石窟出土的《尚书》，日本收藏的古写本隶古定《尚书》残卷严崎本、云窗丛刻本、小岛复印件、观智院本等本皆作"敕"；《汗简》卷三，陈逸人碑文；《集篆古文韵海》卷一。参见黄锡全：《汗简注释》，153、230 页，武汉大学出版社，1990。

④ 何琳仪先生谓："敕，从攵，陈省声。敶之省文。《集韵》'敶，或作敕'。《说文》'敶，列也。从攵，陈声'。"（何琳仪：《战国古文字字典——战国文字声系》，1133 页，中华书局，1998）。敕，还见于《集篆古文韵海》与《素问·五常政大论》，参见徐在国《隶定古文疏证》，295 页，安徽大学出版社，2002。

⑤ 湖北省博物馆编：《曾侯乙墓》，释文，490 页，文物出版社，1989。

近"(简 971)；"伸(陈)斧越(钺)，饬章旗"(简 971)；"出卒伸(陈)兵，行伸(陈)视敌"(简 972—973)。上博简《容成氏》简 53"武王素甲以申(陈)于殷郊"。郭店楚简《性自命出》简 7，"鸢(鸢)生而戟(陈)"。

三、"陈"之含义变化

既然"陈""阵"在使用过程中发生了分化，那么"陈"的本义是什么？从"陈"向"阵"的演化中，它的含义是怎么变化的？

关于"陈""阵"二字的本义，一般认为"陈"是本义，陈列。由陈列引申为陈述、铺陈、布阵、战阵等。但是也有极少数学者认为"阵"是本义。如王筠《说文解字句读》在注"敶"字时云："桂氏曰'古铜印有陷敶破虏司马'，《地官·稍人》注，旬读如维禹敶之之敶同，疏以为《韩诗》。筠案，大司马平列陈如战之陈，知许以列说之，是军敶为本义，而后借为铺陈之义。"① 通过我们对"陈"以及其诸多异写字的梳理，可以说，陈列是本义，即《广雅·释诂》"陈，列也"；"列，陈也"②。而军陈(阵)是引申义。

"陈"作为"列"，典籍中习见。如《尚书·微子》篇"我祖厎遂陈于上"，《洪范》篇"鲧堙洪水，汨陈其五行"。《逸周书·周祝》篇"陈彼五行"，《左传》僖公四年"齐侯陈诸侯之师"。《孙子兵法·行军》篇："奔走陈兵者，期也。"《地形》篇："陈兵纵横，曰乱。""陈"在战国文字中亦作"陈列"讲，睡虎地秦简《为吏之道》简 1"画局陈卑(棋)以为楮(藉)"。《日书》甲种简 138背"北南陈垣"③。其中"陈"即为从阜从东，作"列"讲。

"陈"之本义为"列"，而引申义很多，其中繁化为"敶"，即《说文》中的"敶，列也"。另外，由"陈"讹写为"阵"，作军阵之义，亦是由"陈"之本义引申出去的。即《颜氏家训·书证》所谓"行陈之义取于陈列耳"。由于布兵打仗必须排开一定的行列、队形，"陈"引申出"陈兵"，如《逸周书·克殷》篇："陈于牧野。"伪古文《尚书·武成》篇："陈于商郊。"《国语·周语中》："王以二月癸亥夜陈，未毕而雨。"由陈的本义"列"再引申为"陈列""排列""成列"，

---

① （清）王筠：《说文解字句读》，108 页，中华书局，1988。
② （清）王念孙：《广雅疏证》（附索引）卷一上，14、67 页，中华书局，2004。
③ 睡虎地秦墓竹简整理小组编：《睡虎地秦墓竹简》，173、225 页，文物出版社，1990。

列开阵势，布置行列，这就是"阵"，早期典籍中所记载的"陈"有的即是此意，后世则引申为一定的军队队形的泛称。在早期的文献记载中，"陈"作"陈兵"或者"陈于某某"时，并非是后世所理解的就是严格的"阵"，实际上就是摆开行列而已。春秋时期宋襄公曾"不鼓不成列"，范宁注："列，陈。"①不成列即未成阵也。"陈"指排列成一定的队形。《左传》庄公十一年："宋为乘丘之役故，侵我。公御之。宋师未陈而薄之，败诸鄑。凡师，敌未陈曰败某师，皆陈曰战。""陈"指列成阵势，双方都摆好一定的阵势才称作"战"，虽然这些规定未必尽然，但是反映了当时人对"陈""战"的一种理解。《左传》僖公二十二年所载宋楚泓之战，可以使我们更清楚地看到"成列"与"陈"的关系。"宋人既成列，楚人未既济。司马曰：'彼众我寡，及其未既济也，请击之。'公曰：'不可。'既济而未成列，又以告。公曰：'未可。'既陈而后击之，宋师败绩。"在银雀山汉简《孙子兵法》中陈字 5 见，《孙膑兵法》42 见，皆写作从阜从东的"陳"，通"阵"，如"八陈（阵）"，但是此八阵不是指八种不同的阵，而是指要根据敌情和地形布阵之法。而"十陈（阵）"方是指十种阵法。当"陈"固定在一定的布阵之法时就出现了"阵"，"阵"即"陈"某一含义的固定。

从"陈"的本义"列"也引申出行列、阵式、行阵，即"阵"。还引申出陈示，如《尚书·大诰》："卜陈惟若兹。"《国语·齐语》："相示以巧，相陈以功。"引申出陈设、设立、张设，如《尚书·康诰》："陈时臬司师"，"陈时臬事罚"。《顾命》："奠丽陈教。"《国语·周语中》："陈其鼎俎。"《周礼·地官·乡师》："陈之以旗物。"《逸周书·周祝》："陈五刑，民乃敬。"《左传》隐公五年："陈鱼而观之。"引申出施展、陈力。《论语·季氏》："周任有言曰：'陈力就列，不能者止。'"《文选·班叔皮王命论》："英雄陈力，群策毕举。"②班叔皮即东汉初年的班彪。还引申出"铺陈""陈献""敷布""陈旧"等意思。

另外，从"陈"的本义，即作陈列之陈，由此而引发出的"陈述""陈说""陈诉"之义，在"陈"众多的引申义中，这是重要的一个。这种用法在先秦时期很常见。如《国语·周语上》："膳夫、农正陈籍礼。"《孟子·公孙丑下》：

---

① 《春秋穀梁传注疏》卷九，《十三经注疏》，2400 页，中华书局影印本，1980。

② 《文选》卷五二，（梁）萧统编，（唐）李善注：《文选》，719 页，中华书局，1977。

"我非尧舜之道，不敢以陈于王前。"伪古文《尚书·咸有一德》："陈戒于德。"孔颖达疏："陈言戒王于德。"①《礼记·表记》篇："子曰：'事君欲谏不欲陈。'"郑玄注："陈谓言其过于外也。"②"陈"即谓把君主的失误散布、张扬给外人议论。《儒行》篇："儒有澡身而浴德，陈言而伏，静而正之。"孔颖达疏："陈言而伏者谓陈设其言而伏听君命也。"③《逸周书·周书序》："周公陈武王之言以赞己言，戒乎成王，作《大戒》。""成王访周公以民事，周公陈六征以观察之，作《官人》。"《韩诗外传》卷一："贤者不然，精气阗溢，而后伤时不可过也。不见道端，乃陈情欲，以歌道义。"卷二："内切瑳以孝，外为之陈王法。"《文选·古诗十九首》之四："今日良宴会，欢乐难具陈。"李善注："毛苌《诗》传曰：'陈，犹说也。'"④《国语·楚语上》"教之世，而为之昭明德而废幽昏焉"，韦昭注："为之陈有明德者世显，而闇乱者世废也。"⑤《墨子·明鬼下》："然而天下之陈物，曰先生者先死。"孙诒让《间诂》："陈物，谓陈说事故。"⑥《楚辞·九章·惜往日》："愿陈情以白行兮，得罪过之不意。""陈情"即陈诉衷情。晋李密有著名的《陈情表》。

此外，银雀山汉简《孙膑兵法·威王问》有残简："孙子曰：'八陈（阵）已陈……'"虽然简文有缺，但是以此篇简文所述的"八陈（阵）"并非是八种不同的阵，而是指根据敌情和地形确定布阵之法，因此这后一个"陈"应该是陈述陈说的意思，意思是说布阵之法我都陈述完了。

在作"陈述""陈说"之义时，典籍中屡屡出现的"陈辞"一词值得注意。《国语·周语上》"布令陈辞"，《晋语八》"君问而陈辞"。《战国策·韩策二》"彼将礼陈其辞而缓其言"。《荀子·成相》："愿陈辞，世乱恶善不此治。"《国语·周语中》："余一人其流辟旅于裔土，何辞之有与？"韦昭注："言将放辟于荒裔，何复陈辞之有也。"⑦"陈辞"即陈述自己的观点。"陈辞"不仅在先秦典籍中出现的很多，汉代典籍中也很常见，如《史记·周本纪》"布

① 《尚书正义》卷八，《十三经注疏》，165 页，中华书局影印本，1980。
② 《礼记正义》卷五四，《十三经注疏》，1643 页，中华书局影印本，1980。
③ 《礼记正义》卷五九，《十三经注疏》，1670 页，中华书局影印本，1980。
④ 《文选》卷二九，（梁）萧统编，（唐）李善注：《文选》，410 页，中华书局，1977。
⑤ 上海师范大学古籍整理研究所校点：《国语》，528 页，上海古籍出版社，1998。
⑥ （清）孙诒让：《墨子间诂》，248 页，中华书局，2001。
⑦ 上海师范大学古籍整理研究所校点：《国语》，56 页，上海古籍出版社，1998。

令陈辞";《史记·滑稽列传》"发言陈辞";《淮南子·览冥》"陈辞通意，抚心发声";《说苑·建本》"发言陈辞";《八家后汉书辑注·司马彪续汉书》卷四"陈辞于其前"等。《焦氏易林》卷二："高冈凤凰，朝阳梧桐，雝雝喈喈，奉奉萋萋，陈辞不多，以告孔嘉。"卷三："陈辞达情，使安不倾，增荣益誉，以成功名。"

"陈辞"一词，在《楚辞》中也频频出现，如《九章·抽思》篇："结微情以陈词兮，矫以遗夫美人。"王逸注："结续妙思，作辞赋也。""兹历情以陈辞兮，荪详聋而不闻。"王逸注："发此愤思，列谋谟也。"①在这里，"美人""荪"，皆指楚怀王。屈原陈辞是给楚怀王看的，可以说是献辞陈志。在陈辞给楚怀王无望的情况下，屈原又欲渡沅、湘二水前往苍梧之野，向死在那里的舜陈辞。《离骚》篇载："济沅湘以南征兮，就重华（舜）而敶（陈）词"，"跪敷衽以陈辞兮"，《楚辞章句》王逸注"言己依圣王法而行，不容于世，故欲渡沅、湘之水南行，就舜敶词自说，稽疑圣帝，冀闻祕要，以自开悟也。一作陈辞"②，陈辞即"陈词自说"，其所陈可以称为"谋谟"之类，所陈之"辞"也就显得格外重要，《说苑·善说》有专门对于"陈辞"的重要性的论述：

> 子贡曰："出言陈辞，身之得失，国之安危也。"《诗》云："辞之绎矣，民之莫矣。"夫辞者，人之所以自通也。主父偃曰："人而无辞，安所用之。"昔子产修其辞而赵武致其敬；王孙满明其言而楚庄以惭；苏秦行其说而六国以安；蒯通陈其说而身得以全。夫辞者，乃所以尊君、重身、安国、全性者也。故辞不可不修，而说不可不善③。

陈辞、陈说要注意文辞还要有内涵，要以精诚感人。对此，《论衡·超奇》谓：

> 观谷永之陈说，唐林之宜（直）言，刘向之切议，以知为本，笔墨

---

① （宋）洪兴祖：《楚辞补注》，137、138页，中华书局，1983。
② （宋）洪兴祖：《楚辞补注》，20页，中华书局，1983。
③ （汉）刘向撰，向宗鲁校证：《说苑校证》，266页，中华书局，1987。

北京师范大学史学探索丛书

之文，将而送之，岂徒雕文饰辞，苟为华叶之言哉？精诚由中，故其文语感动人深。

不仅如此，"陈"在简帛中亦有作"陈述"之义，而且，也是强调"辞之工"。郭店楚墓竹简《成之闻之》简 23 载曰："孚（勉）之述（遂）也，强之工也；鑵（陈）之宷（淹）也，訇（辞）之工也。"①此句简文的含义即勉励就能成功，是因为信念坚定；陈述的这样完备广博，是因为工于言辞。与文献中的"陈辞"强调"辞"之功用是一致的。

四、《曹沫之陈》的篇题"陈"

《曹沫之陈》简文中出现的"陈"是从申从戈的"戦"字，申为其声旁，因此整理者隶定作"陈"是可以的。作为篇题的"陈"字该如何理解呢？目前所见专家的相关论述，都是不加讨论地肯定它就是"阵"字之假。"陈"是古字，"阵"为后起字。"陈""阵"皆为定母真部字，音同。"曹沫之陈"之"陈"固然可以理解为"阵"，视为论兵之作。但是通过我们对先秦"陈""阵"字的演化可以看出，此"陈"字可以读本字，作"陈述""陈说"讲。这在文字是可以通的，反过来说，如果读作"阵"是否符合先秦军阵的命名呢？

在先秦典籍中说到"阵"的时候，从来都是以军阵的特点为说，还没有出现以人名命名的"阵"。例如，《左传》有郑子元为"鱼丽之陈（阵）"②，楚

① 荆门市博物馆编：《郭店楚墓竹简》(168 页，文物出版社，1998)。"鑵"，整理者无释。刘钊先生隶定作"墫"，读作"陈"(刘钊：《郭店楚简校释》，146 页，福建人民出版社，2005)。李零先生谓："从字形看，似应隶定作'墫'，其右旁与'申'字相似，这里疑读为'申'。"(李零：《郭店楚简校读记》(增订本)，124 页，北京大学出版社，2002)汤余惠先生《战国文字编》将此字隶定为"阵"(汤余惠主编：《战国文字编》，953 页，福建人民出版社，2001)。此从刘钊先生释，然"土"旁为繁饰，此字可直接隶定作"陈"。

② 《左传》桓公五年。

武王有"荆尸"①之阵，魏舒创"五陈（阵）（崇卒之阵）"②，宋国华氏布鹳、鹅之阵③。《六韬·虎韬·三陈（阵）》托武王问太公曰："凡用兵为天陈（阵），地陈（阵），人陈（阵）。"《六韬·豹韬》有"冲陈（阵）""鸟云之陈（阵）""四武冲陈（阵）"。《孙子》八阵有苹车之陈（阵）"④，《尉缭子·天官》载"天官之陈（阵）"。银雀山汉简《孙膑兵法·威王问》篇出现"锥行之陈（阵）""雁行之陈（阵）""飘风之陈（阵）"；《十陈（阵）》篇则概括为："凡陈（阵）有十：有方陈（阵），有圆陈（阵），有疏陈（阵），有数陈（阵），有锥行之陈（阵），有雁行之陈（阵），有钩行之陈（阵），有玄襄之陈（阵），有火陈（阵），有水陈（阵）。"这是集中论述十种阵法的特点和作用，认为"此皆有所利"，但是无有一例是以人名来命名"阵"的。其中，上面所举的"五阵"乃是春秋后期晋国魏舒所自创，"毁车以为行"，把甲士与步卒混编在一起，在当时引起轰动，而《左传》称之为"五阵"，并未以魏舒名字命名此阵⑤。《太平御览》三百一引《周书》有包括牝阵、方阵、圆阵、牡阵、伏阵的"五阵"。《北堂书钞》一百十三引两条引黄帝问元女兵法，圆阵（土阵）、直阵（木阵）、方

---

① "荆尸"见于《左传》庄公四年，宣公十二年传。庄公四年载："王正月，楚武王荆尸，授师孑焉，以伐随。"杨伯峻注："湖北云梦县睡虎地秦墓竹简，有秦、楚月名对照表，秦之正月，楚曰'刑夷'，于豪亮《秦简日书记时记月诸问题》谓'刑夷'即'荆尸'。则'楚武王荆尸授师孑焉'作一句，楚武王正月授军队以载也。见《云梦秦简研究》。疑此'荆尸'当作动词，指军事。"（《春秋左传注》，163 页，中华书局，1990）而晋杜预注："尸，陈也，荆，亦楚也，更为楚陈兵之法，扬雄《方言》孑者，载也，然则楚始于此参用载为陈。"《正义》："言荆尸，则武王初为，此楚国陈兵之法，名曰荆尸，使后人用之，宣十二年传称荆尸而举，是遵行之也。"（《春秋左传正义》卷八，《十三经注疏》，1763 页，中华书局，1980）徐中舒先生亦以"荆尸"为楚武王的阵法（《〈左传〉选》，21 页，中华书局，1963）按，无论"荆尸"的最初得名如何，从宣公十二年，"荆尸"再现看来，若荆尸仅是楚历正月，则宣公十二年又有"荆尸而举"，非是指楚历也。可以看出，"荆尸"已经成为一种固定的阵法。

② 《左传》昭公元年。

③ 《左传》昭公二十一年，载"郑翩愿为鹳，其御愿为鹅"，杜注："鹳、鹅皆阵名。"

④ 见于《周礼·春官·车仆》郑玄注，《周礼注疏》卷二七，《十三经注疏》，826 页，中华书局影印本，1980。

⑤ 现代学者命名"五阵"为"魏舒方阵"，参见蓝永蔚：《春秋时期的步兵》，180 页，中华书局，1979。

阵（金阵）、锐阵（火阵）、曲阵（水阵），《太平御览》卷之三百一引《兵钤》有运衡阵、洞当阵、龙腾阵、鸟翔阵、握机阵、虎翼阵。引《黄石公记》白虎阵、玄武阵、朱雀阵、青龙阵。《握奇经》所载八陈（阵）：天陈（阵）、地陈（阵）、风陈（阵）、云陈（阵）、飞龙陈（阵）、翔鸟陈（阵）、蛇蟠陈（阵）、虎翼陈（阵）。《文选》卷五十六班孟坚《封燕然山铭》李善注则谓："《杂兵书》八阵者，一曰方阵，二曰圆阵，三曰牝阵，四曰牡阵，五曰冲阵，六曰轮阵，七曰浮沮阵，八曰雁行阵。"[1]这些传统的对于"八阵"命名的理解也许有穿凿附会的地方，但是也能从中看出后人是以其阵行的特点而加以推测的[2]。后世史书中出现的"浮云之阵""横云之阵""鹤列之阵""五虎拟山之阵"等也都是如此[3]。我国古典小说中常提到的十大阵图：一字长蛇阵、二龙汲水阵、天地人三方阵、四门斗底阵、五虎攒羊阵、六子连芳阵、七星斩将阵、八卦金锁阵、九曜星官阵、十面埋伏阵。以及后代演化出来"鸳鸯阵""火牛阵""龙门阵""五雷阵""迷魂阵""连环阵"等，更是根据阵的特点加以命名。后世史书中多有以地名命名的"阵"，但是其"阵"并非阵法，而是相当于"战"。如"平阳之阵""邺城之阵""牧野之阵""渊泉之阵""丹水之阵""破陵之阵""白登之阵"等[4]。

当然，在典籍中，也有极少数冠以人名的"阵"，然并非是指阵法。如，《史记·律书》"昔黄帝有涿鹿之战，以定火灾；颛顼有共工之陈（阵），以平水害。"集解："共工，主水官也。少昊氏衰，秉政作虐，故颛顼伐之。本主水官，因为水行也。"[5]"共工之阵"与前文"涿鹿之战"呼应，其"阵"相

---

[1] （梁）萧统编，（唐）李善注：《文选》，769 页，中华书局，1977。

[2] 《李靖问对》载唐太宗曰："天、地、风、云、龙、虎、鸟、蛇，斯八阵何义也？"李靖对曰："传之误也。古人秘藏此法，故诡设八名耳。八阵一也，分为八焉。"

[3] 《全后魏文》卷五十九；《全后周文》卷八、卷十一；《敦煌变文集新书》卷六。

[4] 分别见于《北齐书》卷一二、《北史》卷七十三、《晋书》卷五五、《全晋文》卷一百四十六、《全三国文·卷五·魏五》、《旧唐书》卷二十六、《史通·外篇·杂说中》。

[5] 《史记》，1241 页，中华书局，1982。《汉书·刑法志》亦有《史记·律书》此语，只是"以平水害"作"以定水害"（《汉书》，1081 页，中华书局，1962。）

当于"战","共工之阵",其含义为"共工为水害，故颛顼诛之"①，即指颛顼与共工的战争，非"共工之阵法"。《尉缭子·武议》"武王伐纣……，纣之陈亿万"，"纣之陈"是指纣陈兵亿万，非纣之阵法。后代典籍亦有以人名出现的"阵"，但亦非指布阵之法，而是统指治兵之法，时代越向后，人们越根据传说，将一定的治兵之法统称为某某之阵，从而具有代表性。例如，《全梁文》卷十六："缘边之法，庶遵细柳之阵。"《汉魏南北朝墓志汇编·北齐》齐故镇将乞伏君墓志："扬干之仆不戮，诸葛之阵自整。"《全北齐文》卷三，为潘司徒乐让表："摧蚩尤之阵，破寻邑之师。"《全陈文》卷八，梁贞阳侯重与王太尉书："齐国强兵，便是轩辕之阵。"《全晋文》卷一百十七："猛乎黄帝五行之阵，严乎孙吴率然之众也。"等，在这里，细柳之阵、诸葛之阵是借周亚夫、诸葛亮之名来代指军纪严明，戒备森严的治兵方法。蚩尤之阵、轩辕之阵、黄帝五行之阵是借蚩尤、黄帝之名来代指威猛无比的军队。因此，可以说典籍中并没有以人名命名的阵法。不仅如此，典籍与新出土文献中也没有"某某之阵"者，我们熟知，孙武、孙膑、吴起等名显天下，世传其兵法，然典籍中也并没有称之为"孙武之阵""孙膑之阵""吴起之阵"者。《后汉书·礼仪志》载当时兵、官皆肄孙、吴兵法六十四阵，也并未冠六十四阵以孙子、吴子之名。银雀山汉简出土的《孙子兵法》《孙膑兵法》每篇的篇题或有存，但没有全书的题目。

由此来看，若将《曹沫之陈》硬读为《曹沫之阵》是不大合乎先秦时期军阵命名通例的。此外，关于《曹沫之陈》竹书的篇题，我们还要注意到，早期的史官著述是没有篇题的，置于第 2 简背面"曹沫之陈"的篇题，应该为整理者所加。战国时期的古书类简册已多有篇题，上博简现存有篇题者，其篇题的命名不外乎两种，一是，摘篇首的数位或人名为名，这亦是古书篇题的惯例。例如，上博简第二册中的《容成氏》篇、《子羔》篇，第三册中的《恒先》篇、《仲弓》篇，第六册的《竞公疟》篇、《慎子曰恭俭》篇等。二是，以全文主题命名。如上博简第四册中的《内礼》篇，第五册中的《竞建内之》

---

① 《文子·上义》，《文子疏义》，490 页，中华书局，2000。《淮南子·兵略》亦曰："共工为水害，故颛顼诛之。"（《淮南子集释》，1045 页，中华书局，1998）

篇、《鲍叔牙与隰朋之谏》篇等。《曹沫之陈》的篇题应该属于第二种情况。这也是《曹沫之陈》在战国时期经过整理的一个痕迹。如前面所论，先秦时期无有以人名命名的"阵"，战国时人在传抄此篇文献时应该就是以此竹书内容主题是"曹沫陈述为政用兵之语"而命名为《曹沫之陈》。

无独有偶，古代文献中亦有以"陈"为陈述之语，并且作为篇题的例证。伪古文《尚书》有《君陈》一篇，并于其篇名之意，孔颖达《尚书正义》在解释《微子之命》篇时谓"令写命书之辞以为此篇，《君陈》《君牙》《冏命》皆此类也"①。在《尚书》各篇中，《微子之命》乃册命微子之命辞；《蔡仲之命》乃册命蔡仲之命辞，《文侯之命》乃册命晋文侯之命辞，《康王之诰》乃康王诰命诸侯之辞。《毕命》《冏命》亦是如此。类似的有大禹谟、皋陶谟、五子之歌、仲虺之诰、汤诰、伊训等。《逸周书·祭公》在《礼记·缁衣》引作《祭公之顾命》，郭店楚简《缁衣》篇亦是如此。《君陈》系伪古文尚书，今文无，但是其篇名是存在的，过去皆以为"君陈"为人名，但那只是汉儒之说，于先秦文献和彝铭材料皆无可征信。因此，这里可换另外一个思路来考虑。《君陈》即君所述之辞②。在这里，"陈"与"命""谟"等用法类似，后世的"陈"几乎成了一种文体。例如，宋林栗《周易经传集解》卷十八："武王既有天下，箕子为之陈洪范。"宋林之奇《尚书全解》卷五，"禹皋陶稷契之陈谟"，"皋陶之陈谟"；卷六 7 次出现"禹之陈谟"；卷二十四"箕子之陈"③。把大禹谟、皋陶谟称为"禹之陈谟""皋陶之陈谟"，把箕子之陈洪范称为"箕子之陈"，虽然这仅是宋人的理解，但是也说明了"陈"与"谟"相似的性质。此外，上博简第五册有标题为《鲍叔牙与隰朋之谏》者，其篇题是

---

① 《尚书正义》卷十三，《十三经注疏》，200 页，中华书局影印本，1980。

② 《君陈》系伪古文《尚书》之篇，其间所涉及的问题很多，其中所涉及的周公是否摄政称王和伪古文《尚书》性质问题就极为复杂，非本篇文章所能讨论而解决问题者。此处仅就其篇名意义来讨论。

③ 分别见于《四库全书》，影印本，第 55 册，96、102、119、471 页，上海古籍出版社，1987。

原竹书著者所自题①，所谓"谏"，即进谏之语也。这与《曹沫之陈》的标题亦是相似的。

　　"君陈"一词作为陈述之意的例证还见于《大戴礼记·卫将军文子》，是篇载孔子语谓："君陈则进，不陈则行而退，盖随武子之行也。"北周卢辩注云："陈，谓陈其德教。"清儒王聘珍谓："陈，谓陈力。君陈者，君与之陈也。《论语》曰：'陈力就列，不能者止。'"②《孔子家语·弟子行》篇亦载有此语，略有不同，谓："君陈则进而用之，不陈则行而退，盖随武子之行也。"王肃注："陈，谓陈列于君，为君之使用也。"③将"陈"理解为陈列、陈力亦可通，然而，孔子此语是评价随武子之行，随武子为晋献公重臣，善于审时度势，察言观色，若将"君陈"解释为君有陈述之语，则胜于前人之释。此句意谓君有陈述之语则可以进而说明自己的看法，并且执行君之语。如果君无陈述之语，则执行既定办法，而不必上前进谏。《国语·晋语八》载晋国栾氏之臣辛俞行曰："臣尝陈辞矣，心以守志，辞以行之，所以事君也。若受君赐，是堕其前言。君问而陈辞，未退而逆之，何以事君？"④"君问而陈辞"即国君垂问就陈说一番道理，与《孔子家语》"君陈则进而用之"可以呼应。《后汉纪》卷二十六《孝献皇帝纪》载朱隽拒绝董卓担任太仆的职位，有司曰："召见君受拜，而君拒；不问徙事，而君陈之，何也？"其中"君陈"亦指朱隽的陈辞。

　　总之，鲁国史官记录了曹沫与鲁庄公的问答之语，连缀成篇，在春秋时期已基本定型，战国时人在传抄时加以整理，题为《曹沫之陈》，正是曹沫陈述之语的意思，不必假"陈"为"阵"，以牵强于军阵之意。这对于认识《曹沫之陈》篇的文体性质，应当是一个有力的证据。这一点使我们看到

北京师范大学史学探索丛书

---

①　《鲍叔牙与隰朋之谏》是上博简第 5 册的一篇，共 9 支简，其中一支为原书篇题"鲍叔牙与隰朋之谏"，整理者按照竹简篇题的习惯，将此支简置于篇末。参见马承源主编：《上海博物馆藏战国楚竹书（五）》，190 页，上海古籍出版社，2005。

②　（清）王聘珍：《大戴礼记解诂》，114 页，中华书局，1983。

③　王肃注：《孔子家语》，33 页，上海古籍出版社，1990。

④　上海师范大学古籍整理研究所校点：《国语》，452 页，上海古籍出版社，1998。

《曹沫之陈》篇的性质这个看似复杂的问题，已是由竹书自报家门式的"陈"字的使用，而变得容易理解了。《曹沫之陈》即是曹沫陈述之语。竹书以"谏"命名其篇，文献以"命""诰"等命名其篇，都与这里以"陈"命名其篇有一定的类似之处。或许都可以说是对于其文体特征的自报家门呢。

通过本章系统地论述，我们可以说，上博简《曹沫之陈》内容丰富，性质较为特殊，虽然专家或有兵家与儒家之论，然分析是篇内容，可以看出，虽然经过传抄与修改，其底本成书时间还是很早的，它成书不会晚于春秋中期，系鲁国史官的著述，不属于子书的范围。我们知道，儒家"祖述尧舜，宪章文武"，对"先王之道"多有阐发，而兵家主张"内修文德，外治武备"，对政治与战争的关系有很深刻的认识，但是《曹沫之陈》成书的时候，社会上尚未出现诸子学说，有的只是史官的著述，所以《曹沫之陈》既非儒家著作，也不是兵家著作。不可否认，《曹沫之陈》有浓重的"王官文化"与"兵家文化"混合交融的特色，它在学术史上应该处于"王官之学"向"诸子之学"的过渡阶段。另外，学界一般公认私家著述之前的就是史官著述，从《曹沫之陈》可以看出，作者的写作意识与主题意识都在增强，它应该就处于从史官著述向私家著述的过渡阶段。

第二章 论《曹沫之陈》成书的背景

　　《曹沫之陈》的底本是原始的《鲁语》，它出自鲁国史官的记言笔录，其"修政而善于民"，以民为本的思想与《尚书》《国语》《左传》《逸周书》等先秦典籍无异，但它在论政的同时又格外重视带兵之道，其书又带有一些兵书的色彩，反映了史官的注意力已经由论礼向论兵的转变。作为原始的《鲁语》，它未被全篇选编进《国语·鲁语》；作为带有兵书色彩的"语"类著作，它论述的重点已由"军礼"向"兵法"转变，其战略思想也由早期的恪守古军礼的"仁道"向"兵不厌诈"的"诡道"过渡①。《曹沫之陈》的出现使我们更加全面地认识"语"类著作，也使我们从中思索"语"与诸子书的关系。那么为何在春秋时期社会上会出现这样一部带有"混合体"性质的著作？它成书时社会、文化大背景是什么样的呢？本章将对此问题进行深入探讨，对这一问题的研究也有助于我们理解《曹沫之陈》的成书。

第一节 论《曹沫之陈》成书时的社会背景

　　竹书《曹沫之陈》所载系曹沫与鲁庄公的问对，曹沫与鲁庄公生活在春

---

①　田旭东先生指出，《曹沫之陈》正是兵家由早期的恪守古军礼的"仁道"向"兵不厌诈"的"诡道"之间的过渡，见（《战国写本兵书——〈曹沫之陈〉》，《文博》，2006(1)）。按，《曹沫之陈》非兵家作品，这在下编第一章"原始《鲁语》的一部分——论《曹沫之陈》的性质"中已经说明。诚然，《曹沫之陈》简文也有使用"诡道"的一面，主要表现在故意向敌人示弱，如"（贵）位厚食，思为前行。三行之后，苟见端兵"（简30），让老弱病伤的士卒为前行，掩盖自己的精锐力量；"谍人来告曰：其将帅尽伤"（简31、32），简文的意思是说故意示弱之后，让敌方的间谍回去报告错误信息；"及而龟筮，皆曰胜之"（简52），利用占卜鼓舞士气；"改冒而鼓，乃失其备"（简52），意思是说用破旧皮革重蒙战鼓，以示破败之象，使敌方防备松懈。然而，我们从总体上把握《曹沫之陈》，会发现其主体思想是"夫阵者，三教之末"，其战略指导思想还是遵循礼法的正面作战方法。

秋前期的鲁国，我们经过第一章的论证分析，已经判断出《曹沬之陈》底本是鲁庄公时期鲁国史官所记的《鲁语》，在春秋时期已基本成型，后来又经过整理与修改。那么，了解春秋前期的鲁国的政治、经济、外交状况可以使我们对《曹沬之陈》成书时的社会背景有清晰的认识。

一、春秋前期鲁国的政治与经济

为了更好地把握春秋前期鲁国的政治与经济，我们先来大体了解鲁国在西周政治格局中所处的地位以及它所起到的作用。西周时期，鲁国是"为周室辅"①的东方强藩，被誉为姬姓"宗邦"，诸侯"望国"②。鲁国是一个非同寻常的邦国，它是周公长子伯禽的封国。周公在周初有勋劳于天下，他虽无天子之位，却有天子之德。成王犹"示天下不敢臣"③。鲁国后来奉周公之祀，成王遂"命鲁公世世祀周公以天子之礼乐"④，因此，鲁有王礼。而且鲁为王室懿亲，与周王室的关系非同于其他诸侯国，可谓"周之最亲莫如鲁，而鲁所宜翼戴者莫如周也"⑤。从文献记载以及考古资料来看，这些说法应该是可信的。

鲁国作为姬姓"宗邦"的特殊地位是在分封伊始即确立下来的。《左传》定公四年记载卫国大祝子鱼追述武王、成王时期分封情况，其中有关鲁国的分封情况如下：

> 分鲁公以大路、大旂，夏后氏之璜，封父之繁弱，殷民六族，条氏、徐氏、萧氏、索氏、长勺氏、尾勺氏，使帅其宗氏，辑其分族，将其类丑，以法则周公，用即命于周。是使之职事于鲁，以昭周公之

---

① 《诗经·鲁颂·閟宫》。

② 鲁为"宗邦"之称见于《左传纪事本末》卷八、卷十二等。鲁为"望国"之称见于《诗辑》卷九，《春秋通说》卷三，《吕氏春秋或问》卷八，《春秋正传》卷十、卷二十八，《春秋辑传》卷一、卷三，《春秋大事表》卷四，《左传纪事本末》卷一等。《春秋毛氏传》卷二十二则以"宗邦望国"合称鲁国。

③ 《尚书大传》卷四。

④ 《礼记·明堂位》。

⑤ 《左传纪事本末》卷一《王朝交鲁》高士奇语。

明德。分之土田陪敦、祝、宗、卜、史，备物、典策，官司、彝器；因商奄之民，命以《伯禽》，而封于少皞之墟。

　　分赐给鲁公的大路、大旗皆为天子所用的器物，据《周礼·春官·巾车》称"同姓以封"，郑玄注"王子母弟率以功德出封"，但是对比同时分封的卫、晋等同姓兄弟之国，唯鲁国有大旂。郑玄注："大旂，九旗之画交龙者。"①《礼记·明堂位》亦载，"鲁君乘大路，载弧韣，旗十有二旒，日月之章，祀帝于郊。"夏后氏之璜，《明堂位》云："大璜，天子之器。"《淮南子·泛论训》高诱注："半璧曰璜，夏后氏之珍玉也。"②封父之繁弱，《荀子·性恶》篇载："古之良弓也。"备物即服物；彝器即常用器。鲁国不仅拥有这些显示荣耀地位的贵重器物，还拥有原为天子服务的国家职事人员。其中，祝即大祝；宗即宗人；卜即大卜；史即大史；官司即百官。此外，由于周天子以鲁国为宗周在东方的代理人，还赐以典策，即记载周代礼乐的典籍简册。这些丰厚的赏赐，优厚的待遇，都是别的诸侯国所望尘莫及的。并且，在以后漫长的岁月里，周王室还不断地赐予鲁国各种特权。《礼记·明堂位》载曰："凡四代之服、器、官，鲁兼用之。是故鲁，王礼也，天下传之久矣，……天下以为有道之国，是故天下资礼乐焉。"

　　由于周公之德勋的巨大感召，成王、康王以及后世历代周王的优厚赏赐，再加上鲁人坚信"先君周公制《周礼》"③，周礼遂成为鲁国立国之本，贵族要求自己"事君尽礼"④，平民要求自己"立于礼，成于乐"⑤。久而久之，鲁国举国上下形成了热爱礼乐，重视礼乐文化的传统。鲁国成为典型的周代礼乐的保存者。直至春秋时期，时人犹称"周礼尽在鲁矣"⑥。并

---

① 《周礼注疏》卷二七，《十三经注疏》，823页，中华书局影印本，1980。
② 何宁：《淮南子集释》，966页，中华书局，1998。按，"夏后氏之璜"，《淮南子》之《精神训》《泛论训》《说林训》四见。高诱依次注为："半璧曰璜，珍玉也。""半璧曰璜，夏后氏之珍玉也。""半璧曰璜，璜以发众，国家之宝。"
③ 《左传》文公十八年载鲁卿季文子所言。
④ 《论语·八佾》。
⑤ 《论语·泰伯》。
⑥ 《左传》昭公二年。

且在王室衰微，礼崩乐坏之际，发挥了重要作用，"诸侯宋、鲁，于是观礼"①。可以说西周时期，鲁国是东方地区的礼乐文化的中心，而到了春秋时期，鲁国则成为全国礼乐文化的中心②。

鲁国作为宗周在东方的强藩，它的政权结构与治国理念与宗周都是相似的，其宗法制度是为典型，一直遵行着"尊尊亲亲"的治国原则。鲁国的政治体制基本上是宗法贵族君主制③。国君受到普遍尊重，宗法贵族在国家政权中亦占有举足轻重的地位，政局比较稳定。为了更清楚地看出春秋前期鲁国政治发展特色，我们将它置于整个鲁国政治发展史中去考察。鲁国政治的发展大致可以分为四个时期，西周时期、春秋前期、春秋中后期、战国时期。

西周时期，从伯禽到鲁惠公，共十三位鲁君在位，历时三百余年。由于资料阙疑，对于鲁国的情况，只能知其大概，伯禽封鲁之后，徐戎、淮夷即发生了叛乱，伯禽首先平叛，然后"变其俗，革其礼"④，用周人礼俗来改造商奄之民。又经过伯禽之子考公、炀公两位鲁君的努力，鲁最终在曲阜一带稳固下来。总体来说，作为周公后裔的封国，鲁国在西周时期地位显赫，国力较强，与周王室关系也最为密切。

春秋前期，从鲁隐公到鲁庄公，共三位鲁君，六十余年。鲁隐公是鲁惠公之庶长子，惠公死，因惠公太子允（即鲁桓公）幼弱，隐公摄行君事，隐公十一年，鲁桓公弑隐公而自立，鲁桓公在位十八年，因携夫人文姜去齐国，被齐襄公设计所害，死于齐。桓公子庄公即位，庄公在位三十二

---

① 《左传》襄公十年。

② 杨向奎先生认为：齐鲁文明"实为宗周文化之嫡传，而鲁为姬，齐为姜，后来结果，齐一变至于鲁，鲁一变乃至于道；周礼在鲁，遂为中心之中心"。还说："周公及其同僚，建立了礼乐制度，鲁国继之成为正统。"（《宗周社会与礼乐文明》，277～279页，人民出版社，1992）这里说的"中心之中心"当是指的春秋时期；"正统"当是指周代礼乐文化的正统。可以说周鲁关系的特殊性正表现在周鲁文化的一脉相承。所以鲁礼就是典型的周礼，鲁国的礼乐文化就是正统的传统文化。

③ 关于鲁国的政治体制，参见郭克煜等：《鲁国史》，20～24页，人民出版社，1994。

④ 《史记·鲁周公世家》。

年，致力于鲁国的内政外交，发展实力，与齐抗衡。总起来说，这一时期，鲁国处于稳步发展的时期。

春秋中后期，从鲁闵公至鲁哀公，共九位鲁君，一百九十余年。庄公死后，因庆父之难，鲁国一度岌岌可危，僖公即位后实行德政，使鲁国易乱为治，政治、军事力量都有所恢复，鲁僖公被誉为"鲁中兴之主"①。但是由于僖公的政策"宜大夫庶士"②，使得世家大族的势力也有了长足发展。僖公以后，东门氏、三桓等世家大族专权，鲁君权力日益缩小，虽然鲁君也进行过反抗，但是都以失败而告终，如，鲁昭公曾讨伐季氏但被三桓连手逐出国内。鲁哀公曾欲借越国之力除掉三桓，反被三桓所逐。

战国时期，从鲁悼公到鲁顷公，共九位鲁君，历时二百余年。这一时期，三桓由盛转衰，最后消亡，鲁君的权力反而有所恢复，但是鲁国国势更衰，成为屈从于战国七雄的卑弱小国。鲁悼公的时候，"三桓胜，鲁如小侯，卑于三桓之家。"③但是在鲁元公的时候，三桓内部发生动乱，后来齐国又相继攻破叔孙氏、孟孙氏的封邑，其子孙散落各地。三桓失其二。大约在鲁穆公的时候，季孙氏拥费自立。三桓消亡后，鲁穆公也曾对内政进行改革，如，废除世卿世禄制，实行俸禄制、将相制等。但是鲁国积贫积弱太久，最终未逃脱覆灭的厄运，被楚灭掉。

以上是我们从四个时期对鲁国政治的发展进行了简单总结。《曹沫之陈》简文反映着的是春秋前期的鲁国政局，为了更准确地把握这一时期鲁国的政治特色，下面我们把春秋前期与春秋中后期鲁国政局进行对比。

春秋前期，世家大族的兴起、卿大夫权力的提升是当时列国政坛上的一个突出现象。然而，与晋、齐等国不同，鲁国的世家大族全是出自公族。如，臧孙氏、展氏、郈氏、众氏出自鲁孝公；施氏④出自鲁惠公；孟

---

① 韩席筹：《左传分国集注》上册，卷二，"僖公中兴"，江苏人民出版社，1963，61页。

② 《诗经·鲁颂·閟宫》中颂扬鲁僖公的诗句。

③ 《史记·鲁周公世家》。

④ 关于施氏家族，请参见附录一的《春秋时期鲁国施氏家族探析》。

孙氏、叔孙氏、季孙氏出自桓公；东门氏出自庄公；子叔氏出自文公等①。在这些世家大族中，以三桓、东门氏势力最炽，对公室的威胁也最大，而他们皆是自鲁僖公的时候，才开始活跃于鲁国政坛的。

鲁庄公逝世以后，鲁国发生了庆父之乱。庆父乃是鲁桓公之子，庄公之庶弟，在庄公病逝之后，庆父联合其母弟叔牙，欲自立为君，而连弑两君②。庄公母弟公子季友拥戴僖公即位，平定叛乱，庆父、叔牙皆自杀。为稳定政局，季友立庆父之子公孙敖为卿，是为孟孙氏，世为鲁司空，封邑于郕。季友同时还封叔牙之子公孙兹为卿，是为叔孙氏，世为鲁司马，封邑于郈。季友则为季孙氏，世为鲁司徒。因庆父、叔牙、季友三人皆为鲁桓公之子，其后世子孙被统称为"三桓"。僖公三年，鲁僖公赐给季友汶阳之田及费邑。鲁襄公的时候，季孙氏又自取卞邑。而季友则在鲁僖公十八年去世之前一直执掌鲁政，为三桓在鲁国的统治奠定了初步基础。所以说，鲁僖公在位的时候，鲁国虽谓政成民和，但是僖公过分纵容了卿大夫势力的发展，国君的权力有所减弱。鲁僖公十八年，季友去世后，公子遂一度执掌鲁政，公子遂即东门襄仲，在鲁文公时期，东门氏势力发展到顶点，鲁文公死后，东门襄仲杀嫡立庶，立了鲁宣公。同时杀死忠君的叔仲惠伯。而季文子③不仅不加以阻止，还助纣为虐。《左传》宣公元年记载："夏，季文子如齐，纳贿以请会。"结果齐惠公与鲁宣公"会于平州，以定公位"，接着"东门襄仲如齐拜成，六月，齐人取济西之田，为立公故，以贿齐也。"至此，鲁国在鲁僖公三十一年得到的大片济西之地得而复失。东门襄仲杀嫡立庶一事，对鲁国政局产生了极坏的影响。《左传》昭公三十二年载，赵简子就鲁昭公被逐，死于国外一事询问史墨，史墨指出原因之一就是："鲁文公薨，而东门遂杀嫡立庶，鲁君于是乎失国，政在季氏。"《史记·鲁周公世家》亦云："鲁由此公室卑，三桓强。"三桓在这场争斗中注意发展

① 参见郭克煜等：《鲁国史》，113 页，人民出版社，1994。

② 《左传》庄公三十二年记载，鲁庄公死后，鲁庄公之子子般立，不足两月，庆父"使圉人荦贼子般于党氏"。闵公二年，庆父又"使卜齮贼（闵）公于武闱"。

③ 季文子乃是季友之孙，《左传》中又称为文子、季孙、季孙行父。"行父"是其名。参见杨伯峻：《春秋左传注》，543 页，中华书局，1990。

自己的实力，并且审时度势，力图排挤东门氏。鲁宣公在位十八年病逝，季文子借机以"杀嫡立庶"的罪名驱除东门氏。此后，三桓独揽鲁国朝政。可以说季文子正是利用了东门襄仲而逐渐发展起自己的势力，鲁国陪臣执国命，政权旁落就是从季文子开始的。后来，三桓"三分公室"①"四分公室"②，鲁君彻底丧失了军权。鲁国公室伴随着三桓的兴起、强盛而日渐衰微。

综上所论，我们可以看出，春秋前期，鲁君的权力较强，鲁国公室受世家大族的牵制并不明显，那时候，三桓，东门氏等强宗大族尚未产生，已有的家族对公室尚未形成尾大不掉之势，争夺权势的斗争还未达到十分激烈的程度。卿权尚未对君权构成威胁。军权亦没有受到分割。因此可以说，春秋前期，鲁君的权力是最为显赫的时期。而春秋中后期，世家大族在政权中的地位急剧上升，东门氏、三桓等相继执政，伴随着一系列三桓瓜分公室的活动，鲁国出现了世卿擅权的局面。鲁国公室衰微，鲁君的权力萎缩。

以上是春秋前期鲁国的政治情况，那么鲁国的经济状况如何呢？

我们知道，周是一个以重农闻名的部族，农业是周族兴盛的根本，而鲁国在继承宗周政治模式的同时，其经济也是以农业为主，商业发展缓慢，这一点与齐国不同。《诗经·鲁颂·閟宫》篇中，鲁人曾以饱满的热情歌颂周人的始祖——后稷的农功："是生后稷，降之百福。黍稷重穋，稙稚菽麦。奄有下国，俾民稼穑。有稷有黍，有稻有秬。奄有下土，缵禹之绪。"鲁人也一直保存着重农的传统。此外，鲁地的地理条件也非常适宜农桑。鲁国地处黄淮平原的边缘，其领地以汶河流域和泗河的中上游地区为中心。境内丘陵之间，有诸如汶阳、泗西等大片肥沃的良田。这样，悠久的重农传统与适宜农耕的地理环境使鲁人十分重视农业，鲁国成为当时比较典型的农耕区，《史记·货殖列传》称这里"宜五谷、桑麻、六畜。……鲁好农而重民。……鲁千亩桑麻"。正是因为鲁人重视农业，所以他们特别

---

① 《左传》襄公十一年。

② 《左传》昭公五年。

关注水、旱、蛊、麋、蜮、蜚、螟、地震等自然灾害,《春秋》上这方面的记载很多。"知诸言地震者,皆据鲁书也"①,不仅地震,其他的灾害有的也是针对鲁国而言的。鲁国的农作物以麦、禾为主。《春秋》对鲁国麦、禾的丰歉特别关注,庄公七年载"秋,大水,无麦、苗。"庄公二十八年载,"大无麦、禾。臧孙辰告籴于齐。""无麦、禾"就意味着发生了饥荒。齐人欲侵鲁则曰"齐人将食鲁之麦"②。可见麦、禾在农作物中占有举足轻重的地位。

　　由于重视农业,"动不违时,财不过用"③,成为鲁君治理国家的准则。从"动不违时"中,我们可以看出鲁人对农业生产的高度重视。而从"财不过用"中我们亦可以看出鲁人珍惜劳动成果,俭以足用的习俗。由于农业生产的艰辛和土地上的有限出产,使鲁人崇尚节俭。在鲁人看来,"俭,德之共也;侈,恶之大也。"④鲁国的执政卿大夫大多也比较节俭,如《国语·周语中》载曰"季文子、孟献子皆俭"。《鲁语上》亦载曰:"季文子相宣、成,无衣帛之妾,无食粟之马。"孟献子之子子服孝伯认为季文子太过节俭,进行劝谏,孟献子闻之则"囚之七日",从此"子服之妾衣不过七升之布,马饩不过稂莠"。

　　鲁、齐两国是紧邻的邦国,齐国后来发展成为一个工商业发达、军事实力较强的大国⑤,而鲁国则是地削势衰,先齐而亡,人们一直对齐、鲁两国进行对比,分析两国何以有如此不同。《吕氏春秋·长见》篇记载太公望与周公旦的一段有趣的对话,很能说明齐鲁两国的治国方法的不同。

　　吕太公望封于齐,周公旦封于鲁,二君者甚相善也。相谓曰:

---

① (清)孔广森:《春秋公羊通义》,《皇清经解》第四册,734页,上海书店出版社,1988。
② 《左传》文公十七年。
③ 《国语·鲁语上》所载曹刿对鲁庄公之语。
④ 《左传》庄公二十四年所载鲁大夫御孙谏鲁庄公之语。
⑤ 《左传》庄公十年记载,长勺之战时,虽然齐师败绩,鲁庄公欲驱车追赶,曹刿仍下视其辙,轼而望之,根据是"夫大国难测也,惧有伏焉"。齐国的大国地位在鲁庄公之前的春秋初年即已确立。

"何以治国?"太公望曰:"尊贤上功。"周公旦曰:"亲亲上恩。"太公望曰:"鲁自此削矣。"周公旦曰:"鲁虽削,有齐者亦必非吕氏也。"其后齐日以大,至于霸,二十四世而田成子有齐国。鲁日以削,至于觐(仅)存,三十四世而亡。

这个记载当然不会是周公与太公的对话实录,而应当是后人对齐、鲁两国治国方法的总结,但它确实道出了齐、鲁两国国策的各自特点[①]。鲁国"亲亲尚恩"使得鲁国政局相对稳定,但是发展的结果是公室日衰,而齐国的"尊贤上功"使得齐国日益强大,但是政局不稳。《吕氏春秋·长利》篇亦载有鲁人辛宽为鲁穆公评说齐、鲁两国实力消长的原因:

臣而今而后知吾先君周公之不若太公望封之知也。昔者太公望封于营丘,之渚海阻山高险固之地也,是故地日广,子孙弥隆;吾先君周公封于鲁,无山林溪谷之险,诸侯四面以达,是故地日削,子孙弥杀。

辛宽从地理位置方面分析齐鲁两国实力消长的不同,虽然并不全面,但还是有一定的道理。齐鲁两国所处的地理环境不同,所采用的治国理念不同,发展的速度以及国力的强弱亦不同。但是纵观春秋前期,在齐桓公称霸之前,齐、鲁两国的实力基本相当,悬殊不是很大。

二、春秋前期鲁国的外交

鲁国作为周公后裔的封国,在西周时期地位显赫,其姬姓"宗邦"的地位使它在诸侯国中享有崇高的地位。当时的诸侯国有同姓、异姓之分,大体来说,同姓诸侯国地位高于异姓诸侯国,而在同姓诸侯国中,鲁国又是地位最高的。《国语·鲁语上》记载鲁僖公时期,晋文公解曹地以分诸侯。鲁僖公使臧文仲往,宿于重馆,守馆之隶劝其速行,曰:

---

① 参见杨朝明师:《鲁文化史》,88 页,齐鲁书社,2001。

晋始伯而欲固诸侯，故解有罪之地以分诸侯。诸侯莫不望分而欲亲晋，皆将争先；晋不以固班，亦必亲先者，吾子不可以不速行。鲁之班长而又先，诸侯其谁望之？若少安，恐无及也。

韦昭注："班，次也。长，犹尊。"①重馆人的分析是很有见地的，鲁，在诸侯中本来班次居长，如果再亲附晋国为先，自然能得到霸主晋国的欢心。臧文仲接受重馆人之言，结果"获地于诸侯为多"。重馆人之语"鲁之班长"可谓是说出了西周时期鲁国在诸侯国中的地位。虽然，春秋时期，列国间的政治格局已远不是西周时期的局面，但是鲁国曾在诸侯国中位尊居长的影响尚在。《左传》桓公六年记载北戎伐齐，"诸侯大夫戍齐，齐人馈之饩，使鲁为其班。"齐人请鲁国来确定各国的先后次序，这也充分说明鲁国在诸侯国中的"班长"地位。"班长"，自然是指位次居长，如果换一种方式来理解，将两周之际的各诸侯国作为一班人来看的话，鲁国居于"班长"的地位，至少在社会舆论方面，也是没有什么问题的。

因为《曹沫之陈》简文中鲁庄公与曹沫的问对是围绕着鲁对齐战的问题而展开的，下面我们就鲁、齐关系进行梳理。

鲁、齐在分封的时候，曾经有过"世世子孙无相害"②的盟约，但是到春秋初年，两国的矛盾已经很深，鲁惠公的时候，两国曾经一度断绝来往。一直到隐公六年，鲁隐公与齐僖公艾地结盟，才恢复了外交关系。到鲁桓公时期，因为纪国问题，双方又起了冲突。桓公十三年，鲁、纪、郑三国联合，与齐、宋、卫、燕四国展开了一场大战，结果，鲁、纪、郑大败四国。桓公十七年春，鲁国出面调停纪、齐两国的问题，鲁、齐、纪三国在黄地结盟。然而，夏五月，齐出兵侵犯鲁国的边境，在奚地与鲁交

---

① 上海师范大学古籍整理研究所校点：《国语》，165 页，上海古籍出版社，1998。

② 《左传》僖公二十六年载，鲁僖公使展喜应对齐孝公之语曰："昔周公、太公股肱周室，夹辅成王。成王劳之，而赐之盟，曰：'世世子孙无相害也！'载在盟府，大师职之。"

战。一直到鲁庄公四年，纪国彻底被齐国吞并。我们可以看出春秋前期，鲁、齐两国已经处于抗衡的状态，虽然鲁国经常处于被动的地位，但是齐国也奈何不了鲁，双方互有胜负。下面我们来具体看一下鲁庄公时期的鲁、齐关系。

鲁庄公（公元前706年—前662年），鲁桓公之子，桓公六年生，桓公十八年，鲁桓公在齐遇害去世，第二年，庄公即位，庄公在位32年，44岁病逝。庄公即位的时候，年仅12岁，其父桓公在出访齐国的时候，被齐襄公设计害死，事后，齐襄公仅杀公子彭生敷衍塞责。按照《礼记》的记载，父母之仇不共戴天①，然而，庄公即位之后并没有纠缠于其父死于齐国之事，而是从鲁国实际出发，致力于发展自己的国力。这是非常明智的做法。因为就当时齐、鲁两国的实力来看，齐国实力已稍强于鲁。齐僖公的时候，齐国雄长于东方，素有"小霸"之称②，齐僖公死后，其子齐襄公即位，虽然齐襄公无德，政令无常，"君使民慢"③，致使齐国国力一度有所损弱，但是齐国的实力总体上比较强，是当时一个军事大国。齐国对鲁国一直是一个强大的威胁。鲁桓公在齐国遇害，鲁国内部肯定酝酿着对齐的不满，但是鲁庄公沉着冷静，不因小失大，不盲目复仇。鲁庄公的这一做法曾经遭到汉儒的非难，但这并不意味着鲁庄公完全忘记了父仇。《左传》庄公八年曾载鲁庄公之语，曰："我实不德，齐师何罪？罪我之由。《夏书》曰：'皋陶迈种德，德，乃降。'姑务修德，以待时乎！"从中我们可以体会出鲁庄公明是对齐的退让，实则是重德守礼，韬光养晦，他在等待着时机与齐抗衡。《左传》庄公十年载鲁庄公对自己的为政评价有三：一是，"衣食所安，弗敢专也，必以分人"。二是，"牺牲玉帛，弗敢加也，必以信"。三是，"小大之狱，虽不能察，必以情"。曹刿评价说"忠之属也，可以一战"。这些记载表明鲁庄公应该是一个颇有政治头脑的人。那么他的武

北京师范大学史学探索丛书

---

① 《礼记·檀弓上》记载："子夏问于孔子曰：'居父母之仇，如之何？'夫子曰：'寝苦，枕干，不仕，弗与共天下也。遇诸市朝，不反兵而斗。'"

② 《左传事纬》卷一，《绎史》卷三十六，清儒马骕语："齐僖小霸，雄长东方。"《绎史》卷三十二亦曰："齐僖小伯（霸）也。"

③ 《左传》庄公八年载齐大夫鲍叔牙之语："君使民慢，乱将作矣。"

功如何呢？请看《春秋》经传对庄公的征战记录：

> 庄公九年：秋，（鲁）师及齐师战于乾时，我师败绩。公丧戎路，传乘而归。
>
> 庄公十年：春，王正月，公败齐师于长勺。
>
> 二月，公侵宋。
>
> 夏，六月，齐师、宋师次于郎。公败宋师于乘丘。
>
> 公以金仆姑射南宫长万（宋勇士），公右歂孙生搏之。
>
> 庄公十一年：夏，五月戊寅，公败宋师于鄑。
>
> 庄公十八年：夏，公追戎于济西。
>
> 庄公十九年：冬，齐人、宋人、陈人伐我西鄙。
>
> 庄公二十六年：春，公伐戎。

鲁庄公在对齐，或者对齐、宋的联合侵犯的战役中，一败三胜，可见鲁国的实力堪与齐国抗衡，但是齐国自齐桓公任用管仲改革之后，国富兵强，鲁国在与齐国的争斗中渐渐不支。《史记·刺客列传》有曹沫为鲁将"与齐战，三败北"的记载，《鲁仲连邹阳列传》亦曰"（鲁）亡地五百里"，《战国策·齐策》《淮南子·泛论训》则曰"鲁三战三北而丧地千里"。这些记载固然不是史实，有口述史的演绎色彩，但也说明鲁、齐之间有着多次的较量，而鲁国在较量中已经处于下风。《左传》庄公十三年载鲁与齐"盟于柯，始及齐平也。"这意味着鲁国开始向齐表示服从，但是鲁并不甘心，仍然是伺机以待，力图摆脱齐国的控制。齐国对鲁的企图也是非常不满，于庄公十九年，齐率宋、陈两国军队攻打鲁国西境。当时，由于鲁国在诸侯国中的声望，齐桓公要称霸诸侯，也需要鲁的支持，《国语·齐语》记载："齐桓公曰：'吾欲南伐，何主？'管子对曰：'以鲁为主。反其侵地棠、潜，使海于有蔽，渠弭于有渚，环山于有牢。'"韦昭注："棠、潜，鲁之二邑。"①鲁国在齐国的对外战略中举足轻重，鲁国的归附与否，关系到齐在诸侯国中的地位是否稳固。齐国对鲁采取一些拉拢缓和的措施，归还侵鲁之地。而鲁庄公势必也要审时度势，调整策略，逐渐放弃与齐争衡的企图，与齐缓和。鲁庄公在其即位的第二十二年如齐纳币，二十三年又如齐观社，二十四年如齐逆女，迎娶齐女为夫人。此后，鲁庄公成为齐桓公称霸的得力助手，在鲁庄公统治的中后期，齐、鲁关系是非常和睦的。

综上所述，我们可以看出，由于春秋以前，诸侯国很少战争，列国之间的位列次序相对稳定，因此在春秋初年，鲁国依然保持着其姬姓"宗邦"、诸侯"望国"的地位，国力也较一般诸侯国为强。春秋前期，鲁国保持了稳步发展的势头，凭借自己的实力，也加入了各国争斗的行列之中，它采取灵活的策略，与自己的邻国齐、宋等国或战或和，都不失为春秋初年的一个强国。鲁庄公统治的后期，由于齐桓公霸业的确立，鲁国外交策略已由与齐抗衡转变为结强齐之援。到了鲁僖公时期，鲁国成为齐国称霸的最可靠的同盟军，鲁国不断地参加齐国的对外战争与会盟，在依附于齐国霸业的同时，乘机索还一些鲁国的失地②，在齐桓公霸业结束后又依附晋国，从晋国分解的诸侯国土地时，又争取到一些土地③，所以虽然鲁僖公的时候，鲁国国力强盛，控制的地区也有所扩大，但是鲁国再也没有与齐国争衡的雄心与气势。鲁僖公之后，鲁国诸君更没有这种实力与气度，这是春秋前期与中后期鲁国外交策略的明显不同之处。

---

① 上海师范大学古籍整理研究所校点：《国语》，241 页，上海古籍出版社，1998。

② 《诗经·鲁颂·閟宫》是颂鲁僖公的诗作，其中有"居常与许，复周公之宇"的诗句。《毛诗序》亦曰："《閟宫》，颂僖公能复周公之宇也。"清儒马瑞臣谓《春秋》桓元年'郑伯以璧假许田'，僖公时盖亦复之"（《毛诗传笺通释》卷三十一，1153 页，中华书局，1989）。周予同指出："鲁僖公同齐桓结盟，屡次援郑拒楚，因乘机索还许田。"（周予同主编：《中国历史文选》上册，《閟宫》注，30 页，上海古籍出版社，1979）

③ 《国语·鲁语上》载晋文公解曹地以分诸侯，鲁僖公使臧文仲往，因其先去，所以"获地于诸侯为多"。《左传》鲁僖公三十一年亦载："春，取济西田，分曹地也。""分曹地，自洮以南，东傅于济，尽曹地也。"

第二节 "道术将为天下裂"
——论《曹沫之陈》成书时的学术背景

在探讨《曹沫之陈》成书的学术背景的时候，我们发现《庄子·天下》篇的关键之语"道术将为天下裂"，可以很形象而深入地描述出当时学术发展的轨迹。宋人认为"道术将为天下裂"，"此一语结得极有力，亦极为好文字"①。其实，它不只是极有力的"好文字"，而且也是描述先秦学术发展脉络的极有价值的精辟论断。今天我们用来说明《曹沫之陈》成书的学术背景也是非常贴切的。

《庄子·天下》篇虽然是庄子后学的作品，但是和内篇一样受到学者们的普遍重视，学者曾谓"不读《天下》篇，无以明《庄子》著书之本旨，亦无以明周末人学术之概要也。"②《天下》篇在概述先秦学术发展的脉络时说了一段非常有名的话：

> 内圣外王之道，暗而不明，郁而不发。天下之人各为其所欲焉以自为方。悲夫，百家往而不反，必不合矣！后世之学者，不幸不见天地之纯，古人之大体，道术将为天下裂。

此句中的"方"即《天下》篇句首"天下之治方术者"之"方术"。《天下》篇的这一段话引发我们深思，其写作目的就是分析古代学术思想的演变过程。无论《天下》篇的作者是谁③，其成篇应该是在战国时期，在那个社会大变动的时代，学术发展的情况亦大变，这个大变化就是"道术将为天下

---

① （宋）林希逸著，周启成校注：《庄子鬳斋口义校注》，492～493页，中华书局，1997。
② 顾实：《〈庄子·天下篇〉讲疏》，自序，2页，商务印书馆，1933。
③ 关于《庄子·天下》篇的作者分歧很大，一种观点认为是庄子自著，以郭象、陆德明、林希逸、王夫之、胡文英、梁启超、钟泰等为代表；另一种观点认为是庄子后学所作，以林云铭、叶国庆、谭戒甫、严灵峰、张恒寿等为代表。

裂"。虽然《天下》篇的作者不理解这种变化，但却敏锐地觉察到了这种变化，并形象地描绘出了这种变化。在《天下》篇作者的眼里，"道术"与"方术"应为截然不同的两个概念，由"道术"向"方术"的裂变就是当时学术发展的轨迹。深刻理解"道术将为天下裂"一语的意义，不仅可以使我们知道庄子学派对于当时学术裂变的看法，而且有助于我们认识周代学术发展的轨迹，对我们认识《曹沫之陈》成书的学术背景更是有启发意义。

一、道、术和"道术"

深入理解"道术将为天下裂"这一命题的前提是对于"道术""方术"意义的探求。对"道术""方术"的理解，历来有争议。唐代成玄英疏以为"方术"与"道术"是一个概念，谓："方，道也。自颛顼以下，迄于尧舜，治道艺术，方法甚多，皆随有物之情，顺其所为之性，任群品之动植，曾不加之于分表，是以虽教不教，虽为不为矣。"①

近代研究《天下》篇的学者颇多，对"道术"与"方术"的理解是不一致的。顾实先生以为"方术"即是"法术"，曰："方，版也。法著之方策，故方亦转训法也。"并援引《韩非子·难三》"人主之大物，非法则术也"中对"法"与"术"的解释，从而得出"故方术即法术"的结论。而对于"道术"，他的解释是："变言曰道术者，盖循用古语也。"②顾实先生是从时代进展的角度探讨道术与方术的区别的，他认为"道术亦与方术有微别"，在他看来，道术是已逝去的五帝三代行的治术，而方术则是当世所行的法术。高亨先生的看法与此不同，以为方术只是道术的一部分："'方术'对下文'道术'言，道术者，全体。方术者，一部也。方，一方也，方术者，一方之术。"③锺泰先生亦云："全者谓之'道术'，分者谓之'方术'，故'道术'无乎不在。"④

我们可以看出以上三种解释的着眼点是不一样的，成疏的着眼点是

① （清）郭庆藩撰，王孝鱼点校：《庄子集释》，1065页，中华书局，1961。
② 顾实：《〈庄子·天下篇〉讲疏》，2页，商务印书馆，1933。
③ 单演义：《〈庄子·天下〉篇荟释》，36页，黎明日版社，1948。
④ 锺泰：《庄子发微》，756页，上海古籍出版社，2002。

"方术"与"道术"的实质，顾实先生的着眼点是二者出现的先后，高亨与锺泰两位先生的着眼点是《天下》篇的文义。既然文章哀叹"道术将为天下裂"，则方术就是道术被割裂后的一方之术，所以二者是全体与部分的关系。若就文章表面意思而言，确实是最后一种解释最合文义。然而，深究文章本意，似乎还不只如此。

庄子后学笔下的"道术"与"方术"应该是有着天壤之别的两个学术名词。前者是指能够见天地之"纯"之"美"、察古人之"全"之"备"的学问，而后者只是"不该（赅）不遍"、各执一方的片面的学问。所以，在《天下》篇作者的眼里，道术与方术不仅仅是出现的时间段上的先后关系，也不仅仅是全体与部分的关系，而是实质上有根本区别的两种概念，"道术"与"方术"似乎是一种常态与变态的关系。作者在行文之中流露着对"道术"的心仪与留恋，发泄着对"方术"的不满与痛惜，似乎天下之人"闻其风而说之"，争相就学的"方术"之学已经是一种"变味"的学问。这正是《天下》篇的作者发出"道术将为天下裂"之慨叹的原因所在。

其实，无论是全体还是部分，道术与方术皆指古代的学术。古代学术在春秋以前似无定称，可能以学、艺等代之，亦极稀少。"道"的本义指道路，《诗经》中有此用法，《诗经·四牡》"四牡騑騑，周道倭迟"，《采薇》"行道迟迟，载渴载饥"，皆为其证。盖春秋以前的"道"仅有此义。春秋时，开始用"道"说明理论、规则和高远的思想。孔子、墨子等每每以"先王之道""天下之道""尧舜汤武之道"等相称。此时的"道"亦有良、恶之分，《墨子·尚贤》下篇就有"良道"之称。值得注意的是，在《墨子·尚同》中篇称"治民一众之道"，指治民的方法，与普遍性的理论已有距离。可以推测，"道"之分裂于此已露端倪。窃以为作为普世意义上的理论、规则、思想的"道"，其出现应当是与"术"同时的，都是东周时期才大行于世的称谓。"术"，多与"道"同义。《左传》《国语》中多次出现"术"字，可以理解为方法、策略、办法、道理。或者"术"可以单独当作"学术"讲，如《礼记·王制》所谓"乐正崇四术，立四教"，但是这种用法很少见。此外还可以当作"心术"讲，以及有"导"的意思。由此我们可以看出，虽然"术"可以解释为"道"，但是二者有明显的区别，"道"多指理论、规则，而"术"则多指方法、策略。"道术"作为一个词使用，盖以《墨子》书为最早者。《尚贤》上篇云"贤良之士厚乎德行，辩乎言谈，博乎道术者乎，此固国家之珍，而社稷之佐也"，其称"道术"，比《天下》篇为早。这里的"道术"应该是指"道艺"，这种用法在《大戴礼记》中多见：《哀公问五义》篇谓"尽道术，必有所由焉"，《保傅》篇谓"比选天下端士、孝悌闲博有道术者"，是为其例。

总之，作为普世意义的"道"与"术"两者可能是相反相生，相辅相成的，离开一方，另一方也不会出现。道与术的区别是理论与方法的区别。这也可以从汉人对"道术"的理解中看出来。贾谊的《新书·道术》篇说："道者，所道接物也。其本者谓之虚，其末者谓之术。虚者，言其精微也，平素而无设诸也。术也者，所从制物也，动静之数也。凡此皆道也。"术虽然与"接物"的道有一定的区别，但亦属于道。后世将道术与方术混为一谈，盖自汉代始。《天下》篇"道术将为天下裂"的道术，其中既包括了普世意义的道，也包括了具体的方法技艺。春秋时期的士人须以道术为安身立命之本。孔子在回答何为"士人"这一问题时曾说：

> 所谓士人者，心有所定，计有所守，虽不能尽道术之本，必有率也；虽不能备百善之美，必有处也。是故知不务多，必审其所知；言不务多，必审其所谓；行不务多，必审其所由。智既知之，言既道之，行既由之，则若性命之形骸之不可易也。富贵不足以益，贫贱不足以损。此则士人也①。

春秋时期的士人守道以明志，持术以干禄，可谓"道术者，士人之本也"，《天下》篇的作者见道术分崩离析而慨叹，正是其理想的学术境界因时遇不济而破灭的必然结果。

二、道术—方术：古代学术的裂变

囿于时代的局限，《天下》篇的作者不可能认识到"道术"向"方术"转变

---

① 《孔子家语·五仪解》。

的意义，但是他得益于近距离观察而形成的敏锐直觉，可以提出甚为精辟的见解，"道术将为天下裂"一语就是一个典型例证。下面就让我们沿着他的思路来探讨古代学术的演变过程，以求深入认识此语的本质意义。

《天下》篇的作者认为，政治与学术最初应该是融为一体的。文中所列的"天人""神人""至人""圣人""君子"，既是政治人物，也是学术人物，政治与学术浑然一体。后来，政治与学术分离，道术变为方术。在《天下》篇作者心目中，天下大乱和内圣外王之道的暗而不明，正是道术分裂的背景，也是各家学说应运而生的条件。"道术将为天下裂"一语的意思是说，道术将因天下的政治与学术发展情况的大变而分崩离析。依照这个认识我们可以发现，古代学术发展的基本情况，是可以分为两个阶段的。

1."道术"阶段

夏商周三代"学在官府"。这不仅指教育在官府，而且指学术在官府。官学的内容非常丰富，门类也比较繁多。"从总体上说是指国家在当时所能涉及（广度）和所能达到（深度）的百科之学。"①《天下》篇所谓的"道术"即这里所谓的"百科之学"，亦即"王官之学"。其内容涵盖了治国理念与方略的方方面面②。而且，当时人根本没有意识到其中的差别，以为这就是一个统一的整体，并没有如后世划分得如此细致。学术处于一种"混沌"状态，只要是治国之术就都涵盖在内，只要是知识也都包括在内。用《天下》

---

① 沈文倬：《略论宗周王官之学》（上），王元化主编：《学术集林》卷十，122 页，上海远东出版社，1997。

② 余敦康先生以《天下》篇的"道术"为古代的宗教神学。认为宗教神学总的原则与设官分职的王官之学二者组成一个完整的结构，春秋时期这种完整结构被分裂成各自独立的断片，诸子由此产生。见其所撰《先秦诸子哲学对宗教传统的继承与转化》，《文史哲》，2004(6)。

篇的话来说这就是"纯"①，就是没有门户之见的"大体"。

我们可以从官学进行的教育内容中窥见道术（亦即百科之学）的一些基本情况。宗周时期国人的教育是控制在官府手中的，其内容包含专业技能的教育，但大多是关于伦理道德、治国理念与礼仪规定的教育。《周礼》记载当时的"国子"即贵族子弟必须在师氏的指导下学习"至德""敏德""孝德"三德，"孝行""友行""顺行"三行。还要在保氏的指导下学习六个方面的道艺，即"五礼""六乐""五射""五驭""六书""九数"。此外，保氏还教授"国子"行祭祀、为宾客、在朝廷、居丧纪、在军旅、驾车马时的六种仪容②。

当然，教育国人的任务并不是仅仅局限于"师氏""保氏""大司徒"等，而是所有官吏的一种要务。沈文倬先生以为"凡官总有任务交接，接任者应该接受前任者处理所担任事务的整套做法，加上自己多年履行时所得的经验，通过口耳相传，一一告诉后继者，做到不遗不漏。"③这是有文献充分证明的。如《论语·公冶长》篇载楚国的子文"三仕为令尹，无喜色，三已之，无愠色。旧令尹之政，必以告新令尹。"孔子谓之"忠矣"。《左传》昭公二十年记载，郑国的子产临死时把自己为政多年的经验传授给继任者子大叔，要他在"猛"与"宽"之间做出自己的判断。官吏们对自己经验的传授势必会夹杂自己思想与感悟在内，这也是行之有效的一种教育方式。

此外，宗周官学还有一个特色，那就是"官师合一"。"师"由为官多年

北京师范大学史学探索丛书

① 所谓"纯"，《天下》篇的注释者历来以为皆是纯粹、纯美、纯真之意，此说虽然不误，但容易忽略其另外一方面的意义，那就是它还指单一的、混沌不分的状态。《说文》"纯，丝也"，段注"同醇"（《说文解字注》十三篇上，643 页，上海古籍出版社，1988）。按即淳字，有厚、质朴之意。《淮南子·俶真训》讲至德鸿蒙之世，"浑浑苍苍，纯朴未散，旁薄为一"，是纯朴有混沌未判之意。从庄子每赞美混沌的情况看，《天下》篇此语的"纯"字除纯粹之意以外，当亦有混沌之意。

② 见于《周礼·地官》的《师氏》与《保氏》。此外，《大司徒》还记载其职责为教授万民"一曰：六德：知、仁、圣、义、忠、和。二曰：六行：孝、友、睦、姻、任、恤。三曰：六艺：礼、乐、射、御、书、数"。而事实上官学体系下的宗周教育只能是局限于贵族子弟这一阶层。

③ 沈文倬：《略论宗周王官之学》（上），王元化主编：《学术集林》卷十，121 页，上海远东出版社，1997。

且卓有政绩的人担任。他在传授知识的时候势必会把自己为官经验、治国之术融合进教授的课程。百官在任职实践中长期积累起来的经验，经过不断的修改与条理化，传授给自己的继任者和子弟。在这样的官学体系下，学术自然是一种"纯"的状态，一种"混沌"的状态，并没有门户之见，而是包容了很多的学术因素的知识与技艺的统一。

2."方术"阶段

在《天下》篇作者的眼里，他生活的时代是一个"天下大乱"的时代，正所谓"天下大乱，贤圣不明，道德不一"。就是因为天下大乱，所以道术不行，"为天下裂"，学术的发展进入到"方术"阶段。

"天下大乱"的意蕴，在《天下》篇里应该有两个层面：一个层面是指政治上的分裂。春秋时期，"周道陵迟，王纲解纽"，赫赫宗周、天下共主的时代一去不复返了。王畿土地的缩小与权力的逐渐下移，使周王室形同一个小的邦国，周天子委身于强国之中，旧的礼制遭到极大的破坏，孔子曾说："天下有道，则礼乐征伐自天子出。天下无道，则礼乐征伐自诸侯出。"①春秋时期不仅礼乐征伐自诸侯出，而且出现了"政在大夫""陪臣执国命"的情况，诸侯和卿大夫的僭越行动层出不穷。可见，在孔子的心中，春秋时期是一个"天下无道"的时期。孔子所说的"天下无道"主要是指政治上的层面，而《天下》篇的作者还看到了另外一个层面，那就是思想上的大乱，那种宗周控制下的思想统一已被打破，思想自由，学术自由，各家畅言论说，情境与宗周时期迥然不同。孔子曰"天下有道，则庶人不议"②，可是春秋时期正是"庶人"议论纷纭兴起的时代，是"处士横议"方兴未艾的时代。

虽然一直到春秋时期，教育依然有官学的影子，但是从西周到春秋，发生了从"天下有道"到"天下无道"到"天下大乱"的巨大变化，出现了"天子失官，学在四夷"③的局面。如《论语·微子》篇所说："大师挚适齐，亚饭干适楚，三饭缭适蔡，四饭缺适秦，鼓方叔入于河，播鼗武入于汉，少

---

① 《论语·季氏》。
② 《论语·季氏》。
③ 《左传》昭公十七年。

师阳、击磬襄入于海。"这是对官学散佚情况的无可奈何的描述。周的典籍也散落到诸侯国中去，这种情形，在历经四年之久的王子朝之乱中尤其明显。《左传》昭公二十二年记载，周景王的庶长子王子朝因"旧官、百工之丧职秩者与灵、景之族以作乱"，四年后失败逃亡楚国，"王子朝及召氏之族、毛伯得、尹氏固、南宫嚣奉周之典籍以奔楚"。这一部分散落在楚地的周之典籍也就在楚地扎根了。学术下移也在一定程度上打破了学在官府的局面，文化与学术的垄断局面已经出现了裂口，这是不可逆转的趋势。清儒汪中论诸子学的兴起，谓："昔在成周，礼器大备，凡古之道术，皆设官以掌之。官失其业，九流以兴，于是各执其一术以为学。"①所谓"官失其业"，乃是指"天子失官"。在这里，学术与政治有着十分密切的关系。

"学在官府"的局面逐渐被打破，以孔子为代表的私人讲学之风兴起。这类有知识有威望的士人广收门徒，传业授课，聚众讲学，由于他们的社会经历以及对社会的理解都不一样，所以形成了不同的门派。《天下》篇对此的描述是"其数散于天下而设于中国者，百家之学时或称而道之"，百家都只是传了"道"的一部分，"道"散失于百家之中。百家之学，虽各不相同，而"道"也会隐于其中。《汉书·艺文志》亦曾谓诸子十家："皆起于王道既微，诸侯力政，时君世主，好恶殊方，是以九家之（说）[术]蜂出并作，各引一端，崇其所善，以此驰说，取合诸侯。"

学术从"道术"阶段向"方术"阶段的转化非常耐人寻味。《天下》篇的作者能够对于古代学术做出如此深刻的表述，说明对于当时学术的发展变化他的感觉是很敏锐而直接的。他敏锐地感觉到了当时的学术发展是"道术"即将向"方术"的转变，但是他的态度却是不赞成，并且还感到深深的悲哀。在他的眼里，"道术"裂变为"方术"无疑是一个时代的倒退，是令他无可奈何的残酷现实。可是，今天我们从古代学术发展的角度看，却能看出这是一种历史的必然，是学术从单一的萌芽阶段向繁复的成熟阶段的发展，从混合状态到分科细化的阶段的合乎逻辑的转变。

---

① 汪中：《述学·墨子后序》，（清）孙诒让撰，孙启治点校：《墨子间诂》，附录，671页，中华书局，2001。

以前对《庄子·天下》篇所描述的从"纯""大体"阶段的"道术"向"百家各执一端"的"方术"的转变是找不到贴切证据的，幸好，郭店楚简、上博简的问世给我们提供了这方面的宝贵资料。《曹沫之陈》简文即可以对此有所说明，使我们窥见一些古代学术从"混沌"状态向目标趋于明确的"语"类著作的过渡情况。下面就此篇，我们来具体寻绎一下学术从萌芽时期到细化时期的转变。

按照《天下》篇作者划分学术的标准，《曹沫之陈》简文所论的"修政而善于民""成教""由其本""三代之所""古亦有大道焉，必恭俭以得之，而骄泰以失之"等，这些治国安民的大道理皆属于"道"，是见天地之"纯"之"美"、察古人之"全"之"备"的"道术"，而其所反复执着讨论的各种"出师之忌"，各种"复战之道"，孜孜以求的细微到极点的关于战的每一步环节，这些应该是属于"道术"发展的细枝末节——"方术"的范围了。

其实，《曹沫之陈》其底本是原始的《鲁语》，属于目标明确的语录体散文，也可以说是一种礼书与兵书的混合体。从内容上看，其作者根本没有意识到学术之间的界限。书中的曹沫是一位深受周代礼乐文化影响的鲁人，他熟谙治国之术，他的目的就是使鲁国强盛起来，所以无论他是论兵还是论政都是围绕这一目的而来。曹沫虽然也知道鲁国国力的实情，但还是主张"修政而善于民"，这种观点很难说他是兵家还是儒家，只能说是受传统礼乐文化影响的政治家的共识。而且在曹沫生活的时代，社会上还没有儒家、兵家等诸子，自然也就没有兵、儒之分，有识之士关心的只是国家治术。就是后来兵家与儒家形成之后这也是共同之处。庄公接受曹沫的劝谏，又"问阵奚如?""守边城奚如?"问到各种"出师之忌"，各种"复战之道"，这就很带有兵家的特色，但是和后期的兵书相比，《曹沫之陈》显得古朴粗糙，它没有系统的理论，没有统一的指导思想，而是就事论事，一切论述都是针对反击齐国而发。《曹沫之陈》一方面强调作战要体恤士兵，鼓舞士气，另一方面又格外强调贵族的作用，贵族"思处前位"就是战争取胜的保证。《曹沫之陈》绝少强调战略战术的运用，这是与后世兵书的极大不同，而且就是《曹沫之陈》的作者在写作的时候也绝不会意识到他是在写兵书，他只是为了讲明治国之术，治国不仅不能一味相信天命，也不能无视国力的承受能力。针对鲁国的国力，他多次讲述出师之忌与复战之道，虽然他没有意识到他在讲兵法，但实际上他正是在试图阐明当时的兵法。当时的学术还没有达到"各执一方"的方术，但是也已经不再是纯粹的道术了，学术正处在萌芽阶段、混沌状态向成熟分化时期转变，所以不能以后世兵儒的界限来套《曹沫之陈》。在《曹沫之陈》作者这里，政治与学术浑然一体，论政与论兵熔为一炉，大而全的"道术"中裂变着细而微的"方术"。

综上所述，古代学术并不如后世划分得如此细致，而是处于一种"混沌"状态。学术与政治不分，哲学、文学也都隐含其中，只要是治国之术就都涵盖在内。围绕着治国这一核心，进行的思考就是学术。这就是学术的萌芽阶段即"道术"阶段，它的特点就是"纯"与"大体"。古代学术的"纯""大体"（"混沌"）中所蕴含的军事思想，可以从《曹沫之陈》中看出若干端倪。后来周天子一统天下的政治格局被打破，思想上整齐划一的情况也随之改变，官学被私学代替；诸子对于社会的关注焦点不一，他们针对不同的社会问题，提出不同的解救方案，学术的分化也势在必行，学术的分类逐渐清晰起来。"道术将为天下裂"，这是学术发展的必然。《曹沫之陈》的成书就处在这样的微妙的临界点，可以说，《曹沫之陈》反映的就是处在不自觉状态下的"裂变"阶段的方术——兵法的前身。蜕变的痕迹尚在，但是毕竟已经有了这种发展趋势，这是不可逆转的学术发展的必然，也是学科细化与精化的迫切要求。

三、道术之裂——古代学术形态的转换

庄子后学所著的《天下》篇所谓"道术将为天下裂"，其本质意义是说明古代学术的一种转换形态，"道术"向"方术"的转变，这种形态的特质是古代学术从"混沌"状态到细化状态的转变。前辈专家讨论《天下》篇这一重要命题时，往往就事论事，而忽略了其所展现的学术史意义。如今我们细绎其思路，发现这一命题正可以说明王官之学向诸子之学的发展。于此我们不得不涉及诸子起源这一学术界长期聚讼的焦点问题。《曹沫之陈》因其主题意识明显，全文围绕着论政与兵的关系这一中心问题进行论述，有兵书的色彩，因此在探讨《曹沫之陈》成书背景的时候也必然要涉及兵家的

起源问题。

从战国以来，诸子起源的问题便得到学者们的关注。先秦时期对于诸子学的论述有《庄子·天下》篇与《荀子·非十二子》篇，汉代以来则有《淮南子·要略》与司马谈的《论六家要旨》。但是都没有把周代王官与诸子之学相提并论，直到班固的《汉书·艺文志》提出"诸子出于王官说"，将三代王官与诸子的学术渊源联系起来。班固的说法源于刘歆的《七略》。这一说法影响很大。

章学诚、孙诒让、章太炎等人都继承此说。章学诚在《文史通义》中说道："诸子百家，不衷大道，其所以持之有故而言之成理者，则以本原所出，皆不外于《周官》之典守。""至于官师既分，处士横议，诸子纷纷，著书立说，而文字始有私家之言，不尽出于典章政教也。"①章太炎在《诸子学略说》中坚持"古之学者，多出于王官"②，在《原学》中有更精辟的论述："九流皆出王官，及其发舒，王官所不能具，王官守要，而九流究宣其义。"③

对于诸子出于王官的说法，胡适给予了强烈的反驳，作《诸子不出于王官论》，认为九流出于王官说"皆属汉儒附会揣测之辞，其言全无凭据"，"古者学在王官是一事，诸子之学是否出于王官又是一事。吾意以为即令此说而信，亦不足证诸子出于王官。盖古代之王官定无学术而言，《周礼》伪书本不足据"。④ 傅斯年认为胡适"其论甚公直，而或有不尽揣得其情者"，"百家之说皆由于才智之士在一个特殊的地域当一个特殊的时代凭借一种特殊的职业而生"，并谓战国诸子除墨子外皆出于职业⑤。

---

① 章学诚：《文史通义》之《易教下》《诗教上》《经解上》。（清）章学诚著，叶瑛校注：《文史通义校注》，19、93 页，中华书局，1994。

② 章太炎：《诸子学略说》，傅杰编校：《章太炎学术史论集》，171 页，中国社会科学出版社，1997。

③ 章太炎：《原学》，《国故论衡》（下），上海古籍出版社，2003。

④ 胡适：《诸子不出于王官论》，《胡适学术文集·中国哲学史》上册，594～599 页，中华书局，1991。

⑤ 傅斯年：《论战国诸子除墨子外皆出于职业》，《傅斯年全集》第二卷，255 页，湖南教育出版社，2003。

"诸子出于王官说"，简单将一个学派的起源归结到一个王官，忽略了诸子兴起的其他因素，当然是不准确的，但是"诸子出于王官说"毕竟有它一定的道理，三代尤其是西周繁荣的王官文化确实为后来的诸子提供了思想来源。后来，吕思勉先生综合了二者的说法，提出："诸家之学，《汉志》谓皆出王官，《淮南要略》则以为起于救时之弊，盖一言其因，一言其缘也。"①观点比较公允。我们在认识诸子起源的时候，推究其因，"诸子出于王官说"还是要充分考虑的。沈文倬先生则评价说，章太炎知世卿而不明世官，用世卿来解释王官；胡适则否定王官而没有弄明白王官和世官之学，也没有驳倒章说，最后指出："诸家论述，都没有理解'出于'云云，实指事物在发展中的本质变化"。并谓"在贵族世家世学制度下的文化学术科学技能都操于社会上层贵族之手，各官的官学都是父子、祖孙相传，'非吏无所得师'。由于上层贵族相互吞并，一些没落者把文化科学传到世官之外，随着时间的推移，独占文化科学的局面终被打破，于是春秋战国时代就出现'王官失散，诸子学兴'了。"②

其实，诸子与王官的关系应该是一种"远"与"近"，"源"与"流"的问题③。周代"学在官府"，每一个官的职守肯定对后世有影响，诸子受王官之学的影响是可以肯定的。诸子与王官之学有渊源关系，而王官之学又不可能划分很细，传承学术的诸子，又不大可能都是"王官"，而很大部分的人只是春秋时代的"士"。因此可以说，从学术源流上看，说诸子源于王官是有道理的，但要认识到诸子并非王官的直接承继；从诸子的身份上看，说他不出于王官，亦是有道理的，但于此我们又要认识到其学术又非全部为其独创，其学术的很多部分还是对于王官之学的传承。肯定或否定诸子出于王官的说法都是有一定道理的，认识这一问题的关键似乎在于须将古

北京师范大学史学探索丛书

---

① 吕思勉：《先秦学术概论》，16 页，中国大百科全书出版社，1985。

② 沈文倬：《略论宗周王官之学》(上)，王元化主编《学术集林》卷十，138 页，注释②，上海远东出版社，1997。

③ 张京华在《中国何来"轴心时代"？》(下)(《学术月刊》，2007[8])一文中提出："三代王官学是源，晚周诸子学是流；三代王官学是正题，晚周诸子学是反题。取消三代王官学的源头地位，而代之以晚周诸子学，其影响不只是缩短年限的问题，而恰是正题与反题的倒置，伴随而来的是中国学术各期的整体错位。"

代学术的发展看作是一个较长历史阶段的发展过程，既要知晓"道术未裂"时的"古人之大体"，又须认识后来"道术裂"后的"百家"之学。

由于史官是王官文化的重要传承者，所以关于诸子学的起源，在诸子是否出于王官的争议之外，还有另外一种主张，就是史为诸子之源。龚自珍在《古史钩沈论》二中提出"诸子也者，周史之支孽小宗也。"①刘师培在《古学出于史官论》中更进一步将成周史官职守分为三派："一曰，六艺出于史也"；"二曰，九流出于史也"；"三曰，术数方技出于史也"。并进一步细分。司天之史，一司祭祀，墨家之学本之；一司历数，阴阳家术数家本之。司人之史亦析二派：一掌技艺，兵农医药乐律、阴阳五行卜筮（及诸方技之学）是为掌技艺之史，一掌道术，儒道名法之学本之②。

谓诸子出于史官，是对史官文化的重要性以及对史官职掌的扩大化造成的。史官在周代以及整个三代确实都是文化的重要传承者。古代的文化掌于史，这是共识，在某种意义上，可以说"周代之学术即史官之学也"③，但是这必须有一定的范围限制，"史官之学"毕竟不能涵盖"王官之学"的全部，因此不能因为史官是文化的传承者，就认定史官的执掌可以涵盖所有的职官，这是非常片面的认识。史官文化就是王官文化，这是非常正确的，但是王官文化却不全是史官文化。

此外，诸子的起源，兵家能否算作一家，古时有不同的看法。传统的观点以为兵家不具备诸子所有的学术渊源与师承关系，所以并不以兵家为诸子之一。司马谈作《论六家要旨》分诸子为六家，班固作《汉书·艺文志》

---

① 龚自珍：《定盦文集续集》卷二。

② 刘师培：《古学出于史官论》，原载于《国粹学报》，一卷四期，后收入《刘申叔先生遗书·左庵外集》。本文选自《20世纪中华学术经典文库·历史学——中国古代史卷》（上），249～255页，兰州大学出版社，2000。

③ 刘师培：《古学出于史官论》。

分诸子为九家,都没有把兵家列人其中①。后学愈来愈倾向于把兵家看作诸子之一。研究先秦兵学源流,现在只能从《汉书·艺文志·兵书略》向上追溯。《兵书略》后面的序曰:"兵家者,盖出古司马之职,王官之武备也"。"兵家者,盖出古司马之职",这一说法自然是出自刘向、刘歆父子的"诸子出于王官"说。

李零在探讨这个问题时提出了一个新颖的观点,即把"学派"和"学科"两个性质不同的概念区别开来。学科是以职业为依托,来源比较单纯;而学派则带有"自由学术"的性质,源流曲折多变。农家、兵家、数术和方技都属于学科,是直接出于某官的。其中兵家出于古司马之职(掌军事)②。李零的这种解释给我们一定的启示,但是认为兵家是学科而不是学派,这是值得继续商讨的。只要有学术渊源,有师承以及学术主张,这就是一个学派,兵家具备这些特点,所以兵家应该是学派,而不是学科。

现在学者们已充分认识到王官之学与诸子之学的复杂性,不再简单地以为诸子直接源自王官某职。对于兵家的起源,学者多注意其形成过程的阶段性。如杨用成、龚留柱从历史的递进层次把兵家的形成划分为两个阶段:第一阶段是有兵事而无兵学,第二阶段是有兵学而无兵家,到战国初才真正产生兵家,最早的兵、法家人物常常是二位一体,其共同渊源则是在孔子身后分散各地的"别儒"③。李桂生则认为先秦兵家是由孙武创始的具有完整理论体系的思想学术流派,它孕育并形成于春秋末期,高度发展

---

① 先秦两汉的典籍多是未以兵家为诸子之一,例如:概括周代学术发展脉络的《庄子·天下》篇指出了墨翟、禽滑厘;宋钘、尹文;彭蒙、田骈、慎到;关尹、老聃;庄周;惠施、桓团、公孙龙的学术主张。《荀子》的《非十二子》篇批判了墨翟、宋钘、慎到、田骈、惠施、邓析、子思、孟轲等人的思想弊端。《天论》《解蔽》两篇也指出了墨子、宋子(宋钘)、慎子(慎到)、申子(申不害)、庄子、惠子(惠施)的学术主张的弊端。但是都没有提到兵家的代表人物。当然,亦有少数文献记载以兵家为诸子之一,如《韩非子·五蠹》篇将言治者的法家之学与言兵者的孙吴之学相提并论。《淮南子·要略》篇依照时间顺序,列举了"太公之谋"、儒、墨、管、晏、纵横、刑名、法、刘氏之书。其中"太公之谋"就是指兵家奉为始祖的太公望的阴符兵谋。

② 李零:《吴孙子发微》导言,2~3页,中华书局,1997。

③ 杨用成、龚留柱:《论先秦兵家的性质及其产生》,《河南大学学报》,2005(4)。

于兼并战争激烈的战国中后期①。当然，在探讨先秦兵家起源时也有另辟蹊径者，不再讨论兵家与王官之学的关系，而是缕析具体的兵家思想，看其来源。罗独修就单独研究先秦兵家思想的渊源，他以孙武、孙膑、尉缭为例，得出各家思想渊源有出于历史经验者，有源出司马法者，有源出兵形势者，有源出兵技巧者，有源出兵阴阳者等②。

以上诸家对兵家的起源都用力甚多，研究也颇多创获，其实，诸子的起源与兵家的起源都是一样的道理。既然诸子与王官之学有渊源关系，而王官之学又不可能划分很细，对治国之道都很关注，是一种涵盖了很多治国理论的学问，诸子从中吸收各自需要的理论，其中的"道"，诸子各取其一，学术性质逐渐单一起来，"道术为天下裂"，诸子学由此产生。兵家亦在其中。在这里我们还要注意一点，兵法、兵书、兵家这三个名词是有着出现时间早晚的。只要有战争就会有相应地对于作战方式方法的探讨与总结，这就是兵法，但是最早却未必有兵书，当国家对既有的兵法进行系统总结并"布在方策"③时，兵书才产生，《左传》中记载的《军政》《军志》有可能就是西周时期的兵书。而兵家应该是在这三个名词中出现的最晚的，兵家作为诸子之一，它的出现应该是在春秋晚期到战国时期。此外，我们还要注意到，所谓兵家的"兵"是指国与国之间的用兵，而周天子对诸侯国用兵或者周天子命令一个诸侯国去攻打另一个诸侯国，这都不叫"兵"，而是叫"伐""征伐"，就是春秋前期，齐桓公借周天子名义发动的战争也叫讨伐，那个时候国与国之间的用兵，还不是很讲究兵法与技巧，注重兵法与技巧应该是到了春秋后期或者战国时期才广泛应用的，那时兵家才成熟起来。

综上所述，后世兵家、儒家甚至所有先秦诸子的渊薮都是以六经为载体的文化传统，西周乃至整个三代的礼乐文化是百家共同的源头。王官之学中亦蕴含着丰富的军事思想，由于军事思想与治国之道关系密切，所以由诸家继承与发展，这也可以用来解释为何诸子书中多带有兵家色彩。可

---

① 李桂生：《先秦兵家研究》，浙江大学博士论文，2005。

② 罗独修：《先秦兵家思想探源》，"中国文化大学"博士论文，2002。

③ 《礼记·中庸》。

是纯粹的军事战术部分，由于太过专业化，诸家少传（仅见于《墨子》城守各章等），而由兵家注重传承。孙武、孙膑以战术思想为主形成了新形势下的兵家。《孙子兵法》《孙膑兵法》是成熟的兵书，而《曹沫之陈》仅是带有兵书色彩的"语"类著作，总体上来说，仍然是王官之学指导思想下史官的著述，但已经是临近"道术将为天下裂"的微妙阶段了。所以《曹沫之陈》有浓重的"王官文化"与"兵家文化"混合交融的特色，它在学术史上应该处于"王官之学"向"诸子之学"的过渡阶段。它一方面呈现出一种质朴、混合的特色，另一方面也可以看出，作者的写作意识与个人主体意识都在增强，它应该就处于从史官著述向私家著述的过渡阶段。

北京师范大学史学探索丛书

第三章　《曹沫之陈》思想研究

前一个阶段，专家学者对于上博简《曹沫之陈》的研究多注重文字释读、简文疏通、学派归属等方面的问题。这些研究当然是完全必要的基础性、开创性的工作。然而，全面探讨其思想内容者尚不多见。本书专辟一章，讨论《曹沫之陈》的基本思想内容及其意义，应当是一个要紧的工作。

通过前面两章系统的论述，我们知道上博简《曹沫之陈》不是"就事论事"之作，而是"经验的总结"，是鲁国史官多次记言的结果。鲁国史官把鲁庄公与曹沫的问对加以记载，这就是《曹沫之陈》的底本，属于原始"鲁语"的范畴。其最后结集成书不会晚于春秋中期。战国时期的楚国有《曹沫之陈》的抄本，说明了《曹沫之陈》在南方的流传情况。

李零先生谓《曹沫之陈》"开头是论政，后面是论兵，篇题主于论兵，盖视之为兵书。"然而，据我们的研究，《曹沫之陈》是政治家言兵，而非兵家言战，其立足点是政治，其论兵是为了论政，这也是判断其性质的一个依据。《曹沫之陈》全文的脉络是鲁庄公将为大钟，曹沫入谏论政，庄公毁钟型听政，还年又问于曹沫，曹沫论成教，论各种出兵之忌、复战之道，论善攻善守，论三代得失。可以说，《曹沫之陈》简文将论政与论兵巧妙地融合在一起，融德政于兵事之中，已经充分地认识到了国家政治生活与战争的内在联系。中国古代思想家一贯主张的仁德乃治兵之本，在《曹沫之陈》简文里有很好的体现。下面我们从简文内容出发，探讨一下《曹沫之陈》的基本思想。

第一节　"修政而善于民"
——《曹沫之陈》的政治理念

《曹沫之陈》简文载曹沫与鲁庄公君臣从鲁国的实际情况出发，以齐国为假想敌探讨军政大事，对于国家关系、天命与人为、国君的责任、施政方针、出兵策略等重要问题都展开了讨论。

一、关于国家关系的思考

基于鲁国的国情，对国家关系的新的思考，是曹沫与鲁庄公论政、论兵的前提。《曹沫之陈》简文载鲁庄公将要铸造大钟，陶范都已经造好了，曹沫进见，以"邦弥小而钟愈大"，劝庄公改弦，庄公困惑，遂提出"孰能并兼人"的问题，曹沫回答说：

> 邻邦之君明，则不可以不修政而善于民。不然，恁亡焉（简5）。
> 邻邦之君亡道，则亦不可以不修政而善于民（简6上）。不然，亡以取之。（简6下）

北京师范大学史学探索丛书

在曹沫看来，兼并别人之国是有前提的，那就是自己的国君要"修政而善于民"，不然，不仅不能兼并别人之国，连保全自己的国家都成问题。曹沫这种"兼并论"是很符合春秋时期的社会现实的。春秋时期是一个霸权迭兴的时代，但是礼乐教化以其强大的惯性依然发挥着重要作用，诸侯争霸的一个前提就是修文德，"无德而强争诸侯"①是行不通的。简文内容表明鲁庄公对"并兼人（兼并别人之国）"的问题很有兴趣，这也符合春秋前期的鲁国国情。春秋前期的鲁国有一定的军事实力，有与齐国争衡的企图，对周围的小国更是有侵略吞并的意图。据专家学者研究，春秋前期，被鲁国吞并的小国有：极国（位于今山东金乡县南，鲁隐公二年被鲁大夫司空无骇、费庤父率兵灭掉）、于余丘（位于今山东临沂，庄公二年被公子庆父率师灭掉）、微国（位于山东梁山寿张集，庄公二十八年之前已被鲁所灭）②，位于山东莒县南的向国在鲁桓公时期也一度为鲁所有。此外，鲁国与邾、莒、杞、戎等小国也有较为频繁的战争，并在这些战争中掌握主动权。

春秋时期的政治理念中对于兼并它国常持批评的态度。《晏子春秋》卷四载齐景公与晏婴的谈话，就是一个是明证。是篇载：

---

① 《左传》宣公十二年所载邲之战后楚庄王之语。

② 参见郭克煜等：《鲁国史》，99页，人民出版社，1994。

景公问晏子曰："国如何则可谓安矣?"晏子对曰："下无讳言，官无怨治；通人不华，穷民不怨；喜乐无美赏，忿怒无美刑；上有礼于士，下有恩于民；地博不兼小，兵强不劫弱；百姓内安其政，外归其义。可谓安矣。"

这是从稳定国内民众的角度出发而得出的结论，认为国家虽然强大，也不要凭着地域广博、兵力强盛去兼并弱小的国家。本来，诸侯国的以大兼小，以强并弱，是历来的客观存在。《左传》襄公二十五年载，晋国责备郑国欺侮陈国，致使陈侯屈辱而降，晋卿士弱责问郑卿子产"何故侵小"，子产就以诸国兼并是为常态予以回答。子产说："先王之命，唯罪所在，各致其辟。且昔天子之地一圻，列国一同。自是以衰，今大国多数圻矣。若无侵小，何以至焉?"襄公二十九年所载晋国的司马女齐对于"以大侵小"的评价与子产如出一辙。他对晋平公说："虞、虢、焦、滑、霍、扬、韩、魏，皆姬姓也，晋是以大。若非侵小，将何所取? 武、献以下，兼国多矣，谁得治之?"在女齐看来，晋国的强大就是通过兼并众多的同宗小国而实现的。再如，《左传》成公八年记载，晋景公派申公巫臣出使吴国，假道于莒。巫臣向莒君渠丘公指出城池残破，国家面临危险，渠丘公不以为然地说："辟陋在夷，其孰以我为虞?"巫臣回答他说："夫狄焉思启封疆以利社稷者，何国蔑有? 唯然，故多大国矣。唯或思或纵也。勇夫重闭，况国乎?"申公巫臣所说的"思启封疆以利社稷"，正是当时各诸侯国君主的一致的想法。再如，《左传》昭公元年载，叔孙穆子代表鲁国参加晋、楚、齐等国在虢地的会盟，这时季武子攻打莒国，取了郓。莒国人控告鲁国，诸侯囚叔孙穆子，晋卿赵文子为他向楚国求情，说："疆埸之邑，一彼一此，何常之有? 王、伯之令也，引其封疆，而树之官，举之表旗，而著之制令，过则有刑，犹不可壹。于是乎虞有三苗，夏有观、扈，商有姺、邳，周有徐、奄。自无令王，诸侯逐进，狎主齐盟，其又可壹乎? 恤大舍小，足以为盟主，又焉用之? 封疆之削，何国蔑有? 主齐盟者，谁能辩焉? 吴、濮有衅，楚之执事岂其顾盟? 莒之疆事，楚勿与知，诸侯无烦，不亦可乎? 莒、鲁争郓，为日久矣。苟无大害于其社稷，可无亢也。去烦宥善，莫不竞劝。"由于赵文子义正词严的请求，楚人赦免了叔孙穆子。赵文子所说的"疆埸之邑，一彼一此，何常之有"，正说明了春秋时期各国疆域不断变化的情况。以上我们举的是春秋时期四个比较著名的例子。从维护本国利益的角度来说，子产、女齐、申公巫臣及赵文子等人的说法可谓有理有据。然而从列国间正当关系看，以大欺小毕竟不是好事。上博简《曹沫之陈》所述鲁庄公意欲兼并小国，完全符合当时的社会观念。对此，曹沫提出了不同的看法。在这个问题上，春秋末年齐国贤相晏婴的思路和曹沫是一致的，曹沫要鲁庄公"修政而善于民"，晏婴则要齐景公"有恩于民"。

在春秋前期，鲁国与齐国、宋国、郑国三个国家的交往多，冲突也最多，其中又以齐国为鲁国的心腹大患。所以《曹沫之陈》简文鲁庄公与曹沫的问对是以齐国为假想敌展开的。对于曹沫旨在强调"修政而善于民"的"并兼论"，庄公有些不同意，他说："昔施伯语寡人曰（简6）：'君子得之失之，天命。'今异于尔言（简7上）"。结合简文所载鲁庄公铸大钟一事，可见鲁庄公是引用施伯之语为自己不思进取的行为辩解，说自己是按照施伯所说的得失全在"天命"的意思行事。而这正是与曹沫所论所不同者。学者多从赞曹沫而非庄公的角度出发看待这个记载。日本学者浅野裕一先生甚至还依此将施伯定为"奸臣"，说："庄公引用将君子之得失视为天命的奸臣施伯之言，进而认为自己失去领土亦是天命，依然对恢复失地之劝告表示消极态。"①其实，施伯作为鲁庄公前期的重要谋臣②，他的思想与曹沫

① ［日］浅野裕一：《上博楚简〈曹沫之陈〉的兵学思想》，清华大学"简帛研究"网，2005年9月15日。
② 施伯是鲁庄公时期一位颇有影响的人物。他目光敏锐，洞察力强，《国语·齐语》与《管子·大匡》等记载表明齐桓公君臣对他颇为忌惮，鲍叔评价施伯的性格"敏而多畏"，从中我们可以看出施伯的谨勤与恭敬。作为鲁君之谋臣，施伯深知鲁齐之间此消彼长的利害关系，所以处心积虑地为弱齐而努力。这些基本特点决定了他不会主张鲁庄公安于现状，不会对齐国的入侵听之任之，不会将疆土日削、国力日减的局面归结为天命使然而心安理得。所以，庄公理解施伯的话语只理解了一半，只理解了其前半部分，而对于其后半部分，没有领悟。或者说他明白施伯的意思，但是一"昔"字似乎透露了说话之时，施伯已故，而庄公因为自己铸大钟不思进取，所以故意引了施伯之语的前半部分以为自己开脱。

北京师范大学史学探索丛书

的思想是一致的。关于这一点，我们从下文曹沫的回答中就能看到。

曹沫曰（简 7 上）："亡以异于臣之言，君弗尽。臣闻之曰：君（简 8 下）子以贤称而失之，天命；以亡道称而没身就世，亦天命。不然，君子以贤称，曷又弗（简 9）得？以亡道称，曷又弗失（简 10）？"

这段简文所说明的意蕴有多层含意，值得细加考究。曹沫认为施伯所说的和自己所说的意思没有什么大的不同，只是庄公理解的不透彻，不全面。曹沫进一步阐释说，君子因为贤良而扬美名于天下而最终却没有好报，这是天命；有的人因为无道而扬恶名于天下但却能寿终正寝，这也是天命。庄公听了曹沫关于"天命"的这一番话，赞叹说："善哉，吾闻此言。"至此完全接受了曹沫"修政而善于民"的主张。"乃命毁钟型而听邦政。不昼（简 10）寝，不饮酒，不听乐。居不重席，食不二味（简 11）兼爱万民，而亡有私也（简 12）。"在简文里面，鲁庄公"听邦政"的重点约略有二：一是勤俭节约，以身作则；二是勤政爱民，奋发图强。这也正是《曹沫之陈》的作者所倡导的"修政而善于民"的政治理念的具体实施。

二、对于"天命"的认识

简文"君子以贤称而失之，天命；以亡道称而没身就世，亦天命"，表明了曹沫对于天命的新的认识。他认为天命是人无法掌握的，甚至这种天命还有一种不可知、不可拒的宿命在里面，所以他说"君子以贤称，曷有弗得？以亡道称，曷有弗失？"但是天命又足以可畏，唯有恭敬不怠，终身谨勤，方能知天命之所在，即使自己终身努力而结果却不尽人意，也不能抱怨什么，这是天命使然。此意犹如时人对于孔子的评论之语"知其不可而为之"①。可以说，曹沫对于天命的认识有两个方面，一是尊奉天命，二是在知天命的基础上恭敬勤敏，奋发有为，自强不息。这种天命观，可以说是春秋时期鲁国乃至各国的有识之士共同的思想。如鲁国贤大夫子家懿

---

① 《论语·宪问》。

伯，当时鲁昭公欲逐季氏，子家懿伯认为政在季氏，不可改变，但是在昭公的坚持下还是积极参与了讨伐季氏的行为。子家懿伯曾经说："天命不慆久矣，使君亡者，必此众也。天既祸之，而自福也，不亦难乎！犹有鬼神，此必败也。呜呼！为无望也！其死于此乎！"①天命不可怀疑，天既祸之，不能求福，这是子家懿伯的天命观，不管天命的最终结果是什么，他尽自己最大努力以求有为，鞠躬尽瘁，死而后已。再如，吴国的贤大夫公子季札面对公子光与吴王僚之间的弑杀篡位，说："苟先君无废祀，民人无废主，社稷有奉，国家无倾，乃吾君也，吾谁敢怨？哀死事生，以待天命。非我生乱，立者从之，先人之道也。"②在季札看来，无论是合于礼法的即位还是弑杀篡位，要尊重的只是结果，"立者从之"，承认现实的存在，并且认为天命所系就在"立者"之身，他"复位而待"，恪守职责，毫不懈怠。春秋末年，孔子的天命思想与此也十分相似。孔子也是相信并尊重天命的，他把自己的得失归结为天命使然，但是他又不听之任之，而是信守"知其不可而为之"的人生信条，一生汲汲，毫不懈怠。孔子善于汲取前人思想营养以构建自己的理论体系，曹沫、施伯作为春秋前期声名远播的鲁国贤大夫，他们的思想言论与孔子相关思想的滥觞可能有一定的关系。

讲到曹沫言及的"天命"问题，似乎还应当多说一点，那就是"天命"观念自殷周之际兴盛以来，经过西周时代的变迁，到了春秋时期已经有了不小的变化。原来所讲的天命是上天所授予的统治天下的大命，此内容正是作为周王朝立国之本的"文王受命"③。但是到了春秋时期，人们更多的是讲求个人所接受的"天命"，此"天命"虽非统治天下的大命，但对于自己来说，依然是意义特别重大的事情。曹沫谓"君子以贤称而失之，天命；以亡道称而没身就世，亦天命"，强调了社会上的人也可以接受天命，只是天命不能尽如人意而已。过去将国运（周天子统治天下之权力）归之于天命，春秋时期则将诸侯国的命数以及人的运数归之于天命。春秋时期说周

---

① 《左传》昭公二十七年。
② 《左传》昭公二十七年。
③ 关于"文王受命"，可参见晁福林师：《天命与彝伦：先秦社会思想探研》，82～106页，北京师范大学出版社，2012。

天子得天命而统治天下者仅见于春秋中期周卿王孙满回答楚庄王问鼎时所云："卜世三十，卜年七百，天所命也。周德虽衰，天命未改，鼎之轻重，未可问也。"①除此之外，典籍提到的天命皆是诸侯国与卿大夫个人的运数问题。例如，春秋中期裨谌讲郑国执政卿士的更迭时说："善之代不善，天命也，其焉辟子产？举不踰等，则位班也。择善而举，则世隆也。天又除之，夺伯有魄，子西即世，将焉辟之？天祸郑久矣，其必使子产息之。"②他所讲的"天命"实即一种必然的形势，形势一步步的发展，必然要由子产执政。《曹沫之陈》载曹沫所讲的"天命"更多是指"天意"，国家的兴衰与个人的命运要看天意的安排，但不管天意如何，都要勤谨努力。

三、兼爱万民的思想

谈到《曹沫之陈》的爱民思想，我们必须先来讨论简文中出现的"兼爱"问题。

由于这一段简文出现了"兼爱"的字样，所以备受专家学者的关注。有学者认为"兼爱"是墨家学说的特殊词汇③，也有学者认为这一段简文是《曹沫之陈》吸纳的墨家学派的思想，说"面对鲁国的统治者醉生梦死的状态，曹沫借用墨家的政治理念来教育鲁庄公，这也是情理之中的事情。"④

我们认为专家学者的论断有一定的道理，"兼爱"学说确是墨子所首倡，是墨家思想体系的基石，以《墨子·兼爱》上、中、下三篇为墨家阐释"兼爱"学说的集中论述。不仅如此，墨家诸子《随巢子》佚文亦云："有疏而无绝，有后而无遗。大圣之行，兼爱万民，疏而不绝。贤者欣之，不肖

---

① 《左传》宣公三年。

② 《左传》襄公二十九年。

③ 邴尚白先生在其《上博楚竹书〈曹沫之陈〉注释》(台湾大学《中国文学研究》第 21 期，2005)一文中所引周凤五先生之说。

④ 欧阳祯人：《从简帛中挖掘出来的政治哲学》，347 页，武汉大学出版社，2010。

者则怜之。"①然而,我们还要注意到,"兼爱"之说并非为墨家所专擅,而是于诸子文献中所多见者。除了墨家的记载之外,典籍中有关"兼爱"的记载还有很多。如《管子·立政》篇:"寝兵之说胜,则险阻不守;兼爱之说胜,则士卒不战。"《吕氏春秋·审应》篇载公孙龙回答赵惠文王"兵不可偃乎",说:"偃兵之意,兼爱天下之心也。兼爱天下,不可以虚名为也,必有其实。"《司马法·仁本》:"战道:不违时,不历民病,所以爱吾民也。不加丧,不因凶,所以爱夫其民也。冬夏不兴师,所以兼爱民也。"所以不能说某人话语中出现了"兼爱"字样即为墨家。

此外,早期儒家也倡导"兼爱",只是与墨家的立义不同。如《庄子·天道》载孔子云:"中心物恺,兼爱无私,此仁义之情也。"老聃批评他说:"几乎后言!夫兼爱,不亦迂夫!无私焉,乃私也。"这当然是庄子后学借老聃与孔子的对话阐释庄子学派的思想,但是亦透漏出"兼爱"一词并非是墨家独有,儒家也是提倡"兼爱"的。"几乎后言",即"近乎后世迂儒之言"②。《韩非子·五蠹》篇亦载"今儒、墨皆称先王兼爱天下,则视民如父母"。儒、墨两家对于"兼爱"的立义中,墨家将"兼爱"看作济世之良药,"兼爱"与"非攻"浑然一体,而儒家谈及"兼爱"多是标榜圣王的品德。如《荀子·成相》:"尧让贤,以为民,泛利兼爱德施均。"《曹沫之陈》简文的"兼爱万民"仅为"兼爱"的一般意义,并不具备墨家的标签作用。据先秦典籍记载,天子主天下称为"兆民",诸侯主一国称"万民"③,"兼爱万民"正是诸侯国君所应具备的好品德。当然"兼爱万民"是一种理想的状态,更多的时候是一种姿态,《曹沫之陈》简文谓鲁庄公"兼爱万民,而亡有私",是为了说明曹沫谏鲁庄公的效果之显著,而笼统概括鲁庄公的做法而已,不必牵涉儒墨之说。而且,《曹沫之陈》成书较早,它成书的时候,社会上尚

---

① 《随巢子》佚文,参见《墨子间诂》附录所载《墨家诸子箸录》。按,孙诒让指出,这里所说的"兼受万民",《太平御览》四〇一引"大圣之行"五句,"民"作"物"(《墨子间诂》,700 页,中华书局,1986)。

② 《庄子集解》卷四,(清)王先谦:《庄子集解》,118 页,中华书局,1987。

③ 《左传》闵公元年载晋大夫卜偃之语:"天子曰兆民,诸侯曰万民。"

未出现儒、墨等诸子学说。也正因为《曹沫之陈》成书较早，诸子从中吸收营养，作为自己的思想来源，也是顺理成章的事情。

"兼爱万民"之说涉及了先秦时代重民、爱民理念发生的时代及本质问题，我们可以略作探讨。

殷商时代的政治理念在极度敬事神灵的氛围里，似乎还没有"爱民"思想的一席之地。至周初方出现有限度的"爱民"理论①。周武王被认为是一位"昭前之光明而加之以慈和，事神保民"，"勤恤民隐而除其害"②的圣明君主。周初所发布的文诰中，出现了要统治者关注"下民"、体恤"民情"③的言论，在叙述远古历史的时候，还有"天聪明自我民聪明；天明畏自我民明威"④这样的话。在统治者眼中，虽然"民"的地位上升，但还远在天、神之下。直到春秋中前期的社会舆论中，民的地位才勉强与神比肩。春秋时期的有识之士常常规劝佞神的君主，建议他们把关注的眼光也投向"民"。个中原因正如子产所云"天道远，人道迩"⑤，治理国家毕竟以处理好"人道"之事为近切⑥。春秋时期的爱民理念一方面要统治者关爱民众，另一方面又要统治者做一个合格的"司牧"。春秋中期晋国的大夫师旷曾有一段名言，谓：

夫君，神之主而民之望也。若困民之主，匮神乏祀，百姓绝望，

①　关于商周时期的"重民""爱民"思想的发展演变，参见晁福林师：《从"民本"到"君本"——试论先秦时期专制王权观念的形成》，《中国史研究》，2013(4)。

②　《国语·周语上》。

③　《尚书·多士》《尚书·康诰》。

④　《尚书·皋陶谟》。

⑤　《左传》昭公十八年。

⑥　春秋时期这种重视"人道"的理念为孔子所承继。《大戴礼记·哀公问于孔子》篇载：孔子侍坐于哀公。哀公曰："敢问，人道谁为大?"孔子愀然作色而对曰："君及此言也，百姓之德也，固臣敢无辞而对。人道政为大。"公曰："敢问，何谓为政?"孔子对曰："政者，正也。君为正，则百姓从政矣。君之所为，百姓之所从也。君所不为，百姓何从?"可见在孔子眼中，"人道"之事实即治理百姓的政治。

社稷无主，将安用之？弗去何为？天生民而立之君，使司牧之，勿使失性。①

从民的一方面看，它为天所生，天还派下君来管理它，可见的确很重要。从君的一方面看，它必须负起"司牧"（亦即管理）民众的责任，做得不好就会被撤掉。说到底，民与君的关系，就像羊群和牧羊人，当然都是十分重要而不可或缺的。《曹沫之陈》简文提到的"修政而善于民"，与春秋时期社会上的爱民理念是契合的。

"兼爱万民""修政而善于民"的思想在《曹沫之陈》简文中随处可见，现摘录两点：

第一，简 20—22 载庄公问曹沫"为和于邦"的问题，曹沫答曰：

毋穫（获）民皆（时），毋敓（夺）民利。（简 20）绅（申）攻（功）而飤（食），坓（刑）罚又（有）辠（罪），而赏篫（爵）又（有）惪（德）。凡畜群臣，贵戈（贱）同坓（之），录（禄）毋债（负）。《诗》于又（有）之曰："幾（岂）（简 21）犀（弟）君子，民之父母。"此所呂（以）为和于邦（简 22）。

第二，简 34—35 载庄公问曹沫"为亲如何"，曹沫答曰：

君毋思（惮）自袋（劳），呂（以）观卡=（上下）之青（情）愿（伪）。似（四）夫（简 34 上）梟（寡）妇之狱詗（讼），君必身圣（听）之。又（有）智（知）不足，亡所（简 34 下）不中，则民新（亲）之（简 35）。

以上简文可以和《国语·鲁语》所载"曹刿论战"对读。《鲁语》载长勺之战前夕，曹刿（曹沫）问所以战于庄公，内容如下：

公曰："余不爱衣食于民，不爱牲玉于神。"对曰："夫惠本而后民

①　《左传》襄公十四年。

归之志，民和而后神降之福。若布德于民而平均其政事，君子务治而小人务力；动不违时，财不过用；财用不匮，莫不能使共祀。数以用民无不听，求福无不丰。今将惠以小赐，祀以独恭。小赐不咸，独恭不优。不咸，民不归也；不优，神弗福也。将何以战？夫民求不匮于财，而神求优裕于享者也。故不可以不本。"公曰："余听狱虽不能察，必以情断之。"对曰："是则可矣。知夫苟中心图民，智虽弗及，必将至焉。"

《曹沫之陈》简文与《国语·鲁语》内容相比较，可以看出有很多内容是非常相似的，所反映的思想也是一致的。例如，简20"毋穫（获）民眚（时），毋敚（夺）民利"与《国语·鲁语》的"动不违时，财不过用"；简21："绅（申）攻（功）而飤（食），坓（刑）罚又（有）辠（罪），而赏筬（爵）又（有）惪（德）。凡畜群臣，贵戈（贱）同㞢（之），录（禄）毋償（负）。"与《国语·鲁语》的"布德于民而平均其政事，君子务治而小人务力"；简34："君毋悬（惮）自袋（劳），以观卡=（上下）之青（情）惑（伪）。佖（匹）夫募（寡）妇之狱詗（讼），君必身圣（听）之。"与《国语·鲁语》的"余听狱虽不能察，必以情断之"。只是在《曹沫之陈》简文里，"佖（匹）夫募（寡）妇之狱詗（讼），君必身圣（听）之"是曹沫对庄公的进言，而《国语·鲁语》"余听狱虽不能察，必以情断之"是庄公自己的陈述。春秋时期对于狱讼的重视，实是诸侯国君主关注民众的一个表现。君主对于狱讼，不可草率认定，不可轻易判罪，应谨慎终审，准确无误。相传齐桓公时，曾经"索讼者三禁而不可上下，坐成以束矢"[1]，所谓"索讼"意即寻求讼者所诉的情实。要用三天的时间加以审定核实。所谓"不可上下"，意即真相大白，辞定而不容移易。《曹沫之陈》简文所谓"君

---

① 《国语·齐语》。关于"索讼"，韦昭注谓："索，求也，求讼者之情也。三禁，禁之三日，使审实其辞也。而不可上下者，辞定不可移也。坐成，狱讼之坐已成也。十二矢为束。讼者坐成，以束矢入于朝，乃听其讼。两人讼，一人入矢，一人不入则曲，曲则服，入两矢乃治之。矢，取往而不反也。《周礼》'以两造禁人讼，入束矢于朝，然后听之'也。"（《国语》，240页，上海古籍出版社，1998）

毋悬(惮)自袭(劳)，以观卡=(上下)之青(情)愚(伪)，佖(匹)夫募(寡)妇之狱調(讼)，君必身圣(听)之"与《国语·鲁语》之说十分相似，都是国君对于民众狱讼重视的表现。

由此可见，《曹沫之陈》简文与《国语·鲁语》有关"论政"的基本思想是一致的。曹刿认为进行战争的必要条件就是能够取信于民，而取信于民的关键又在忠诚于民众，曹刿论战深刻蕴含着以民为本的思想，已经初步认识到了战争与民众的内在联系，都是强调为政者要"兼爱万民"，要"修政而善于民"①。《曹沫之陈》简文因为是曹沫与庄公的问对，其性质属于原始的"鲁语"，所以曹沫在阐释自己政治、军事上的见解时，多是从国君的角度出发讨论问题，而且对国君寄托了很多的理想。在曹沫看来，国君首先要修德，塑造良好的亲民、爱民的形象。其次要修政，努力做到国家内部和睦、上下一心。而且国君修德与修政是浑然一体的。

四、关于君主品格的理论

君主是春秋时期各诸侯国的政治的首脑，是国家权力的核心。君主的品格的高下、人格的区别，都直接影响到国家的政治与社会。春秋时期的政治家每每强调君主人品的重要。

下面我们将《曹沫之陈》简文所论述的为君之道总结如下：

其一，国君要勤俭节约，勤政爱民，律己正身。为了说明国君要俭以养德，曹沫一开始就以尧、舜等圣王的例子劝勉庄公，说"昔尧之乡(飨)夋(舜)也，饭于土镏(塯)，欲〈歠〉于土型(铏)(简2下)，而改(抚)又(有)天下，此不贫于敳(美)而福(富)于悥(德)与(欤)？(简3)"在简文的最后又指出"古亦(简7下)又(有)大道焉，必共(恭)含(俭)以尋(得)之，而乔(骄)大(泰)以避(失)之，君(简8上)[不]亦佳(唯)甌(闻)夫墅(禹)、康(汤)、傑

北京师范大学史学探索丛书

414

---

① 《司马法·仁本》："战道不违时，不历民病，所以爱吾民也。不加丧，不因凶，所以爱夫其民也。冬夏不兴师，所以兼爱民也。"《荀子·议兵》："凡用兵攻战之本，在乎壹民"，"故兵要在乎善附民而已"。这些论"战"与"民"的关系的言论是一致的，先秦的儒家与兵家都强调爱民亲民的重要性，这些思想都是继承的夏商周三代的民本思想。

（桀）、受矣（简 65 下）"。效法尧、舜、禹、汤等圣王，恭敬勤俭，远离奢靡之风，重视自己的品行修养，在曹沫看来，这是国君修政的前提。

其二，国君要事必躬亲，兼爱万民，即"君毋愳（惮）自袋（劳），以观卡=（上下）之青（情）怣（伪）。佀（四）夫募（寡）妇之狱詷（讼），君必身圣（听）之（简 34）。"还要做到"毋穮（获）民旹（时），毋敓（夺）民利（简 20）"。在《左传》庄公十年所载"曹刿论战"的内容里，庄公说自己"小大之狱，虽不能察，必以情"，曹沫称赞为"忠之属也"，并认为可以凭借此点与齐国一战。

其三，国君在驾驭群臣的问题上要突出公平公正。要做到"绅（申）攻（功）而飤（食），垄（刑）罚又（有）皋，而赏篧（爵）又（有）悥（德）。凡畜群臣，贵戋（贱）同走（之），录（禄）毋偾（负）（简 21）。"除此之外，国君还要"毋辟（嬖）于便俾（嬖），毋倀（长）于父戾（兄）。赏坰（均）圣（听）中"。可以看出无论是论功行赏的时候，还是处理政事方面，都要突出不偏不倚，公平公正。

通过以上的分析，我们可以看出，《曹沫之陈》简文所反映的对于国君的修德与修政的要求是一致的，也可以说二者浑然一体。《曹沫之陈》简文对国君的品行素养的要求甚高，甚至有后来儒家所说的"内圣外王"的思想的影子在里面。但是我们并不能由此断定《曹沫之陈》是儒家的文献，因为要求国君加强自身的修养以求政通人和，这是先秦时期各国贤达之士的共识。重视国君有德、劝谏国君修德，是史官的职责所在，即使是儒家的"内圣外王"的思想体系也是由此发展而来的。这样的例证很多，如《国语·周语中》载大夫富辰谏周襄王要践行"尊贵、明贤、庸勋、长老、爱亲、礼新、亲旧"七德，襄王不听，"七德离叛"，狄人入侵，富辰死之。《晋语四》载卫卿宁庄子劝谏卫文公要善待公子重耳，说："夫礼，国之纪也；亲，民之结也；善，德之建也。国无纪不可以终，民无结不可以固，德无建不可以立。此三者，君之所慎也。"但是卫文公不从，宁庄子批评他"弃三德"。《国语·鲁语》中也有诸多这样的事例，如《鲁语》上篇载曹刿劝谏庄公要"布德于民而平均其政事，君子务治而小人务力"。庄公欲如齐观社，曹刿认为违礼，劝谏说："君举必书，书而不法，后嗣何观？"庄公为父庙桓宫丹楹刻桷，匠师庆谏阻说："今先君俭而君侈，令德替矣。"庄公使大夫、宗妇觐见哀姜用币，宗人夏父展认为违礼，劝谏庄公，庄公不听，夏父展说："君作而顺则故之，逆则亦书其逆也。臣从有司，惧逆之书于后也，故不敢不告。"曹刿所说的"君举必书"，夏父展所说的"逆则亦书其逆"，皆是先秦时期史官所坚持的原则，即"书法不隐"。他们劝谏国君，希望国君能修德、循礼，国君纳谏，他们会记载下来传诸后世以为典范，国君违礼悖德，不纳谏言，也要记载下来传诸后世，为的是教育后世、警醒后世。《曹沫之陈》简文即以庄公铸大钟，曹沫认为违礼而加以劝谏，从而引发君臣问对。

春秋时期，社会上的精英人物普遍认为国家存亡的根本在于忠于民而信于神。即《国语·鲁语上》曹刿所说的"夫惠本而后民归之志，民和而后神降之福。若布德于民而平均其政事，君子务治而小人务力"。具体说来，就是要求国君时刻关心百姓的疾苦，在祭祀神灵时不虚美，不隐恶。因此对国君修德的呼声比较高。《左传》桓公六年载随国的贤大夫季梁劝谏随侯说："所谓道，忠于民而信于神也。"并认为"今民各有心，而鬼神乏主；君虽独丰，其何福之有？君姑修政，而亲兄弟之国，庶免于难。"于是"随侯惧而修政，楚不敢伐。"关于鲁庄公重视修德，先秦典籍也有记载，如，《左传》庄公八年载鲁与齐联合包围郕国，而齐单独接受郕的投降。仲庆父请求攻打齐军。鲁庄公曰："不可。我实不德，齐师何罪？罪我之由。《夏书》曰：'皋陶迈种德，德，乃降。'姑务修德，以待时乎！"鲁庄公的修德以发展国势，等待时机的做法深受《左传》作者的赞扬："君子是以善鲁庄公。"

鲁庄公是春秋前期鲁国的一位有为之君①，他在继位之初，审时度势对强齐采取退让的姿态，曾经让齐国轻易地兼并了纪和郕两个小国。但在齐国发生内乱的时候，他又果敢地率军伐齐，虽然在乾时败于齐，但其斗志并未泯灭。鲁庄公十年（公元前 684 年）齐鲁长勺之战，鲁庄公得曹刿（亦

---

① 关于鲁庄公的历史业绩的评析，此处参阅了晁福林师：《霸权迭兴——春秋霸主论》，64～69 页，生活·读书·新知三联书店，1992。

即曹沫)协助，大败齐军。齐国为了报复，不久即联合宋国军队伐鲁，鲁庄公在乘丘用自己的名为"金仆姑"的箭，射中宋勇士南宫长万，并将其活捉。鲁庄公十一年(公元前683年)宋国发生水灾，鲁庄公依礼派使臣到宋慰问，展现了政治家应有的风范。他在位32年，是以武功著称的君主，和一般的国君只是"坐而论道"不同，鲁庄公可以驰骋于战场，箭射强敌，除了长勺之战和乘丘之役的胜利以外，鲁庄公还曾打败过肆虐的戎人，《春秋》庄公十八所载"公追戎于济西"，就是一个例证。在齐桓公称霸的时代，鲁国能够保持相当的国力令他国不敢小觑，这与鲁庄公的治国治军当有直接的关系。传世文献记载鲁庄公听从曹刿的建议，除著名的"曹刿论战"一事之外，还有曹刿劝谏鲁庄公不要有非礼之举。曹刿说："夫礼所以整民也。故会以训上下之则，制财用之节，朝以正班爵之义。帅长幼之序，征伐以讨其不然。诸侯有王，王有巡守，以大习之。非是君不举矣。君举必书，书而不法，后嗣何观。"①鲁庄公到齐国观其社祭，有实地考察齐国实力的用意在内，他在这件事情上没有听从曹刿的建议，而是有自己的主见，可见是一位颇有胆识与智慧的君主。尽管鲁庄公没有事事皆听曹刿的建议，但对于曹刿的重视却一直未变。曹刿关于君主品格的言论，关于为君之道的建议对于鲁庄公的影响肯定是比较大的。《曹沫之陈》所载绝大部分内容是曹沫与鲁庄公的谈话，这表明曹沫与庄公关系之密切，从鲁庄公时代鲁国势尚强这一点看，曹沫的理论在当时的治国实践中应当说是发挥了重要作用的。这与后来诸子学说多在于理论层面而较少系联于社会政治实践的情况，当有一定的区别。

第二节 "夫陈者，三教之末"
——《曹沫之陈》论战争与政治的关系

先秦时期，"国之大事，在祀与戎"②。史官关注的焦点也是集中在政治与战争这两个方面。《曹沫之陈》简文对于政治与战争的认识与典籍中所

---

① 《左传》庄公二十三年。
② 《左传》成公十三年所载刘康公之语。

载正统史家的认识是一致的，皆是强调政治对战争的制约作用以及政治教化的重要性。关于战争与政治的关系，《曹沫之陈》的作者凝练为"夫陈者，三教之末"。下面试析之。

一、关于"三教"的理念

鲁庄公接受曹沫"修政而善于民"的建议后，他"不昼（简 10）寝，不饮酒，不听乐。居不重席，食不二味（简 11）"，这完全是明君奋发图强、励精图治的典型作为①。一年以后，庄公再次垂询曹沫，问："虐（吾）欲与齐战，龋（问）戟（陈）奚女（如）？歇（守）鄹（边）城奚女（如）（简 13）？"②因庄公之语有"问陈"的字样，很容易让人联系到本篇篇题"曹沫之陈"，从而将本竹书视为论兵之作，但是简文所载曹沫并没有沿着这条思路来回答庄公，他不仅没有论述相应的"阵法""兵法"③，而是得出了阵为三教之末的结论。这种结论非常引人深思。为了方便探讨，我们将相关简文摘引如下：

> 臣龋（闻）之：又（有）固恐（谋）而亡固城（简 13），又（有）克正（政）而亡克戟（陈）。三弋（代）之戟（陈）皆膺（存），或呂（以）克，或呂（以）亡。虐臣龋（闻）之：少（小）邦处（处）大邦之闒（间），旹（敌）邦（简 14）交埊（地）不可呂（以）先复（作）悄（怨），疆埊（地）毋先而必取□（简 17

① 《左传》哀公元年有"昔阖庐食不二味，居不重席"之语，也是描述阖间律己正身、奋发图强的形象。

② 春秋前期的鲁国虽然有一定的军事实力，能够与齐国相抗衡，但是在军事上一般以防御为主，典型的例子就是《左传》记载的鲁庄公之父鲁桓公对"疆吏"的一段话。桓公十七年，齐人入侵鲁国的疆域，疆吏来告。鲁桓公说："疆场之事，慎守其一，而备其不虞。姑尽所备焉。事至而战，又何谒焉？""疆场之事，慎守其一"，意思是说边境上的事，原则上只要守住自己这一边的边境就可以了。春秋时期，诸侯纷争不已，齐强鲁弱的局面逐渐形成，鲁国一贯的战略就是守土的防御战略。当然，在守住疆土的前提下，也要"备其不虞"，要时刻警惕，积极准备。一旦疆土受侵，就要"事至而战"，坚决打击来犯之敌。鲁桓公的积极防御之策不失为春秋时期中小国家保全自身的正确策略。

③ 关于先秦时期的阵法、兵法的命名，请参见本书下编第一章第五节"关于《曹沫之陈》篇题的一个思考"。

上）焉，所呂（以）歫（距）鄴（边）。毋忎（爱）货资子女，呂（以）事亓（其）（简17下）便逪（嬖），所呂（以）歫（拒）内。城章（郭）必攸（修），碀（坚）虗（甲）利兵，必又（有）戬（战）心呂（以）兽（守），所呂（以）为伥（长）也。虗臣之䎹（闻）之：不和（简18）于邦，不可呂（以）出豫。不和于豫，不可呂（以）出戬（陈）。不和于戬（陈），不可呂（以）戬（战）。是古（故）夫戬（陈）者，三教之（简19）末。君必不已，则繇（由）亓（其）枭（本）摩（乎）？（简20）

在这一段简文里，曹沫引用两次"臣闻之"以及一次"臣之闻之"阐述了自己对于战争与政治的关系的认识。这种说明问题的方式与《国语》是一样的①，所反映的思想也是一致的。曹沫在论述中提及三代之阵，是对于夏商周三代战争理念的一个说法。在曹沫看来，"固城"不如"固谋"，"克阵"不如"克政"②。"有固谋而亡固城，有克政而亡克阵"，可谓是力透纸背，精确到位，很能说明问题，这是《曹沫之陈》作者治国理念的高度概括。在对"政"（政治）与"阵"（战争）的关系问题上看到了根本问题所在。在这一段简文中，曹沫先以"有固谋而亡固城，有克政而亡克陈"回答庄公"问阵"与"守边城"的问题，随后指出小邦处在大邦之间据守边境的谋略，点明"坚甲利兵"固然重要，但是"必有战心以守"才是上策。转而提出"三和（为和于邦、为和于豫、为和于阵）"的重要性，庄公进而询问"为和于邦""为和于豫""为和于阵"的内容，曹沫逐一回答，直到庄公问道："既成教矣，出师有忌乎？"下面君臣的问对才转到出兵之道上来，而且后面简文记载庄公问出兵之道，包括各种"出师之忌""复战之道"，曹沫的答语亦无一例外的蕴含着"阵为三教之末"的思想，这不能不引起我们的重视。

---

① 《曹沫之陈》全篇有9处"臣闻之"，可以说曹沫的重要的言论都是以"臣闻之"的形式阐发的。而《国语》所载当时的卿大夫也是经常以"臣闻之"的形式阐发重要观点，据我们的统计，《国语》共有23处"臣闻之"，其中《鲁语》有3处。

② 原释文读"正"为"政"，谓"克政"是足以胜人之政，"克阵"是足以胜人之阵。原释文的解释是正确可从的。克多训为胜。如，《尔雅·释诂》谓："克，胜也。""正"与"政"同是耕（青）部字，古书习见，二字可通假（参见高亨纂著、董治安整理：《古字通假会典》，59页，齐鲁书社，1989）。

"夫阵者，三教之末"，是对"有克政而亡克阵"理念的进一步阐释，颇为耐人寻味。原释文解释"三教"即"和于邦""和于豫""和于阵"之教。认为《曹沫之陈》的作者以"三教"为本，阵法为末。陈剑先生认为简文"三教"可仿银雀山汉墓竹简《孙膑兵法·五教法》而称为"处邦之教""处豫（舍）之教""处阵之教"。高佑仁先生指出简文已经明言"阵"为"三教"之"末"，则"三教"不可能是"本"，因为本、末乃两个不同的概念，若以"三教"为本，而"末"又为"本"之一，这样的讲法并不佳。他认为"和于邦""和于豫""和于阵"等三者乃"三教"的内涵，而"为和于邦"才是三教之"本"，"为和于阵"则是三教之"末"①。其实，原释文以"三教"为本，阵法为末，其中"阵法为末"，并非是说"三教（和于邦、和于豫、和于阵）"中的"和于阵"，而是指具体的阵法、作战方法。当然，从下文看，曹沫劝谏庄公"君必不已，则由其本虖？"庄公紧接着问："为和于邦如之何？"可知"为和于邦"乃是三教之"本"，从而推出"为和于阵"应该是三教之"末"②。在《曹沫之陈》的作者看来，"和于邦""和于豫""和于阵"三教是层层向前推进的关系，而"和于邦"才是确保战争最后胜利的决定性因素，国君应该抓根本，立足于修政修德。至此，《曹沫之陈》作者的观点已经非常清楚，在政治与战争的关系

①　高佑仁：《〈曹沫之阵〉"君必不已则由其本乎"释读》，清华大学"简帛研究"网，2005 年 9 月 4 日。

②　关于简文"三教"，我觉得除了就简文本身来讨论以外，似可亦从简文之外来考虑。春秋时期的卓识之士往往从夏商周三代治术之别来议论三代政治得失，如《礼记·表记》谓"殷人尊神，率民以事神，先鬼而后礼，先罚而后赏，尊而不亲。其民之敝，荡而不静，胜而无耻。周人尊礼尚施，事鬼敬神而远之，近人而忠焉。其赏罚用爵列，亲而不尊。其民之敝，利而巧，文而不惭，贼而蔽"。汉代纬书《元命包》由此而发挥，说道："三王有失，故立三教以相变。夏人之立教以忠，其失野，故救野莫若敬。殷人之立教以敬，其失鬼，救鬼莫若文。周人之立教以文，其失荡，故救荡莫若忠。如此循环，周则复始，穷则相承，此亦三王之道，故三代不同也。"（孔颖达《礼记正义》卷五十四，《十三经注疏》，1642 页，中华书局影印本，1980）这里所说的"三教"实指夏代的"忠"之教、商代的"敬"之教、周代的"文"之教。简文"戋"在这里当读为阵，意犹战争。战争是忠、敬、文三教之后不能奏效时方采取的手段，故简文称其"三教之末"。古代文献中屡有"五教"之说，指父子兄弟间的伦理关系，简文此处所说的"三教"与其有较大距离。三教之说不见于春秋时代的文献，《元命包》的三教说尚不知其来源，故附记于此，以俟来日。

上，他看重的是政治，他极力否定有关战争的问题，尽量引导国君回到修政这个主题上来。《曹沫之陈》简文所载，鲁庄公本来是"欲与齐战"而"问阵"于曹沫，而曹沫经过一番论述，却得出阵为三教之末的结论。

二、战术与治术

《曹沫之陈》所载曹沫关于战争的理念的阐述，是在与鲁庄公对话中渐次展开的。简文记载庄公询问曹沫关于各种"出师之忌""复战之道"，曹沫在回答这些问题时，成功地将庄公的关注点引回到政治问题上。曹沫提出"使人不亲则不敦，不和则不辑，不义则不服"，从而使庄公进一步思考"为亲""为和""为义"的问题。曹沫遂适时地提出"先王之道"，庄公进而询问三代之得失，曹沫以"古亦有大道焉，必恭俭以得之，而骄泰以失之"作答，并指出禹、汤与桀、纣分别是正反两方面的样板。因此，可以说《曹沫之陈》的作者关心的是国家的治术，他是立足于政治讨论战争，他希望君主修明政治，和睦亲族，教化民众，融德政于兵事中，这也是春秋时期受传统礼乐文化影响的政治家的共识。在政治与战争的关系上，他肯定的是政治，竭力否定的是战争。《国语·鲁语》上篇所载曹刿论战所反映的思想大抵也是如此。在这里，我们还可以举一例，春秋后期，越王勾践图谋伐吴的时候，曾向楚大夫申包胥询问为战之道。《国语·吴语》所载他们俩人的对话十分精彩，足可与著名的"曹刿论战"相媲美，对于我们理解《曹沫之陈》简文的思想亦大有裨益。具引如下。

> 楚申包胥使于越，越王勾践问焉，曰："吴国为不道，求残我社稷宗庙，以为平原，弗使血食。吾欲与之徼天之衷，唯是车马、兵甲、卒伍既具，无以行之。请问战奚以而可？"包胥辞曰："不知。"王固问焉，乃对曰："夫吴，良国也，能博取于诸侯。敢问君王之所以与之战者？"王曰："在孤之侧者，觞酒、豆肉、箪食，未尝敢不分也。饮食不致味，听乐不尽声，求以报吴。愿以此战。"包胥曰："善则善矣，未可以战也。"王曰："越国之中，疾者吾问之，死者吾葬之，老其老，慈其幼，长其孤，问其病，求以报吴。愿以此战。"包胥曰：

"善则善矣，未可以战也。"王曰："越国之中，吾宽民以子之，忠惠以善之。吾修令宽刑，施民所欲，去民所恶，称其善，掩其恶，求以报吴。愿以此战。"包胥曰："善则善矣，未可以战也。"王曰："越国之中，富者吾安之，贫者吾与之，救其不足，裁其有余，使贫富皆利之，求以报吴。愿以此战。"包胥曰："善则善矣，未可以战也。"王曰："越国南则楚，西则晋，北则齐，春秋皮币、玉帛、子女以宾服焉，未尝敢绝，求以报吴。愿以此战。"包胥曰："善哉，蔑以加焉，然犹未可以战也。夫战，智为始，仁次之，勇次之。不智，则不知民之极，无以铨度天下之众寡；不仁，则不能与三军共饥劳之殃；不勇，则不能断疑以发大计。"越王曰："诺。"

申包胥讲为战的必需条件是要具备智、仁、勇三项，而越王勾践所讲的内容，与曹刿论战时所提到的大体相同，主要是内政与外交皆以国民利益为重，至于治军，则是申包胥所讲的三条。

古代中国的政治家与有识之士，特别重视战争与政治的关系。慎用兵讨伐，慎启兵衅，是为习常之观念。《尚书·多方》篇谓："我惟时其教告之，我惟时其战要囚之。至于再，至于三，乃有不用我降尔命，我乃其大罚殛之。"[1]意即我于此教训于你，我于此讨伐于你，将你幽囚。我要再二再三地考虑，再二再三地教育你，只是到了你不听我的命令，我才会大大惩罚你。春秋前期宋国屡次对外战争，"十年十一战，民不堪命"[2]，导致国内政变，宋殇公和主管军事的任司马之职的孔父嘉被弑被杀。春秋时期，民意向背对于战争胜负，影响至巨。如春秋前期，"狄人伐卫。卫懿公好鹤，鹤有乘轩者。将战，国人受甲者皆曰：'使鹤，鹤实有禄位。余焉能战？'……卫师败绩，遂灭卫"[3]。卫懿公因好鹤、轻视国人，而导致战

---

① 《尚书·多方》篇"惟时其战"，伪孔传："其战要囚之，谓讨其倡乱，执其朋党。"(《尚书正义》卷十七，《十三经注疏》，229页，中华书局影印本，1980)后人将"战"通假为惮、单等为释，似皆不若伪孔传之说为优。

② 《左传》桓公二年。

③ 《左传》闵公二年。

败国灭，说明战争之胜负，实在于民心的向背与否。著名的齐、楚召陵之盟前夕，齐桓公向楚使臣屈完炫耀兵力，说："以此众战，谁能御之？以此攻城，何城不克？"屈完当即驳斥道："君若以德绥诸侯，谁敢不服？君若以力，楚国方城以为城，汉水以为池。虽众，无所用之。"①诸侯国之间应当以"德"相待，而不是武力威胁，这样才会令人心服口服。

对于战争获胜而言比武力更为重要的是国内的政治。春秋中期晋楚鄢陵之战前夕，楚贤臣申叔时指出，"德、刑、详（祥）、义、礼、信，战之器也。德以施惠，刑以正邪，详以事神，义以建利，礼以顺时，信以守物。民生厚而德正，用利而事节，时顺而物成。上下和睦，周旋不逆。求无不具，各知其极。故《诗》曰：'立我烝民，莫匪尔极。'是以神降之福，时无灾害。民生敦庬，和同以听，莫不尽力以从上命，致死以补其阙。此战之所由克也。"②

中国古代的兵家对于政治与战争的紧密关系，看得也很清楚，所谓"战胜于外，福生于内，胜福相应，犹合符节。"③他们已经认识到战争的胜利取决于统治者政治上的成功，所以孙子等兵权谋家提出"不战而屈人之兵"的伟大策略，都认识到国富兵强的重要性，都重视将领运用谋略，开发智慧，将治军与治国很好地结合在一起，而且到了战国时期，先秦的兵家还多吸收法家的思想，多支持国家的改革，希望通过变法改革，国家能够强大起来，而且还会将法治的观念贯穿到治军中，依法治军，严明军纪。"不战而屈人之兵"，"车不发轫，甲不出橐，而威服天下"④，这当然是他们的美好理想，但是他们对政治与战争的取舍态度明显不同。他们更多的关注是在战略战术上面。他们承认政治是战争的首要因素，但同时认为战争是绝不能放弃的手段。他们的目的性很强，关注点始终在战争的胜负上面。如，《司马法·严位》："凡战以力久，以气胜，以固久，以危胜，

---

① 《左传》僖公四年。

② 《左传》成公十六年。

③ 《尉缭子·兵谈》。

④ 《尉缭子·兵谈》。

本心固，新气胜，以甲固，以兵胜。"①再如，《孙子兵法·计》篇指出，为了确保战争的胜利，在出兵之前要认真核算敌我双方的情况，"一曰道，二曰天，三曰地，四曰将，五曰法。"道义、天时、地利、将领、法规，这五项内容，将帅一定要了然于胸，必有胜算的可能，然后才能出兵。在五项当中，将"道"列为第一位的，"道者，令民与上同意，可与之死，可与之生，民弗诡也。"②也就是指民众与国君同心同德，国君的行为符合道义的要求。这是对一国政治总的要求。将帅在出兵前要反复地核实："主孰有道？将孰有能？天地孰得？法令孰行？兵众孰强？士卒孰练？赏罚孰明？"③并通过这些"知胜负矣"。《尉缭子·兵谈》："兵胜于朝廷，胜于丧纪，胜于土功，胜于市井。橐甲而胜，主胜也；阵而胜，将胜也；战（而）胜，臣胜也。"④孙子将"主孰有道"列为"七计"之首，又将"不战而屈人之兵"作为用兵的上策，《尉缭子》认为"兵胜于朝廷"，如此强调治道，都是认识到了政治对军事的重要而深层的影响，但是《孙子》《尉缭子》等关注的是战争，最终落实在战争的胜负，而《曹沫之陈》关注点并不在战争，而是政治，最终落实在国君的修德修政。

三、政治教化是战争胜利的前提

简文所谓"夫阵者，三教之末"，既是对于战争的恰当定位，也是对政治教化的高度肯定，体现了《曹沫之陈》的作者的"仁本"思想。"教"字在《曹沫之陈》简文中共出现有四次，一是"三教（为和于邦、为和于豫、为和于阵）"，二是庄公所说的"既成教"，三是"用都教于邦于民"，四是"鬼神惚恍，非所以教民"。其中"既成教"，陈剑先生认为"教"皆为正式作战之前之"教"⑤。高佑仁先生认为"成教"应该读作"承教"，为接受教诲、教令

① 田旭东：《司马法浅说》，76 页，解放军出版社，1989。
② 此句简本作"民弗诡也"，十一家本作"而不畏危"，参见《十一家注孙子校理》，3 页，中华书局，1999。
③ 郭化若：《孙子译注》，78 页，上海古籍出版社，1984。
④ 徐勇：《尉缭子浅说》，53 页，解放军出版社，1989。
⑤ 陈剑：《上博竹书〈曹沫之陈〉新编释文（稿）》，清华大学"简帛研究"网，2005年 2 月 12 日。

之义①。联系到此简的上下文内容，此处的“既成教”意思是指将帅已经完成了对于下级将领的告诫教诲，下面该正式出师了。所以此处的“成教”是指出师前的训诫，而不是广义上的政治教化。其余三处的“教”皆为政治教化万民之义。不仅如此，《曹沫之陈》简文中还有大量的论政治教化的内容，如“使人不亲则不敦，不和则不辑，不义则不服”②。所以可以说《曹沫之陈》“教”的含义广泛，其重点却不在于军事训练，而在于政治教化。这一点与中国古代的兵家不同。中国古代的兵家也重视对士卒的教化，如《吴子》提倡“用兵之法，教戒为先”③，主张对士卒“教之以礼，励之以义”④，但是这种“教”主要是指培养士卒的荣辱观念，激发士卒的斗志，加强平时的军事训练。“一人学战，教成十人，十人学战，教成百人，……万人学战，教成三军”⑤，采用这种教战方法提高士卒的战斗力。《尉缭子》亦是类似的训练方法：“百人而教战，教成合之千人，千人教成，合之万人，万人教成，会之于三军。”⑥《六韬》亦是如此：“使一人学战，教成，合之十人。十人学战，教成，合之百人。百人学战，教成，合之千人。千人学战，教成，合之万人。万人学战，教成，合之三军之众。”⑦中国古代的兵家重视对士卒的教化是为了“以治为胜”⑧，而《曹沫之陈》推崇的教化不仅是指对士卒的教化，更多的是指对广大民众的教化。它对于战争的认识还停留在传统的仁义之战的阶段。

此外，非常值得注意的是，《曹沫之陈》的作者指出“亲率胜。使人不亲则不敦，不和则不辑，不义则不服（简33）”，这本来是强调将帅在统率

① 　高佑仁：《〈曹沫之阵〉校读九则》，武汉大学“简帛”网，2005 年 11 月 14 日。
② 　李锐先生在其《〈曹刿之阵〉释文新编》（“孔子 2000”网，2005 年 2 月 22 日）一文中也指出简文中涉及“教”的内容，不但有“三教”（为和于邦、为和于豫、为和于阵），而且简 37 上、63 下中也有相关文字，此外还有论“不亲则不庸，不和则不辑，不义则不服”的内容，也属于如何教民。
③ 　《吴子·治兵》。
④ 　《吴子·图国》。
⑤ 　《吴子·治兵》。
⑥ 　《尉缭子·勒卒令》。
⑦ 　《六韬·犬韬·教战》。
⑧ 　《吴子·治兵》。

军队时要亲近士卒，教化士卒，但是在庄公垂问"为亲如何""为和如何""为义如何"时候，曹沫的回答明显又回归到了政治教化方面。如曹沫回答"为亲如何"时说："君毋惮自劳，以观上下之情伪。匹夫（简34上）寡妇之狱讼，君必身听之。有知不足，亡所（简34下）不中，则民亲之（简35）。"回答"为和如何"时说："毋嬖于便嬖，毋长于父兄。赏均听中，则民和（简35）之（简36）。"回答"为义如何"时说："申功上贤，能治百人，使长百人；能治三军，使帅，授（简36）有知，舍有能，则民宜之。且臣闻之：卒有长，三军有帅，邦有君，此三者所以战。是故长（简28）民者毋摄爵，毋御军，毋避罪，用都教于邦（简37上）于民（简49）。"这些都是《曹沫之陈》的作者对于国君为政的要求，与《国语·鲁语上》的曹刿所论相似。《曹沫之陈》的作者在论述战争问题时，都能回归到以政治为本源的探讨上面来，他寄希望于政治，关注的始终是政治教化。

始终关注政治问题，重视政治教化的功能，这是《曹沫之陈》的作者非常明显的思想倾向，也是他民本思想的突出表现。不仅如此，他在"教"与"战"中还极其重视"和"的理念的运用。在三教（"和于邦""和于豫""和于阵"）中，他强调一个"和"字。在解释"善守者奚如"时，提出"其食足以食之，其兵足以利之，其城固（简15）足以扞之①。上下和且辑，因系于大国，大国亲之（简16）"。在论述"毋冒以陷，必过前功"时，指出"不可不慎。不爱则不恒，不和则不辑，不兼畏［则］（简48）不胜，爱欲少以多，少则易察，既成则惕（简46下）治，果胜矣。亲率胜。使人不亲则不敦，不和则不辑，不义则不服（简33）"。"和"的理念可谓是贯穿简文的始终。"和于邦"，这是出兵的前提；"和于豫"，这是布阵的前提；"和于阵"，这是开战的前提。"上下和且辑，因系于大国"这是弱小国家保全自己的法宝。"使人不亲则不敦，不和则不辑，不义则不服"，这本来是将帅统率军队的

---

① 简文"其食足以食之，其兵足以利之，其城固足以扞之"，与《论语·颜渊》篇所载"子贡问政。子曰：'足食，足兵，民信之矣。'"内容很相似。《曹沫之陈》的简文是回答"善守者悉如"的问题，《论语·颜渊》的内容是回答"问政"的问题，突出的是"民信"的重要性，《曹沫之陈》没有这一点，只是指出守城所需要的物质基础，下一句"上下和且辑"才是强调上下齐心，团结一致。

原则，但曹沫在具体阐释"为亲""为和""为义"的内容时扩大成了对广大民众的政治教化。"和"是春秋时期非常流行的一个概念，在哲学、社会、政治等领域都有使用。《曹沫之陈》的作者格外推崇"和"的理念，重视君臣之间、君民之间、官兵之间、士卒之间的"和"，认为这种"和"不仅是国家繁荣兴盛的标识，还是在战争中能够获胜的前提。这也是春秋时期比较常见的一种认识。例如，《左传》桓公十一年记载楚、郧蒲骚之役前，楚大夫斗廉满怀信心地说："师克在和，不在众。"也就是说军队取胜不在于军队的数量，而在于军队是否团结一致，已经认识到军队团结与否和军队战斗力的联系。当然，春秋时期"用众"的思想也很突出，如《左传》成公二年载楚大夫子重云："君弱，群臣不如先大夫，师众而后可。《诗》曰：'济济多士，文王以宁。'夫文王犹用众，况吾侪乎？且先君庄王属之曰：'无德以及远方，莫如惠恤其民，而善用之。'"《左传》成公二年亦载君子语："众之不可以已也。大夫为政，犹以众克，况明君而善用其众乎？""师克在和"与"用众"并不矛盾，只是不同的战略，"用众"也需"和"，"用众"的根本在于"惠恤其民"，这样才能赢得民心，保证战争的胜利。所以说《左传》"用众"的思想也是建立在"和"的基础之上的。这是春秋时期民本思想在战争中的运用，《司马法》甚至说"古者戍兵三年不典，睹民之劳也。上下相报若此，和之至也。"①

政治教化的目的在于达到国家内部的和谐一致，《曹沫之陈》篇谓"不和于邦，不可以出豫；不和于豫，不可以出陈；不和于陈，不可以战"，其着眼点都落实在"和"。此一观念对于后世应当有着较大的影响。不仅儒家理念强调"和为贵"②，而且许多军事家也都注目于此。例如，《吴子》就相当重视"和"的理念在治国治军中的运用。其首篇《图国》篇载吴起初见魏文侯，劝谏魏文侯要"内修文德，外治武备"，其中提到"昔之图国家者，必先教百姓而亲万民。有四不和：不和于国，不可以出军；不和于军，不可以出阵；不和于阵，不可以进战；不和于战，不可以决胜。是以有道之

① 《司马法·天子之义》。
② 《论语·学而》。

主，将用其民，先和而造大事。""先教百姓而亲万民"，与《曹沫之陈》简文的"修政而善于民"意思是一样的，而其"四不和"与《曹沫之陈》简文"三不和"如出一辙①。二者突出的皆是一个"和"字，强调的都是修德修政的重要性。有学者据此而指出今本《吴子》是有着十分可靠的来源的②。据《史记·孙子吴起列传》记载，吴起入魏前，"尝学于曾子（即曾申，曾参之子）"，亦曾"学兵法以事鲁君"，鲁国的兵学传统可能对其有一定的影响。《曹沫之陈》作为鲁国史官的重要作品，在战国时期还曾流传到楚国，它的军事思想对于吴起应该是有一定的影响的。

第三节 "战有显道，勿兵以克"
——《曹沫之陈》对于战略理念的一个总结

《曹沫之陈》简文有浓重的"王官文化"与"兵家文化"混合交融的特色，所反映的是政治家言兵，体现了春秋时期正统史家关于战争的认识。"战有显道，勿兵以克"，是《曹沫之陈》的作者对于战略理念的一个总结，其内涵颇能彰显鲁国宗法治军的特色，值得深入剖析。

一、关于"勿兵以克"的意蕴

《曹沫之陈》简文载曹沫在向鲁庄公解释"和于邦""和于豫""和于阵"的概念之后，又提出了一个新的概念"战有显道，勿兵以克"。相关简文如下：

---

① 陈剑先生在其《上博竹书〈曹沫之陈〉新编释文（稿）》已经指出《曹沫之陈》的"三不和"可与《吴子·图国》的"四不和"相对照，又指出简43下"三军未成陈，未豫（舍），行阪济障，此捷果之幾"可与《吴子·料敌》"吴子曰：凡料敌，有不卜而与之战者八……八曰阵而未定，舍而未毕，行阪涉验，半隐半出……"相对照。单育辰先生亦指出《曹沫之陈》简60下"慎以戒，如将弗克"可与《吴子·论将》"故将之所慎者五：……四曰戒……戒者，虽克如始战"相对照。这些都是非常正确的意见。《吴子》与《曹沫之陈》简文颇有相合之处，在此，我们还可以补充。《曹沫之陈》简文"毋尚获而尚闻命（简62），所以为毋退。率车以车，率徒以徒，所以同死生（简58）"与《吴子·励士》"诸吏士当从受敌。车骑与徒，若车不得车，骑不得骑，徒不得徒，虽破军皆无功"相似，都是强调军令不可违。

② 单育辰：《从战国简〈曹沫之陈〉再谈今本〈吴子〉、〈慎子〉的真伪》，武汉大学"简帛"网，2006年8月30日。

戚（庄）公曰：“勿兵吕（以）克奚女（如）？”舍（答）曰：“人之兵（简38）不砥礩（砺），我兵必砥礩（砺）。人之虏（甲）不緊（坚），我虏（甲）必緊（坚）。人吏（使）士，我吏（使）夫＝（大夫）。人吏（使）夫（大夫），我吏（使）牺（将）军。人（简39）吏（使）牺（将）军，我君身进。此戩（战）之显（显）道。”

“勿兵以克”，原释文以为似是“不战而屈人之兵”的意思。孟蓬生先生从之，训“勿”为“无”，认为“无兵以克”，是说没有（不依靠）军队而取得胜利，亦即不战而屈人之兵①。高佑仁先生认为“勿”有表示禁止或劝阻之义，义同于“别”“莫”。简文“勿兵以克”犹言“莫以士兵克敌”之义②。陈斯鹏先生以为“勿兵以克”于义难通。本简中的“勿”字与传抄古文中的“刀”旁相似，故字似可释“刀”③。在楚简文字中，“刀”与“勿”本不易相混，而且将“刀兵以克”作为“战之显道”的思想与《曹沫之陈》总体思想不符。高佑仁先生对“勿”的本义的理解是可取的，“勿”的本义就是“不要”，但是简文此处的“兵”不当指士兵，也不当指兵器，而应当指战斗、战争。简文意指如果执行了以上的办法（即“人之兵不砥砺，我兵必砥砺。人之甲不坚，我甲必坚。人使士，我使大夫。人使大夫，我使将军。人使将军，我君身进”），那么就是没有开始战斗，即已稳操胜券。

“勿兵以克”意即不战而胜，这固然与“不战而屈人之兵”的意思相一致。但其中也有些许区别，值得我们仔细体味。“不战而屈人之兵”见于《孙子·谋攻》篇。是篇载：“是故百战百胜，非善之善者也；不战而屈人之兵，善之善者也。”《尉缭子·兵谈》：“兵胜于朝廷，胜于丧纪，胜于土功，胜于市井。橐甲而胜，主胜也；阵而胜，将胜也；战（而）胜，臣胜

① 孟蓬生：《上博竹书（四）间诂》，清华大学“简帛研究”网，2005 年 2 月 15 日。后发表在中国社会科学院简帛研究中心主编：《简帛研究二〇〇四》，68～78 页，广西师范大学出版社，2006。

② 高佑仁：《〈曹沫之阵〉校读九则》，武汉大学“简帛”网，2005 年 11 月 14 日。

③ 陈斯鹏：《简帛文献与文学考论》，101 页，中山大学出版社，2007。

也。战而胜，当一败。十万之军出，费日千金。故百战百胜，非善之善者也；不战而胜，善之善者也。"①孙子将"主孰有道"列为"七计"之首，又将"不战而屈人之兵"作为用兵的上策，《尉缭子》认为"兵胜于朝廷"，都是认识到了政治对军事的重要而深层的影响。这些说法的核心在于强调未开战之前，要在国内进行充分的准备，正如《管子·七法》篇所说："凡攻伐之为道也，计必先定于内，然后兵出乎境；计未定于内，而兵出乎境，是则战之自胜，攻之自毁也。"这是计定于庙堂之上，决胜于千里之外的做法。然而《曹沫之陈》的"勿兵以克"则是战前的具体准备，一是要做到坚甲利兵，武器精良；二是要保证领兵的将帅的权威，一定要胜过对应的敌军将领。这些认识显然没有后来的"不战而屈人之兵"的说法全面翔实，但却显示了其战略思想的素朴之貌。这也正是因为它时代较早的缘故。

二、"人使将军，我君身进"

古代社会中官阶级别非常重要，不同官阶者冠服不同，爵禄有别，地位显有高下之分。成语所谓"官大一级压死人"，正是不同官阶的人的气势之不一。此种思想，在《曹沫之陈》简文中似已初露端倪。

曹沫所阐释"勿兵以克"的做法，前者"人之兵不砥砺，我兵必砥砺。人之甲不坚，我甲必坚"，这是强调兵器、甲胄要优于敌方。军备器械精良，这本是打胜仗的硬性条件，属于军事常识。但是后者"人使士，我使大夫。人使大夫，我使将军。人使将军，我君身进"，这是强调统帅的出身，要求所任命与派遣的将帅的身份地位要明显高于对方一个级别。将帅，特别是主帅，他的行为直接关系着战争的命运，所谓"凡战，三军一人胜"②，就在强调主帅在战争中所起的决定性的作用。但是《曹沫之陈》将这种以统帅的身份地位压人、胜人的策略作为"战之显道"，则是非常罕见的。虽然一直到战国时期，统帅的尊卑对战争依然有一定的影响，但却很少再强调君主的亲力亲为。《曹沫之陈》所反映的正是春秋时期的情况。而

---

① 徐勇：《尉缭子浅说》，53 页，解放军出版社，1989。
② 《司马法·严位》。

且"人使将军，我君身进"，它的意蕴也并非要求国君身先士卒，以身作则，而是强调君主的自身的权威。在曹沫看来，国君身份尊贵，他作为统帅的影响力是无人能及的，所以国君最好能身为统帅直接将兵。"三军出，君自率（简22）"君主亲自率军出战，才能保证军队的和谐。"人使士，我使大夫。人使大夫，我使将军。人使（简39）将军，我君身进。此战之显道（简40）"。这种逐步向前推进的逻辑关系，强调了国君独一无二的影响，是对国君权威的充分肯定。春秋时人谓："夫君，神之主而民之望也。"①国君统"神"与"民"两者，其地位之高和影响之大，于此可见。《国语·鲁语》上篇载鲁大夫里革对鲁成公说："夫君人者，其威大矣。"晋大夫阳毕亦谓："图在明训，明训在威权，威权在君。"阳毕认为"威权在君"，国君要威、德并用，则"民心皆可蓄"②。这些重视国君的"威望""威权"的思想与《曹沫之陈》是一致的。《曹沫之陈》简文格外重视国君尊贵的身份以及其作为统帅的影响力，这是和春秋前期鲁国的国情相符合的。春秋前期，鲁君的权力较强，鲁国公室受世家大族的牵制不明显。此外，鲁秉周礼，春秋前期的鲁国，政治相对于其他诸侯国来说，也是比较安定的。

三、强调"贵人"在战争中的地位和作用

《曹沫之陈》简文在强调君主的权威之外，还格外重视贵族的作用，而且将君主与贵族视为一体，这种思想贯穿于曹沫与庄公的问对，最突出的表现是曹沫回答庄公"为和于豫"的做法时，两处提到"贵人"，一处提到"公孙公子"，相关简文如下：

> 三军出，君自衔（率）（简22），必訋（约）邦之贵人及邦之可（奇）士，従（御）卆（卒）吏（使）兵，毋遚（复）前（简29）棠（常）。凡贵人田（使）仉（处）前立（位）一行，遝（后）则见亡，进（简24下）必又（有）二牺（将）军。母（无）牺（将）军必又（有）礜（数）辟（嬖）夫=（大夫），母（无）

① 《左传》襄公十四年，晋大夫师旷之语。
② 《国语·晋语八》。

伓（嬖）夫=（大夫）（简 25 上）必又（有）豐（数）大官之帀（师）、公孙公子。凡又（有）司衛（率）倀（长），（简 25 下），……亓（期）会之不难，所吕（以）为和于豫。

　　这段简文强调了国君亲为统帅以及贵族治军的重要性。三军出征，国君亲自统率军队一定要约请国内的"贵人"以及"邦之奇士"，让他们指挥士卒。所谓"奇士"盖指有奇特谋略或奇特技艺之人。相传秦孝公曾经下令国中，招募人才，谓"宾客群臣有能出奇计强秦者，吾且尊官，与之分土"①。周初重臣吕尚是一位"多兵权与奇计"②的杰出人物。秦朝末年的范增也是一位"好奇计"③的人才。秦末陈平曾经批评项羽"不能信人，其所任爱非诸项即妻之昆弟，虽有奇士不能用"④，可见陈平把自己看作"奇士"。对于这些出谋划策的"奇士"所发挥的巨大作用，刘向在《战国策》书录中曾总结说："战国之时，君德浅薄，为之谋策者，不得不因势而为资，据时而为[画]。故其谋扶急持倾，为一切之权，虽不可以临国教化，兵革救急之势也。皆高才秀士，度时君之所能行，出奇策异智，转危为安，运亡为存，亦可喜，皆可观。"⑤《曹沫之陈》所提到的"奇士"，当即这类人才⑥。

　　除了"奇士"之外，《曹沫之陈》似乎更为重视"贵人"。认为凡是"贵人"位列前行，则可奋士气而取胜。如果他们居后，则容易溃亡。并且进一步说，军队前进一定要有"二将军"指挥，没有将军的时候，一定要有"数嬖大夫"来指挥，没有嬖大夫一定要有"大官之师""公孙公子"来指挥。所有的职官都要由出身高贵的官长率领，军队按约定时间到达指定地点，也就没有什么难做到的了，这样就能做到"为和于豫"。在这里，"豫"，读若

---

① 《史记·秦本纪》。
② 《史记·齐太公世家》。
③ 《史记·项羽本纪》。
④ 《史记·陈丞相世家》。
⑤ （汉）刘向：《〈战国策〉书录》，参见缪文远：《战国策新校注》（修订本），13 页，巴蜀书社，1998。
⑥ 《韩非子·十过》篇有谓"有奇人者使治城郭之缮"，此"奇人"指多余的人、闲人，非是有奇谋之人。

"预"，是一种预备状态，此时军队已经出发但是尚未布阵。我们可以看到，"为和于豫"，最关键的是国君与"贵人"的统率与凝聚作用。那么"贵人"应该怎么理解呢？

"贵人"，原释文解释为身份高的人。我们认为并不是很准确，商和西周时期，贵族与民众俱可称"人"，唯身份低贱者称"小人"，但并没有相对应的"贵人"之称。"贵人"之称，春秋时期方兴起，至战国时则多有用者。有一定社会地位的贵族之人被称为"贵人"，这是春秋战国时期出现的社会现象。先秦典籍中的"贵人"是指身份高贵之人，亦往往指与国君有血亲关系的贵臣。如《韩非子·扬权》："毋贵人而逼焉"，"贵人"，王先慎注为"贵臣"①。《吕氏春秋·贵卒》："令贵人往实广虚之地"，"贵人"，高诱注："贵人，贵臣也。"②《礼记·内则》："贵人则为衣服。"孙希旦集解："贵人，卿大夫也。"③再联系到春秋时期鲁国的社会结构，其贵卿皆是出自公族，所以我们认为《曹沫之陈》简文中的"贵人"应该是指与国君有血亲关系的贵臣。

春秋时期，"人"的意思比较广泛，可以泛指某国之人（如齐人、鲁人等），也可以指身份较高的人（如国人、行人、圣人等）。《曹沫之陈》简文中，"人"与"民"的意蕴有相同之处，如"非山非泽，亡又（有）不民"（简1—2），"民"意同"人"。但大部分"民"指身份较低的普通民众，如"修政而善于民"（简5）、"兼爱万民"（简12）、"毋获民时，毋夺民利"（简20）、"岂弟君子，民之父母"（简21—22）、"悦于万民"（简63）、"万民愚首皆欲或之"（简61—53下）等，这些"民"皆指社会身份较低的普通民众。《曹沫之陈》所

① （清）王先慎：《韩非子集解》，49页，中华书局，1998。
② 陈奇猷：《吕氏春秋校释》，1476页，学林出版社，1984。
③ （清）孙希旦：《礼记集解》，763页，中华书局，1989。

说的"贵人"与春秋时期将社会身份较高者称人之例相符合①。

关于"为和于豫"的做法，曹沫先总说"凡贵人使处前位一行，后则见亡"，然后解释说"进（简 24 下）必有二将军。无将军必有数嬖大夫（简 25 上）必有数大官之师、公孙公子（简 25 下）。""将军""嬖大夫""大官之师"与"公孙公子"，这是层层向下的关系，其中"公孙公子"似是退而求其次的选择，而依周代礼制，"诸侯之子称公子，公子之子称公孙"②，公子、公孙是公族中地位最为显赫者，所以简文此处的意蕴可能是指国君出征，所任命的将领皆为出身高贵的人，他们以贵人的身份兼有官职，或者为"将军"，或者为"嬖大夫""大官之师"，而"公孙公子"则仅有高贵的出身，没有具体的官职。即使没有官职，他们"公孙公子"的身份就具有天然的权威，可以凝聚军心，他们亲自带兵就能确保战争的胜利。不仅如此，简文载曹沫在解释"为和于阵"时，再次提到了"公孙公子"的重要性，相关简文如下：

> 车闆（间）容倍=（伍，伍）闆（间）容兵，贵（简 24 上）立（位）、厚飤（食），思为前行。三行之遂（后），句（苟）见耑（端）兵，攼（什）（简 30）五（伍）之闆（间）必又（有）公孙公子，是胃（谓）军纪（简 26）。

《曹沫之陈》简文所反映的作战方式是典型的车阵战，以战车进攻，疏而不合，就会有空间为敌军所乘，所以"车间容伍，伍间容兵"，编组严密整齐。这正是典型的春秋时期的作战方式。这一点是《曹沫之陈》成书于春秋时期的有力的内证之一。到了战国时期，各国的军队以步兵为主，车兵

---

① 关于上古时代"人"与"民"的区别，侯外庐先生曾经指出："据《周书》、《雅》、《颂》及金文中所见的'人'字归纳，周时所谓'人'计有下述各义：（1）称氏族先王为'人'；（2）称王者为'人'；（3）称氏族贵族（君子）为'人'；（4）称在位的职官为'人'。与'人'相对的'民'字，则是古代劳动者（奴隶）的一般代称。"（《中国思想通史》第一卷，34 页，人民出版社，1957）称"人"与称"民"不相混，正是不同社会身份的标识，虽然当时的"民"即普通劳动者，并非奴隶，但其地位绝对应当在称"人"者之下。

② 《左传》隐公八年杜注。

为辅，而且骑兵大量出现，《吴子·治兵》篇中论及驯养军马的方法，并强调驯养好战马就能"横行天下"，这说明骑兵已经成为重要的作战兵种。而《曹沫之陈》简文所反映的依然是春秋时期的社会情况，车战依然是主要的作战方式。进攻的方式首先要求有整齐的编制，上下之位严整，错落有致，步调一致，这很符合古军礼的要求。"车间容伍，伍间容兵"，这是布阵的编组要求，这种编组排列能充分发挥各种兵器的作用。春秋前期郑国有鱼丽之阵，"先偏后伍，伍承弥缝"①，兵车一对分为二偏，每偏为二十五乘车，以步卒五人为伍，在车后，弥补偏间的缝隙。《曹沫之陈》简文所反映的正是这样的车阵战。

　　简文指出"什伍之间必有公孙公子，是谓军纪"，如此强调"公孙公子"在军纪方面的重要性，这是后世兵书所没有的。伍、什是军队最小的编制单位，相当于一个战斗小组，公孙公子遍布什伍之间，这就是军纪。这与一般意义上的"军纪"明显不同。因此疑简文此处"纪"字，非指"纪律"，而是作"纲纪""纲要""总要"讲②。简文以公孙、公子为军之纲纪，强调以贵族血统维系军心的重要性。此外，《吴子·料敌》有"虎贲之士，力轻扛鼎，足轻戎马，搴旗斩将，必有能者。若此之等，选而别之，爱而贵之，是谓军命"。"军命"即军之命脉，与简文此处的"军纪"意思是一样的。《吴子》以"虎贲之士"为三军的命脉，而《曹沫之陈》以"公孙公子"为三军的纲纪，所反映的时代观念明显不同，亦表明《曹沫之陈》成书之早，反映其社会结构仍然是重视血缘关系的典型的宗法社会。春秋时期，贵族在战争中发挥着不可替代的作用与影响，这在《左传》中屡见不鲜，如庄公四年载，楚武王伐随前夕，心跳不安，夫人邓曼以"若师徒无亏，王薨于行，国之福也"劝谏武王，武王遂出兵，结果卒于军中，令尹斗祈、莫敖屈重却秘不发丧，"营军临随，随人惧，行成"。庄公十年载，公子偃与鲁庄公联手取得了鲁宋乘丘之役的胜利。成公二年载，鲁、卫等诸侯国从晋伐齐，而楚令

---

①　《左传》桓公五年。

②　"纪"做纲纪、纲领、总要讲，古籍中常见，如《老子》第十四章："执古之道，以御今之有，能知古始，是谓道纪。"《文子·微明》："故随时而不成，无更其刑，顺时而不成，无更其理，时将复起，是谓道纪。"

尹子重起师救齐，"王卒尽行。彭名御戎，蔡景公为左，许灵公为右。二君弱，皆强冠之。"蔡景公与许灵公两君都没有成年，但要担任车左、车右，所以勉强为他俩行加冠礼。在这场战役中，楚国看重的是蔡景公与许灵公两君的身份地位，而非其自身的作战能力。再如，昭公二十三年载，吴楚争夺州来，公子光（即后来的吴王阖闾）分析当时的局势说："（楚）帅贱而不能整，无大威命，楚可败也。"楚帅的地位低，没有大的威信，这就决定了楚军是一定要打败仗的。

另外，我们探究"贵人""公孙公子"之所以能够发挥这些重要的作用，也是因为他们所率领的还是以家族、宗族为单位的军队，这也体现了春秋时期军队的特色。到了战国时期，军队兵员大量来自征兵，少数常备的精锐部队则来自募兵，《吴子·图国》篇指出"简募良材"，并主张"选而别之，爱而贵之"，视其为军中之精锐。正是说明了春秋时期与战国时期兵役制度的不同之处。

《曹沫之陈》简文两处出现"贵人"，两处出现"公孙公子"，是很引人注意的。强调带兵打仗时"贵人""公孙公子"的重要性，并将"公孙公子"视为军之纲纪、命脉，这是《曹沫之陈》的特色之一。可以说，《曹沫之陈》与《孙子》等皆强调"以气势取胜"，但是《曹沫之陈》强调的是具有高贵血统地位的"贵人"的气势。以《孙子》为首的兵书更多的是强调以"势"胜人。而这种"势"是指战术中的"奇正"之术。就任用将领方面，《曹沫之陈》强调"将"的高贵血统，注意的是"贵人""公孙公子"的作用。认为"其将卑，父兄不荐，由邦御之，此出师之忌"（简 42），这是春秋中前期才有的理念。后世的兵书如《吴孙子》《齐孙子》《吴子》等强调的是选将，重视所选将领的个人素质。成书于春秋后期的《吴孙子》对于"将"的要求是具有"智、信、仁、勇、严"①品质的人，而非有贵族血统的人。成书于战国时期的《孙膑兵法》亦是如此。其《将义》篇云："将者不可以不义"，"将者不可以不仁"，"不仁则军不克"，"将者不可以无德"，"将者不可以不信"，"将者不可以不智胜"。强调将领应该具有义、仁、德、信、智的品德。《六韬·选将》用"八

---

① 《孙子·计》。

征"来检验将领的质量。《吴子》也是尤其重视选拔"良将",它所说的"良将"和是否出身贵族毫无关系,而是指将领的威严、品德、仁爱、胆略足以统帅军队。可以说,后世兵书论所选的将都是以才能入选,无所谓尊卑,反而是最忌讳"贵人"的特权。《曹沫之陈》格外强调贵族、血缘的重要性。这一点与《吴孙子》《齐孙子》《吴子》等不同,表明它们成书时的社会结构不同,也表明《曹沫之陈》的早出。

我们知道,强调血缘宗法正是鲁国春秋时期的特色,而入战国之后,随着三桓的衰微,鲁国宗法社会解体,鲁君为加强自己的权力多重用一些非贵族出身的贤才,如鲁元公曾以吴起为"将",鲁穆公曾用公仪子(即公仪休)为"相",鲁平公曾欲以乐政子(乐正克)为"政",欲使慎子(慎滑厘)为"将"①。这种战国时期选将相的方法与《曹沫之阵》简文内容是不合的。《曹沫之陈》简文强调国君的权威,重视"贵人""公孙公子"等贵族的重要性,这是春秋时期鲁国所特有的现象。《曹沫之陈》简文强调国君的权威与重视权贵人物的影响是一致的,这是《曹沫之陈》的特色之一。《左传》庄公十年所载曹刿以"肉食者鄙,未能远谋"而主动觐见庄公,并运用"夫战,勇气也。一鼓作气,再而衰,三而竭"的军事理论,使长勺之战成为我国著名的以少胜多的战役。曹刿所说的"肉食者鄙,未能远谋",似乎与《曹沫之陈》上的曹沫重视"贵人"的思想不一样,其实不然,曹刿(曹沫)所生活的春秋前期,是新旧两种思想交替的时代,出身下层的精英人物不断地涌现,但是活跃于各国的政治舞台的依然还是出身高贵的贵卿重臣,典籍所载的曹刿虽然认为"肉食者鄙,未能远谋",主动要求参战,但他是作为庄公的车右参战的②,在长勺之战中,统率军队的是鲁庄公。所以传世典籍中的记载与简文的记载并不矛盾,而是可以相互印证的。

综上所述,我们认为《曹沫之陈》全篇简文的主体思想可以用"有固谋而亡固城,有克政而亡克阵"来概括,这当然可以作为《曹沫之陈》作者的

---

① 《孟子·告子下》。

② 相关论述参见本书第四章:从口述史到文本传记——论"曹刿—曹沫"形象的演变。

军事思想来看待，但是如果说这是《曹沫之陈》作者治国理念的高度概括，可能更准确一点。"有固谋而亡固城，有克政而亡克阵"，思想深刻，很能说明问题，在对"政"（政治）与"阵"（战争）的关系问题上看到了根本问题所在。《曹沫之陈》简文虽然涉及"论兵"的内容较多，但是其"论兵"是为"论政"服务的。它倡导德政、重视民本，处处体现了政治的优先地位。此外，曹沫在回答"有固谋而亡固城，有克政而亡克阵（简13—14）"之后紧接着说"三代之陈皆存，或以克，或以亡（简14）"。而在简文的结尾，曹沫说"臣是故不敢以古答。然而古亦（简7下）有大道焉，必恭俭以得之，而骄泰以失之，君（简8上）[不]亦唯闻夫禹、汤、桀、受矣（简65下）。"简文前后正好遥相呼应。虽然"三代之阵皆存"这种说法让人振奋，但在曹沫看来，三代之阵也没有什么，有的用它取得了胜利，有的用它却灭亡了国家，所以真正应该关注的还是三代之政。而关于三代之政，禹、汤、桀、纣的事情就是"正（恭俭以得之）""反（骄泰以失之）"两方面的样板①。简文的主体思想更加明了。它关注的只是政治，《曹沫之陈》全篇所载曹沫回答庄公的问话皆是从政治出发，探讨军事问题，最后又回到政治上来。曹沫将"教民"上升到"先王之至道"上来，更是彰显了《曹沫之陈》作者的思想。

春秋时期对于战争的认识还停留在仁义之道的阶段，《曹沫之陈》简文反映的就是这种认识。如"一出言三军皆欢，一出言三军皆往（简59—简60上）"，"（君）乃自过以悦于万民（简63上）"，"民有保，曰城、曰固、曰阻。三善尽用不弃，邦家以宏（简56）"等。它的主体思想"有固谋而亡固城，有克政而亡克阵"，更是强调治理国家的首要因素是政治，而不是战争。

"有固谋而亡固城，有克政而亡克阵"，这种军事思想、治国理念是受周代礼乐文化影响的正统史家的代表思想。"卒有长，三军有帅，邦有君，此三者所以战（简28）"，这依然是按照古军礼作战的思想。《曹沫之陈》简文有"重间""用间"的表述，如"毋爱货资子女，以事其便嬖，所以拒内

---

① 《国语·鲁语》上篇载鲁大夫里革对鲁成公说："夫君人者，其威大矣。失威而至于杀，其过多矣。"意思是说国君是人民的表率，如果失去威望而被人杀死，那是他犯的过错太多了。"桀奔南巢，纣踣于京，厉流于彘，幽灭于戏，皆是术也。"就是以桀、纣、厉、幽为反面的例子。

北京师范大学史学探索丛书

（简17下—简18）"，也有在战争中使用"诡道"的记载，如故意向敌人示弱："三行之后，苟见端兵（简30）"。利用卜筮的方法鼓舞士气："及尔龟筮，皆曰胜之。改冒尔鼓，乃失其备（简52）"。这些做法在春秋时期是很普遍的。总起来说，《曹沫之陈》的战略指导思想依然是遵循礼法的正规作战的方法谋略，并没有形成"兵以诈立"的思想。李零先生曾经指出"宋襄公以后，中国的兵法，以《孙子兵法》为代表，都是讲'兵不厌诈'。"①虽然，宋襄公以前的兵法并非一点不讲诈术，但是宋楚泓之战之后，宋襄公"不鼓不成列"这种符合古军礼的战法从此就被彻底摒弃了。而《曹沫之陈》简文所反映的应该就是属于宋襄公以前的古老的"兵法"思想。此外，《曹沫之陈》对战争本质的认识与《司马法》是一致的。《司马法·仁本》篇云："古者以仁为本，以义治之之谓正，正不获意则权，权出于战，不出于中人。"《严位》篇云："凡大善用本（仁），其次用末（兵谋）。执略守微，本末唯权，战也。""凡民以仁救，以义战，以智决，以勇斗，以信专，以利劝，以功胜。"《司马法》一般认为成书于战国时期，但是其内容有不少是源于春秋时期的制度，《汉书·艺文志》曾将其列入礼类，称之为军礼。清代大学问家孙诒让《周礼正义》卷二说："《司马法》，实古军礼之遗文，故足以与礼经相证。"《曹沫之陈》所反映的也是受古军礼影响的作战方法。

总之，《曹沫之陈》简文载曹沫劝谏鲁庄公要依礼治军，要做到"为和于邦""为和于豫""为和于阵"，这些记载与传世文献中曹沫知礼、知战的形象是完全吻合的。它宣扬"有固谋而亡固城，有克政而亡克阵"（简13、14）、"夫阵者，三教之末"（简18、19）、"战有显道，勿兵以克"（简38），要"和于邦"（简21）、"和于豫"（简22）、"和于阵"（简24），要"上下和且辑"（简16）。这些思想与《左传》《国语》《逸周书》等"论兵"是一致的。春秋时期行师论兵，大都认识到了政治与战争的相互关系，认识到了战争与民众的密切联系，君主得民心是取胜的根本，而君主要得民心，就要守礼、

---

①　李零：《简帛古书与学术源流》，380页，生活·读书·新知三联书店，2004。

亲民、讲诚信，"春秋时犹尊礼重信"①，而战国时期是"争于气力"的时代②，社会上不再重视礼与信，重视的是武力与强权。所以从所反映的社会思想来说，《曹沫之陈》与春秋时期的社会有识之士的主流思想是一致的。

北京师范大学史学探索丛书

---

① （清）顾炎武著，黄汝成集释，栾保群、吕宗力校点：《日知录集释》，749页，上海古籍出版社，2006。

② 《韩非子·五蠹》。

第四章　从口述史到文本传记
——论"曹刿—曹沫"形象的演变

《曹沫之陈》简文里的主人公曹沫，可谓是影响广泛的先秦时期的历史名人。历史上关于曹刿、曹沫其人其事的探讨长期聚讼不已，莫衷一是，上博简第四册《曹沫之陈》篇的刊布，重又将这一问题提出，成为学术界关注的热点问题之一。对曹沫其人的探讨至关重要，甚至有专家认为曹沫是《曹沫之陈》作者的最佳人选①。此外，竹书的命名亦因为曹刿与曹沫的争议而有两说，一是命名为《曹沫之陈》②，二是命名为《曹刿之陈》③。本章试对聚讼千年的曹刿与曹沫其人其事详细考析，把传世文献记载的曹刿（曹沫）与《曹沫之陈》简文所记载的曹沫进行对比，还原曹沫的历史形象，以期推动这一问题的研究，并从中探讨先秦时期人物史事流传与演变的一些特点。

第一节　关于曹刿、曹沫其人其事的争讼

据先秦典籍记载，曹刿，或者曹沫，是春秋前期鲁庄公时期的鲁人，他在鲁对齐的战争中发挥过重要作用，对于鲁庄公有一定的影响。但是曹刿、曹沫在不同的典籍中出现的名称不一，事迹迥异，造成人们的认识上出现了一定的误会，曹刿（曹沫）是否曾为刺客，是聚讼的焦点。

---

① 参见田旭东：《战国写本兵书——〈曹沫之陈〉》，《文博》，2006(1)；《失传已久的鲁兵书——〈曹沫之陈〉》，《华学》第八辑，155～160 页，紫禁城出版社，2006。

② 李零原释文(马承源主编：《上海博物馆藏战国楚竹书(四)》，240 页，《曹沫之陈》"释文考释"，上海古籍出版社，2004 从音韵训诂的角度读作"曹沫"，竹书命名为《曹沫之陈》。现为多数学者采纳。

③ 廖名春根据曹沫、曹刿在文献中出现的早晚为竹书命名为《曹刿之陈》(廖名春：《楚竹书〈曹沫之阵〉与〈慎子〉佚文》，清华大学"简帛研究"网，2005 年 2 月 12 日)。李锐从之，作《〈曹刿之阵〉释文新编》与《〈曹刿之阵〉重编释文》。

在传统文献记载中，曹沫是以"执匕首劫齐桓公"而出名的刺客，而曹刿是以"一鼓作气，再而衰，三而竭"的战争理论出名的军事家。然而，对于曹沫与曹刿究竟是一人，还是二人，历史上却是争论不大。虽有学者认为曹刿"盖近于知义者，非刺客一夫之勇，与沫事不类"①，怀疑曹刿、曹沫并非为同一个人，但是，历代学者一般是把他们视为一人。例如，唐司马贞《史记索隐》："沫音亡葛反。《左传》、《穀梁》并作'曹刿'，然则沫宜音刿，沫刿声相近而字异耳。"②清人赵翼在《陔余丛考》卷二"曹翙即曹末"条，从《吕氏春秋·贵信》与《史记》所记庄公十三年同一件事，但人名一为曹翙一为曹末，所以得出结论：曹翙即曹末。至于异写的原因也是引用了司马贞《史记索隐》的说法，即由于翙和末二字读音相近③。

古今学者们多已承认曹刿、曹沫是由于音近而出现的同人异名，但是对其曾身为刺客一说却是千百年来持怀疑或者否定态度。唐宋以降，皆有学者或以此事虚妄，或以春秋时期没有刺客之风而怀疑曹沫曾为刺客一说。例如：唐代赵匡以齐桓公未尝侵鲁地，柯之盟后又未尝归鲁田为证，谓《公羊传》曹沫劫盟的说法"其事迹既妄，不可以训"④，赞成《左传》"盟于柯，始及齐平也"的记载。北宋孙觉也是以"按实侵地，经当书其所侵，齐实归田，经当书其所归，今经无其事，未可据信。"⑤完全同意赵匡的说法。北宋苏辙《春秋集解》卷三以《春秋》要盟不书为例，认为柯之盟《春秋》有明确记载，说明柯之盟没有曹沫劫齐桓一事，曹沫手剑齐桓一事乃是"春秋之后好事者之浮说，而非其实也"⑥。南宋叶适《习学记言序目》卷十曰："是

① （宋）叶梦得：《春秋考》，丛书集成初编本，177页，中华书局，1991。明人冯梦龙在《东周列国志》中写"乾时之战""长勺之战""柯地之盟"时，把"曹刿""曹沫"作为两个人物形象来描写。虽然此系小说不可信，然或者可以说明在明代以前曾流传着"曹刿""曹沫"不同的演义故事。

② 《史记·刺客列传》所附索隐，2515页，中华书局，1982。

③ （清）赵翼：《陔余丛考》，45～46页，中华书局，1963。

④ 转引自（唐）陆淳：《春秋集传辩疑》，丛书集成初编本，39～40页，中华书局，1985。

⑤ （宋）孙觉：《春秋经解》，丛书集成初编本，148～149页，中华书局，1985。

⑥ （宋）苏辙：《春秋集解》，丛书集成初编本，27页，中华书局，1985。

时东迁未百年，人才虽陋，未至便为刺客。"①王应麟认为曹沫劫齐桓一事乃是游士之虚语，"《左传》载曹刿问战，谏观社，蔼然儒者之言，《公羊》乃有盟柯之事，太史公遂以曹沫列刺客之首，此战国之风，春秋初未有此习也。此游士之虚语，而燕丹之用荆轲，欲以齐桓待秦政，不亦愚乎？"②明代王樵作《春秋辑传》赞成王应麟此说③。清人全祖望认为曹沫为刺客一事为战国时人妄撰，司马迁从之④。清人何焯亦持此观点，"曹沫之事，亦战国好事者为之，春秋无此风也，况鲁又礼义之国乎？"⑤卢文弨《钟山札记》谓"曹沫劫事出于战国之人所撰造，事既不实，辞亦鄙诞不经，但以耳目所见，施之上世，而不知其有不合也。"⑥

文献记载中关于曹沫身为刺客说的细节，《公羊传》有归还鲁汶阳田一节，而《史记》有曹沫身为鲁将与齐战三败北，以及鲁庄公献遂邑之地以和等，这些细节是否真实，也有学者进行质疑。例如，北宋叶梦得《春秋考》在议论完曹沫与曹刿事不类之后，对曹沫身为刺客一事的细节进行质疑：

> 春秋书取汶阳田，在成二年，而长勺之战，鲁既败齐，安得齐有侵地？柯盟之后，未再与齐交兵，亦安得有三战复地之事？二者皆无实，此盖六国辩士假托之言，无足取信⑦。

清人梁玉绳《史记志疑》则不仅对"归汶阳田""鲁三败"怀疑，对《史记》"亡地五百里"，《吕览·贵信》"封以汶南四百里"，《战国策·齐策》《淮南子·泛论》"丧地千里"也是极度怀疑，曰：

① （宋）叶适：《习学记言序目》卷十，131 页，中华书局，1977。
② （宋）王应麟：《困学纪闻》（上），641～642 页，商务印书馆，1959。
③ （明）王樵：《春秋辑传》卷三，丛书集成初编本，中华书局，1985。
④ （清）全祖望：《鲒埼亭集外编》卷第三十六，姚江（浙江）借树山房，清同治十一年（1872）。
⑤ （清）何焯：《义门读书记》卷十四，219 页，中华书局，1987。
⑥ （清）卢文弨：《钟山札记》，丛书集成初编本，中华书局，1985。
⑦ （宋）叶梦得：《春秋考》卷十，177 页，丛书集成初编本，中华书局，1991。

庄公自九年败乾时，后至十三年盟柯，中间有长勺之胜，是鲁祇一战役胜，安得有三败之事？齐桓会北杏，遂人不至故灭之。遂非鲁地，何烦鲁献此，皆妄也。

梁玉绳认为《史记》的说法是本自《公羊传》，但《公羊传》汉代才著于竹帛，不足尽信，评价说：

即如归汶阳田在齐顷公时，当鲁成二年，乃《公羊》以为桓公盟柯，因曹子劫而归之，其妄可见。况鲁未尝战败失地，何用要劫？曹子非操匕首之人，春秋初亦无操匕首之习，前贤或谓战国好事者为之耳。仲连遗燕将书云"亡地五百里"，《吕览·贵信》云"封以汶南四百里"，《齐策》及《淮南·泛论》云"丧地千里"。鲁地安得如此之广？汶阳安得如此之大？不辨而知其诬诞矣①。

日本学者泷川资言认为"言沫为刿，反涉牵混，三传其说不一，传可疑。"②

当代的学者对于这个问题，主要有两种观点，一种是对曹沫为刺客说仍然持怀疑态度。例如，杨伯峻先生以沫、刿音近，曹沫与曹刿是一个人，但谓曹沫为刺客一事，"诸书所言，无不有破绽可寻"，赞成叶适、卢文弨之说，并谓司马迁不取《左传》曹刿论战，而取其劫齐桓，"盖亦好奇之过"③。另外一种观点是承认典籍中所记曹沫、曹刿所有事迹，认为只有这样才可以全面地认识曹沫（曹刿）其人。如谢祥皓先生《曹刿、曹沫辨》，认为文献所载并无扞格违逆之处。曹刿、曹沫当为一人。若以文字出现之先后，又以"曹刿"为本字。曹刿是一名"货真价实"的政治家与军事家④。李零先生《为什么

---

① （清）梁玉绳：《史记志疑》，1311 页，中华书局，1981。
② ［日］泷川资言考证，水泽利忠校补：《史记会注考证》，1550 页，上海古籍出版社，1986。
③ 杨伯峻：《春秋左传注》，182、194 页，中华书局，1990。
④ 谢祥皓：《曹刿、曹沫辨》，《齐鲁学刊》，1995(3)。

说曹刿和曹沫是同一人》，列举了前人成说之后，解释曹沫与曹刿是同一个人的理由有二。一是叫这个名字的人都是鲁庄公的重要谋臣，都是曹氏，名字读音相近，不大可能是两个人。二是战国古籍如《管子》《吕氏春秋》说明登坛劫持者就有"曹刿"，无疑就是《史记》提到的"曹沫"。春秋时代有刺客，曹沫（曹刿）既当过刺客，同时也是一位军事家①。

通过以上的梳理，我们可以看出，学问家们认定曹刿、曹沫是同一个人之后，就不再关注典籍中曹刿与曹沫的区别，试图把所有的资料都看作史实去辨别真伪。赞成曹沫为刺客的学者甚至以"《战国策》屡言曹沫劫桓公，而鲁连、燕太子丹皆言反地，此又因请田要劫之证，《公羊》盖得之"②；而否定曹沫曾为刺客的学者，则是恶《公羊》，取《左传》，无视曹沫为刺客说的流行。他们都没有意识到曹刿、曹沫即使是一人异名，典籍中所称曹刿与曹沫也是有区别的。有些记载是无论如何弥缝也根本无法统一。我们只能面对这些差异，从史源学上去寻找出现这些差异的原因。

现在亦有学者跳出曹沫与曹刿其人其事是否为史实的讨论，而从文献记载中寻找《史记》之《曹沫传》的形成沿革。如李纪祥先生在《柯之盟与曹沫》一文中，认为春秋三传中，曹沫（子、刿）从经文的未书写，到传文中的出场，再到战国时诸典籍的被世人称颂，最后到《史记·刺客列传》之首篇《曹沫传》，曹沫（刿）在历史流传中正式被塑造成型③。这个分析很有见地。然而，按照这种思路看，曹刿（曹沫）的这种区别，多是因为经、传、列传的体裁特点的不同所致。其实，曹刿、曹沫在流传过程中出现的区别，应该存在着更深层的原因。因此曹刿（曹沫）其人其事以及其形象的塑造过程，仍然有继续深入研究的余地，并且在相关的探讨中，我们还可以发现先秦秦汉典籍中所普遍存在的流传与演变的一些特点。

---

① 李零：《为什么说曹刿和曹沫是同一人》，《读书》，2004(9)。
② （清）钟文烝撰，骈宇骞、郝淑慧点校：《春秋穀梁经传补注》，180页，中华书局，1996。
③ 李纪祥：《柯之盟与曹沫》，《中国文化研究》，2006(1)。

第二节　关于"曹刿—曹沫"记载的演变

在文献记载中，虽然曹刿、曹沫频繁交替出现，但其间还是有着很大的区别。分析这些差别，可以看出曹刿、曹沫其人其事在春秋战国数百年里流传的轨迹，可以成为研究曹刿（曹沫）史事与形象塑造的基础。现略加梳理如下。

《春秋》三传中，《左传》记载了曹刿参与长勺之战与谏庄公勿如齐观社。《公羊传》记载了"曹子"劫齐桓公，归还鲁"汶阳之田"，但是未言"曹子"其名。《穀梁传》明言"柯之盟"是"曹刿之盟也"，但未言"要劫"之说。《国语·鲁语》与《左传》同。下面请看《公羊传》"要劫"之说的记载：

> 庄公将会乎桓，曹子进曰："君之意何如？"庄公曰："寡人之生，则不若死矣。"曹子曰："然则君请当其君，臣请当其臣。"庄公曰："诺。"于是会乎桓。庄公升坛，曹子手剑而从之。管子进曰："君何求乎？"曹子曰："城坏压竟，君不图与？"管子曰："然则君将何求？"曹子曰："愿请汶阳之田。"管子顾曰："君许诺。"桓公曰："诺。"曹子请盟，桓公下与之盟。已盟，曹子摽剑而去之。

《公羊传》对"曹子"为刺客一说描写的非常形象生动，曹子、鲁庄公都参与了劫持齐桓公的事件，而最后以成功告终，取得了汶阳之田。其中，"君请当其君，臣请当其臣"，汉何休注："当，犹敌也，将劫之辞。"[①]可见，《公羊传》有鲁庄公与曹沫共同劫持齐桓公的倾向，而这种倾向，在《管子·大匡》篇中表现更为突出，曰：

> 庄公自怀剑，曹刿亦怀剑，践坛，庄公抽剑其怀曰："鲁之境去国五十里，亦无不死而已。"左摮桓公，右自承，曰："均之死也。戮

---

① 《春秋公羊传注疏》卷七，《十三经注疏》，2233页，中华书局影印本，1980。

死于君前。"管仲走君，曹刿抽剑当两阶之间，曰："二君将改图，无有进者。"管仲曰："君与地，以汶为竟。"桓公许诺。以汶为竟而归。

《管子》此条记载非常明白，就是鲁庄公"左搋桓公，右自承"，亲自劫持齐桓公，曹刿只是其助手而已。《吕氏春秋·贵信》篇采用了《管子》的说法，其所记情节、所用语言与《管子·大匡》篇极其相似，只是曹刿之"刿"写作"翙"。此外，《荀子·王制》篇亦曰"桓公劫于鲁庄"，对于此句，一般的注解都认为是荀子采用了《公羊传》的说法，指齐桓公为鲁庄公之臣曹沫所劫也。但是，若是理解为齐桓公为鲁庄公所劫，可能更符合荀子本意。

《战国策》中，可以说曹沫为刺客一说出现了一个新的局面，其中没有曹刿的名字，而只出现了曹沫，曹沫一跃而成为主要刺客，而鲁庄公则隐去了踪影。关于曹沫为刺客说，《齐策》《燕策》都有记载。《齐策》记鲁连劝谏孟尝君勿逐其舍人时曰："曹沫之奋三尺之剑，一军不能当。"《燕策》载燕太子丹对荆轲言说："诚得劫秦王，使悉反诸侯之侵地，若曹沫之与齐桓公。"但是以《齐策》中鲁仲连劝说燕将退齐时所语曹沫之事最详细，也最具代表性，现摘录如下：

> 曹沫为鲁君将，三战三北而丧地千里。使曹子之足不离陈，计不顾后，出必死而不生，则不免为败军禽将。曹子以败军禽将，非勇也；功废名灭，后世无称，非知也；故去三北之耻，退而与鲁君计也，曹子以为遭。齐桓公有天下，朝诸侯，曹子以一剑之任，劫桓公于坛位之上，颜色不变而辞气不悖，三战之所丧，一朝而反之，天下震动惊骇，威信吴、楚，传名后世。

先秦典籍中的曹刿为刺客说在《战国策》中已经完全被曹沫为刺客说代替，曹沫成为忍小耻以成大事的代表。而且我们要注意到，《战国策》中曹沫其人其事全是出自当时术士的转述，而又具有很好的社会效应，说明战国之际，曹沫为刺客一说，社会上广为流传，妇孺皆知，故术士在引用的时候，不用诠释，拿来就用。这种说法到汉初还是非常流行，如成书略早于《史记》的《淮南子》之《泛论训》中也有生动描写曹沫为刺客的说法，比《战国策》所述简单，但是情节一致，曰：

> 曹子为鲁将兵，三战不胜，亡地千里。使曹子计不顾后，足不旋踵，刎颈于阵中，则终身为破军禽将矣。然而，曹子不羞其败，耻死而无功。柯之盟，揄三尺之刃，造桓公之胸，三战所亡，一朝而反之，勇闻于天下，功立于鲁国。

《史记》全篇只出现了曹沫而未出现曹刿，也没有记载相关他守礼的事情，而是在不同的篇章都提到了曹沫执匕首劫齐桓公一事。例如，《史记》之《十二诸侯年表》《齐世家》《鲁世家》《管仲》《鲁仲连》《刺客列传》《自序》都有叙述，但是以《刺客列传》最详细，形象生动地描述了曹沫劫齐桓公的情形。是篇谓：

> 曹沫者，鲁人也，以勇士事鲁庄公。庄公好力。曹沫为鲁将，与齐战，三败北。鲁庄公惧，乃献遂邑之地以和。犹复以为将。齐桓公许与鲁会于柯而盟。桓公与庄公既盟于坛上，曹沫执匕首劫齐桓公，桓公左右莫敢动，而问曰："子将何欲？"曹沫曰："齐强鲁弱，而大国侵鲁亦甚矣。今鲁城坏即压齐境，君其图之。"桓公乃许尽归鲁之侵地。既已言，曹沫投其匕首，下坛，北面就群臣之位，颜色不变，辞令如故。

武氏祠汉画像石"曹子劫桓"

《史记》的这个记载简明而生动。我们可以看出，在《公羊传》的记载里

北京师范大学史学探索丛书

面，有鲁庄公与曹沫共同劫持齐桓公的倾向，《管子》《吕氏春秋》《荀子》皆是明显地以鲁庄公为主要刺客，而《战国策》《史记》则是以曹沫为主要刺客。此外，《公羊传》作"曹子"，《穀梁传》《管子》作"曹刿"，《吕氏春秋》作"曹翙"，但是《战国策》《史记》则全部作曹沫①。也就是说"曹刿"与"曹沫"在流传过程中不自觉就出现了分化。《左传》《国语》中知礼、守礼的曹刿很少再见被引用流传，而曹刿（或曹沫）为刺客的说法反而被经常称引，而且，曹刿为刺客说在后世渐渐被曹沫为刺客说代替。例如，《水经注》《白氏长庆集》《小畜集》《经进东坡文集事略》《临川先生文集》《乐成集三集》《乐成应召集》《张右史文集》《亭林诗文集校补》等皆采用了曹沫为刺客一说。可以说，《史记·刺客列传》，正式确立了曹沫为刺客一说，此后在人们的眼里，曹沫就与刺客联系起来，而逐渐与曹刿划清了界限，曹刿成为知礼的代表，而曹沫成为刺客的代表。

当然，这种演变并非一蹴而就，而是有一个过程的。例如，西汉末年刘向受命领校中书期间，根据古籍资料而编撰成《新序》，其《杂事》篇依然写作"曹刿"。而且有时曹刿、曹沫还是一起出现的，如《盐铁论》《资治通鉴》《太平御览》等书。但是《史记》的说法以其强大的优势占据了主流。在人们下意识里，似乎是说知礼、守礼时更愿意用曹刿之名，而说刺客则更愿意用曹沫之名。

第三节　从口述传说到文本传记

通过上面所述曹刿、曹沫的分化，我们可以看出，在太史公将曹沫列为《史记·刺客列传》五大刺客之首以前，曹沫为刺客一说经历了长达五六百年的口耳相传与文献辗转传抄，最后完成了从口述史到文本的转变。

曹沫为刺客说最早见于《公羊传》，而《公羊传》最初是口头传授的。据《春秋公羊传注疏》徐彦疏引戴宏序："子夏传与公羊高，高传与其子平，平传与其子地，地传与其子敢，敢传与其子寿，至汉景帝时，寿乃与齐人

---

① 《史记·鲁仲连邹阳列传》索隐作"曹昧"，与《史记》所载有别。

胡母子都著于竹帛。"①虽然，这一传授系统并不是很可靠，但是在汉景帝之前，《公羊传》渊源有自，在师徒父子之间口耳相传，却是可以肯定的。《汉书·艺文志》云："及末世口说流行，故有《公羊》、《穀梁》、《邹》、《夹》之传。"②其中"末世"应指战国之际，可以推测，《公羊传》在战国时期就已经广为流行。在长时期口耳相传的过程中，传授者会遗忘一些细节，也会增添一些细节，弄得叙述不是十分顺畅。《公羊传》亦有这种疑惑，如隐公元年、桓公二年、哀公十四年，三次出现其作者自述的"所见异辞，所闻异辞，所传闻异辞"的话，清代学者孔广森释其义谓："所闻者，己之所逮闻也。至于祖之所逮闻，而父受之祖、己受之父，则所传闻也。"③在人们口耳相传的时候，为了增强叙述效果，一些戏剧性的情节会在不知不觉中添加进去④。关于曹沫为刺客一说，亦是如此。《公羊传》生动形象地记载了曹子与鲁庄公预谋以及劫持齐桓公的过程。《左传》的记载只有非常

北京师范大学史学探索丛书

---

① 《春秋公羊传注疏》徐彦疏引戴宏序，《十三经注疏》，2189 页，中华书局影印本，1980。

② 《汉书·艺文志》，《汉书》，1715 页，中华书局，1952。

③ (清)孔广森：《春秋公羊通义》哀公十四年，《皇清经解》卷 690，第四册，764 页，上海书店出版社，1982。

④ 这里可以举出两个例子。如《公羊传》成公二年，"逢丑父者，顷公之车右也。面目与顷公相似，衣服与顷公相似，代顷公当左。使顷公取饮，顷公操饮而至，曰：'革取清者。'顷公用是佚而不反"。《左传》则记载简单："丑父使公下，如华泉取饮。"先秦时期，国君与将佐兵服相同，所不同者是他们在战车中所站的位置不同，所以只要顷公与逢丑父易位就足以瞒过敌人，而《公羊传》言"面目与顷公相似，衣服与顷公相似"乃是想象之辞。至于"革取清者"更是很有戏剧性，曲折有趣，这都带有其口耳相传的特色。杨伯峻先生认为《公羊传》之"革取清者"，顷公两次才逃脱不可信："岂顷公如此痴呆，真取饮而来？《公羊》之不可信如此。"(杨伯峻：《春秋左传注》，794 页，中华书局，1990)其实，也不是《公羊传》不可信，而是《公羊传》长期口耳相传而保留或增添的一种戏剧描写而已。再如，讲述齐晋鞌之战的原因时，《公羊传》曰："晋郤克与臧孙许同时而聘于齐。萧同侄子者，齐君之母也，踊于棓而窥客，则客或跛或眇，于是使跛者逆跛者，使眇者逆眇者。大夫出，相与踦闾而语，移日然后相去。齐人皆曰：'患之起，必自此始。'"而《穀梁传》则把使者增为四人，各有残疾。关于此事，《左传》只载有郤克一人出使，曰："晋侯使郤克征会于齐。齐顷公帷妇人使观之。郤子登，妇人笑于房。"相比较之下，《公羊传》《穀梁传》的记载有想象的成分，极有戏剧性效果。

简单的九个字："冬，盟于柯，始及其平也。"《公羊传》与《左传》所记的目的与侧重点不同。《公羊传》重在宣扬齐桓公之信，而《左传》重在述鲁、齐冲突。然而，《公羊传》中，鲁庄公的"寡人之生，则不若死矣"，曹子的"君请当其君，臣请当其臣"，这些劫持桓公之前的相谋之语，齐、鲁两国史官都是不可能加以实录的，而只是《公羊传》的作者在口耳相传中加入的编造之语，使得整个事件的描述非常逼真，人物形象也显得栩栩如生。其写作意图无非是为了突出桓公之信，管仲之贤，目的尚不在于曹沫。而在《战国策》中，策士为了自己的政治目的，突出了曹沫的作用，曹沫成了忍小耻而成大事的典范，成为鲁仲连、燕太子丹口述史中的英雄，进而成为别的刺客效仿的榜样。诸书在强调桓公之信时，会重点讲述曹沫为刺客的细节，强调齐桓公所受的屈辱，而若是强调曹沫忍辱负重时就会加上"曹子为鲁将兵，三战不胜，亡地千里"的渲染。可见诸书对于传闻皆有所取舍，取舍的原则都以自己叙事的主旨为标准。

《公羊传》所述归汶阳之田，《管子》《吕氏春秋》所言的"鲁请比关内侯"，《吕氏春秋》的"封以汶南四百里"，《战国策》《淮南子》的"鲁三战三北而丧地千里"，《史记》的"亡地五百里"，"请献遂邑以平"等事，这些诸书中曹沫为刺客的前因后果的细节，也是曹沫为刺客一说受到质疑的焦点。怀疑者力证其妄，相信者力证其实①。其实，这些记载若放到史书中是必须落到实处的大事，而在口述史中就不必过于坐实。《史记》所载，采取了口述史的说法。而且，就以诸书常见的"鲁三战三北而丧地千里"来说，"三战三北"实在是虚指，纯粹是常见的文学夸大写法。如，《史记·管子传》管仲曰："吾尝三仕三见逐于君，鲍叔不以为我为不肖，知我不遭时也。吾尝三战三走，鲍叔不以我为怯，知我有老母也。"相同的"亡地千

---

① 清人梁玉绳在其《史记志疑》中对此进行质疑，并以此否定曹沫为刺客说（梁玉绳：《史记志疑》，1311 页，中华书局，1981）。当代学者李零先生相信刺客说，认为齐败鲁，上距长勺之战已三年，鲁胜长勺，并不能证明柯之盟前，鲁未三败（当时齐强鲁弱，鲁一胜三败，不足为奇）；鲁献遂，可能是对齐灭遂得承认（属于合法性问题），见李零：《为什么说曹刿和曹沫是同一人》，《读书》，2004（9）。

里"，鲁国自然没有这么大，而这些也是不可过于认真的事，如旱灾造成的"赤地千里"，天子之怒造成的"伏尸百万，流血千里"①、战争造成的"血流千里，暴骸满野"②。所以说，我们不可能把"三战三败""亡地千里"与史实结合起来考辨，因为这不是史实，而是口述史的结果。当然，太史公在写作《史记》的时候还是比较慎重的，改《战国策》的"亡地千里"为"亡地五百里"。但是，这也只能说太史公在口述史的取舍上比较慎重而已，也是不能坐实的事情。至于曹沫为鲁将的说法亦是口述史笼统的说法，《曹沫之陈》简文明确表明，在作战中，鲁国重视的是贵人、公孙公子的作用，反映了鲁国以宗法治军的特色，负责领兵作战者多是鲁君，不然就是宗亲公子公孙，曹沫实不可能为将，他实际担任的是鲁庄公的车右。《左传》庄公十年，记载曹刿论战后，请从庄公作战，"公与之乘"，战于长勺。一"乘"字表明在长勺之战中曹刿实际上担任的是庄公的车右。一般，一车三人，将帅居中，左是御戎，右是车右③。而车右都是勇士负责保护将帅。这正与《史记·刺客列传》所载曹沫"以勇力事鲁庄公"合④。

战国后期，在口耳相传的过程中，人们渐渐遗忘了《左传》《国语》中那个知礼、守礼的曹刿，而不断被人提起的却是"奋三尺之剑"的刺客曹沫，他刚毅、沉稳、勇武的个性被渲染，并在传说中逐渐被赋予了重义、报恩、不死小耻以成大事的德行桂冠。这样在战国列强争雄的环境里，曹沫的做法对于弱者就特别具有诱惑力，他成为弱小者效法的榜样。而且就《战国策》出现的三处"曹沫"，都是出于策士的引用。《齐策》记鲁连以人各有所长，劝谏孟尝君勿逐其舍人时曰："曹沫之奋三尺之剑，一军不能

---

① 《战国策·魏策》所记的秦始皇谓唐雎之语。参见缪文远：《战国策新校注》，803页，巴蜀书社，1998。

② 《淮南子·本经训》，何宁撰：《淮南子集释》，603页，中华书局，1998。

③ 古时乘车，尊者在左，御者居中，一人在右陪乘，然古时兵车，如天子、诸侯亲为元帅，或其他人为元帅，立于兵车之中，在鼓之下。若非元帅，则御者在中，本人在左。

④ 车右为勇士史籍例证很多，《左传》庄公十一年载："乘丘之役，公以金仆姑射南宫长万，公右歂孙生搏之。"文公二年载，晋襄公因狼瞫勇敢而以为右。箕之役，先轸黜之，其友劝其发难，狼瞫以为不可，说："吾以勇求右，无勇而黜，亦其所也。"

挡。"《燕策》载燕太子丹对荆轲言说："诚得劫秦王，使悉反诸侯之侵地，若曹沫之与齐桓公。"①在《战国策》的语境里，曹沫其人其事显然是时人耳熟能详的，所以才会不用怎么说明就直接引用，而且很有说服力。此外，《燕策》中燕太子丹欲遣荆轲入不测之强秦，为"一去不复返"的刺客，而荆轲效仿的榜样就是曹沫，至此，对曹沫为刺客的说法可谓是依据口述史而又再度演义发挥。

我们也要注意到，在战国时人的眼里，曹沫为刺客的做法也并未见得完全就是真正的英雄所为，只是所站的立场不同。奔走于各国的策士常站在弱小国的立场上宣扬曹沫忍小耻以成大事的做法。而就被劫持者一方的权势者来说，曹沫就是"贼"，曹沫之所以成功是因为被劫持者的"信"。如，《公羊传》"要盟可犯，而桓公不欺；曹子可仇，而桓公不怨"；《吕氏春秋·贵信》谓"庄公，仇也；曹翙，贼也。（桓公）信于仇贼"。战国中后期，弱小国家常面临着行将覆灭的国运，曹沫身为刺客，勇提三尺之剑即可扭转败局的做法，更具传奇色彩与吸引力。所以在当时特殊的环境里，在策士辗转引用民间流传的故事里面，曹沫报恩、重义、具有弥天大勇的性格就被格外凸显，而成为功成名就的伟大刺客。因此，在曹沫转变为刺客的过程中，《战国策》的影响可谓是最宏大的。《战国策》虽然是西汉成帝时刘向所校录，但是数据来源是汉官府中秘所藏辩士游说的简策，司马迁身为太史令，当曾见过此类文献，并且将其作为《史记》史料的来源。

太史公司马迁少时即能诵《左传》《国语》等先秦古籍，后来又从孔安国、董仲舒习《古文尚书》《公羊春秋》，对于《左传》《公羊传》都是很熟悉的，但是在曹沫、曹翙其人其事上，他采取了《公羊传》的说法。然而，他的说法与《公羊传》又有较大差异，他舍去了《公羊传》"君请当其君，臣请

---

①　关于《齐策》，缪文远先生以相关时间、事件考证，实不可能为鲁连所语，盖亦策士拟托之文嫁名于鲁连者。而《燕策》此章为叙事体，与《策》文不类，盖自《史记·刺客列传》抄入（缪文远：《战国策新校注》，324、970 页，巴蜀书社，1998）。按，关于《战国策》与《史记》之间的传抄关系，正文中已有所议论，在这里，无论曹沫之事是具体出自何人之口，《战国策》内容大致可以作为战国时策士对于他的理解。

当其臣"的说法，不提鲁庄公为刺客的意图，而采用了《战国策》《淮南子》的一些言辞，明确了"曹沫执匕首劫齐桓公"的主题。同时太史公又很慎重，对于一些有歧义的地方加以删削，如删去了归汶阳田以及封汶南田四百里之类的话，而变成了"桓公乃许尽归鲁之侵地"。

司马迁在写作《刺客列传》时，面临着许多材料的取舍问题。不仅是刚刚著于竹帛的《公羊传》《穀梁传》，以及《吕氏春秋》《管子》等书。司马迁身为太史令，能读到皇家所藏的古籍，即所谓的"石室金匮之书"，包括中秘所藏记的辩士游说的简策（即刘向整理的《战国策》的底本）。而且，据《汉书·淮南王传》载"初，安入朝，献所作《内篇》，新出，上爱秘之。"①汉武帝时期，《淮南子》已经成书，并藏之中秘，司马迁也是极有可能见到《淮南子》的记载的。除了这些文献记载之外，还有当时民间广为流传的关于曹沫为刺客的故事。可以说口述传说、文献记载都摆在了司马迁面前，他面临着取舍问题。

关于这一点，他在写作《荆轲传》的时候有清晰的表述。《刺客列传》中距离太史公生活年代最近的刺客即荆轲。可是，就是荆轲，太史公在选择所用的材料时，亦是面临着几种传说迥异的难题。他说："世言荆轲，其称太子丹之命，'天雨粟，马生角'也，太过。又言荆轲伤秦王，皆非也。始公孙季功、董生与夏无且游，具知其事，为余道之如是。"荆轲与司马迁生活的时代仅相距八九十年，对于荆轲刺秦王尚有很多不同的传说，太史公择一从之。而对于曹沫，其在春秋早期，更是相距五六百年之久，而战国之后，直至秦汉，刺客之风盛行，社会上广为流传的是曹沫为刺客一

---

① 《汉书·淮南王传》载："时武帝方好艺文，以安属为诸父，辩博善为文辞，甚尊重之。……初，安入朝，献所作《内篇》，新出，上爱秘之。使为《离骚传》，旦受诏，日食时上。"汉高诱撰《淮南子叙目》则曰："初，安为辨达，善属文。皇帝为从父，数上书，召见。孝文皇帝甚重之，诏使为《离骚赋》，自旦受诏，日早食已。上爱秘之。"两处记载有矛盾之处，《汉书·淮南王传》中的"上"为汉武帝，而《淮南子叙目》中的"上"为汉文帝。然刘安以谋反事发自尽，是在公元前122年，《淮南子》大约应当成书在汉景帝与汉武帝之间。司马迁撰《史记》大约在太初元年（公元前104年）至征和三年（公元前90年），故从时间上推算，司马迁也极有可能见过《淮南子》。

说。司马迁曾"二十而南游江、淮，上会稽，探禹穴，窥九疑，浮于沅、湘；北涉汶、泗，讲业齐、鲁之都，观孔子之遗风，乡射邹、峄；厄困鄱、薛、彭城，过梁、楚以归。"①司马迁曾到过齐、鲁之都，他访贤寻史，收罗旧闻传说，采纳民间广为流传的"曹沫为刺客说"，亦在情理之中。

此外，我们还要注意到春秋末年《孙子兵法》一书，其《九地》篇曰："投之无所往者，诸、刿之勇也。"其中"诸"即专诸，"刿"即曹刿。这是文献记载中第一次把专诸与曹刿并提。有学者认为此为专诸、曹刿两大刺客并说，是曹沫为刺客的一条很过硬的证据②。专诸确实是《史记·刺客列传》所记刺客之一，为吴公子光（即位后为吴王阖闾）刺杀吴王僚者。但是我们要注意《孙子》虽然将曹刿与专诸并提，但并未说明曹沫是刺客，而是称赞其"勇"。而且，在先秦古书中，把勇士并提的例子很多。如《战国策·楚策》载唐雎与春申君语："臣闻之：贲、诸怀锥刃而天下为勇。"这里是把专诸与孟贲并提，孟贲"水行不避蛟龙，陆行不避兕虎"③，是战国时期著名的勇士。《战国策·赵策》则曰："孟贲之威，荆庆之断"④，这里又把荆轲与孟贲并提。《韩策》载聂政之姊谓聂政曰："勇哉，气矜之隆，是其轶贲、育而高成荆矣。"这里又把聂政与孟贲、夏育、成荆并提。专诸、聂政这些刺客与他们并提，是因为他们都是勇士。以此也可以看出，虽然专诸与曹刿并提，也并不是因为曹刿是刺客，而是如《孙子》所云"诸、刿之勇"。

当然，《战国策》中也有不少刺客并举的情况，如《魏策》载魏辩士唐雎出使秦国，在针对秦王的"天子之怒"时提出"士之怒"，其文辞可谓精彩，曰："夫专诸之刺王僚也，慧星袭月；聂政之刺韩傀也，白虹贯日；要离

---

① 《史记·太史公自序》，《史记》，3293 页，中华书局，1982。

② 参见李零：《为什么说曹刿和曹沫是同一人》，《读书》，2004(9)。

③ 《史记·袁盎传》索隐引《尸子》之文（《史记》，2739 页，中华书局，1982）。孟贲，卫人，著名勇士。《孟子·公孙丑上》，《战国策》之《秦策》《齐策》《楚策》《赵策》《韩策》，《史记·袁盎传》，《帝王世纪》等皆有关于孟贲的记载。

④ 此处"荆庆"，一说是一人，即荆轲；一说是两人，"荆"是成荆，"庆"是庆忌（参见缪文远：《战国策新校注》，622 页，巴蜀书社，1998）。按，应以第一说为是，燕人称荆轲为荆卿，而"卿"与"庆"音同。如《燕策》中燕将"庆秦"，《史记》作"卿秦"。此外，文中荆庆与孟贲并列，可见所指都是指一人，非两人。

之刺庆忌也，仓鹰击于殿上。"《魏策》此章为《战国策》名篇，几于家喻户晓，在此先不论其与史实是否相合，即使只是辩士之托语，其影响也是极大的。所列出的三位刺客专诸、聂政、要离，其中有两位（专诸、聂政）是《史记·刺客列传》所载。而要离应该因为其事迹与专诸为同一个故事（专诸刺王僚后，吴王阖闾又派要离刺王僚子庆忌），所以《刺客列传》不好单独列其事迹。可见策书类的文献《战国策》对《史记·刺客列传》的重要影响。

战国时期，社会上虽然重利，变异其主的事情层出不穷，但是社会风气依然还是推重"士为知己者死"的重义、报恩的思想。如《刺客列传》所记五位刺客曹沫、专诸、豫让、聂政、荆轲，皆是如此。曹沫由于在时间上最早，就位列五大刺客之首。太史公在《刺客列传》结尾处总结说"自曹沫至荆轲五人，此其义或成不成，然其立意较然，不欺其志，名垂后世，岂妄也哉！"也就是说太史公将五人得列刺客的原因是认为他们的"立意"相同，都是以行刺为手段来实现自己的目的。

综上所述，关于曹刿（曹沫），我们可以说，史官的记载与口述史是沿着两条主要线索发展的：一是曹刿为守礼之士，一是曹沫为刺客。最早的史官记载重在曹刿知礼，口述史重在曹沫为刺客。两条线索有时会重合。最初的口述史又可能是走两条路：一是著于竹帛，如《公羊传》等的记载；二是流传于民间，如战国秦汉策士口中广为流行的曹沫刺桓公传说。流传于民间的传说再数经传播之后又被后世史官加以记载，如《史记·刺客列传》。曹沫身为刺客的"形象"与"史实"，就是这样不断被整理和加工，其形象随着时代的需要而不断被重新塑造。

第四节　曹沫史事求真

分析曹沫的形象与史载，让人感兴趣的一个问题是，这个刺客形象的起点，亦即曹沫的本来面目是什么样子的呢？虽然口述史的特点让我们对细节不必过于较真，那么曹沫到底劫持过齐桓公吗？既然曹沫生活在鲁庄公时期，下面就让我们回到那个时期，分析是否有曹沫行刺齐桓公的可能与必要。

鲁庄公九年，鲁国护送公子纠回国，与齐桓公有仇，但是鲁庄公十年长勺之役，鲁国大获全胜。齐桓公转而致力于自身的改革和国力的发展。鲁庄公十三年，齐桓公召集北杏会盟，但是未达到预期目标，鲁国并未参加。齐在会后以遂人不参加会盟而灭掉遂国，使齐国的势力到达了汶水北岸，对鲁国产生威胁。这些是史实。也就是说齐对鲁的威胁是一种施压的做法，非是直接正面战场的"三战三败"。而鲁国意识到这一点，迫于齐国的强势，愿意与齐国言和，所以于北杏会盟的同一年冬天与齐盟于柯。这确实是出于鲁国的请求，但是并非传说中鲁国是早有预谋劫持齐桓公而提出请求的。因为鲁国在小国之中有强大的号召作用，鲁国要求与齐言和，齐桓公自是喜出望外，这也就是《管子》等书所记齐桓公非常痛快地答应会盟的根本原因所在。管仲辅佐齐桓公称霸的策略之一就是"亲邻国"，而这个做法的关键之一就是"反其侵地"。《国语·齐语》载齐桓公曰："吾欲从事于诸侯，其可乎？"管子对曰："未可。邻国未吾亲也。君欲从事于天下诸侯，则亲邻国。"为此，管仲提出必须"审吾疆场，而反其侵地；正其封疆，无受其资"。说到邻国，鲁国是离齐国最近、最重要的邻国，所以似乎不必曹沫提三尺之剑劫持齐桓公，只要鲁国归顺齐国，齐就会归还其土地，这也可以以《国语》为证。《齐语》载"桓公曰：'吾欲南伐，何主？'管子对曰：'以鲁为主。反其侵地棠、潜，使海于有蔽，渠弭于有渚，环山于有牢'"。韦昭注："棠、潜，鲁之二邑。"鲁国在齐国的对外战略中举足轻重，鲁国的归附与否，关系到齐在诸侯国中的地位是否稳固。所以归还侵鲁之地，乃是齐的既定国策，并不需要以刺客相逼。而且，春秋时期霸主的策略强调的是服从，而不是侵占土地，与战国时期强调灭国略地截然不同。在"刺客"说里面，对鲁亡地的强调应当是战国时人的观念。

春秋时期，臣子尊重别国国君，自称自己是"外臣"。如《左传》成公十六年记载，晋楚鄢陵之战时，辅佐新军的晋将郤至"三遇楚子之卒，见楚子，必下，免胄而趋风。"在如火如荼的战场上，还不忘对敌国国君表示恭敬。楚共王派使者以弓为礼物问候他，郤至则脱下头盔，恭敬地说："君之外臣至，从寡君之戎事，以君之灵，间蒙甲胄，不敢拜命。敢告不宁，君命之辱。为事之故，敢肃使者。"对使者肃拜三次而后退走。郤至以"伤国君有刑"，将下军的韩厥以"不可以再辱国君"[①]，都下令停止追击敌国国君。这都是春秋中期的事情，更何况早在他们之前一百年多年的春秋早期的曹沫呢？

曹沫身为刺客，一洗国之耻辱而自己也扬名后世，这是非常明智而光荣的事情。然而，必须看到这是战国时人的观念。而事实上，春秋时期社会上仍然"尊礼重信"，认为忠、信是人的立身之本。曹沫是刺客，自然不能算是合乎"礼"的，而鲁庄公更不可能亲自为刺客而劫持齐桓公[②]。《左传》庄公八年记载，鲁因郕国问题与齐冲突，仲庆父请求攻打齐师，鲁庄公不许，说："我实不德，齐师何罪？罪我之由。《夏书》曰：'皋陶迈种德，德，乃降。'姑务修德以待时乎！"也就是说在鲁庄公的思想里，修德的观念很重。换一个角度来说，在强调以礼、信服人的春秋早期，若鲁庄公与曹沫早有预谋，身藏利刃，劫持齐桓公的话，那么，这种做法在当时就会为天下所不齿。所以说，曹沫劫持齐桓公之说，核之春秋初期的社会与思想背景，应当说是不大可能出现的。

然而，毕竟《战国策》《管子》《吕氏春秋》《公羊传》《穀梁传》《史记》《新序》《资治通鉴》《太平御览》以及后世的文学作品皆采纳了曹刿（或曹沫）为刺客的说法。可以说曹沫曾为刺客是战国秦汉非常流行的说法，汉武氏祠即有曹刿（或曹沫）劫持齐桓公的画像石。这种说法不可能完全是空穴来风，应该是有一定根据的。

事情的真相，也许应该换一个角度来考虑。春秋时人所理解的"刺"与战国人的"刺"应当是不一样的。《说文·刀部》训"刺"为"君杀大夫曰刺"，并且说："刺，直伤也，从刀从 ，亦声。""刺，直伤也"，这应该是刺的本

---

① 《左传》成公二年记载，晋齐鞌之战时，晋司马韩厥赶上了齐顷公的战车，齐顷公与车右逢丑父交换位置，以取泉水为由而逃，而韩厥在行将俘虏逢丑父之前，还"执絷马前，再拜稽首，奉觞加璧以进"，行进见礼。故此次说："不可以再辱国君。"杨伯峻：《春秋左传注》，794、888页，中华书局，1990。

② 鲁庄公与齐桓公还有亲戚关系，鲁庄公之母是齐僖公之女文姜，而齐桓公是齐僖公之子，故两人是甥舅关系。所以似乎也不会存在鲁庄公亲自刺齐桓公的可能。

义，即用尖锐的东西向前直戳。先秦时期，用语言进行严厉地指责、批评，也叫作刺。批评、指责的对象可以是人，是物，也可以是思想、制度等。"刺"的这种意思在《诗经·国风》中很常见，即所谓"刺诗"也。《毛诗序》云："上以风化下，下以风刺上。"郑玄笺："风化、风刺皆为譬，喻不斥言也。"①不仅《毛诗序》屡言刺诗，诗中也屡见作此意思的"刺"，如《魏风·葛屦》："维是褊心，是以为刺。"《荡之什·瞻卬》："天何以刺？何神不富？"《史记·十二诸侯年表》亦曰："仁义陵迟，《鹿鸣》刺焉。"此外，《战国策·齐策》："群臣吏民，能面刺寡人之过者，受上赏。"《礼记·檀弓下》："故子之所刺于礼者，亦非礼之訾也。"所以曹沫刺齐桓公应该是据"礼"力争。曹沫不是鲁国的执政卿士，而只是鲁庄公参加柯之盟的一般随从，可是他有理有据，针对齐国不竞于德而竞于力，威逼邻国的做法提出质疑，并指出齐国的做法违背先王之命。曹沫越班进言，这一做法，实属意外。因为时处春秋早期，非常讲究臣子的班列位次，曹沫的僭越行为，真是让人瞠目结舌，所以更会引起时人的惊异。他也就因为有超人的勇气与眼光而被人们记住。而且，在这之前的庄公十年，曹沫以"肉食者鄙，未能远谋"的超人智慧与远见已经引起史官注意。曹沫指挥长勺之战，以倡导"勇气"大获全胜。所以在时人眼里，曹沫肯定是勇士的代表。

　　曹沫以义正词严的语言"刺"齐桓公，使齐桓公心悦诚服，与鲁捐弃前嫌，修好关系，也许这就是春秋早期柯地会盟时曹沫为刺客的真相。但是相传至战国以后，在行侠仗义、快意恩仇的社会风气里，在口耳相传的口述史里，曹沫为刺客的说法理所当然地被改造加工，在变成战国社会观念所需要的形象之后进行传播，成为策士口中宣扬自己主张的例证，这才成为战国后期真正刺客效仿的榜样。

---

　　①　《毛诗正义》卷一，《十三经注疏》，271页，中华书局影印本，1980。

第五节　上博简中的"曹沫"

　　《上海博物馆藏战国楚竹书（四）》的《曹沫之陈》，简文中出现了曹沫与鲁庄公的名字，并且详细记载了其问对，给我们研究曹刿（曹沫）提供了新的材料。让我们惊奇地看到在战国时期，曹刿（曹沫）的名字还有另外的写法。

　　关于"曹沫"，我们梳理文献，已见到有四种写法：曹刿、曹沫、曹翽、曹昧。其中以曹刿与曹沫最常见，而曹翽只出现在《吕氏春秋·贵信》篇，曹昧只出现在《史记索隐》中。一般认为，沫、刿、翽、昧四字音近可通假。古书中同人异名很常见，其原因大概有两种，或为口耳相传中因音近而出现讹误，或为辗转传抄中出现笔画的删繁简化。曹沫在《曹沫之陈》简文中一般写作"𢦟穇"，另有异写，"曹"作"𢦟"或"𢦠"，"沫"作"𦱧""穇""𢿟""𧁡"或"𦰩"。李零先生指出，"𢦟"字古文字多用为"造"，与"曹"读音相同（都是从母幽部字）；"穇"字从𦱧或从万，"𦱧"或"万"与"沫"读音亦相同（都是明母月部字）①。"𢦟"从"告"得音，而"告"与"造"经常通假，如《诗·大雅·公刘》："乃造其曹。"《一切经音义》四六引造作告。而"造""曹"亦是通假字，如《尚书·吕刑》"两造具备"，"两造"即"两曹"，指诉讼的双方。所以《曹沫之陈》简文的"𢦟"读作"曹"是可以的。在古文字里，𦱧与昧、昧与末、沫与昧、沫与昧、昧与末、𦱧与末、𦱧与簑都是可以通假的②，简文的作"𦱧""穇""𢿟""𧁡"读作"沫"亦是可以的。不仅如此，《曹沫之陈》前两支简："鲁庄公将为大钟，型既成矣，曹沫内入见曰：昔周室之邦鲁，东西七百，南北五百，非山非泽，亡有不民。今邦弥小而钟愈大，君其图

　　①　李零：《曹沫之陈》释文说明，马承源主编：《上海博物馆藏战国楚竹书（四）》，243 页，上海古籍出版社，2004。

　　②　参见高亨纂著，董治安整理：《古字通假会典》，610、656 页，齐鲁书社，1989。

之。"又见于《慎子》佚文①。两相对照，更表明简文中的"敓穢"即文献中的曹刿（曹沫）。

《曹沫之陈》系上博简的内容，上博简的成书时间，学界公认是战国中期，我们所见的《曹沫之陈》竹书系战国时人的抄本，这毫无疑问，然而，经过对《曹沫之陈》篇的细致研究，我们发现，虽然经过传抄与修改，其底本成书时间还是很早的。它应该就成书于鲁庄公生活的春秋前期，系鲁国史官的著述。简文"敓穢""敓蔑""敓蘴""敓蘞""敠蘞"，这些我们在文献中见所未见的写法也许就是曹刿（曹沫）的本字。也就是说，原来既没有曹刿，也没有曹沫，而只有"敓穢"以及它的异写字。

关于曹刿（曹沫），《春秋》经中没有记载，而最早只出现在《春秋三传》与《国语》中。我们知道，《公羊传》《穀梁传》是采用汉代流行的隶书写定的文本，《左传》最初是"古字古言"②，系用战国文字书写的古本。然而，无论是用"今文"还是"古文"，无论是写作"曹刿"还是"曹沫"，姓都是写作"曹"，而战国文字里小篆的"曹"字从双东，而简文的"敓"从"告"，肯定不是同一字。曹刿（曹沫）之名简文作"蔑"或者是从"蔑"的"穢""蘞""蘞"等字。我们知道"蔑"是春秋时期一个常见的名字，《左传》中名"蔑"的人很多，如蔑、仲孙蔑、鬷蔑、单蔑等。这么常见的一个字后来流传成读音相近的"沫""刿"等，因此可以推测，"敓蔑"其姓与名都透露了一个事实，即早在《春秋》三传加以记载之前，"敓蔑"其名就已经过口耳相传的演变，而《春秋》三传采用的写法都不是曹刿（曹沫）本来的写法，而是根据音近而借用的字③。

---

① 参见廖名春：《楚竹书〈曹沫之阵〉与〈慎子〉佚文》，清华大学"简帛研究"网，2005 年 2 月 12 日。

② 《汉书·楚元王传》。

③ 廖名春先生认为简文字作"蔑"或从"蔑"，释作"沫"只有语音上的联系，而释作"刿"不但有音，更有形、义方面的联系。并举《说文·刀部》："刿，利伤也。"《方言》卷三："凡草木刺人，自关而东，或谓之刿。"疑曹刿以刺客形象闻名，故称其名为"刿"。主张简文释为"曹刿"（廖名春：《楚竹书〈曹沫之阵〉与〈慎子〉佚文》，清华大学"简帛研究"网，2005 年 2 月 12 日）。按，古文字在流传中应该是以音相传的，简文"蔑"释作"沫"音更接近，而且，曹刿早在引起史官注意之前就应该有其姓名，所以似不能从字形上解释曹刿（曹沫）的来源。

我们可以大致推论如下：曹沫是鲁庄公身边的重要谋臣，声名远播，齐鲁尽知，关于他的事迹是时人口耳相传的热点，而在口耳相传的时候，人们会选择易于传播的音相近的名字。也许曹刿、曹沫就是"敂穬"在流传过程中出现的易记、易写的字。《左传》文本出现绞早，选择了曹刿的写法，而文本出现较晚的《公羊传》则写作"曹子"，《穀梁传》也写作"曹刿"。在战国秦汉术士的辗转引用下，曹沫成为比曹刿更简单、更易于传播的名字，因此《战国策》等写作"曹沫"。而经过长时期的流传之后，太史公马迁选择了"曹沫"的写法。所以说，简文"敂穬""敂蔑"等应该是曹刿（曹沫）的本字，而传世文献中的"曹刿""曹沫"等是其在长期口述史中出现的通假。可以推测，史官文本为存其真而选择了较繁的写法，而口述史为取其简而选择了较简的写法。这些情况表明，人物史事流传从口述史到文本记载之间一般会有长期而复杂的过程。文本往往是"层累地"造成的结果，后世的增益和改动部分常常是很多的。如果忽略了这一过程而作拘泥之论，甚至将传说作为史实来深研，那就难免无法弥缝而方枘圆凿。

正是因为上博简《曹沫之陈》篇的刊布，关于曹刿（曹沫）的研究重又引起了学界的重视。专家在研究《曹沫之陈》的时候，多是采纳了曹沫为刺客说，并以此作为自己研究的基础①。而我们通过甄别与梳理，就会发现此说是曹刿（曹沫）"形象"与"史实"从口述史到文本传记转变的结果。先秦时期，文献记载浩如烟海，虽有重合，但难免杂有后人的理解，出现一种芜杂繁复的状况，而且先秦时间段跨度很长，历史人物与事件往往经过后人多次回忆与演义，出现与史实失真的情况。因而先秦文献记载普遍存在着从史官的记录—口述史—史官再记载交替流传与演变的特点，即使是《左传》《公羊传》《战国策》等名著亦是如此。上博简第四册《曹沫之陈》篇，曹刿、曹沫的本字"敂穬"或者"敂蔑"的出现，也再次印证了这一特点。对于我们认识先秦史学的发展当有一定的启发意义。

---

① 参见李零：《为什么说曹刿和曹沫是同一人》，《读书》，2004(9)。廖名春：《楚竹书〈曹沫之阵〉与〈慎子〉佚文》，清华大学"简帛研究"网，2005 年 2 月 12 日。田旭东：《战国写本兵书——〈曹沫之陈〉》，《文博》，2006(1)；《失传已久的鲁兵书——〈曹沫之陈〉》，《华学》第八辑，155～160 页，紫禁城出版社，2006。

论述到这里，我们对曹沫的历史记载及其形象的演变有了深入细致的了解，那么新出的《曹沫之陈》简文又是如何记载曹沫的呢？它所塑造的曹沫又是怎样的一个形象？与传世文献有何异同？下面试析之。

《曹沫之陈》简文记载了鲁庄公与曹沫君臣之间的多次问对。开始是鲁庄公将为大钟，曹沫入谏论政，庄公称善，接受其嘉言，毁钟型听政。还年又问于曹沫，欲与齐战，曹沫论成教。庄公又依次问各种出兵之忌、复战之道、善攻善守、三代之得失，曹沫都一一回答。

我们可以看出，《曹沫之陈》简文所记载的曹沫大部分是史籍无载的，但又与史载并不矛盾。在这里，曹沫既是一个知礼的政治家，又是一个对战争有着深刻认识的军事家。他深知战争与政治的关系，先是以"邦弥小而钟愈大"警劝庄公，不要铸造供自己享乐所用的大钟，还为庄公讲述应该"修政而善于民"。在鲁庄公急切地欲与齐战的时候，又循循善诱，引导庄公明白"夫陈者，三教之末"的道理，要求其"和于邦""和于豫""和于阵"。在简文这里，所展现的曹沫与《左传》《国语·鲁语》如出一辙，是知礼守礼的形象。同时简文记载的曹沫又深谙战争之道，对各种战之忌、复战之道有自己清晰而独特的见解，曹沫又是一位杰出的军事家，与史载曹沫（曹刿）指挥长勺之战时的形象相符。略有不同的是，《左传》庄公十年记载曹沫（曹刿）指挥长勺之战是以勇气取胜，其作战理论是"夫战，勇气也。一鼓作气，再而衰，三而竭。彼竭我盈，故克之"。然而，这种"彼竭我盈"的战略思想，在《曹沫之陈》简文里表现并不突出。《曹沫之陈》简文中所载的曹沫强调的是"兵"与"政"的密切关系，修政就是备战，并对战争的各个环节进行论述，这应该是就战争的长远目标而说的。可以说，《左传》庄公十年的记载是曹沫在长勺之战前夕对鲁庄公针对迫在眉睫的战役所言，是就事论事之作，而《曹沫之陈》简文乃是对多次战争经验的总结，是"语"的结集。故而曹沫对战略思想会有不同的解释。总之，《曹沫之陈》简文所载的曹沫与典籍中所载的曹沫知礼、知战的形象是吻合的，丝毫没有逞匹夫之勇的"刺客"特质。在这里，曹沫既是一个知礼守礼的政治家，又是一个注意用"礼"去指挥战争，对战争有着深刻认识的军事家。

附:"曹沫为刺客说"见于诸书之比较表

"曹沫为刺客说"见于诸书之比较表

	细节	刺客	结果	写作意图
公羊传	曹子进曰:"君之意何如?"庄公曰:"寡人之生,则不若死矣。"曹子曰:"然则君请当其君,臣请当其臣。"庄公曰:"诺。"于是会乎桓。庄公升坛,曹子手剑而从之。管子进曰:"君何求乎?"曹子曰:"城坏压竟,君不图与?"管子曰:"然则君将何求?"曹子曰:"愿请汶阳之田。"管子顾曰:"君许诺。"桓公曰:"诺。"	鲁庄公 曹沫	取得汶阳之田。	齐桓公之信。
管子·大匡	(鲁国请求不带剑,齐桓公答应,管仲反对) (鲁)庄公自怀剑,曹刿亦怀剑,践坛,庄公抽剑其怀曰:"鲁之境去国五十里,亦无不死而已。"左揸桓公,右自承,曰:"均之死也。"戮死于君前。"管仲走君,曹刿抽剑当两阶之间,曰:"二君将改图,无有进者。"管仲曰:"君与地,以汶为竟。"桓公许诺。	鲁庄公是主要刺客,曹沫是其副手。	取得汶阳之日。	管仲之谋略。
战国策·齐策	曹沫为鲁君将,三战三北而丧地千里。使曹子之足不离陈,计不顾后,出必死而不生,则不免为败军禽将。曹子以败军禽将,非勇也;功废名灭,后世无称,非知也;故去三北之耻,退而与鲁君计也,曹子以为遭。齐桓公有天下,朝诸侯,曹子以一剑之任,劫桓公于坛位之上,颜色不变而辞气不悖,三战之所丧,一朝而反之,天下震动惊骇,威信吴、楚,传名后世。	曹沫	三战三北而丧地千里,三战之所丧,一朝而反之。	曹沫忍小耻,成大事,名扬后世。

	细节	刺客	结果	写作意图
淮南子·泛论	曹子为鲁将兵，三战不胜，亡地千里。使曹子计不顾后，足不旋踵，刎颈于阵中，则终身为破军禽将矣。然而，曹子不羞其败，耻死而无功。柯之盟，揄三尺之刃，造桓公之胸，三战所亡，一朝而反之，勇闻于天下，功立于鲁国。	曹沫	三战不胜，亡地千里，三战所亡，一朝而反之。	曹沫忍小耻，成大事，名扬后世。
史记·鲁仲连传	曹子为鲁将，三战三北，而亡地五百里。向使曹子计不反顾，议不还踵，刎颈而死，则亦名不免为败军禽将矣。曹子弃三北之耻，而退与鲁君计。桓公朝天下，会诸侯，曹子以一剑之任，枝桓公之心于坛坫之上，颜色不变，辞气不悖，三战之所亡一朝而复之，天下震动，诸侯惊骇，威加吴、越。	曹沫	备注：因与《战国策·齐策》皆出自鲁连之口，故情节一致，但《史记》慎重，改丧地千里为亡地五百里。	曹沫忍小耻，成大事，名扬后世。
史记·刺客列传	曹沫为鲁将，与齐战，三败北。鲁庄公惧，乃献遂邑之地以和。犹复以为将。齐桓公许与鲁会于柯而盟。桓公与庄公既盟于坛上，曹沫执匕首劫齐桓公，桓公左右莫敢动，而问曰："子将何欲?"曹沫曰："齐强鲁弱，而大国侵鲁亦甚矣。今鲁城坏即压齐境，君其图之。"桓公乃许尽归鲁之侵地。既已言，曹沫投其匕首，下坛，北面就群臣之位，颜色不变，辞令如故。	曹沫	桓公乃许尽归鲁之侵地。	曹沫为刺客之首。

第五章 周代"尚文"—"尚武"：
关于曹沫形象与世风关系的思索

通过上一章的论述，我们知道，关于曹沫（曹刿），最早的史官记载重在曹刿知礼，口述史重在曹沫为刺客。而《史记》以其强大的优势，再次把口述史的为刺客的曹沫记载下来，写成《曹沫传》。上博简《曹沫之陈》简文与《左传》《国语·鲁语》等典籍中所记载的曹沫（曹刿）的形象基本一致。曹沫的形象由知礼守礼又深谙战争之道的士大夫形象转变为刺客，这当然是史官的记录——口述史——史官再记载交替流传与演变的结果。但是如果我们再细绎文献记载会发现，曹沫（曹刿），作为温文尔雅、精通礼仪的士大夫的形象出现在春秋时期的典籍中，时人对他是赞赏而敬佩的，而作为"执匕首劫齐桓公"而"颜色不变，辞令如故"的刺客形象出现在《战国策》《史记》等典籍中时，时人对他也是赞赏而敬佩的。这说明当时的世风所趋，人们价值的取舍已经发生了变化。我们再进一步思索，周代的世风在当时有什么大的转变？这种转变与曹沫形象的变化有何关系？本章将对此问题进行探讨，以期更加深入地了解曹沫这个历史人物形象转变的深层原因，从而对《曹沫之陈》的成书有更准确的认识。

第一节 "尚文"—"尚武"：论周代世风移易问题

周代崇尚礼乐文明，"礼乐征伐自天子出"①，"郁郁乎文哉"②，显示出"尚文偃武"的世风。那个时期所谓的"文"，指礼乐、指尊王（周天子）。关于周代世风问题，专家多有精论，对周代社会的整体风尚——尚"文"之

---

① 《论语·季氏》。
② 《论语·八佾》。

风①，对战国时代的世风②，以及世风的地区性问题③，都有论述。然而，我们也要看到，专家关注的多是其整体特征，是其共性，而对漫长的周代各阶段的世风移易问题关注不够。而且，不同的阶段，"文""武"的内涵是有较大区别的。

一、"文""武"内涵的繁复

尚"文"之风虽然贯穿于有周一代，然而细分起来，我们可以看出西周－春秋－战国几个时段变化的轨迹。春秋时期，"礼乐征伐自诸侯出"④，权力下移，引起了社会新的变革与动荡。春秋时人所谓"武不可觌，文不可匿。觌武无烈，匿文不昭"⑤，意思虽然是说不该尚武隐文，但亦可看出春秋时期恰恰是因为有了尚"武"的苗头，所以才会有此议论。在尚"武"的背后，"文"以其强大的惯性依然发挥着作用，西周时期尚文偃武的思想对春秋还有潜在的影响。春秋时期是一个既要文德又要武功的时代。

春秋时期，王权日益衰微，周王已经没有能力对诸侯行使征伐权力，代之而起的就是得到周王承认的"伯"。称"伯"争"霸"必须以实力为基础。春秋五霸皆是如此。他们之所以能够称霸，就是因为进行了一定的改革，军事实力有了显著增强，国富兵强是他们称霸的基础。当然，春秋时期，礼的约束作用还是很大的。没有文德，是不可能被诸侯承认而成为春秋霸主的，而且霸主自身也认为应该修文德，不可"无德而强争诸侯"⑥。这是春秋时期与战国时期所不同的。既然春秋时期是一个霸权迭兴的时代，霸主们的言行表现最能反映这个时代的特色。下面让我们简单看一下春秋

---

① 罗新慧：《尚"文"之风与周代社会》，《中国社会科学》，2004(4)。

② 詹子庆：《战国时代世风问题散论》，《史学集刊》，1990(3)；李纯蛟：《战国世风与七国存亡》，《四川师范学院学报》，1993(4)。

③ 王卫平：《从尚武到尚文——吴地民风嬗变研究之一》，《苏州大学学报》，1992(3)。

④ 《论语·季氏》。

⑤ 《国语·周语》。

⑥ 不可"无德而强争诸侯"，这是《左传》宣公十二年记载邲之战后楚庄王之语，然而，与此同时，晋中军佐先縠曰："晋所以霸，师武、臣力也。今失诸侯，不可谓力；有敌而不从，不可谓武。由我失霸，不如死。"可见时人已对称霸在"德"还是在"武"有分歧。

霸主们的表现。

春秋五霸之首的齐桓公素以"文事胜"著称，然而，齐桓公的"文事"是以其强大的"武事"为基础的。《国语·齐语》有对齐桓公霸业成功的总结，说他对诸侯是"拘之以利，结之以信，示之以武"，而诸侯对齐桓公则是"就其利而信其仁，畏其武"。在这里，"武"是"文"的基础，是内在起作用的因素，"文"是"武"的外延，是在"武事胜"之后的弥合与缀补。在"武事胜"之后，齐桓公"隐武事，行文道"①，成为令诸侯折服的一代霸主。

继齐桓公之后称霸的晋文公，《左传》说他经过城濮之战，"出穀戍，释宋围，一战而霸，文之教也"②。确实，晋文公在狐偃的指导下，先教其民"义""信""礼"，"而后用之"。晋文公伐原，可以作为"文教胜"的典型，类似文王伐丰、镐的翻版③。对于晋文公伐原，《国语·晋语四》载曰：

> 文公伐原，令以三日之粮。三日而原不降，公令疏军而去之。谍出曰："原不过一二日矣！"军吏以告，公曰："得原而失信，何以使人？夫信，民之所庇也，不可失。"乃去之，及孟门，而原请降④。

---

① 《国语·齐语》。

② 《左传》僖公二十七年。

③ 上博简第 2 册《容成氏》篇简 47—48 对此有记载曰："文王于是乎素端襃（襃）裳以行九邦，七邦遝（来）备（服），丰、乔（镐）不备（服）。文王乃起师以乡（向）丰、乔（镐），三鼓而进之，三鼓而退之，曰：'吾所知多虞（尽）。一人为亡道，百姓亓可（何）辠（罪）？'丰、乔（镐）之民聞（闻）之，乃〈陞〉（降）文王。"（马承源主编：《上海博物馆藏战国楚竹书（二）》，287～288 页，上海古籍出版社，2002）此外，《左传》僖公十九年，载宋公子目夷语曰："文王闻崇德乱而伐之，军三旬而不降。退修教而复伐之，因垒而降。"亦是"文教胜"的典范。

④ 对于伐原，《左传》僖公二十五年载曰："晋侯围原，命以三日之粮。原不降，命去之。谍出，曰：'原将降矣。'军吏曰：'请待之。'公曰：'信，国之宝也，民之所庇也。得原失信，何以庇之？所亡滋多。'退一舍而原降。"与《国语·晋语》记载是相似的。《韩非子·外储说左上》也记载了这个故事，除了"三日粮"改为"十日粮"外，大致相似，而在最后增添了"原人闻曰：'有君如彼其信也，可无归乎！'"，"卫人闻曰：'有君如彼其信也，可无从乎！'"由此可见，战国时人仍然认为晋文公是以讲信义而成为春秋霸主的。

北京师范大学史学探索丛书

晋文公在争霸过程中确实做到了文质彬彬，以信义服人。然而，我们也要看到，晋文公"入务利民"，安排百姓的生计，发展经济，扩充军队，把原有的二军扩充为三军，还增编步兵编制"三行"。属于"尚武"范畴的国富兵强乃是晋文公霸业的基础。

"称霸未成身先死"的宋襄公，虽然遭到耻笑，但是他固守古军礼的做法还是得到了公羊家们的赞扬。此外，他崇尚仁，有让国之风，以公子目夷"长且仁"，固请让国，在即位之后还"以公子目夷为仁，使为左师以听政，于是宋治"①。他一诺千金，言而有信，不负齐桓之托，终使齐孝公即位治齐，稳定了齐国大局。在宋襄公这里，"文"的约束很大，但是他又自不量力，热衷称霸，即使被楚国所执，也不改变初衷，直至在泓之战中伤股而死。

与晋争衡的秦穆公非常明白"仁置德，武置服"②的道理，但是为了自己的霸业，最初还是先立不讲仁义却服从秦国的公子夷吾（晋惠公）。后来虽不满晋惠公的背信弃义，还是以"其君是恶，其民何罪"③为念，在晋发生饥荒时输粟于晋，又护送晋文公回国即位，平定晋乱，可谓是有德也。然而，在晋文公成为中原霸主之后，与晋的矛盾越来越大，在晋文公死而未葬的时候，进攻郑国，向东发展，与晋大战于殽山，秦全军覆灭，于是转而向西进攻戎地，"益国十二，开地千里"④，独霸西戎。

春秋中期的楚庄王曾谓"夫文，止戈为武"⑤，可谓是深懂文德的作用，但他曾拥兵王城之下，"问鼎之大小、轻重"⑥于周。当时以楚之重兵，攻入王城，捉天子而归，乃是囊中取物之事，但楚庄却未敢造次，而是在听了周大夫王孙满的一派教训言辞之后，引兵返楚。可见周天子在他的心目中尚有威严在，故而未敢逾越"尊王"的雷池。只是到了春秋后期的吴王阖

① 《左传》僖公八年。
② 《国语·晋语》。
③ 《左传》僖公十三年。
④ 《史记·秦本纪》。
⑤ 《左传》宣公十二年。
⑥ 《左传》宣公三年。

间、越王勾践的时期，修文德的色彩才日渐式微，而拥兵黩武的风气则日浓。吴王阖闾以专诸刺杀王僚，发动政变即位，然后开始与越国的争雄。越王勾践使"死士""罪人"以集体自杀的方式挫败阖闾。吴越两国在争霸过程中还伴随着浓重的血亲复仇行为。其觑武之风虽昭然可见，但尊王尚文之余绪仍存。

总之，春秋时期，由于西周"尚文"的遗风余韵犹在，统治者在努力追求武功的时候，自觉不自觉地提倡文德教化的作用，或多或少的受着礼乐文化的制约。当然，我们也要看到，这种对于文德的要求，礼乐文化的制约作用，其发挥作用的趋势是越来越弱。时代越在前的春秋霸主越是在武事基础上强调修德，强调礼，而时代越向后的，越是强调武力。不仅如此，随着时代的发展，对于修德的范围与要求也在缩小。时代较早的霸主不仅要求对本国人民有德，还要求对别的诸侯国施德，要讲仁，守信，而时代越向后，霸主就仅是要求对本国的人民施德就可以了。

春秋时期士阶层的人也是如此。例如，晋大夫先轸为惩罚自己曾对国君无礼而免胄战死；晋大夫狼瞫为展现自己乃是真勇士而慷慨死敌；公孙敖在莒所生之二子来鲁，因受人诬陷，认为"远礼不如死"，选择战斗而死；晋勇士鉏麑触槐而死而不愿"贼民之主"；楚勇士养由基射箭能贯穿七层披甲，但听从楚王教导在战场上不敢妄射；鲁大夫臧坚被齐俘虏，因齐灵公派宦官慰问，就以小木桩抉伤而死[1]。春秋时期士大夫这种或慷慨死于战场，或死国难的思想很重，这应该是尚文的传统教育使他们知礼守义，同时尚武的血液又在激励着他们。

西周春秋时，盛行以"文"为谥，贵族当中谥为"文"者不胜枚举[2]，可见周人对"文"的崇尚。然而，谥为"武"者也是为数不少。如诸侯一级的有鲁武公、宋武公、郑武公、杞武公、楚武王、秦武公、曲沃武公、晋武公、曹武公等；卿大夫一级的则有尹武公、单武公、魏武子（魏犨）、宁武子（宁俞）、国武子（国佐）、高武子（高偃）、范武子（士会）、栾武子（栾

---

[1] 以上事例分别见于《左传》僖公三十三年、文公二年、文公十五年、宣公二年、成公十六年、襄公十七年。

[2] 参见罗新慧：《尚"文"之风与周代社会》，《中国社会科学》，2004(4)。

书)、知武子(知罃)、厨武子(魏锜)、崔武子(崔杼)、季武子(季孙宿)、孟武伯(孟孙彘)、陈武子(陈开)等。而且,春秋时期,父子谥号为"文""武"者经常成对出现。如楚武王、楚文王,范武子、范文子,季文子、季武子,叔孙武叔、叔孙文子;或者是祖孙之间以"文""武"为谥,如陈文子(陈须无)、陈武子(陈开),臧文仲(臧孙辰)、臧武仲(臧纥)等。春秋时期,"文""武"两语并用,说明当时的社会观念对于"文""武",皆以之为荣而不分轩轾。

需要我们注意的一个现象是当时所称用的"文""武"概念,其内涵逐有交融趋势。在春秋时人的言语中,"文"与"武"多成对出现,关系对等。如"文足昭也,武可畏也"①,"文不犯顺,武不违敌"②。从本质上来说,春秋前期和中期的"武"的观念,依然是属于"文"的范畴,犹如楚庄所言"夫文,止戈为武"之意焉。晋楚邲之役,楚大获全胜,但是楚庄王却坚决反对修筑显示"武功"的"京观"(埋葬晋军尸体的大坟),而是倡导用"武"来"禁暴、戢兵、保大、定功、安民、和众、丰财"③,并称此为"武有七德"。这种对于"武"的理解还是周代偃武尚文的人文精神的反映。晋悼公中军司马魏绛解释"武"为:"师众以顺为武,军迅死无犯为敬",以"君师不武,执事不敬"④为最大之罪。对"武"的解释依然属于人文教化的范畴。在春秋时期,以为"武不可重"⑤,对"武"的内容与作用还是有所忌惮的。

依照春秋战国时人观念,"文"的核心是"仁","武"的核心是"勇"⑥。然而,"勇"却常被认为是"文"的组成部分。被说成是"文之帅也"⑦。意即

---

① 《左传》僖公三十年载周公阅之语。
② 《左传》僖公三十三年载晋大夫阳处父之语。
③ 《左传》宣公十二年。
④ 《左传》襄公三年。
⑤ 《左传》襄公四年。
⑥ 《逸周书·武纪》载曰:"仁废,则文谋不足;勇废,武谋不足。"
⑦ 《国语·周语下》载单襄公之语,谓"文"的内容,有敬、忠、信、仁、义、智、勇、教、孝、惠、让等,"夫敬,文之恭也;忠,文之实也;信,文之孚也;仁,文之爱也;义,文之制也;智,文之舆也;勇,文之帅也;教,文之施也;孝,文之本也;惠,文之慈也;让,文之材也"。韦昭注:"文者,德之总名也。恭者,其别行也。十一义皆如之。"其中"勇"是文之帅。

"勇"要被"文"所统帅。春秋时人对此有丰富而深入的认识，大体说来有四。

一是，春秋时人在论述"勇"的时候常与"信""知""勇""仁""孝"等并提，成为对等的品德修养的一个方面。典型的表述如下：

《左传》僖公三十年，晋文公之语："因人之力而敝之，不仁；失其所与，不知；以乱易整，不武。"

《左传》成公十七年，郤至在遇难前语："人所以立，信、知、勇也。信不叛君，知不害民，勇不作乱。"

《论语·子罕》篇载孔子曰："知者不惑，仁者不忧，勇者不惧。"

《左传》昭公二十年，伍尚对其弟伍员曰："奔死免父，孝也；度功而行，仁也；择任而往，知也；知死不辟，勇也。"

《左传》定公四年，鄢公辛对其弟怀曰："违强陵弱，非勇也；乘人之约，非仁也；灭宗废祀，非孝也；动无令名，非知也。"

二是，春秋时人对于"勇"的弊端颇有认识，因此要求"勇以知礼"①。在这方面，孔子的言行可谓代表。如"恶勇而无礼者"②，"勇而无礼则乱"③；"好勇不好学，其蔽也乱"④。这些话应当是与当时社会舆论相一致的。在时人看来，如果"强忍犯义"，那不叫"勇"叫"毅"，"毅而不勇"⑤，是不可取的。

三是，春秋时人反对匹夫之勇，认为只有死于国事、复礼循义而死才算是"勇"。例如，《左传》文公二年记载，晋襄公的车右狼瞫被先轸罢免，

---

① 《国语·晋语》。
② 《论语·阳货》。
③ 《论语·泰伯》。
④ 《论语·阳货》。孔子对于"勇"的阐释还见于《论语·为政》篇："见义不为，无勇也"。《宪问》篇："仁者必有勇，勇者不必有仁"。《阳货》篇，子路问："君子尚勇乎？"孔子答曰："君子义以为上。君子有勇而无义为乱，小人有勇而无义为盗。"
⑤ 《国语·楚语下》。

北京师范大学史学探索丛书

狼瞫发怒但没有发难，而是选择在下次战役时充当先锋，慷慨赴死，以此证明自己是真"勇"，他曾解释"勇"："《周志》有之：'勇则害上，不登于明堂。'①死而不义，非勇也。共享之谓勇。""共享"，杨伯峻注："共同恭，共享，死于国用也。"②《国语·周语》中亦有类似表述，周卿单襄公曰："以义死用谓之勇，奉义顺则谓之礼，畜义丰功谓之仁。"《晋语》载晋太子申生曰："有罪不死，无勇。"③敢于死称不上勇，有罪不敢死亦称不上是勇，只有死于国事、遵循义之死才叫勇。

四是，反对"死勇"。"死勇"即死力之勇、无智之勇。春秋时人认为"死勇干武"，《逸周书·宝典解》称之为"十奸"之一。《大匡解》则曰："悖则死勇。勇则害上，则不登于明堂。"《左传》哀公十六年载，楚国叶公曰："周仁之谓信，率义之谓勇"，"复言，非信也，期死，非勇也。"《论语·述而》篇所载孔子语"暴虎冯河，死而无悔者，吾不与也。必也临事而惧，好谋而成者也。"其中，"暴虎冯河"即死力之勇、无智之勇。

总之，春秋时期被社会所认可的"勇"，只能限定在周礼允许的范围内，反之就是失礼。在这一时期，"勇"都是指的符合周礼要求的武勇④。这种"勇"可以说不属于"尚武"的范围，仍是"尚文"的内涵。

春秋时期，"文""武"交相辉映，尚武与昭文有时候可以达到完美的结合，以死相拼杀的战场上可以见到儒雅之风，而文质彬彬氛围下的折冲樽俎时则亦有刚勇之气。这种世风，可以说是前无古人，而后亦鲜有来者的。《左传》襄公二十四年记载，晋楚棘泽对峙，晋侯使张骼、辅跞致楚师。致师，即开战前先以勇士犯敌，也就是单车挑战。这是展现人的勇敢的时候。张骼、辅跞二人本来是在广车上踞转而鼓琴，在急冲进楚营后，皆从容"取胄于橐而胄，入垒，皆下，搏人以投，收禽挟囚"，在冲出楚营之后，"复踞转而鼓琴"。入敌营就像入无人之地一般，战场上如此儒雅真令后人瞠目。

---

①　狼瞫所引此语亦见于《逸周书·大匡》。
②　杨伯峻：《春秋左传注》，521页，中华书局，1990。
③　《国语·晋语》。
④　《左传》宣公二年所载《左传》作者评价之语："戎，昭果毅以听之之谓礼。杀敌为果，致果为毅。易之，戮也。"

《左传》宣公十二年记载，晋楚邲之战时，楚国许伯、乐伯、摄叔三人同车去晋营挑战，许伯"御靡旌、摩垒而还"。乐伯"左射以菆，代御执辔，御下，两马、掉鞅而还。"摄叔"入垒，折馘、执俘而还。"三人皆勇敢的武士，不仅如此，他们还深懂礼节，在晋军追赶仅剩一矢的紧急情况下，乐伯射麋，正中脊背，使摄叔奉麋献晋军，曰："以岁之非时，献禽之未至，敢膳诸从者。"晋将以"其左善射，其右有辞，君子也。"因此三人都免于被俘。

然而，勇重攻夺，文尚礼让，勇毕竟有冲出礼约束的倾向，所谓"夫勇者，逆德也"①，春秋时期，在限制"武""勇"的同时也在悄然滋长一种对勇士、死士的崇拜之风。而且，春秋时期，对于"武""勇"进行种种限制，虽然说明了"文"的巨大而持久的浸润之效，但同时也说明社会上出现了一股违背"文"的"尚武"之风。

春秋时期实行车阵战，每辆战车上配御者、将佐、车右，这都是身强力壮的武士。其中，车右更是力气过人的勇士。如鲁庄公的车右歂孙生搏宋力士南宫长万；晋大夫狼瞫"以勇求右"。因为车右在战争中非常重要，国家也特别注意对这方面人才的培养。《左传》成公十八年记载，晋悼公重整霸业时，"荀宾为右，司士属焉，使训勇力之士时使。"国家训练勇力之武士为战争担任车右之用。不仅如此，诸侯国君本人也好勇，因为如果他们参战，在作战中都是亲自担任主帅的。如箭法精良，以箭射南宫长万的鲁庄公，《史记》曰"庄公好力"②。齐僖公有小霸之称。晋献公自诩"以武与威，是以临诸侯"③。齐庄公设立勇爵，重用斗士。在当时的社会上，有勇力者受到重视。宋勇士南宫长万被鲁庄公俘虏，"宋人请之"④；州绰、邢蒯是栾盈之党，出逃齐国，乐王鲋谓范宣子曰："盍反州绰、邢蒯？勇士也。"⑤"叔虎，美而有勇力，栾怀子嬖之"⑥。楚昭王庶兄子期死于白公

①　《国语·越语下》载范蠡语。
②　《史记·刺客列传》。
③　《国语·晋语》。
④　《左传》庄公十一年。
⑤　《左传》襄公二十一年。
⑥　《左传》襄公二十一年。

之乱，在临死之前说："昔者吾以力事君，不可以弗终。"拔了棵樟树打死敌人后死去。晋齐鞌之战之前，齐国正卿高固冲入晋师请战，"桀石以投人，禽之而乘其车，系桑本焉，以徇齐垒，曰：'欲勇者贾余馀勇！'"①在晋伐偪阳的战役中，"偪阳人启门，诸侯之士门焉。县门发，郰人纥（孔子之父叔梁纥）抉之，以出门者"。狄虒弥拆大车之轮，蒙之以甲，做成大盾牌，左手拿盾牌，右手持戟，单领一队冲锋陷阵。孟献子称赞说："《诗》所谓'有力如虎'者也。"孟献子的家臣秦堇父"主人县布，堇父登之，及堞而绝之。队则又县之。苏而复上者三，主人辞焉，乃退。带其断以徇于军三日"②。叔梁纥、狄虒弥、秦堇父都是鲁国气力超人的勇士，受人敬重。孟献子有"斗臣"五人，晋卿赵简子非常羡慕。晋贤大夫叔向曰："子不欲也，若欲之，胕也待交捽可也。"③叔向的意思是说欲勇则勇士至。我们可以看出当时社会对勇士的孜孜以求。

春秋时期，世风出现一些好勇的苗头，还有一个表现就是兴起斗鸡之俗，以雄鸡作为勇敢的象征。齐庄公称勇士殖绰、郭最为"寡人之雄也"，勇士州绰不服，说："君以为雄，谁敢不雄？然臣不敏，平阴之役，先二子鸣。"齐庄公设立勇爵，州绰与殖绰、郭最等相争，说："臣为隶新，然二子者，譬于禽兽，臣食其肉而寝处其皮矣。"④在这里没有什么人格的尊严之类的评判，标准似乎只在于"勇"。子路当初也曾"好勇力，志伉直，冠雄鸡，佩豭豚，陵暴孔子"⑤。子路出身低贱而尚武力"好长剑"⑥，这说明当时的社会下层也出现了一股尚勇之风。

春秋时期，社会处在新的变动的微妙阶段，既受传统的礼乐文化的影响，又受现实的权力下移、权力重新分配的影响，人们已经认识到文德与武力之间的矛盾，意识呈现迷茫的状态。春秋时期"以玉帛绥"与"武震以

---

① 《左传》成公二年。
② 《左传》襄公十年。
③ 《国语·晋语》。
④ 《左传》襄公二十一年。
⑤ 《史记·仲尼弟子列传》。
⑥ 《孔子家语·子路初见》。

摄威"①并用，诸侯之间用兵存在一个先文后武，然后复以文抚之的过程。然而，"春秋无义战"，这种礼乐传统形成的"文"在自觉不自觉中遭到不断地破坏。例如，晋文公以"文教"称霸中原，他还出兵平定王子带之乱，迎周襄王复位，有"尊王"美誉，但是他却借此向周襄王请求天子使用的隧葬，并且"以臣召君"，在温地会盟时，召周襄王前来。孔子作《春秋》云："天王狩于河阳。"②楚庄王曾谓"武有七德"："夫武，禁暴、戢兵、保大、定功、安民、和众、丰财者也。"③但是他却公然向周定王问"鼎之大小轻重"④，明显地有取而代之的意图。

春秋时期，国力强弱不一。大国要争霸，要求"务德"，"以忠谋诸侯，而以信覆之"⑤。小国要自保，也要有文德。《左传》襄公八年记载，郑国侵蔡成功，郑人皆喜，唯子产不随俗言，而谓："小国无文德而有武功，祸莫大焉。"然而，小国只有文德而无武功在当时亦难以存于世。《韩非子·五蠹》篇记载："徐偃王处汉东，地方五百里，行仁义，割地而朝者三十有六国；荆文王恐其害己也，举兵伐徐，遂灭之。"⑥徐偃王因行仁义，不设武备被楚文王灭掉，可见修仁义与设武备同等重要。

综上所述，春秋时期，虽然"王纲解纽"，"礼崩乐坏"，但是尊王之风尚在，浓重的尚"文"之风影响还在，所以需要继续彰显"文"风。但同时这又是一个霸权迭兴的时代，需要武力和战争。因此可以说，这是一个既要依传统而昭文，又须适应社会发展而尚武的时代。若概括言之，可以说其世风尚未走出"尚文"的藩篱。

---

① 《左传》襄公十一年，郑国致楚共王语。
② 《孔子家语·曲礼子贡问》，及《左传》僖公二十八年，对此有记载。
③ 《左传》宣公十二年。
④ 《左传》宣公三年。
⑤ 《国语·晋语》，晋大夫叔向语。
⑥ 《淮南子·人间训》记此事作楚庄王。按，《史记·秦本纪》记载"徐偃王作乱"，被周穆王所灭。《史记正义》曰："《古史考》云：'徐偃王与楚文王同时，去周穆王远矣。'"《淮南子·泛论训》亦载："徐偃王被服慈惠，身行仁义，陆地之朝者三十二国，然而，身死国亡，子孙无类。"

二、从"尚文"向"尚武"的转变

战国世风，正如顾炎武在《日知录》卷十三中"周末风俗"所云："春秋时犹尊礼重信，而七国则绝不言礼与信矣。"①社会上不重视礼与信，重视的是武力。战国时期是"争于气力"的时代②。在这样一个时代，西周以来尚"文"的风气消失殆尽，而尚"武"的风气迅速蔓延整个社会。

尚武世风的一个突出表现是"勇"的观念的更新。战国时期，"武"超脱了"止戈为武"的范畴，不再受"文"的限制，而是走上了"文"的对立面，成为武勇、武力的总称。春秋时期所反对的"期死""暴虎冯河"等匹夫之勇都成了真勇。《孟子·梁惠王下》记载了齐宣王语"寡人好勇"，孟子竭力劝谏他不要好小勇，请好周文王、武王之"大勇"。荀子则更进一步把"勇"分成狗彘之勇、贾盗之勇、小人之勇，士君子之勇③。并且强调"悍戆好斗，似勇而非"④。战国时期"单枪匹马"闯天下的刺客、游侠大行于世。韩非子指出当时的社会"轻法不避刑戮死亡之罪者，世谓之勇夫"⑤；"行剑攻杀，暴憿之民也，而世尊之曰磏勇之士"⑥，还指出当时的社会"敬上畏罪，则谓之怯"，而"有令不听从谓之勇"⑦。可见当时社会盛行的就是"轻死而暴""悍戆好斗"的小人之勇。齐宣王所好的也正是"抚剑疾视曰'彼恶敢当我哉'"之类的"匹夫之勇"⑧。因为重视"匹夫之勇"，所以当时社会舆论充斥

---

① （清）顾炎武著，黄汝成集释：《日知录集释》（全校本），749 页，上海古籍出版社，2006。

② 《韩非子·五蠹》曰："上古竟于道德，中世逐于智谋，当今争于气力。"

③ 《荀子·荣辱》。

④ 《荀子·大略》。

⑤ 《韩非子·诡使》。

⑥ 《韩非子·六反》。

⑦ 《韩非子·诡使》。

⑧ 战国时期社会上好"匹夫之勇"，这里还可以举出几个例子。《吕氏春秋·顺说》篇载宋康王蹀足謦欬，疾言曰："寡人之所说者勇有力。"《庄子·说剑》篇载赵惠文王"剑士夹门而客三千余人，日夜相击于前，死伤者岁百余人，好之不厌"。《史记·秦本纪》载秦武王"有力好戏，力士任鄙、乌获、孟说皆至大官。王与孟说举鼎，绝膑"。

着对勇士的赞誉之辞。如,《战国策·楚策》曰:"贲、诸怀锥刃而天下为勇。"孟贲"水行不避蛟龙,陆行不避兕虎"①,专诸是刺杀吴王僚者,二人皆是战国时期著名的勇士。《赵策》则曰:"孟贲之威,荆庆之断"②,把荆轲与孟贲并提。《韩策》载聂政之姊谓聂政曰:"勇哉,气矜之隆,是其轶贲、育而高成荆矣。"又把聂政与孟贲、夏育、成荆并提。可以说,个人武勇为世所重,这在战国时期实为世风转变的标志之一。此外,战国时期的"尚武"之风突出表现在以下几个方面:

第一,战国时期盛行私斗之风。

战国时期,"民多私勇"③,私斗之风盛行,"民程(逞)于勇而吏不能胜"④。荀子对此严厉批评,认为"斗者,忘其身者也,忘其亲者也,忘其君者也。行其少顷之怒,而丧终身之躯,然且为之,是忘其身也;家室立残,亲戚不免乎刑戮,然且为之,是忘其亲也;君上之所恶也,刑法之所大禁也,然且为之,是忘其君也。"⑤春秋末年至战国时期,由于私斗之风兴盛,社会上流行着快意恩仇的做法。伍子胥父兄被楚平王所杀,为报仇雪恨,他借助吴国力量,伐楚而"掘楚平王墓,出其尸,鞭之三百,然后已"⑥。严仲子与韩相侠累有仇,不惜于各国耗巨金以求刺客可以报仇。"季孙好士,终身庄,居处衣服常如朝廷。而季孙适懈,有过失,而不能长为也。故客以为厌易己,相与怨之,遂杀季孙。"⑦驺滑氂因为自己好勇,"闻其乡有勇士焉",就立志要"必从而杀之"⑧。聂政曾"杀人避仇,与母、姊如齐,以屠为事",被齐人称为"勇敢士"⑨。秦舞阳"年十三,杀人,人

① 《史记·袁盎传》索隐引《尸子》之文,见《史记》,2739 页,中华书局,1982。
② "荆庆"即荆轲,参见本书第 455 页注释④。
③ 《商君书·画策》。
④ 《韩非子·五蠹》。
⑤ 《荀子·荣辱》。
⑥ 《史记·伍子胥列传》。
⑦ 《韩非子·外储说左下》。此季孙即季昭子,时为鲁元公时期。参见晁福林师:《先秦社会形态研究》,209 页,北京师范大学出版社,2003。
⑧ 《墨子·耕柱》。
⑨ 《史记·刺客列传》

不敢忤视"①，被燕人视为勇士，选为荆轲的副手。墨者之法禁止杀人，而墨家巨子腹䵍"其子杀人"②。因一己之私，意气用事，私斗杀人之事比比皆是。商鞅变法时曾特立专门对付"私斗"之风的刑律③，可见其风之严重。

第二，游侠与刺客大量出现。

在尚武风气的推动下，社会上出现了大量的游侠。《韩非子·五蠹》认为当时社会动乱的一个原因是"儒以文乱法，侠以武犯禁，而人主兼礼之。"又曰："群侠以私剑养"。私剑，即暗杀。游侠，轻死重气，倚重的就是武勇，游侠继承了尚武精神，并把这种精神发扬到极致。他们常为快意恩仇而成为刺客。专诸、豫让、聂政、荆轲等是为其中之佼佼者。吴公子光（阖闾）对专诸"善客待之"，专诸为其刺杀吴王僚。要离"诈以罪亡，令吴王焚其妻子，走见庆忌，以剑刺之"④，为阖闾刺杀王子庆忌。豫让因"智伯甚尊宠之"，在知伯死后立志为其报仇，不惜漆身吞碳，改变容貌，最后请求刺赵襄子衣，然后伏剑自杀，"死之日，赵国志士闻之，皆为涕泣"⑤。严仲子与韩相侠累有仇，厚待聂政为己报仇。聂政感恩，为他刺杀侠累，"所击杀者数十人，因自皮面决眼，自屠出肠，遂以死。"其姊为他扬名，亦自杀。晋、楚、齐、卫闻之，皆曰："非独政能也，乃其姊亦烈女也。"⑥荆轲亦是因为"太子遇轲甚厚"⑦，遂应其请而入秦行刺秦始皇。

《战国策》对这些刺客的行为大力赞扬，云："夫专诸之刺王僚也，慧星袭月；聂政之刺韩傀也，白虹贯日；要离之刺庆忌也，仓鹰击于殿上。"这是《魏策》所载魏辩士唐雎出使秦国，在针对秦王的"天子之怒"时而提出的"士之怒"的例证，其文辞可谓精彩。《魏策》此章为《战国策》名篇，几于

---

① 《史记·刺客列传》。
② 《吕氏春秋·去私》。
③ 《史记·商君列传》载商鞅变法规定"为私斗者，各以轻重被刑"，可见有刑律禁止私斗。
④ 《战国策·魏策》鲍注所引《吴越春秋》（缪文远：《战国策新校注》，804 页，巴蜀书社，1998）。此事亦见于《吕氏春秋·忠廉》。
⑤ 《史记·刺客列传》。
⑥ 《史记·刺客列传》。
⑦ 《史记·刺客列传》索隐。

家喻户晓，在此先不论其与史实是否相合，即使只是辩士之托语，我们也能看出战国时人对刺客的崇拜与敬仰。在此，我们还要注意到，班列《史记·刺客列传》五大刺客之首的曹沫，《史记》形象地描述了曹沫在柯之盟时劫持齐桓公的事情。而事实上曹沫不是刺客。本来只是知礼、守礼，兼有出色的军事指挥才能的贤者。但其人其事，在战国时期行侠仗义、尚武尚勇的社会风气里，在口述史里，被塑造为"奋三尺之剑"的刺客。燕太子丹欲遣荆轲入不测之强秦，荆轲效仿的榜样就是曹沫。在尚"文"世风下产生的熟稔礼仪的军事家曹沫，在战国时期"尚武"风气之下，被演绎成为功成名就的刺客典范。而且，曹沫无论是温文尔雅、精通礼仪的士大夫的形象，还是"执匕首劫齐桓公"而"颜色不变，辞令如故"的刺客形象，时人对他都是赞赏而敬佩的。可见，世风所趋，春秋时期与战国时期是不同的。从曹沫刺客形象的塑造与流传中，我们可以看出春秋到战国从尚"文"向尚"武"的社会风气的转变。

第三，"死士"成为战争中的宠儿。

春秋末年社会上已经出现使用"死士"的记载。《左传》定公十四年载槜李之战中，越王勾践在与吴王阖闾争霸战争中使用"死士"。关于"死士"，贾逵注为"死罪人"，郑众注为"欲以死报恩者"①。高诱注为"勇敢之士"，鲍彪注为"敢死之士"②。哀公十六年记载，白公胜求"死士"以为自己发动政变作准备。到了战国时期，各国普遍使用这种敢死队性质的"死士"。《吕氏春秋·不广》载："齐攻廪丘，赵使孔青将死士而救之，与齐人战，大败之。齐将死。得车二千，得尸三万以为二京。"《商君书·境内》载："陷队之士，面十八人。陷队之士知疾斗，不得斩首队五人，则陷队之士、人赐爵一级，死则一人后，不能死之，千人环规，谏鲸劓于城下。""陷队之士"，朱师辙《解诂》谓："陷队，勇敢陷阵之士，即今之敢死队。"③这些几被视为战魂的死士疾斗斩敌首有功，如果后退则受尽侮辱，千人环视，处以刺面割鼻的刑罚，被时人所不齿。《史记·平原君虞卿列传》记载邯郸

① 《史记·吴太伯世家》集解，《史记》，1468 页，中华书局，1982 年。
② 缪文远：《战国策新校注》，66 页，巴蜀书社，1998。
③ 转引自高亨：《商君书注译》，153 页，中华书局，1974。

之围时，平原君"得敢死之士三千人"，李同负责带领这三千人赴秦军，秦军为之退却三十里，"李同战死，封其父为李侯。"《战国策·秦策》载苏秦说秦惠王："废文任武，厚养死士，缀甲厉兵，效胜于战场。""死士"成了战争的宠儿。不仅战争用到死士，平时大臣私养"死士"以为自己效劳也是比较普遍的现象。"为人臣者，聚带剑之客、养必死之士以彰其威，明为己者必利，不为己者必死"①，韩非子称这种做法为八奸之一。

一代世风是整个时代社会风气的表现。不能说战国时期没有一点"尚文"的气息，当时社会上"随文学者"②亦有人在，但那并不是社会风气的主流。

第二节　关于周代世风移易原因的分析

由"尚文"到"尚武"的世风移易，植根于春秋战国时期社会结构的巨大变动。西周春秋时期，社会以族为单位，各种矛盾皆可在族内依礼解决，宗法制度所蕴含的和谐精神成为社会风气的主导。战国时期宗族解体，个人走出"族"的范围而活跃于世，勇敢、拼搏遂成为社会上为数众多的人群的精神支柱。如果说社会结构巨变犹如大海深处的涌动，那么，世风移易就只是大海表层的涌浪之花。除了这个根本性质的原因之外，还应当有如下几个方面的因素。

一、社会政治局面的变化

春秋时期，诸侯争霸还是打着"尊王"的旗帜。周礼作为具有强大生命力的行为准则运转并发挥着重大的作用。礼既是人安身立命的法宝，也是列国邦交必须遵守的准则。大国违背了礼，会受到指责，"弃礼也，其何

---

① 《韩非子·八奸》。
② 《韩非子·外储说左上》载襄主因听人举荐，任文学之士为中大夫，而使中牟之人，"弃其田耘，卖其宅圃，而随文学者，邑之半"。《吕氏春秋·知度》亦载此事，其中襄主为赵襄子。可见，战国初年，"随文学者"亦大有人在。此外，《战国策》《列子》等书中亦载有很多好文学者以术游说各国诸侯的记载。

以为诸侯主?"①这样，有礼的约束，有周王的影响以及中小诸侯国的缓冲。使得春秋时期的兼并不是明目张胆，而且对于土地的要求也不是很迫切。此外，中原诸国还有联合对抗戎狄的必要。所以春秋时期，列国之间的战争规模小，时间较短，礼义潜在的约束还在，讲究文德的色彩较重。例如，楚国灭陈、蔡而后来又封陈、蔡。然而，到了战国时期，"周室微，诸侯力政，争相并。"②灭国就成了兼并的目的，武力成为主要工具。纵观社会政局，正如《韩非子·五蠹》所言："上古竟于道德，中世逐于智谋，当今争于气力。"战国时期就是"气力"(亦即武力)逞强的时代。《列子·说符》讲述了一个故事，说孟氏子以儒家之术游说，秦王曰："当今诸侯力争，所务兵食而已。若用仁义治吾国，是灭亡之道。"遂对孟氏之子施以宫刑。虽然此事不可考，但是《说符》所载此事的背景，有秦国争胜趋强之事在焉，可以推测所述之事应是战国中期。可以作为战国中期时人对于时局的看法。不仅是强国尚武崇勇，就是弱国亦是如此。《吕氏春秋·顺说》记载："惠盎见宋康王，康王蹀足謦欬，疾言曰：'寡人之所说者勇有力，而无为仁义者，客将何以教寡人?'"③宋国在战国中期已经是非常弱小的国家，但是宋康王仍然僭号称王，并且疾言厉色宣布自己"所说者勇有力"。这是战国以来尚武思想发展的结果。当然也有弱国小心谨慎，不敢尚武以激怒大国，如《列子·说符》讲述卫侯曰："吾弱国也，而摄乎大国之间，大国吾事之，小国吾抚之。是求安之道。"卫侯的话很能说明一般弱小国家的心态，也从反面透露了弱小国家屈服于强国的穷兵黩武，承认的也是武力。

二、当政者大力倡导武勇，奖赏军功的结果

在这种争强斗胜的政治格局下，各国当政者必然大力倡导武勇并奖赏军功。我们这里举几个典型例子略而述之。春秋后期，奖励战功与炫耀争功的做法已经比较普遍。董安于受赏的事情很能说明问题。鲁定公十三

---

① 《左传》哀公十五年载陈国芋尹盖应对吴王夫差所派太宰嚭之语。
② 《史记·秦本纪》。
③ 《淮南子·道应训》《列子·黄帝》篇均有类似的记载。

年，下邑之役，赵简子家臣董安于力战有功。赵简子赏之，安于辞，曰："方臣之少也，进秉笔，赞为名命，称于前世，立义于诸侯，而主弗志。及臣之壮也，耆其股肱以从司马，苟隶不产。及臣之长也，端委韠带以随宰人，民无二心。今臣一旦为狂疾，而曰'必赏女'，与余以狂疾赏也，不如亡！"① 董安于年少的时候，起草文告为前代所称誉，为诸侯所肯定，没有受到奖赏；壮年的时候，竭力跟随司马治理军队，没有受到奖赏，年长的时候，身穿礼服跟随宰官治事，也没有受到奖赏。而现在他在战场上"狂疾"，费力死战，就要得到"必赏"。此外，赵简子为赢得铁之战的胜利，在誓词中明言悬赏："克敌者，上大夫受县，下大夫受郡，士田十万。庶人、工、商遂，人臣、隶、圉免。"② 结果，士气大振，取得重大胜利。铁之战结束后，主帅与将士们争功不止，赵简子曰："郑人击我。吾伏弢衉血，鼓音不衰。今日之事，莫我若也。"卫庄公为车右，曰："吾九上九下，击人尽殪。今日之事，莫我加也。"邮无正御，曰："吾两鞁将绝，吾能止之。今日之事，我上之次也。"③ 这种争功炫耀的事情在春秋中期以前是看不到的④。

《韩非子·内储说上》记载吴起为魏武侯西河之守，秦有小亭临魏境，吴起遂下令说："明日且攻亭，有能先登者，仕之国大夫，赐之上田上宅。"结果，士兵争先恐后，攻亭，"一朝而拔之"。李悝在变法中取缔贵族特权，按"食有劳而禄有功"的原则重新分配财产与权力。商鞅在变法中奖励军功，实行军功爵制。使"官爵之迁与斩首之功相称也"⑤。当政者实施的这些功利性如此强烈的倡导与奖赏，都极大地推动了社会上的尚武风气。

---

① 《国语·晋语九》。

② 《左传》哀公二年。

③ 《国语·晋语九》。

④ 《左传》成公二年记载，晋齐鞌之战，晋胜，论功的时候，郤伯曰："君之训也，二三子之力也，臣何力之有焉?"范叔曰："庚（荀庚）所命也，克（郤克）之制也，燮（士燮）何力之有焉?"栾伯曰："燮之诏也，士用命也，书（栾书）何力之有焉?"对于战功，三人互相谦让。与此处的三人争功，大异其趣。

⑤ 《韩非子·定法》评价商君之法之语。

战国时期，统治者不仅奖赏、炫耀武功，自身也多是好霸尚武之人。商鞅初向秦孝公语"帝道"，孝公"时时睡，弗听"，改说以"王道"亦不悦，言"霸道"，孝公称善，再复言"强国之术"，孝公"不自知膝之前于席也，语数日不厌"①。战国时期，列国君主最感兴趣的就是富国强兵。这必然会滋生以功利为核心的尚武之风。赵武灵王胡服骑射，大大助长了赵地原有的尚武之风。《庄子·说剑》记载赵武灵王之子赵惠文王好剑，"剑士夹门而客三千余人，日夜相击于前，死伤者岁百余人，好之不厌"。并且赵惠文王所好的剑士"皆蓬头突鬓垂冠，曼胡之缨，短后之衣，瞋目而语难"，都是一些轻死暴烈的亡命武士。《史记·秦本纪》记载秦武王"有力好戏，力士任鄙、乌获、孟说皆至大官。王与孟说举鼎，绝膑"。正所谓"越王好勇，而民多轻死②；楚灵王好细腰，而国中多饿人"③，这些君王自身尚武崇勇的表现对社会产生了深远的影响。

三、法家、墨家、纵横家等对于"尚武"精神日益重视

春秋后期到战国时期，社会处在由"礼"向"法"的统治转型时期。战国时期，虽然说"世之显学，儒、墨也"④，但是法家的巨大影响不容低估。战国时期是一个讲究实际，追逐功利的时代，法家"不别亲疏，不殊贵贱，一断于法"⑤，很适应这一时期统治的需要。相比较而言，儒家的一些理论显得迂阔而不切合实际，所以孟子、荀子在发展儒家理论的同时也适应一些时代的需求，如对"诛伐"，对于"禅让"的理解，孟子和孔子就很不一样。荀子的"隆礼"的思想，其中的"礼"与"法"的意思很接近，并将"礼法"并举，提高了"法"的地位。荀子的学生韩非、李斯还成为法家的代表人物。

① 《史记·商君列传》。
② 《韩非子·内储说上》记载，越王勾践见怒蛙而式（伏车前的横木致敬），其御者问："何为式?"王曰："蛙有气如此，可无为式乎?"士人闻之曰："蛙有气，王犹为式，况士人之有勇者乎!"结果，"是岁人有自刭死以其头献者"。
③ 《韩非子·二柄》。
④ 《韩非子·显学》。
⑤ 《史记·太史公自序》。

法家尚力而崇武，功利色彩浓重。"有功者受重禄，有能者处大官"①。追求的目标是富国强兵。为了实现这个目标，法家很重视"耕战"，认为"耕战"是富强之本。商鞅在这方面的改革就非常成功。他废井田，开阡陌，承认土地私有，奖励垦荒，奖励耕织，实行军功爵制。"商君之说，唯在尚力"②。商鞅的变法非常实际而行之有效。"能得爵（甲）③首一者，赏爵一级，益田一顷，益宅九亩，一除庶子一人，乃得人兵官之吏。"④官爵的升迁与斩首之功相称，要求做到"士有斩首、捕虏之功，必其爵足荣也。"⑤商鞅的变法使秦国彻底成为"弃礼仪而上首功之国"⑥。韩非子更是强调暴力和权术，鄙视仁义道德。主张"有道之主，远仁义，去智能，服之以法"⑦。利用厚赏重罚来使人们趋利避害，"赏厚则所欲之得也疾，罚重则所恶之禁也急"⑧。提高从事耕战者的地位，把不从事耕战的人视为社会蠹虫。还有李悝在魏，吴起在楚的变法，强力打击无功的旧贵族，重视耕战，用法的形式确定变法成果。这些都对社会产生了深远的影响。

法家主张勇于公战，怯于私斗，崇尚的武力乃是一种有序的武力，"有勇而不以怒，使群臣尽其武"⑨。战国时期，私斗之风兴盛，法家认识到公战与私斗之间的矛盾，"夫斩首之劳不赏，而家斗之勇尊显，而索民之疾战距敌而无私斗，不可得也"⑩。他们所要做的就是引导这股勇武轻死的私斗之风向公战方向转变，"动作者归之于功，为勇者尽之于军"⑪。所

---

① 《韩非子·人主》。
② 蒋礼鸿：《商君书锥指》，1页，叙，中华书局，1986。
③ 《商君书·境内》。其中，"爵"当作"甲"，清严万里校本作爵，近人朱师辙《解诂》曰："爵，绵眇阁本、程本、吴本、冯本、范本，皆作甲。"参见高亨：《商君书注译》，152页，中华书局，1974。王时润亦曰："爵当依崇文本作甲。"参见蒋礼鸿：《商君书锥指》，119页，中华书局，1986。
④ 《商君书·境内》。
⑤ 《商君书·君臣》。
⑥ 《战国策·赵策》。
⑦ 《韩非子·说疑》。
⑧ 《韩非子·六反》。
⑨ 《韩非子·主道》。
⑩ 《韩非子·显学》。
⑪ 《韩非子·五蠹》。

以法家实施两种并行的措施，一是用重刑处罚私斗者，"重刑而连其罪，则褊急之民不斗，很（狠）刚之民不讼"①。一是厚赏立有战功者，"勇力之士也，军旅之功无踰赏，邑斗之勇无赦罪"②。秦国地处戎狄，素有尚武之风③，经过商鞅的变法以及韩非子法家思想的熏陶，秦国更是"民怯于邑斗，而勇于寇战。民习以力攻难，故轻死"④。

　　诸子中法家是尚武的，而除了法家之外，墨家尚武的习气也是很重的。墨家学派本身有严密的组织，首领称巨子，执行"墨者之法"⑤。为了自己的主张，墨家子弟不惧死。《墨子·鲁问》记载"鲁人有因子墨子而学其子者，其子战而死"。墨家巨子孟胜为阳城君守国，楚来讨伐，孟胜曰："力不能禁，不能死，不可。"⑥与弟子徐弱等一百八十三人战死。《淮南子·泰族训》所曰"墨子服役者百八十人，皆可使赴火蹈刃，死不旋踵，化之所致也"，盖由此而来。墨家主张"非攻"，反对攻伐战争，为了制止战争，墨者非常擅长防御与守城之术。《墨子·公输》记载公输盘擅制攻城器械，而墨子擅制守城器械，"公输盘九设攻城之机变，子墨子九距之，公输盘之攻械尽，子墨子之守圉有余"。并且墨子还派弟子禽滑厘等三百人，持守城之器，在宋城上严阵以待楚军。墨家守备工业很严密，保留在《墨子》书有《备城门》《备高临》《备梯》等十一篇。墨家的尚武不是积极的进攻，而是积极地防御。在防御战争中主张"君子战虽有陈，而勇为本焉"⑦。墨学在战国时期是"世之显学"，墨者中很多人游说并取信于诸侯，在下层群众中影响很大。墨者"赴汤蹈火，死不旋踵"视死如归的武士精神，对于游侠产生了重大影响，后期墨家的一派即演变为社会上的游侠。

　　纵横家有张仪、苏秦等纵横捭阖的言论和计谋，但无论是"合众弱以

北京师范大学史学探索丛书

---

① 《商君书·垦令》。

② 《韩非子·八奸》。

③ 一般认为《诗经·秦风》尚武精神是区别于其他风诗的显著特点，朱熹《诗集传》曰："秦人之俗，大抵尚气概，先勇力，忘生轻死，故其见于诗如此。"

④ 《商君书·战法》。《史记·商君列传》亦载秦人"勇于公战，怯于私斗"。

⑤ 《吕氏春秋·去私》。

⑥ 《吕氏春秋·上德》。

⑦ 《墨子·修身》。

攻一强",还是"事一强以攻众弱"①,其策略的基础就是各国的实力,他们看重的是兵、食而已。纵横家们所选择的效忠的主人往往是有实力发动战争的国家,主张"子元元,臣诸侯,非兵不可",认为当时最好的做法就是"废文任武"②。在合纵连横的兼并战争中一展自己的政治抱负。

此外,儒家看似与尚武最不合,"子不语怪、力、乱、神"③,孔子对武力向来是导之以礼的。《淮南子·道应训》记载"孔子劲杓国门之关,而不肯以力闻"。然而,孔子的弟子中也有尚武的倾向,如子路,孔子曾谓其"好勇过我"④,子路自己也认为若统帅三军,自己是最佳的人选。平时子路是"行行如也",刚强而自负。孔子对其评语是:"若由也,不得其死然。"⑤另外,冉求、樊迟颇有军事才能,鲁哀公十一年,鲁齐两国交兵,冉求、樊迟指挥有方,击溃强齐,季康子曰:"子之于军旅,学之乎?性之乎?"冉求答曰:"学之于孔子。"⑥战国时期的儒家很重视培养"勇"。孟子曾与弟子公孙丑谈论培养勇的办法,其中谈到北宫黝之养勇、孟施舍之所养勇,北宫黝、孟施舍是当时著名勇士,孟子评价道"孟施舍似曾子,北宫黝似子夏。夫二子之勇,未知其孰贤"。最后又提到曾子对其弟子子襄的话:"子好勇乎?吾尝闻大勇于夫子矣:自反而不缩,虽褐宽博,吾不惴焉;自反而缩,虽千万人,吾往矣。"孟子最后的结论就是"孟施舍之守气,又不如曾子之守约"。而孟子自己则是"善养吾浩然之气"⑦。通过孟子、曾子以及曾子所转述的孔子的"大勇",我们可以看出儒家的勇就是合乎道义的勇。在道义允许的范围内,勇往直前,无所畏惧。这依然是西周至春秋时期社会上普遍认同的合乎礼要求的勇。然而,这种"勇"后来也有些微的变化。《韩非子·显学》记载孔子死后儒家分为八派,其中,漆雕氏之儒,"不色挠,不目逃,行曲则违于臧获,行直则怒于诸侯,世主以为廉而礼

---

① 《韩非子·五蠹》。
② 《战国策·秦策》。
③ 《论语·子罕》。
④ 《论语·公冶长》。
⑤ 《论语·先进》。
⑥ 《史记·孔子世家》。
⑦ 《孟子·公孙丑上》。

之",崇尚直勇,颇似游侠风貌①。

　　总之,战国时期是一个动荡发展的时期,社会结构在变动,诸侯之间兼并战争在加剧,人们的思想观念也随之发生变化。西周以来,尚"文"的传统,至战国时期渐被尚"武"的风气所代替,这种转变是时代发展的必然,世风移易,促进了战国时期社会的发展,推动了秦统一六国的进程。这股强大的尚武之风在整个秦代以及后来的楚汉之争中都有显著表现。项羽自诩"力拔山兮气盖世"②,刘邦自诩是"居马上而得"天下③,都在尚武之列。汉初出现尚武任侠之风的持续高涨,汉初"公卿皆武力功臣"④,贵族多有尚武习俗,并且影响到下层社会。一直到汉景帝、武帝时期,政府对游侠进行强力镇压,汉武帝又在思想上实行罢黜百家,独尊儒术,世风才逐渐走出"尚武",而复归于"尚文"。东汉光武帝"厌武事","数引公卿、郎将讲论经理","退功臣而进文吏"⑤,可见世风又在变化。话说到东汉,虽然离我们的主题有些远了,但仍可以借此窥见先秦世风发展的余绪。

北京师范大学史学探索丛书

---

①　章太炎、郭沫若皆以漆雕氏之儒为侠。参见章太炎《检论·儒侠》,刘凌、孔繁荣编校:《章太炎学术论著》,84～87页,浙江人民出版社,1998。郭沫若《儒家八派的批判》,《十批判书》,125～155页,东方出版社,1996。

②　《史记·项羽本纪》。

③　《史记·郦生陆贾列传》。

④　《汉书·儒林传》。

⑤　《后汉书·光武帝纪》下。

结　论

　　《曹沫之陈》竹书的刊布，使我们得见上博简在涉及儒家、道家、杂家等诸子著作之外的史官著述。对于这样一部重要的出土文献，目前还没有释文的系统校勘和注译，因此本书首先做了《曹沫之陈》简文的疏证，努力运用古文字、音韵、训诂等知识，对有分歧的简字进行考释。在这一部分，本着忠实于原材料的原则，尽量将《曹沫之陈》简文与上博简其他内容以及郭店楚简、包山楚简、望山楚简、睡虎地秦简、马王堆帛书等简帛文字相比较，总结楚简文字的写法、用法。除此之外，疏证部分还特别注意立足于文献学的角度，对一些至关重要的简文内容进行探究。例如，对简文"君子得之失之，天命""还年""有克政而无克陈""毋爱货资子女，以事其便嬖""过不在子，在寡人""毋御军""疑陈败，疑战死"，以及"阵""贵人""将军""战功曰多"，等等。在疏证工作完成之后，本书进行了《曹沫之陈》的综合研究，主要思路与认识可以归纳如下。

　　《曹沫之陈》语言古朴，文风平易，虽然有传抄与修改的痕迹，但其底本的写成时间是比较早的，即鲁庄公生活的春秋前期，其最后编订成书不会晚于春秋中期，系鲁国史官的著述，不属于子书范围。《曹沫之陈》的战略思想是立足于本国实力，内和于民，外和于大国，以邻国齐国为假想敌，采取积极有为、灵活多样的策略，确保战争的最后胜利。在带兵作战中，《曹沫之陈》格外强调贵族的重要性，强调血统的优劣，重视宗族组织在战争中的作用，显示了鲁国以宗法治军的特色和重视血缘关系的特点。而且在《曹沫之陈》简文里，尊重国君与重视宗法贵族的作用是一体的，这说明其成书的时候，君权尚非常显赫且牢固，世家大族对公室尚未形成威胁。这些都与春秋前期鲁庄公时期的鲁国国情相合。《曹沫之陈》的底本应当是鲁庄公时期鲁国史官的记言笔录。

　　《曹沫之陈》在形式上属于原始语录体散文，与《国语·鲁语》非常相似。从全篇的性质看，《曹沫之陈》是多次"语"的结集，是原始《鲁语》的一部分。其论政的内容中合乎"礼"的部分被吸收进《国语·鲁语》，如简文"毋获民时，毋夺民利"，在《鲁语》中为"动不违时，财不过用"；简文"君毋惮自劳，以观上下情伪。匹夫寡妇之狱讼，君必身听之"，在《鲁语》中则为"听狱虽不能察，必以情断之"；简文"修政而善于民。申功而食，刑罚有罪，而赏爵有德。凡畜群臣，贵贱同之，禄毋负"，在《鲁语》中总结为"布德于民而平均其政事"；简文"有知不足，亡所不中，则民亲之"，在《鲁语》中则为"智虽弗及，必将至焉"，等等。《鲁语》所载曹刿（曹沫）主张为政要施惠于民，民和政通，神才会降福，所以要布德于民、平均政事，处理政事要立足根本。这些内容在《曹沫之陈》中都能找到。与《鲁语》相比，《曹沫之陈》内容更为丰富，所论更有理致，显然是经过了后人的整理，但是其主体思想是一致的。然而，由于《曹沫之陈》后半部分论兵法的内容与思想不是很符合《国语》作者的意图，在其编辑《鲁语》时舍弃了《曹沫之陈》后半部分内容，只保留了"曹刿问所以战"与"曹刿谏庄公如齐观社"两篇。《曹沫之陈》与《国语·鲁语》有着若即若离的关系，这一点正是它出现时代较早的一个表现。

关于《曹沫之陈》的成书，我们可以大致推断：作为鲁庄公时代既精通兵法又熟稔礼法的鲁国大臣，曹沫觐见庄公，与庄公讨论军国大事是可能而经常的事情。依照"君举必书"①的原则，恪守职责的鲁国史官，把曹沫与庄公的每次对话全部加以记载，正是其职掌之内的任务。鲁国史官所记载的这些内容涉及治国与出征的诸多问题，当即原始的《语》，是后来《国语·鲁语》取材的主要来源之一。《曹沫之陈》的底本作为原始的《语》的一种，它的形成并非一蹴而就，而应当是多次的"记言"之总结。因为，从《曹沫之陈》简文内容来看，非常明显的就有"曹沫谏庄公将为大钟"与"庄公问（阵）于曹沫"两次的问对，而且"庄公问（阵）于曹沫"，内容丰富，也绝非在一次问对里就能完成的，应该是多次问对的整理总结。总之，鲁国史官记录了曹沫与鲁庄公的问答之语，连缀成篇，这就是《曹沫之陈》的底

---

① 《国语·鲁语上》与《左传》庄公二十三年皆载曹刿谏鲁庄公此语："君举必书，书而不法，后嗣何观？"

本，《曹沫之陈》在春秋时期即已基本成型，而战国时人在传抄时加以整理，书写篇题为《曹沫之陈》。因先秦时期未有以人名命名的军阵，战国时人所理解的《曹沫之陈》正是曹沫陈述之语的意思。竹书以"谏"命名其篇，文献以"命""诰"等命名其篇，都与这里以"陈"命名其篇有一定的类似之处。

对于《曹沫之陈》竹书的综合研究，启发我们深入思考这样三个相互关联的问题。

一是，兵法、兵书、兵家三个名词出现的时间早晚问题。我们认为，只要有战争就会有相应地对于作战方式、方法的探讨与总结，这就是兵法，但是最早却未必有兵书。当国家对既有的兵法进行系统总结并"布在方策"①时，兵书才得以产生。周代兵法与《周礼》的《夏官》的许多内容相关。《左传》中记载的《军政》《军志》有可能就是西周时期带有"军法""军令"色彩的最早兵书。而作为诸子之一的兵家，它的出现应该是在春秋晚期到战国时期。因此，《曹沫之陈》虽然讲兵法，但却不能视之为兵书，更不能断定为兵家著作。

二是，"语"与子书的关系问题。我们认为，"语"是有明确"记言"目的的语录体散文，它的文体特征同时也就是它的形式特征。"语"，最初是实录，最早出于史官的"记言"，但是后来"语"出现了分化，实录性质有所减弱，更多加入了作者自己的感情取舍，"微言大义"，很符合诸子写书的需要，因此诸子书多采用"语"这种文体，即"百家语"②。《曹沫之陈》既有鲁国史官记言的特征，也有后人整理的痕迹，是史官所作的"语"向子书过渡阶段的作品。

三是，"王官之学"向"诸子之学"的转化问题。我们认为"王官之学"与"诸子之学"不可能是两个断裂面，中间应该有一个很长的过渡阶段。而且

---

① 《礼记·中庸》。

② 《史记·秦始皇本纪》载丞相李斯曰："非博士官所职，天下敢有藏诗、书、百家语者，悉诣守、尉杂烧之。"其中，"百家语"即是指诸子书，那个时期的诸子书已经丰富多彩，可能多数已不再是原来的"语"体，但仍被称之为"语"，正可说明"语"文体的影响之大。

王官之学也不可能直接散落、下移到诸子那里，二者在传承人方面也应有一个过渡，可能首先是散落、下移到诸侯或卿大夫之家。此外，学界一般公认私家著述之前就是史官著述，然而，从史官著述向私家著述之间应当也有一个过渡阶段。对于这两种过渡，《曹沫之陈》都可以给我们提供某些重要的讯息。《曹沫之陈》即是"王官之学"散落、下移到诸侯这一阶层的史官著述，其作者的写作意识与主题意识都在增强，正处于从史官著述向私家著述的过渡阶段。

  本书仅是对《曹沫之陈》的初步研究，囿于时间和个人能力的关系，很多问题没有展开论述，尤其是《曹沫之陈》与先秦古书的比较研究，尚待进一步探讨。因此，本书如果能够引起大家对《曹沫之陈》和上博简的更多关注，能够方便他人对《曹沫之陈》的深入研究，这就是本书的意义所在。对于这一课题的研究，我今后还将继续努力，向前辈和时贤专家虚心学习，深入钻研，使我自己对于《曹沫之陈》的研究臻至完善。

附录一 与《曹沫之陈》有关的
研究论文

春秋时期鲁国施氏家族探析

在霸权迭兴的春秋时期，士大夫的兴起是一个非常引人注目的现象。与齐、晋等国不同，鲁国的士大夫全部出自公族。这些士大夫对于鲁国政治颇有影响，他们中有长期把鲁君玩于股掌之中的"三桓"，有废嫡立庶、权倾一时的东门氏，有俊贤辈出、世为鲁司寇的臧孙氏。尽管如此，我们还是应当看到这些显赫的家族毕竟是极少数，为数众多的依然是中、下等士大夫之家，如展氏、郈氏、子服氏、叔仲氏等，他们对鲁国的政治经济等都有一定影响。然而，在过去的研究中，这是一个被忽略的阶层。目前学术界的研究热点多集中在一流的卿大夫之家（如"三桓"、东门氏）的研究上，对为数众多的中下等士大夫之家的研究则颇少。

施氏家族是鲁国绵延时间很长的中、下等士大夫之家的代表。关于施氏的文献记载很少，学者们鲜有论述，但是上博简第四册《曹沫之陈》篇却出现了施氏家族的先祖"施伯"的名字，记载了他的一些言论。其中显示了施伯对鲁庄公的影响以及施伯对天命的看法。现在依据新材料，重新审视这个鲜为人知的家族，应当是十分必要的。今对此问题作初步探讨，以求教于方家。

一、施氏家族源流考

施氏出自鲁惠公，先祖为惠公之子施父。《国语·齐语》韦昭注："施伯，鲁大夫，惠公之孙，施父之子。"①这个说法是可信的。鲁惠公是鲁国

---

① 上海师范大学古籍整理研究所校点：《国语》，223 页，上海古籍出版社，1998。

进入东周时期第一位国君，他在位时间长达 46 年。文献记载鲁惠公有三子，庶长子名息，后为隐公，幼子允，后继位为鲁桓公。从年龄上看，公子施父应当与鲁隐公的年龄相近。因为鲁隐公是鲁惠公之庶长子，而桓公却是鲁惠公晚年所生之幼子。隐公与桓公虽是兄弟，但年龄相差很多，大约有二十岁的差距①。公子施父作为惠公的儿子，不大可能近于桓公，而应当近于隐公的年龄。

依照周代礼制，"诸侯之子称公子，公子之子称公孙，公孙之子以王父（祖父）字为氏"②，所以前人谓"鲁惠公之子公子尾，字施父，其子因以为氏"③。从这里我们可以推测，施氏之立当在施父的孙子时代，是施父之子施伯死后，其子以祖父之字"施父"而称"施氏"。

施父之子施伯，《国语·齐语》记载其为鲁庄公之谋臣，足智多谋，颇受鲁君之信任，并且其影响远及于齐，以至于齐桓公对鲁国采取措施时对此人颇为忌惮。施伯之后有两代不可考，而施伯之曾孙施孝叔，《左传》则有明确记载。施孝叔娶鲁大夫声伯之外妹（即其异父同母之妹）为妻，还曾任用齐国的鲍国为其家宰。种种情况表明施孝叔时期施氏依然是鲁国中等贵族中保持着一定影响的家族。

关于施氏家族在施伯之后的情况，我们还可以从侧面加以推测。《国语·齐语》，显示施伯与齐国的管仲及鲍叔牙为同一时代的人，其后世子

---

① 《史记·鲁周公世家》记载，鲁惠公在位四十六年，其庶长子息年长娶妻，所娶之宋女貌美，惠公夺而自娶，生子允。未几惠公卒，大子允年少，就由息摄政，息就是隐公，允就是后来的桓公。隐公摄政十一年，正准备退居泗水之滨养老之时，被公子挥弑杀，由桓公即位。

② 《左传》隐公八年杜注。

③ 宋邓名世《古今姓氏书辩证》和郑樵《氏族略》谓"鲁公子尾字施父"，《世本》（秦嘉谟辑补本）据此谓："施氏，鲁惠公之子公子尾字施父，其子因以为氏，施伯，鲁惠公孙。"关于其名、字相应的道理，王引之《经义述闻》卷二十二指出："施，读为拖，《说文》：'拕（俗作拖），曳也。'《庄子·秋水》篇：'此龟者宁其死为留骨而贵乎？宁其生而曳尾于涂中乎？'取曳尾之义，故名尾字拕。"（《经义述闻》，547 页，江苏古籍出版社，2000）

孙之世系对应关系也正一致。鲍国是鲍叔牙曾孙。而施孝叔，杜预注说他是"鲁惠公五世孙"①，正好也是施伯的曾孙。而施孝叔与鲍国又恰恰是同时代的人，因最初两人是主人与家宰的关系，所以似是施孝叔的年龄略长于鲍国，但也不会相差太多。《左传》记载成公十七年，齐国从鲁国招回鲍国②。恰恰就是这一年，施孝叔六年前被夺而改嫁晋国的妻子回国。鲍国即鲍文子，一直到定公九年都有其记载，定公九年距离成公十七年已经是七十三年，这就表明当初他在鲁施氏家任家宰时是非常年轻的。而施孝叔就妻子被夺，六年生育两子的记载看，在鲍国担任其家宰的时候也是非常年轻的。所以可以大体推测，施孝叔年少既已担任施氏宗主，而且时间非常长，大约应该是在鲁成公十一年到鲁昭公五年这四十三年。

施氏家族在春秋晚期的情况，史载颇少，只是在《礼记·杂记》有孔子到少施氏家中赴宴的记载。郑玄注谓："少施氏，鲁惠公子施父之后。"③这个记载表明，施氏家族由于家族繁衍，小宗涌现，至少在孔子生活的鲁定公、哀公时期，已经出现了"少施氏"这一分支。

梳理相关的文献记载，我们可以列出鲁国施氏家族源流世系略表：

鲁国施氏家族世系

鲁公	惠	隐	桓	庄	闵	僖	文	宣	成	襄	昭	定	哀
施氏	施父	施父	施父	施伯					施孝叔	施孝叔	施孝叔	少施氏	少施氏

从这个表中可以看到至少在春秋时期，鲁国施氏家族绵延很久，虽未

---

① 《春秋左传正义》卷二十七，《十三经注疏》，1909 页，中华书局影印本，1980。

② 《左传》成公十七年记载，鲍国因其兄鲍牵受齐灵公之母声孟子的诬陷而被处以刖刑，齐国从鲁国招回原在鲁任施孝叔家宰的鲍国，立为鲍氏继承人。可见在成公十七年之前，鲍国一直在施氏家担任家宰。

③ 《礼记正义》卷四十三，《十三经注疏》，1569 页，中华书局影印本，1980。

显赫，但亦可谓不绝如缕①。周代以宗法为纲，家族世系的传递，向为社会所重。而鲁国施氏家族，虽然史载有阙，但若推测其家族世系绵延十世以上，应当是没有多大疑问的。那么施氏家族有些什么特色使得其家族如此呢？我们将在下面具体讨论这一问题。

二、施氏家族的政治地位与影响

鲁国的士大夫全部出自公族，出自公族就不可避免会出现因血缘关系的逐渐疏远而导致其在政治上的失势。施氏家族则不然，它没有政治上的大起大落，其家族一直处于安定平稳的延续之中。这在鲁国中、下等贵族中，应当具有一定的代表性。

施氏的始祖公子施父作为鲁惠公之子，在隐公与桓公时期与公室血缘关系最近，但是他并没有凭借其特殊的身份而荣耀于世，而是基本上处于一种默默无闻的状态。关于公子施父的事迹只有《左传》桓公九年的一次记载。那年冬天，曹国大子来鲁国朝见，鲁国待之以上卿之礼，第一次献酒，奏乐，曹大子叹息。施父说："曹大子其有忧乎，非叹所也。"果然第二年的春天，曹大子之父曹桓公卒。《左传》对明礼的贤者，多载其预言得中之事，以彰显其卓越超群。施父虽然在国家政事之中名不见经传，可是在《左传》中却单存这一记载，说明施父的行为中规中矩，知礼而睿智，为世人所称许，因此《左传》才录此事而存之。此外，公子施父能够参加鲁国国君款待曹国太子的享礼，并就此事发表言论，可见他在当时具有较高的社会地位。

公子施父之子施伯是鲁庄公时期一位颇有影响的人物。在鲁国是否将管仲送回的事情上表现了其远见卓识。原来，齐桓公即位之后，鲍叔牙举

---

① 《史记·仲尼弟子列传》："施之常字子恒。"《孔子家语·七十二弟子解》："施之常字子常。"从其姓氏看，当属施氏。但是否与本文所论施氏有关，于史无证，不可臆断。另外，战国秦汉间传《易》者，有"施氏易"一支，也不知是否与本文所论的施氏有关。这些情况附志于此，以待方家教正。

荐管仲，齐桓公不计前嫌，欲请回滞留于鲁的管仲①，但是心存疑虑，《国语·齐语》有如下记载：

> （桓）公曰："施伯，鲁君之谋臣也。夫知吾将用之，必不予我矣，若之何？"鲍子对曰："使人请诸鲁曰：'寡君有不令之臣在君之国，欲以戮于群臣，故请之。'则予我矣。"公使请诸鲁，如鲍叔之言。庄公以问施伯。施伯对曰："此非欲戮之也，欲用其政也。夫管子，天下之才也。所在之国则必得志于天下。令彼在齐，则必长为鲁国忧矣。"庄公曰："若何？"施伯对曰："杀而以其尸授之。"

这件事情，虽然后来碍于齐国的威胁，鲁国最后还是将管仲生还于齐，但却也显示了鲁之有才，令齐国不敢小觑。我们从这件事情里面可以看出如下两点，一是，施伯很受鲁庄公的信任，军国大事要和施伯商议；二是，施伯的影响连邻国的齐国君臣都是共知的，这也说明当时施伯的影响至少延及于齐，超出了鲁国的范围。

关于此事，《管子·大匡》篇的记载与之略有不同，施伯进谏鲁君曰："管仲有急，其事不济，今在鲁，君其致鲁之政焉，若受之，则齐可弱也。若不受，则杀之。杀之以说于齐也，与同怒，尚贤于己。"我们可以看出施伯之贤，他身为鲁君之近臣，并没有因管仲之才而排挤他，而是向鲁君建议授政于他。但是施伯又是一个思虑很深的人，正如鲍叔分析的那样："夫施伯之为人也，敏而多畏。公若先反，恐注怨焉，必不杀也。"②果然，

---

① 齐襄公时，齐国大乱，公子纠逃亡到鲁国，而公子小白逃亡到莒国，齐襄公在位十二年，被公孙无知所弑，公子纠与公子小白皆欲回国抢夺君位，管仲原是公子纠的谋臣，在阻止公子小白回国的乾时之战中，管仲亲射公子小白中钩，公子小白假死欺瞒过管仲，抢先回国即位，即齐桓公。因此，管仲与公子纠只得滞留于鲁。

② 《管子·大匡》。

施伯虽然看透了齐国的目的，但是畏惧齐国的忌恨，还是建议鲁君生还管仲①。在关系到鲁国危亡的关键时刻，施伯的睿智与审时度势适时改变策略，都表现得十分突出。

施伯的曾孙施孝叔时，其家族处于一种微妙的境界。施孝叔娶妻鲁大夫声伯之外妹。声伯即公孙婴齐，其父叔肸与鲁宣公为同胞兄弟。他也因受成公器重而权倾一时。声伯嫁其外妹于施孝叔，很可能是看中了施氏的影响。鲁成公十一年，晋国炙手可热的郤氏家族向声伯求妇，声伯竟然夺施氏妇（声伯之外妹）与之，施孝叔迫于压力只得同意。当时，施氏妇问道："鸟兽犹不失俪，子将若何？"施孝叔回答说"吾不能死亡"②。这个回答表明了施氏家族在当时政局中境况尴尬，不敢与一流的大族抗衡，只有委曲求全。一直到鲁成公十七年，"郤氏亡，晋人归之施氏。施氏逆诸河，沉其二子。妇人怒曰：'己不能庇其伉俪而亡之，又不能字人之孤而杀之，将何以终？'遂誓施氏"③。施孝叔的这种做法暴露了其受压抑而导致的憋闷窘态。

---

① 后人或将施伯当作直言进谏而不被重用的代表，例如，南宋邱晔编注的苏轼文选集《经进东坡文集事略》卷五曰："昔者晋荀息知虞公必不能用宫之奇，齐鲍叔知鲁君必不能用施伯，薛公知黥布必不出上策，此三者皆危道也而直犯之，彼不知用其所长，又不知出吾之所忌，是故可以冒害而就利。"此论虽精，但亦有可商之处。苏轼将施伯与宫之奇相提并论。宫之奇是春秋时期虞国的贤大夫，曾经两次进谏虞公不要答应晋国假道伐虢，但是虞公不听，当时晋国的荀息就分析宫之奇的个性是"懦而不能强谏"，应当与施伯的"敏而多畏"意思接近。然而，细绎其时事，此论却未必然。鲁庄公九年乾时之战中鲁大败于齐，关于其后之事，史载或谓鲁庄公弃车而逃（见《左传》庄公九年），或谓鲁军大败，归路被齐断绝（《史记·齐世家》）。不管如何，鲁国形势危殆则是可以肯定的。《左传》谓"鲍叔帅师来言"，强要生归管仲。在这种形势下，鲁国已属城下之盟，满足齐国所提的条件，自是不得已之举。分析此事的相关记载，可以推测，施伯从杀贤能以弱齐的角度曾建议鲁庄公除掉管仲，但在形势变化之时，又及时改变初衷而建议生还管仲，以求保鲁于危殆之际。若谓其"畏"，乃为鲁国形势而"畏"，是其顾全大局、考虑周密细致之举，非其个人之怯懦也。施伯当时非是"危道而直犯"而遭拒的问题，而是鲁庄公听其言而采取了正确决策，这与宫之奇的"懦而不能强谏"并不相同。鲍叔言施伯"多畏"，其中虽有胆小之意，但主要是指施伯谨慎细密而不会鲁莽行事。

② 《左传》鲁成公十一年。

③ 《左传》鲁成公十七年。

这件事情对于施孝叔来说可谓窝囊之极，究其原因，或许与施孝叔的个人性格有关，并不意味着其家族的没落。施孝叔时，施氏家族的经济实力，依然可观。《左传》成公十七年记载"初，鲍国去鲍氏而来为施孝叔臣"，当时"施氏之宰有百室之邑"。家宰尚有百室之邑的个人财产，其家族的实力当非同一般。鲍国是鲍叔牙的曾孙，《史记·管晏列传》载"鲍叔既进管仲，以身下之，子孙世禄于齐，有封邑者十余世，常为名大夫。"鲍氏家族在齐国历经十余世而强盛不衰，鲍国又是鲍氏的继承人鲍牵之弟，他到鲁国做施孝叔的家臣，可见施氏家族在当时影响依然是很大的。

不仅如此，施氏家族在当时的政局中，有时候还扮演过重要角色，还有机会参与一些军国大事。如：《左传》昭公五年载，"王正月，舍中军，卑公室也。毁中军于施氏，成诸臧氏。"杨伯峻先生注："毁中军于施氏者，于施氏之家讨论此谋也。"[1]"毁中军"是鲁国史上一件重大的事情，是"三桓"发展壮大的关键性的一步，这项重大决策是在施氏家里谋划的，而且就时间计算，此时的施氏宗主似应还是施孝叔。因为直到定公九年，鲍国依然健在，则早在这之前36年的昭公五年，与其年龄相仿的原主人施孝叔似应还活在世间。

令人感兴趣的是，施氏家族很可能与孔氏家族有一定的关系。《史记·孔子世家》索隐引《孔子家语》载，孔子之父叔梁纥曾经"娶鲁之施氏，生九女"。孔子之父所娶的施氏女是为何人呢？《史记》载，叔梁纥后与颜氏女"野合而生孔子"，据正义解释，叔梁纥应该婚过六十四，方为"野合"。孔子生于鲁襄公二十二年，假若叔梁纥初婚是在二十岁左右，则其初娶施氏女大约应是宣公十四年左右，此时的施氏宗主虽然不可考，但就时间上推测，绝对不会是施孝叔，应该是施孝叔前一任的施氏宗主。如此，则此施氏女应当是施孝叔的姑姊辈中人。

统观施氏家族的历史，可以看出这个家族只是鲁国一个中等士大夫之家，所以在宣公时期与势力趋于下降的孔氏通婚。当然，施氏也有比较风光的时候，也曾与第一流的士大夫有过矛盾或联合，在鲁国的政治舞台上

---

① 　杨伯峻：《春秋左传注》，1261页，中华书局，1990。

发挥着一定的作用，而且绵延很久。其绵延很久的原因也颇值得注意。我们可以从曾经为施氏家宰的鲍国的话语里找到一些答案。鲍国回国后成为鲍氏家族的继承人，是齐国非常有名望的大夫，很受齐景公的器重。但是其对自己年轻时在施氏家担任家宰一事毫不避讳，而且还由衷称赞鲁国的和睦。《左传》定公九年记载，齐景公欲借鲁国阳虎之乱而伐鲁，鲍国谏曰：

> 臣尝为隶于施氏矣，鲁未可取也。上下犹和，众庶犹睦，能事大国，而无天灾，若之何取之？

从而说服齐侯打消伐鲁之志。鲍国之所以得出鲁国上下和睦的结论就是因为他曾在施孝叔家为臣，也就是说他是先看到施氏家族和睦，才会广而推之，知整个鲁国都是和睦的。此外，我们还可以从鲍国任施氏家宰一事中看出施氏家族的重贤之风。当年鲍国来到施孝叔家本来是要做一般的家臣，而且施氏最初为确定家宰的人选而占卜，结果也并不是鲍国，而是匡句须吉利，匡句须以"能与忠良，吉孰大焉"①主动让于鲍国。施孝叔同意他的观点而改任鲍国为家宰，结果鲍国辅佐施氏很忠心。施氏治家谨严，上下和睦，信守忠良，这也许就是其绵延数世而经久不衰的原因之一。

不仅如此，施氏家族还一直信守以礼治家。施氏家族自始祖公子施父之时就是以知礼守礼而闻名鲁国的，施伯更是以熟稔礼仪而享誉鲁齐两国。这种守礼的家风一直到春秋后期施氏的分支少施氏那里都还保留着。《礼记·杂记》下篇载有孔子语说到他应邀到少施氏家赴宴的情况：

> 吾食于少施氏而饱，少施氏食我以礼。吾祭，作而辞曰："疏食不足以祭也。"吾飧，作而辞曰："疏食也，不敢以伤吾子。"②

---

① 《左传》成公十七年。
② 《礼记正义》卷四十三，《十三经注疏》，1569 页，中华书局影印本，1980。

孔子说他在少施氏家能够吃得饱，是因为少施氏以礼相待。孔子食前要行祭的时候，少施氏就站起来推辞说，粗疏之食，不值得祭。孔子为表示食美而要多吃一些，少施氏就推辞说，粗疏之食不敢伤了您的胃口①。少施氏应答有礼而合时宜，显示了施氏作为守礼之家的流风余绪。郑玄注："言贵其以礼待己而为之饱也，时人倨慢，若季氏则不以礼矣。"孔子之所以赞美少施氏，是因为在孔子眼里，少施氏比鲁国正卿季氏都要知礼守礼。

《列子·说符》篇载有鲁国施氏一事，表明战国时期，施氏亦较为活跃。此篇载："鲁施氏有二子，其一好学，其一好兵。好学者以术干齐侯；齐侯纳之，以为诸公子之傅。好兵者之楚，以法干楚王；王悦之，以为军正。禄富其家，爵荣其亲"，而施氏之邻人孟氏同有二子，东施效颦，却在秦、卫两国遭重挫，受宫、刖之刑。他们返鲁责难施氏。施氏回答说：

> 凡得时者昌，失时者亡。子道与吾同，而功与吾异，失时者也，非行之谬也。且天下理无常是，事无常非。先日所用，今或弃之；今之所弃，后或用之。此用与不用，无定是非也。投隙抵时，应事无方，属乎智。智苟不足，使若博如孔丘，术如吕尚，焉往而不穷哉？

孟氏父子被说得心服口服，承认施氏之言为卓见。《列子》一书成书问题较多，或为战国秦汉时人所编造。然而，即令如此，也可以看出，编撰者仍然肯定施氏为影响的家族。其"得时""失时"之论与春秋时期施氏的天命观念若合符契。《说符》篇所载施氏此事的背景，其中有秦国争胜趋强之事在焉，可以推测所述之事的时代属于战国中期。若此推测不误，则施氏

---

① 《杂记》下篇所载孔子语"吾飧"，前人和当代专家理解有歧。或谓即孔子指自己吃饭，或谓指孔子吃饱后还要再吃几口。孔疏以为是"谓孔子食后而更飧而强饭以答主人之意"（《礼记正义》卷四十三），孔子是表示饭菜很好，当多食，与《诗·载芟》篇的"有喷其饁，思媚其妇"情况相似。少施氏以"疏食"相答，正中肯綮，是知礼而很合时宜的话。比较而言，孔疏之说为优。按，《礼记·杂记》下篇所载此事，《风俗通义·愆礼》所述同，只是"少施氏"作"施氏"。

于战国中期仍有一定影响。

三、上博简《曹沫之陈》中的"施伯"

新出土的上博简第四册中的《曹沫之陈》篇，是记载鲁国历史的珍贵资料。此篇分为两部分，前者论政，后者论兵。整理者李零先生认为这是一部佚失已久的古兵书。它记载了一个较为完整的故事。鲁庄公将要铸造一口乐钟，曹沫入见庄公，指出"邦小而钟大"的危险状况，劝说庄公积极有为。庄公心悦诚服，"毁钟型而听邦政"，"还年而问（阵）于曹沫"。在简文的前半部分，曹沫劝谏庄公奋发图强。庄公觉得曹沫与施伯的意见不同，为此而向曹沫发问。简文载：

> 戒（庄）公曰："昔池（施）舶（伯）语弄（寡）人曰（简 6 下）：'君子畀（得）之逪（失）之，天命▱。'今异于而（尔）言。（简 7）

对于简文"池舶"，李零先生指出"《国语·齐语》提到'施伯，鲁君之谋臣也。'即此人。韦昭注：'施伯，鲁大夫，惠公之孙，施父之子。'"①"池"与"施"古音相同而字通，简文"池舶"确实可以隶定作"施伯"。然而，此施伯的具体所指，却非李零先生所指出的作为鲁惠公之孙的"施伯"，而应当是作为惠公之子的"施父"。此可由以下两点进行说明。

一是，《齐语》提到的"施伯"是惠公之孙，而鲁庄公为桓公之子，也是惠公之孙。二人是同辈，则庄公似不应称其为"施伯"。对鲁君来说，同姓大夫长曰伯父，少曰叔父。比如，隐公称臧僖伯为叔父，臧僖伯为公子彄，字子臧，孝公之子，惠公之弟，隐公为惠公之子，所以隐公称僖伯为叔父。但是施伯与庄公是同辈，似不应称他为"伯"。当然，施伯的年龄长于庄公，但二人同辈。鲁君不可能称他为"伯"，更不可能生称他为"伯"。

---

① 马承源主编：《上海博物馆藏战国楚竹书（四）》，247 页，释文考释，上海古籍出版社，2004。

二是，简文称"昔施伯语寡人曰"，这里的"昔"①字应当是说此事已过去多年，而且极有可能说话人已故，这就与"施父"的年龄合，而与《国语·齐语》所载鲁庄公时期的"施伯"不合。按照辈分，施父是庄公的伯父，其年龄近于庄公的另外一个伯父隐公，隐公在桓公尚未即位的时候已经准备养老，其年龄至少应在四十岁以上，如此则鲁庄公九年的时候，施父应该是七十左右年龄，极有可能已过世，而此时的施父之子施伯正值壮年。而且，《国语·齐语》记载鲁庄公九年，施伯是鲁之谋臣，在任职之中。《曹沫之阵》与《国语·齐语》所记几乎是同一年发生的事情，则此时施伯不会过世，引用他的话不应以"昔"称之。所以简文中的"施伯"应当指作为鲁隐公之弟的施父。以辈分而言，晚一辈的鲁庄公称其为"伯"，乃是合理的事情。总之，简文所称不误，但此"施伯"非彼"施伯"，非如李零先生所说指的是《国语·齐语》韦注所谓的"施伯"，而应当是作为惠公之子的名"公子尾"的"施父"。

《曹沫之陈》不仅使我们得见文献之外春秋时期施氏的一些情况，而且其所展现的"施伯"的天命观也有较为重要的学术意义。从简文里面可以看到，庄公引用"施伯"之语来为自己不思进取的观念辩解，说自己是按照"施伯"所说的得失全在"天命"的意思行事。而这正是与曹沫之论所不同者。学者多从赞曹沫而非庄公的角度看待这个记载。日本学者浅野裕一甚至还依此将"施伯"定为"奸臣"，说："庄公引用将君子之得失视为天命的奸臣施伯之言，进而认为自己失去领土亦是天命。"②

到底是"施伯"（简文所称乃是鲁惠公子"施父"，亦即公子尾，下同）认

---

① 《左传》闵公二年：狐突谏大子申生曰："昔辛伯谂周桓公云：'内宠并后，外宠二政，嬖子配嫡，大都耦国，乱之本也。'"辛伯说此话是在鲁桓公十八年，距鲁闵公二年已过去了34年之久。僖公四年：管仲对曰："昔召康公命我先君大公曰：'五侯九伯，女实征之，以夹辅周室。'"更是遥忆西周初年的事情。《国语·周语下》，晋国叔向引文王、武王时太史尹佚的话，"昔史佚有言曰：'动莫若敬，居莫若俭，德莫若让，事莫若咨。'"遍查典籍，以"昔"字开头追忆的某人某语以此人、此事过去多年者居多。

② ［日］浅野裕一：《上博楚简〈曹沫之陈〉的兵学思想》，清华大学"简帛研究"网，2005年9月15日。

为齐强鲁弱，鲁失疆土是天命所致？还是庄公误解了"施伯"的本义呢？下面我们看一下曹沫对于鲁庄公的回答，看是否能从曹沫的回答中找到"施伯"的本义。

敓（曹）穢（沫）曰（简 7 上）："亡（无）吕（以）异于臣之言，君弗聿（尽）┗。臣斦（闻）之曰：君（简 8 下）①子吕（以）殹（贤）再（称）而遊（失）之，天命┗；吕（以）亡道再（称）而旲（没）身邎（就）丗（世），亦天命。不猋（然），君子吕（以）殹（贤）再（称），害（曷）又（有）弗（简 9）尋（得）？吕（以）亡道再（称），害（曷）又（有）弗遊（失）┗？"（简 10）

曹沫的这段话可以意译如下：这跟我所说的意思没有什么大的不同，只是您的理解尚不透彻。我听说过，君子因为贤良而扬美名于天下而最终却没有好报，这是天命；有的人因为无道而扬恶名但却能寿终正寝于世，这也是天命。这说明天命是人无法掌握的，不然的话，君子以贤明被称道，为什么没有得到好结果呢？而以无道恶名远扬的人，为什么又没有得到恶报呢？

曹沫认为自己的观点与"施伯"的观点是一致的，只是庄公理解的不全面。"施伯"的"君子得之失之，天命"的意思并不能仅仅照字面来理解。君子的得失成败系天命所定，而且此天命还有一种不可知不可拒的宿命在里面，但是否就说明施伯赞成顺从天命，不做人为的努力，一任天命的摆布？当然不是。天命不可知，天命又足可畏，唯有恭敬不怠，终身勤谨方能知天命之所在，即使自己终身努力而结果却不尽人意，也不能抱怨什

① 《曹沫之陈》简 7、简 8 皆是由两段残简缀合而成，简 7 下为"不同矣。臣是古（故）不敢目（以）古（故）酓（答）。然而古亦"，简 8 上为"又（有）大道焉，必共（恭）酓（俭）目（以）尋（得）之，而乔（骄）大（泰）目（以）遊（失）之，君言"，这些简文今移到简 65 的残简之中。此从白于蓝、李锐两位先生的编联方案（参见白于蓝：《上博简〈曹沫之陈〉释文新编》，清华大学"简帛研究"网，2005 年 4 月 10 日；《〈曹沫之陈〉新编释文及相关问题探讨》，复旦大学出土文献与古文字研究中心网 2008 年 3 月 3 日。李锐：《〈曹刿之阵〉重编释文》，"孔子 2000"网，2005 年 5 月 17 日）。

么，这是天命使然。此意犹如孔子之语"知其不可而为之"。在这里，"施伯"强调的是不要对天命抱怨。由此看出庄公理解"施伯"的话语只理解了一半，只理解了前半部分，而对于后半部分，没有领悟。或者说他明白"施伯"的意思，但是一"昔"字似乎透露了当时"施伯"已故，而庄公因自己不思进取，所以故意引了"施伯"的前半部分以为自己开脱。

"施伯"的这种天命观可以代表整个施氏家族的思想，而这种思想也恰恰是由施氏家族政治经济地位决定的。施氏作为鲁国一个中下等士大夫之家，处在"三桓"、臧氏、东门氏等高层贵族的夹缝之中。在长期的联合与斗争之中，施氏形成了知礼守礼、谨小慎微的家风，并把这种家风保持下去。谨小慎微使他们敬畏天命，知礼守礼又使他们恪守职责，积极有为。我们前面所论的施父、施伯、施孝叔皆是如此。至此，我们可以相信"施伯"的天命观有两个方面，一是尊奉天命，二是在知天命的基础上奋发有为。这种天命观，应该是春秋时期鲁国乃至各国有识之士的共识。今可试举例说明之。

昭公时期，鲁国有一位贤大夫子家懿伯，他虽然认为政在季氏，不可改变，但还是积极参与了讨伐季氏的行为，在失败后，与昭公逃亡齐国。在奋斗中，子家懿伯曾经说：

> 天命不慆久矣，使君亡者，必此众也。天既祸之，而自福也，不亦难乎！犹有鬼神，此必败也。呜呼！为无望也！其死于此乎①！

天命不可怀疑，天既祸之，不能求福，这是子家懿伯的天命观，但他又是对昭公最忠心的一个臣子，不管天命的最终结果是什么，依然尽自己最大努力以求有为，鞠躬尽瘁，死而后已。

吴公子季札是《左传》几乎当作圣人来写的人物。他拒绝了吴子诸樊的让位，品德高尚，极有远见，但是面对公子光与吴王僚之间的弑杀篡位，他说：

---

① 《左传》昭公二十七年。

苟先君无废祀，民人无废主，社稷有奉，国家无倾，乃吾君也，吾谁敢怨？哀死事生，以待天命。非我生乱，立者从之，先人之道也①。

在季札看来，无论是合于礼法的即位还是弑杀篡位，要尊重的只是结果，"立者从之"，承认现实的存在，并且认为天命所系就在"立者"之身，但是他"复命哭墓，复位而待"，恪守职责，毫不懈怠。

值得我们特别重视的是，孔子的天命观与"施伯"的认识是极其相似的。孔子曾有过"天生德于予，桓魋其如予何"②的自负与自信，也有过"凤鸟不至，河不出图，吾已矣夫"③的失意与哀叹。甚至也认为天命是不可更改的，自己品德高洁的弟子伯牛暴死，说："亡之，命矣夫！"④自己最喜爱的弟子颜渊死，叹息"噫！天丧予！天丧予！"⑤甚至孔子认为自己传播文化的职责也是天命所为，"文王既没，文不在兹乎？天之将丧斯文也，后死者不得与于斯文也；天之未丧斯文也，匡人其如予何！"⑥所以说孔子是相信并尊重天命的，他把自己的得失归结为天命使然，但是他又不听之任之，而是信守"知其不可而为之"的人生信条，一生汲汲，毫不懈怠。而"施伯"也是如此，既在思想意识里承认天命的存在，又在实践中努力自强，奋斗不息。孔子善于汲取前人思想以构建自己的理论体系，如果我们推测，作为鲁国贤士大夫代表之一的"施伯"的思想言论与孔子相关思想的滥觞有一定的关系，这当不是无根之谈。

---

① 《左传》昭公二十七年。
② 《论语·述而》。
③ 《论语·子罕》。
④ 《论语·雍也》。
⑤ 《论语·先进》。
⑥ 《论语·子罕》。

先秦时期战功名称问题
——上博简《曹沫之陈》的一个启示

在上博简第四册《曹沫之陈》篇简 62 首句中有"又（有）多"，陈剑先生首先将此简置于简 26 之后①。简 26 是下半残缺的半支简，简 62 虽然是上下皆残的半支简，但据其契口位置看，应该是下半支简，可以与简 26 相连。简 26 末句为"一人"，简 62 首句为"有多，四人皆赏"，两句相连，组成"一人有多，四人皆赏"，即一人立有战功，要赏及四人。文义也很通畅。白于蓝、李锐、单育辰诸位先生从之②。

古代军队以五人为伍，伍是军队最基本的编制单位，伍有伍长，五人之间签有连保的符书，《尉缭子·束伍令》载"束伍之令曰：五人为伍，共一符，收于将吏之所"。他们在战争中同生共死，同命运。《尉缭子·兵教下》谓"一曰连刑，谓同罪保伍也。"《吴子·治兵》载教战之令为"乡里相比，什伍相保。"《商君书·境内》亦载曰："五人来薄为伍，一人羽而轻其四人③，能人得一首则复。"伍中一人有罪，要加刑于其余四人，而一人若立有战功，也要赏及四人。《曹沫之陈》简文出现"一人有多，四人皆赏"，这是简帛材料上关于"伍"之间相保的明确记载。从而间接说明了简 26 与简 62 相连的正确性。

《曹沫之陈》此简中的关键词，"多"，原释文无释，陈剑先生指出"战

---

① 陈剑：《上博竹书〈曹沫之陈〉新编释文（稿）》，清华大学"简帛研究"网，2005年 2 月 12 日。

② 白于蓝：《上博简〈曹沫之陈〉释文新编》，清华大学"简帛研究"网，2005 年 4 月 10 日；《〈曹沫之陈〉新编释文及相关问题探讨》，复旦大学出土文献与古文字研究中心网 2008 年 3 月 3 日。李锐：《〈曹刿之陈〉重编释文》，"孔子 2000"网，2005 年 5 月 17 日。单育辰：《〈曹沫之陈〉新编联及释文》，武汉大学"简帛"网，2007 年 6 月 3 日。

③ 清儒孙诒让曰："羽当为死，轻当作赳。言同伍之中一人死事，四人不能救，则受刑也。"高亨先生则认为："羽疑当作兆，形似而误，兆借为逃。此言一人逃走，则加刑于其同伍四人，即同伍连坐的法律。"（《商君书注译》，148 页，中华书局，1974）

功曰多"，旧注多见。陈剑先生的注释精当可信。然而，为什么用"多"来专指战功呢，这种观念源自何时？又是因何而起呢？战功计量单位的变化折射出怎样的奖赏制度的变迁及观念的变化呢？这些问题，时贤专家尚未顾及，故本文试析之，以求拾遗补阙之效。

"战功曰多"，出于《周礼·夏官·司勋》："王功曰勋，国功曰功，民功曰庸，事功曰劳，治功曰力，战功曰多。""多"指战功，古书习见，如《尚书·文侯之命》："汝多修，捍我于艰，若汝，予嘉。"孔安国传："战功曰多。"①《国语·晋语》载曰："下邑之役，董安于多。"韦昭注："多，功也。'"②《管子·小问》篇载曰："昔者吴、干(邗)战，未龀不得入军门。国子摘其齿，遂入，为干(邗)国多。"房玄龄注："战功曰多。言与干(邗)战，国子功多也。"③《逸周书·皇门》篇载曰："戎兵克慎，军用克多。"庄述祖注："战功曰多。"④

总之，先秦时期以"多"作为战功的代称，渊源有自，完全可信。然而，为什么要用"多"字来代称战功呢？

我们可以从"多"之本义说起。"多"字在甲骨文中即已出现，作为官名、人名，如"多尹""多射""多马""多臣""多子""妇多"等。除此之外，作为形容数量大的"多"也很常见，如"多父""多妇""多兄""多雨""多鬼"等。《说文·多部》："多，重也，从重夕，夕者，相绎也，故为多。重夕为多，重日为迭。凡多之属皆从多。"《说文》谓"重夕为多"，可能是指夕而又朝，朝而又夕，相绎无穷。《汉语古文字字形表》则分析为："多象两块肉形，古时祭祀分胙肉，分两块则有多义自见。《说文》以为从二夕，实误。"⑤徐在国先生则总结说："多，从二夕，会日居月诸之意。或以为从二肉。"⑥据"多"在甲骨文中的字形来看，确实如两块肉形，然而，若理解为"古时祭

北京师范大学史学探索丛书

---

① 《十三经注疏》，254 页，中华书局影印本，1980。

② 《国语》，490 页，上海古籍出版社，1998。

③ 黎翔凤：《管子校注》，975 页，中华书局，2004。

④ 黄怀信、张懋镕、田旭东：《逸周书汇校集注》（修订本），551 页，上海古籍出版社，2007。

⑤ 转引自陈初生：《金文常用字典》，703 页，陕西人民出版社，2004。

⑥ 黄德宽主编：《古文字谱系疏证》，2283 页，商务印书馆，2007。

祀分胙肉”，则“多”义出现又太晚，如果从远古狩猎功大者可以多分一两块肉来考虑，似乎比较符合多之本义。当然这也有点类似于后世的胙肉。狩猎虽然不是后世那样的战争，但其拼杀的激烈程度与战争还是一致的。狩猎有功者多分一两块兽肉，正是对于其狩猎之功的奖励。这种历史的记忆应当就是“战功曰多”的源头所在。

“战功曰多”这一概念的直接起源可能是原始时代的“猎头”的习俗。据考古发掘报告说，旧石器时代的北京人，新时期时代的半坡遗址、河姆渡遗址、大汶口文化墓葬、良渚文化墓地、龙山文化墓葬等都出现了大量的缺头现象，一种墓葬里只见头骨，不见肢体，而另外一种墓葬里只见肢体不见头骨。专家推测这是战争中以猎取敌对一方的头颅作为计算战功所造成的结果。猎头这一习俗分布地区广，延续时间也很长。《太平御览·四夷部》引《临海志》载夷州民“战得头，着首，还，于中庭建一大材，高十余丈，以所得头差次挂之，历年不下，彰示其功。”也许原始人猎取人头不仅是战争征伐中的做法，在平时也有猎取敌对部落的人头用于祭祀神灵、炫耀勇武等，但是以人头多少作为计算功劳数量的做法应该是一样的。

如前所述，周代出现了六种关于功劳的不同代称，“战功曰多”是为其一。“勋”“功”“庸”“劳”“力”“多”六种称呼功劳的名词，诚然如贾公彦疏所说：“皆对文为义，若散文则通。”①后世遂统称为“功劳”“功勋”“功庸”。然而，这六种称呼毕竟有所不同，它们成为某一种功劳的代名词应该与其所代指的功劳的性质相符，从这个意义上说，它们应当是各有专指的。这种专指，让我们进一步看到了“战功曰多”的本来意蕴。

《周礼·司勋》所谓的六种功劳代称，王功、国功、民功、事功、治功都是无法用具体数量来计算的，只能根据其功劳的大小以及其重要性质分别用“勋”“功”“庸”“劳”“力”来加以区分与称呼，而战功则不同，战功是可以用数量的多少来计算的。文献记载表明西周春秋时期，战功的大小以

---

① 《十三经注疏》，841 页，中华书局影印本，1980。

"俘""馘"的数量来计算，典籍中屡见"折馘""执俘""献俘""授馘"的记载①，"俘"是战争中所获生囚，"馘"则是战争中所获死囚。"馘"即指战争中割下杀死者的左耳以记功②。当一场战争结束论功行赏的时候，所封赏的主要依据也就是"俘""馘"的数量，所以经常会出现争抢俘虏、争首级的事情。《左传》襄公二十六年记载楚王子围与穿封戌争功，皆曰郑皇颉戌是自己在战争中所俘获。穿封戌没有抢到，"戌怒，抽戈逐王子围"。《史记·项羽本纪》载项羽自刎而死，"王翳取其头，余骑相蹂践争项王，相杀者数十人。最后，郎中骑杨喜，骑司马吕马童，郎中吕胜、杨武各得其一体。五人共会其体，皆是。故分其地为五"。这种以生擒死获的数量来计算战功的习俗应该是很早的。从西周直至春秋时期，战后普遍以生擒死获的数量来计算战功，那时主要是以割取敌人的左耳为计，到了战国时期，则以斩首常见。在这一转变过程中，商鞅的变法影响可谓是最大的，秦国规定"能得甲首一者，赏爵一级，益田一顷，益宅九亩，一除庶子一人，乃得入兵官之吏"③。秦法制爵二十等，以战获首级者计而受爵。甚至在战后，国家要把将士所斩敌人首级的数目公布出来；或是陈列耳级，国家要进行校阅，以此作为论功行赏的根据。这就是《商君书·境内》篇所说的"暴首三（日），乃校三日，将军以不疑致士大夫劳爵"。这样明确的奖赏战功的方法必然激励士兵奋勇杀敌，形成了人民"乐战"④的风气。也使秦国成为一个

---

① "折馘、执俘"出自《左传》宣公十二年，"献俘、授馘"出自《左传》僖公二十八年。此外，《逸周书·世俘》篇六次出现"告以馘俘"。《诗经》里对"馘""献馘"亦有很多记载，如《皇矣》："执讯连连，攸馘安安。"《泮水》"矫矫虎臣，在泮献馘"；"在泮献囚"；"在泮献功"。皆是指武士征伐归来，以所获敌人的头颅、耳朵、俘虏的数量来计算战功。再如，《左传》宣公二年大棘之战，宋师败绩，郑"囚华元，获乐吕，及甲车四百六十乘，俘二百五十人，馘百人"。

② 《春秋左传注》僖公二十二年载"楚子使师缙示之俘馘"，杨伯峻注："'馘'字本作聝，经传多作馘。"（杨伯峻：《春秋左传注》，399 页，中华书局，1990）

③ 《商君书·境内》。其中，"甲首"之"甲"，清严万里校本作爵，近人朱师辙《解诂》曰："爵，绵眇阁本、程本、吴本、冯本、范本，皆作甲。"参见高亨：《商君书注译》，152 页，中华书局，1974。

④ 《商君书》之《壹言》《画策》篇。

"弃礼义而上首功之国"(《史记·鲁仲连邹阳列传》)，与斩敌人首级相对应的军功爵制使军功的奖赏完全功利化、制度化。当然这是"战功曰多"的发展的登峰造极的表现，但我们也可以从这一奖赏战功的方法上看出其发展的源流。"战功曰多"，即是因为战争中的赏罚最初是以数量的多少来计算的。"多"即是战争中生擒死获敌人的数量，久而久之，即以"多"来称呼战功，"多"就成为代指战功的专有名词。

我们的这种推测应该是比较合理的。而且我们也可以看到，即使是春秋时期的文献中以"多"称呼战功的记载中，"多"除了代指战功外，还依然保留着"数量多"的这层意思。如《国语·晋语》："下邑之役，董安于多。"也可以理解为，论功行赏，下邑之役，董安于立的战功为多。《墨子·鲁问》载墨子谓鲁阳文君曰："攻其邻国，杀其民人，取其牛马、粟米、货财，则书之于竹帛，镂之于金石，以为铭于钟鼎，传遗后世子孙曰：'莫若我多。'"此处的"多"代指战功，然亦含有所立战功为多的意思。郑玄在为《周礼·夏官·司勋》"战功曰多"作注时保留了《司马法》一条佚文，曰"上多前肟"①，即肟获多者居前，战功高者居上。其中，"多"亦是此意。孙诒让举《说文》"多，重也。"谓："'多'训'重'而以为战功之名，犹'最'训'积'而以为课最之名，并取层累无上之义。"②可以说，"战功曰多"，有这一层意思，然而这不是最初的表述。战功是累加的，是靠数量来计算的，从这一点上来说，"层累无上"，又是贴近的。

先秦时期以"多"作为战功的代称，战后以生擒死获的数量来计算战功，而在划分战功等级的时候，还有上功下功之分，即文献记载中屡屡出现的最、殿之称。军功上者曰最，下者曰殿。《商君书·境内》载："先已者当为最启，后已者訾为最殿"；"其先入者，举为最启；其后入者，举为最殿"。这里"最启""最殿"犹如我们现在所说的最先进最落后之义，是一种褒奖警惕士卒的称号。《史记·绛侯周勃世家》载周勃"击章邯车骑，殿"，"先至城下为多"，"攻槐里、好畤，最"。史记集解引孙检曰："一说

---

① 《十三经注疏》，841 页，中华书局影印本，1980。

② （清）孙诒让：《周礼正义》，2367 页，中华书局，1987。

上功曰最，下功曰殿，战功曰多。周勃事中有此三品，与诸将俱计功则曰殿最，独捷则曰多。"①后来，最、殿不仅成为考核军功的等级，还成为考核官员政绩的等级。《汉书·宣帝纪》载曰"丞相御史课殿最以闻"。《春秋繁露·考功名》则记载具体的考试之法为"九分三三列之，亦有上中下，以一为最，五为中，九为殿"。

　　总之，"战功曰多"这个问题应当是跟自古以来战争的杀伐性质有关，斩杀敌人首级之事，可以溯其源到原始时代的猎头之俗。以"多"释战功，可能源自远古狩猎后的论功行赏之俗。从郑玄注《周礼》的情况可以看到，"战功曰多"这一概念在汉代已非习见，所以他论说六种功勋名称时，有五种举先秦人物为例，而论"战功曰多"则以汉代大将韩信、陈平为例。这是什么原因呢？"战功曰多"在先秦时期多指下级将士杀敌斩首之功，而汉代计战功，虽然不排除有"上首功"的影响，但已不居于主要地位，国家论战功则多以一场战争的胜负为标准，韩信、陈平之类的大将，其个人的"首功"可能并不多，但其运筹帷幄、决战胜负的指挥的功劳又何止是先秦时期的"首功"可比？人们对于战争的整体胜负的关注更胜于个人的"首功"，这或许从一个角度让人们看到了上古时代社会人们的战争观念的变化。"战功曰多"之事，秦汉以降逐渐退出人们的视野，原因盖在乎此。

　　①　（汉）司马迁：《史记》，2066 页，中华书局，1982。

附录二　与先秦"语"文体有关的研究论文

"命"与"语"：上博简《吴命》补释
——兼论"命"的文体问题

上博简《吴命》篇记载了春秋后期吴楚争雄的重要历史事件，是 2008 年 12 月面世的上博简第七册中非常引人注目的一篇。此篇共九支简，计 375 字。竹简残损严重，除第九简为完简外，余皆残缺，因此编联和释读有很大难度。曹锦炎先生进行了最初的整理，但各简之间还是不甚连贯。关于此篇的性质，曹锦炎先生认为"从文章内容到体例，《吴命》篇有可能为《国语·吴语》佚篇"。① 王连成先生认为这是一篇檄文，文风类似于《尚书》中有关"誓"的篇章。② 单育辰先生认为《吴命》此篇为"吴国的外交辞令之汇抄"。③ 以上诸家之说皆未展开论述。此篇何以称为"吴命"，它与《国语·吴语》可以相互参考，二者是何关系，这些问题很值得深入探讨。今在诸家研究的基础上，对此篇简文提出一些补充性的拙见，以求教于专家。

一、简文的若干关键问题补释

在曹锦炎先生考释之后，诸家对于《吴命》简复加研讨，解决了不少问题，但仍有些关键问题尚待斟酌。

---

① 马承源主编：《上海博物馆藏战国楚竹书（七）》，303 页，上海古籍出版社，2008。

② 王连成：《〈上博七·吴命〉释字四则》，清华大学"简帛研究"网，2009 年 1 月 9 日。

③ 单育辰：《上博七〈凡物流形〉、〈吴命〉札记》（修订），武汉大学"简帛"网，2009 年 6 月 5 日。

（一）吴国使臣言辞的性质如何

专家解读简文都很重视《吴命》简3＋1的一段外交辞令，但对于这段言辞性质的理解颇有歧义，① 值得再探讨。今先将这段简文具引如下：

> "君之恖（顺）之，则君之志也。两君之弗恖（顺），敢不芒（枉）道以告？"吴青（请）城（成）于楚，"昔上天不中（衷），墜（降）悆（祸）于我②（简3）二邑，非疾痼（因）安（焉）加之，而趑（殄）绝我二邑之好？ 先人又（有）言曰：'马将走或（国），童（撞）之速焋（殃）③。'"欿（竃、州）坒（来）告曰（简1）……

这段简文的第一句似乎是楚国使臣的话，语气有些蛮横，向吴提出某项要求，令吴国顺从，不然就要"枉道以告"。④ 这种明显的威胁之辞，应当是吴国所记楚使臣言辞之蛮横无理。吴国面对威胁，采取了先礼后兵的策略，"请成于楚"。如果这样理解，似乎可以把这段简文说成是吴楚双方使臣的对话，然而简文下文吴使却谓"昔上天不中（衷），墜（降）悆（祸）于我

---

① 关于《吴命》简这段简文的性质，单育辰先生认为是《吴命》中一则独立的外交辞令，见《上博七〈凡物流形〉、〈吴命〉札记》，武汉大学"简帛"网，2009年6月5日）。王晖先生认为是吴楚两国使臣的对话，见《楚竹书〈吴命〉主旨与春秋晚期争霸格局研究》，《人文杂志》，2012（3）。

② 简1两端皆残，陈伟先生首先将简1作为下段残简而与简3残简拼合，诸家从之。经此缀合，于长度、契口位置都符合《吴命》简完整的简。（陈伟：《读〈吴命〉小札》，武汉大学"简帛"网，2009年1月2日；《读上博楚竹书〈吴命〉札记》，复旦大学出土文献与古文字研究中心网，2009年7月12日。后收进《新出楚简研读》，315～318页，《读〈吴命〉札记》，武汉大学出版社，2010）

③ "坒"，原释文读为"仰"，又有蹶、衢、养、祥、伤等释。此从范常喜先生读作"殃"（《〈上博七·吴命〉"殃"字补议》，武汉大学"简帛"网，2009年1月6日）。

④ 简文"芒"诸家异说甚多，我觉得读为"枉"较妥。春秋时期，"枉道"习与"直道"相对应，若依此释，此简是可以说得通的，意思是说，就是被斥为枉道也要跟你动武。相关论析，参阅拙作《春秋后期吴楚争霸的一个焦点——从上博简〈吴命〉看州来之争》，《江汉论坛》，2011（2）。今再酌其意，似乎将"枉道"释为绕道更好一些。《说文》训枉为"衺曲"，这是枉的本义，枉的其他意思皆由此引申。"枉道以告"，犹言不惜绕道也要去向您报告。所谓的"告"，实即动武、动粗之意，但说出来却是文质彬彬然，盖外交辞令必须如此。

二邑，非疾痫（因）安（焉）加之，而怒（殄）绝我二邑之好"（3＋1简）。意思是说过去上天降祸于吴楚两国，使两国兵戎相见，并不是因为吴国有了什么过错才"殄绝"了两国的友好关系，言外之意是说吴楚兵戎相见的责任完全是楚国所造成的。紧接着吴使臣又谓："先人又（有）言曰：'马将走或（国），童（撞）之速羕（殃）。'"意谓一匹在都城大道上发疯的马匹狂奔，这时候，路上的人只能避让，而不要去冲撞它。如果冲撞它，就会招致祸殃（"速殃"）。吴国使臣引用"先人之言"，以发疯的马匹形容悍楚，这就不可能是吴、楚两国使臣的对话，而应该是吴使向吴、楚以外者所做的陈述。以理推之，就应当是吴使臣向周天子所描述的楚国强悍无礼之辞。因此吴使臣的这一段外交辞令也属于"告劳"①之辞的内容。另外，此段简文最后谓"嫩（竈、州）垒（来）告曰"，而下文第四简又有"翯（寿、州）来"，说明《吴命》简 3＋1 简文不可能是一则独立的外交辞令。只是因为竹简残损，才使的上下简文文义不甚连贯而已。

（二）简文"州来"意蕴何指

简文第一简最后有"嫩（竈、州）垒（来）告曰"，第四简又有"翯（寿、州）来。孤使一介使新（亲）于桃逆，劳其大夫，薦青（请）其行"，说明吴、楚这次的冲突与州来有关。原释文指出"嫩"是"竈"字的异构。"嫩来"，或写作"翯（寿）来"（见第四简），人名。"嫩""翯"两字为叠韵关系，可通借为异写。② 专家有怀疑原释文此说者，复旦读书会将两处皆释读作"曹"，但存疑。陈伟先生将第一简的"竈来"释为人名，而将第四简"翯（寿、州）来"释为淮夷小国名。③ 其实，"寿""州"同为幽部字，音近可通，文献中习见其通假的例证。④ "寿""竈"为幽、觉阴入对转，亦有通假的可能。因此，

① "告劳"，见于《国语·吴语》。据《吴语》记载，吴王夫差在著名的黄池之会以后，派吴大夫王孙苟"告劳于周"，韦注："劳，功也。"告劳，类似于西周春秋时期的"献捷"。《左传》襄公二十五年载，"郑子产献捷于晋"，杜注："献入陈之功，而不献其俘。""告劳"之礼，应当只是禀报功劳而不献俘、献物。
② 马承源主编：《上海博物馆藏战国楚竹书（七）》，306、312 页，上海古籍出版社，2008。
③ 陈伟：《读〈吴命〉小札》，武汉大学"简帛"网，2009 年 1 月 2 日。
④ 参见高亨纂著，董治安整理：《古字通假会典》，781 页，齐鲁书社，1989。

第一简的"竈来"与第四简的"寿来"皆当读作"州来"。原释文是可以信从的。

简文提到"州来",有何意蕴呢? 学者们大多根据《左传》记载鲁哀公十年"冬,楚子期伐陈,吴延州来季子救陈",认为此"州来"当即《左传》之"吴延州来季子"或者是其后世子孙,简文所记载的正是发生在鲁哀公十年(公元前485年)的吴救陈之事。① 吴延州来季子,即吴公子季札。季札最初受封在延陵(今江苏常州),后加封州来(安徽凤台),所以被称为"延州来季子"。季札是《左传》几乎当作圣人来写的人物,他拒绝了吴子诸樊的让位,品德高尚,极有远见。然而吴公子季札,文献中一般称其为延陵季子,或者延州来季子。遍查先秦古籍,未见直接以"州来"代指公子季札的。第四简上端是平头,不见残损,因此"壽(寿、州)来"两字前面也不可能有"延"字,而且先秦文献中也没有以"延州来"代指公子季札的,"延州来"其后必定有"季子"两字,以示时人对公子季札的尊敬②。所以《吴命》此处简文"州来"不可能是代指公子季札。

那么,"州来"有无可能是代指公子季札的后世子孙呢? 我以为也是不可能的。"州来"作为公子季札的封地,所持有的时间并不长。"州来"本为淮夷小国,在今安徽凤台、寿县一带。日本学者竹添光鸿指出其位置的重要,说它位于"吴楚中间要害处"。③ 州来历为吴楚所争夺,昭公十三年(公元前529年)《春秋》载曰"吴灭州来",但此后州来又被楚夺去,吴楚两国对州来展开了激烈的争夺。昭公二十三年(公元前519年),吴大败楚国,夺回州来,将此地作为公子季札的封地。哀公二年(公元前493年),吴迁蔡于州来,州来作为蔡国的新都,改称下蔡,此后州来一直不见诸史载,应当是这以后一直

① 林文华:《〈吴命〉1、3 号简文补说》,武汉大学"简帛"网,2009 年 1 月 9 日。王晖:《楚竹书〈吴命〉主旨与春秋晚期争霸格局研究》,《人文杂志》,2012(3),115~124 页。

② 新问世的竹简资料中也有"延陵季子"的记载。例如,上博简第 5 册《弟子问》简 1 载孔子赞叹季札让国,谓"前(延)陵季子,其天民也乎?"(马承源主编:《上海博物馆藏战国楚竹书(五)》,图版 99 页,释文 268 页,上海古籍出版社,2005)

③ [日]竹添光鸿:《左氏会笺》,1867 页,巴蜀书社,2008。

为蔡国所在地的缘故。《左传》所记载的鲁哀公十年(公元前 485 年)"吴延州来季子救陈",只是沿袭对季子的一贯称呼而已,此时州来早已不是季子的封地了。季子受封州来仅限其一世,很快州来成为蔡国的新都,季子不可能再传给其后世子孙,所以简文此处的"州来"也不可能代指季子的后世子孙。

通过以上的分析,我们可以确定《吴命》简文的"州来"非代指季子或其后世子孙,而是指吴的附庸小国州来。如果以简文所记的事情发生在鲁哀公十年(公元前 485 年),则此时的州来是蔡国所在地。当时蔡国虽然为吴国附庸,但不可能称其为"州来"。所以简文此处的"州来告曰",并非指哀公十年吴救陈的事情,而是指在这之前吴楚之间激烈的州来之争。州来是"翼蔽淮夷"的战略要地,是吴、楚争夺的焦点,至此,我们可以明确简文第一部分的内容应该是吴、楚关于州来的争夺①。

(三)《吴命》简性质是吴王的"告劳"之辞

《吴命》简中有一段话,颇为引人注目,说这段话者为谁,是研讨简文内容的关键之一。这段话的内容是:

> "……(楚入)寿(州)来②。孤使一介使新(亲)于桃逆,劳其大夫,荐青(请)其行。䎽(荆)为不道,胄(谓)余曰:'女(汝),周之荤子,(简 4)□□□□噬敢居我江㝵(干),曰余必攺(残)芒(亡)尔社稷,以窒(广)东海之表。'天引(诱)其中(衷),卑(俾)周先王侐(逸)。"(简 5下)□□又(有)轩䡗(冕)之赏,或又(有)釜(斧)戉(钺)之悢(威),以此前后之,猷(犹)不能以牧民,而反志(致)下之相挤也。几(岂)不左才(哉)! (简 5 上)

这段简文是一段对话,抑或是关于某个事件的史载呢?原释文认为这

---

① 参见拙作《春秋后期吴楚争霸的一个焦点——从上博简〈吴命〉看"州来"之争》,《江汉论坛》,2011(2)。

② 简文"寿(州)来"之前拟补"楚入"二字。《左传》庄公十四年谓"楚入蔡",成公九年谓"楚入渠丘",皆客观的述事之辞。简文语境与之相类,拟补"入"字比用"侵""犯"等字要妥当一些。

一部分是晋、吴之间的对话，晋使指责楚人无道，并转述周天子告让之辞。① 这个说法有一定道理，但似不够准确。正如学者们多已指出的那样，《吴命》所载与晋国无关，其记载的内容只是吴、楚之间争雄之往事。这是正确的判断。我们可以作进一步的具体分析，我的认识是，这段简文既不是两国吴、楚争雄的史事记载，也不是两国使臣的对话，而只是吴国使臣以吴王的口吻说给第三方听的言辞。简文所载吴国使臣诉说了吴与楚关于州来的纠葛，其中"酋（荆）为不道，胃（谓）余曰"，吴王这样说楚国，不可能是吴、楚两国使臣面对面的交锋，而是叙说给第三方听的。② 那么吴王把楚国肆无忌惮的话"女（汝），周之孽子，□□□□噬敢居我江完（干），曰余必攼（残）芒（亡）尔社稷，以窐（广）东海之表"，说给谁听的？请谁来裁判呢？"天引（诱）其中（衷），卑（俾）周先王佾（逸）"，是说楚国已经服罪，吴国取得了胜利，给周先王以安逸，所以这里应该是说给周天子听的，这是吴国使臣告劳周天子之辞。在这段告劳之辞中，我们看到了吴、楚之间对"州来"争夺的过程与结果，是以吴国的胜利告终。从中我们也能看出《吴命》为"檄文"说，也是很难成立的。这段简文的性质为告劳之辞，这对于说明《吴命》简的性质问题可能是一个关键。

根据简文的表述，我们可以看出吴、楚关于州来之争的始终。当楚悍然进入州来的时候，吴首先采取礼让的态度，派使臣代表吴王亲自到桃这个地方迎接并慰劳楚大夫。并且多次交涉，让楚离开州来（"薦请其行"），以不失两国之好。但是，楚国却悍行无忌（"荆为不道"），并且出言不逊，说吴国本是周之余孽，胆敢居住在我们楚国的长江之岸（"居我江干"），还扬言要灭掉吴国的社稷，以便扩大楚国的地盘到东海之滨。简文"天引（诱）其衷"，就意味着楚已经服罪，实际上说这次州来之争中，吴国又取得了胜利。结合上一段简文，"昔上天不中（衷），墬（降）悆（祸）于我二邑"，关于州来之争的始末已经很清楚了，"昔上天不衷"，这是吴使回忆以前

① 马承源主编：《上海博物馆藏战国楚竹书（七）》，303 页，上海古籍出版社，2008。

② 关于两国正面交锋的言辞，可以参考《左传》僖公四年的管仲应答楚史之辞与成公十三年吕相绝秦之辞。

吴、楚之间关于州来的纠葛，而本段简文的"天引其衷"则说明州来之争的最后结果是吴国取得了胜利。那么简文所指的州来之争应该是发生在哪一年呢？根据《左传》记载，昭公二十三年（公元前519年），吴大败楚国，夺回州来。昭公二十四年（公元前518年），楚国调动"舟师"想侵入吴国，夺回州来，但却无功而返，反而丢失了两个城邑。昭公二十七年（公元前515年），吴"使延州来季子聘于上国，遂聘于晋，以观诸侯"。与《左传》对读，会发现，简文所说的"州来之争"似应发生在昭公二十四年。当时州来本是吴国的附庸，在吴国掌控之中，而楚国又试图夺取它，最终却以失败而告终。吴国取得了对州来决定性的胜利，即将此地作为德高望重的公子季札的封地，此后牢固地占有州来。昭公二十四年（公元前518年）吴国的这次胜利是吴楚争雄攻守形势的交换，对于吴国的发展至关重要，吴王在遣使向周天子告劳的时候自然会汇报这一重要的战功。此段简文作为告劳之辞，而非檄文，应该是说得通的。

（四）奔赴抑或是离开陈国

《吴命》简有一段关于"吴走陈"的记载，内容如下：

"……古（故）甬（用）使其三臣，毋敢又（有）迟速之羿（期），敢告剐（视）日。"答曰："三大夫辱命于寡君之仆，寡君一人……（简7）以嬖（贤）多忌，隹（唯）三大夫其辱昏（问）之。今日隹（虽）不敏，既卲（莅）矣，自睉（往）①日以往，必五六日，皆敝邑之期也。"吴走陈。（简9）

关于这一部分，学者们多指出简文"吴走陈"，其事与鲁哀公十年楚伐陈之事有关，认为这是吴国使臣与楚王的交涉，迫使楚军答应同意离开陈

---

① 简文"睉"字诸家考释异说甚多，或释读为暑、是、堤、望等，虽然皆有理致，但与简文字形不类。从简文字形上看，简文这个字从日、从止、从壬，当释为"睉"，读为"往"。《说文》"往"字所引小篆字形作从彳、从止、从圭（所从之土乃"壬"之讹），若省去所从之彳，即为从止从壬之形。简文这个字，原本应当就是往字，只是附加了羡划"日"而已。《广雅·释诂》"往，至也"，简文"睉日"，意即至日，意指军队到达之日。

国，吴军谈判成功就离开了陈国。① 这种解释于史有证，而且简文"吴走陈"下文提到"我先君阖闾"，所以这里的吴王只能是吴王夫差。再联系《吴命》第八简"寡君昏（问）左右，孰为币（师）徒践履陈地，以陈邦非它也，先王姑每（母）大姬（姬）之邑"。所以说《吴命》所载应该是吴为了救陈而到了陈国境内。《左传》记载，吴国曾经于鲁哀公元年侵陈、六年伐陈，那是因为陈国一直依附于楚国的关系，吴国"修旧怨"而已，但随后陈国又转而依附于吴。陈国依附吴国引起了楚的不满，《左传》记载哀公九年夏"楚人伐陈，陈即吴故也"，哀公十年冬"楚公子结帅师伐陈，吴救陈"。所以《吴命》简文此载确实是鲁哀公十年吴救陈一事。主张《吴命》为"檄文"说的学者主要依据这段简文。认为此段简文是吴、楚两方的对话。吴国使臣"毋敢又（有）迟速之羿（期），敢告祠（视）日"，下了战书，而楚国也不甘示弱，回答说"自眡（往）日以往，必五六日，皆敝邑之期也"。这种解析虽然可以通释，但是并非唯一可能的解释。我们还可以提供另外一种思路，即这是吴国使臣转述的陈国请求吴国出兵援救之辞。这种解释，与简文下文所说"践履陈地，以陈邦非它也，先王姑每（母）大姬（姬）之邑"相呼应，应当是更为合理的解释。吴国使臣告劳周天子的时候，主要述说楚国无礼，吴国的礼让与据理力争。此次吴国出兵到陈国，是因为楚国讨伐陈国，陈国派了他们的三个使臣，没有丝毫的耽搁，前来告急，请求吴国立即发兵。吴国回答陈国的请求，从使臣来告急到吴军到陈国境内，需要五六天的时间。这样理解使的吴国出兵陈国更加名正言顺。

另外，简文"吴走陈"，一般理解为吴军撤离了陈国，我觉着这里应该是吴军答应了陈国使臣的请求，奔赴陈国，而非离开陈国。在先秦文献中，"走"可以理解为离开，也可以理解为相反的意思：来、奔向、趋向。走作"离开"讲时，后面一般不再跟名词，而作"奔向"讲时正相反，如《左传》宣公十二年载赵旃"走林"；襄公十八年载齐灵公"走邮棠"；《国语·晋语二》载公子夷吾"走梁"；《晋语九》载赵襄子"走晋阳"等，都是指奔赴、奔向某地。与《吴命》简文这里的"吴走陈"用法是一样的。因此，"吴走陈"

———

① 王晖：《楚竹书〈吴命〉主旨与春秋晚期争霸格局研究》，《人文杂志》，2012(3)。

不应该理解为吴军谈判成功就离开了陈国，而是指吴国军队应陈国的请求奔赴陈国，即文献所说的"吴救陈"。

（五）吴王如何告劳周天子

《吴命》简的最后部分是典型的告劳之辞。诸家无疑义。但吴王是如何告劳的呢？我们先来看相关的简文：

> "楚人为不道，不思亓（其）先君之臣事先王。灉（废）亓（其）贐（贡）献，不共承王事，我先君盇（庐）……（简9）……来（赖）先王之福、天子之灵，孤也可（何）劳力之又（有）安（焉）！孤也敢至（致）先王之福、天子之灵。"吴人虍（虖）①□□□□（简8上）于周。"寡君昏（问）左右，孰为帀（师）徒践履陈地，以陈邦非它也，先王姑每（母）大妃（姬）之邑……"（简8下）
>
> "……賽（塞）在波涛之閒（间），②咎（舅）生（甥）之邦，聂（摄）周子孙，隹（惟）余一人所豊（礼）。盗（宁）心敦（抚）忧，亦隹（唯）吴白（伯）父，晋（叔父）……"（简6）

这一部分简文争议很少，大家比较认同原释文所说，这是吴王派臣下告劳周天子之辞，可以与《国语·吴语》所记载的哀公十三年吴王夫差派王孙苟告劳周敬王之辞对读。《吴语》相关内容如下：

> "昔者楚人为不道，不承共王事。以远我一二兄弟之国。吾先君阖庐不贳不忍，被甲带剑，挺铍揖铎，以与楚昭王毒逐于中原柏举。天舍其衷，楚师败绩，王去其国，遂至于郢。王总其百执事，以奉其

---

① 简文此字残缺下部，只保有一个残画，曹锦炎先生将其隶定为"虐"，以示其残，复旦读书会将其读作"虐"。我以为，据简文意思，此字或是"虖"字之残。"虖"，读作"乎"，可以做语气词，也可以做介词。郭店简《唐虞之道》简25："古（故）尧之禅虖（乎）舜也，女（如）此也。"其中"虖"即做介词用。《吴命》此简"虖"亦是做介词用，相当于"于"。

② 《左传》昭公三十年楚子西语"吴，周之胄裔也，而弃在海滨，不与姬通，今而始大比于诸华"，与此有类似处。

社稷之祭。其父子、昆弟不相能，夫概王作乱，是以复归于吴。今齐侯壬不鉴于楚，又不承共王命，以远我一二兄弟之国。夫差不贯不忍，被甲带剑，挺铍搢铎，遵汶伐博，篷笠相望于艾陵。天舍其衷，齐师还。夫差岂敢自多，文、武寔舍其衷。归不稔于岁，余沿江溯淮，阙沟深水，出于商、鲁之间，以彻于兄弟之国。夫差克有成事，敢使苟告于下执事。”

周王答曰：“苟，伯父令女来，明绍享余一人，若余嘉之。昔周室逢天之降祸，遭民之不祥，余心岂忘忧恤，不唯下土之不康靖。今伯父曰：‘戮力同德。’伯父若能然，余一人兼受而介福。伯父多历年以没元身，伯父秉德已侈大哉！”

我们可以看出，《吴语》所载与《吴命》语言相似，内容也大致相同。《吴语》所载的王孙苟告劳周天子之辞，涉及了阖闾伐楚、夫差伐齐两件事情，其中阖闾伐楚的事情包括楚人不道、阖庐攻楚、柏举之战、吴师入郢、夫概作乱、吴师退走等情节的概述。与《吴语》相比，《吴命》简虽然残损严重，内容远不如《吴语》丰富，但也有其特色。其一，告劳之辞多了州来之争的经过，说明吴国一再忍让的克制态度。其二，增加了吴救陈的内容，并且强调吴之所以救陈，乃是为了“尊王”。吴王夫差打着“尊王”的旗帜，以陈国为“先王姑每（母）大妃（姬）之邑”为辞，出兵救陈，并以此作为自己向周天子报功之辞，这是《吴语》所没有的内容。其三，《吴语》的“告劳之辞”语言凝练，只是概括了与楚的纠葛，并没有展开叙述，以免烦琐。而《吴命》的“告劳之辞”却与之相反。虽然所残存的简文仅涉及了吴、楚的两次冲突（州来之争、吴救陈），但对细节的陈述很详细，对每一次冲突的缘由、过程、结果交代得很清楚，并把每一次的功绩归功于周王。

通过以上对《吴命》简文若干重要问题的解析，我们可以说《吴命》并非是几则毫无关联的外交辞令的汇抄，也不是吴致楚的战斗檄文，通篇都是吴国使臣向周天子的告劳之辞。主要内容是叙说楚国的无礼与吴国的礼让，吴王在“尊王”方面的功绩，这些功绩包括吴国遏制了楚国向东海的发展，取得了对州来的胜利，保护了作为周之至亲的陈国。在这篇告劳之辞中，吴使以吴王的口气追述了与楚国的纠葛，"荆为不道""楚人为不道"，皆是述说给周天子听的，非是吴、楚之间的外交辞令。简文文义不甚连贯，是简残损严重造成的。

二、上博简《吴命》篇题解析

通过以上几个关键问题的讨论，我们对于简本《吴命》篇的性质可以有进一步的认识。过去，不少学者曾推测它就是《国语·吴语》佚篇。现在看来，这种认识是不够妥当的。推断《吴命》并非《吴语》佚篇，原因主要有二。

其一，《吴命》简文"吴请成于楚"，"吴走陈"，"吴人虏（虏）□□□□于周"等表述与《吴语》不类，按照《吴语》的表述方式，应该是"王乃使人请成于楚"，"乃走陈"，"乃使人告劳于周"。① 这样看来，《国语·吴语》是述史，而《吴命》则是载实（即当时吴之"告劳"之辞）。

其二，《吴命》所存的告劳周天子之辞与《吴语》所载的王孙苟告劳周天子之辞十分相似，《吴语》不可能再有这样的内容收录进来。与《吴语》相比，《吴命》所载的吴使臣向周天子表功之辞多了州来之争与吴救陈的内容。为什么《国语·吴语》不载《吴命》所述的这两个史实呢？比较合理的解释是《吴命》是原始资料，是《吴语》的史料来源。《吴语》只是选取了《吴命》篇的部分内容。

我们通过对《吴命》简文的解析，认定此篇是吴使告劳周天子之辞，是《国语·吴语》吴王夫差派王孙苟告劳周敬王的原始史料。《国语·吴语》的每一篇都是没有题目的，而《吴命》则有自己的篇题，这个差别应当引起注意。《吴命》简的篇题，题于第三简的背面。

作为篇题的"吴命"是否有其特殊的含义呢？

---

① 《国语》各篇成书早晚不一，吴国灭亡早，《吴语》是后人追记，它记事的成分较多，采用的是直接述史的方式，例如，"吴王夫差乃告诸大夫曰：'孤将有大志于齐……'"；"吴王夫差既胜齐人于艾陵，乃使行人奚斯释言于齐，曰：'寡人帅不腆吴国之役……'"；"吴王夫差既退于黄池，乃使王孙苟告劳于周，曰：'昔者楚人为不道……'"等。

我们所熟知的战国时期古书简册的篇题命名的惯例不外乎两种，一是摘取篇首数位或者人名命名，二是概括全文大意命名。这两种篇题命名方式均在上博简中多见。例如，摘篇首的几个字或人名为篇题的有，上博简第二册的《容成氏》篇、《子羔》篇，第三册的《恒先》篇、《仲弓》篇，第六册的《竞公疟》篇、《慎子曰恭俭》篇，第七册的《凡物流形》等。以全文主题为篇题的有，上博简第四册的《内礼》、《曹沫之陈》篇，第五册的《竞建内之》、《鲍叔牙与隰朋之谏》篇等。《吴命》现存简九支，"吴命"作为篇题，按照原释文的编联，是书写于第三支简的简背，然而学界目前比较认同简3与简1编联为一支整简。经此编联，原来的第三支简就是实际的第一支简了。简3上端为平头，虽然没有残损，但简文表达的内容语境不清，文义不明，所以此简不可能是首简。由于上博简诸篇的篇题题于前半段简的情况各异，有题于首简者（如第四册的《内礼》，第五册的《竞建内之》）、题于第二支简者（如第四册的《曹沫之陈》）、题于第三支简者（如第三册的《恒先》）等，所以我们并不能根据篇题的书写位置来判断《吴命》简首简的残缺情况。然而，根据简文内容推测，今存的第3+1简，其前至少应当还有一支简，而这一支简的内容很可能是述吴王派使臣向周天子告劳之事。这样，就不能排除"吴命"是摘篇首的两字为名。如果是这样，首简就有可能是"吴命某某"。

"吴命"是摘篇首的两字为名，这是我们根据《吴命》首简残缺的情况进行的一种推测，而就目前《吴命》现存的简文来看，"吴命"是以全文主题命名的可能性更大一些。如果是这样，这个篇题就非常值得深入探讨。并且，这对于探讨《国语》的史料来源也是很有启发意义的。

我们知道，《国语》是"语"的结集，《国语》中时代较早的《周语》《鲁语》诸语多为当时（或稍后）人所记，"记言"的分量较大，而时代较晚的《吴语》《越语》多为后人所追记，"记事"的分量增加。而《吴命》与《吴语》相比，并没有多少"记事"的成分，而是几乎通篇都是"记言"，《吴命》作为《吴语》的原始资料之一。其时代应当是较早的。

那么，它出自哪里呢？

《论语·宪问》载孔子语谈郑国制作《命》的过程，对于我们认识《吴命》

很有参考意义。是篇所载孔子语谓：

> 为《命》：裨谌草创之，世叔讨论之，行人子羽修饰之，东里子产
> 润色之。

《左传》亦有相关的记载：

> 郑国将有诸侯之事，子产乃问四国之为于子羽，且使多为辞令；
> 与裨谌乘以适野，使谋可否；而告冯简子使断之。事成，乃授子大叔
> 使行之，以应对宾客，是以鲜有败事。①

　　孔子所说的"命"是指有关"诸侯之事"的辞命、文告，即我们现在所说
的外交辞令。《左传》《国语》就保留有大量的外交辞令。"吴命"之"命"应该
与孔子所言者具有同样的含义。春秋时期称外交辞令为"命"，这是笼统的
说法，此"命"多为语录体。"吴命"即指吴国的辞命、文告。《吴命》通篇是
吴使告劳周天子之辞，所以有很多"荆为不道""楚人为不道"的表述，而
《吴命》原有的告劳之辞，似乎又经过了新的编撰，"吴青（请）城（成）于楚"
"吴走陈""吴人虏（虏）□□□□于周"，不属于典型的告劳之辞。这应该是
战国时期的抄写者据原始的"吴命"进行了编撰的结果。

　　春秋时期的外交辞令何以被称为"命"呢？

　　"命"作为一种文体，它的起源很可能与周代的册命制度有关。周天子
册命诸侯、大臣时，皆宣读事先由史官准备好的册命之语，这在西周的彝
器铭文中屡见不鲜，如《大盂鼎》《毛公鼎》《番生簋》《井侯簋》《大克鼎》等不
胜枚举。见诸《尚书》记载的亦复不少，② 如《毕命》是周康王册命毕公之辞。

---

① 《左传》襄公三十一年，杨伯峻：《春秋左传注》（修订本），1191 页，中华书局，
　　1990。
② 陈梦家先生认为"书"即是古代命书结集的简称，犹西周金文之称"书""命书"
　　"命册"。"命书"是最早的典册之一，所以后来传录周初诰命的，称诰命的结集
　　与各篇为"书"。（陈梦家：《尚书通论》，165 页，中华书局，2005）

《冏命》是周穆王册命伯冏之辞。《文侯之命》是周平王为表彰晋文侯功勋的赐命之辞。除了册命、诰命称为"命"①之外，周天子对大臣说的话亦称为"命"，如《顾命》记载了周成王临终之命。不仅如此，诸侯或大臣给周天子的进语亦可称为"命"，《尚书·吕刑》因开首文字为"惟吕命王"，意即吕（甫）侯告于王。当又称《吕命》。② 春秋时期，"命"作为一种文体，所载的内容为诸侯国君之语，使臣的外交辞令多以衔君命自重，常转述国君言辞，故而也称为"命"，《论语·宪问》所说"为命"的"命"就是如此。"吴命"篇题的"命"亦是如此。

　　命、令在甲骨文中本为一字，后分化为两字。《说文解字》："命，使也，从口从令。""命"有发号施令之意。在两周金文、战国文字中习见命、令两字的通用。后来，两字的词义逐渐发生变化，最后"命"大"令"小，"命"还保留着原来的意思，而"令"成了具体的某种命令，如军令、将令等。正如我们前面的分析，春秋时期外交辞令称为"命"，那么"令"是特指什么呢？关于这一点，我们从《国语·楚语上》所载的楚大夫申叔时论教就能清晰地看到。楚庄王命士亹做太子傅，为此士亹请教贤大夫申叔时，申叔时论及楚国太子要习春秋、世、诗、礼、乐、令、语、故志、训典。其中关于"令"，曰："教之《令》，使访物官。"韦昭注"令，谓先王之官法、时令也。访，议也。物，事也。使议知百官之事业。"这里的"令"专指历代先王的法令，实即诰命。申叔时所言教给太子所读的"令"，应当就是史官所保存的历代的"命"辞。因此可以说，从文体上讲，春秋时期的"命"与"令"含义是一样的。

北京师范大学史学探索丛书

---

① 上博简第 8 册有《命》篇，篇题存，书于末简（第 11 简）的简背面。整理者认为：此篇之"命"，是令尹子春接受楚惠王的任命，治理楚国，并规劝楚王要心地善良对待各种人群，要像先大夫一样既高明又贤德（马承源主编：《上海博物馆藏战国楚竹书（八）》，191 页，上海古籍出版社，2011）。由此我们看出，在战国时期，"命"还是保留了《尚书》中策命、诰命的意思。

② 《尚书·吕刑》篇，蔡沈《书集传》认为与伪古文《尚书·说命》的"惟说命"语意同（《书集传》，248 页，凤凰出版社，2010）。《说命》为傅说向商王的进辞，故称，准此，"惟吕命"，为吕侯向周穆王的进辞，原本当称为《吕命》，后来可能因为加进了其他文字，才改称为《吕刑》。

我们知道《国语》的文体属于"语"。"语"是一种非常古老的文体,最早出自史官的"记言"。《国语·楚语》载申叔时云:"教之语,使明其德,而知先王之务用明德于民也。"为什么"教之语"就能使太子"知先王之务用明德于民"?看来,这种"语"应该是记载了"先王之务用明德于民"的言语或事迹,或者说本身就是"先王之语"。以早期的文献记载看,是"先王之语"的可能性较大。"语"之所以称作"语",是因为其内容偏重在"记言"。与"语"这一种大的文体相比,"命"的范畴则非常狭窄。"命"出自天子或者国君之语,由使臣代为转述,代表了国家的意志,它载实的特征比较明显,最后成为历史档案。从这一方面说,"命"应该是从属于"列国之语"的。从文体的角度看,"语"是一种大的文体,而"命"只是其分支。从《国语》的取材来看,"命"是其重要的史料来源之一。"吴命"应为原始的"吴语"所取材的内容之一。

《吴命》是吴使告劳周天子之辞,在春秋时期,有关"诸侯之事"的外交辞令统称为"命"。当时的郑国因为贤大夫子产治国有方,其所出之"命"为各国所重,是外交辞令的范本,受到孔子的赞扬。《吴命》就是吴国的外交辞令,这样理解不错,但是《吴命》并非是几则零散的外交辞令的汇抄,而是一篇有残缺的外交辞令。读《吴命》简文会使人联想到战国时期秦的《诅楚文》,① 此篇是秦惠王大败楚之后向神告诅楚王以防其再度伐秦之辞。告诅与告劳,虽然所告对象不一,但文辞形式和思路却大体一致,皆美化自己而加罪对方。《吴命》简文指斥"楚人为不道,不思亓(其)先君之臣事先王。瀳(废)亓(其)膭(贡)献,不共承王事"(简9);《诅楚文》则指斥说"今楚王熊相康回无道,……废皇天上帝及大神厥湫之恤祠、圭玉、牺牲"。《吴命》简指斥楚"殄绝我二邑之好";《诅楚文》则斥楚"兼倍十八世之诅盟,率者(诸)侯之后以临加我"。《诅楚文》因为是告神之辞,故而取神名为篇题,如《秋渊》《亚驼》《巫咸》等,而《吴命》简则是向周天子告劳,故而以《吴命》为题。古代文献中与简本《吴命》相似的,当推《尚书》中的《吕命》。

_____

① 郭沫若:《诅楚文考释》,《郭沫若全集》(考古编)第九卷,276~313页,科学出版社,1982。

简本《吴命》篇，有重要的史料价值，吴使在表功的时候追述了吴的尊王功绩，涉及州来之争与吴救陈两次胜利。它也并非是《国语·吴语》佚篇，但可以补《国语·吴语》所载相关内容之不足。吴国于春秋末年被越国灭国，战国中期，越国又被楚国灭掉，经过两番的破坏，吴国所保留下来的史载极少，《国语·吴语》为后人追记之笔，也只保留了吴王夫差的资料，对于吴王之前的先君皆没有记载。而关于吴王夫差的记载也不多，只有夫差与越国许成、杀伍子胥、北上争霸、越国袭吴、亡国的内容，可以说《吴语》只是保留了和越国有关的内容。吴国有"于周室我为长"①的特殊地位，在春秋中期就因为国力渐强引起中原诸国的重视，在春秋后期与楚国抗衡、与越国争霸，雄胜一时。其史官建制虽然不如周、鲁、晋等中原诸国以及楚国等完备，但应该也有大量的史官记载。吴公子季札博雅多才，也说明吴国的文脉悠长。所以吴国的史载我们现在所能看到的很少，但当时吴国肯定有大量的史官记载，属于"列国之语"的内容。《吴命》就是其中之一，虽然战国时期的抄写者略微进行了编辑，但大致保留了其作为原始的"吴语"的本来面貌，可以作为研究吴国史的可靠资料。吴国的辞命、文告（"吴命"）是《国语·吴语》的史料来源之一，研究《吴命》简可以更加全面地认识"语"类著作，对《国语》的材料来源有更清晰的认识。

---

① 《左传》哀公十三年，杨伯峻：《春秋左传注》（修订本），1677 页，中华书局，1990。

《论语·侍坐》章正读
——兼论《论语》的成书问题

《论语·先进》篇最后一章有子路、曾皙①、冉有、公西华四人侍坐于孔子，孔子要求弟子们"各言其志"的记载。此章篇幅较长，语言生动，记载孔门弟子的志向以及孔子的评价，历来是研究孔子思想以及孔门弟子的重要的宝贵资料。近读董楚平先生的《〈论语·侍坐〉真实性献疑》②，很受启发，董先生认为《侍坐》章不是生活实录，而是艺术虚构，堪称是中国古小说的萌芽。这个论断新颖大胆，发人深思。反复研读，感到有些问题似乎还有再探讨的余地，今不揣浅陋，对此问题作进一步探讨，提出拙见，以求教于方家。

一、《论语·侍坐》章解析

为了方便问题的探讨，现把《论语·先进》"侍坐"章内容抄录如下：

> 子路、曾皙、冉有、公西华侍坐。
>
> 子曰："以吾一日长乎尔，毋吾以也。居则曰：不吾知也！如或知尔，则何以哉？"
>
> 子路率尔而对曰："千乘之国，摄乎大国之间，加之以师旅，因之以饥馑，由也为之，比及三年，可使有勇，且知方也。"
>
> 夫子哂之。
>
> "求，尔何如？"
>
> 对曰："方六七十，如五六十，求也为之，比及三年，可使足民；如其礼乐，以俟君子。"

---

① 曾皙，《史记·仲尼弟子列传》中写作曾蒧，字子皙。蒧亦写作藏，学者认为因为音近或者义同，典籍中亦写作點（点），都是人肤色黑的意思。参见程树德：《论语集释》，797页，中华书局，1990。

② 董楚平：《〈论语·侍坐〉真实性献疑》，《浙江社会科学》，2009(3)。

"赤，尔何如？"

对曰："非曰能之，愿学焉。宗庙之事，如会同，端章甫，愿为小相焉。"

"点，尔何如？"

鼓瑟希，铿尔，舍瑟而作，对曰："异乎三子者之撰。"

子曰："何伤乎？亦各言其志也。"

曰："莫春者，春服既成，冠者五六人，童子六七人，浴乎沂，风乎舞雩，咏而归。"

夫子喟然叹曰："吾与点也！"

三子者出，曾皙后。曾皙曰："夫三子者之言何如？"

子曰："亦各言其志也已矣。"

曰："夫子何哂由也？"

曰："为国以礼，其言不让，是故哂之。"

"唯求则非邦也与？"

"安见方六七十如五六十而非邦也者？"

"唯赤则非邦也与？"

"宗庙会同，非诸侯而何？赤也为之小，孰能为之大？"

作者反复查阅资料，发现《侍坐》章乃是生活实录，其真实性不容怀疑。

首先，《侍坐》章作为实录，所载孔门弟子"各言其志"这一事件应该发生在孔子出仕前后，而不是孔子晚年。董楚平先生将《侍坐》所写定在孔子周游列国之后的晚年，谓孔子当时已入风烛残年，并假设《侍坐》里的孔子是71岁，则子路、冉有等皆不在身边。典籍上明确记载子路比孔子小9岁，冉有小孔子29岁。确实，假若孔子71岁时，子路已经是62岁老人，冉有42岁，此时的他们不仅不可能"侍坐"于孔子，而孔子根本也不会再要求他们"各言其志"，此时的子路与冉有已经是从政很多年，子路作了蒲邑大夫，冉有受季氏重用，孔子怎么可能再对他们说："居则曰：'不吾知也！'如或知尔，则何以哉？"所以《侍坐》章作为实录，应当发生在孔子以及其弟子尚未出仕的早年。钱穆先生谓"《论语·侍坐》章当在子路为季氏宰之先。"①又曰："此章（侍坐）问答应在孔子五十出仕前。"②无疑是非常正确的。

其次，曾晳的发言次序可以理解。《侍坐》章受质疑的第二个地方是曾晳不可能最后一个发言。董楚平先生指出，"按古代礼节，四个弟子年龄相差那么大，发言一般应以年龄为序。曾晳是孔子早期学生，年龄比子路还大。"并得出结论说："把曾晳安排在最后发言，虽违背生活真实，却符合艺术需要。"

《侍坐》章所记"子路、曾晳、冉有、公西华"的位次确实是以年龄为序的。子路比孔子小9岁，冉有小孔子29岁，曾晳则没有明确记载，但是曾晳是曾子（曾参）之父，曾子是孔子晚年弟子，有明确记载，曾子少孔子46岁，曾晳作为曾子之父，典籍并没有特意记载曾子是曾晳晚年所生之子，假若曾晳20岁—30岁正常生子，依此算来，曾晳则应小孔子16—26岁，而子路少孔子9岁，所以说曾晳年龄是不可能比子路还大的。四人的座次顺序正好是按照他们的年龄排列的。四人中公西华最小，《史记·仲尼弟子列传》记载其少孔子42岁，其实，清儒金鹗早已指出"四字或为三字之伪"，钱穆先生对此非常赞同③。至于曾晳最后一个发言，朱熹曰："四子侍坐，以齿为序，则点（曾晳）当次对。以方鼓瑟，故孔子先问求、赤而后及点也。"④

最后，侍坐时曾晳鼓瑟并不违礼。《侍坐》章受质疑的第三个地方是曾晳是狂士，早已与孔门分道扬镳，不可能参加孔门的侍坐。即使侍坐，也绝对不可能得到孔子的称赞。侍坐时，曾晳"鼓瑟"是无礼的，在古代是绝

---

① 钱穆：《先秦诸子系年·孔子弟子通考》，92页，商务印书馆，2001。
② 钱穆：《孔子传》，20页，生活·读书·新知三联书店，2002。
③ 钱穆：《先秦诸子系年·孔子弟子通考》，92页，商务印书馆，2001。《论语·公冶长》载孟武伯问子路、冉有、公西赤仁乎，孔子一一回答。《雍也》篇记载公西华出使齐国，冉有为其母请粟。又，《先进》篇亦两次载子路、冉有、公西赤三人同时受教于孔子，三人的年龄不会相差太大，都是孔子早期弟子，因此，公西华的年龄应该比孔子少32岁而不是42岁。
④ 朱熹：《四书章句集注》，130页，中华书局，1983。

对不可能的①。说曾皙是狂士，所依据的资料仅是《孟子·尽心下》："如琴张、曾皙、牧皮者，孔子之所谓狂矣。"然而，《孟子·尽心下》所载孟子此语是有具体语境的，请看：

> 万章问曰："孔子在陈曰：'盍归乎来！吾党之小子狂简，进取，不忘其初。'孔子在陈，何思鲁之狂士？"
>
> 孟子曰："孔子'不得中道而与之，必也狂狷乎！狂者进取，狷者有所不为也'。孔子岂不欲中道哉？不可必得，故思其次也。"
>
> "敢问何如斯可谓狂矣？"
>
> 曰："如琴张、曾皙、牧皮者，孔子之所谓狂矣。"

北京师范大学史学探索丛书

在这一段记载里，看不到孔子对狂士的一点厌恶与贬低，反而充盈着对狂士的赞美。万章认为孔子因思念鲁之狂士才回到鲁国，孟子则引《论语》上孔子的话说明孔子对狂狷之士的认同②，而孔子所说的狂士就是琴张、曾皙、牧皮等。至于说曾皙早已与孔门分道扬镳，这更没有根据。说曾皙在侍坐的时候，"鼓瑟"，是无礼的，这是一种误解。方观旭在《论语偶记》中早就指出："《少仪》云：'侍坐弗使，不执琴瑟。'则点之侍坐鼓瑟，必由夫子使之。"③《礼记·少仪》篇记载了不少"侍坐于君子"的礼仪规定，其中之一就是"侍坐弗使。不执琴瑟。"侍坐于尊长者，尊长者不指使自己，就不敢弹奏琴瑟。曾皙侍坐于孔子，"鼓瑟"自然是得到孔子的命令。既然这是礼仪常识，就不需要多写，所以《论语》略去孔子命之鼓瑟的细节。况且，《论语》语录体的特点也不会出现过多的情节描写。此外，"侍坐"，不是孔门正式上课，而是闲聊，也可看作是课间的休息。孔子命曾皙鼓瑟，这是完全有可能的。当然，"侍坐"有人弹琴鼓瑟，并不是说孔子杏坛授徒时都要如此。

---

① 董楚平：《〈论语·侍坐〉真实性献疑》，《浙江社会科学》，2009(3)。
② 董楚平：《〈论语·侍坐〉真实性献疑》，《浙江社会科学》，2009(3)。
③ 转引自程树德：《论语集释》，806页，中华书局，1990。

二、关于《论语·侍坐》章的争讼

《侍坐》章最受质疑的是"孔子独钟曾皙，不符合孔子的思想形象"，并谓曾皙所讲的娱乐休闲，是符合艺术需要①。《侍坐》章载孔子喟然叹曰："吾与点也。"正确理解孔子为何称赞曾皙，关键在于正确理解曾皙语："莫春者，春服既成；冠者五六人，童子六七人，浴乎沂，风乎舞雩，咏而归"的含义，特别是"浴乎沂，风乎舞雩"。对此，传统的解释大致可以概括为如下四种。

其一，汉代包咸注曰"浴乎沂水之上，风凉于舞雩之下"②。这种观点稍有遗世之倾向，仲长统、何晏、皇侃、刑昺等注疏中皆是如此理解。现代学者也多采纳这种解释，如钱穆先生的《论语新解》、杨伯峻先生的《论语译注》等。

持这种观点的先贤前辈在解释孔子为何赞同曾皙，即着眼于"善点之独知时也"③。其中，皇侃《义疏》对此解释比较详细，曰："吾与点也，言我志与点同也，所以与同者，当时道消世乱，驰竞者众，故诸弟子皆以仕进为心，唯点独识时变，故与之也。"刑昺疏："夫子闻其乐道故喟然而叹曰吾与点之志，善其独知时，而不求为政也。"④杨树达先生谓："孔子所以与曾点者，以点之所言为太平社会之缩影也。"⑤钱穆先生解释"吾与点也"："盖三人皆以仕进为心，而道消世乱，所志未必能遂。曾皙乃孔门之狂士，无意用世，孔子骤闻其言，有契于其平日饮水曲肱之乐，重有感于浮海居夷之思，故不觉慨然兴叹也。然孔子固抱行道救世之志者，岂以忘世自乐，真欲与许巢伍哉？然则孔子之叹，所感深矣，诚学者所当细玩。"⑥或者谓："孔子则寄慨于道大而莫能用，深惜三子者之一意于进取，而或不

---

① 董楚平：《〈论语·侍坐〉真实性献疑》，《浙江社会科学》，2009(3)。
② 东汉包咸注，《十三经注疏》，2500页，中华书局影印本，1980。
③ 何晏《集解》引周生烈说，《十三经注疏》，2500页，中华书局影印本，1980。
④ 《十三经注疏》，2500页，中华书局影印本，1980。
⑤ 杨树达：《论语疏证》，273页，上海古籍出版社，2007。
⑥ 钱穆：《论语新解》，299~300页，生活·读书·新知三联书店，2005。

遇见用之时，乃特赏于曾晳之放情事外，能从容自得乐趣于日常之间也。"
"孔子当时与点一叹，乃为别有心情，别有感慨，特为子路、冉有、公西华言之，使之宽其胸怀，勿汲汲必以用世为务业。"①黄怀信先生则解释为："孔子之所以喟然叹曰吾与点，是有感于他超然世外活得潇洒，而自叹命运乖舛活得辛苦，并非真欲无所事事。"②

其二，以此为鲁国求雨的雩祭。这种说法以王充《论衡·明雩》篇为发起，是篇载：

> "浴乎沂"，涉沂水也，象龙之从水中出也。"风乎舞雩"，风，歌也。"咏而馈"，咏歌馈祭也，歌咏而祭也。说《论》之家，以为浴者，浴沂水中也；风，干身也周之四月，正岁二月也，尚寒，安得浴而风干身？由此言之，涉水不浴，雩祭审矣。

王充此处"说《论》之家"所指的即是包咸的说法。清儒宋翔凤即指出"说《论》之家，当指《鲁论》，当时今文《鲁论》最盛也"③。王充训"浴"为"涉"，涉水不浴，然后举行雩祭。王充这种说法影响很大。宋翔凤的《论语发微》赞同王充雩祭说，谓王充"说《论语》此条最当"，宋氏又中和了东汉蔡邕谓《论语》"暮春浴乎沂"类似"今三月上巳祓于水滨"的说法，解释《论语》此句为"祓濯于沂水，而后行雩祭"④。清刘宝楠《论语正义》赞同宋翔凤说。《春秋公羊传》徐彦疏在解释鲁桓公五年"大雩"时，也引用《侍坐》章此条为雩祭作解，谓："《论语》云冠者五六人，童子六七人，与此异者，彼言暮春者，春服既成，明鲁人正雩，故其数少。"⑤

持这种观点的先贤在解释孔子"善点之言"时，或者是"欲以雩祭调和

---

① 钱穆：《孔子传》，20页，生活·读书·新知三联书店，2002。
② 黄怀信：《论语新校释》，279页，三秦出版社，2006。
③ 转引自程树德：《论语集释》，676页，中华书局，1990。
④ 转引自程树德：《论语集释》，808页，中华书局，1990。
⑤ 《十三经注疏》，2216页，中华书局影印本，1980。

阴阳，故与之也。"①或者是举行雩祀，"自是勤恤爱民之意。其时或值天旱，未行雩礼，故点即时言志，以讽当时之不勤民者。"②

其三，以为是盥濯被除不祥，然后乘凉，没有与雩祭联系起来。这种观点以朱熹《论语集注》为代表，曰："浴，盥濯也，今上巳被除是也。沂，水名，在鲁城南，地志以为有温泉焉，理或然也。风，乘凉也。"③程树德《论语集释》赞同朱熹注，认为"何等文从字顺"④。

朱熹从自己的理学体系出发，对曾晳的评价很高，曰："曾点之学，盖有以见夫人欲尽处，天理流行，随处充满，无少欠缺。故其动静之际，从容如此。而其言志，则又不过即其所居之位，乐其日用之常，初无舍己为人之意。而其胸次悠然，直与天地万物上下同流，各得其所之妙，隐然自见于言外。视三子之规规于事为之末者，其气象不侔矣，故夫子叹息而深许之。"⑤

其四，认为"浴"系"沿"字之误。自韩愈《论语笔解》谓"浴"字当为"沿"字之误⑥，历来赞同者有之，批驳者有之。俞樾的《群经平议》同意韩愈此解，认为"'浴'字谓是'沿'字之误，则似较旧说为安。风之言放也。……沿乎沂，放乎舞雩。"⑦"放"即乘兴放言。

总括以上几种认识，可以看到历代学者对于此章的关注，热情有加，都力图通过一定的思路来诠释孔子及其弟子的思想的真谛。这些说法一般都能够持之有故，言之成理。然亦有囿于一隅而不能通达的地方。这就给后人留下了继续探讨的余地。

三、《论语·侍坐》章新解

以上我们对《论语·侍坐》章传统的阐释做了总结，可以说哪一种说法

---

① 黄晖：《论衡校释》，679 页，中华书局，1990。
② 刘宝楠：《论语正义》，480 页，中华书局，1990。
③ 朱熹：《四书章句集注》，130 页，中华书局，1983。
④ 程树德：《论语集释》，811 页，中华书局，1990。
⑤ 朱熹：《四书章句集注》，130 页，中华书局，1983。
⑥ 转引自程树德：《论语集释》，810 页，中华书局，1990。
⑦ 转引自程树德：《论语集释》，810 页，中华书局，1990。

都有其合理的地方，在行文中亦可以通。当然，真正正确的解释只能有一种，但是孔子生活的时代离我们越来越遥远，要想探知其真谛，需要对其生活的时代，对孔子的思想等有全面准确的把握。在探讨的过程中，我们可以把工作做得更细，多换一个角度来理解，等待更多的新材料的验证。下面，我们先来解析曾皙之语。

曾皙所言："莫春者，春服既成；冠者五六人，童子六七人，浴乎沂，风乎舞雩，咏而归。"其中"春服"传统的解释都是"四月之服"①"单袷之衣"②。"春服既成"则为"衣单袷之时"③。古代的"袷"类似现在的夹衣，杨伯峻先生解释为春天穿的衣服。然而，"春服既成"若理解成"春天衣服都穿定了"④，似与暮春相违，因为暮春乃春天将尽，差不多该换夏装了。可是如果理解成"脱掉春装"⑤，又与"既成"相违。而且，通观先秦时期对衣服的称呼，称"服"者多指祭服、朝服、丧服、军服等，其中又以祭服最为重要，而少指普通的便衣。《礼记·王制》载："燕衣不逾祭服。"《荀子·大略》亦曰："谦衣不逾祭服，礼也。"可以看出，平时闲居穿的"燕衣"称"衣"不称"服"，与"祭服"相对。《仪礼·士丧礼》载死者小敛时："祭服次，散衣次，凡十有九称。陈衣继之，不必尽用。"祭服以外的衣服统称为散衣。《国语·楚语下》"天子亲春禘郊之盛，王后亲缫其服，自公以下至于庶人，其谁敢不齐肃恭敬致力于神！"韦昭注："服：祭服。"《国语·鲁语下》："命妇成祭服，列士之妻加之以朝服，自庶士以下，皆衣其夫。"因此，曾皙所言"春服"可能不是统指春天所有的衣服，而是特指祭服。

《礼记·祭义》载，阳春三月初一，国君占卜世妇之吉者，使入蚕室养蚕，世妇精心养蚕，在春将尽的时候，献茧于国君夫人，国君夫人带领世妇缫丝，并用此为国君作祭服。"服既成，君服以祀先王、先公，敬之至

北京师范大学史学探索丛书

---

① 《论衡·明雩》，黄晖：《论衡校释》，674 页，中华书局，1990。

② 朱熹：《四书章句集注》，130 页，中华书局，1983。

③ 包咸：《论语章句》，转引自程树德：《论语集释》，807 页，中华书局，1990。

④ 杨伯峻：《论语译注》，120 页，中华书局，1980。

⑤ 黄怀信：《论语新校释》，279 页，三秦出版社，2006。

也。"①《周礼·天官·内宰》亦载："中春，诏后帅外、内命妇，始蚕于北郊，以为祭服。"仲春养蚕，暮春正好是茧成缫丝作服的时候。因此，曾晳所言"春服既成"当是代指暮春这样一个按照礼制，祭服已经完成的时节，而非指自己穿着春天的衣服。刘宝楠《论语正义》指出其友柳兴恩谓"春服既成"即"雩时所服"②。但是柳氏并没有指出"春服既成"是代指这样一个春天的祭服都已经做完了的暮春时节。我们的这个新的认识，是为前人未曾提及者，是否正确，需要放在《侍坐》章的整体语境中再加探讨。其中尤为重要者是对于"舞雩"的理解。

曾晳所言中的"舞雩"有两种解释：一是指雩祭，因为雩祭时要舞而呼"雩"，故称为"舞雩"。《周礼·春官》载司巫："若国大旱，则帅巫而舞雩。"载女巫："旱暵，则舞雩。"二是指鲁国地名，在鲁城曲阜东南，近雩门，临沂水。舞雩是鲁国举行雩祭的常地。包咸注曰："舞雩之处有坛墠树木，故其下可游焉。"③《论语·颜渊》载"樊迟从游于舞雩之下，曰：'敢问崇德、修慝、辨惑。'"《论衡·明雩》篇解释为："樊迟从游，感雩而问，刺鲁不能崇德而徒雩也。"因此，曾晳所言"浴乎沂，风乎舞雩，咏而归"，其中的"舞雩"应该采用第二种解释，是地名。"沂"指沂水，"舞雩"指舞雩之坛。"浴乎沂，风乎舞雩"，其中"乎"为介词④，相当于"于"，翻译成现代汉语就是"在"。

我们下面再来看关于此章中的"风"的理解。

"风乎舞雩"之"风"，一般有两种解释，一作吹风、乘凉，二作歌咏⑤。作歌咏讲，与下文"咏而归"重复⑥。而作吹风、乘凉、以风干身讲，又有

---

① 《周礼·天官·内宰》、《穀梁传》桓公十五年、《吕氏春秋·纪夏》等都载有王后、命妇亲蚕以为祭服。

② 刘宝楠：《论语正义》，479页，中华书局，1990。

③ 转引自程树德：《论语集释》，871页，中华书局，1990。

④ "乎"作为介词，用法同"于"，先秦常见，《论语》中即有很多例证，如《为政》篇载孔子曰："攻乎异端，斯害也已。"《里仁》篇载孔子语："不使不仁者加乎其身。"《泰伯》载孔子评价大禹，"菲饮食，而致孝乎鬼神"，等等。

⑤ 《论衡·明雩》："'风乎舞雩'，风，歌也。"

⑥ 王应麟《困学纪闻》已经指出《论衡·明雩》解释"风，歌也"与"咏而归"一意。转引自程树德：《论语集释》，第806页。

暮春时节，"尚寒，安得浴而风干身"①之嫌，那么，除此之外，还有别的解释吗？俞樾的《群经平议》："风之言放也。《诗·北山》篇'或出入风议'，郑笺云'风，放也'。僖四年《左传》：'唯是风马牛不相及也。'《尚书·费誓》正义引贾逵注曰：'风，放也。''风'与'放'一声之转。风乎舞雩，放乎舞雩也。""放"即乘兴放言。其实，这里"风"不必一声之转，读为"放"，直接同音去声，读为"讽"即可。上面俞樾所引《左传》"风马牛不相及"孔颖达疏引服虔："风，放也，牝牡相诱谓之风。"看来，"风马牛"之"风"有特定的意思。而《诗·北山》篇"或出入风议"，《经典释文》："风，音讽。"②"风"即"讽"。《后汉书·仲长统传》载仲长统"欲卜居清旷，以乐其志，论之曰：'……讽于舞雩之下，咏归高堂之上。'"③"风"则直接写作"讽"。"讽"在先秦秦汉有两种用法，一是诵，《说文解字》："讽，诵也。"《周礼·春官·大司乐》："以乐语教国子兴、道、讽、诵、言、语。"郑注曰："倍（背诵）文曰讽。以声节之曰诵。"④二是用含蓄的话劝告或指责。《韩非子·内储说下》："吕仓，魏王之臣也，而善于秦、荆，微讽秦、荆令之攻魏，因请行和以自重也。"《史记·吕太后本纪》："太后风大臣，大臣请立郦侯吕台为吕王。"《魏其武安侯列传》："武安侯乃微言太后风上。"在唐代以前，"讽"不含恶意讥讽的意义，而是用委婉的言辞暗示或劝告，微言劝告，字亦作"风"，讥讽是后起义⑤。"风于舞雩"理解作"讽于舞雩"也是可以通的。《孔子家语·辩政》篇载孔子曰："忠臣之谏君，有五义焉；一曰谲谏，二曰戆谏，三曰降谏，四曰直谏，五曰风谏。唯度主而行之，吾从其风谏乎！"《正论》篇载孔子读史志曰："子革之非左史，所以风也。称诗以谏，顺哉。"孔子赞同"风谏"。并且认为称诗风谏是合于情理的。若曾皙"风谏于舞雩之下"，孔子应该也是赞同的。

在这里，我们可以试着再换另外一种角度来解析。

北京师范大学史学探索丛书

---

① 《论衡·明雩》，黄晖：《论衡校释》，677页，中华书局，1990。
② 黄焯：《经典释文汇校》，190页，中华书局，2006。
③ 《后汉书·仲长统传》，《后汉书》，1644页，中华书局，1965。
④ 孙诒让：《周礼正义》，1724页，中华书局，1987。
⑤ 参见王力：《古汉语字典》，1290页，中华书局，2000。

《国语·晋语八》载晋平公太师师旷曰："夫乐以开山川之风也，以耀德于广远也。风德以广之，风山川以远之，风物以听之，修诗以咏之，修礼以节之。夫德广远而有时节，是以远服而迩不迁。"韦昭注："风，风宣其德，广之于四方也。作乐各象其德，《韶》《夏》《護》《武》是也。"[①]风，作采来讲，先秦习见，如《国语·晋语六》："工诵谏于朝，在列者献诗使勿兜，风听胪言于市。"韦昭注："风，采也。胪，传也。采听商旅所传善恶之言。"[②]风，采风，采集民歌，整理加工成乐章，采集为风，这叫风；风宣其德，将政德赋于音乐也叫风；听四时八方之风，以音律谱之、和之，从而判断风的强、弱、寒、暖、启、闭等这也叫风。因此，"风于舞雩"可以理解为"在舞雩台上采风谱曲"，这样与下句"咏而归"顺应，而且与前句"暮春者，春服既成"这样一个时节相合。而且与曾皙在言其志之前，他正在"鼓瑟"对应。侍坐弹琴鼓瑟必须是尊长者命之方可，曾皙有可能对音乐很精通，孔子才在与弟子们燕居闲聊时，命其鼓瑟。而暮春时节又是鲁国在舞雩台举行常规雩祭的时候，曾皙叙说自己的志向就是在这样的时节，去沂水盥洗面手，在舞雩台上看巫舞呼"雩"的表演，采风谱曲，歌之咏之，兴尽唱着歌回家去。曾皙这种怡然自乐，又与人同乐，寓志于乐的说法深得孔子喜欢。孔子本人也是对乐有着极深的爱好的。曾皙所言最后一句"咏而归"给人留下了"君问穷通理，渔歌入浦深"[③]的意蕴。

四、从《论语·侍坐》章看《论语》的成书

关于论语的成书，历来是存在争议的，但是人们是大致相信《汉书·艺文志》的说法，"《论语》者，孔子应答弟子、时人及弟子相与言而接闻于夫子之语也。当时弟子各有所记，夫子既卒，门人相与辑而论纂，故谓之《论语》。"清朝以来，随着疑古思潮的兴起，《论语》的真实性不断受到质疑，其成书的时间不断向后推移。后来，随着出土新材料的不断涌现，人们开始重新审视《论语》的成书问题，特别是定州八角廊汉墓出土的竹简本

① 《国语》，461页，上海古籍出版社，1998。
② 《国语》，410页，上海古籍出版社，1998。
③ 王维：《酬张少府》，《全唐诗》。

的《论语》与郭店楚简的资料。定州竹简本《论语》使我们发现《论语》中孔子称谓的差异有可能是在传抄过程中的形成的，并不能作为《论语》成书较晚的证据。而郭店楚简《子思子》著作的出现，使人们相信，在子思生活的时代《论语》已经成书。而郭店楚墓竹简中《语丛三》引述《论语》的句子，使我们看到在公元前 300 年前的楚国，《论语》已经广为流传。根据出土文献，综合起来研究《论语》的成书，一般认为论语成书的上限是曾子的卒年，下限是子思卒年(公元前 400 年或公元前 402 年)①，与仅运用传统文献资料得出的结论是一样的②。

  《论语》是孔门弟子和再传弟子所编撰这是共识。在听孔子教导时，孔门弟子有做记录的习惯，如《论语·卫灵公》载："子张书诸绅。"或者事后记下来，如《孔子家语·入官》篇："子张既闻孔子斯言，遂退而记之。"《弟子行》篇载子贡跪曰："请退而记之。"《五刑》篇载冉有跪然免席，"退而记之"。不仅如此，《七十二弟子解》载孔子弟子叔仲会、孔璇，"每孺子之执笔记事于夫子，二人迭侍左右"。虽然这里叔仲会、孔璇执笔记事于夫子，不一定都是记孔子的言论，有一些可能是事务性的杂事或者来访客人的言论，但是不能排除这里有孔子的言论被记载下来。

  孔门弟子记录下来孔子平时对自己的言传身教，而孔门弟子的再传弟子又有可能听到自己的老师转述或追忆孔子的言论，再记载下来。如《子罕》："牢曰：'子云：吾不试，故艺。'"这是牢这个人转述的孔子的话。"闵子侍侧，訚訚如也；子路，行行如也；冉有、子贡，侃侃如也。"闵子骞称"子"，而且列在子路、冉有、子贡三人之前，以年龄而论，子路最长。如果按照"闵子骞不可能位在前面"来验证该句，则该句又是所谓的赝品了。而事实上这是闵子骞的学生把平日关于老师之言追记下来而成③。再如，曾子有疾一章也明显是曾子弟子所记。

① 参见杨朝明师：《新出竹书与〈论语〉成书问题再认识》，《中国哲学史》，2003(3)；郭沂：《郭店竹简与先秦学术思想》第二篇第一章二"《论语》的结集"，335～338 页，上海教育出版社，2001。

② 参见杨伯峻：《论语译注》，导言，29～30 页，中华书局，1980。

③ 参见杨伯峻：《论语译注》，导言，28 页，中华书局，1980。

北京师范大学史学探索丛书

这样《论语》的成书就有三种情况，一是孔子弟子执笔，当时就记下孔子的言论，这在《论语》中多是直接写作"子曰"，这种情况一般没有前后语境，而是直接记孔子言论。二是孔子弟子退而记之，追记下来孔子的言论、师徒问答，或孔子的行为及孔门弟子的活动。这种情况一般会有简单交代，记载是哪位弟子与孔子的问答。三是孔门弟子对自己的学生转述孔子的言论。在追记转述的时候，孔门弟子肯定会有一些粗略的整理。这是第一次的整理工作。而当《论语》最后编撰成书的时候，孔门弟子的再传弟子，还会再次进行整理，进行专门的编排调整，所以《论语》中"以类相从"的特征比较明显，如《为政》篇记孟懿子问孝，孟武伯问孝，子游问孝，子夏问孝；《颜渊》篇记颜渊问仁，仲弓问仁，司马牛问仁，樊迟问仁；《子路》篇载子路问政，仲弓问政，叶公问政，子夏问政；《微子》篇记楚狂接舆、长沮、桀溺、荷蓧丈人等这些隐士逸民，显然经过了编排。再如，记载孔门四科。德行：颜渊、闵子骞、冉伯牛、仲弓。言语：宰我、子贡。政事：冉有、季路。文学：子游、子夏。记载孔子对弟子的评价：柴也愚，参也鲁，师也辟，由也喭。这些弟子入门有先后，年龄相差很大，出现这样的评价只能是孔门再传弟子的整理，当然这些整理都是有根据的，可靠的。

孔子弟子记载下来的孔子言论当然可信度极高，改变不大，保留了原色，而事后补记的，听人转述的，可能加工润色的成分就多一点，但也是实录性质无疑，还有在传抄过程中，再进行一些整理也是可能的，因此，称谓的变化、情节的交代在传抄过程中会发生一些变化，但是不能因此否定《论语》的成书。

《论语·侍坐》章应该是孔门弟子"退而志之"、事后补记的结果，它明显有再整理的痕迹。例如，对于子路的回答，"夫子哂之"；对于曾子的"鼓瑟希，铿尔，舍瑟而作"，"三子者出，曾皙后"这些情节的描写。然而，《侍坐》章还是侧重记言，情节的描写很简单，这也与《论语》体例是完全一致的。此外，虽然这些情节的描写，在《论语》中是少见的，但并非没有，请看与《侍坐》章相似的情节描写：

《里仁》：子曰："参乎！吾道一以贯之。"曾子曰："唯。"子出。门人问曰："何谓也?"曾子曰："夫子之道，忠恕而已矣！"

《公冶长》：子使漆雕开仕。对曰："吾斯之未能信。"子说。

《雍也》：子华使于齐，冉子为其母请粟。子曰："与之釜。"请益。曰："与之庾。"冉子与之粟五秉。子曰："赤之适齐也，乘肥马、衣轻裘。吾闻之也，君子周急不继富。"

《宪问》：南宫适问于孔子曰："羿善射，奡荡舟，俱不得其死然；禹稷躬稼，而有天下。"夫子不答，南宫适出。子曰："君子哉若人！尚德哉若人！"

陈成子弑简公。孔子沐浴而朝，告于哀公曰："陈恒弑其君，请讨之。"公曰："告夫三子！"孔子曰："以吾从大夫之后，不敢不告也。君曰'告夫三子'者。"之三子告，不可。孔子曰："以吾从大夫之后，不敢不告也。"

《卫灵公》：在陈绝粮，从者病，莫能兴。子路愠见曰："君子亦有穷乎?"子曰："君子固穷，小人穷斯滥矣。"

更不用说"季氏将伐颛臾"章，"阳货欲见孔子"章，"子之武城"章，"楚狂接舆歌而过孔子"章，"长沮、桀溺耦而耕"章，"子路遇荷蓧丈人"章等。这节章节都有情境的交代，但是并没有明显文学化的倾向，还是保留着实录的性质。整理编排润色并不能说就不是实录，即使个别情节、个别字句有所改动，却并不会违背孔子原意，而是把孔子与弟子对话的核心抓住了。也许《侍坐》章子路、曾皙、冉有、公西华四人发言，曾皙不是最后一个，曾皙按照年龄，第二个发言，发言之后，孔子称赞，悦其志，命其鼓瑟，然后再听他人的发言，也有可能，但是其大意不会错，孔子与四位弟子的发言核心思想不会错。

说到这里，我们还要特别注意《论语》所记孔子言论精确可信，是孔子言论中的精华，也是最能体现孔子思想的经典材料，然而，其记载简单，当然一种可能是孔门弟子当时记得就简单，只记了孔子言论的精粹部分。还有一种可能就是当时记载孔子的言论完整无遗，记得很详细，内容很多，而孔门弟子与再传弟子在编撰《论语》时，进行了删削。这种猜想在上博简问世之后得到了证实，上博简第三册有《仲弓》篇，是篇载：

> 季桓子使中（仲）弓为宰，中（仲）弓以告孔子（简1）……，仲弓曰："敢问为政何先？"（简5）"……老老慈幼，先有司，举贤才，赦过与（简7）罪。政之始也。"中（仲）弓曰："若夫老老慈幼，既闻命矣。夫先有司为之如何？"（简8）"……是故有司不可不先也。"中（仲）弓曰："雍也不敏，虽有贤才弗知举也，敢问举才（简9）如之何？"仲尼："夫贤才不可掩也，举尔所知。尔所不知，人其舍之者？"（简10）

我们可以很清楚地看到上博简的这篇记载若放在《论语》上就是《论语·子路》篇的第二章"仲弓为季氏宰"章：

> 仲弓为季氏宰，问政。子曰："先有司，赦小过，举贤才。"曰："焉知贤才而举之？"曰："举尔所知。尔所不知，人其舍诸？"

二者对比，明显可见上博简《仲弓》的记载要比《论语》的记载详细得多，内容也丰富，很多专家学者就此深入探讨《论语》的成书问题。晁福林先生说："孔门弟子记载孔子言行甚夥，后来选编《论语》一书时加以删削，上博简《仲弓》很可能就是删削不存之篇，但其重要内容则保存于《论语·子路》篇中为一章。"①陈桐生先生则谓："今本《论语》，应该就是编者从孔门弟子所记载的孔子言行文字之中精选出来的，它是孔子言行记录的'节本'或'精华本'。"②

《侍坐》章有可能也是这种情况，孔子与弟子燕居闲聊，孔子命四子各言其志，四子说的很多，孔子也借此教导了弟子，后来孔门弟子、再传弟子编撰《论语》时，抓住孔子与子路、曾皙、冉有、公西华四人言论的核心

---

① 晁福林师：《上博简〈仲弓〉疏证》，《孔子研究》，2005（2）。
② 陈桐生：《孔子语录的节本和繁本——从〈中弓〉看〈论语〉与七十子后学散文的形式差异》，《孔子研究》，2006（3）。

写出来，四子所言之志，与孔子的评价都不会违背事实，孔子于四子中尤其称赞曾皙也不会有差异。《论语》因为其体例所限，侧重记言，所记缺少情节与语境，而且其记言也是语言的片段，我们理解起来有困难，出现歧义这都是难免的，但是，我们不能因为我们理解起来困难就怀疑《论语》的成书。粗略的整理与编排并不是改编，更不是无中生有，不能因为其中有简单的情节描写就否定其实录性质。原典的原汁原味需要我们不断地去思索，去品味。如果我们承认《论语》一书有着比较长时间的整理撰集过程，就不难理解《侍坐》章的性质，也不会轻言其伪了。

北京师范大学史学探索丛书

附录三 《曹沫之陈》
新编联图版

7上

41

11

3

2背

14 13 12 10 9 8 6 5 4 2 1

北京师范大学史学探索丛书

58　26　24上　29

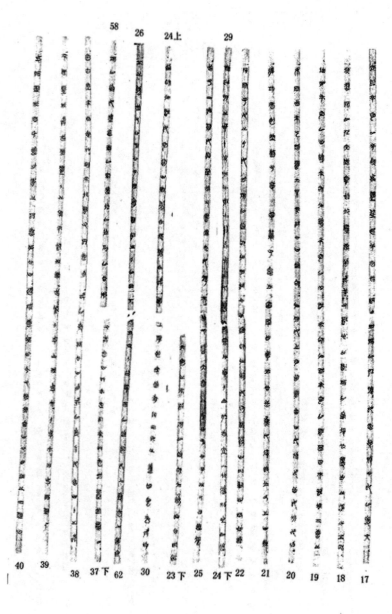

40　39　38　37下　62　30　23下　25　24下　22　21　20　19　18　17

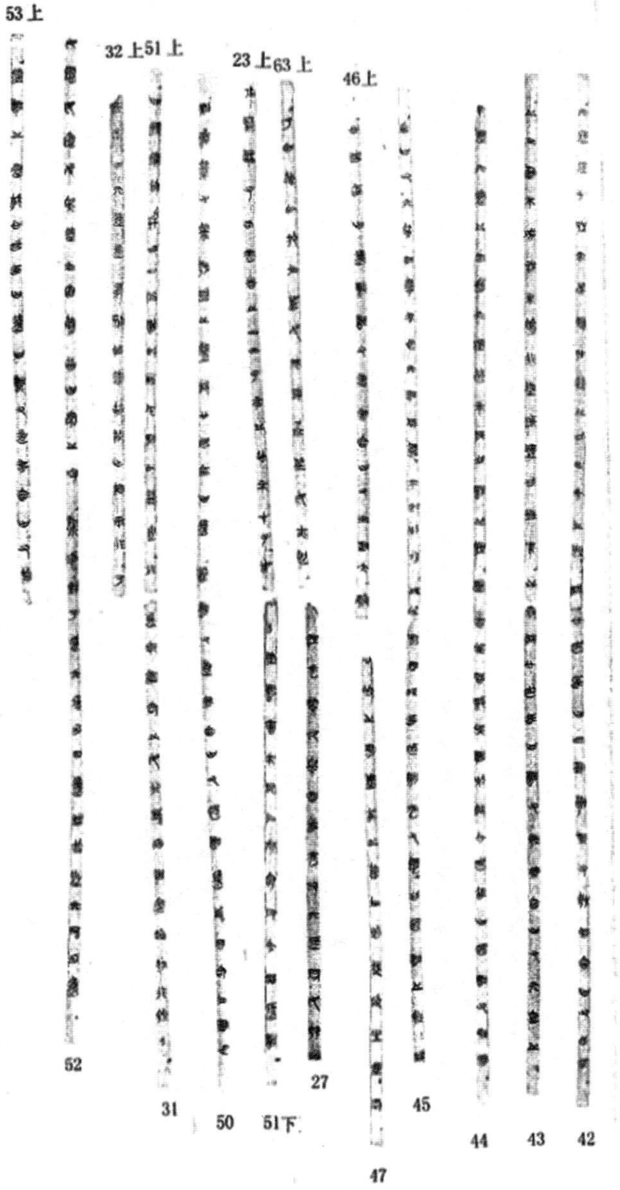

53上

32上 51上

23上 63上

46上

52

31

50　51下

27

45

47

44　43　42

8上　65上　　　　37上

65下　7下　64　63下　49　28　36　35　34

附录四 《曹沫之陈》与诸书的比较图表

《曹沫之陈》与诸书的比较图表（1）

《曹沫之陈》简 8	有大道焉，必恭俭以得之，而骄泰以失之
《大学》	是故君子有大道，必忠信以得之，骄泰以失之
《荀子·议兵》	凡百事之成也必在敬之，其败也必在慢之
《论语·学而》	夫子温、良、恭、俭、让以得之
《论语·子路》	君子泰而不骄，小人骄而不泰
《吕氏春秋·求人》	其所以得之，所以失之，其术一也
《曹沫之陈》简 59、60 上	一出言三军皆欢，一出言三军皆往
《论语·子路》	一言而兴邦，一言而丧邦
《管子·内业》	一言得而天下服，一言定而天下听
《吕氏春秋·贵直》	一言而士皆乐为其上死
《申子·君臣》佚文	一言正而天下定，一言倚而天下靡
《曹沫之陈》简 20	勿获民时，勿夺民利
《国语·鲁语》	动不违时，财不过用
《孟子·梁惠王上》	无失其时；勿夺其时
《论语·学而》	道千乘之国，敬事而信，节用而爱人，使民以时
《国语·周语中》	不夺民时，不蔑民功
《管子·臣乘马》	王者不夺民时
《管子·小匡》	无夺民时
《司马法·仁本》	战道：不违时，不历民病，所以爱吾民也
《曹沫之陈》简 11	鲁庄公：居不设席，食不二味
《左传》哀公元年	阖庐：食不二味，居不重席
《韩非子·外储说左下》	孟献伯：食不二味，坐不重席
《孔子家语·问礼》	古之明王：卑其宫室……食不二味
上博简《容成氏》简 21	禹：衣不亵美，食不重味
《曹沫之陈》简 15、16	其食足以食之，其兵足以利之，其城固足以扞之
《论语·颜渊》	足食，足兵，民信之矣
《荀子·议兵》	故兵要在乎善附民而已

	军队编制	军纪、军令	重将	选将	训练方法
《曹沫之陈》	伍、什、卒、军，还有行。	什伍之间必有公孙公子，是谓军纪。毋尚获而尚闻命，所以为毋退。率车以车，率徒以徒，所以同死生。	凡贵人使处前位一行，后则见亡，进必有二将军。无将军必有数嬖大夫，无嬖大夫必有数大官之师、公孙公子。勿改其将。	贵人、公孙公子。	申功上贤，能治百人，使长百人，能治三军。
《吴孙子》	伍、卒、旅、师、军。	任其上令。故令之以文，齐之以武。三令五申。	故知兵之将，生民之司命，国家安危之主也。夫将者国之辅也。	将者，智信仁勇严也。察"五危"。	
《齐孙子》	卒、师、军。		王者之将应智勇双全，并应知"道"。	将者，义仁德信智。	
《司马法》	参、伍、两、队、卒、旅、师、军。	位欲严，政欲栗。禁顾。	进退惟时，无曰寡人。阃外之事，将军裁之。		
《吴子》	伍、什、卒、师、军。	虎贲之士选而别之，爱而贵之，是谓军命。诸吏士当从受敌。车骑与徒，若车不得车，骑不得骑，徒不得徒，虽破军皆无功。	夫总文武者，军之将也，兼刚柔者，兵之事也。得之国强，去之国亡。是谓良将。	知此四者（气机地机事机力机）乃可为将。	一人学战，教成十人；十人学战，教成百人；百人学战，教成千人；千人学战，教成万人；万人学战，教成三军。

北京师范大学史学探索丛书

	军队编制	军纪、军令	重将	选将	训练方法
《六韬》	伍、卒、师、军。		故将者，人之司命。将者，国之辅。	八征以观其辞、变、诚、德、廉、贞、勇、态。	使一人学战，教成，合之十人；十人学战，教成，合之百人；百人学战，教成，合之千人；千人学战，教成，合之万人；万人学战，教成，合之三军之众。大战之法，教成，合之百万之众。
《尉缭子》	伍、什、两、师、军。连保制：伍、什、属、闾。		夫将者，上不制于天，下不制于地，中不制于人。故人主重将。	轻视"世将"。	百人而教战，教成合之千人；千人教成，合之万人；万人教成，会之于三军。
其他	《周礼》：伍、两、卒、旅、师、军。《管子》：伍、小戎、卒、旅、军。				
结论	《周礼》与《司马法》佚文大致相同，《曹沫之陈》简单。	疑《曹沫之陈》"军纪"与《吴子》"军令"同，强调公孙公子是军之纲纪。	《吴孙子》与《六韬》合。《曹沫之陈》重将与重宗法是分不开的。	《曹沫之陈》处在宗法贵族政治社会。	训练方法都是十进制的教法。《曹沫之陈》所记最为简单。

	治兵理念	备战	"和"的概念
《曹沫之陈》	有固谋而无固城，有克政而无克陈。	邻邦之君明，则不可以不修政而善于民。不然，恁亡焉。邻邦之君亡道，则亦不可以不修政而善于民。坚甲利兵，必有战心以守，所以为长也。	上下和且辑。有三和：不和于邦，不可以出豫；不和于豫，不可以出陈；不和于陈，不可以战。是故夫陈者，三教之末。
《吴孙子》	道者，令民与上同意也。主（国君）孰有道是判断交战双方孰胜的重要依据。	故用兵之法，无恃其不来，恃吾有以待也；无恃其不攻，恃吾有所不可攻也。	
《司马法》		故国虽大，好战必亡；天下虽安，忘战必危。	
《吴子》		用兵之法教戒为先。	有四不和：不和于国，不可以出军；不和于军，不可以出陈；不和于陈，不可以进战；不和于战，不可以决胜。
《六韬》			一予一夺，一文一武，一徐一疾者，所以调和三军，制一臣下也。
其他	《荀子》："故兵要在乎善附民而已。"《论语》："足食，足兵，民信之矣。"如不得已，首先去兵。		
结论	《曹沫之陈》与儒家的言兵与政的关系一致，但似乎其侧重点与儒家不同，其目的性又与《吴孙子》同。	《曹沫之陈》的"必有战心以守"的警备心理与《吴孙子》合。	《曹沫之陈》"和"的观念与《吴子》合。推测：吴起曾"乃之鲁，学兵法以事鲁君"，鲁国的兵学传统可能对其有一定影响。

北京师范大学史学探索丛书

	兵杂	善守与善攻	仁本及"本""末"
《曹沫之陈》	三行之后,苟见短兵。	善攻者,必以其所有,以攻人之所亡有。善守者,所以为毋退。率车以车,率徒以徒,所以同死。	毋获民时,毋夺民利。民有保,曰城、曰固、曰阻。三善尽用不弃,邦家以宏。兼爱万民无有私也。是故夫阵者,三教之末。
《吴孙子》	强弱长短杂用。远则用弩,近则用兵。	善守者,藏于九地之下,善攻者,动于九天之上,故能自保而全胜也。故善攻者,敌不知其所守;善守者,敌不知其所攻。昔之善战者,先为不可胜,以待敌之可胜。故善战者,求之于势,不责于人。	将者,智、信、仁、勇、严也。不知敌之情者,不仁之至也,非人之将也。非仁义不能使间。
《齐孙子》			故义者,兵之首也。故仁者,兵之腹也。故德者,兵之手也。故信者,兵之足也。故决者,兵之尾也。
《司马法》	兵不杂则不利,长兵以卫,短兵以守。兵惟杂。凡五兵五当,长以卫短,短以救长。	善守者,藏于九地之下,善攻者,动于九天之上。	古者以仁为本,以义治之之谓正。……是故,杀人安人,杀之可也;攻其国爱其民,攻之可也。战道:不违时,不历民病,所以爱吾民也。凡大善用本(仁),其次用末(兵谋)。
《尉缭子》			故王者伐暴乱,本仁义焉。

	兵杂	善守与善攻	仁本及"本""末"
《六韬》		古之善战者，非能战于天上，非能战于地下，其成与败，皆由神势。	人君有六守。一曰仁，二曰义，三曰忠，四曰信，五曰勇，六曰谋，是谓六守。
《吴子》			绥之以道，理之以义，动之以礼，抚之以仁。
《国语·鲁语上》			动不违时，财不过用。布德于民而平均其政事。惠本而后民归之志。夫民求不匮于财，而神求优裕于享者也。故不可以不本。
结论	长短兵器的配合使用是春秋时期以"伍"为单位的编制基本的武器使用原则。	《孙子》对《司马法》有所吸收，而《曹沫之阵》对"善攻"与"善守"的记载更简单质朴。	《曹沫之陈》与《司马法》"论战"相似，而其语句与《国语·鲁语》最接近。

北京师范大学史学探索丛书

	使兵不疑	重间、用间	赏罚
《曹沫之陈》	是故疑陈败，疑战死。	毋爱货资子女，以事其便嬖，所以拒内。	刑罚有罪，而赏爵有德；束而厚之，重赏薄刑；必聚群有司而告之：二参子勖之，过不在子，在寡人；战则禄爵有常。
《吴孙子》	不知三军之事，而同三军之政者，则军士惑矣；不知三军之权，而同三军之任，则军士疑矣。三军既惑且疑，则诸侯之难至矣。是谓乱军引胜。	故三军之事，莫亲于间，赏莫厚于间，事莫密于间。 五种用间方法：因间、内间、反间、死间、生间。其中之内间，"内间者，因其官人而用之。"就是指的收买敌国的官吏以为内间。	赏罚孰明？吾以此知胜负矣。 卒未亲附而罚之则不服，不服则难用也；卒已亲附而罚不行，则不可用也。
《齐孙子》	（将）多疑，众疑，可败也。	"恒不胜有五"，其中之一即"不用间，不胜"。	夫赏者，所以喜众，令士忘死也。罚者，所以正乱。赏不逾日，罚不还面。
《司马法》	贵信恶疑。		服正成耻约法省罚。胜则与众分善。若将复战则重赏罚。若使不胜取过在己。
《尉缭子》	上无疑令，则众不二听。动无疑事，则众不二志。 心疑者背。 悔在于任疑。 疑生必败。		明赏于前，决罚于后，是以发能中利，动则有功。审法制，明赏罚。先廉耻而后刑罚。明刑罚，正劝赏，必在乎兵教之法。
《吴子》	故曰：用兵之害，犹豫最大，三军之灾，生于狐疑。	善行间谍。上富而骄，下贫而怨，可离而间。	进有重赏，退有重刑，行之以信。禁令刑罚，所以威心。厚其父母妻子，劝赏畏罚，此坚陈之士，可与持久，能审料此，可以击倍。

	使兵不疑	重间、用间	赏罚
《六韬》	故曰：无恐惧，无犹豫。用兵之害，犹豫最大；三军之灾，莫过狐疑。	"凡文伐有十二节"提到用间有：亲其所爱，以分其威；阴赂左右，得情甚深。严其忠臣，而薄其赂，稽留其使，勿听其事。收其内，间其外，才臣外相，敌国内侵，国鲜不亡。游士八人主伺奸候变，开阖人情，观敌之意，以为间谍。	尊爵重赏者，所以劝用命也，严刑罚者，所以进罢怠也。
其他	《逸周书》：犯难争权，疑者死。用兵在知时，胜大患在合人心。殃毒在信疑。	《逸周书》：美男破老，美女破舌（后）。淫图破□（德），淫巧破时，淫乐破正，淫言破义，武之毁也。赦其众，遂其咎、抚其□（民）、助其囊，武之间也。	《左传》殽之战后，秦穆公"孤之过也，大夫何罪？且吾不以一眚掩大德。"楚伐罗失败后，群帅囚于冶父以听刑。楚子曰："孤之罪也。"皆免之。晋楚鄢陵之战，晋厉公与楚共王皆直接带兵，楚师还，王使谓子反曰："先大夫之覆师徒者，君不在，子无以为过，不谷之罪也。"
结论	狐疑是指挥作战时大忌，各书在论述兵法时都注意到了这一点。只是《曹沫之陈》记载简单。	《六韬》在具体怎样离间敌国君臣上讲得非常细致。《吴孙子》全面总结了历史上的用间之法，而《曹沫之陈》只有一个"内间"。《逸周书》所论类似于"内间"。	《曹沫之陈》"必聚群有司而告之：二参子勉之，过不在子，在寡人。"与《左传》相同。把罪责归到国君头上的做法应该是春秋时期的通例。

	中御之患	军事术语			励士
《曹沫之陈》	毋御军；三军出，其将卑，父兄不荐，由邦御之，此出师之忌。	坚甲利兵，伍间容兵，御卒使兵，端兵，勿兵以克。	此散裹之忌。	不和于邦，不可以出豫。不和于豫，不可以出陈。既战复豫。	使忘其死而见其生，使良车良士往取之饵。使其志起，勇者使喜，蕙者使悔。
《吴孙子》	知胜之道有五，其中之一即"将能而君不御者胜"。	兵者国之大事。兵众孰强。前"兵"指战争。后"兵"指士兵。	围师必阙（缺）。		取敌之利者，货也。故车战得车十乘已上，赏其先得者。掠于饶野，三军足食；死且不北，死焉不得，士人尽力。
《齐孙子》	恒不胜有五，其中第一项即"御将，不胜"。	夫兵者，非士恒势也。举兵绳之。	围（御）裹。		
《司马法》		兵以轻胜。作兵义。	众以合寡则远裹而阙之。围其三面，阙其一面，所以示生路也。	教惟豫，战惟节。	
《尉缭子》				无困在于豫备。	
《六韬》	臣闻国不可以从外治，军不可以从中御。	兵势不行，敌国乃强。"兵"指军队。			

	中御之患	军事术语			励士
《吴子》		兵机、义兵、强兵、刚兵、暴兵、逆兵。			一人投命，足惧千夫。
结论	《曹沫之陈》对"中御"危害没有上升到决定战争胜负的首要因素。	《曹沫之阵》没有后世兵书"兵"的含义丰富。	裹，圈、围。散裹指突破敌人防御圈。	豫同预，是一种预备状态，军队调到战场驻扎下来的临时形式，没形成阵。	《曹沫之陈》强调的多是在打败仗的情况下励士的方法。

	占卜	作战原则	谋略	激气
《曹沫之陈》	毋殆，毋使民疑。及尔龟筮，皆曰胜之。	勿兵以克。人之兵不砥砺，我兵必砥砺。人之甲不坚，我甲必坚。人使士，我使大夫。人使大夫，我使将军。人使将军，我君身进。此战之显道。（以"势"胜人）小邦处大邦之间……因系于大国，大国亲之。	正面作战。多讲在不利的战败的情况下的谋略：复败战有道；复蟠战有道；复甚战有道；复固战有道。	既战将量，为之赏获謷蒽，以劝其志。勇者喜之，荒者悔之。万民愚首皆欲或之。收而聚之，束而厚之，重赏薄刑，使忘其死而见其生，使良车良士往取之饵。使其志起，勇者使喜，蒽者使悔，然后改始。
《吴孙子》	禁祥去疑，至死无所之。先知者，不可取于鬼神，不可象于事，不可验于度，必取于人，知敌之情者也。	不战而屈人之兵，善之善者。凡用兵之法，驰车千驷，革车千乘，带甲十万，千里馈粮，则内外之费，宾客之用，胶漆之材，车甲之奉，日费千金，然后十万之师举矣。	兵者，诡道也。故兵以诈立，以利动，以分和为变者也。	故三军可夺气，将军可夺心。故善用兵者，避其锐气，击其惰归，此治气者也。
《齐孙子》				激气、利气、厉气、断气、延气。
《司马法》	时日不迁，龟胜微行，是谓有天。	凡战，以力久，以气胜，以固久，以危胜，本心固，新气胜，以甲固，以兵胜。		凡战，……，以气胜……，新气胜。待众之作。凡战，先则弊，后则慑，息则怠，不息亦弊，息久亦反其慑。

	占卜	作战原则	谋略	激气
《六韬》	伪方异技,巫蛊左道,不祥之言,幻惑良民,王者必止之。			
《尉缭子》		不战而胜,善之善者也。兵胜于朝廷,胜于丧纪,胜于土功,省于市井,橐甲而胜,主胜也;陈而胜,将胜也;战而胜,臣胜也。		夫将之所以战者,民也;民之所以战者,气也。气实则斗,气夺则走。善用兵者,能夺人而不夺于人。夺者心之机也。
《左传》"曹刿论战"		忠之属也,可以一战。	彼竭我盈,故克之。	一鼓作气,再而衰,三而竭
《军志》				《左传》提到《军志》:"先人有夺人之心,后人有待其衰。"
结论	《司马法》与《曹沫之陈》皆重视龟策的作用,但是后者似乎仅是一种励士的手段而已,并不是真的相信。《吴孙子》已经完全斥退占卜的做法,以人事为重。	《曹沫之阵》与《吴孙子》截然不同,前者绝没有后者的气势。这是所依托国家国势不同所致。	《曹沫之陈》不讲诡道,是正规作战方法,没有多少技巧可言。依鲁国对外战争的实情为论战的根据。有极强的针对性。	《司马法》《吴孙子》皆重视激气,但是以"曹刿论战"最典型。然而《曹沫之陈》没有相关记载。《曹沫之陈》不是对一次战争的应对,而是对多次常规战争中激气的总结。《齐孙子》由激气发展到五种激励士兵的方法。

参考文献

（一）历史文献

1.（西汉）司马迁：《史记》，北京：中华书局，1982。

2.（西汉）司马迁撰，〔日〕泷川资言考证，水泽利忠校补：《史记会注考证附校补》，上海：上海古籍出版社，1986。

3.（西汉）刘向撰，向宗鲁校证：《说苑校证》，北京：中华书局，1987。

4.（东汉）班固：《汉书》，北京：中华书局，1962。

5.（东汉）许慎撰，（宋）徐铉校定：《说文解字》（附检字），北京：中华书局，1963。

6.（唐）陆德明撰，黄焯汇校：《经典释文汇校》，北京：中华书局，2006。

7.（唐）陆淳：《春秋啖赵集传纂例》，丛书集成初编本，北京：中华书局，1985。

8.（南唐）徐锴：《说文解字系传》，北京：中华书局，1987。

9.（宋）司马光等编：《类篇》，北京：中华书局，1984。

10.（宋）孙觉：《春秋经解》，丛书集成初编本，北京：中华书局，1985。

11.（宋）苏辙：《春秋集解》，丛书集成初编本，北京：中华书局，1985。

12.（宋）叶梦得：《春秋考》，丛书集成初编本，北京：中华书局，1991。

13.（宋）叶适：《习学记言序目》，北京：中华书局，1977。

14.（宋）王应麟撰，翁元圻注：《困学纪闻》，北京：商务印书馆，1959。

15.（明）王樵：《春秋辑传》，北京：中华书局，1985。

16.（清）顾炎武撰，黄汝成集释：《日知录集释》（全校本），上海：上海古籍出版社，2006。

17.（清）何焯：《义门读书记》，北京：中华书局，1987。

18.（清）赵翼：《陔余丛考》，北京：中华书局，1963。

19.（清）章学诚撰，叶瑛校注：《文史通义校注》，北京：中华书局，1985。

20.（清）阮元校刻：《十三经注疏》，影印本，北京：中华书局，1980。

21.（清）高士奇：《左传纪事本末》，北京：中华书局，1979。

22.（清）钟文烝：《春秋穀梁经传补注》，北京：中华书局，1996。

23.（清）孔广森：《春秋公羊通义》，见（清）阮元，王先谦编《皇清经解》，上海：上海书店出版社，1988。

24.（清）马骕：《左传事纬》，济南：齐鲁书社，1992。

25.（清）马骕：《绎史》，济南：齐鲁书社，2001。

26.（清）孙星衍：《尚书今古文注疏》，北京：中华书局，2004。

27.（清）孙希旦：《礼记集解》，北京：中华书局，1989。

28.（清）王聘珍：《大戴礼记解诂》，北京：中华书局，1983。

29.（清）董增龄：《国语正义》，成都：巴蜀书社，1985。

30.（清）孙诒让：《周礼正义》，北京：中华书局，1987。

31.（清）孙诒让：《墨子间诂》，北京：中华书局，2001。

32.（清）焦循：《孟子正义》，北京：中华书局，1987。

33.（清）刘宝楠：《论语正义》，上海：上海古籍出版社，1993。

34.（清）郭庆藩：《庄子集释》，北京：中华书局，1961。

35.（清）王先谦：《荀子集解》，北京：中华书局，1988。

36.（清）王先慎：《韩非子集解》，北京：中华书局，1998。

37.（清）顾栋高：《春秋大事表》，北京：中华书局，1993。

38.（清）姚彦渠：《春秋会要》，北京：中华书局，1955。

39.（清）卢文弨：《钟山札记》，丛书集成初编本，北京：中华书局，1985。

40.（清）梁玉绳：《史记志疑》，北京：中华书局，1981。

41.（清）崔适：《史记探源》，北京：中华书局，1986。

42.（清）于鬯：《香草校书》，北京：中华书局，1984。

43.（清）段玉裁：《说文解字注》，上海：上海古籍出版社，1988。

44.（清）朱骏声：《说文通训定声》，北京：中华书局，1984。

45.（清）王筠：《说文释例》，北京：中华书局，1998。

46.（清）王念孙：《读书杂志》，南京：江苏古籍出版社，1985。

47.（清）王念孙：《广雅疏证》(附索引)，北京：中华书局，2004。

48.（清）王引之：《经传释词》，长沙：岳麓书社，1985。

49.（清）王引之：《经义述闻》，南京：江苏古籍出版社，2000。

50. 徐元诰：《国语集解》，北京：中华书局，2002。

51. 上海师范大学古籍整理研究所校点：《国语》，上海：上海古籍出版社，1988。

52. 缪文远：《战国策新校注》，成都：巴蜀书社，1987。

53. 杨伯峻：《春秋左传注》，北京：中华书局，1990。

54. 杨伯峻：《论语译注》，北京：中华书局，1980。

55. 程树德：《论语集释》，北京：中华书局，1990。

56.《诸子集成》，上海：上海书店出版社，1986。

57. 高亨：《商君书注译》，北京：中华书局，1974。

58. 陈奇猷：《吕氏春秋校释》，上海：学林出版社，1984。

59. 王利器：《新语校注》，北京：中华书局，1986。

60. 阎振益、钟夏：《新书校注》，北京：中华书局，2000。

61. 黄 晖：《论衡校释》(附刘盼遂集解)，北京：中华书局，1990。

62. 黎翔凤撰，梁运华整理：《管子校注》，北京：中华书局，2004。

63. 刘文典：《淮南鸿烈集解》，北京：中华书局，1989。

64. 何宁：《淮南子集释》，北京：中华书局，1998。

65. 程俊英、蒋见元：《诗经注析》，北京：中华书局，1991。

66. 苏舆：《春秋繁露义证》，北京：中华书局，1992。

67. 方诗铭、王修龄：《古本竹书纪年辑证》(修订本)，上海：上海古籍出版社，2005。

68. 张涛：《孔子家语注译》，西安：三秦出版社，1998。

69. 杨朝明师：《孔子家语通解》，台北：万卷楼图书股份有限公司，2005。

70. 黄怀信：《逸周书校补注译》(修订本)，西安：三秦出版社，2006。

71. 黄怀信、张懋镕、田旭东：《逸周书汇校集注》(修订本)，上海：上海古籍出版社，2007。

（二）近人著作

1. 韩席筹：《左传分国集注》，南京：江苏人民出版社，1963。

2. 顾实：《〈庄子·天下〉篇讲疏》，上海：商务印书馆，1933。

3. 单演义：《〈庄子·天下〉篇荟释》，西安：黎明日报社，1948。

4. 锺泰：《庄子发微》，上海：上海古籍出版社，2002。

5. 刘汝霖：《周秦诸子考》，北平：文化学社，1929。

6. 钱穆：《先秦诸子系年》，北京：商务印书馆，2001。

7. 钱穆：《论语新解》，北京：生活·读书·新知三联书店，2002。

8. 刘凌、孔繁荣编校：《章太炎学术论著》，杭州：浙江人民出版社，1998。

9. 傅杰编校：《章太炎学术史论集》，北京：中国社会科学出版社，1997。

10. 吕思勉：《先秦学术概论》，北京：中国大百科全书出版社，1985。

11. 吕思勉：《先秦史》，上海：上海古籍出版社，1982。

12. 翦伯赞：《先秦史》，北京：北京大学出版社，1990。

13. 杨宽：《西周史》，上海：上海人民出版社，2003。

14. 顾德融、朱顺龙：《春秋史》，上海：上海人民出版社，2003。

15. 杨宽：《战国史》，上海：上海人民出版社，2003。

16. 傅隶朴：《春秋三传比义》，北京：中国友谊出版公司，1984。

17. 傅斯年：《傅斯年全集·第二卷》，长沙：湖南教育出版社，2003。

18. 郭沫若：《十批判书》，北京：东方出版社，1996。

19. 顾颉刚、刘起釪：《尚书校释译论》，北京：中华书局，2005。

20. 杨向奎：《宗周社会与礼乐文明》，北京：人民出版社，1992。

21. 童书业著，童教英校订：《春秋左传研究》（校订本），北京：中华书局，2006。

22. 童书业著，童教英校订：《春秋史》（校订本），北京：中华书局，2006。

23. 赵光贤：《周代社会辨析》，北京：人民出版社，1980。

24. 李学勤：《走出疑古时代》，沈阳：辽宁大学出版社，1997。

25. 李学勤：《东周与秦代文明》，北京：文物出版社，1984。

26. 李学勤：《简帛佚籍与学术史》，南昌：江西教育出版社，2001。

27. 郭克煜等：《鲁国史》，北京：人民出版社，1994。

28. 杨朝明师：《鲁文化史》，济南：齐鲁书社，2001。

29. 晁福林师：《夏商西周的社会变迁》，北京：北京师范大学出版社，1996。

30. 晁福林师：《霸权迭兴——春秋霸主论》，北京：生活·读书·新知三联书店，1992。

31. 晁福林师：《先秦社会形态研究》，北京：北京师范大学出版社，2003。

32. 晁福林师：《先秦社会思想研究》，北京：商务印书馆，2007。

33. 晁福林师：《春秋战国的社会变迁》，北京：商务印书馆，2011。

34. 晁福林师：《天命与彝伦：先秦社会思想探研》，北京：北京师范大学出版社，2012。

35. 赵伯雄：《春秋学史》，济南：山东教育出版社，2004。

36. 余嘉锡：《古书通例》，上海：上海古籍出版社，1985。

37. 许兆昌：《周代史官文化——前轴心期核心文化形态研究》，长春：吉林大学出版社，2001。

38. 许兆昌：《先秦史官的制度与文化》，哈尔滨：黑龙江人民出版社，2006。

39. 蓝永蔚：《春秋时期的步兵》，北京：中华书局，1979。

40. 陈恩林：《先秦军事制度研究》，长春：吉林文史出版社，1991。

41. 李零：《司马法译注》，石家庄：河北人民出版社，1992。

42. 李零：《〈孙子〉古本研究》，北京：北京大学出版社，1995。

43. 李零：《吴孙子发微》，北京：中华书局，1997。

44. 郭化若：《孙子译注》，上海：上海古籍出版社，1984。

45. 吴九龙主编：《孙子校释》，北京：军事科学出版社，1991。

46. 杨丙安：《十一家注孙子校理》，北京：中华书局，1999。

47. 银雀山汉墓竹简整理小组编：《孙子兵法》，北京：文物出版社，1976。

48. 银雀山汉墓竹简整理小组编：《孙膑兵法》，北京：文物出版社，1975。

49. 马王堆汉墓帛书整理小组编：《战国纵横家书》，北京：文物出版社，1976。

50. 张震泽：《孙膑兵法校理》，北京：中华书局，1984。

51. 岑仲勉：《墨子城守各篇简注》，北京：中华书局，1958。

52. 田旭东：《司马法浅说》，北京：解放军出版社，1989。

53. 徐勇：《尉缭子浅说》，北京：解放军出版社，1989。

54. 盛冬铃：《六韬译注》，石家庄：河北人民出版社，1992。

55. 娄熙元、吴树平：《吴子译注·黄石公三略译注》，石家庄：河北人民出版社，1992。

56. 沈福林：《兵家思想研究》，北京：军事科学出版社，1988。

57. 郑良树：《竹简帛书论文集》，北京：中华书局，1982。

58. 吴九龙：《银雀山汉简释文》，北京：文物出版社，1985。

59. 容庚编，张振林，马国权摹补：《金文编》，北京：中华书局，1985。

60. 高亨纂著，董治安整理：《古字通假会典》，济南：齐鲁书社，1989。

61. 白于蓝：《简牍帛书通假字字典》，福州：福建人民出版社，2008。

62. 白于蓝：《战国秦汉简帛古书通假字汇纂》，福州：福建人民出版社，2012。

63. 刘信芳编著：《楚帛书通假汇释》，北京：高等教育出版社，2011。

64. 李守奎、曲冰、孙伟龙编著：《上海博物馆藏战国楚竹书（一—五）文字编》，北京：作家出版社，2007。

65. 黄锡全：《汗简注释》，武汉，武汉大学出版社，1990。

66. 荆门市博物馆编：《郭店楚墓竹简》，北京：文物出版社，1998。

67. 马承源主编：《上海博物馆藏战国楚竹书（一）》，上海：上海古籍出版社，2001。

68. 马承源主编：《上海博物馆藏战国楚竹书（二）》，上海：上海古籍出版社，2002。

69. 马承源主编：《上海博物馆藏战国楚竹书（三）》，上海：上海古籍出版社，2003。

70. 马承源主编：《上海博物馆藏战国楚竹书（四）》，上海：上海古籍出版社，2004。

71. 马承源主编：《上海博物馆藏战国楚竹书（五）》，上海：上海古籍出版社，2005。

72. 马承源主编：《上海博物馆藏战国楚竹书（六）》，上海：上海古籍出版社，2007。

73. 马承源主编：《上海博物馆藏战国楚竹书（七）》，上海：上海古籍出版社，2008。

74. 马承源主编：《上海博物馆藏战国楚竹书（八）》，上海：上海古籍出版社，2011。

75. 饶宗颐、曾宪通：《楚帛书》，香港，中华书局香港分局，1985。

76. 睡虎地秦墓竹简整理小组编：《睡虎地秦墓竹简》，北京：文物出版社，1990。

77. 湖北省荆沙铁路考古队编：《包山楚简》，北京：文物出版社，1991。

78. 湖北省文物考古研究所、北京大学中文系编：《望山楚简》，北京：中华书局，1995。

79. 湖北省文物考古研究所、北京大学中文系编：《九店楚简》，北京：中华书局，2000。

80. 山西省文物工作委员会编，张颔、陶正刚、张守中著：《侯马盟书》（增订本），太原：山西古籍出版社，2006。

81. 故宫博物院编：《古玺文编》，北京：文物出版社，1981。

82. 张守中：《中山王䵼器文字编》，北京：中华书局，1981。

83. 张守中：《睡虎地秦简文字编》，北京：文物出版社，1994。

84. 张守中：《包山楚简文字编》，北京：文物出版社，1996。

85. 张守中、张小沧、郝建文：《郭店楚简文字编》，北京：文物出版社，2000。

86. 郭若愚：《战国楚简文字编》，上海：上海书画出版社，1994。

87. 商承祚：《战国楚竹简汇编》，济南：齐鲁书社，1995。

88. 何琳仪：《战国古文字典——战国文字声系》，北京：中华书局，1998。

89. 何琳仪：《战国文字通论》(订补本)，南京：江苏教育出版社，2003。

90. 陈松长：《马王堆简帛文字编》，北京：文物出版社，2001。

91. 汤余惠：《战国文字编》，福州：福建人民出版社，2001。

92. 李守奎：《楚文字编》，上海：华东师范大学出版社，2003。

93. 郭沂：《郭店竹简与先秦学术思想》，上海：上海教育出版社，2001。

94. 李零：《郭店楚简校读记》(增订本)，北京：北京大学出版社，2002。

95. 李零：《简帛古书与学术源流》，北京：生活·读书·新知三联书店，2004。

96. 李零：《上博楚简三篇校读记》，北京：中国人民大学出版社，2007。

97. 李天虹：《郭店楚简〈性自命出〉研究》，武汉：湖北教育出版社，2003。

98. 陈伟：《郭店竹书别释》，武汉：湖北教育出版社，2003。

99. 廖名春：《出土简帛丛考》，武汉：湖北教育出版社，2004。

100. 刘建国：《先秦伪书辨正》，西安：陕西人民出版社，2004。

101. 朱凤瀚：《商周家族形态研究》(增订本)，天津：天津古籍出版社，2004。

102. 刘钊：《古文字考释丛稿》，长沙：岳麓书社，2005。

103. 刘钊：《郭店楚简校释》，福州：福建人民出版社，2005。

104. 郭锡良：《汉字古音手册》，北京：北京大学出版社，1986。

105. 李珍华、周长楫：《汉字古今音表》（修订本），北京：中华书局，1999。

106. 刘钰、袁仲一：《秦文字通假集释》，西安：陕西人民教育出版社，1999。

107. 冯其庸、邓安生：《通假字汇释》，北京：北京大学出版社，2006。

108. 骈宇骞、段书安：《二十世纪出土简帛综述》，北京：文物出版社，2006。

109. 黄德宽主编：《古文字谱系疏证》，北京：商务印书馆，2007。

110. 上海大学古代文明研究中心，清华大学思想文化研究所：《上博馆藏战国楚竹书研究》，上海：上海书店出版社，2002。

111. 上海大学古代文明研究中心，清华大学思想文化研究所：《上博馆藏战国楚竹书研究续编》，上海：上海书店出版社，2004。

112. 广东炎黄文化研究会、纪念容庚先生百年诞辰暨中国古文字学学术研讨会合编：《容庚先生百年诞辰纪念文集》，广州：广东人民出版社，1998。

113. 张政烺：《张政烺文史论集》，北京：中华书局，2004。

114. 中国社会科学院简帛研究中心编著：《简帛研究》第二辑，北京：法律出版社，1996。

115. 中国哲学编辑部、国际儒联学术委员会编：《郭店楚简研究》，（中国哲学第二十辑），沈阳：辽宁教育出版社，1999。

116. 李学勤、谢桂华主编：《简帛研究二〇〇一》，桂林：广西师范大学出版社，2001。

117. 李学勤、谢桂华主编：《简帛研究二〇〇二、二〇〇三》，桂林：广西师范大学出版社，2005。

118. 卜宪群、杨振红主编：《简帛研究二〇〇四》，桂林：广西师范大学出版社，2006。

119. 卜宪群、杨振红主编：《简帛研究二〇〇五》，桂林：广西师范大学出版社，2008。

120. 卜宪群、杨振红主编：《简帛研究二〇〇六》，桂林：广西师范大学出版社，2008。

121. 卜宪群、杨振红主编：《简帛研究二○○七》，桂林：广西师范大学出版社，2010。

122. 卜宪群、杨振红主编：《简帛研究二○○八》，桂林：广西师范大学出版社，2010。

123. 武汉大学简帛研究中心主办：《简帛》(第一辑)，上海：上海古籍出版社，2006。

124. 武汉大学简帛研究中心主办，《简帛》(第二辑)，上海：上海古籍出版社，2007。

125. 武汉大学简帛研究中心主办，《简帛》(第三辑)，上海：上海古籍出版社，2008。

126. 武汉大学简帛研究中心主办，《简帛》(第四辑)，上海：上海古籍出版社，2009。

127. 武汉大学简帛研究中心主办，《简帛》(第五辑)，上海：上海古籍出版社，2010。

128. 艾兰、邢文编：《新出简帛研究》，北京：文物出版社，2004。

129. 谢维扬、朱渊清主编：《新出土文献与古代文明研究》，上海：上海大学出版社，2004。

130. 丁四新主编：《楚地出土简帛文献思想研究》(一)，武汉：湖北教育出版社，2002。

131. 丁四新主编：《楚地简帛思想研究》(二)，武汉：湖北教育出版社，2005。

132. 丁四新主编：《楚地简帛思想研究》(三)，武汉：湖北教育出版社，2007。

133. 丁四新、夏世华主编：《楚地简帛思想研究》(第四辑)，武汉：崇文书局，2010。

134. 陈斯鹏：《简帛文献与文学考论》，广州：中山大学出版社，2007。

135. 季旭昇主编：《〈上海博物馆藏战国楚竹书(四)〉读本》，台北：万卷楼图书股份有限公司，2007。

136. 高佑仁：《〈上海博物馆藏战国楚竹书(四)·曹沫之阵〉研究》，台北：花木兰文化出版社，2008。

(三)探讨《曹沫之陈》的简帛文章

1. 陈剑：《上博竹书〈曹沫之陈〉新编释文(稿)》，"简帛研究"网，2005年2月12日。

2. 廖名春：《读楚竹书〈曹沫之陈〉札记》，"简帛研究"网，2005年2月12日。

3. 廖名春：《楚竹书〈曹沫之阵〉与〈慎子〉佚文》，"简帛研究"网，2005年2月12日。

4. 陈斯鹏：《上海博物馆藏楚简〈曹沫之阵〉释文校理稿》，"孔子2000"网，2005年2月20日。

5. 苏建洲：《〈上博(四)·曹沫之陈〉补释一则》，"孔子2000"网，2005年2月20日。

6. 高佑仁：《论〈鲁邦大旱〉、〈曹沫之陈〉之"饭"字》，"简帛研究"网，2005年2月20日。

7. 范常喜：《〈曹沫之陈〉"君言无以异于臣之言君弗"臆解》，"简帛研究"网，2005年2月20日。

8. 苏建洲：《〈上博(四)·曹沫之陈〉补释一则(二)》，"孔子2000"网，2005年2月24日。

9. 禤健聪：《关于〈曹沫之陈〉的"𥷚"字》，"简帛研究"网，2005年3月4日。

10. 苏建洲：《〈上博(四)·曹沫之阵〉札记》，"孔子2000"网，2005年3月7日。

11. 苏建洲：《〈上博(四)·曹沫之阵〉三则补议》，"孔子2000"网，2005年3月10日。

12. 高佑仁：《读〈曹沫之阵〉心得两则"幾"、山非泽，亡有不民"》，

"简帛研究"网，2005 年 4 月 3 日。

13. 白于蓝：《上博简〈曹沫之陈〉释文新编》，"简帛研究"网，2005 年 4 月 10 日。

14. 范常喜：《〈上博四·曹沫之陈〉"车辇皆裁（载）"补议》，"简帛研究"网，2005 年 4 月 15 日。

15. 李锐：《〈曹刿之阵〉重编释文》，"孔子 2000"网，2005 年 5 月 17 日。

16. 高佑仁：《论〈曹沫之阵〉简 17 之"爱"字》，"孔子 2000"网，2005 年 8 月 23 日。

17. 高佑仁：《〈曹沫之阵〉"君必不已则由其本乎"释读》，"简帛研究"网，2005 年 9 月 4 日。

18. ［日］浅野裕一：《上博楚简〈曹沫之陈〉的兵学思想》，"简帛研究"网，2005 年 9 月 25 日。

19. 高佑仁：《〈曹沫之阵〉校读九则》，"简帛"网，2005 年 11 月 14 日。

20. 高佑仁：《〈曹沫之阵〉"早"字考释》，"简帛"网，2005 年 11 月 27 日。

21. 王兰：《"牪尔正红"句试释》，"简帛"网，2005 年 12 月 10 日。

22. 高佑仁：《谈〈唐虞之道〉与〈曹沫之阵〉的"没"字》，"简帛"网，2005 年 12 月 25 日。

23. 蔡丹：《上博四〈曹沫之陈〉试释二则》，"简帛"网，2006 年 1 月 3 日。

24. 高佑仁：《谈〈曹沫之阵〉的"没身就世"》，"简帛"网，2006 年 2 月 20 日。

25. 高佑仁：《谈〈曹沫之阵〉"为和于阵"的编联问题》，"简帛"网，2006 年 2 月 28 日。

26. 高佑仁：《谈〈曹沫之阵〉简 36"义"字的形体来源》，"简帛"网，2006 年 6 月 14 日。

27. 单育辰：《从战国简〈曹沫之陈〉再谈今本〈吴子〉、〈慎子〉的真伪》，"简帛"网，2006 年 8 月 30 日。

28. 苏建洲：《〈上博（四）·曹沫之阵〉简 18 "缠" 字小考》，"简帛" 网，2006 年 10 月 21 日。

29. 李佳兴：《〈上博四·曹沫之陈〉54 简■字试释》，"简帛研究" 网，2007 年 2 月 25 日。

30. 李强：《〈曹沫之陈〉札记》，"简帛" 网，2007 年 3 月 14 日。

31. 单育辰：《〈曹沫之陈〉新编联及释文》，"简帛" 网，2007 年 6 月 3 日。

32. 董珊：《〈曹沫之阵〉中的四种 "复战" 之道》，"简帛" 网，2007 年 6 月 6 日。

33. 孟蓬生：《"牪" 疑》，"简帛" 网，2007 年 9 月 22 日。

34. 王宁：《〈曹沫之陈〉第 63 简下段文字另解》，"简帛研究" 网，2008 年 1 月 20 日。

35. 白于蓝：《〈曹沫之陈〉新编释文及相关问题探讨》，复旦大学出土文献与古文字研究中心网，2008 年 3 月 3 日。

36. 欧阳祯人：《论兵书〈曹沫之阵〉的思想史价值》，"简帛研究" 网，2008 年 4 月 18 日。

37. 宋华强：《"还年" 小议》，"简帛" 网，2008 年 8 月 9 日。

38. 王连成：《〈上博四·曹沫之阵〉第 43—44 简释疑》，"简帛研究" 网，2012 年 6 月 1 日。

（四）探讨上博简（四）涉及《曹沫之陈》的文章

1. 季旭昇：《上博四零拾》，"简帛研究" 网，2005 年 2 月 15 日。
2. 刘乐贤：《读上博（四）札记》，"简帛研究" 网，2005 年 2 月 15 日。
3. 孟蓬生：《上博竹书（四）间诂》，"简帛研究" 网，2005 年 2 月 15 日。
4. 李锐：《读上博四札记（一）》，"孔子 2000" 网，2005 年 2 月 16 日。
5. 李锐：《读上博四札记（二）》，"孔子 2000" 网，2005 年 2 月 20 日。
6. 董珊：《读上博藏战国楚竹书（四）杂记》，"简帛研究" 网，2005 年 2 月 20 日。

7. 李锐：《读上博四札记（三）》，"孔子 2000"网，2005 年 2 月 21 日。

8. 孟蓬生：《上博竹书（四）间诂》（续），"简帛研究"网，2005 年 3 月 6 日。

9. 陈斯鹏：《初读上博竹书（四）文字小记》，"简帛研究"网，2005 年 3 月 6 日。

10. 魏宜辉：《读上博楚简（四）札记》，"简帛研究"网，2005 年 3 月 10 日。

11. 杨泽生：《读〈上博四〉札记》，"简帛研究"网，2005 年 3 月 24 日。

12. 范常喜：《读〈上博四〉札记四则》，"简帛研究"网，2005 年 3 月 31 日。

13. 田炜：《读上博竹书（四）琐记》，"简帛研究"网，2005 年 4 月 3 日。

14. 房振三：《上博馆藏楚竹书（四）释字二则》，"简帛研究"网，2005 年 4 月 3 日。

15. 何有祖：《上博楚竹书（四）札记》，"简帛研究"网，2005 年 4 月 15 日。

16. 高佑仁：《读〈上博四〉札记三则》，"简帛"网，2006 年 2 月 24 日。

17. 刘洪涛：《读〈上海博物馆藏战国竹书（四）〉札记》，"简帛"网，2006 年 11 月 8 日。

18. 刘洪涛：《读〈上海博物馆藏战国竹书（四）〉札记（二）》，"简帛"网，2007 年 1 月 17 日。

（五）相关内容研究论文

1. 刘师培：《春秋时代官制考》，《国粹学报》，第 31、32、34 期，1907 年。

2. 杨宽：《春秋战国间封建的军事组织和战争的变化》，《历史教学》，1954 年第 4 期。

3. 蒙文通：《周代学术发展论略》，《学术月刊》，1962 年第 10 期。

4. 于省吾：《略论西周金文中的"六自"和"八自"及其屯田制》，《考古》，

1964 年第 3 期。

5. 杨宽：《论西周金文中的"六自"、"八自"和乡遂制度的关系》，《考古》，1964 年第 8 期。

6. 杨宽：《再论西周金文中"六自"、"八自"的性质》，《考古》，1965 年第 10 期。

7. 马王堆汉墓帛书整理小组：《马王堆汉墓出土帛书〈春秋事语〉释文》，《文物》，1977 年第 1 期。

8. 张政烺：《〈春秋事语〉解题》，《文物》，1977 年第 1 期。

9. 顾颉刚：《"周公制礼"的传说与〈周官〉一书的出现》，《文史》第 6 辑，1979 年。

10. 阎铸：《春秋时代的军事制度》（上、下），《社会科学战线》，1980 年第 2 期、第 4 期。

11. 左言东：《西周官制概述》，《人文杂志》，1981 年第 3 期。

12. 金景芳：《"左史记言，右史记事，事为春秋，言为尚书"瞽言发覆》，《史学集刊》复刊号，1981 年 10 月。

13. 肖楠：《试论卜辞中的师和旅》，《古文字研究》第六辑，北京：中华书局，1981 年。

14. 寒峰：《甲骨文所见的商代军制数则》，见胡厚宣等著：《甲骨探史录》，北京：生活·读书·新知三联书店，1982。

15. 杨升南：《略论商代的军队》，见胡厚宣等著：《甲骨探史录》，北京：生活·读书·新知三联书店，1982。

16. 王贵民：《就殷墟甲骨文所见试说"司马"职名的起源》，见胡厚宣主编：《甲骨文与殷商史》，上海：上海古籍出版社，1983。

17. 杨宽：《西周王朝公卿的官僚制度》，《西周史研究》（《人文杂志丛刊》第 2 辑），1984 年。

18. 杨宽：《西周中央政权机构剖析》，《历史研究》，1984 年第 1 期。

19. 徐喜辰：《周代兵制初论》，《中国史研究》，1985 年第 4 期。

20. 郝铁川：《西周中央官制的演变》，《河南大学学报（哲学社会科学版）》，1985 年第 4 期。

21. 陈恩林：《试论西周军事领导体制的一元化》，《人文杂志》，1986年第2期。

22. 张君：《〈礼记〉左、右史新考》，《社会科学辑刊》，1988年第2期。

23. 徐喜辰：《论周代的世卿巨室及其再封制度》，《东北师范大学学报》，1989年第5期。

24. 詹子庆：《战国时代世风问题散论》，《史学集刊》，1990年第3期。

25. 胡适：《诸子不出于王官论》，见姜义华主编：《胡适学术文集·中国哲学史》上册，北京：中华书局，1991。

26. 王卫平：《从尚武到尚文——吴地民风嬗变研究之一》，《苏州大学学报》，1992年第3期。

27. 李道明：《六师、八师新探》，《四川师范大学学报（社会科学版）》，1992年第5期。

28. 李纯蛟：《战国世风与七国存亡》，《四川师范学院学报（哲学社会科学版）》，1993年第4期。

29. 王启发：《荀子与兵家、纵横家初探》，《中国史研究》，1994年第1期。

30. 谢祥皓：《曹刿、曹沫辨》，《齐鲁学刊》，1995年第3期。

31. 黄朴民：《齐文化与先秦军事思想的发展》，《学术月刊》，1997年第11期。

32. 沈文倬：《略论宗周王官之学（上）》，王元化主编：《学术集林》卷十，上海：上海远东出版社，1997。

33. 许兆昌：《周代"四史"析论》，《史学集刊》，1998年第2期。

34. 张文儒：《中国兵家与儒、道、法各家的兼容与互补》，《江汉论坛》，1998年第6期。

35. 黄丽丽：《试论〈汉书·艺文志〉"诸子出于王官"说（下）》，《中国历史文物》，1999年第2期。

36. 宋杰：《春秋战争之地域分析与列国的争霸方略（上）》，《首都师范大学学报(哲学社会科学版)》，1999 年第 2 期。

37. 宫玉振：《文化流变与中国传统兵家的形态更替》，《军事历史研究》，2000 年第 1 期。

38. 路新生：《诸子学研究与胡适的疑古辨伪学》，《华东师范大学学报（哲学社会科学版)》，2000 年第 4 期。

39. 杨朝明师：《关于〈六韬〉成书的文献学考察》，《中国文化研究》，2002 年第 1 期。

40. 葛志毅：《史献书与史鉴思想考源》，《史学集刊》，2001 年第 2 期。

41. 程二行：《官学下移与游士之风——先秦士人文化的发展道路（三)》，《武汉大学学报（人文科学版)》，2001 年第 3 期。

42. 尤学工：《先秦史官与史学》，《史学史研究》，2001 年第 4 期。

43. 李孝迁：《刘师培"古学出于史官论"探析》，《社会科学辑刊》，2001 年第 5 期。

44. 韩高年：《三代史官传统与古史传述方式》，《社会科学战线》，2002 年第 4 期。

45. 刘巍：《"诸子不出于王官论"的建立、影响与意义——胡适"但开风气不为师"的范式创新一例》，《近代史研究》，2003 年第 1 期。

46. 霁虹：《兵家军事思想研究 20 年回顾》，《社会科学战线》，2003 年第 1 期。

47. 张文安：《〈史记〉与兵书、兵法》，《史学史研究》，2003 年第 3 期。

48. 田旭东：《新公布的竹简兵书——〈盖庐〉》，《中华文化论坛》，2003 年第 3 期。

49. 王莉：《〈春秋事语〉研究二题》，《古籍整理研究学刊》，2003 年第 5 期。

50. 龙建春：《〈春秋事语〉记言论略》，《江淮论坛》，2004 年第 2 期。

51. 罗新慧：《尚"文"之风与周代社会》，《中国社会科学》，2004 年第 4 期。

52. 李零：《为什么说曹刿和曹沫是同一人——为读者释疑，兼谈兵法与刺客的关系》，《读书》，2004 年第 9 期。

53. 李桂生：《先秦兵家流派初探》，《社会科学战线》，2005 年第 1 期。

54. 孟祥才：《先秦兵学与齐鲁文化》，《管子学刊》，2005 年第 4 期。

55. 俞志慧：《事类之"语"及其成立之证明》，《淮阴工学院学报》，2005 年第 4 期。

56. 杨用成、龚留柱：《论先秦兵家的性质及其产生》，《河南大学学报（社会科学版)》，2005 年第 4 期。

57. 刘绪义：《先秦诸子的分层及其人文精神转变》，《北方论丛》，2005 年第 4 期。

58. 韩松涛：《先秦至汉初史官学术考辨》，《湖南科技学院学报》，2005 年第 9 期。

59. 李守奎：《〈曹沫之陈〉之隶定与古文字隶定方法初探》，见中国文字学会河北大学汉字研究中心编：《汉字研究》第一辑，北京：学苑出版社，2005。

60. 杨兆贵：《论鹖冠子的军事思想》，《齐鲁学刊》，2006 年第 1 期。

61. 田旭东：《战国写本兵书——〈曹沫之陈〉》，《文博》，2006 年第 1 期。

62. 田旭东：《失传已久的鲁兵书——〈曹沫之陈〉》，见饶宗颐主编：《华学》第八辑，北京：紫禁城出版社，2006。

63. 廖名春：《读〈上海博物馆藏战国楚竹书（四)〉札记》，饶宗颐主编：《华学》第八辑，北京：紫禁城出版社，2006。

64. 廖名春：《楚竹书〈曹沫之阵〉与〈慎子〉佚文》，见赵聪惠主编：《赵文化论丛》，石家庄：河北人民出版社，2006。

65. 吴淑玲：《"左史记言，右史记事"考辨》，《沈阳师范大学学报（社会科学版)》，2006 年第 2 期。

66. 余江：《士之溯源及其早期衍变》，《文史哲》，2006 年第 3 期。

67. 李纪祥：《柯之盟与曹沫》，《中国文化研究》，2006 年第 1 期。

68. 梁振杰：《〈上海博物馆藏战国楚竹书〉（一、二)研究综述》，《史学月刊》，2006 年第 4 期。

69. 丁波：《试论春秋战国之际史官群体的演变分化》，《中国社会科学院研究生院学报》，2006 年第 6 期。

70. 江林昌：《出土文献所见楚国的史官学术与"老庄学派""黄老学派"》，《江汉论坛》，2006 年第 9 期。

71. 张居三：《〈国语〉的史料来源》，《哈尔滨学院学报》，2006 年第 12 期。

72. 俞志慧：《语：一种古老的文类——以言类之语为例》，《文史哲》，2007 年第 1 期。

73. 陈斯鹏：《上博馆藏楚简文字考释四则》，《江汉考古》，2008 年第 2 期。

74. 王连龙：《上博楚竹书（四）〈曹沫之陈〉"载连"释义》，《古代文明》，2009 年第 2 期。

75. 宫长为：《〈周礼〉官联初探》（博士后论文），中国社会科学院历史所，1998。

76. 董兵：《商代军队编制与兵种研究》（硕士论文），郑州大学，2000。

77. 罗独修：《先秦兵家思想探源》（博士论文），"中国文化大学"，2002。

78. 贾俊侠：《先秦史官研究》（硕士论文），陕西师范大学，2002。

79. 艾其茂：《春秋战国时期兵法两家思想体系比较研究——以孙子和韩非子为例》（硕士论文），江西师范大学，2002。

80. 吴高歌：《〈周礼·春官〉研究——兼论周代王官与诸子渊源》（博士论文），北京师范大学，2003。

81. 刘小文：《〈尉缭子〉军事用语研究》（硕士论文），西南师范大学，2003。

82. 吴欣：《〈六韬〉研究》（硕士论文），东北师范大学，2004。

83. 贾景峰：《〈逸周书〉军事思想研究》（硕士论文），吉林大学，2004。

84. 陈斯鹏：《战国简帛文学文献考论》（博士论文），中山大学，2005。

85. 李桂生：《先秦兵家研究》（博士论文），浙江大学，2005。

86. 解文超：《先秦兵书研究》（博士论文），西北师范大学，2005。

87. 程远：《先秦战争观研究》（博士论文），西北大学，2005。

88. 单育辰：《〈曹沫之陈〉文本集释及相关问题研究》（硕士论文），吉林大学，2007。

初版后记

　　本书是在我的博士论文《上博简〈曹沫之陈〉研究》的基础上修改而成的。此次出版，对"疏证"以及"研究"都做了补充，认识到论文的"疏证"与"研究"并重，疏证是研究的基础，综合研究又弥补了疏证的不足，所以将我的这本小书定名为《上博简〈曹沫之陈〉疏证与研究》。

　　2008 年，我们的博士论文写完之后，导师晁福林先生并不要我们写后记，说："现在写就是写感激老师的话，没有意义，等以后出书的时候再好好写后记。"现在论文在丁原植先生的推荐帮助下就要出版了，窃以为已具备晁先生要求写后记的"资格"了，今夜就静坐下来，遥想着北师大的木铎金声、主楼晨昏，为我的求学时光、为我的博士论文补一后记。

　　选定《曹沫之陈》作为我的博士论文，可以说是我始料未及的。早在攻读硕士期间，就盼望自己能系统地学习简帛材料，因此考上博士之后，我就迫不及待地开始了读简帛、抄简帛的对于新出土资料的补习功课。当时，晁先生要我们对照十三经注疏看《尚书》与《诗经》，并告诫我们要注意学术前沿，广泛阅读名著名作，同时要求准备两个论文选题。经过反复的思考和收集工作，我自己准备的两个题目是《简书与〈诗经〉研究》《上博简〈容成氏〉研究》。关于第一个题目，我想从阜阳汉简《诗经》残本，郭店楚简《缁衣》、《五行》等篇中引《诗》、论《诗》的内容，上博简《孔子诗论》等进行释文，然后从三种简书中考释所反映出的诗义，并针对简书中出现的《诗经》篇名进行分篇研究。而第二个题目更是我心仪的，我准备从竹书概说、文本研究、内容解析、主要史实、文献价值、学派属性等方面对《容成氏》进行系统的研究。可是当我兴冲冲去向先生汇报时，先生却婉言予以否定，对我思考的薄弱之处一一指正。指出《诗经》研究与文学较接近，若是把《诗经》用于历史研究，必须谨慎而且还要有深厚的功底方行，且研究状况也不好把握。而上博简第二册中的《容成氏》，关键在于重建古史传说体系，徐旭生先生的古史传说系统已经很好，得到人们的认同，而现有的简帛资料又不足以重建古史系统。建议我将这两个题目都先放一放，"多了解一些情况，多做准备，总不是坏事"，要我去关注其他的简帛资料。随后在先生的指导下，我又学习了《上博馆藏战国楚竹书》三、四、五各册的内容。最后以"创新性""可行性"为准的，选出上博简第四册的《曹沫之陈》作为研究的题目。

晁先生一向主张做扎实的学问，经常告诫我们不要让自己的学问飘起来，在我选定上博简《曹沫之陈》作为论文题目之后，先生更是谆谆教诲，要我一定要做好基础工作。关于竹书《曹沫之陈》的基础工作就是对《曹沫之陈》简文的隶定、释读与考证整理，先生教诲说就是要做好"疏证"工作。

古人对"六经"作传、作注、作疏，这是一个优秀的学术传统。我们经常说汉注唐疏，汉人作注，如著名的郑注，唐人作疏，如孔颖达等作的五经正义。注疏就是对古代典籍的注释、考证与整理，这符合中国学术发展的必然，也是中国学术的传统做法。汉人的"注"，仅是提出自己的观点，自己的理解，由于年代久远，后人可能连注解也读不懂了，于是就有了注解"注"和"传"的"疏"，也就是说疏是对传的再解释。"注疏""义疏"，皆是一种经注兼释的形式。义疏产生于魏晋南北朝时期，而唐代出于思想统一和科举考试的需要，由官方以指定的注本为基础，把经书的解释统一起来，这种新的注疏，唐人称之为"正义"。唐人的疏是以自己时代的理解解注，但疏不破注，都是沿着注来做的，虽保留了汉注的完整，但淋漓发挥，往往是长篇累牍，对于经义的解释反而淹没于其中，让人不得要领。对于古代典籍的整理工作到了清代有了一个大的转变，也是清人超越于前人之处，这就是为古书所做的"疏证"。这项工作，难度很大。除了尽可能全面地收集整理旧注旧疏之外，还要提出自己的观点，表明自己的看法，而且更重要的是还要提出证据来证明自己的观点。这是清人的高明之处。疏，即疏通、疏导、梳（疏）理之义，不通之处疏通，使文义畅通。这就不同于注释，疏证必须是逐字逐句疏通，就是晦涩难通的地方，亦应尽力疏通。"证"，即证明，不仅为自己的观点提供证据，而且要证明某些流行说法之误。清代朴学昌盛，是"注疏""疏证"极盛的时代，出现了很多典范著作。如孙星衍的《尚书今古文注疏》，阎若璩的《尚书古文疏证》，刘文淇

北京师范大学史学探索丛书

《春秋左氏传旧注疏证》，王念孙的《广雅疏证》，戴震的《孟子字义疏证》，陈立的《白虎通疏证》，孙志祖的《家语疏证》等。孙诒让的《周礼正义》也是如此，虽然名为"正义"，实则是疏证，是卓绝而翔实的疏证，他对旧注旧疏收集殆尽，但是并不轻易信从。他对于正确的旧注、旧疏予以详审援引，而对旧注旧疏之误则予以批驳、纠正。对旧注作疏，就难免有个人的解释或发挥，这样就需要有证据。清代学者的疏证在注释的基础上还加了校勘。现代学者也是如此，如郭沫若、陈梦家、于省吾、李学勤等先生对甲骨文、金文、简帛资料的整理上基本上也是采用的逐字逐句的疏证的方法。鉴于这样的认识，我的论文的上编即为《曹沫之陈》的疏证。对竹简逐条逐字加以疏证，收集各家的说法力求无有疏漏。同时注意利用古文字与古文献的研究成果，做到疏通、校勘、考证、整理，再引相关典籍和他人注疏进行旁征博引的辅证。争取把自己的学术创见融入疏证里面。

虽然自己立志要遵循这一优秀的学术传统，把"疏证"做好，但是疏证的体例却是一点点补充修正出来的，最后形成了"原简""意译""备注""疏证"四部分。在疏证里竭力要做到通和全，通就是要疏通简文，重点在字的隶定释读；全，就是要收集各家说法，不要遗漏，还要力争在古文字资料、文献典籍上都要有证明，也要做到全面而细致。

"疏证"的工作是艰苦的，费时费力的，有的时候真是以为自己坚持不下去了。因为自己的古文字知识的欠缺，经常要翻阅大量的字书，查阅大量的古文字资料，有时被一个简字困惑住了，裹足不前，那种痛苦简直无法用语言表述，而当"疏通"工作有一点点收获的时候，那种惊喜又让我沉醉。深知自己在古文字、音韵、训诂方面的薄弱，所以在疏证的撰写过程中一直都处在如履薄冰、战战兢兢的忧危状态。

上博简与郭店简是可以相互参照的，因此在读上博简的同时就加紧通读郭店简，后来意识到银雀山汉墓竹简与马王堆汉墓帛书以及别的简帛上的材料也可以对照，因此，收集的工作又有了扩大，看见与上博简可以相互印证就记下来，力争做到上博简、其他的简帛资料、古文字、古文献三方面的相互发明。还记着偶然发现郭店简"长民者""由其本"与《曹沫之陈》简文相似，简文"一人有多"与文献"战功曰多"，以及《曹沫之陈》与《国语·鲁语》的相似时，心里充盈着的那种喜悦，有播种收获的感觉，充实而得意。

在对简字作隶定、释读、疏证时，同时进行的就是竹简的编联与拼合工作，为了能更直观地掌握竹简的原序，我把每支简都扫描打印出来，量好尺寸，打好底板，用剪刀与胶水一支简一支简地拼合，计算着些微的拼合处的误差，观察编绳的位置与吻合程度，忙得不亦乐乎。还记着宿舍里满是剪出来的散简，如同满地的雪片。最懊恼的是千思量万琢磨，好不容易拼合好了一处，却发现这一处与另外一处在残字拼合或长度上有冲突，而此时胶水已经干了，所有的工作白费，气得上火，只有重新来过。这种煎熬使我对每支简是又爱又恨，有的时候，手里摸着一支简就忍不住要问："你这个家伙啊，原来到底在哪里啊？"那俊美大气的简字，那残存的淡淡字迹，好像在给我点头似的。现在看着排版出来的编联图版挺有意思，当时却是苦恼至极。

头疼的疏证工作完成之后，我就开始了更为麻烦的综合研究。其实，在疏证的过程中随着对简的熟悉，越来越多的思考萦绕着我，似乎有些清晰的思路在召唤着我，那就是《曹沫之陈》是"语"，而不是如大家所说的"兵书"，它与《左传》《国语》《逸周书》等典籍内容无异，我随之思考《曹沫之陈》与《国语·鲁语》的关系，既然《国语·鲁语》的前两篇是《曹刿问战》与《曹刿谏庄公如齐观社》，那么极有可能《曹沫之陈》也是原始鲁语的一部分。这种困惑折磨着我，反复地研读，反复地对比，反复地思索古代学术发展的脉络，每一个问题里又套着无数的子问题，纠结而来，在我混乱的脑瓜里如那滔滔的洪水一样，我理着、收着、放着，再反复几个回合。推断，再细细的排列、比拟、模拟，沉浮几个回合。这就是我的修炼。我可以在冷板凳上枯坐，半天也写不出一个字来，但是心里的炽热就如同那岩浆一样，翻滚，试图找着出路，而且也一定要找到出路，累积的文字就是这样跳动的思维，也许还是混乱的，但是混乱的已经渐渐有了共同的头绪。那个时候，心无旁骛地撰写论文，虽然痛苦、苦恼、困惑，但是也异常的兴奋，有时半夜突然醒来，白天苦苦思索的问题猛上心头。那种生活在思索，沉浸在思古遐想的情怀里，也是一种至上的体验。

北京师范大学史学探索丛书

书稿写完交付出版社之后不久，即发现与《国语》有关系的战国竹简又有涌现，令人欣喜不已，如 2008 年 12 月出版的上博简第七册有《吴命》篇（原有篇题，在第三简的简背），整理者曹锦炎先生认为"从文章内容到体例，《吴命》篇有可能为《国语·吴语》佚篇"。而 2008 年 7 月入藏清华园的一批珍贵的战国楚简中，据李学勤先生在 2008 年 12 月 1 日《光明日报》《初识清华简》一文中介绍，亦有"近于《国语》的史书"。这些新的资料对于《曹沫之陈》是原始的鲁语的结论提供了相关的佐证。

在论文的写作过程中，得到了晁先生的诸多指导。虽然晁先生从来不让学生写感激之言，但是若不是先生的引领，哪里能领会学问之纯，天地之美？先生的指导闪耀着智慧的光芒，先生的言传身教有浸润之效，先生的鼓励与希望是巨大的精神力量。先生总是把自己的治学经验毫不保留地传授给我们。"先秦史研读方法""金文研读""出土文献研究（甲骨文、金文、战国简帛）"等是晁先生给我们上的课，先生的课是内容丰富、意境优美的，每次制作的课件都是诗情画意完美的统一。每一次长课，先生都是结合自己的治学经验先讲一节先秦史的研读方法，然后就是大家评论同学的论文，或者是预开题、预答辩，平时写的小文章也可以经过这样"检验"。这种时候，因为时间有限所以只提批评意义和建议，不要说些空洞的赞扬的话，先生说赞扬的话留在私下里再说。久而久之，我们的学术集体里形成了一种传统，就是直言不讳。被批得体无完肤是常有的事，在这里听不到敷衍的溢美之词，有的是大家坦诚地指正帮助，共同提高。

我在读的北京师范大学历史学院有很好的学术传统与丰厚的学术积累，从陈垣、白寿彝、赵光贤、顾诚等老一辈学者就形成了朴实的学风，这种学风深深影响了我们这些仰慕前辈风范的后生们。在北师大求学的时光是我一生中绝无仅有的心无旁骛读书的幸福时光，值得回忆的快乐的事情很多，其中之一就是听各位先生上课的情形。老先生的课是极受学生欢迎的。何兹全先生耄耋之年，虽然没有给我们上过课，但是院里安排有先生的讲座，大家都争着去，我还有幸去何先生家里聆听教诲，先生鼓励我们不要辜负这样的好时代。我读过何先生讲社会史研究的不少文章，领略了学问的大美境界。北师大是一个有深厚学术底蕴的地方，我很荣幸地能够在这里亲炙许多先生的教诲。年近八十高龄的刘家和先生给我们讲述"中国古典研读和考证方法""史记研读"，刘先生要我们在古典研读中学习、体会考证方法，在考证方法的训练中提高研读古典的水平和能力，这种教诲对我的影响很大。此外，王冠英先生讲述的《古文字与古文献》，对古文古字的发展，对全国各高校的古文字研究状况的介绍，使我开阔了知识面与眼界。易宁先生快人快语，真诚直率，对大家有很多指导，在口述史与文本传记等先秦学术发展脉络方面对我有很大的启迪。

　　除了听本校先生们的授课之外，我们还去清华大学听李学勤先生的课。听李先生的课与听刘家和先生的课一样，都是要提前去占座位的。李先生在清华开设的金文、甲骨文的课我们北师大先秦史的学生是必听无疑的。先生的课在早上八点五十开始，但是八点之前一定要赶到，不然就没有座位了，虽然我们离得远，但是由于我们去得早，清华的学生反而占不到座位，这使他们有些恼火。还记得清晨车流拥堵高峰时间，我们北师大的先秦史专业的同学们骑上自行车结伴前去，走在路上浩浩荡荡，很是壮观。我的骑车技术不行，受到颇多照顾，让我在中间随行，等汗流浃背赶到清华时，教室里往往还有座位，但是我们这些外来的，为了不惹怒"主人"，所以常常很自觉，多坐在边边角角的位置，而且，也总是有一半的人自觉坐在多加的凳子上。离上课的时间还有很多，大家就掏出书看，等着李先生的到来。听李先生的课是和清华的人争座位，而听刘先生的课则是和史学所的同学争座位。史学所的会议室地方太小，我们也总是要提前很多时间去占座位。同样的，我们也尽量占次一点的位置，把好的座位留给史学所的同学。有些晚来的同学只好在门口听。据说汉代的经学大师讲课，能够登堂入室听课的人只是少数，多数的人要在外面，里面讲一句，要由弟子传出来一句。现在条件总还是比那个时代强多了。但是，听老先生的课，也会感到不小的压力。先生们知识渊博，融会贯通，跟上先生的敏锐思路，领悟其卓妙精蕴的意境，总是很紧张，但是听先生的课也是一种无上的享受，那种意境，那种顿悟，让人终生难忘。

　　在北师大读书，还有一件难忘的快乐的事。就是每年的中华书局处理书与一年两次的地坛书市。同门总是最先得到消息，无论是赶上下雨的春季书市，还是赶上冻得缩手缩脚的推迟了的秋季书市，我们先秦史专业的同学都会赶在开放的第一时间前去抢购，成群结队骑车前往中华书局、地坛书市的情景是和去清华听课一样的壮观。平时的专业书太贵了，看着半价的书，大家欣喜若狂，"疯狂抢购"，我们专业的同学精诚合作，大部分的人到架子上抢好的书，有多少抢多少，然后抱到一边，由几个同学专门守护，等抢占完了再按需分配。我们的这些"事迹"，为此还上过《北京晚报》呢。在晚报的照片上，我看见有自己一个背影，身穿运动服弯着腰双手护着地上的一大堆书。现在想起来，真是回味无穷。每次抢书市收获都很大，所需的专业书在那三年搜罗了很多，虽然也心疼花钱多，但是"坐拥书城"的时候，心情却是"物逢其主"的甜蜜。

我还要感谢我就读硕士期间曲阜师范大学孔子所与历史学院的诸位先生们。业师杨朝明先生要求我背诵《论语》《大学》《中庸》等儒家典籍，并指导我精读《左传》《国语》等。而且，我们还在老师的指导下，做了很多文献整理的基础工作，对《孔子家语》作了通解，对鲁国历史与文化、早期的儒学进行了梳理，对新出简帛文献做了整理工作，一直到我攻读博士的时候还在承担。杨先生率领大家所做的《新出土简帛文献注释论说》一书现在已经由台湾书房出版。我做"疏证"的一些基本功，也得益于这方面的训练。有的时候我在疏通简文的时候，联想到以前读过的古文献，就茅塞顿开。比如，简文出现的曹蔑的"蔑"，立刻能想起《左传》上一系列名蔑的人，从而顿悟这一个字音转流传情况。再如，简文出现"施伯"，立刻能想起《左传》《国语》等所出现的施氏的族谱事迹，可以帮助我理解简文。简23的上半支残句"过不在子，在"，与简51下半支"[寡]人"相连时，活脱脱就是《左传》上楚共王"君不在，子无以为过，不榖之罪也"。以前对于鲁国史的学习也有助于简文的理解。可恨自己的文献功底太过薄弱，受了很大的限制。记得裘锡圭先生说过，要"尽最大努力去寻找传世古书中可以跟简文对照的语句"，在相对照的时候则要注意防止不恰当的"趋同"和"立异"两种倾向，我亦以此来警醒自己。在曲阜师大，在历史文献学方向有很高造诣的黄怀信先生对我也有诸多的传道解惑，先生对我文献方面的影响很大，他在《逸周书》《小尔雅》《尚书》等书的汇校、注训与经学史的发展等方面的工作都堪称典范。

在论文的评议与答辩过程中，刘家和先生，孙家洲先生，王冠英先生，王和先生、汝企和先生、蒋重跃先生等给予我很大的鼓励，提出了很多修改意见，先生们的批评中肯，这近一年以来，我就是按照先生们的意见进行修改。记着离京前夕，我们去拜别刘先生，先生竟然从晚上七点一直和我们聊到十点，从论文以后的修改，从以后我们各自的学问发展，谈到研读古书，先生还给我们讲解起来《尚书·禹贡》，看见先生泛黄的旧书上满是画的线条，加的批注，亦有很多的触动，后来还谈到音韵训诂，先生听说我们三个要到南方工作，分给我们纸笔，让我们记下以后要记着分辨的十对字。说这些字北方的语音区别不出，南方福建、苏州一带可以分辨得出。对后辈晚生的殷殷之情，让我们感动不已。不知我现在的努力能否回报这些于我有恩的先生们？

博士论文能够出版，还要感谢丁原植先生的推荐帮助，感谢台湾书房出版有限公司的编辑群，对于她们的支持，辛劳，致以诚挚的谢意！自己还是个刚刚起步的后学，本书肯定还有很多的错漏不足之处，每念及此，心中就感到很不安，恳请大家尽管批评指正！

博士毕业之后我任教于苏州大学社会学院历史系，这里的教学与科研条件都很好。我所在的先秦史研究中心，窗外不远处就是佳木环抱、清且涟漪的独墅湖，而窗内的墙上就是我国著名历史学家李学勤先生给社会学院所写的"祖国史学重镇，江南文化中心"的题词，环境如此幽雅怡人，前辈如此殷切希望，不思奋进岂不有愧？而我辈既生逢其时，得见太史公所未曾见到的珍贵史料，这又是何等幸事？所以我经常自勉自励，一定要只争朝夕，精进自己的学问。对于王卫平院长、余同元教授、臧知非教授的关心与照顾，亦是由衷感谢！

每天教学、写作忙得不亦乐乎，生命正处在欣欣向荣的奋进阶段，但我还是非常怀念求学读书时的美好时光，怀念曾经朝夕相处的室友，怀念亲如弟妹的同门。北师大先秦史是一个团结的集体，大家和睦友爱，共同进步。还记着主楼 600 教室婉转的乐曲（那是晁先生上课前与课间休息时必放的）；还记着弥漫着紧张气息的批驳、讨论声；还记着清晨前往清华在五道口处的拥挤；记着寒风中同门师弟妹们会心的微笑；记着地坛的书市，绵绵细雨中我抢购的一捆捆的书。以前愁宿舍里书籍无处摆放，声音嘈杂，而今条件好了，心里却很觉着孤单，没有争鸣的声音，加之教学任务的重压，只觉着荒废了学业，真是怀念那同声同气的意气相投的师兄妹们。《礼记·檀弓上》记子夏投其杖而拜曾子，说："吾过矣！吾过矣！吾离群而索居，亦已久矣。"我心亦戚戚然，警醒自己：我离群而索居亦已久矣，千万不要落在后面呀！毕业前夕，我曾与同门师兄弟妹相约终生不懈怠，我要快马加鞭追赶上去呀。

现在已是子夜，窗外飘起了柔和的江南春雨，万籁俱静，我灭了灯，打开电脑上保存的当时的课堂录音，静静地倾听，用心理解、品味，往日的情形宛在眼前。谁说时光不可以倒流？就在这明灭的电脑荧光之中，我又回到了从前。以后的学问之路还是漫长的，但我会常常回到这里寻找力量。

王青

2009 年 3 月 26 日子夜

识于苏州独墅湖畔

增订版后记

　　现在已是深夜，我坐在窗前，想着连日来的"赶工"，今夜总算接近尾声了，略松一口气，却说不出是喜是忧。回想 2008 年夏季，我博士毕业，怀着无限的憧憬来到这美丽的江南，转眼间五年的时光已从指间流逝。五年前，我绝想不到我的博士论文能够出版，五年后，我也绝没有想到它还能增订再版。

　　这本小书能够出增订本，首先得益于晁福林师的教诲，自我毕业之后，先生一直告诫我不要放弃对博士论文的补充和修改。所以我一直注意收集相关的研究成果，思考其中的学术难题，不断进行新的探索。北京师范大学历史学院院长杨共乐先生也一直很关心我的成长，本书增订本的出版，也仰仗杨先生的大力支持。

　　这次出增订本，原书的框架结构虽未大动，但是新增加的内容亦不少，约增加了十万字。在上编的疏证部分，对于简字的释读以及简的编联，细细补充了这五年来新的学术成果。下编的综合研究，对于上博简《曹沫之陈》的成书做了进一步的补充修改，并新增加了"《曹沫之陈》思想研究"一章，探讨其思想特色。因为考虑到《曹沫之陈》的"语"类著作的性质，在附录里增加了我近年来所写的关于先秦"语"文体的两篇小文。

　　2009 年的 3 月，我的这本小书初版，记着当时是一个细雨蒙蒙的春夜，我怀着感恩的心情写后记。现在是 2013 年的 12 月，我的这本小书有幸要出增订版，这是一个寒气逼人的冬夜，我同样怀着感恩的心情写后记。从春到冬是圆满的一年，只要奋斗，年年都是圆满的一年。

王青

2013 年 12 月 6 日夜

识于苏州独墅湖畔

北京师范大学史学探索丛书